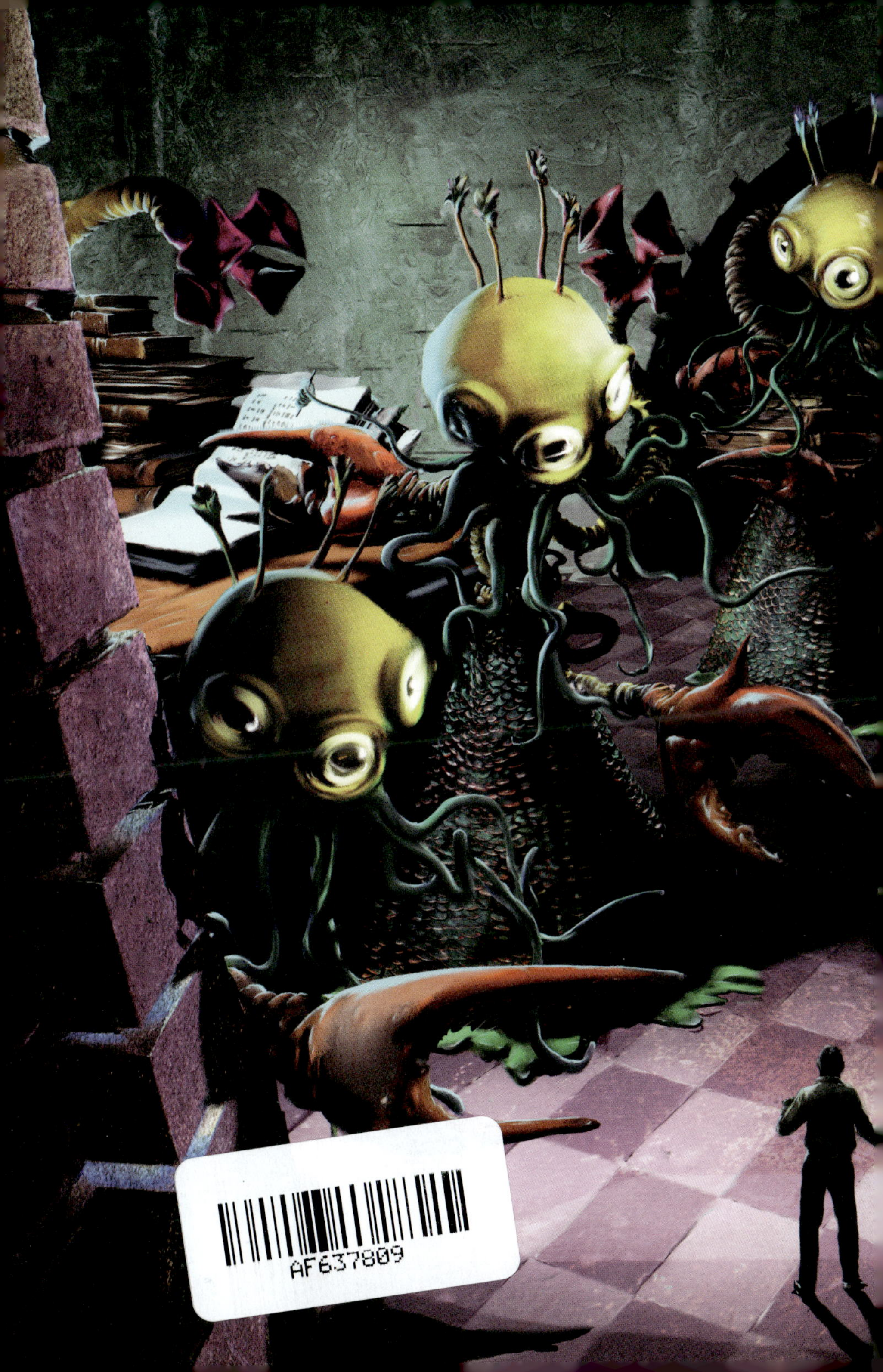

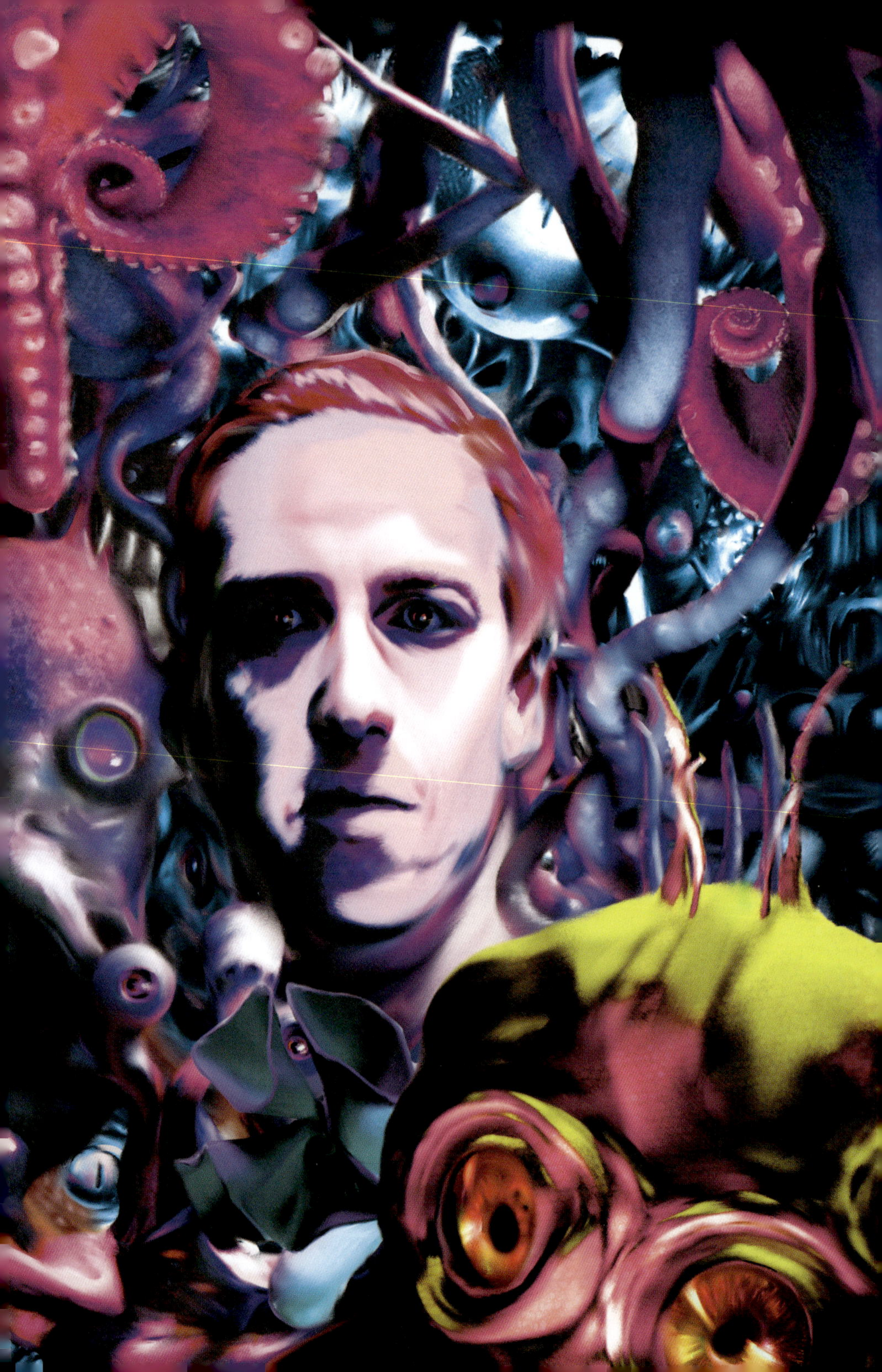

H. P. LOVECRAFTs DER SCHATTEN AUS DER ZEIT

Adaptiert und gezeichnet von GOU TANABE

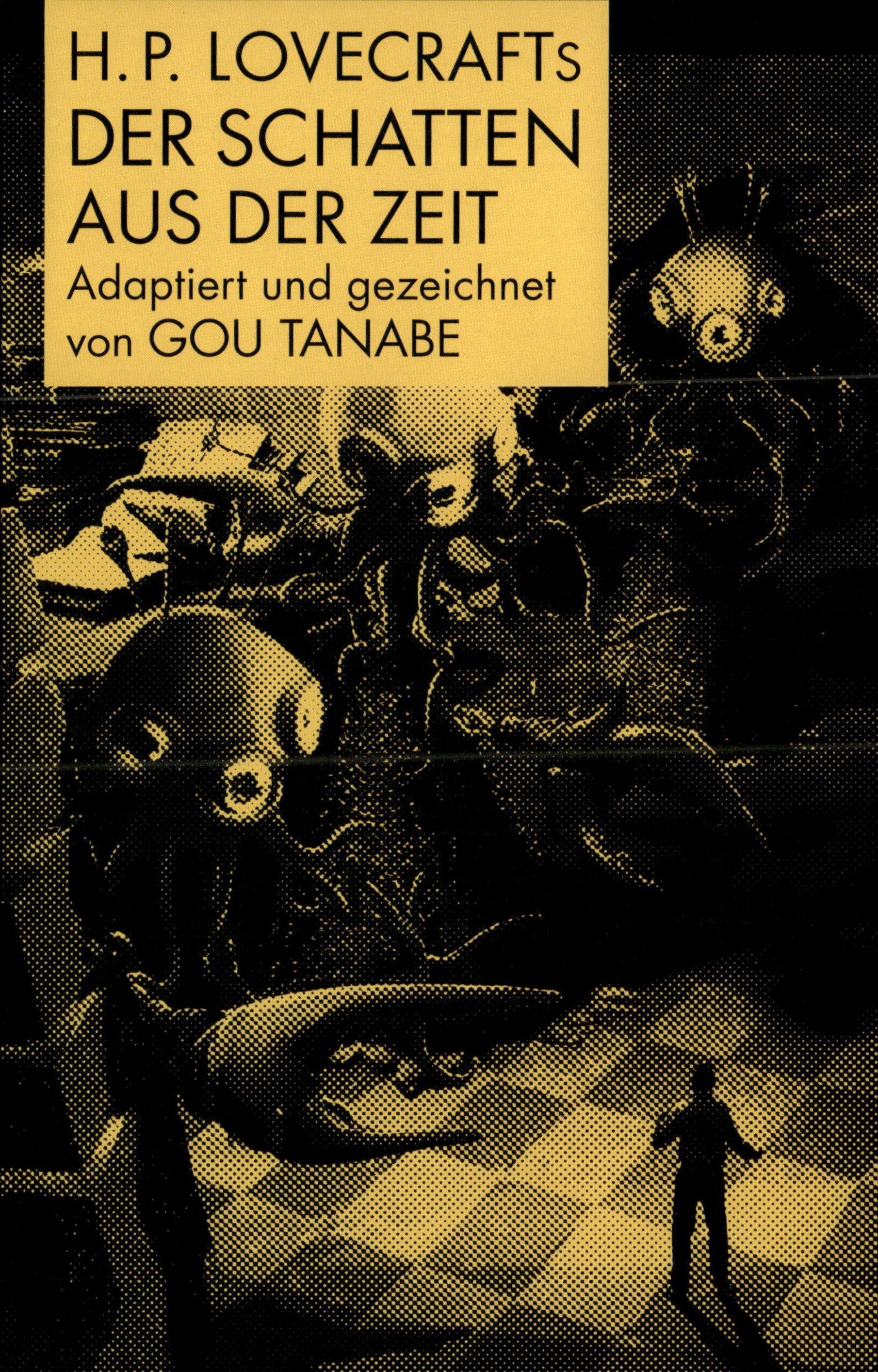

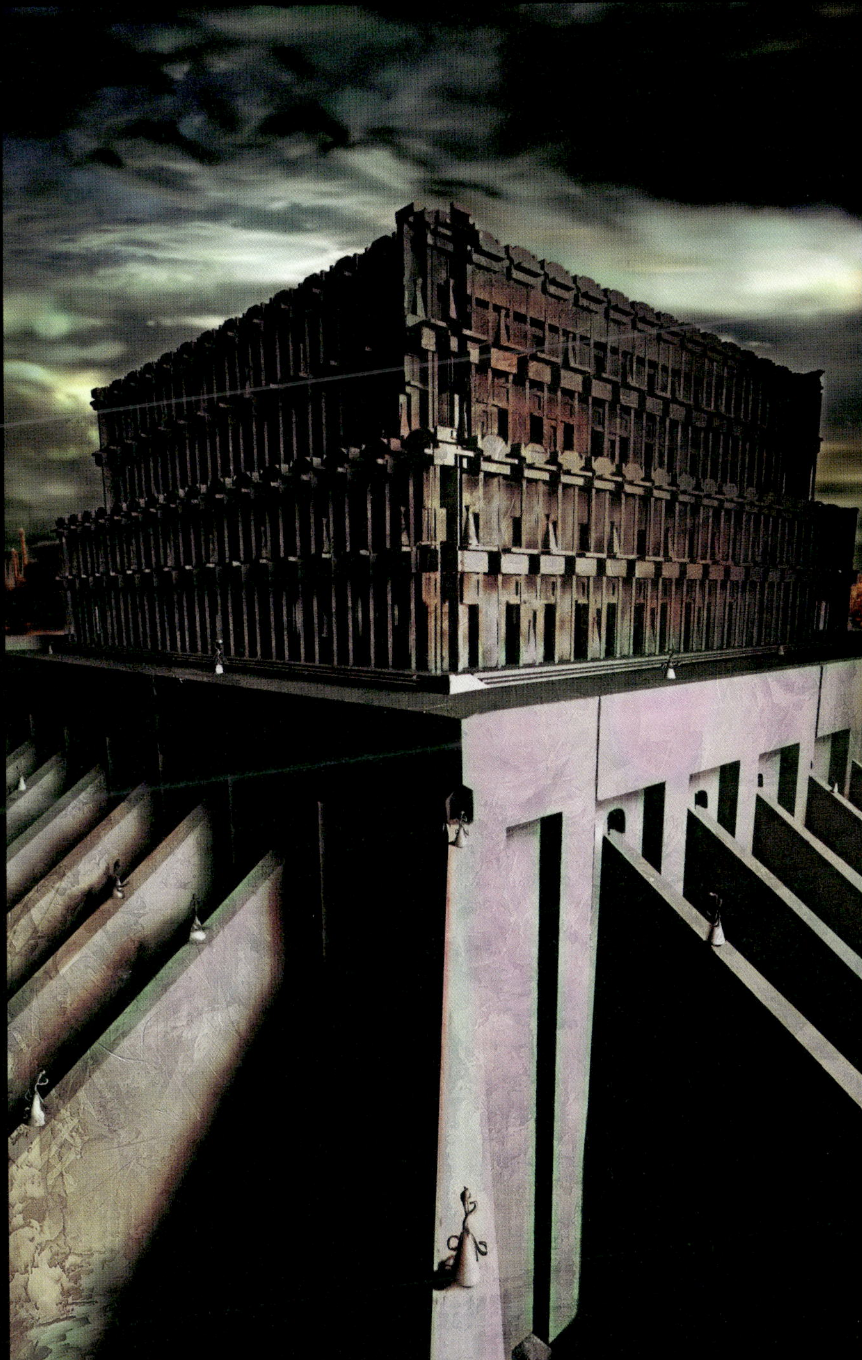

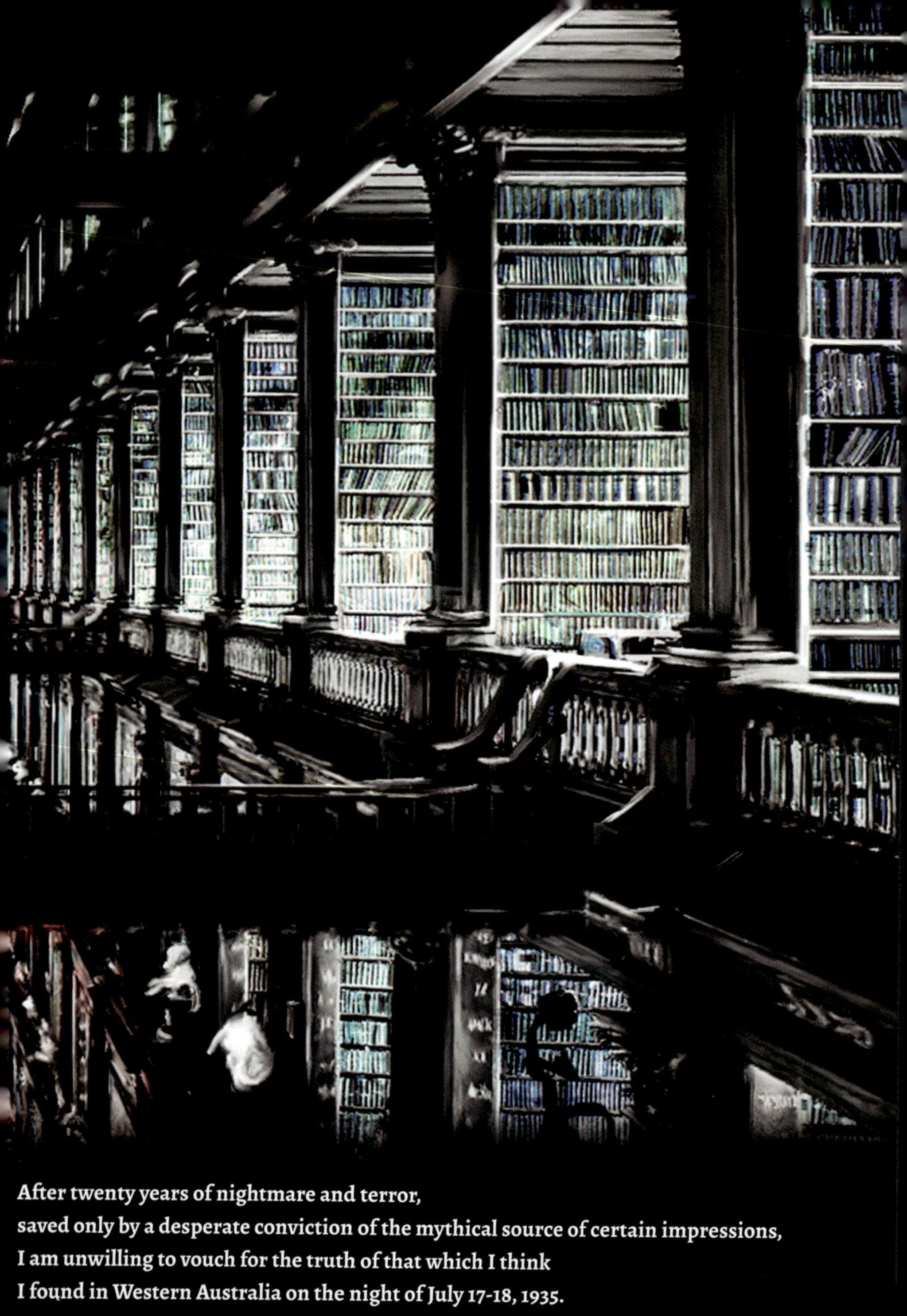

After twenty years of nightmare and terror,
saved only by a desperate conviction of the mythical source of certain impressions,
I am unwilling to vouch for the truth of that which I think
I found in Western Australia on the night of July 17-18, 1935.

"The Shadow Out of Time" by H.P. LOVECRAFT

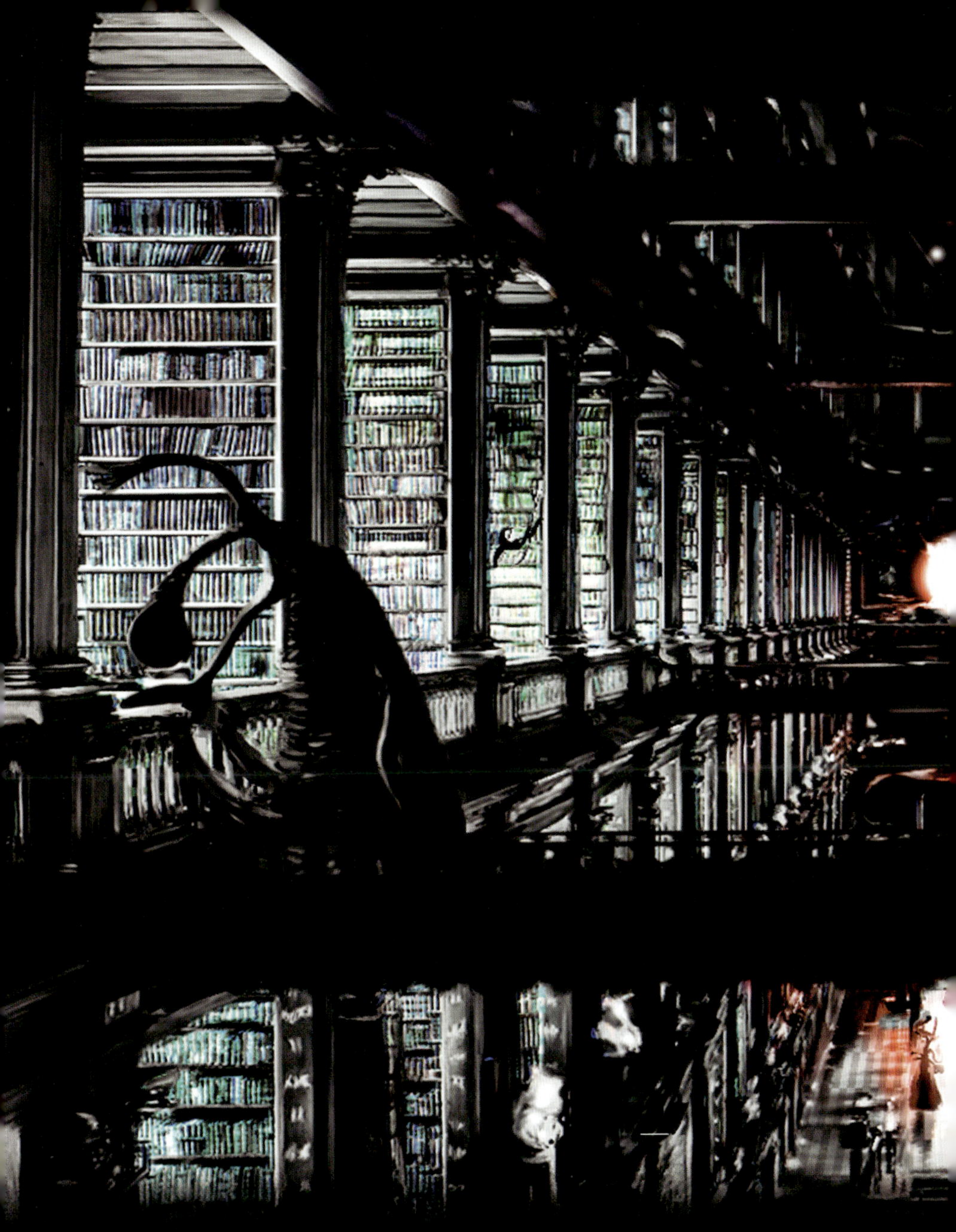

Nach zweiundzwanzig Jahren des Schreckens, in denen mich einzig die verzweifelte Überzeugung des mythischen Ursprungs bestimmter Sinneseindrücke aufrecht hielt, möchte ich mich nur ungern für die Existenz dessen verbürgen, was mir, wie ich denke, in der Nacht vom 17. zum 18. Juli 1935 in Westaustralien begegnete.

H. P. LOVECRAFT, »Der Schatten aus der Zeit«

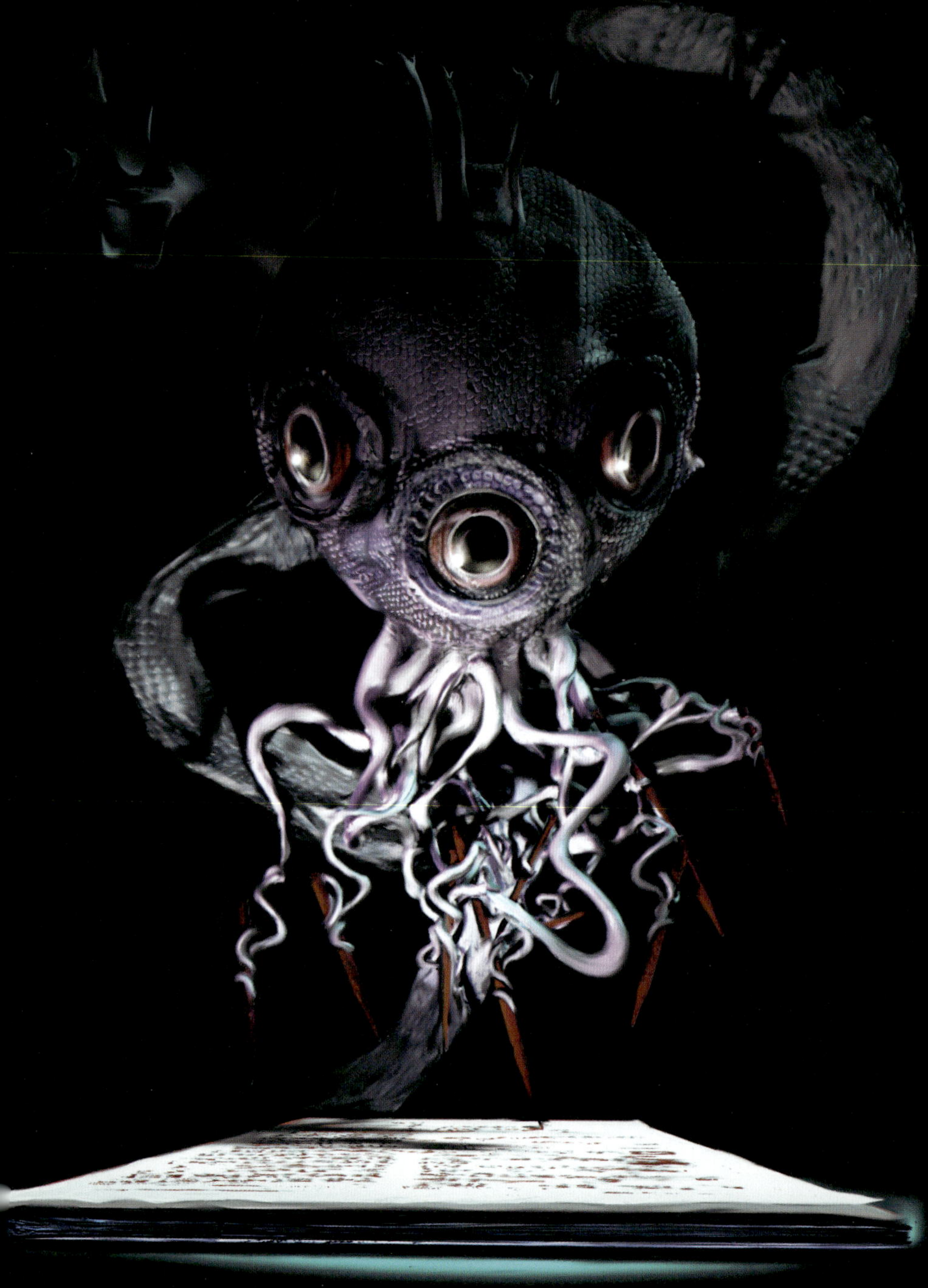

Die Erzählung »Der Schatten aus der Zeit« erschien 1936 im Pulp-Magazin »Astounding Stories«. Sie gilt als Gesamtbilanz von Lovecrafts Cosmic Horror und repräsentiert seine späte Schaffensphase. Ein bahnbrechendes Werk, das bedeutende Science-Fiction-Themen wie Zeitreisen und Seelenwanderung aufgreift und noch heute Einfluss auf Romanautoren, Filmemacher u. a. ausübt.

DER SCHATTEN AUS DER ZEIT

Meisterwerke von
H. P. Lovecraft

GOU TANABE

INHALT

Nach einer Geschichte von
Howard Phillips Lovecraft

H. P. Lovecrafts »Der Schatten aus der Zeit«

Verfasst 1934–1935, veröffentlicht 1936
in »Astounding Stories«

PROLOG
DIE GROSSE SANDWÜSTE IN AUSTRALIEN

The Great Sandy Desert in Australia

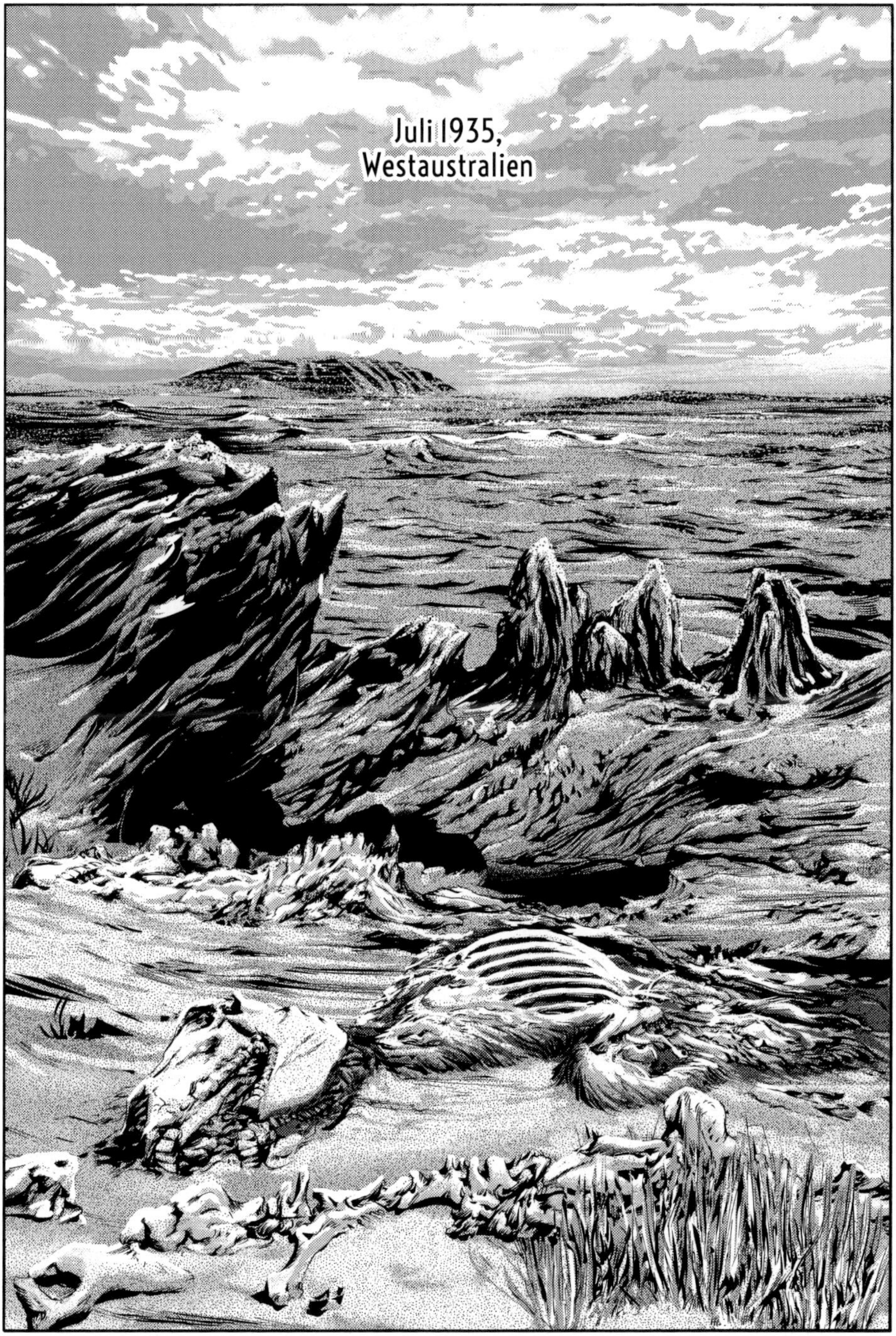
Juli 1935,
Westaustralien

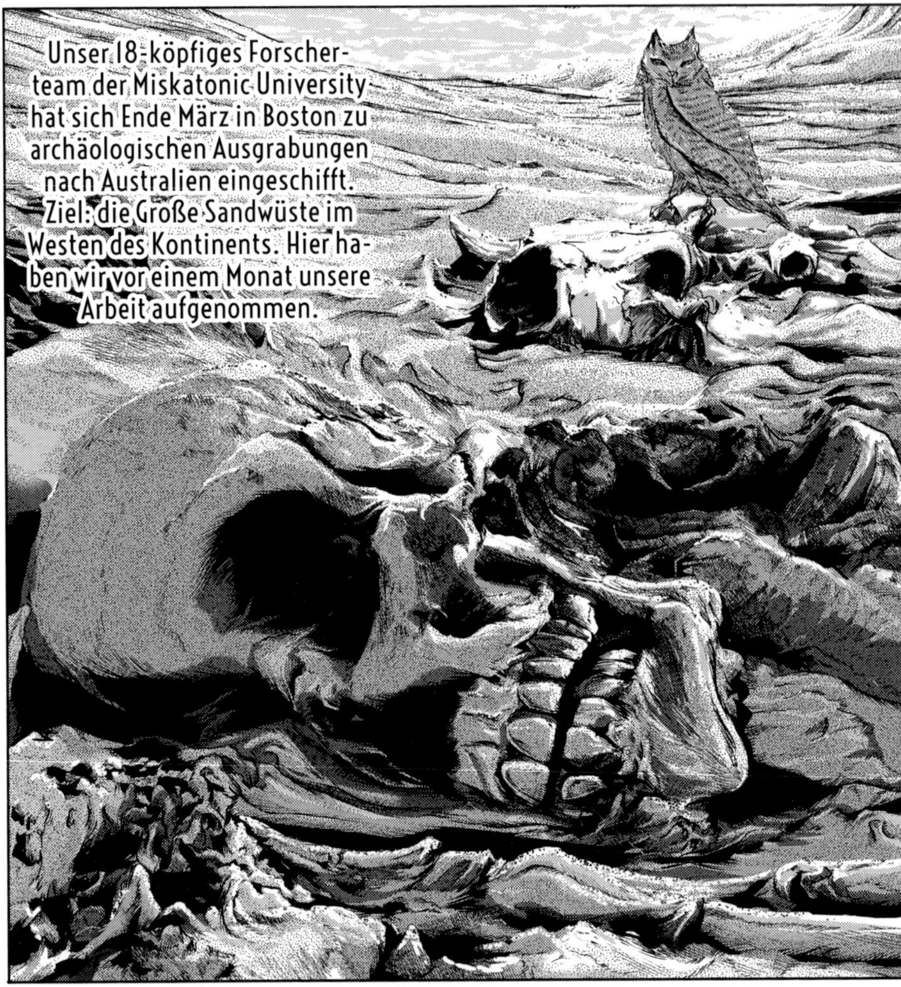
Unser 18-köpfiges Forscherteam der Miskatonic University hat sich Ende März in Boston zu archäologischen Ausgrabungen nach Australien eingeschifft. Ziel: die Große Sandwüste im Westen des Kontinents. Hier haben wir vor einem Monat unsere Arbeit aufgenommen.

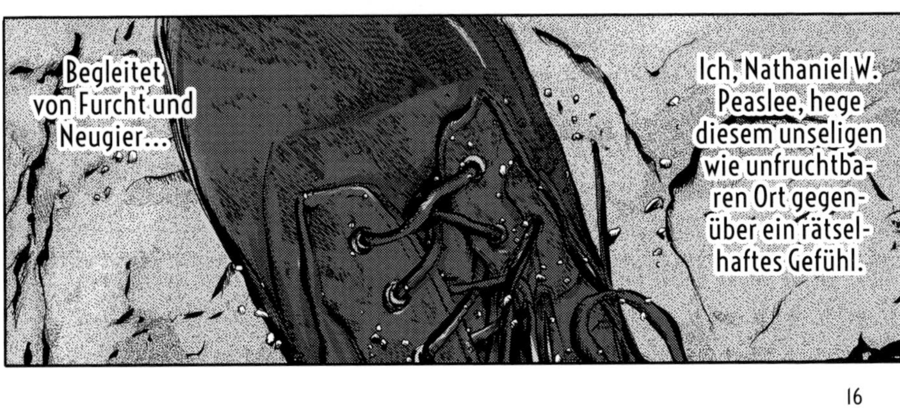
Ich, Nathaniel W. Peaslee, hege diesem unseligen wie unfruchtbaren Ort gegenüber ein rätselhaftes Gefühl.
Begleitet von Furcht und Neugier …

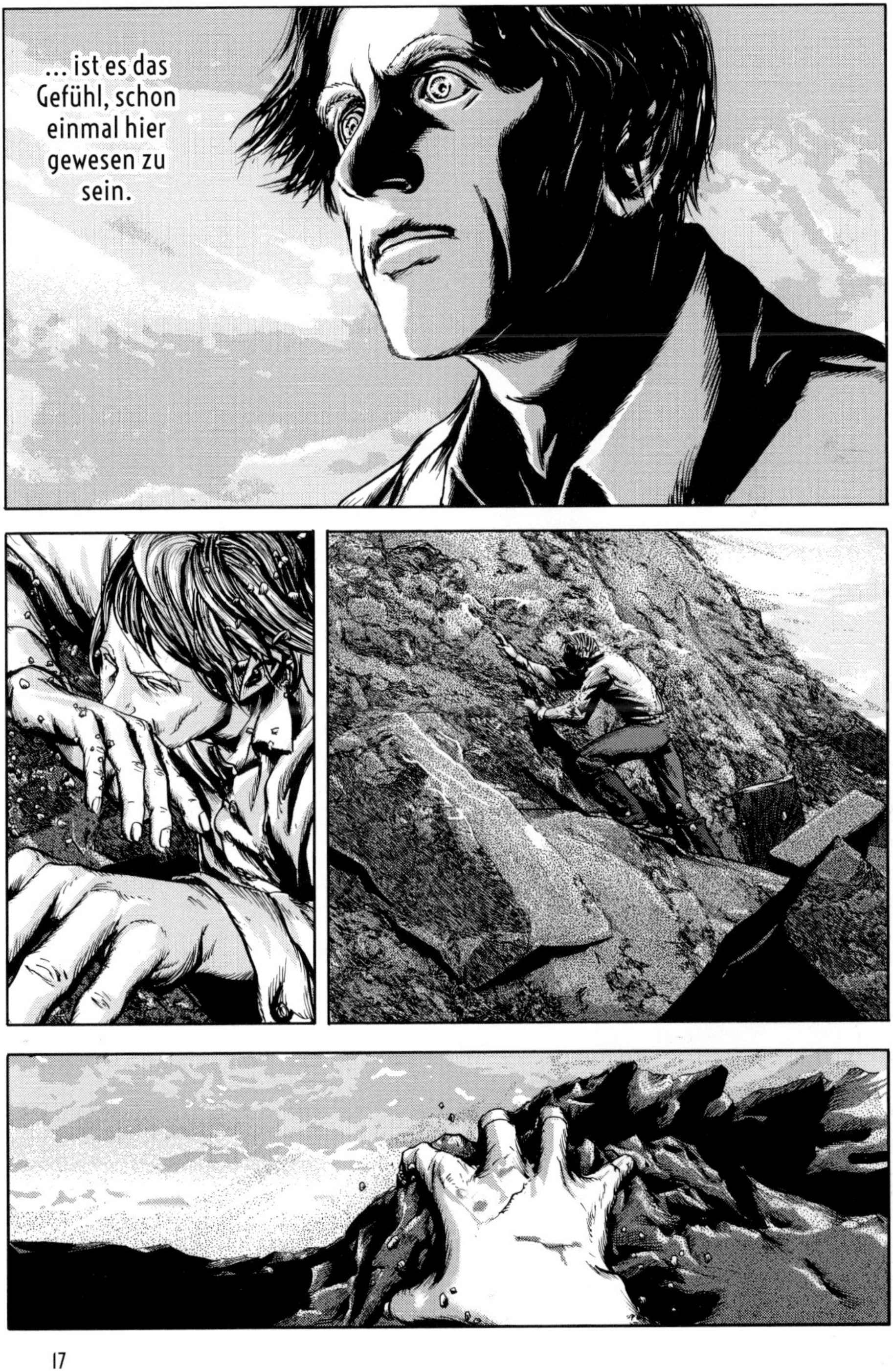
... ist es das Gefühl, schon einmal hier gewesen zu sein.

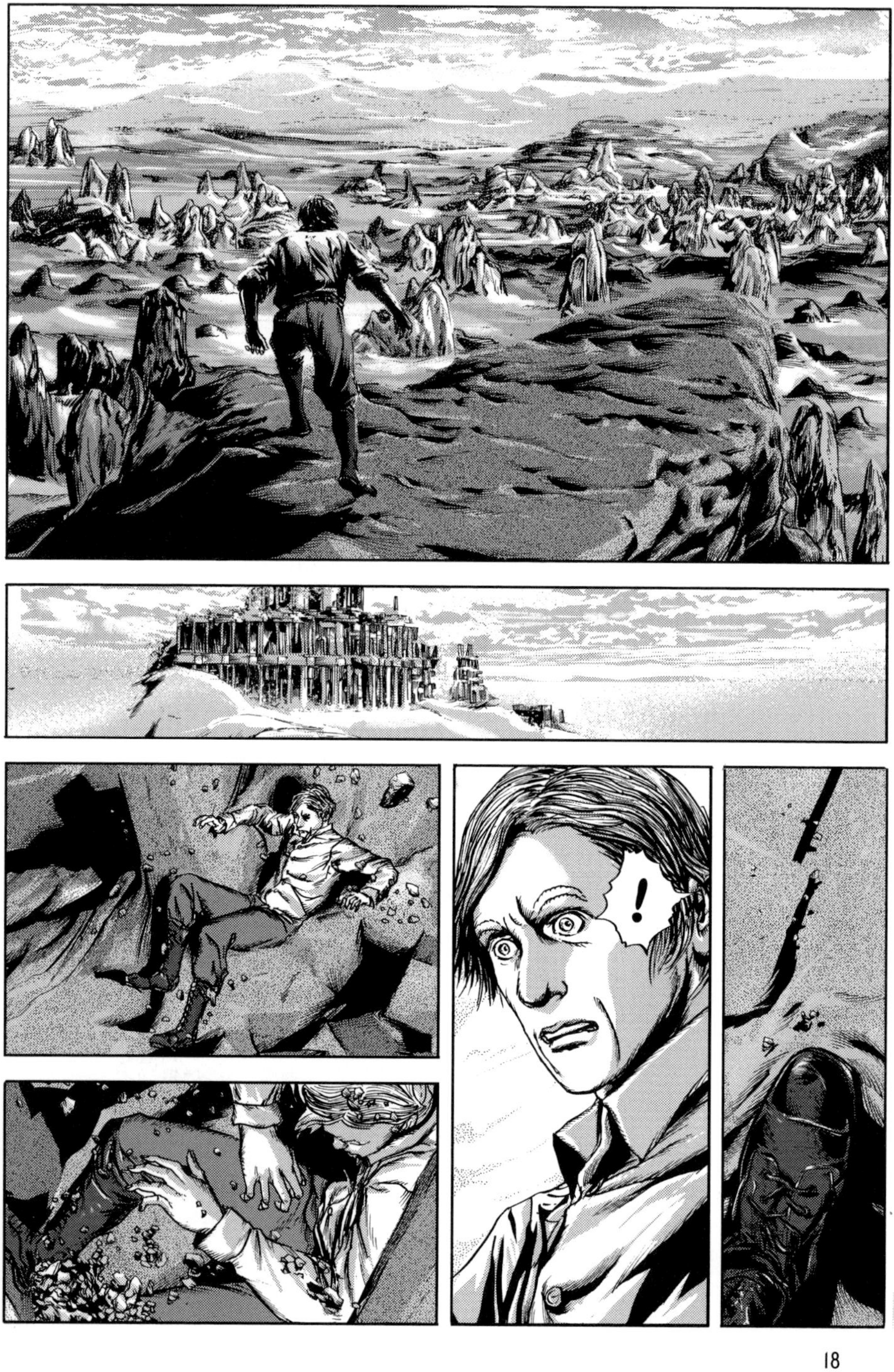

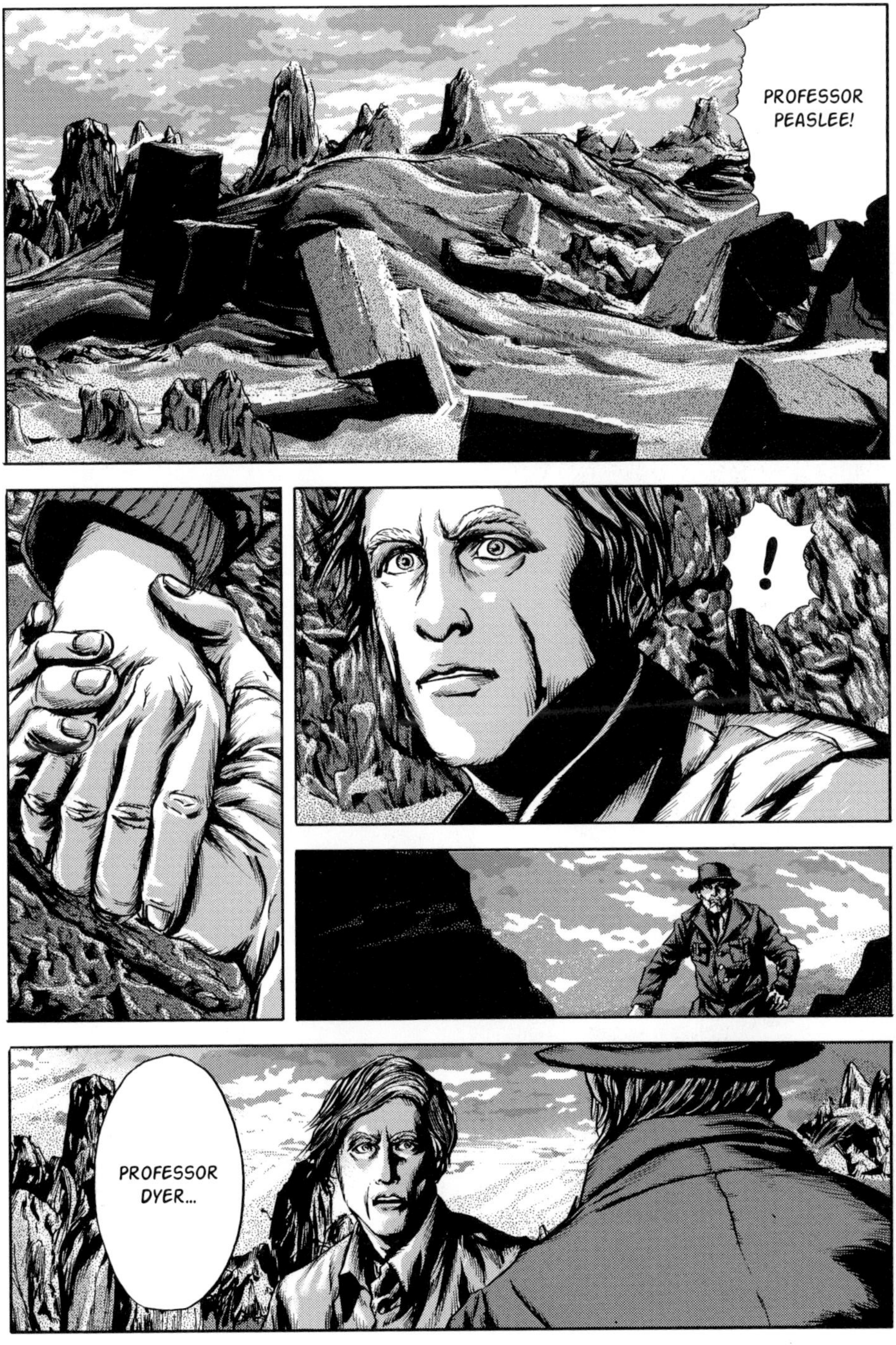
PROFESSOR PEASLEE!
!
PROFESSOR DYER...

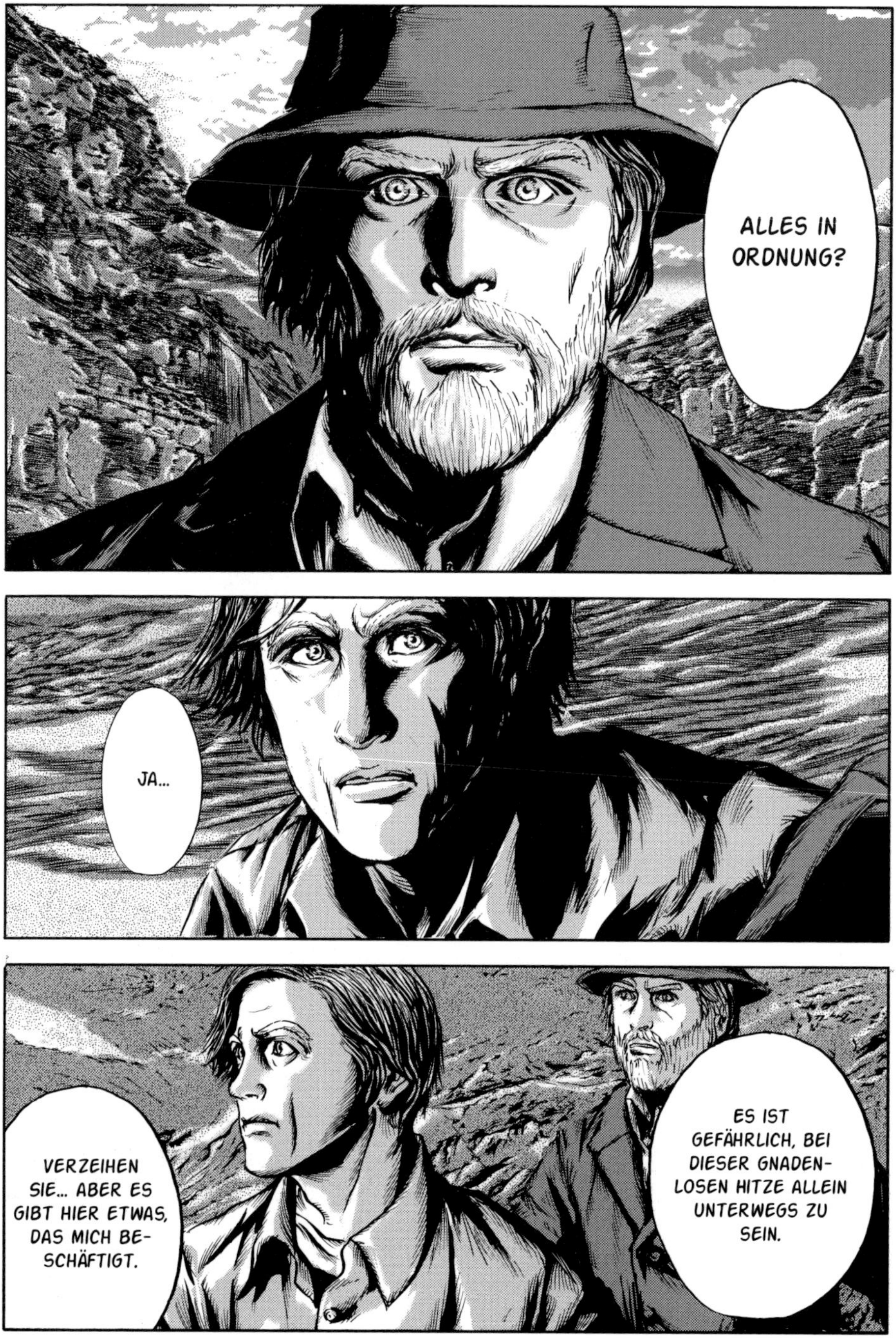
ALLES IN ORDNUNG?
JA...
ES IST GEFÄHRLICH, BEI DIESER GNADEN-LOSEN HITZE ALLEIN UNTERWEGS ZU SEIN.
VERZEIHEN SIE... ABER ES GIBT HIER ETWAS, DAS MICH BE-SCHÄFTIGT.

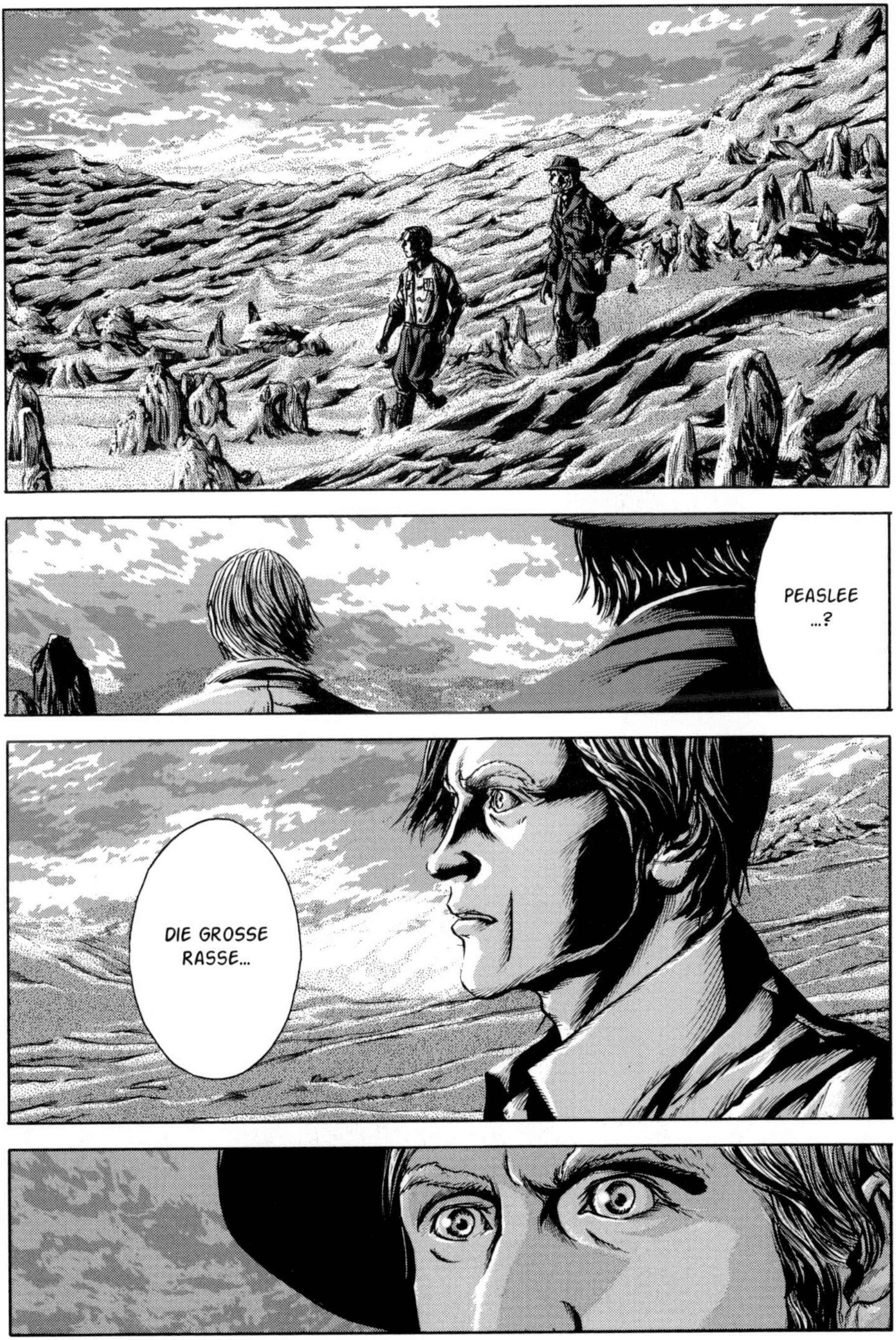
PEASLEE
...?
DIE GROSSE
RASSE...

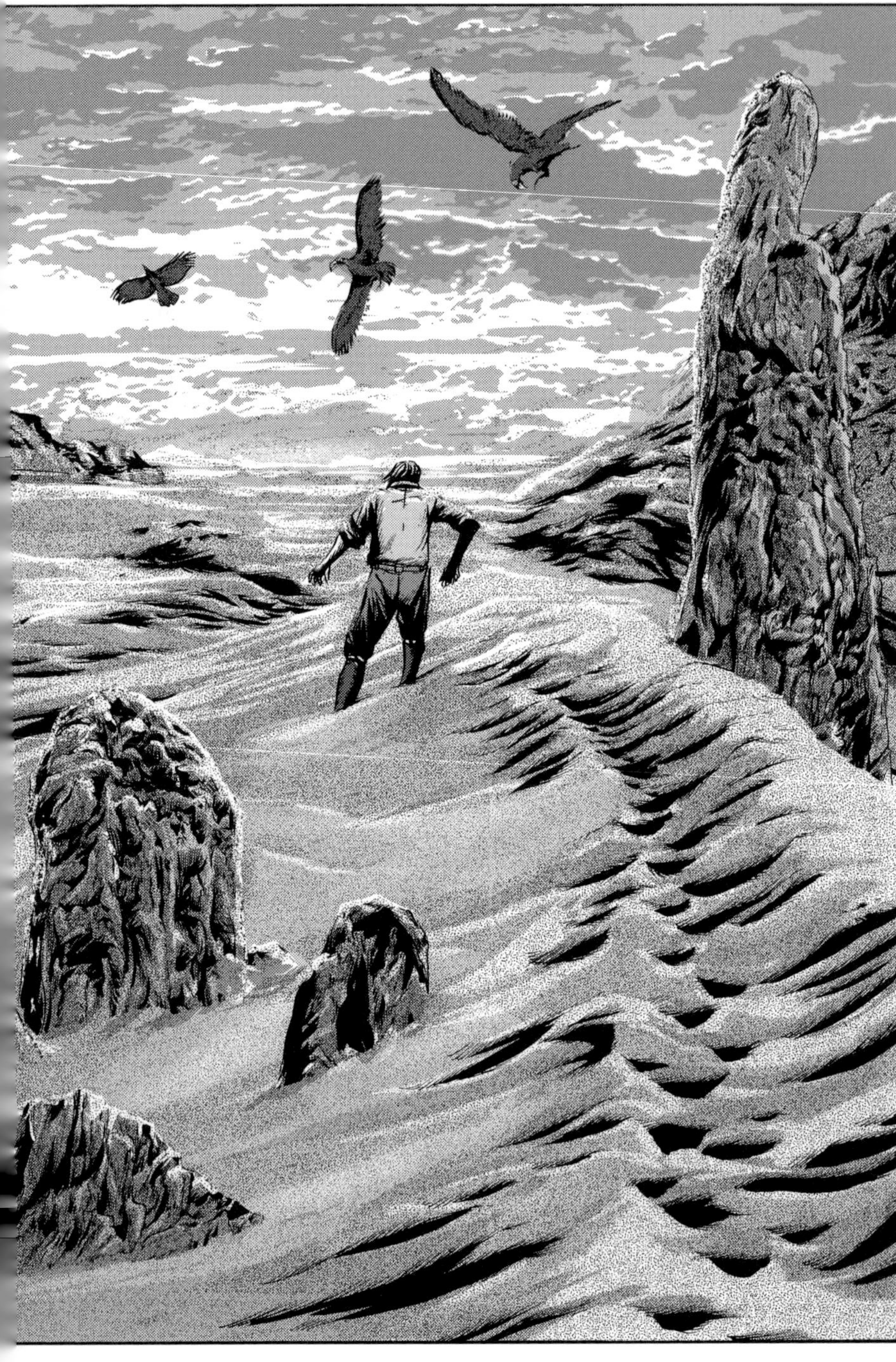

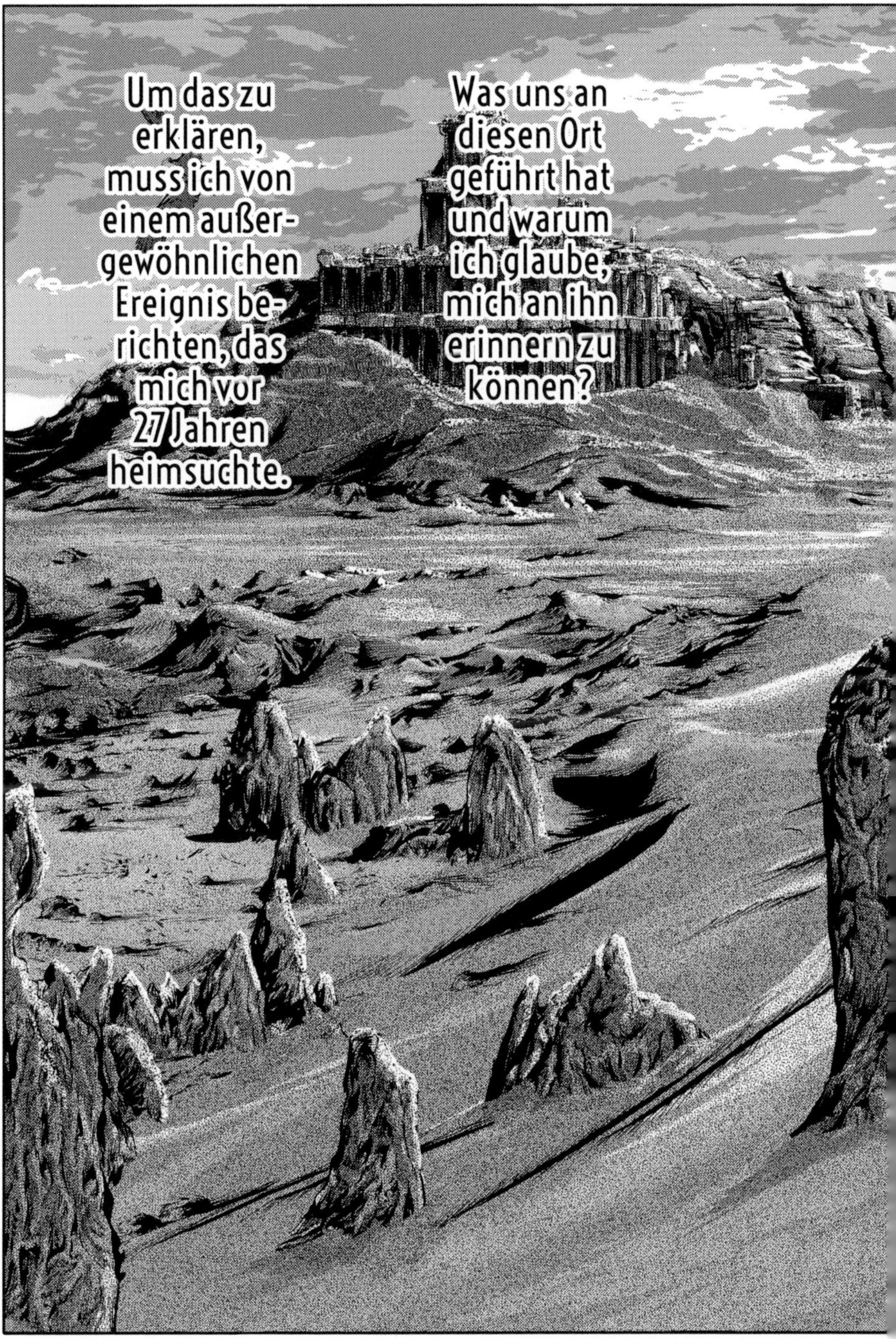
Um das zu erklären, muss ich von einem außer-gewöhnlichen Ereignis be-richten, das mich vor 27 Jahren heimsuchte.
Was uns an diesen Ort geführt hat und warum ich glaube, mich an ihn erinnern zu können?

1 EIN SONDERBARER GEDÄCHTNISVERLUST

The Queer Amnesia

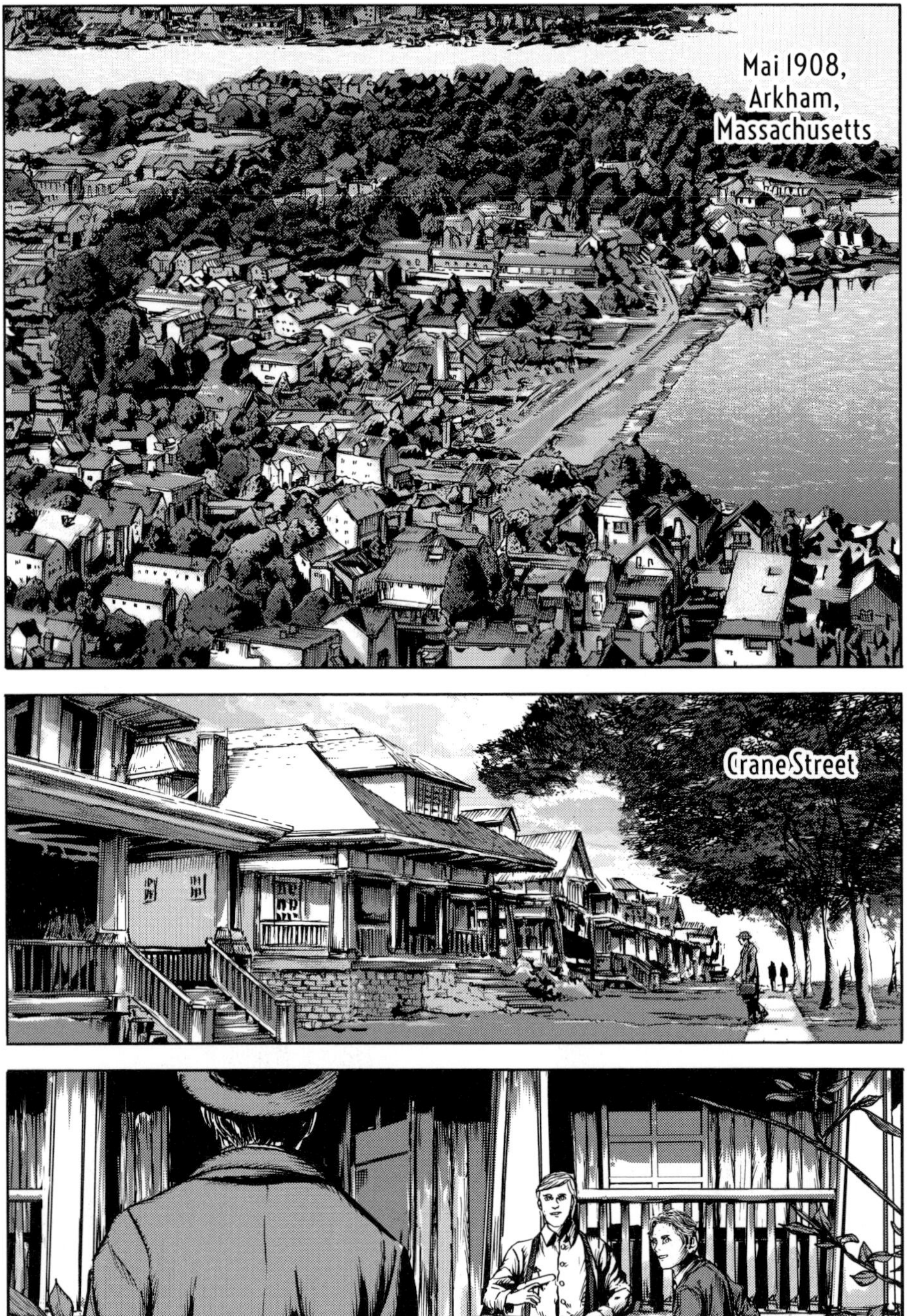
Mai 1908,
Arkham,
Massachusetts
Crane Street

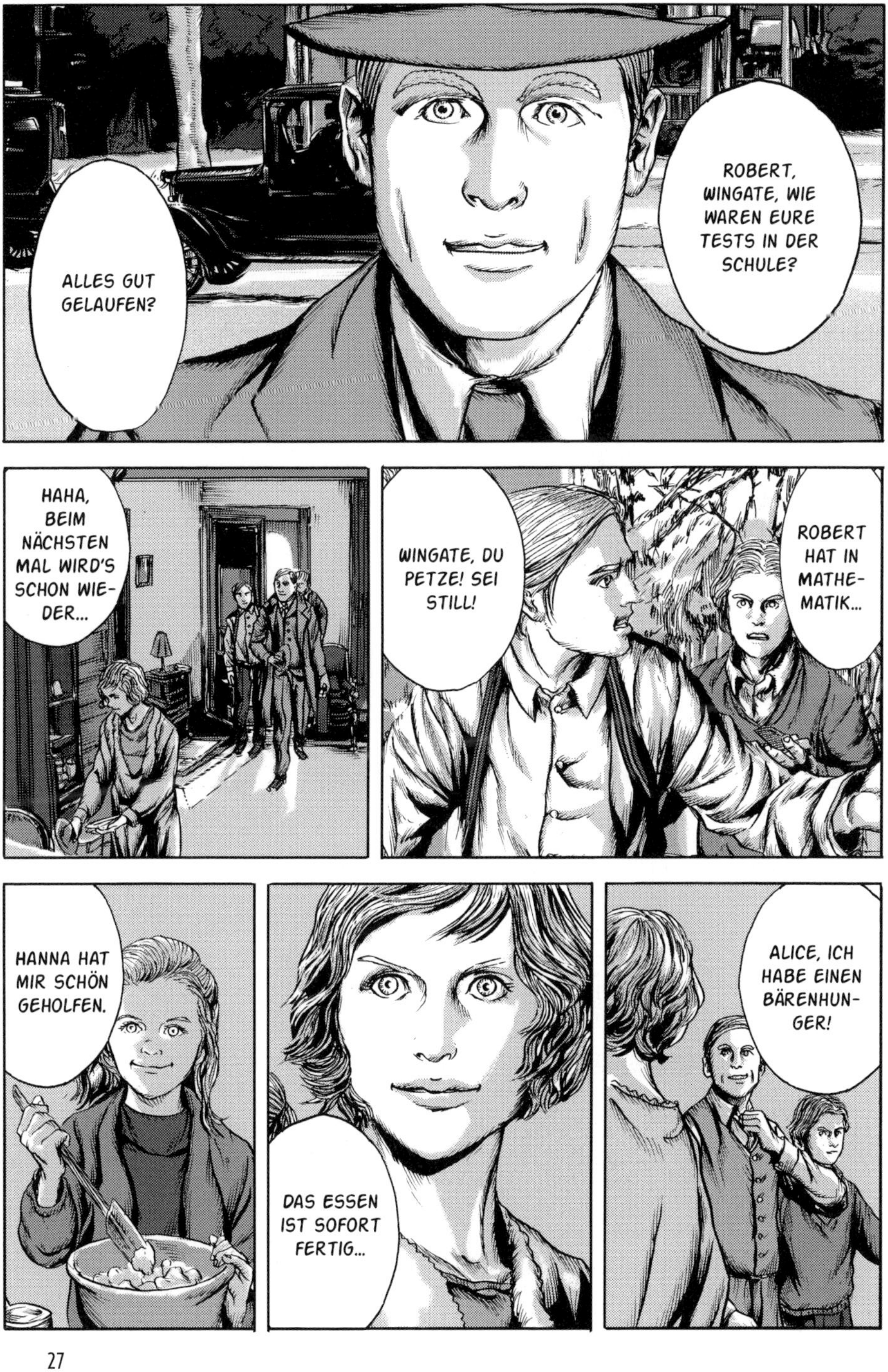
ROBERT, WINGATE, WIE WAREN EURE TESTS IN DER SCHULE?
ALLES GUT GELAUFEN?
ROBERT HAT IN MATHE-MATIK...
WINGATE, DU PETZE! SEI STILL!
HAHA, BEIM NÄCHSTEN MAL WIRD'S SCHON WIE-DER...
ALICE, ICH HABE EINEN BÄRENHUN-GER!
DAS ESSEN IST SOFORT FERTIG...
HANNA HAT MIR SCHÖN GEHOLFEN.

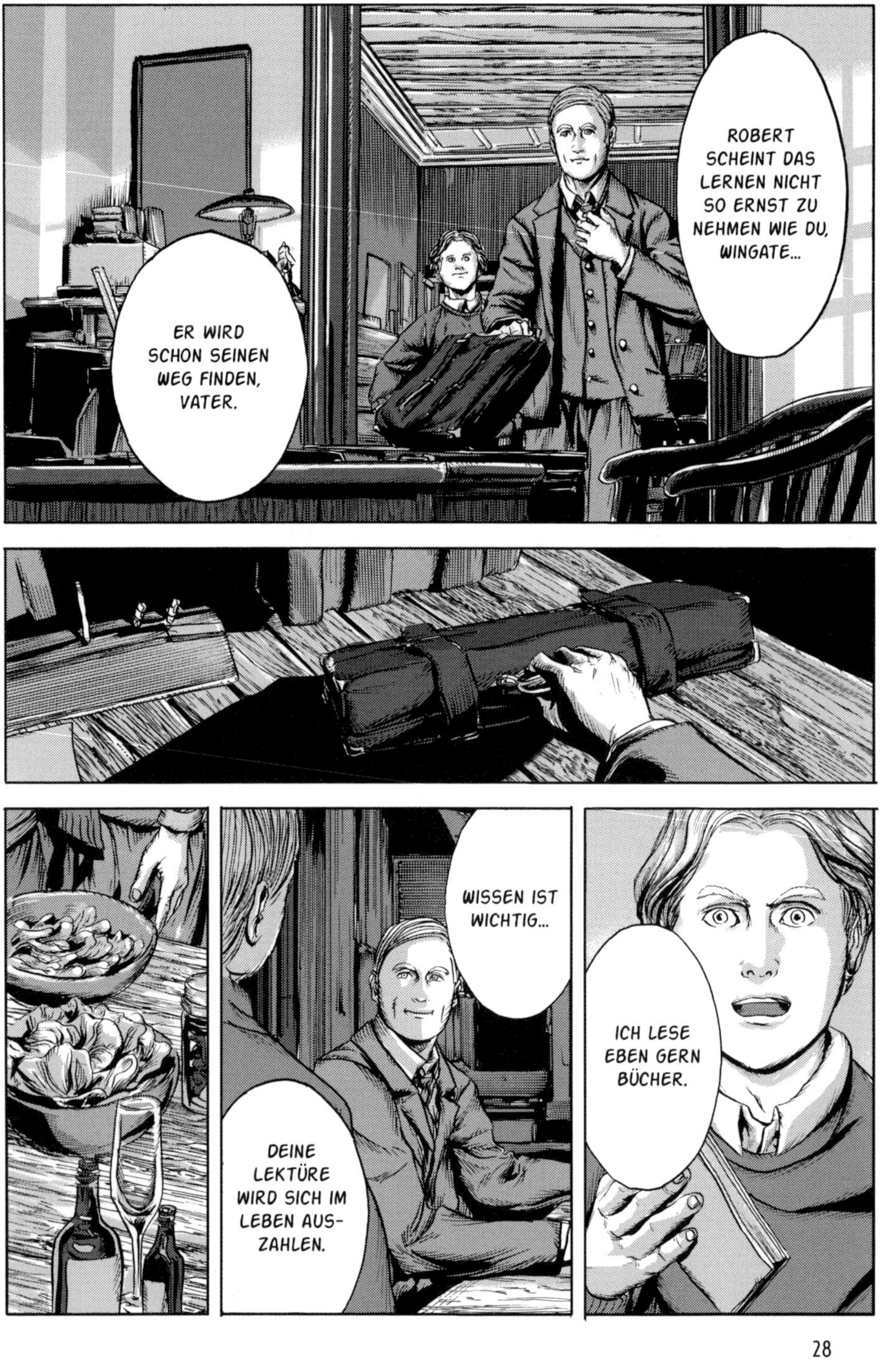
ROBERT SCHEINT DAS LERNEN NICHT SO ERNST ZU NEHMEN WIE DU, WINGATE...
ER WIRD SCHON SEINEN WEG FINDEN, VATER.
WISSEN IST WICHTIG...
DEINE LEKTÜRE WIRD SICH IM LEBEN AUS-ZAHLEN.
ICH LESE EBEN GERN BÜCHER.

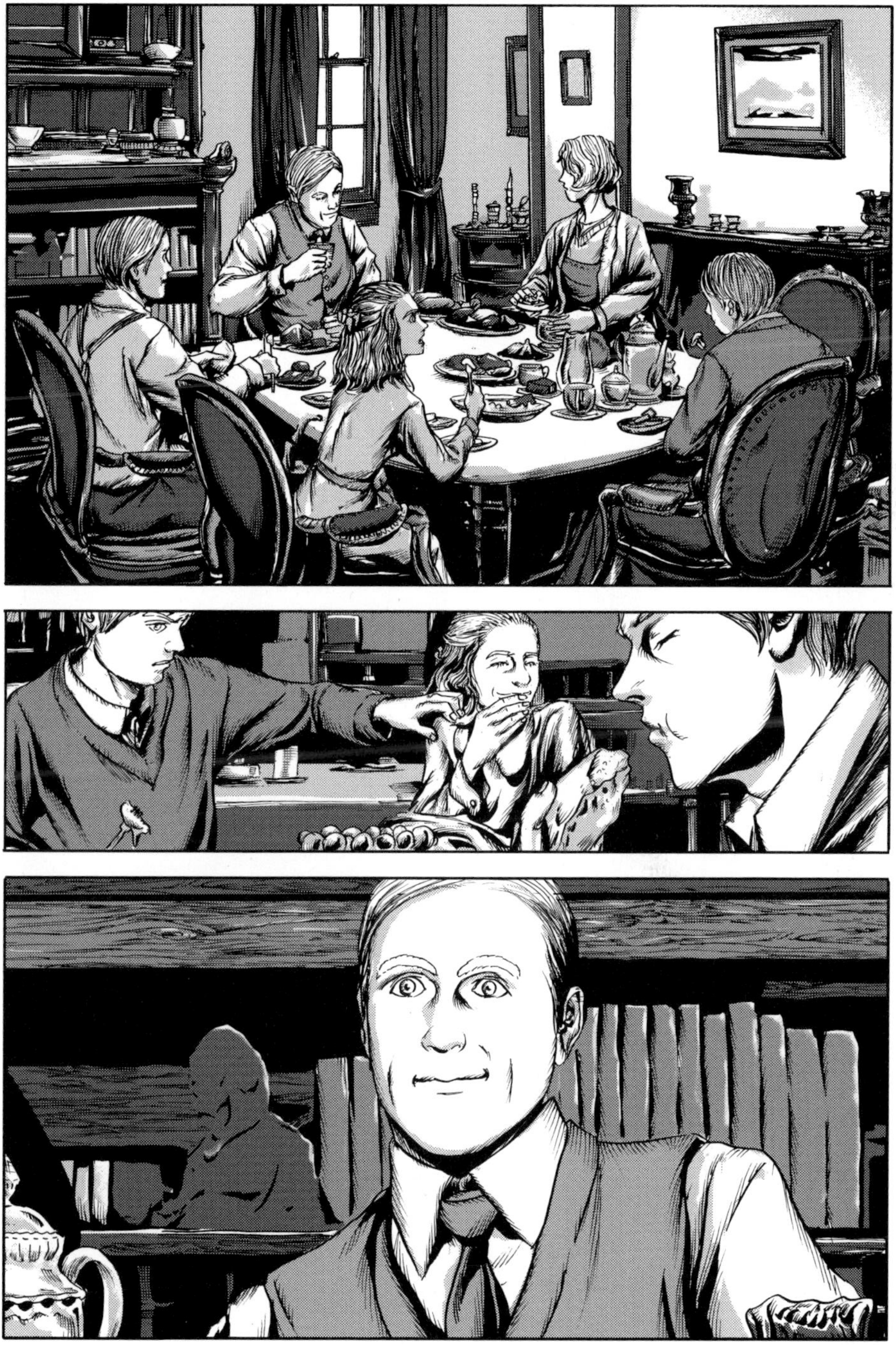

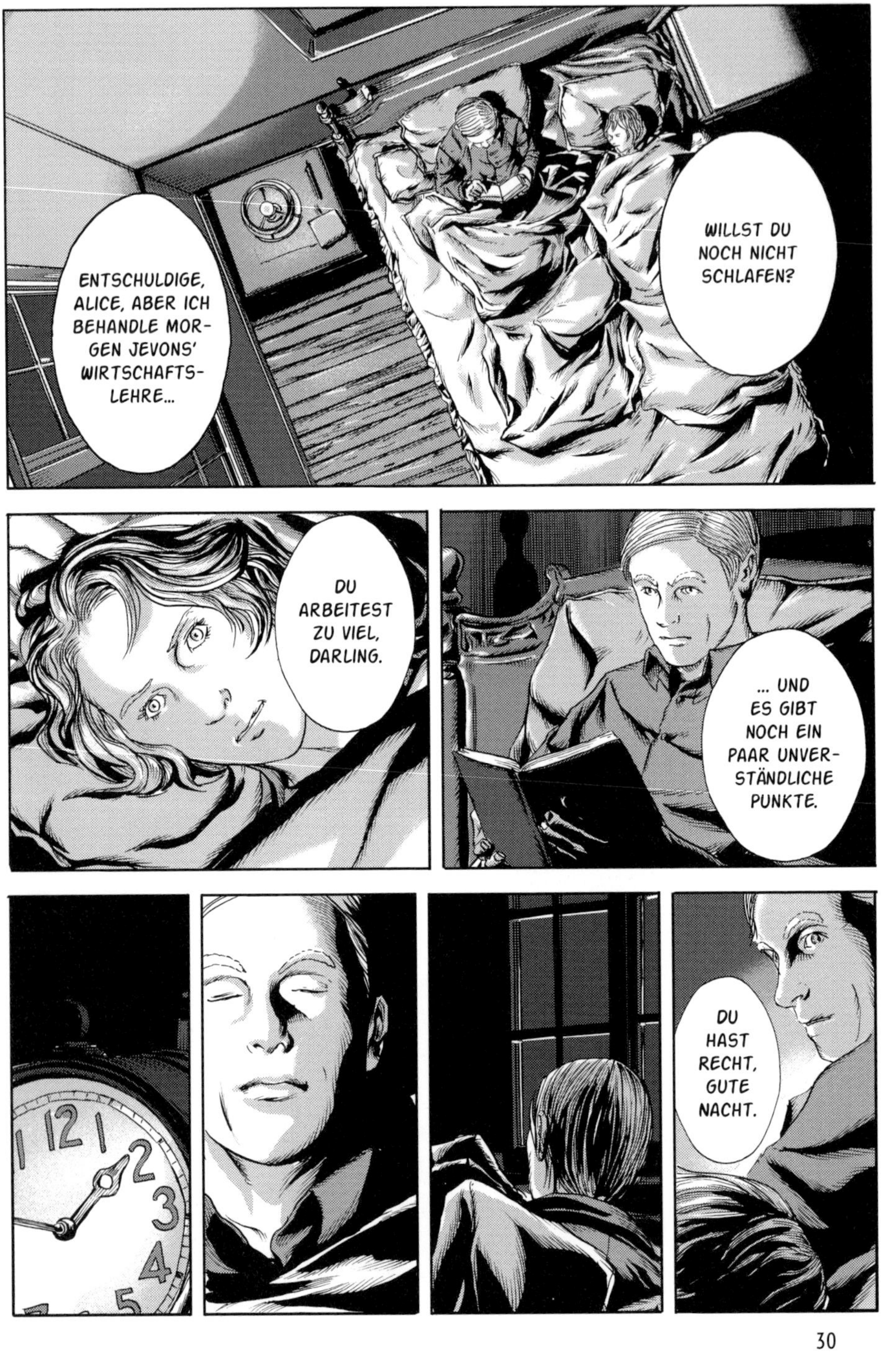
ENTSCHULDIGE, ALICE, ABER ICH BEHANDLE MORGEN JEVONS' WIRTSCHAFTSLEHRE...
WILLST DU NOCH NICHT SCHLAFEN?
DU ARBEITEST ZU VIEL, DARLING.
... UND ES GIBT NOCH EIN PAAR UNVERSTÄNDLICHE PUNKTE.
DU HAST RECHT, GUTE NACHT.

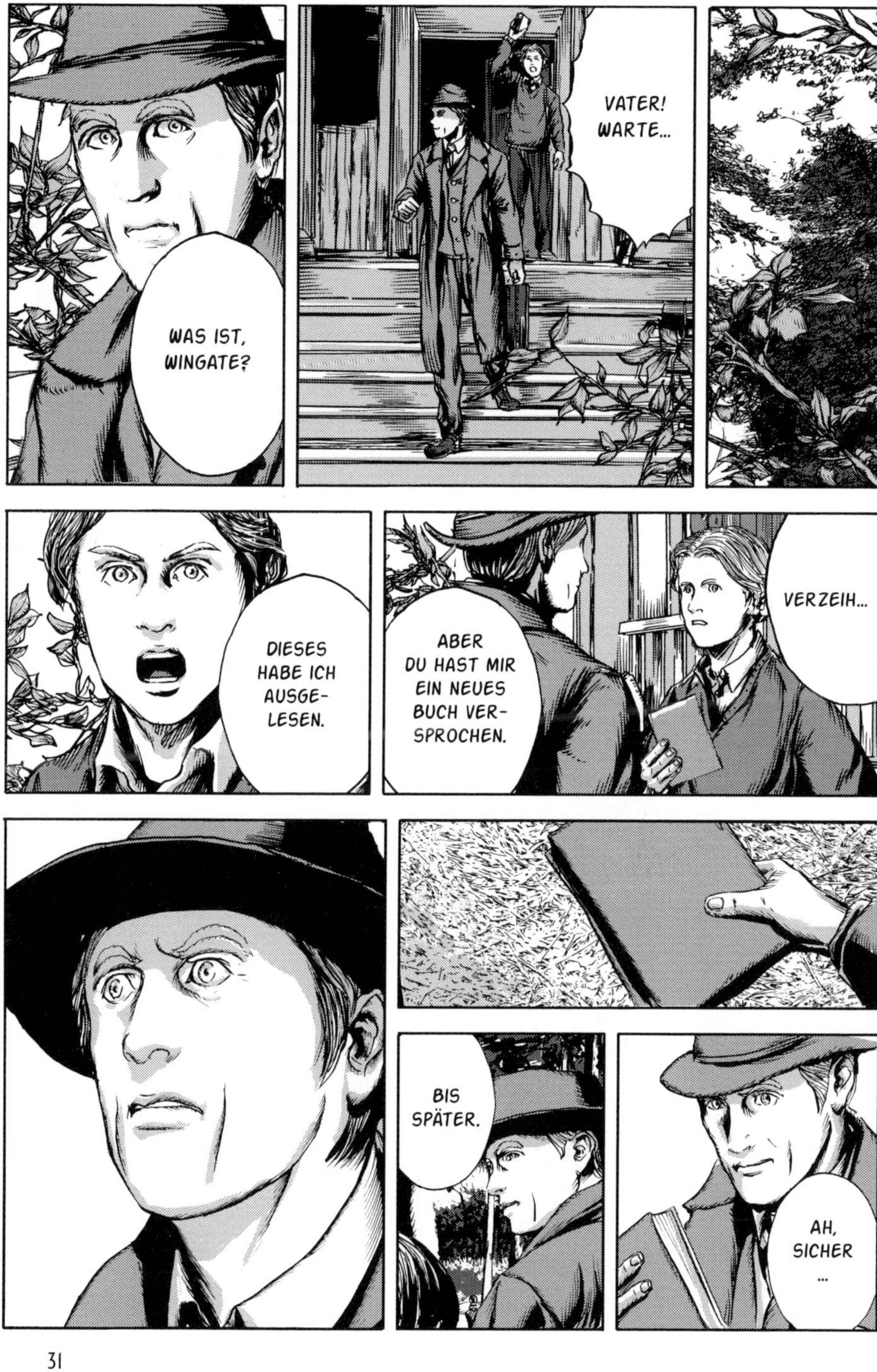
VATER! WARTE...
WAS IST, WINGATE?
VERZEIH...
ABER DU HAST MIR EIN NEUES BUCH VER-SPROCHEN.
DIESES HABE ICH AUSGE-LESEN.
AH, SICHER ...
BIS SPÄTER.

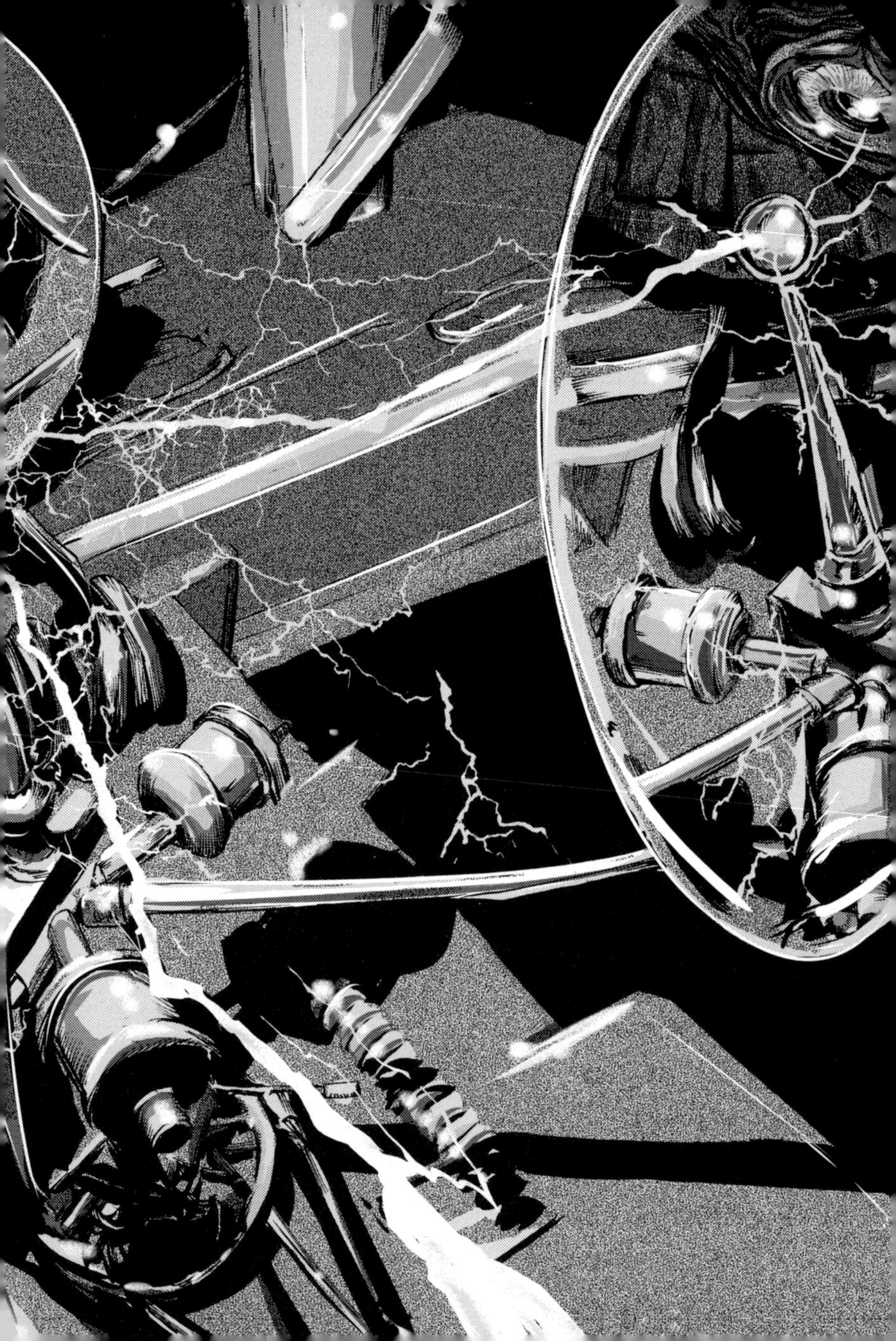

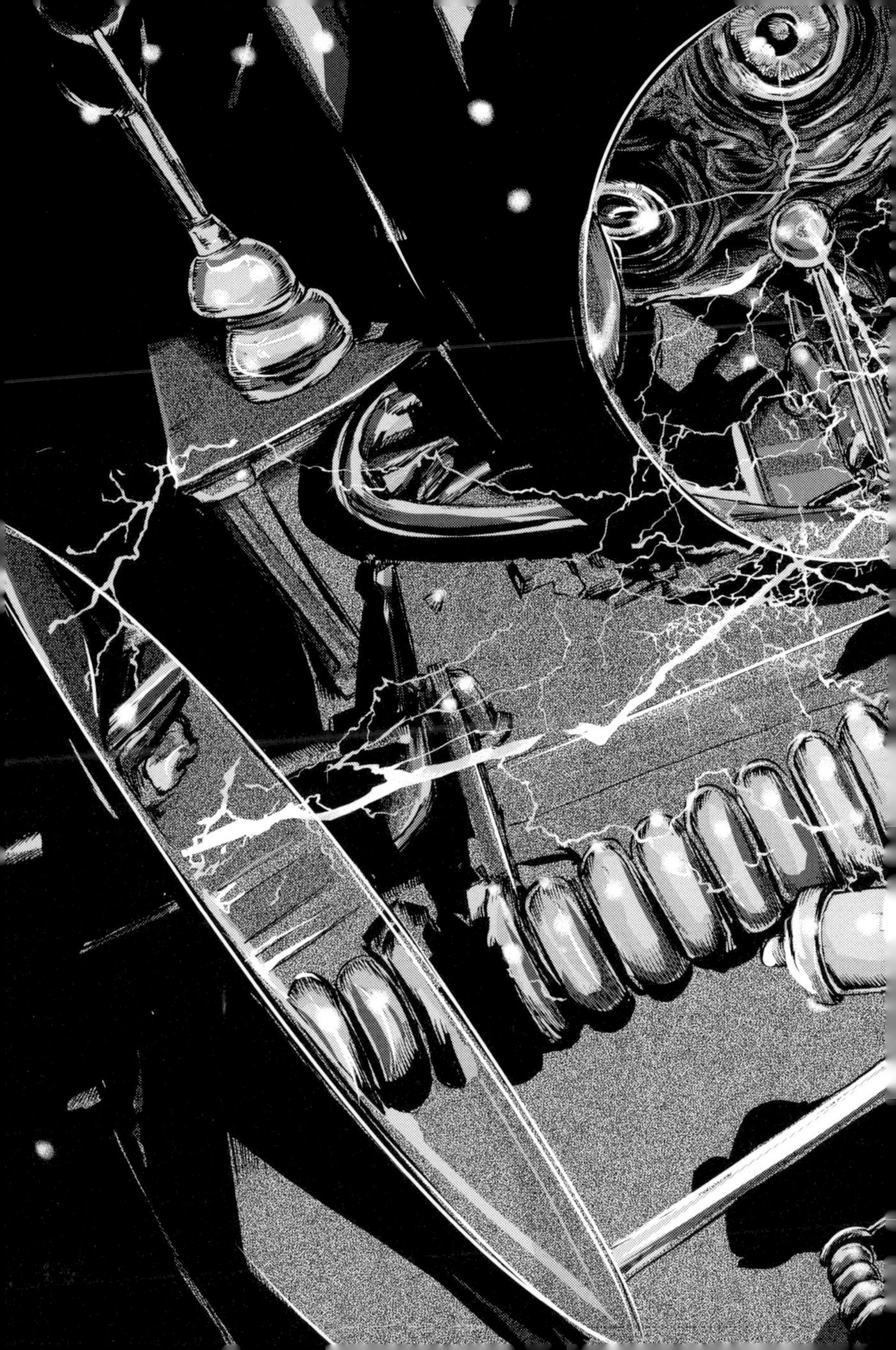

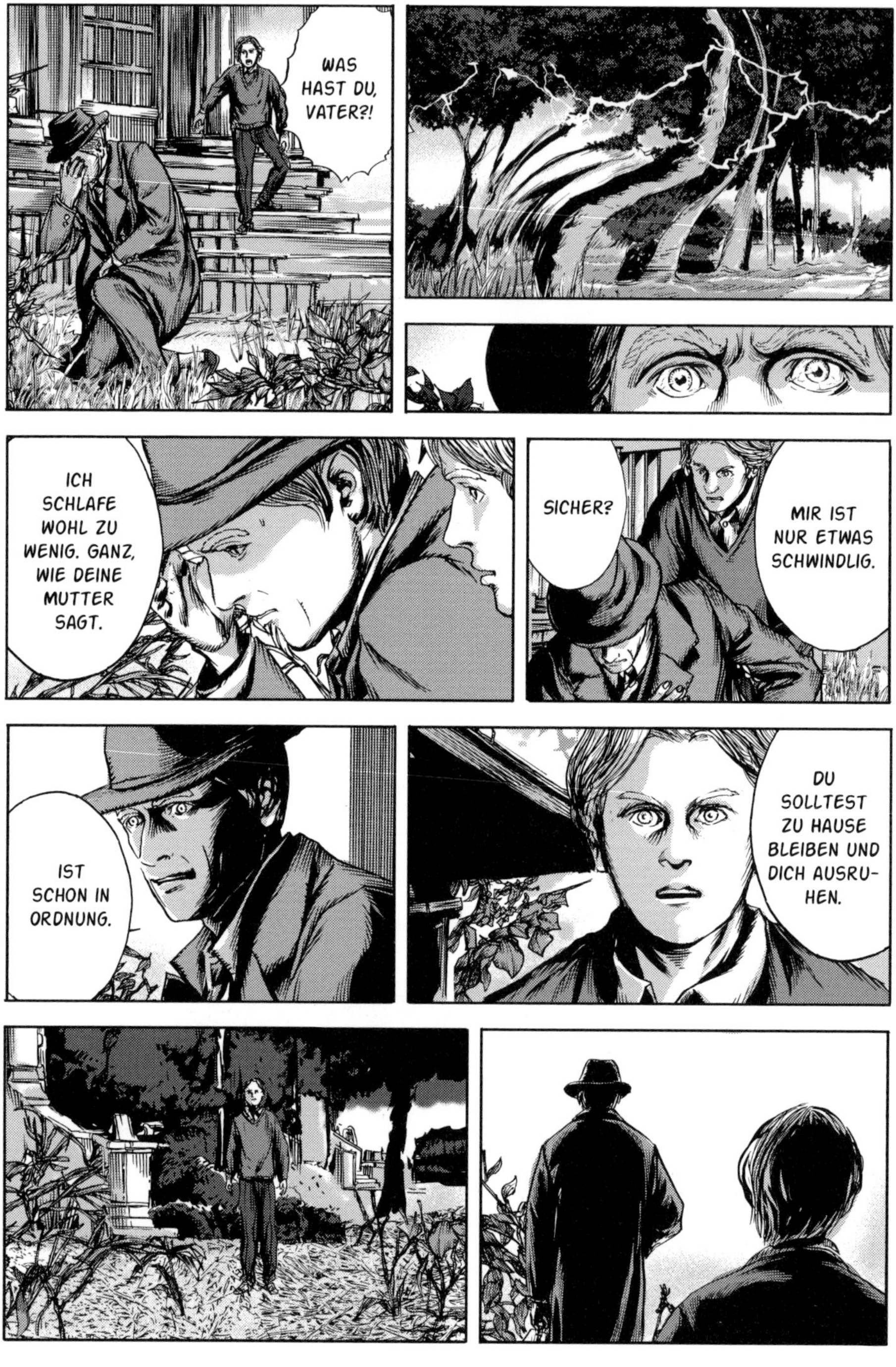
WAS HAST DU, VATER?!
ICH SCHLAFE WOHL ZU WENIG. GANZ, WIE DEINE MUTTER SAGT.
SICHER?
MIR IST NUR ETWAS SCHWINDLIG.
IST SCHON IN ORDNUNG.
DU SOLLTEST ZU HAUSE BLEIBEN UND DICH AUSRU-HEN.

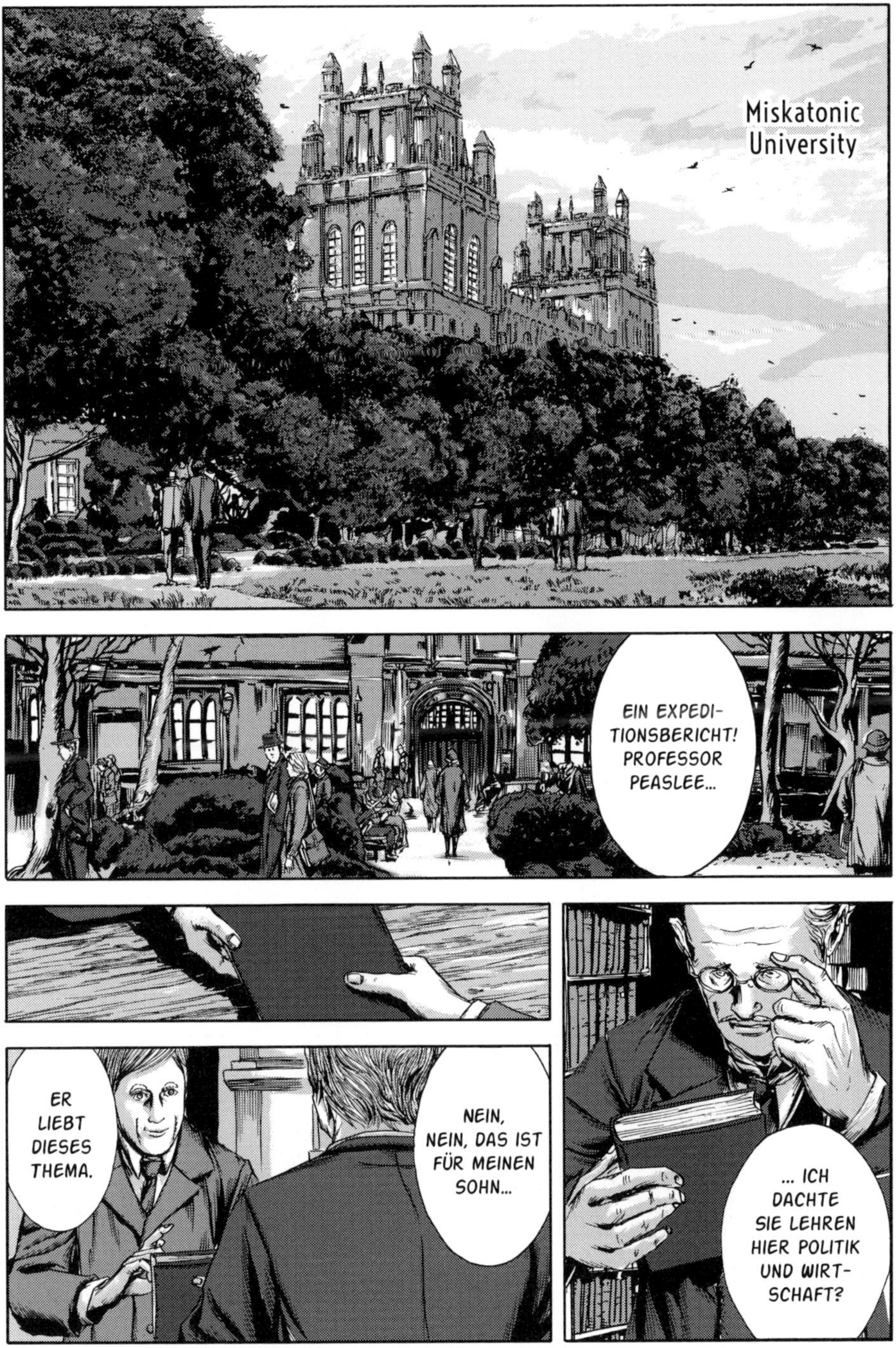
Miskatonic University
EIN EXPEDITIONSBERICHT! PROFESSOR PEASLEE...
... ICH DACHTE SIE LEHREN HIER POLITIK UND WIRTSCHAFT?
NEIN, NEIN, DAS IST FÜR MEINEN SOHN...
ER LIEBT DIESES THEMA.

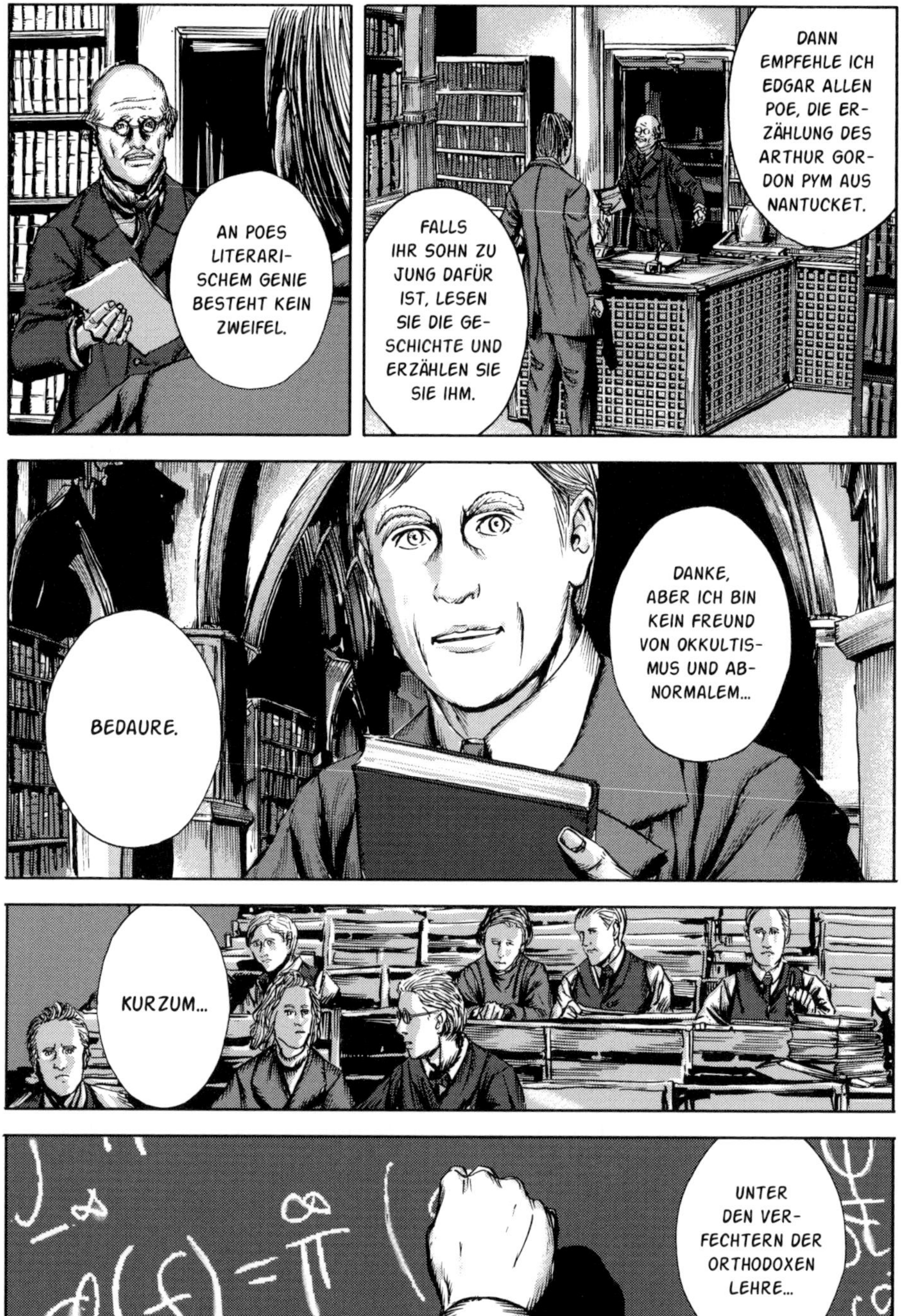
AN POES LITERARISCHEM GENIE BESTEHT KEIN ZWEIFEL.
DANN EMPFEHLE ICH EDGAR ALLEN POE, DIE ERZÄHLUNG DES ARTHUR GORDON PYM AUS NANTUCKET.
FALLS IHR SOHN ZU JUNG DAFÜR IST, LESEN SIE DIE GESCHICHTE UND ERZÄHLEN SIE SIE IHM.
DANKE, ABER ICH BIN KEIN FREUND VON OKKULTISMUS UND ABNORMALEM...
BEDAURE.
KURZUM...
UNTER DEN VERFECHTERN DER ORTHODOXEN LEHRE...

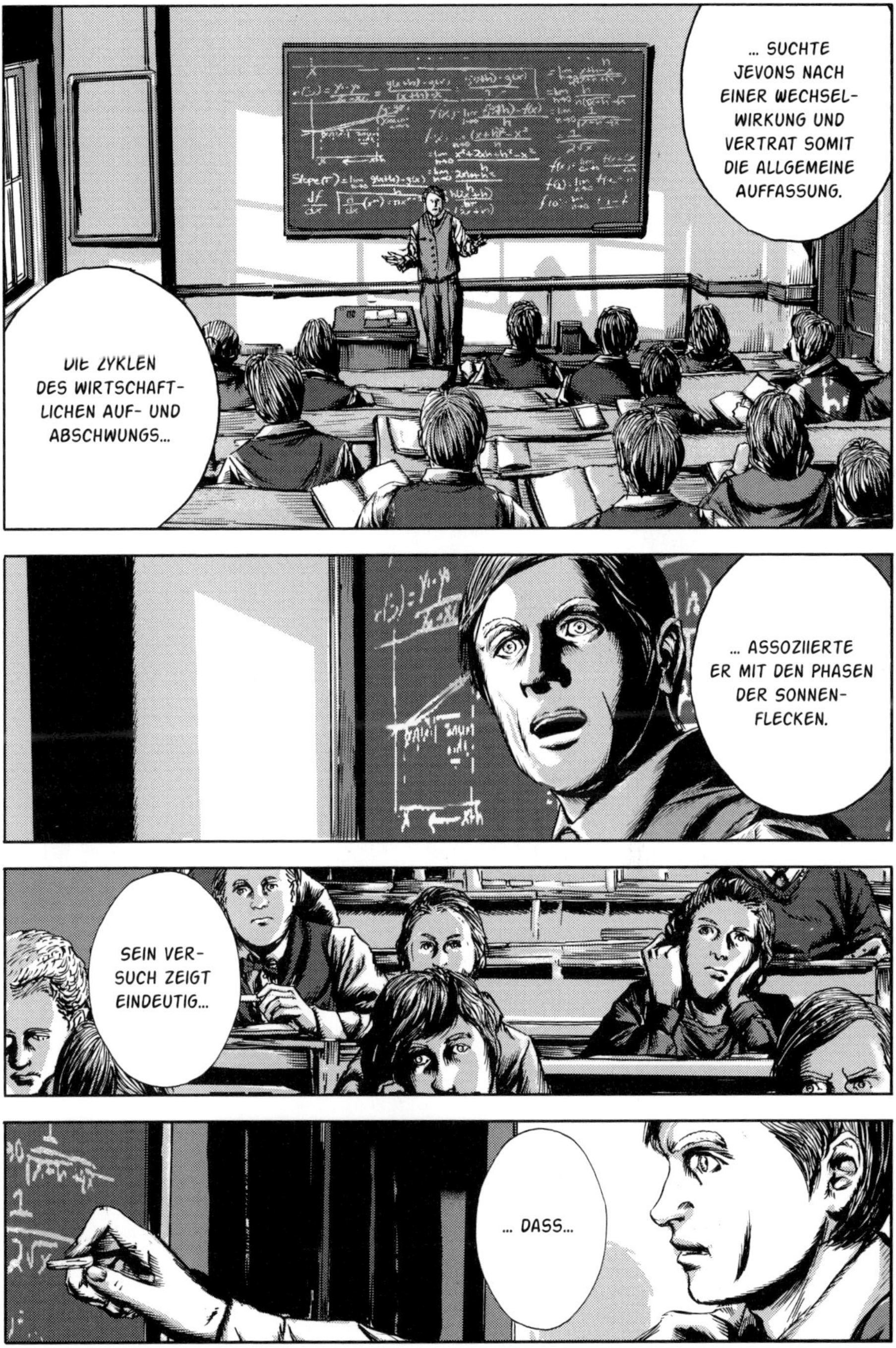

DIE ZYKLEN DES WIRTSCHAFT-LICHEN AUF- UND ABSCHWUNGS...
... SUCHTE JEVONS NACH EINER WECHSEL-WIRKUNG UND VERTRAT SOMIT DIE ALLGEMEINE AUFFASSUNG.
... ASSOZIIERTE ER MIT DEN PHASEN DER SONNEN-FLECKEN.
SEIN VER-SUCH ZEIGT EINDEUTIG...
... DASS...

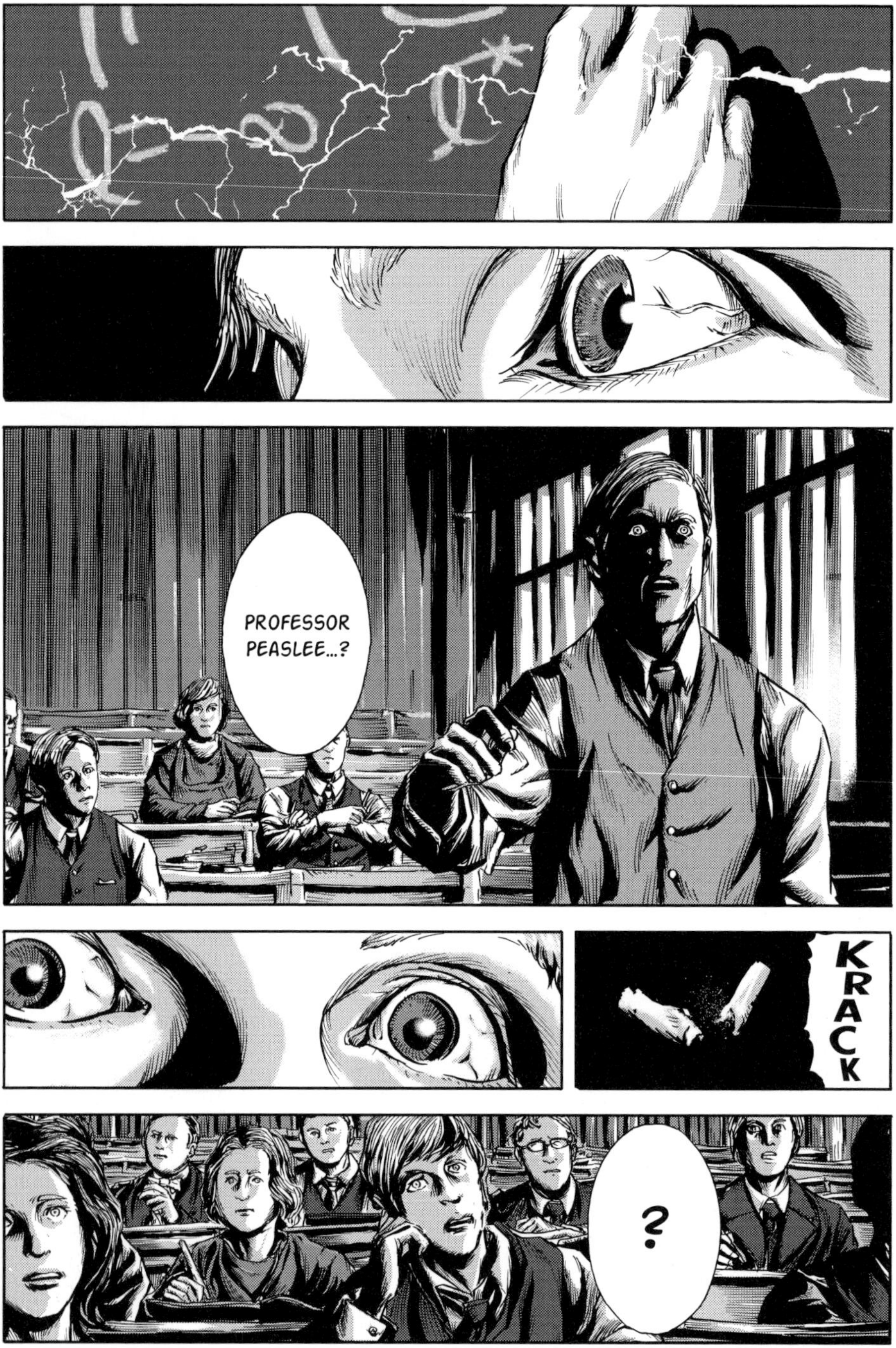
PROFESSOR PEASLEE...?
KRACK
?

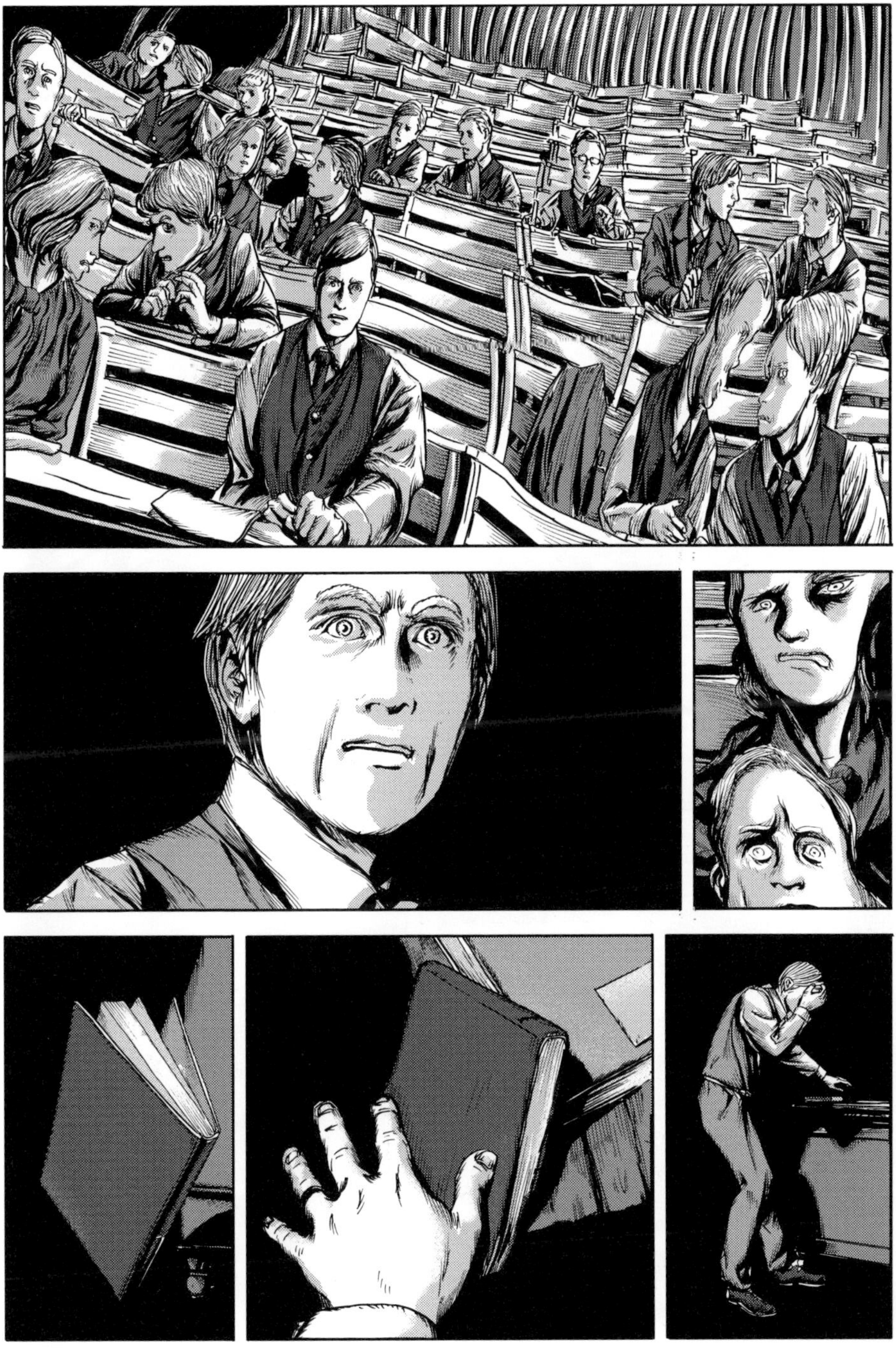

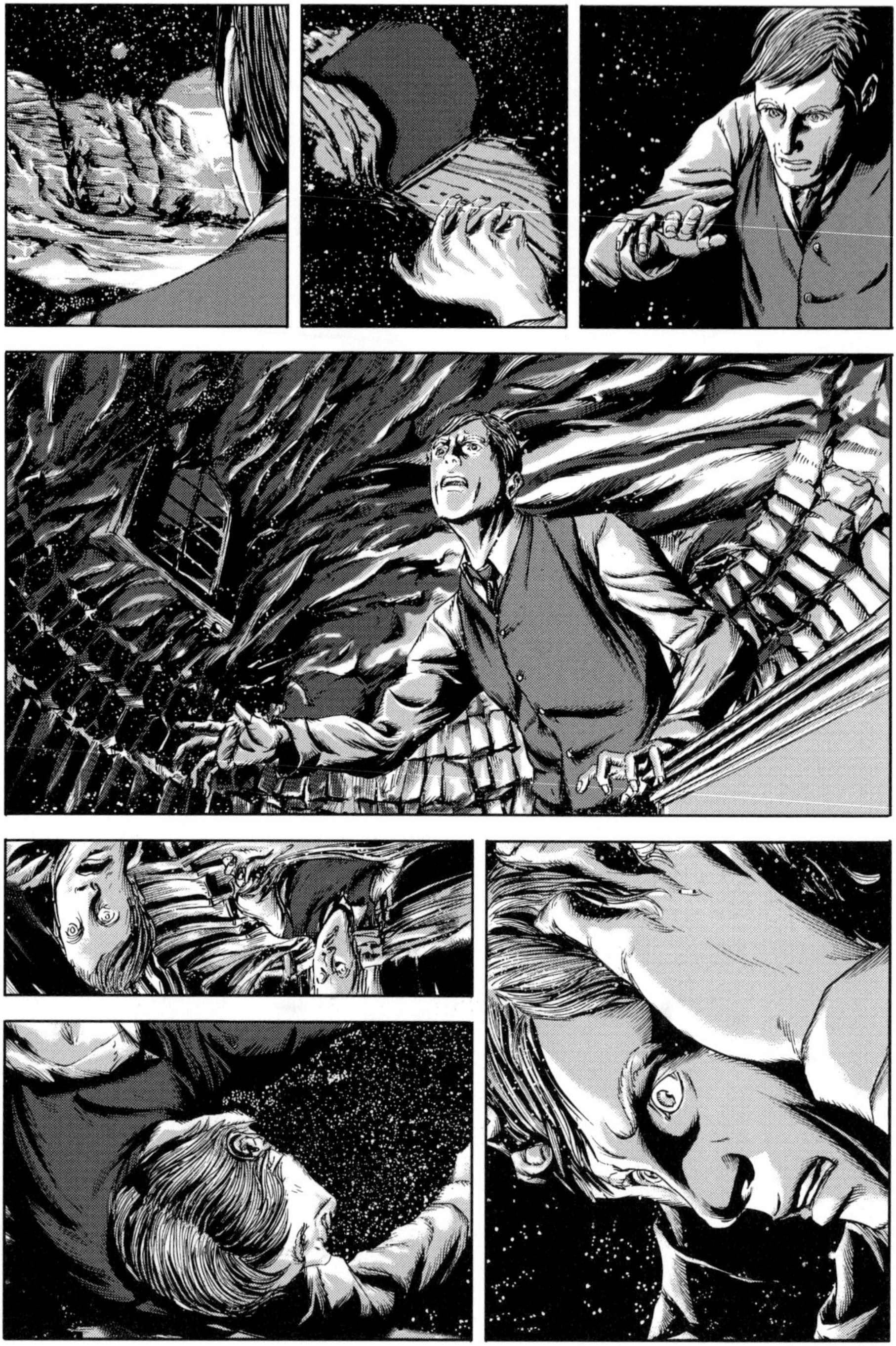

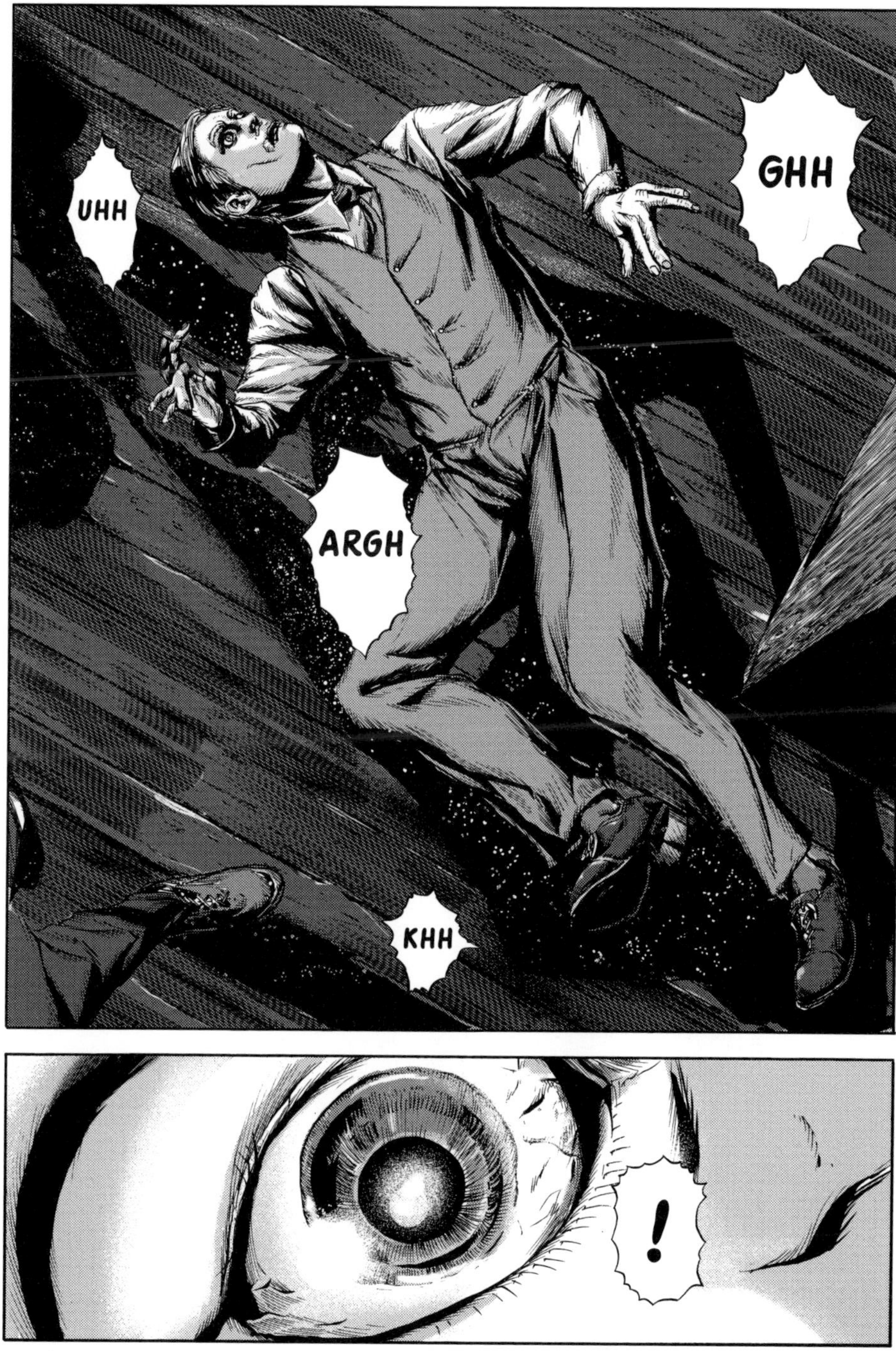
GHH
UHH
ARGH
KHH
!

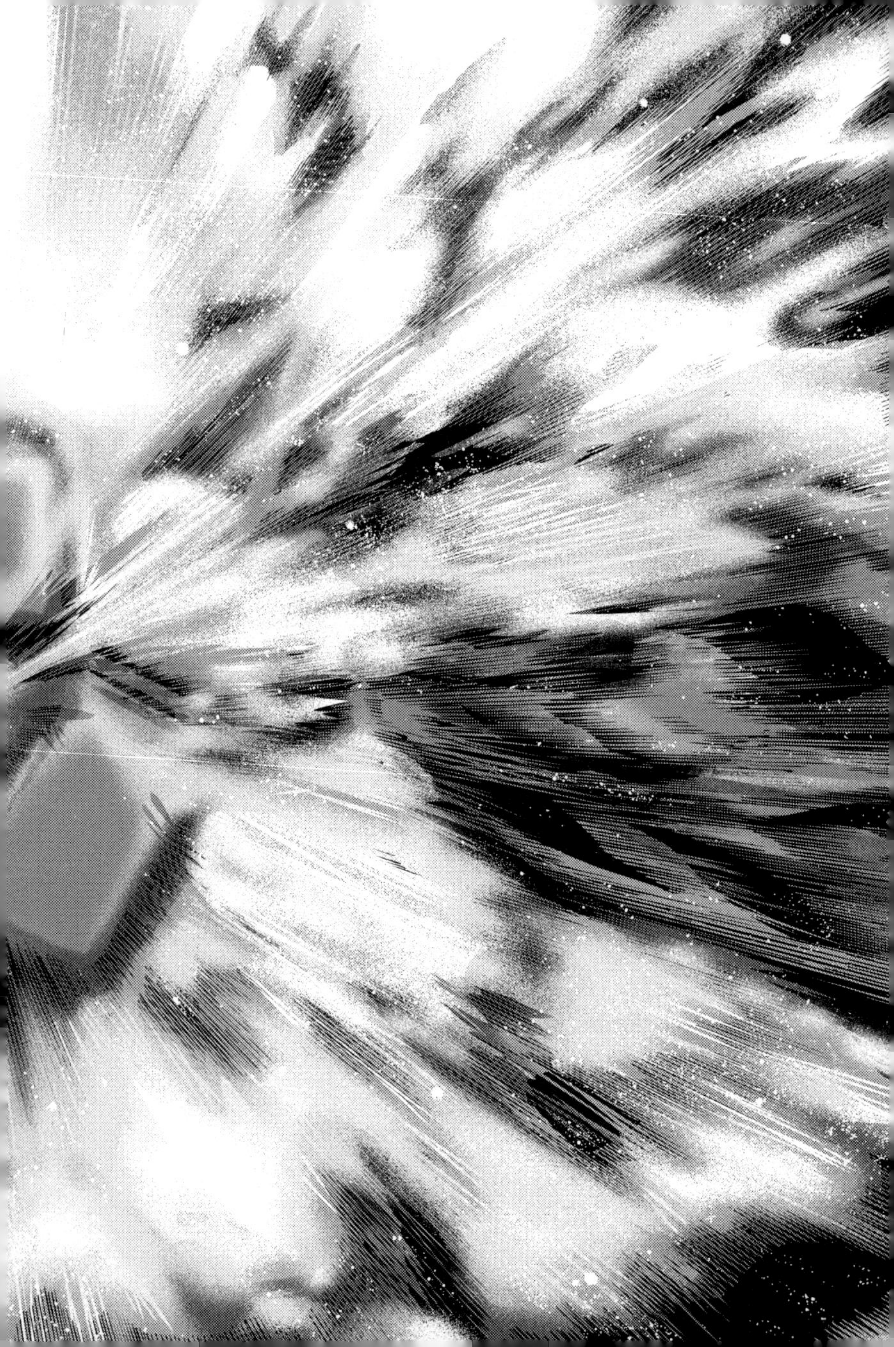

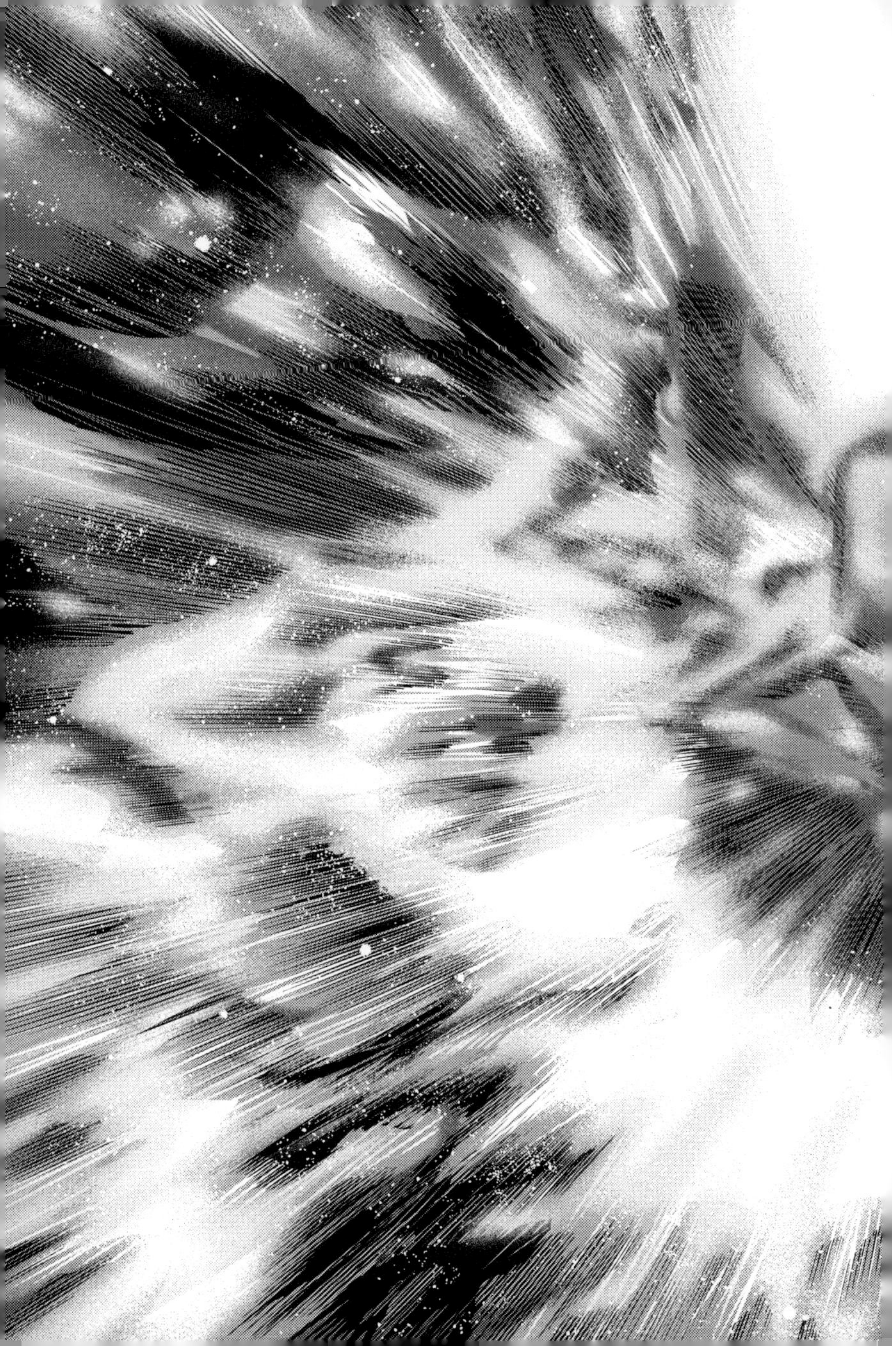

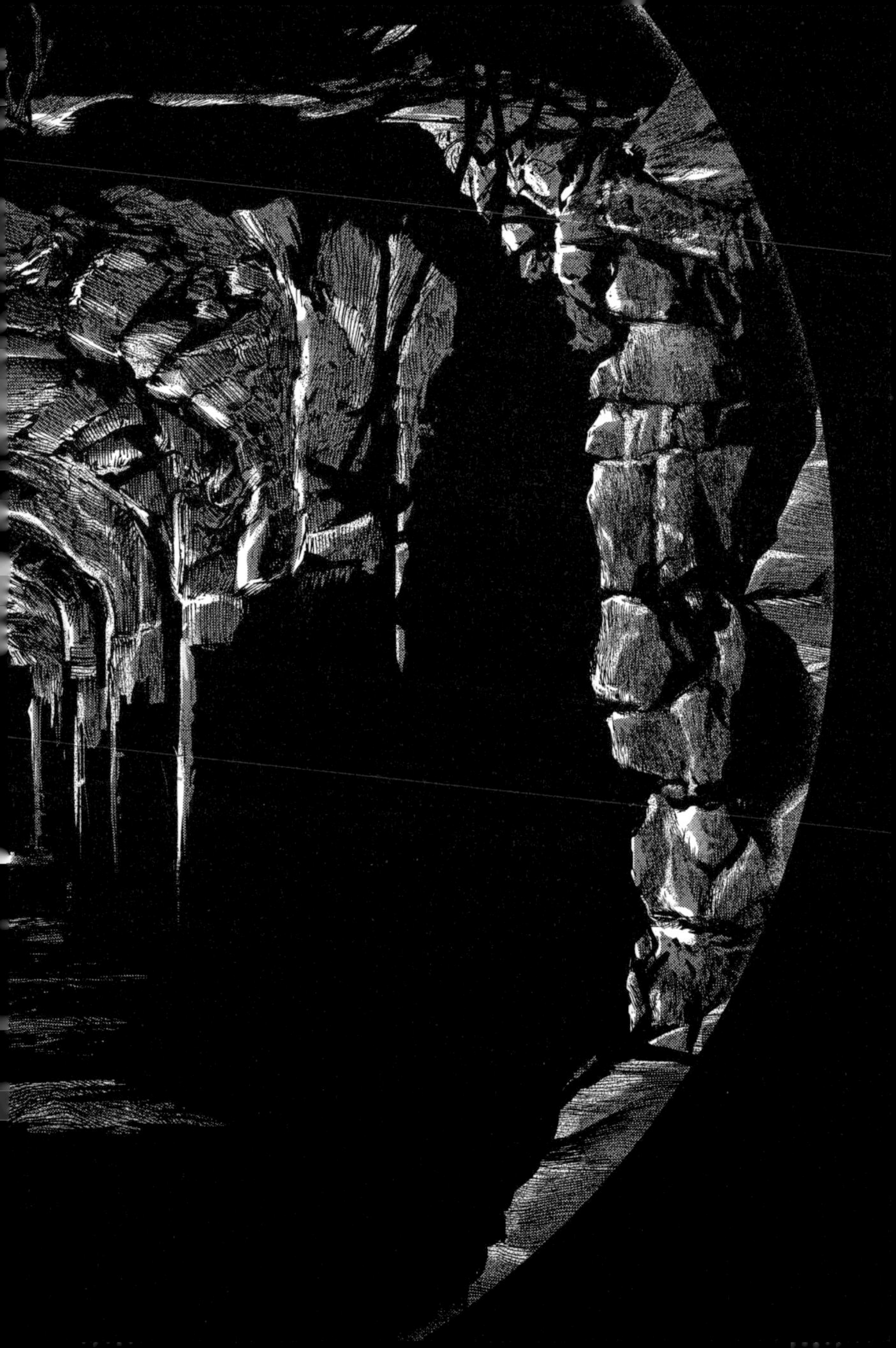

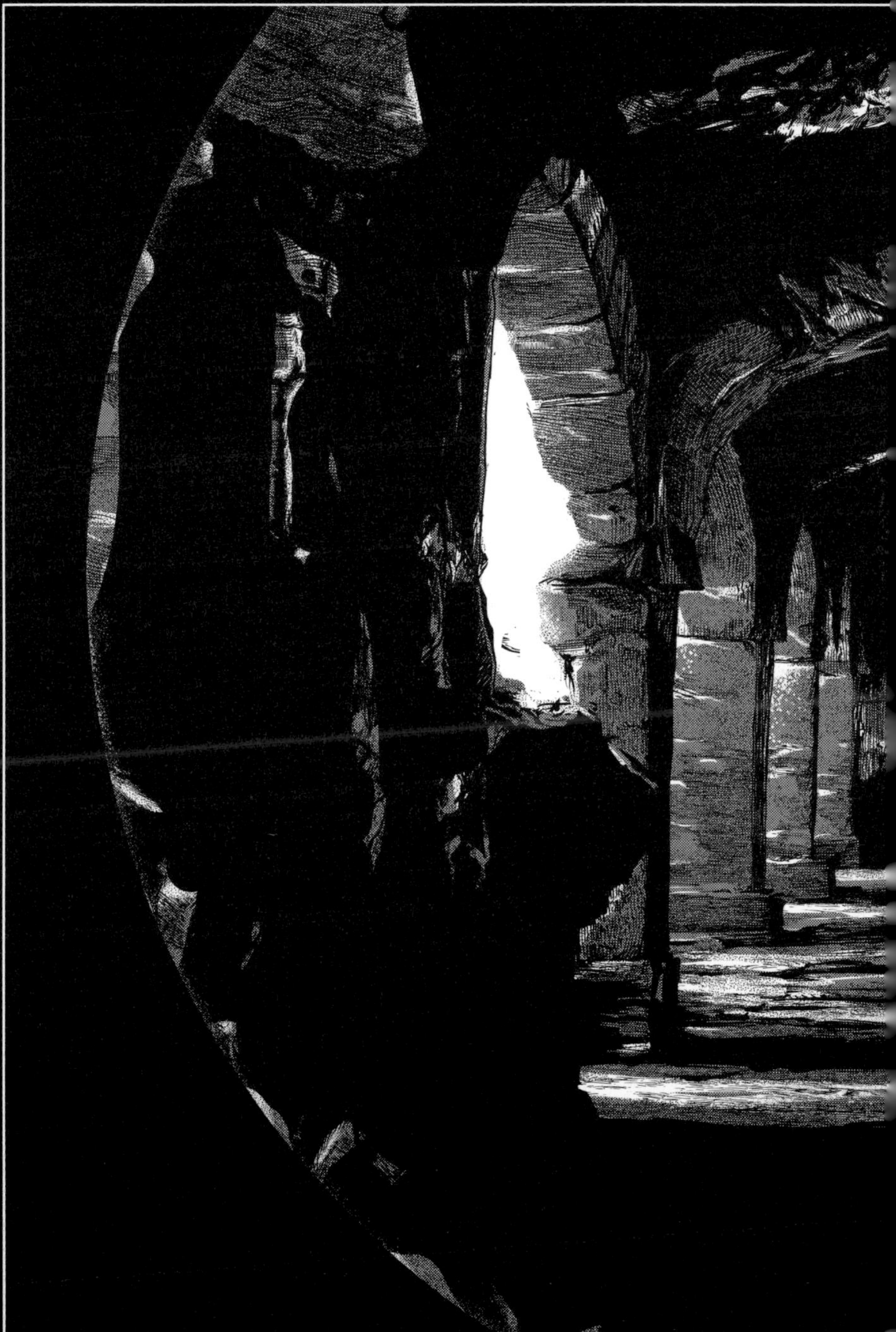

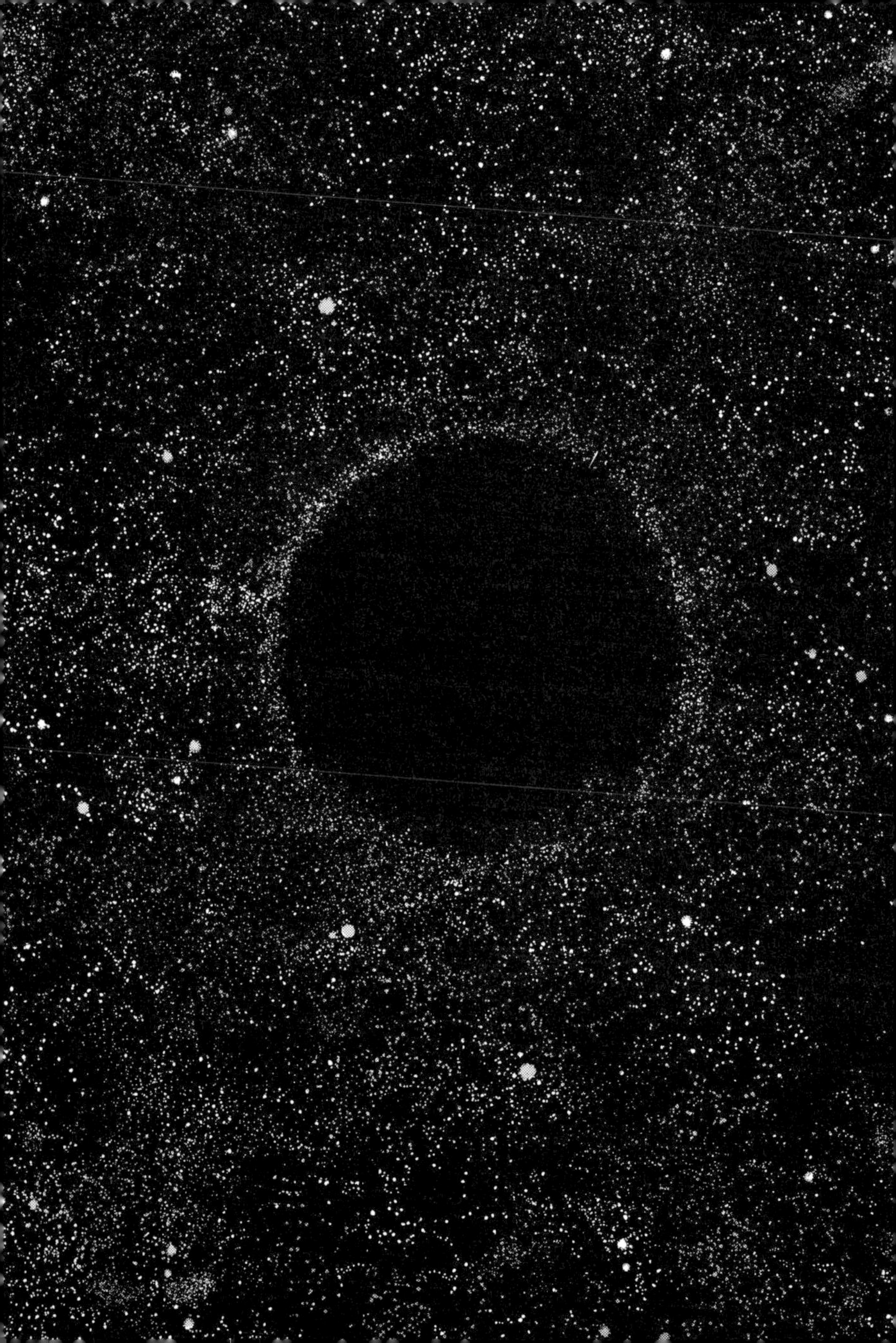

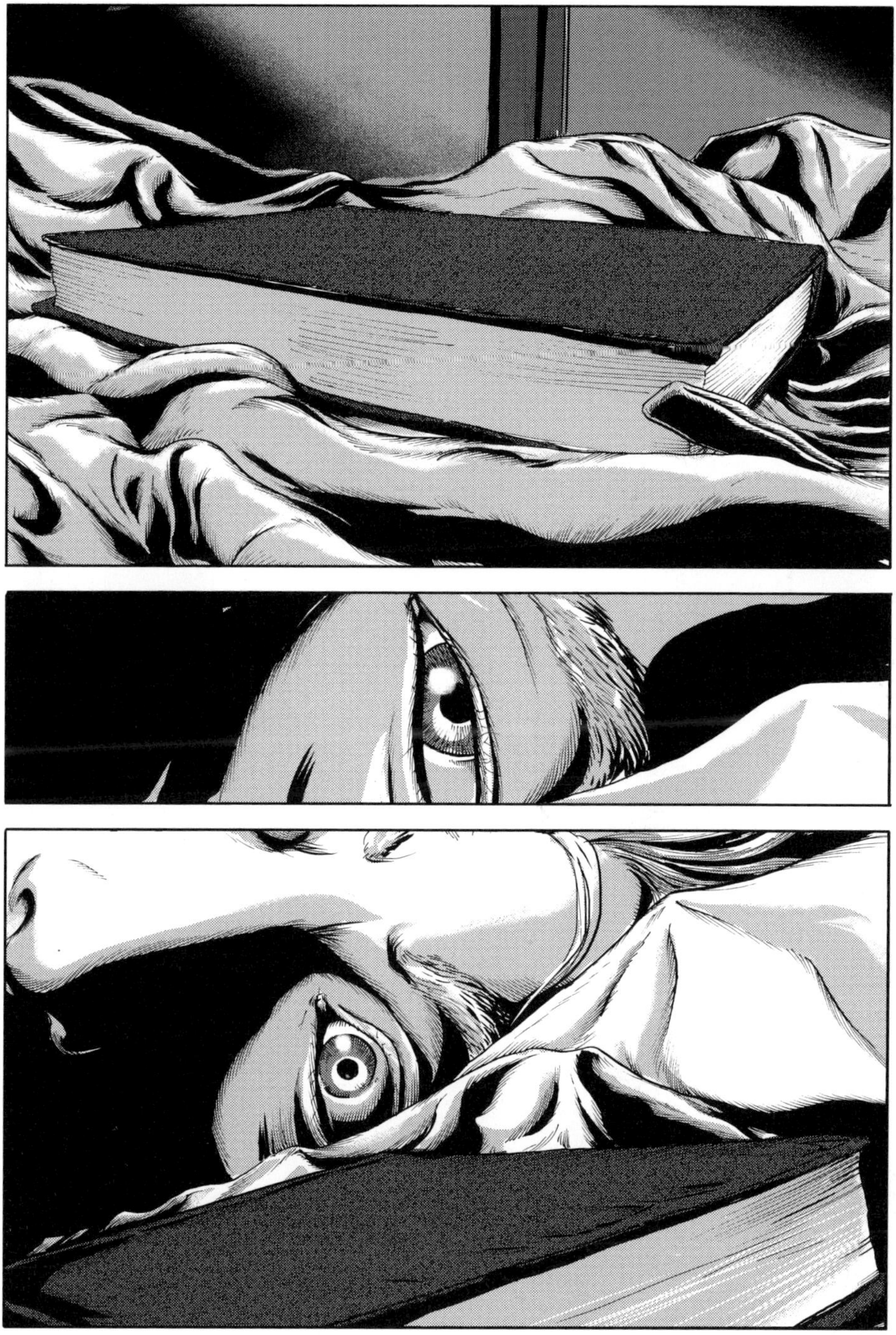

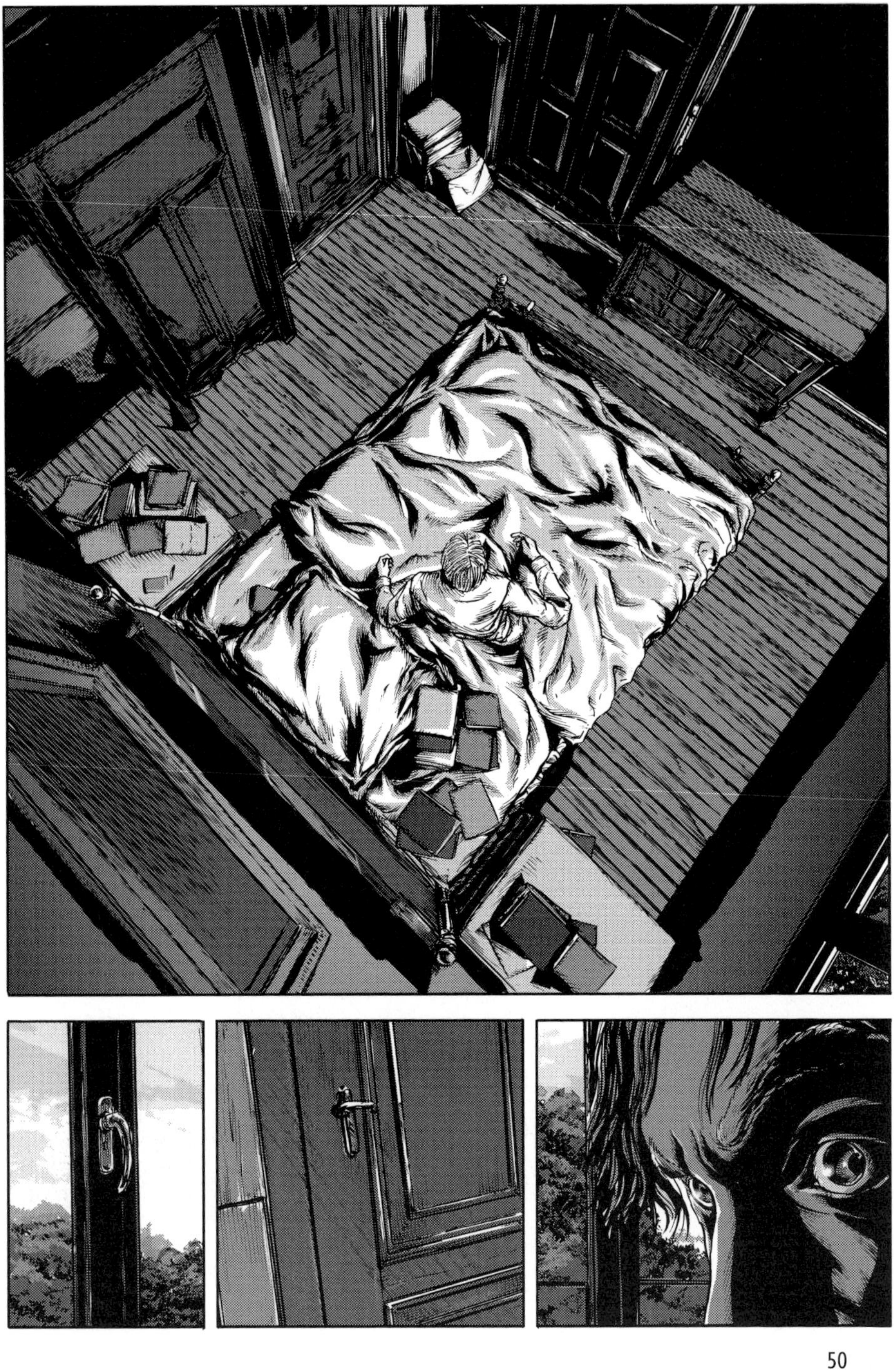

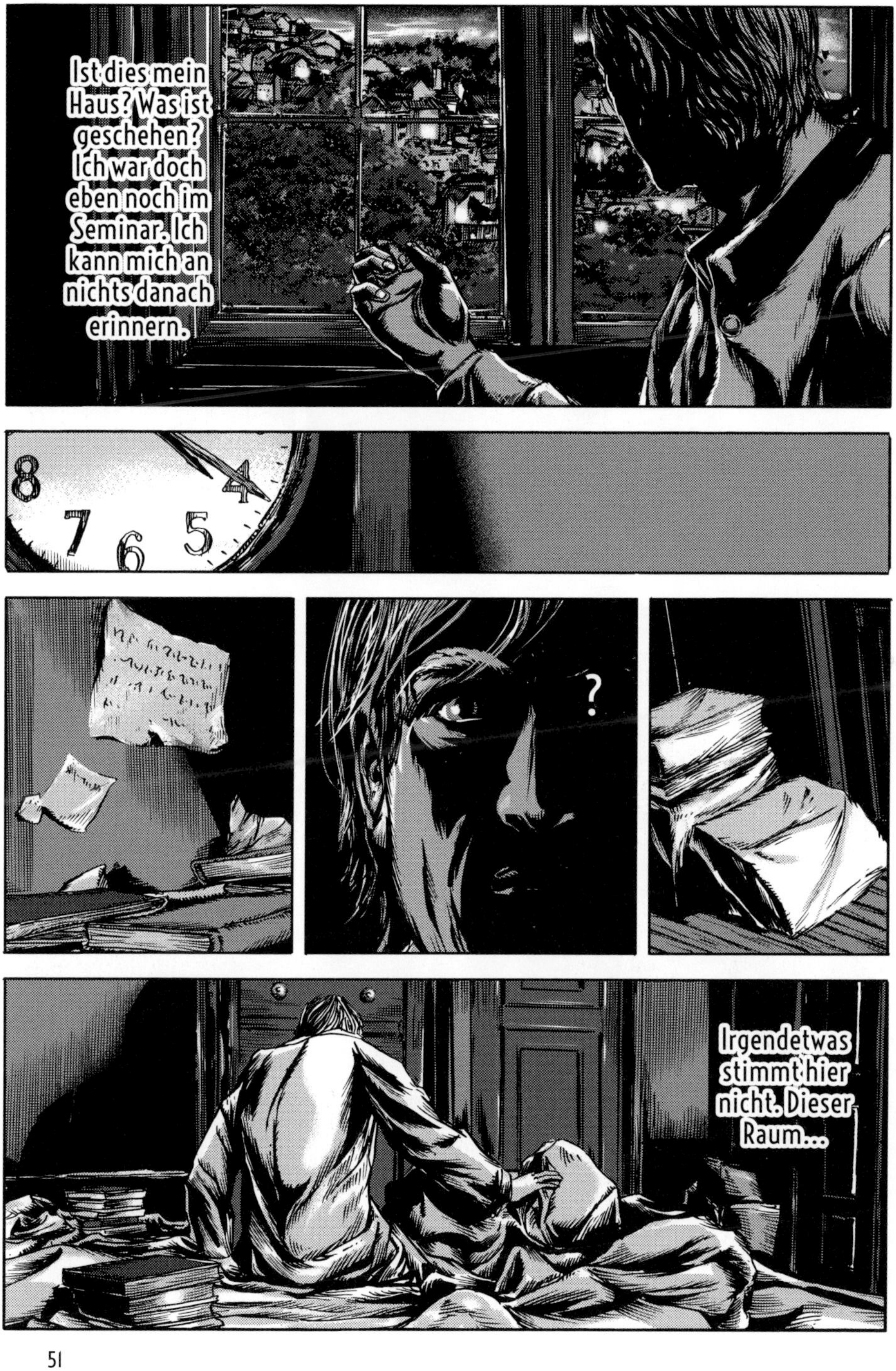
Ist dies mein Haus? Was ist geschehen? Ich war doch eben noch im Seminar. Ich kann mich an nichts danach erinnern.
?
Irgendetwas stimmt hier nicht. Dieser Raum...

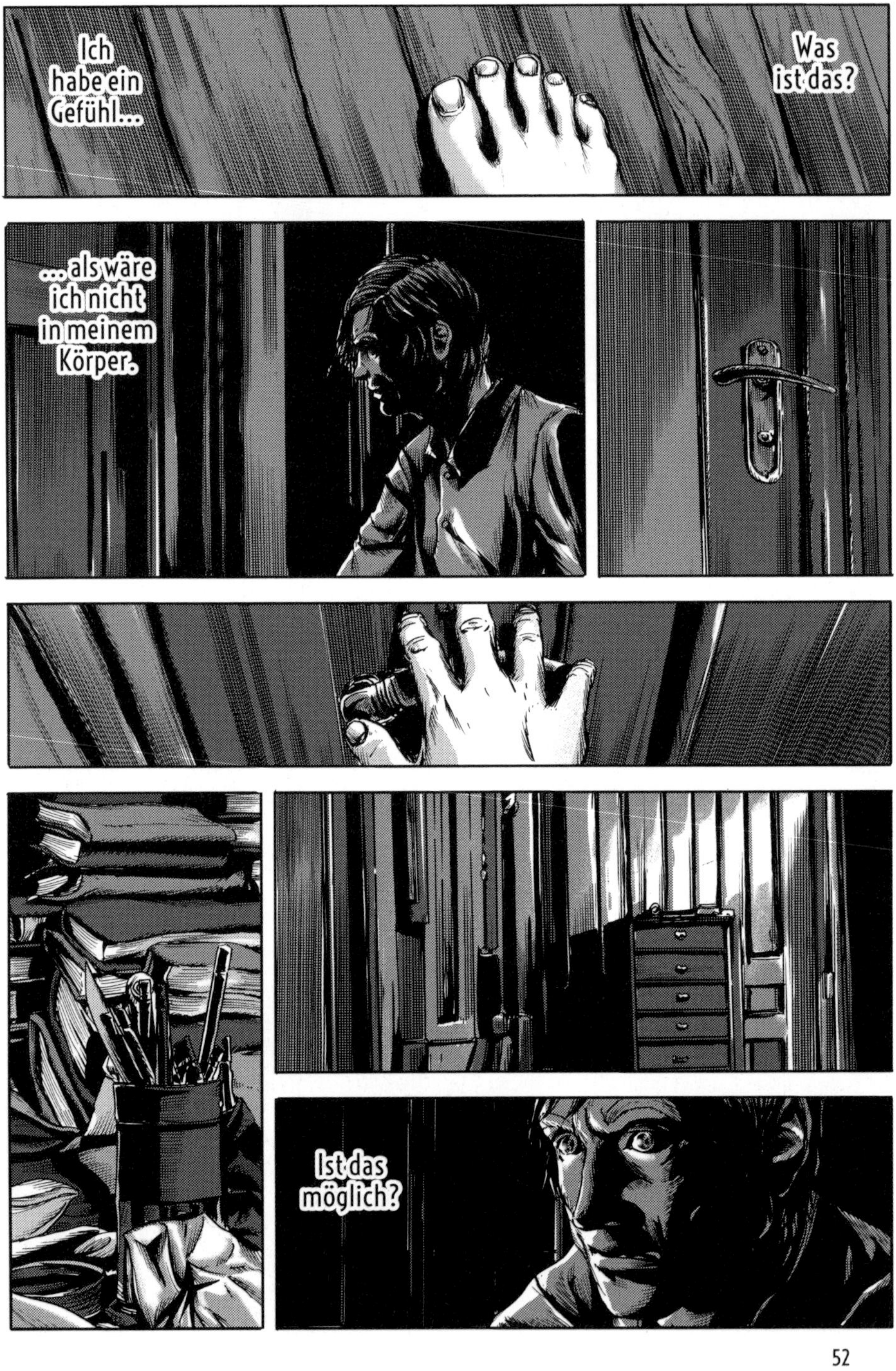

Ich habe ein Gefühl...
Was ist das?
... als wäre ich nicht in meinem Körper.
Ist das möglich?

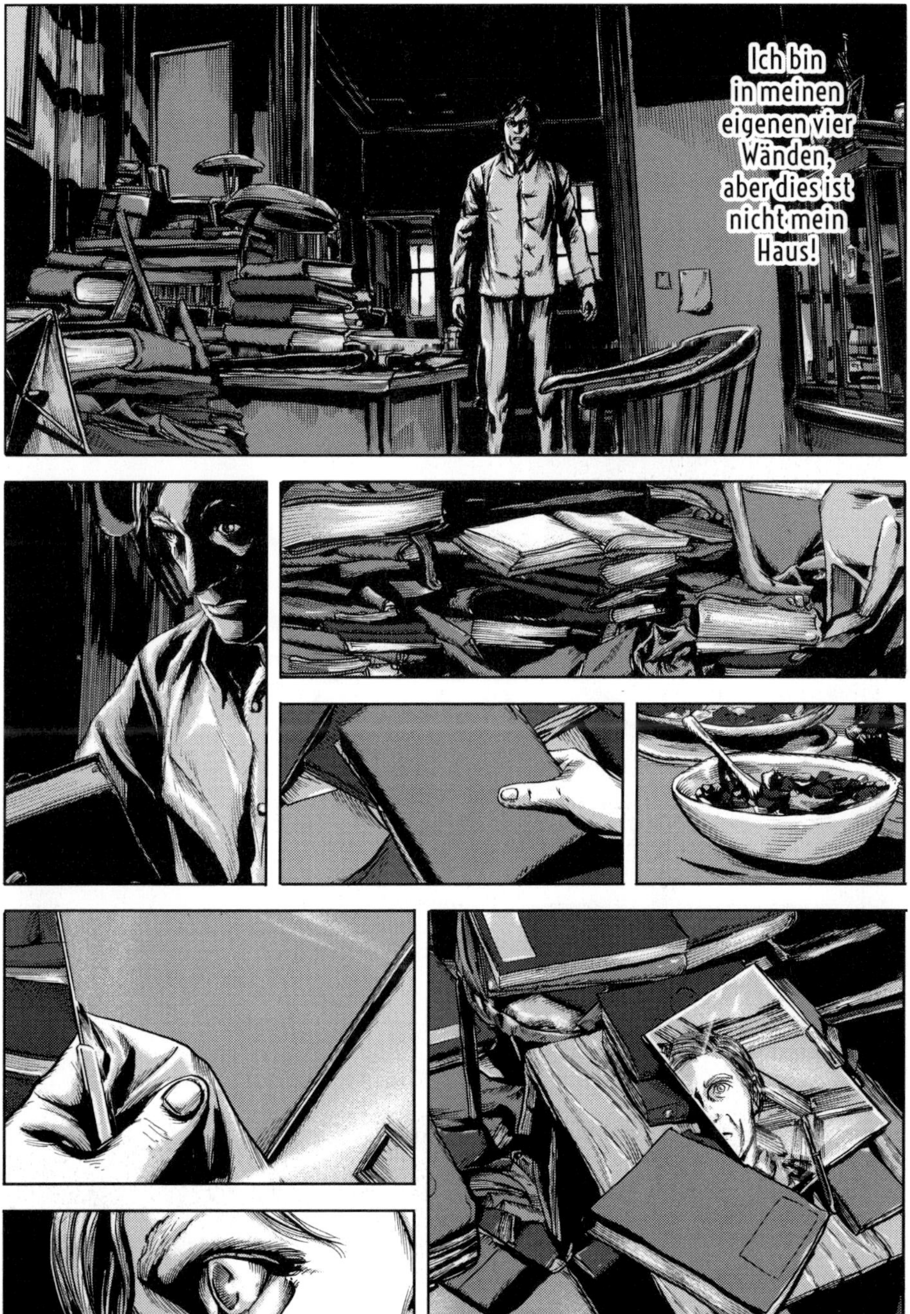
Ich bin in meinen eigenen vier Wänden, aber dies ist nicht mein Haus!

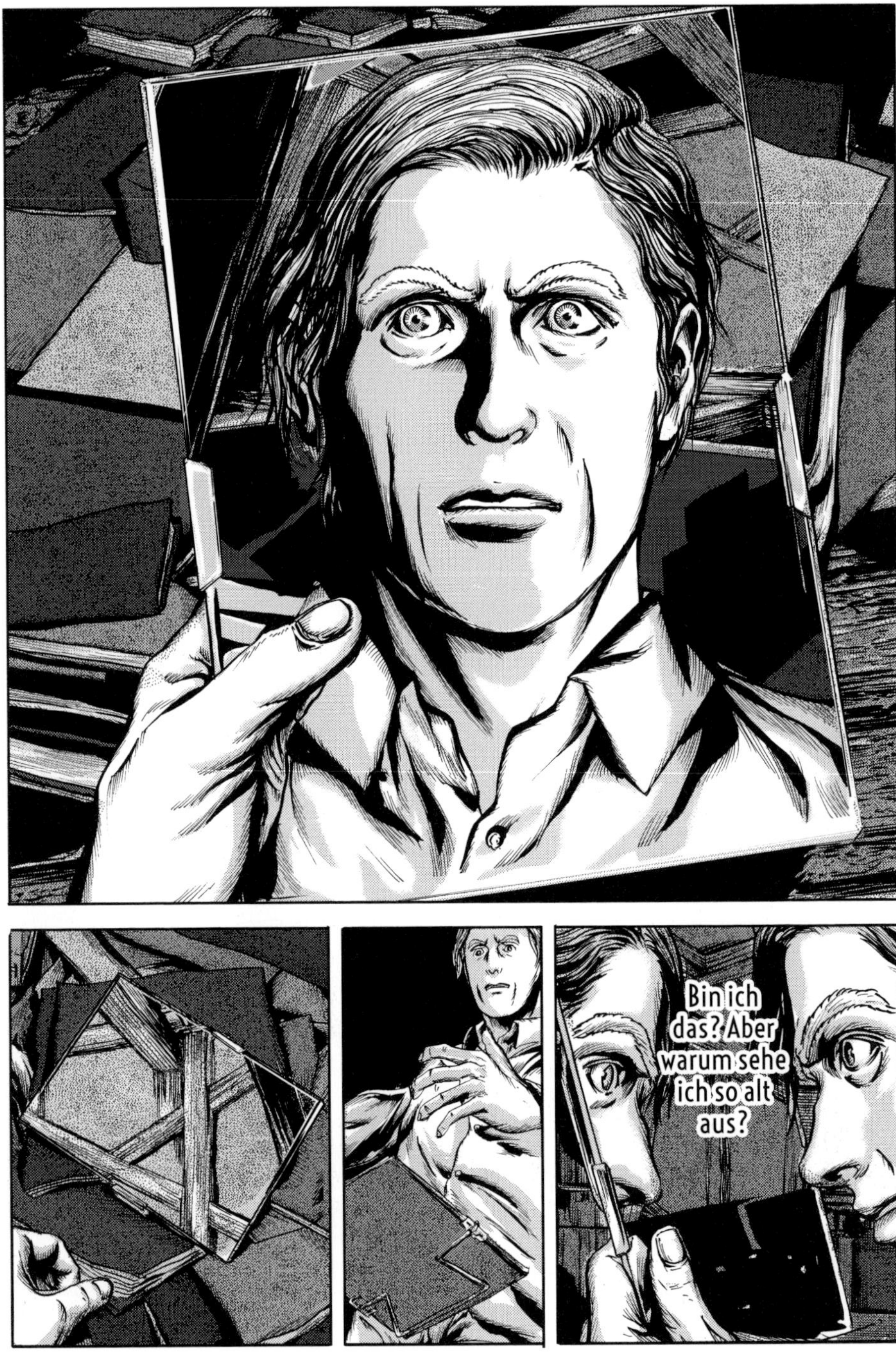
Bin ich das? Aber warum sehe ich so alt aus?

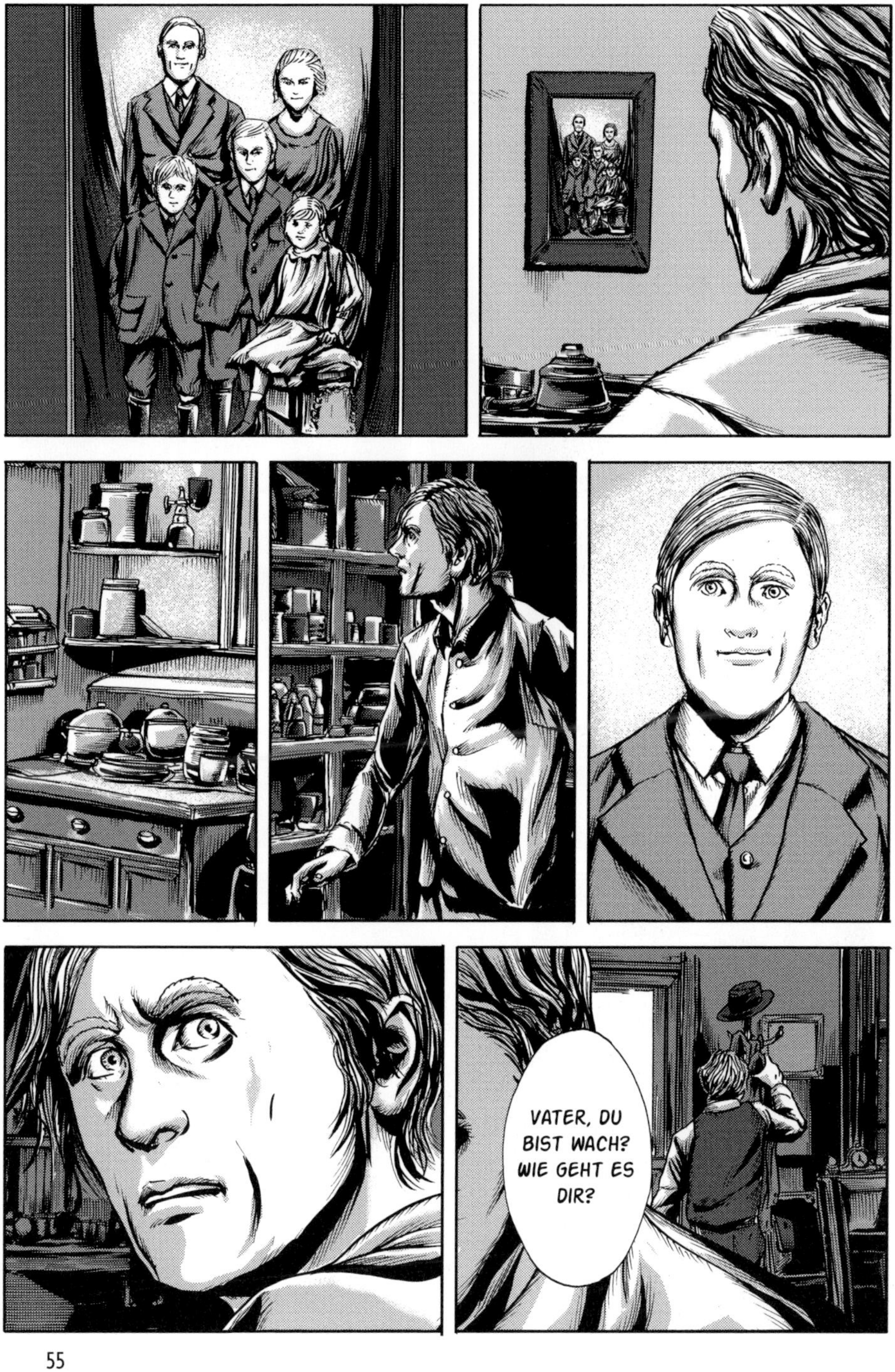
VATER, DU BIST WACH? WIE GEHT ES DIR?

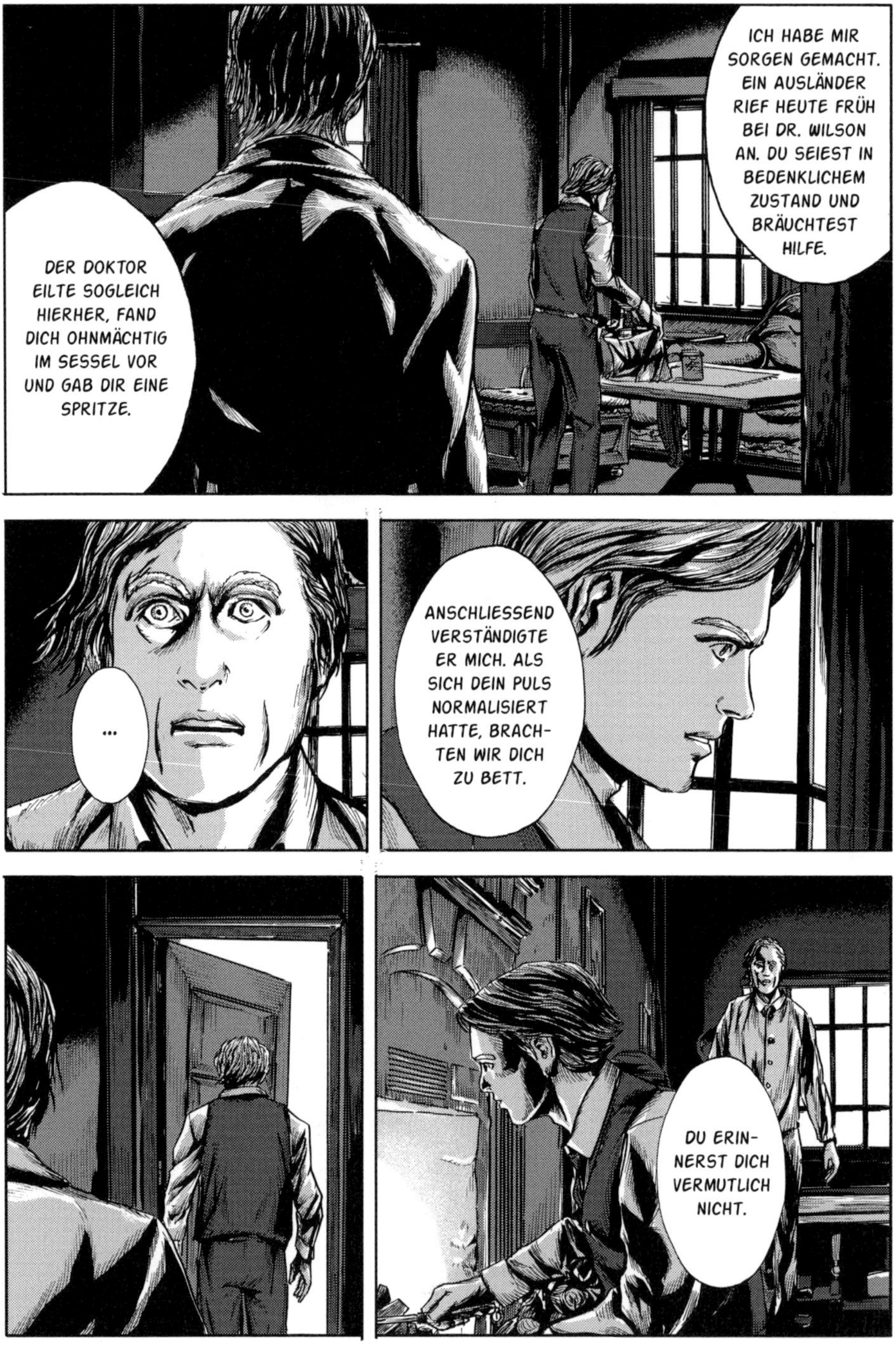
ICH HABE MIR SORGEN GEMACHT. EIN AUSLÄNDER RIEF HEUTE FRÜH BEI DR. WILSON AN. DU SEIEST IN BEDENKLICHEM ZUSTAND UND BRÄUCHTEST HILFE.
DER DOKTOR EILTE SOGLEICH HIERHER, FAND DICH OHNMÄCHTIG IM SESSEL VOR UND GAB DIR EINE SPRITZE.
ANSCHLIESSEND VERSTÄNDIGTE ER MICH. ALS SICH DEIN PULS NORMALISIERT HATTE, BRACH-TEN WIR DICH ZU BETT.
...
DU ERIN-NERST DICH VERMUTLICH NICHT.

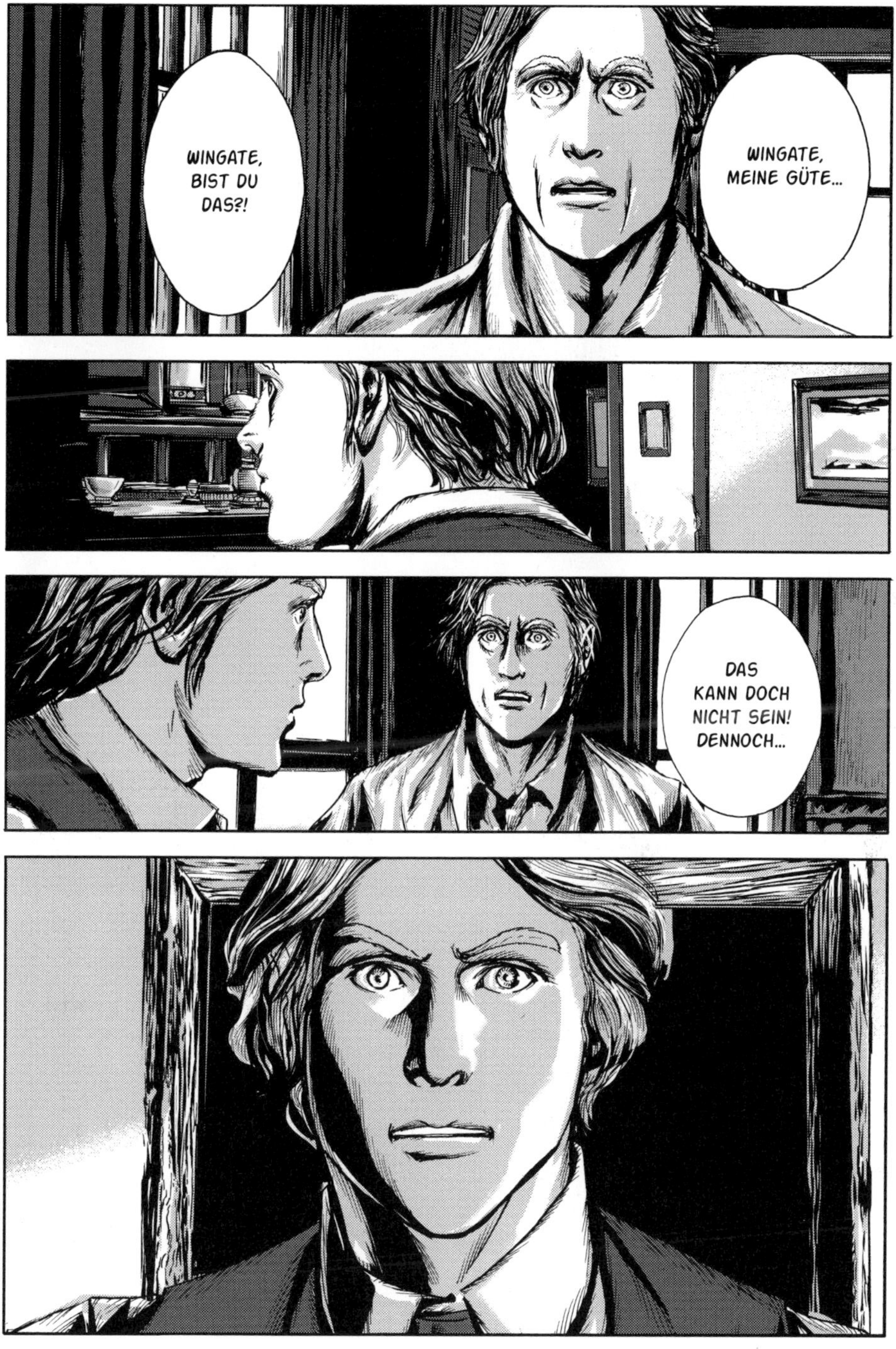
WINGATE, MEINE GÜTE...
WINGATE, BIST DU DAS?!
DAS KANN DOCH NICHT SEIN! DENNOCH...

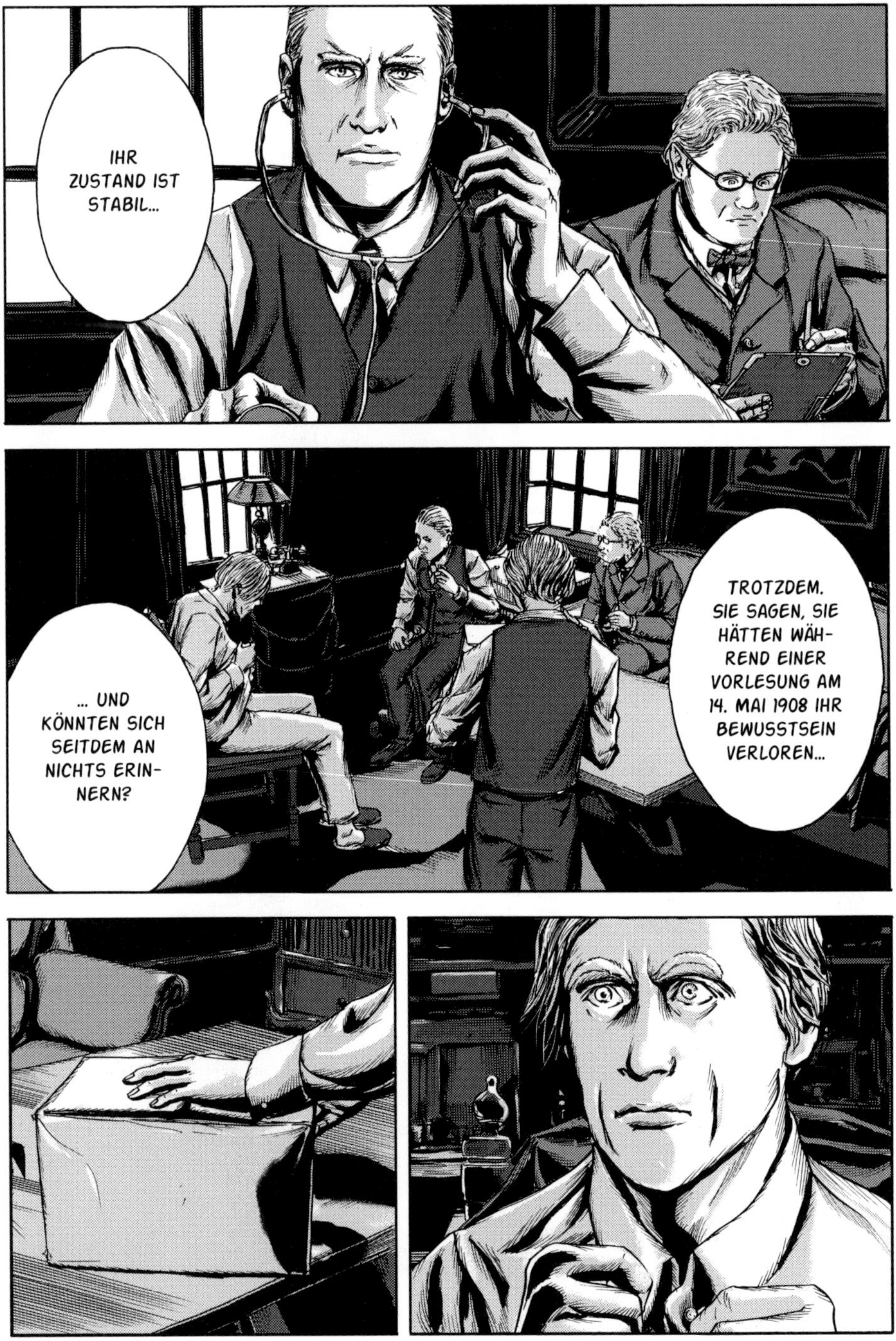
IHR ZUSTAND IST STABIL...
TROTZDEM. SIE SAGEN, SIE HÄTTEN WÄHREND EINER VORLESUNG AM 14. MAI 1908 IHR BEWUSSTSEIN VERLOREN...
... UND KÖNNTEN SICH SEITDEM AN NICHTS ERINNERN?

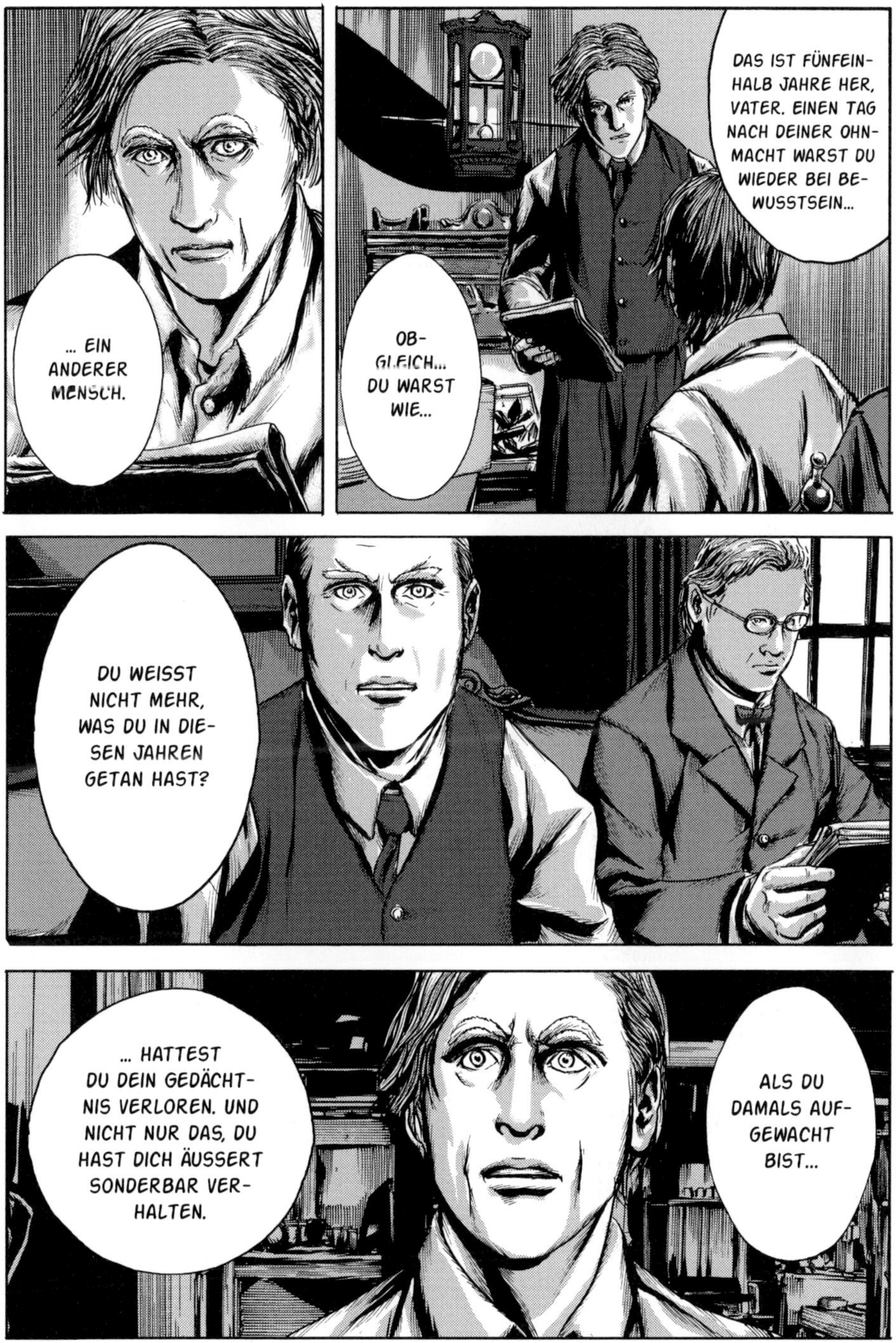
DAS IST FÜNFEIN-
HALB JAHRE HER,
VATER. EINEN TAG
NACH DEINER OHN-
MACHT WARST DU
WIEDER BEI BE-
WUSSTSEIN...
OB-
GLEICH...
DU WARST
WIE...
... EIN
ANDERER
MENSCH.
DU WEISST
NICHT MEHR,
WAS DU IN DIE-
SEN JAHREN
GETAN HAST?
ALS DU
DAMALS AUF-
GEWACHT
BIST...
... HATTEST
DU DEIN GEDÄCHT-
NIS VERLOREN. UND
NICHT NUR DAS, DU
HAST DICH ÄUSSERT
SONDERBAR VER-
HALTEN.

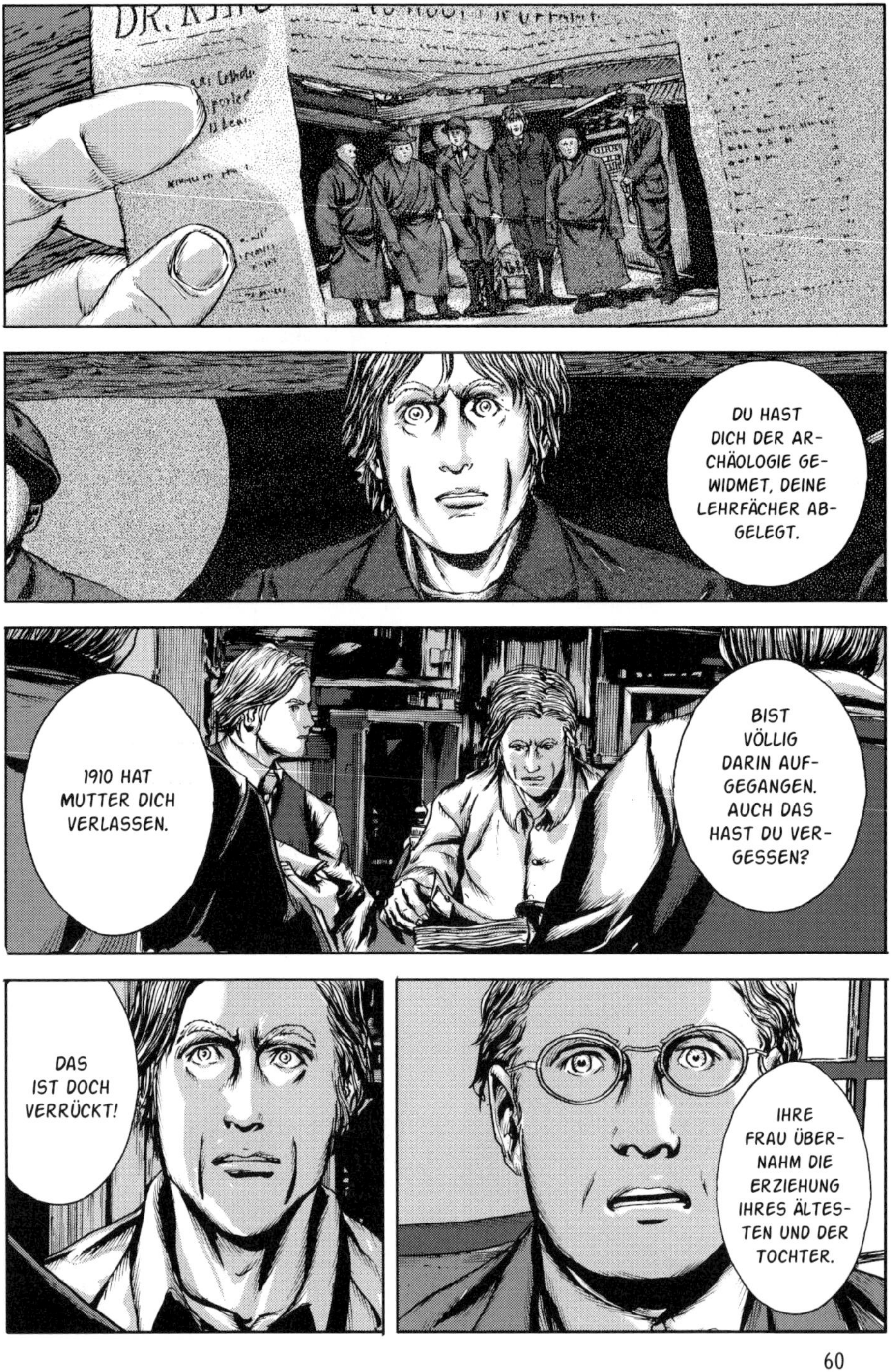
DU HAST DICH DER ARCHÄOLOGIE GEWIDMET, DEINE LEHRFÄCHER ABGELEGT.
1910 HAT MUTTER DICH VERLASSEN.
BIST VÖLLIG DARIN AUFGEGANGEN. AUCH DAS HAST DU VERGESSEN?
DAS IST DOCH VERRÜCKT!
IHRE FRAU ÜBERNAHM DIE ERZIEHUNG IHRES ÄLTESTEN UND DER TOCHTER.

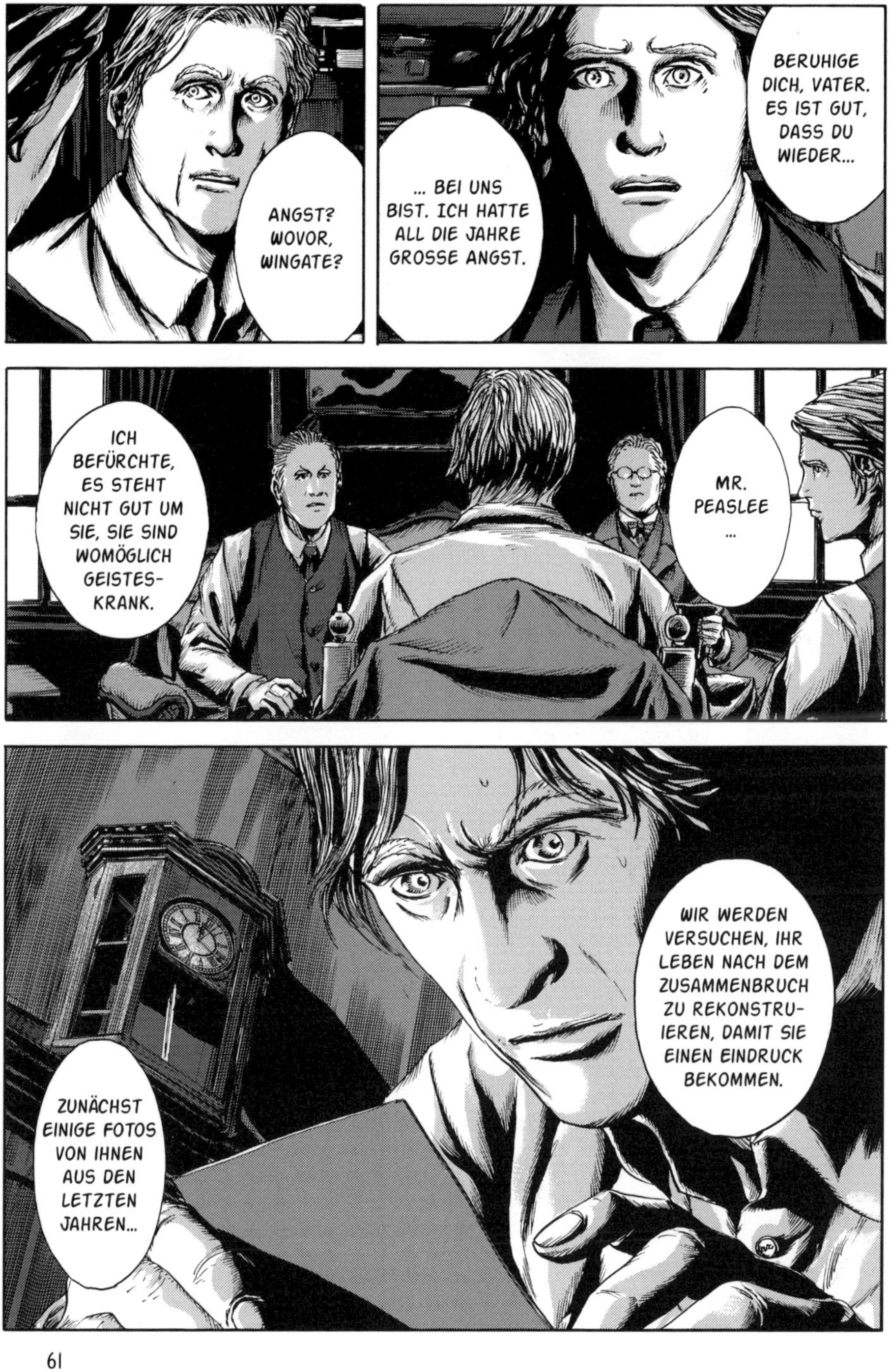
BERUHIGE DICH, VATER. ES IST GUT, DASS DU WIEDER...
... BEI UNS BIST. ICH HATTE ALL DIE JAHRE GROSSE ANGST.
ANGST? WOVOR, WINGATE?
MR. PEASLEE ...
ICH BEFÜRCHTE, ES STEHT NICHT GUT UM SIE, SIE SIND WOMÖGLICH GEISTES-KRANK.
WIR WERDEN VERSUCHEN, IHR LEBEN NACH DEM ZUSAMMENBRUCH ZU REKONSTRU-IEREN, DAMIT SIE EINEN EINDRUCK BEKOMMEN.
ZUNÄCHST EINIGE FOTOS VON IHNEN AUS DEN LETZTEN JAHREN...

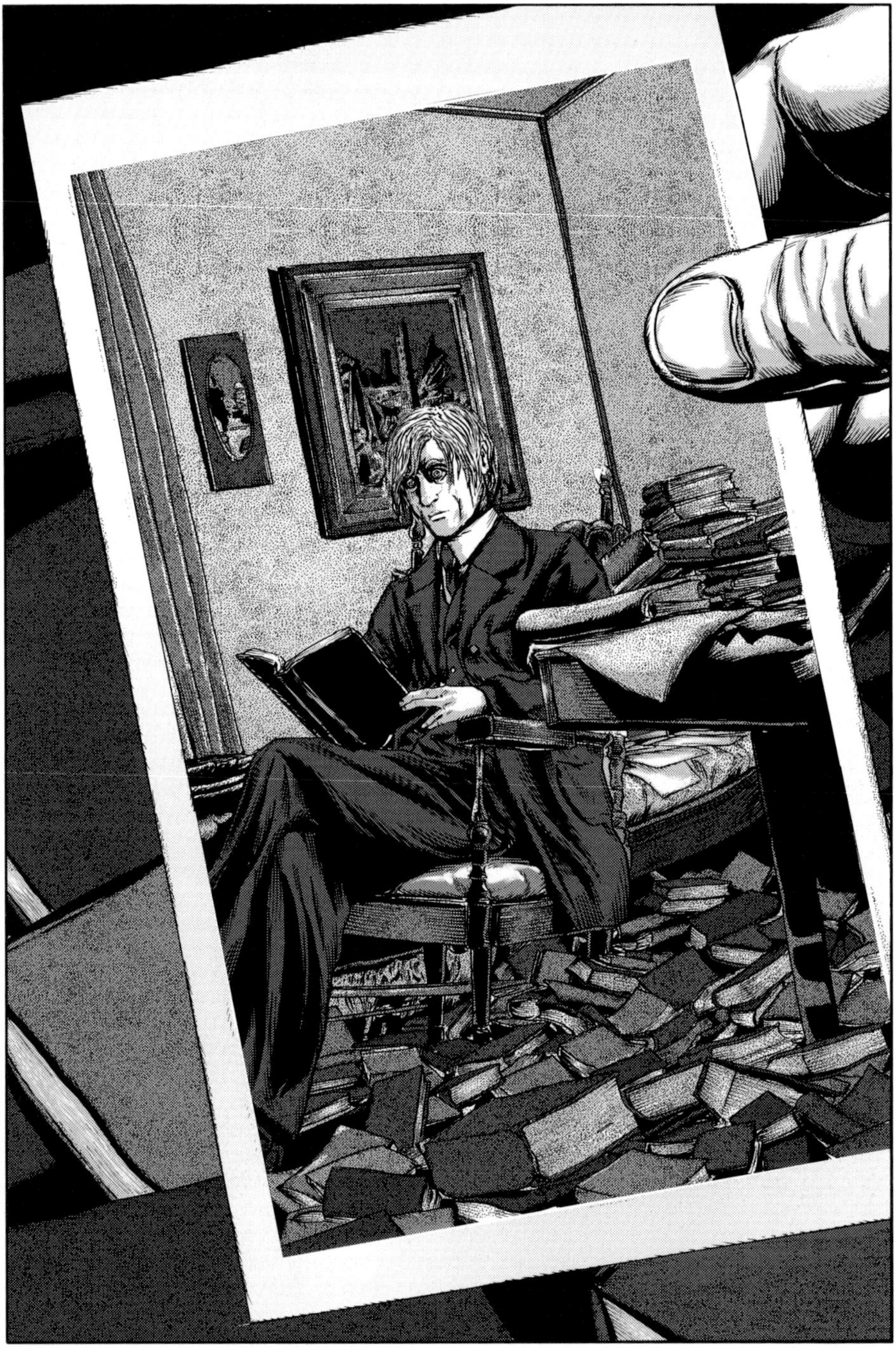

2 WIE EIN REISENDER AUS EINEM FERNEN LAND

A Studious Traveller from a Far, Foreign Land

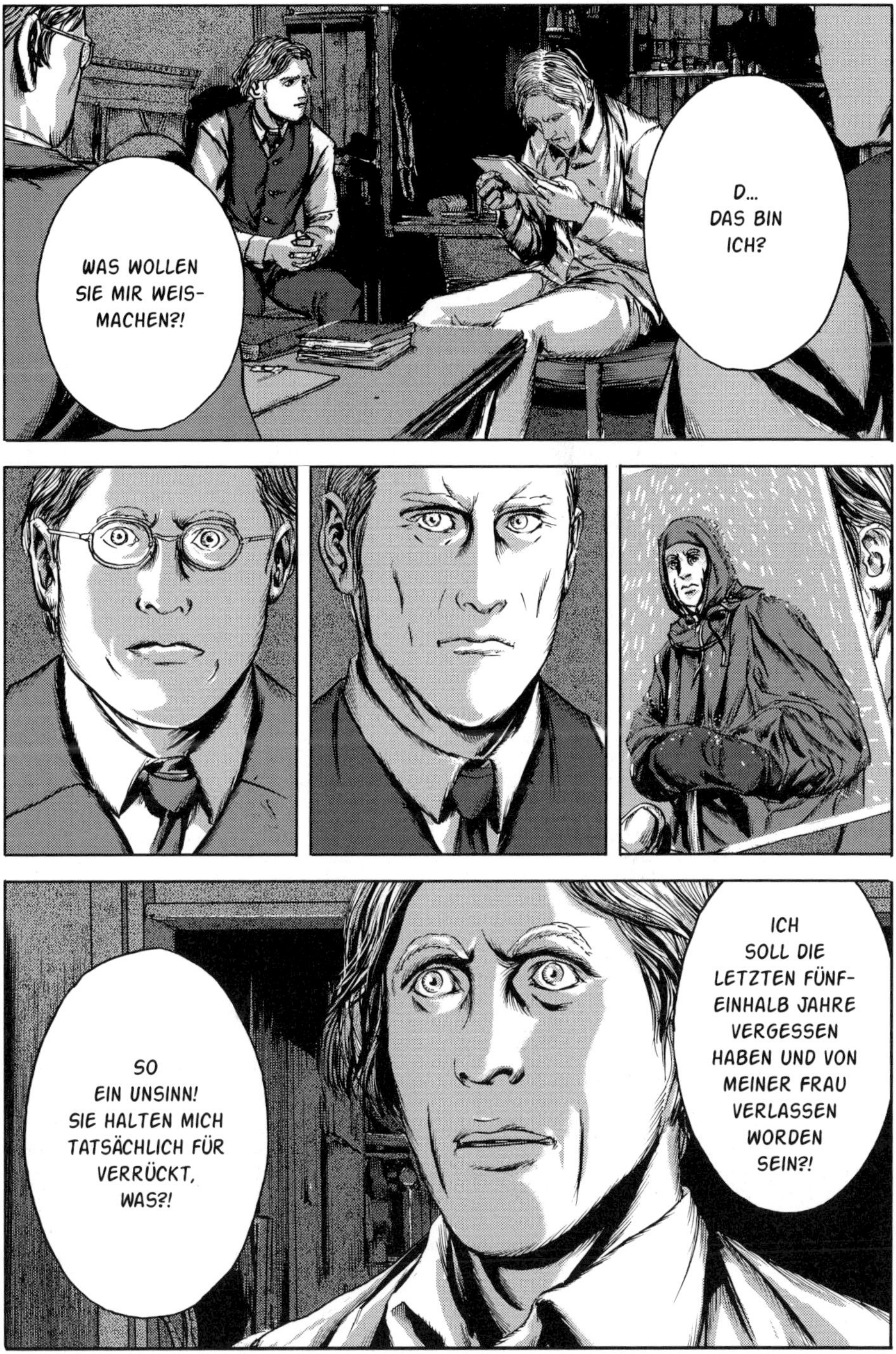
WAS WOLLEN SIE MIR WEIS-MACHEN?!
D... DAS BIN ICH?
ICH SOLL DIE LETZTEN FÜNF-EINHALB JAHRE VERGESSEN HABEN UND VON MEINER FRAU VERLASSEN WORDEN SEIN?!
SO EIN UNSINN! SIE HALTEN MICH TATSÄCHLICH FÜR VERRÜCKT, WAS?!

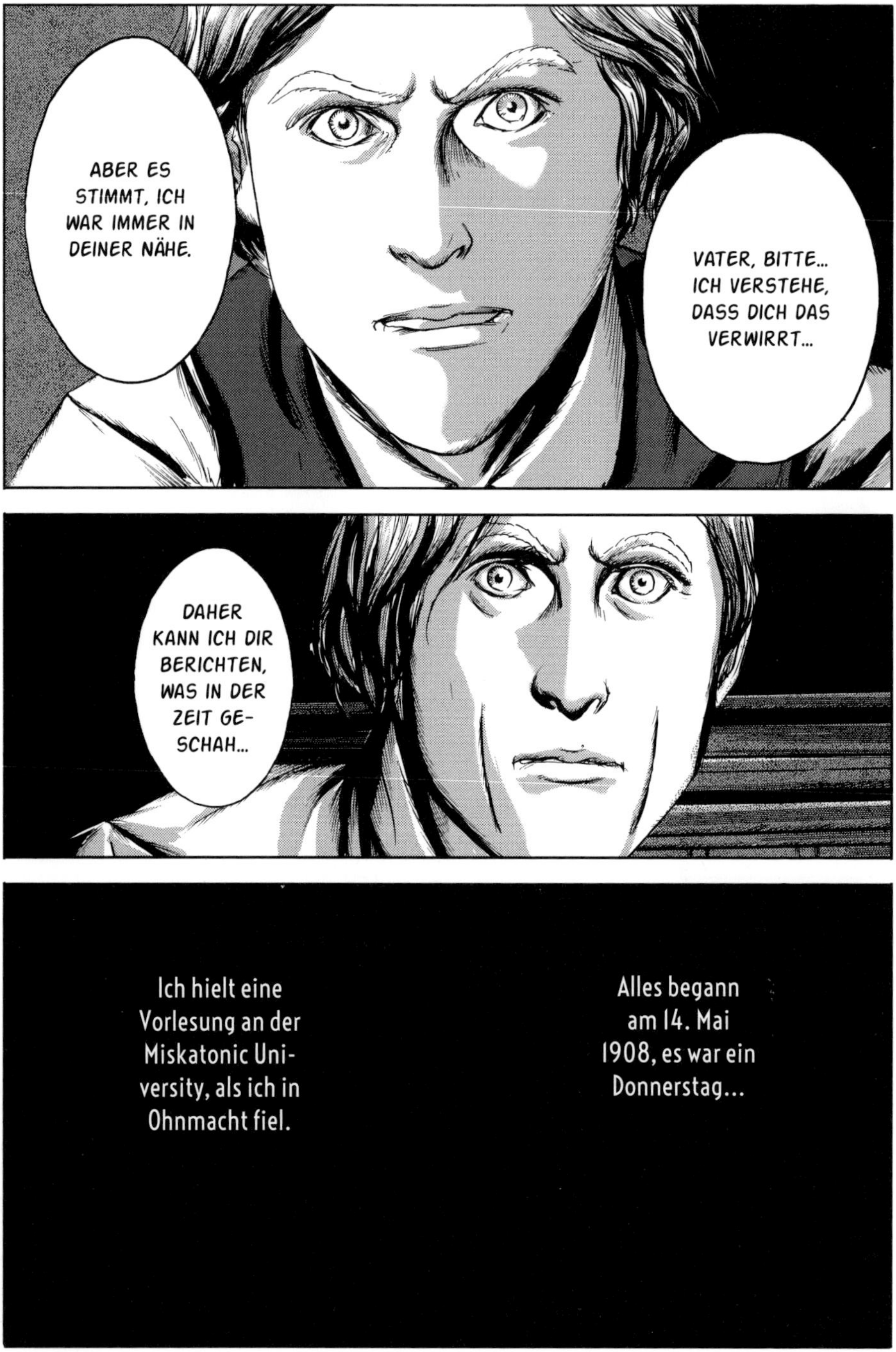
VATER, BITTE... ICH VERSTEHE, DASS DICH DAS VERWIRRT...
ABER ES STIMMT, ICH WAR IMMER IN DEINER NÄHE.
DAHER KANN ICH DIR BERICHTEN, WAS IN DER ZEIT GE-SCHAH...
Alles begann am 14. Mai 1908, es war ein Donnerstag...
Ich hielt eine Vorlesung an der Miskatonic Uni-versity, als ich in Ohnmacht fiel.

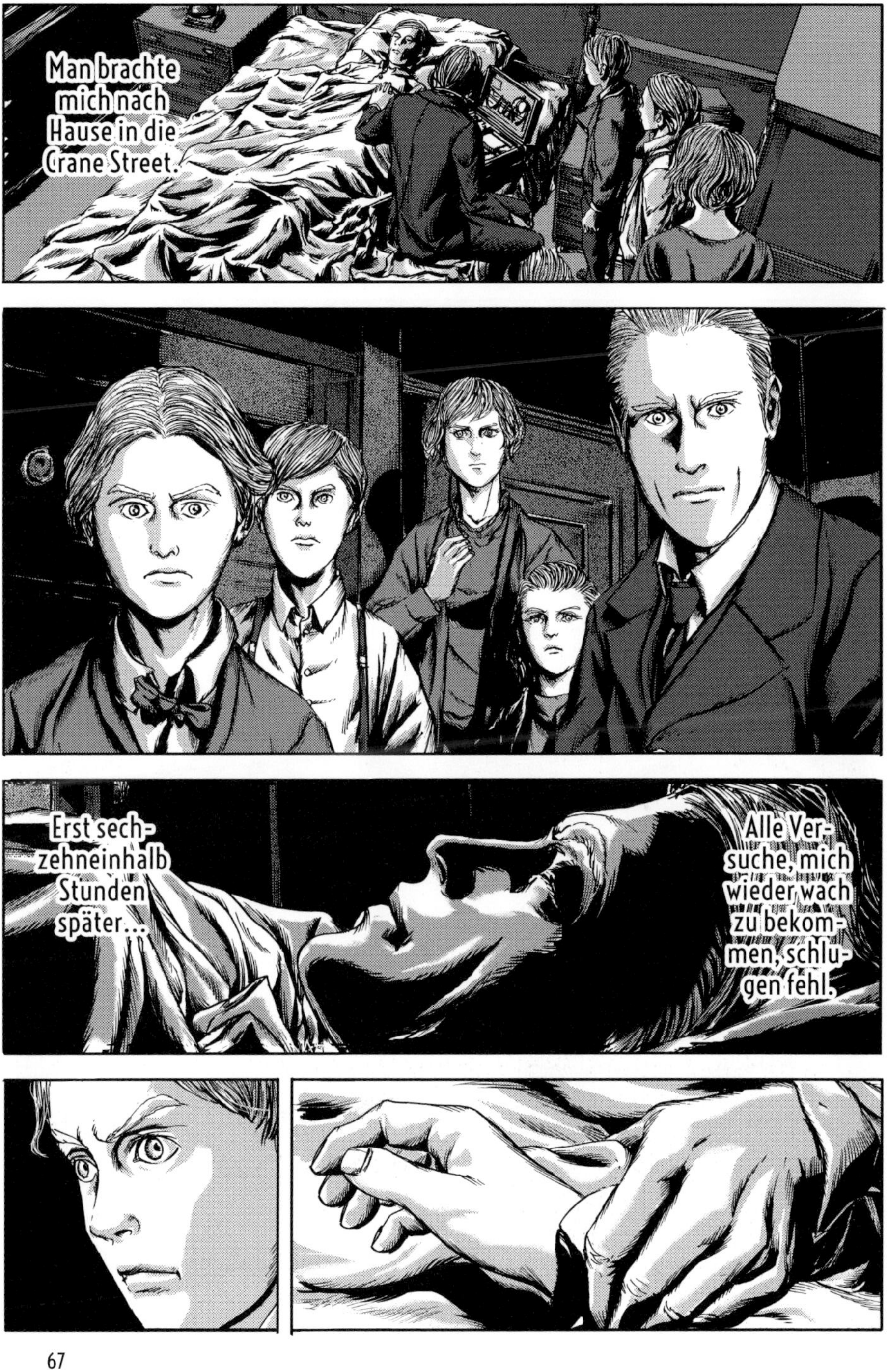
Man brachte mich nach Hause in die Crane Street.
Erst sechzehneinhalb Stunden später …
Alle Versuche, mich wieder wach zu bekommen, schlugen fehl.

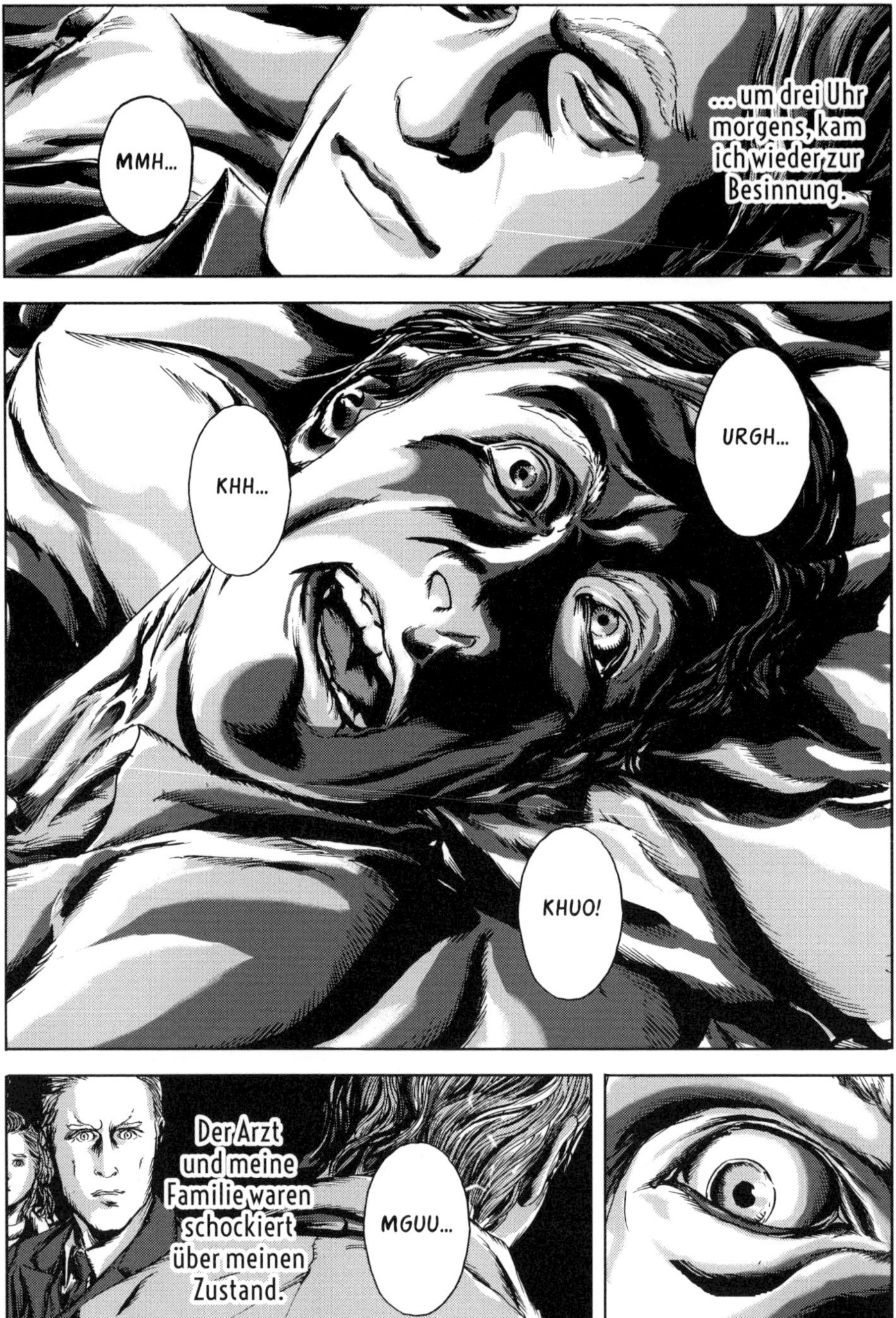
... um drei Uhr morgens, kam ich wieder zur Besinnung.
MMH...
URGH...
KHH...
KHUO!
Der Arzt und meine Familie waren schockiert über meinen Zustand.
MGUU...

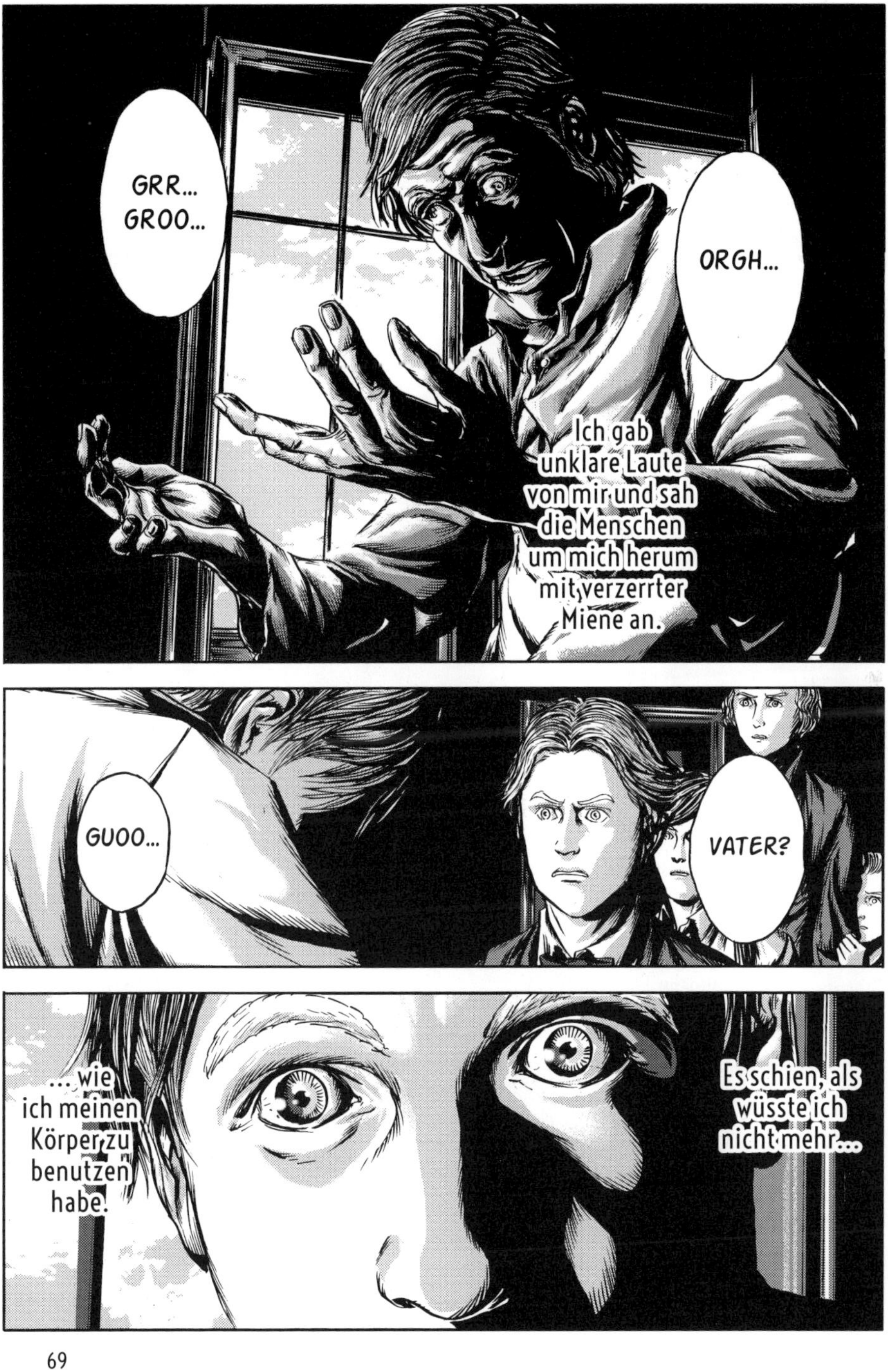
ORGH...
Ich gab unklare Laute von mir und sah die Menschen um mich herum mit verzerrter Miene an.
GRR... GROO...
VATER?
GUOO...
Es schien, als wüsste ich nicht mehr...
... wie ich meinen Körper zu benutzen habe.

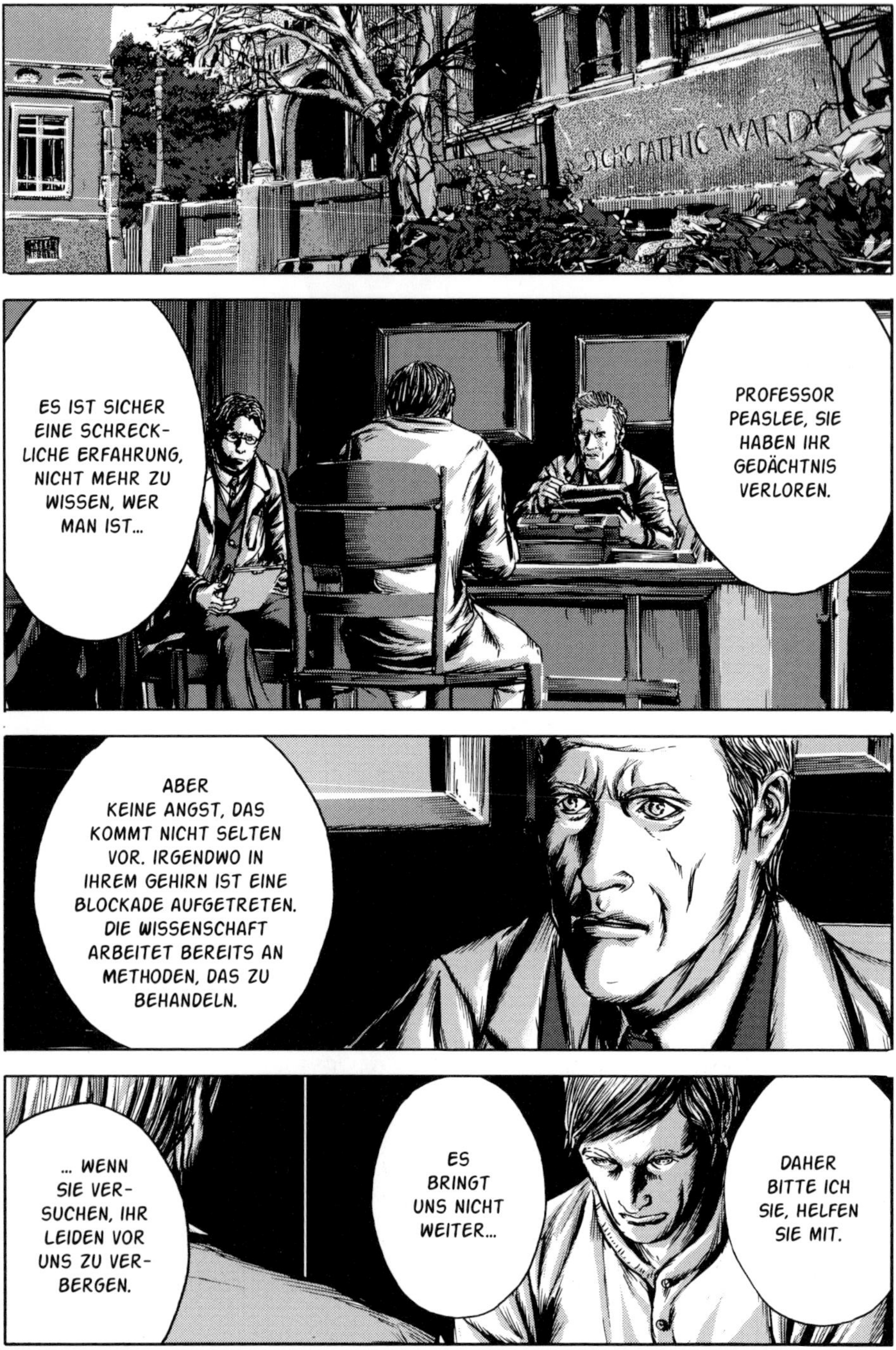
PSYCHOPATHIC WARD
ES IST SICHER EINE SCHRECKLICHE ERFAHRUNG, NICHT MEHR ZU WISSEN, WER MAN IST...
PROFESSOR PEASLEE, SIE HABEN IHR GEDÄCHTNIS VERLOREN.
ABER KEINE ANGST, DAS KOMMT NICHT SELTEN VOR. IRGENDWO IN IHREM GEHIRN IST EINE BLOCKADE AUFGETRETEN. DIE WISSENSCHAFT ARBEITET BEREITS AN METHODEN, DAS ZU BEHANDELN.
DAHER BITTE ICH SIE, HELFEN SIE MIT.
ES BRINGT UNS NICHT WEITER...
... WENN SIE VERSUCHEN, IHR LEIDEN VOR UNS ZU VERBERGEN.

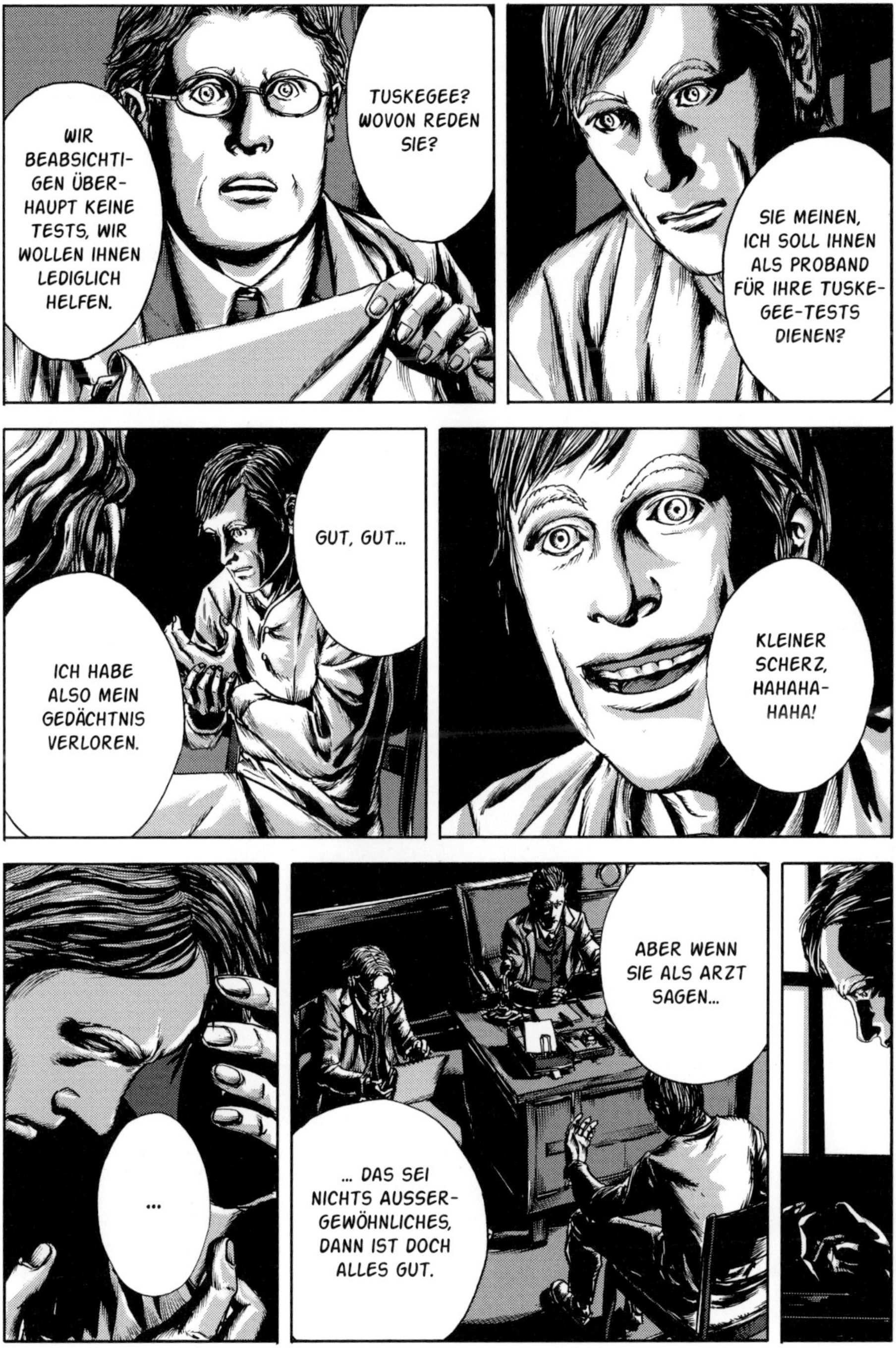
TUSKEGEE? WOVON REDEN SIE?
WIR BEABSICHTIGEN ÜBERHAUPT KEINE TESTS, WIR WOLLEN IHNEN LEDIGLICH HELFEN.
SIE MEINEN, ICH SOLL IHNEN ALS PROBAND FÜR IHRE TUSKEGEE-TESTS DIENEN?
GUT, GUT...
ICH HABE ALSO MEIN GEDÄCHTNIS VERLOREN.
KLEINER SCHERZ, HAHAHAHAHA!
...
ABER WENN SIE ALS ARZT SAGEN...
... DAS SEI NICHTS AUSSERGEWÖHNLICHES, DANN IST DOCH ALLES GUT.

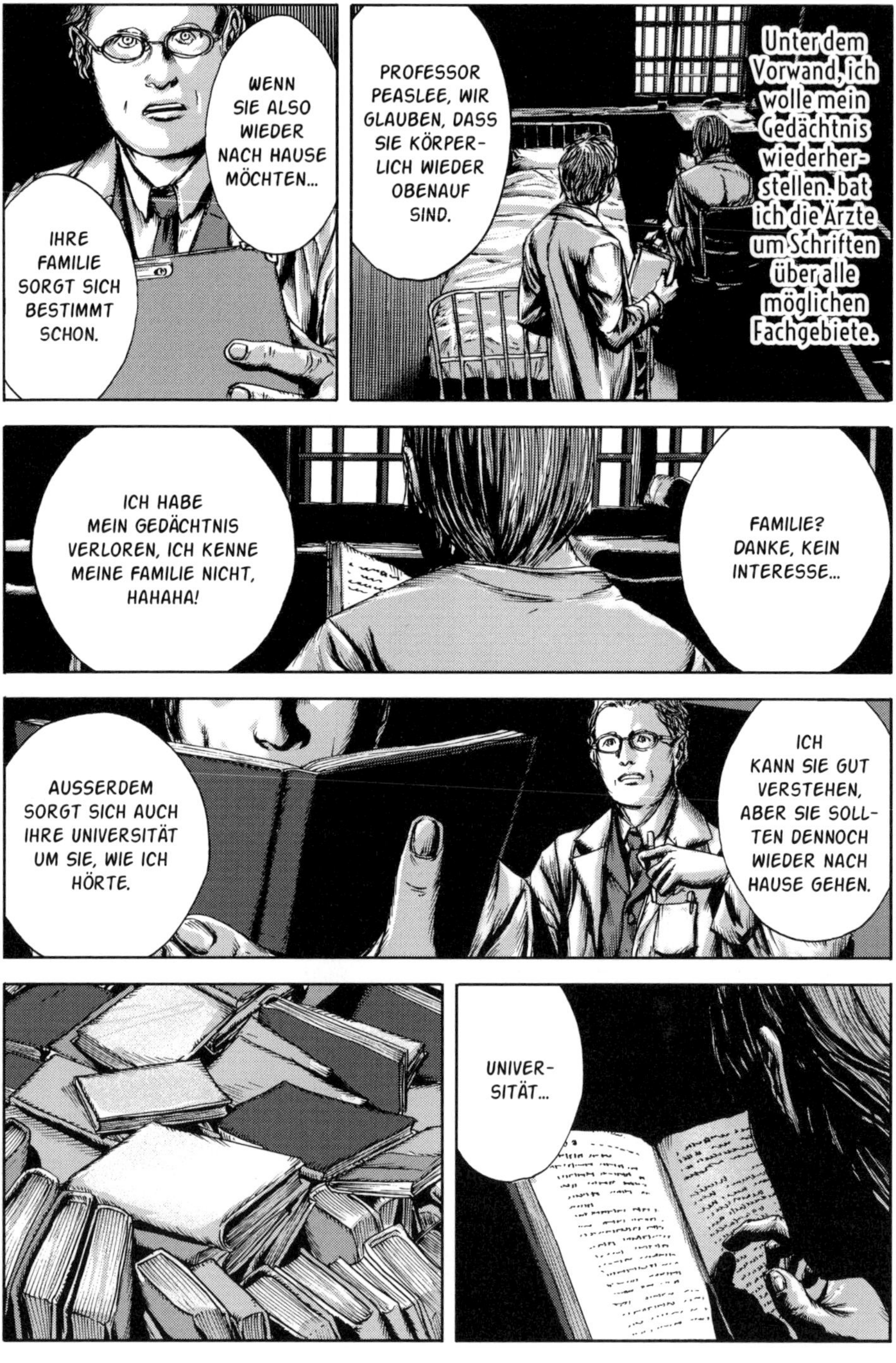
WENN SIE ALSO WIEDER NACH HAUSE MÖCHTEN…
IHRE FAMILIE SORGT SICH BESTIMMT SCHON.
PROFESSOR PEASLEE, WIR GLAUBEN, DASS SIE KÖRPERLICH WIEDER OBENAUF SIND.
Unter dem Vorwand, ich wolle mein Gedächtnis wiederherstellen, bat ich die Ärzte um Schriften über alle möglichen Fachgebiete.
ICH HABE MEIN GEDÄCHTNIS VERLOREN, ICH KENNE MEINE FAMILIE NICHT, HAHAHA!
FAMILIE? DANKE, KEIN INTERESSE…
ICH KANN SIE GUT VERSTEHEN, ABER SIE SOLLTEN DENNOCH WIEDER NACH HAUSE GEHEN.
AUSSERDEM SORGT SICH AUCH IHRE UNIVERSITÄT UM SIE, WIE ICH HÖRTE.
UNIVERSITÄT…

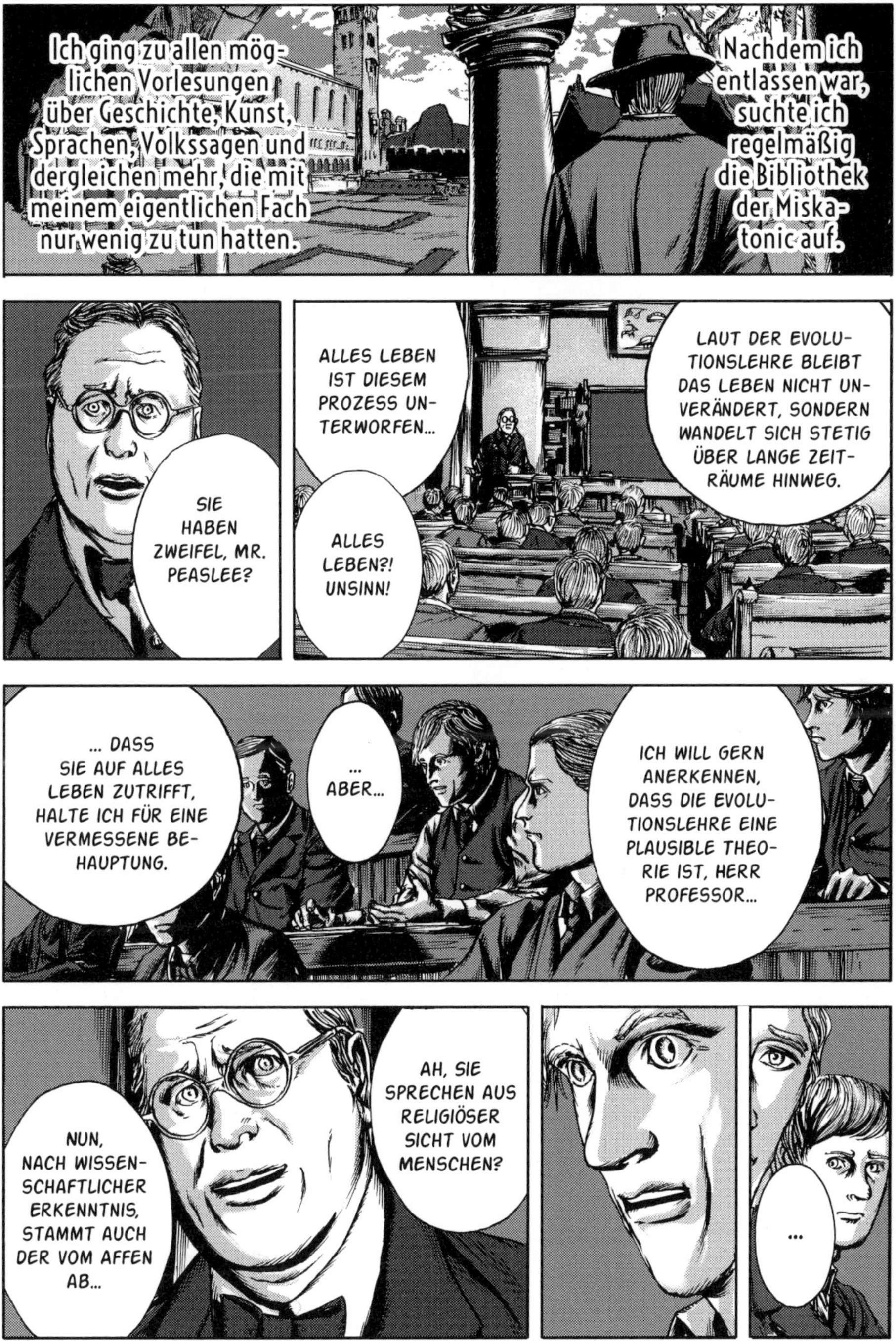

Nachdem ich entlassen war, suchte ich regelmäßig die Bibliothek der Miskatonic auf.
Ich ging zu allen möglichen Vorlesungen über Geschichte, Kunst, Sprachen, Volkssagen und dergleichen mehr, die mit meinem eigentlichen Fach nur wenig zu tun hatten.
LAUT DER EVOLUTIONSLEHRE BLEIBT DAS LEBEN NICHT UNVERÄNDERT, SONDERN WANDELT SICH STETIG ÜBER LANGE ZEITRÄUME HINWEG.
ALLES LEBEN IST DIESEM PROZESS UNTERWORFEN...
ALLES LEBEN?! UNSINN!
SIE HABEN ZWEIFEL, MR. PEASLEE?
ICH WILL GERN ANERKENNEN, DASS DIE EVOLUTIONSLEHRE EINE PLAUSIBLE THEORIE IST, HERR PROFESSOR...
... ABER...
... DASS SIE AUF ALLES LEBEN ZUTRIFFT, HALTE ICH FÜR EINE VERMESSENE BEHAUPTUNG.
...
AH, SIE SPRECHEN AUS RELIGIÖSER SICHT VOM MENSCHEN?
NUN, NACH WISSENSCHAFTLICHER ERKENNTNIS, STAMMT AUCH DER VOM AFFEN AB...

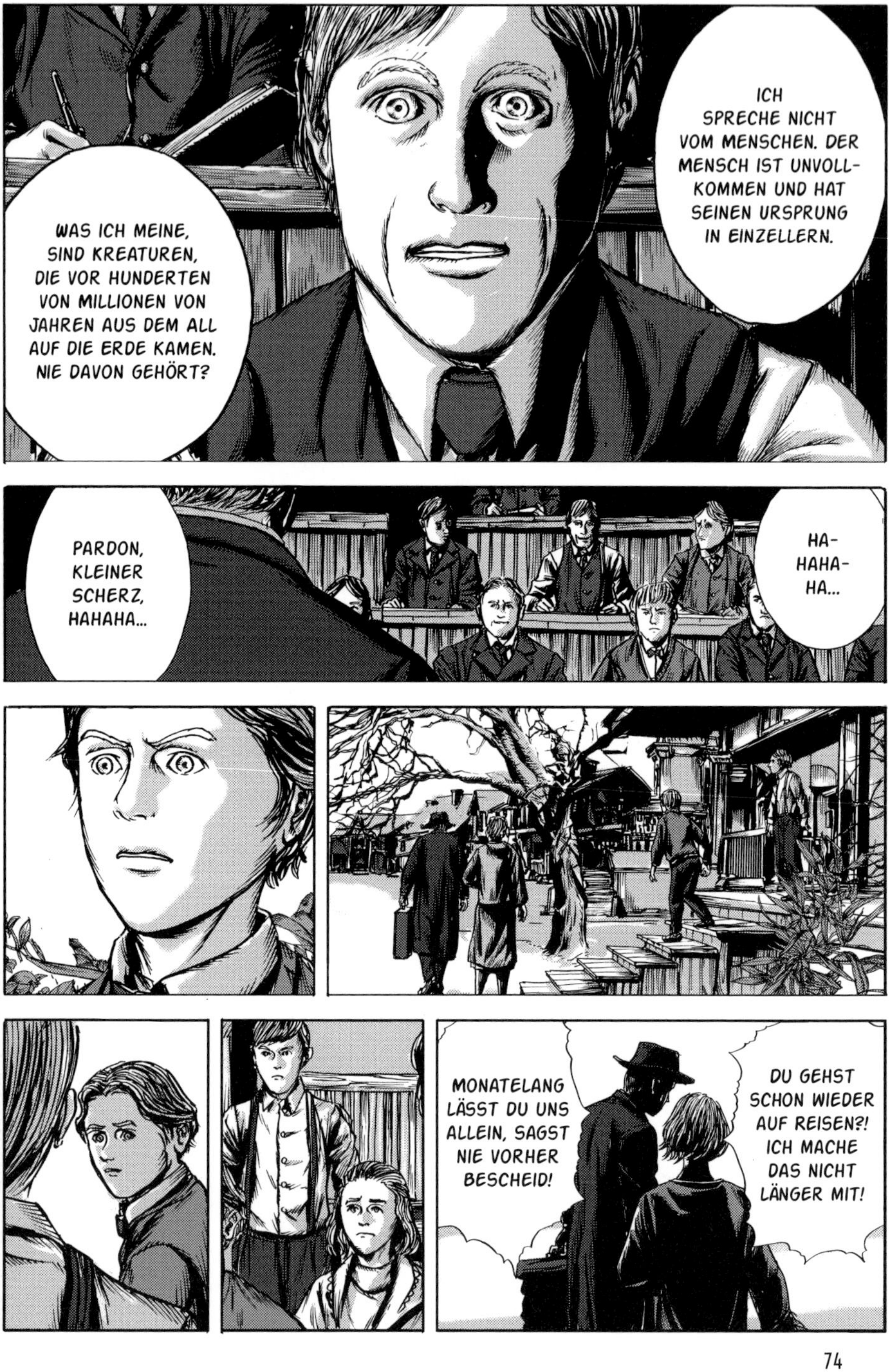
ICH SPRECHE NICHT VOM MENSCHEN. DER MENSCH IST UNVOLL-KOMMEN UND HAT SEINEN URSPRUNG IN EINZELLERN.
WAS ICH MEINE, SIND KREATUREN, DIE VOR HUNDERTEN VON MILLIONEN VON JAHREN AUS DEM ALL AUF DIE ERDE KAMEN. NIE DAVON GEHÖRT?
HA-HAHA-HA...
PARDON, KLEINER SCHERZ, HAHAHA...
DU GEHST SCHON WIEDER AUF REISEN?! ICH MACHE DAS NICHT LÄNGER MIT!
MONATELANG LÄSST DU UNS ALLEIN, SAGST NIE VORHER BESCHEID!

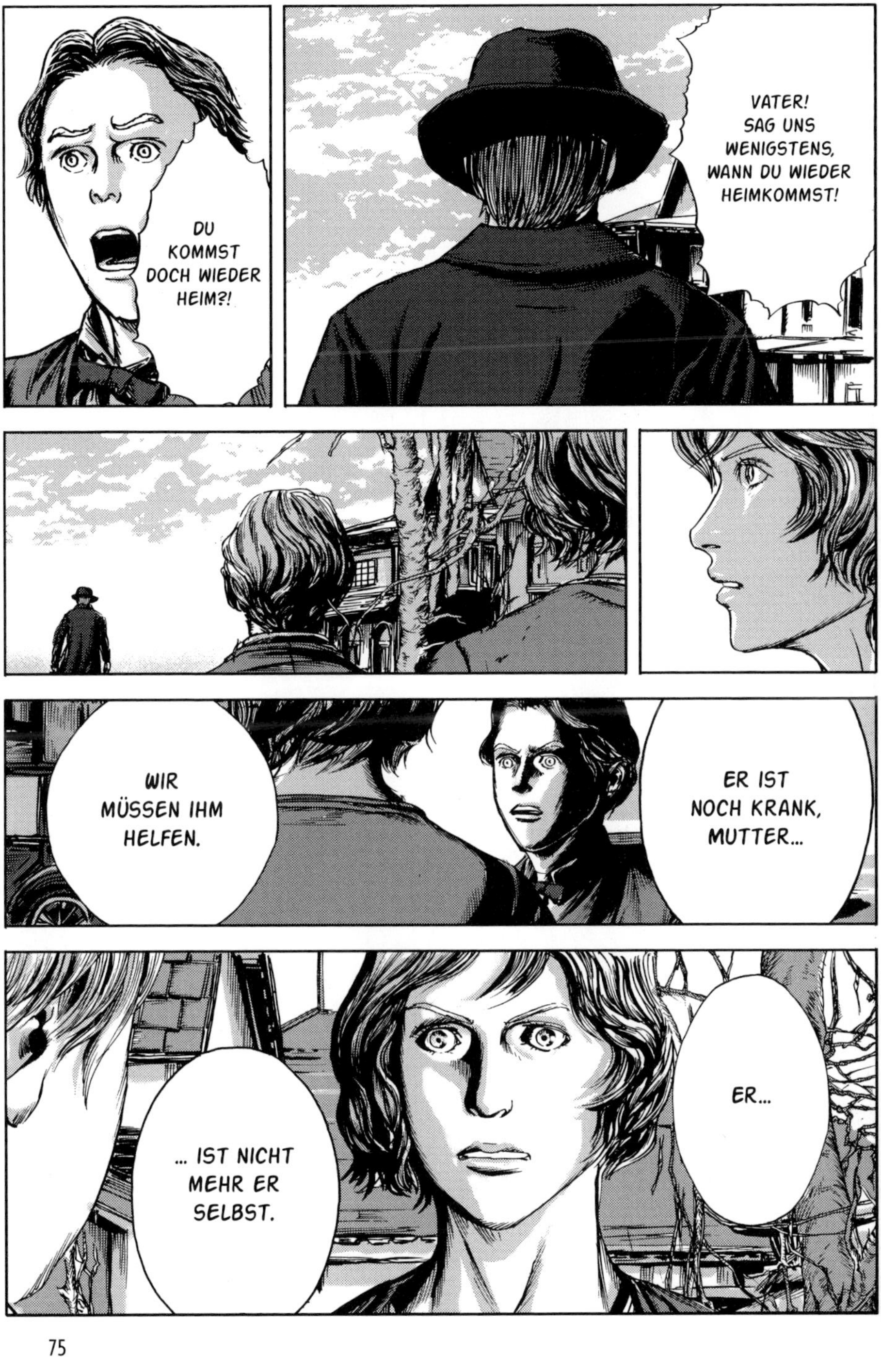
VATER! SAG UNS WENIGSTENS, WANN DU WIEDER HEIMKOMMST!
DU KOMMST DOCH WIEDER HEIM?!
ER IST NOCH KRANK, MUTTER...
WIR MÜSSEN IHM HELFEN.
ER...
... IST NICHT MEHR ER SELBST.

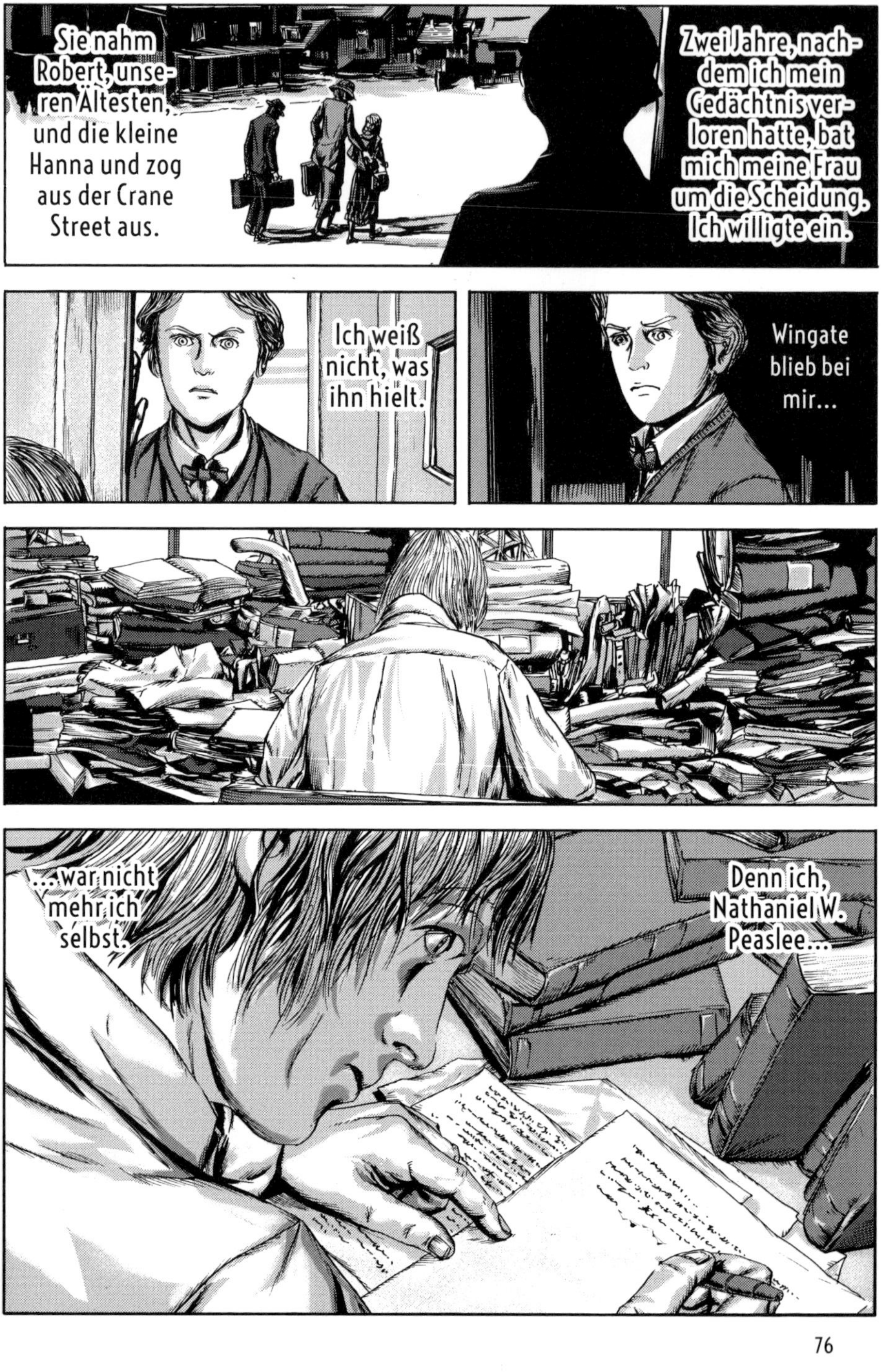
Zwei Jahre, nachdem ich mein Gedächtnis verloren hatte, bat mich meine Frau um die Scheidung. Ich willigte ein.
Sie nahm Robert, unseren Ältesten, und die kleine Hanna und zog aus der Crane Street aus.
Wingate blieb bei mir...
Ich weiß nicht, was ihn hielt.
Denn ich, Nathaniel W. Peaslee...
... war nicht mehr ich selbst.

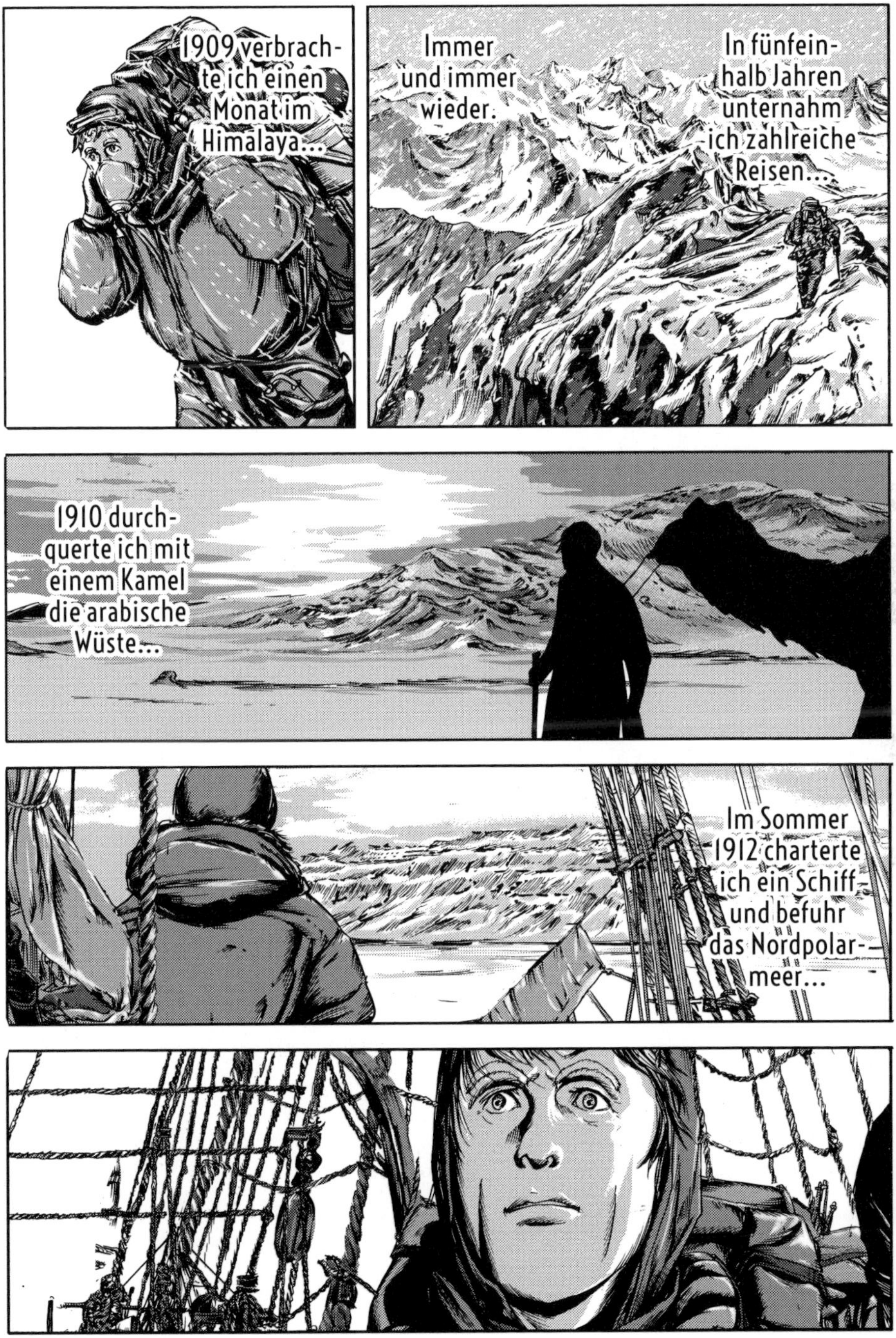
1909 verbrachte ich einen Monat im Himalaya...
In fünfeinhalb Jahren unternahm ich zahlreiche Reisen...
Immer und immer wieder.
1910 durchquerte ich mit einem Kamel die arabische Wüste...
Im Sommer 1912 charterte ich ein Schiff und befuhr das Nordpolarmeer...

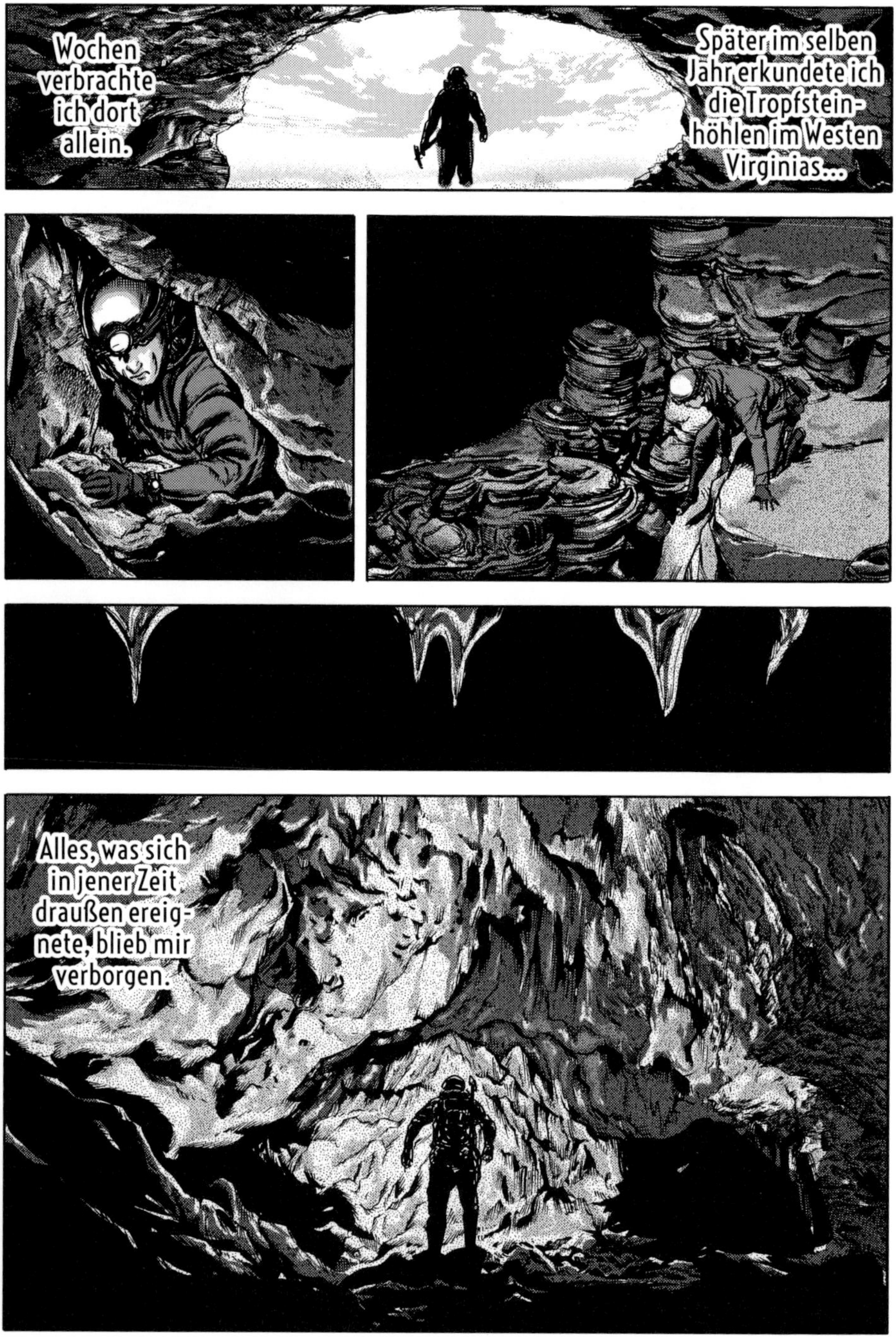
Wochen verbrachte ich dort allein.
Später im selben Jahr erkundete ich die Tropfstein-höhlen im Westen Virginias...
Alles, was sich in jener Zeit draußen ereig-nete, blieb mir verborgen.

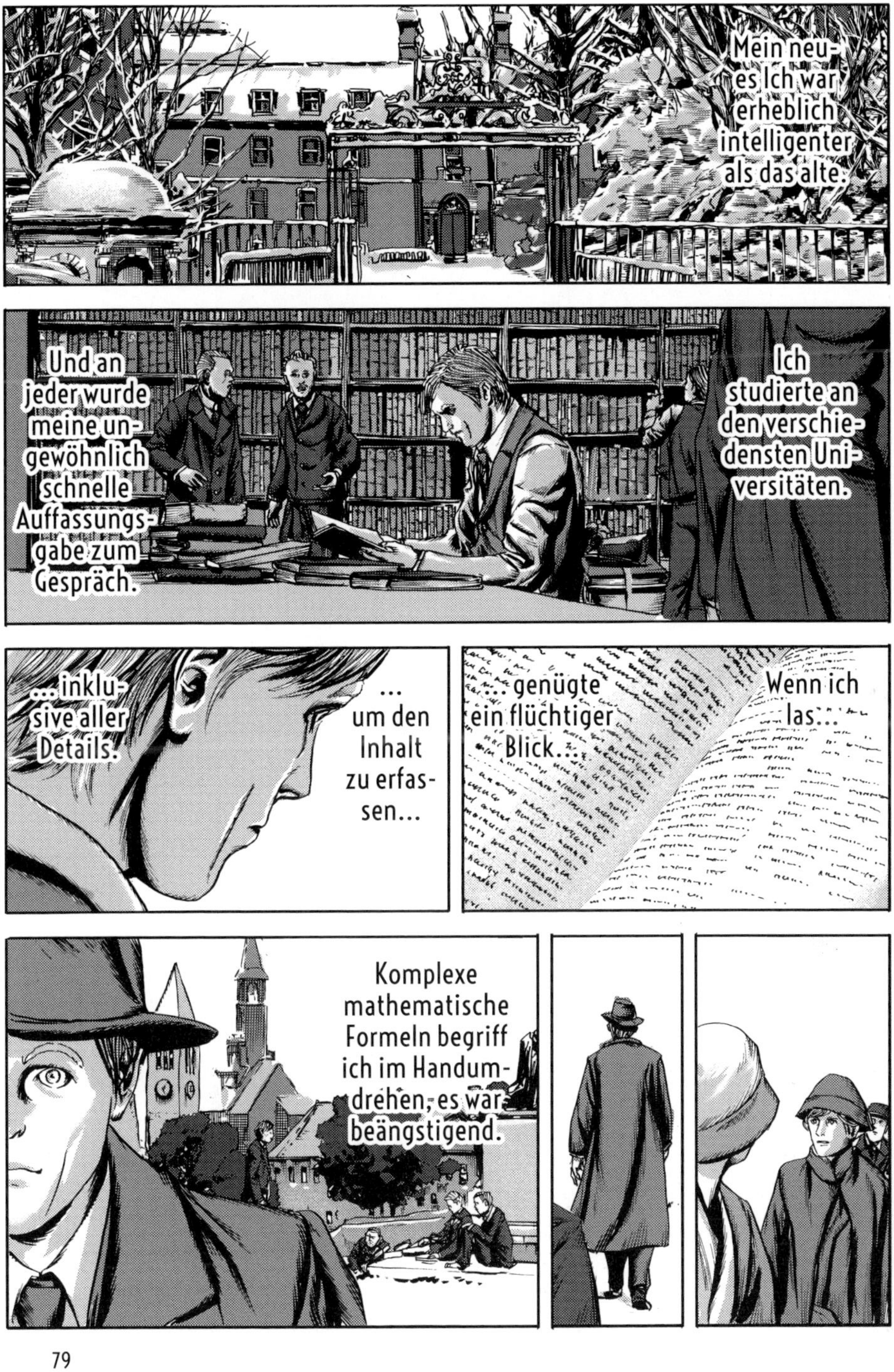
Mein neues Ich war erheblich intelligenter als das alte.
Ich studierte an den verschiedensten Universitäten.
Und an jeder wurde meine ungewöhnlich schnelle Auffassungsgabe zum Gespräch.
Wenn ich las...
... genügte ein flüchtiger Blick...
... um den Inhalt zu erfassen...
... inklusive aller Details.
Komplexe mathematische Formeln begriff ich im Handumdrehen, es war beängstigend.

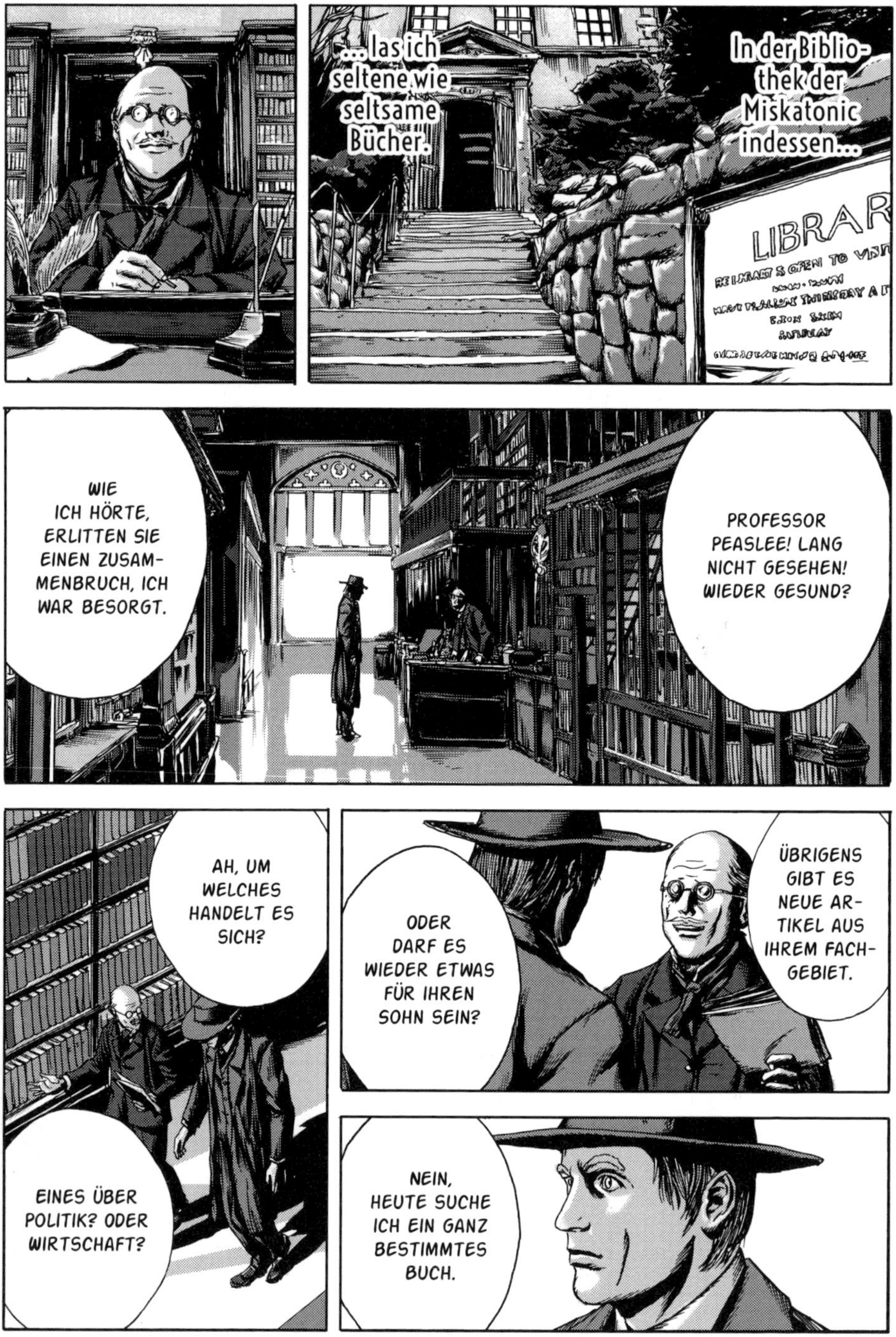

In der Bibliothek der Miskatonic indessen...
...las ich seltene wie seltsame Bücher.
PROFESSOR PEASLEE! LANG NICHT GESEHEN! WIEDER GESUND?
WIE ICH HÖRTE, ERLITTEN SIE EINEN ZUSAMMENBRUCH, ICH WAR BESORGT.
ÜBRIGENS GIBT ES NEUE ARTIKEL AUS IHREM FACHGEBIET.
ODER DARF ES WIEDER ETWAS FÜR IHREN SOHN SEIN?
NEIN, HEUTE SUCHE ICH EIN GANZ BESTIMMTES BUCH.
AH, UM WELCHES HANDELT ES SICH?
EINES ÜBER POLITIK? ODER WIRTSCHAFT?

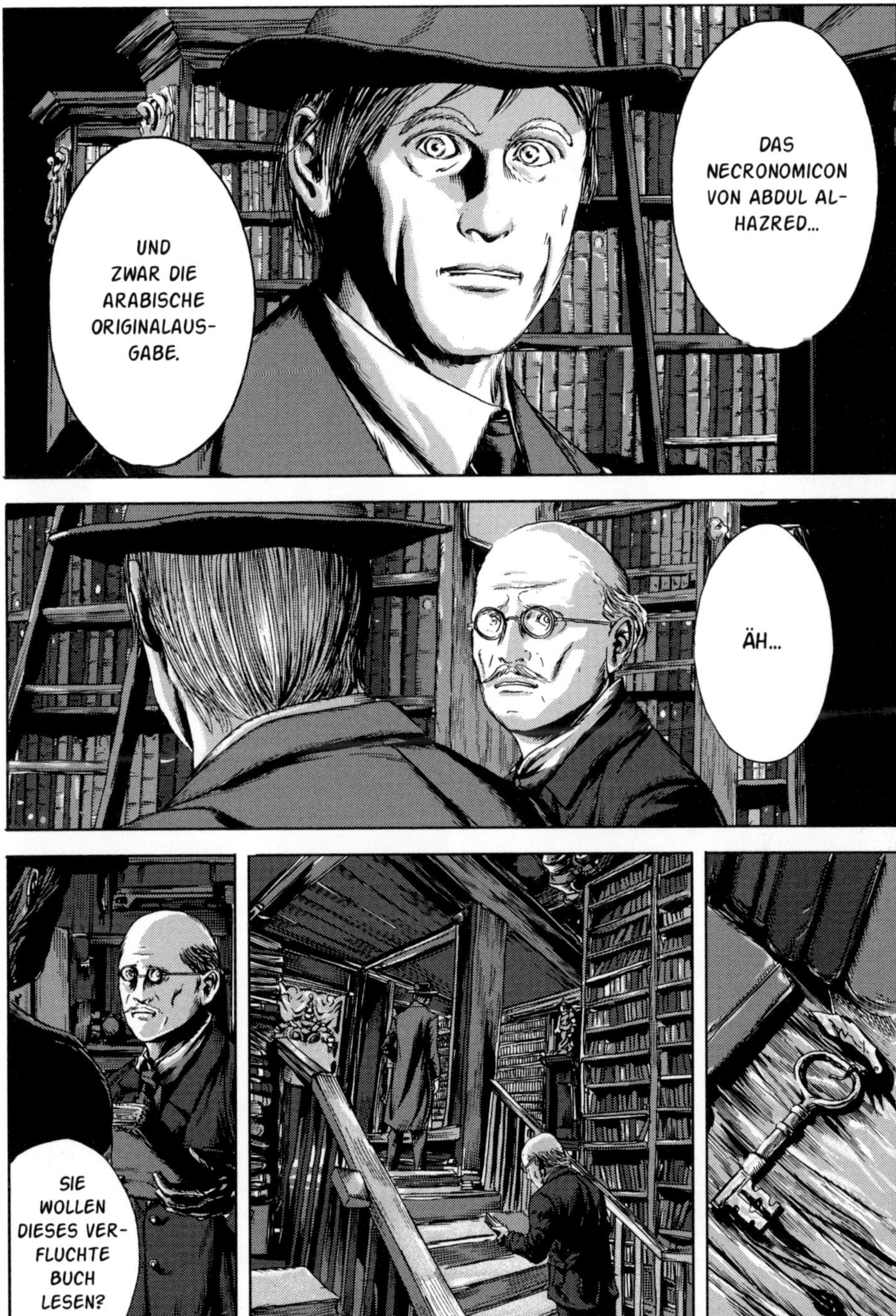
DAS NECRONOMICON VON ABDUL AL-HAZRED...
UND ZWAR DIE ARABISCHE ORIGINALAUSGABE.
ÄH...
SIE WOLLEN DIESES VERFLUCHTE BUCH LESEN?

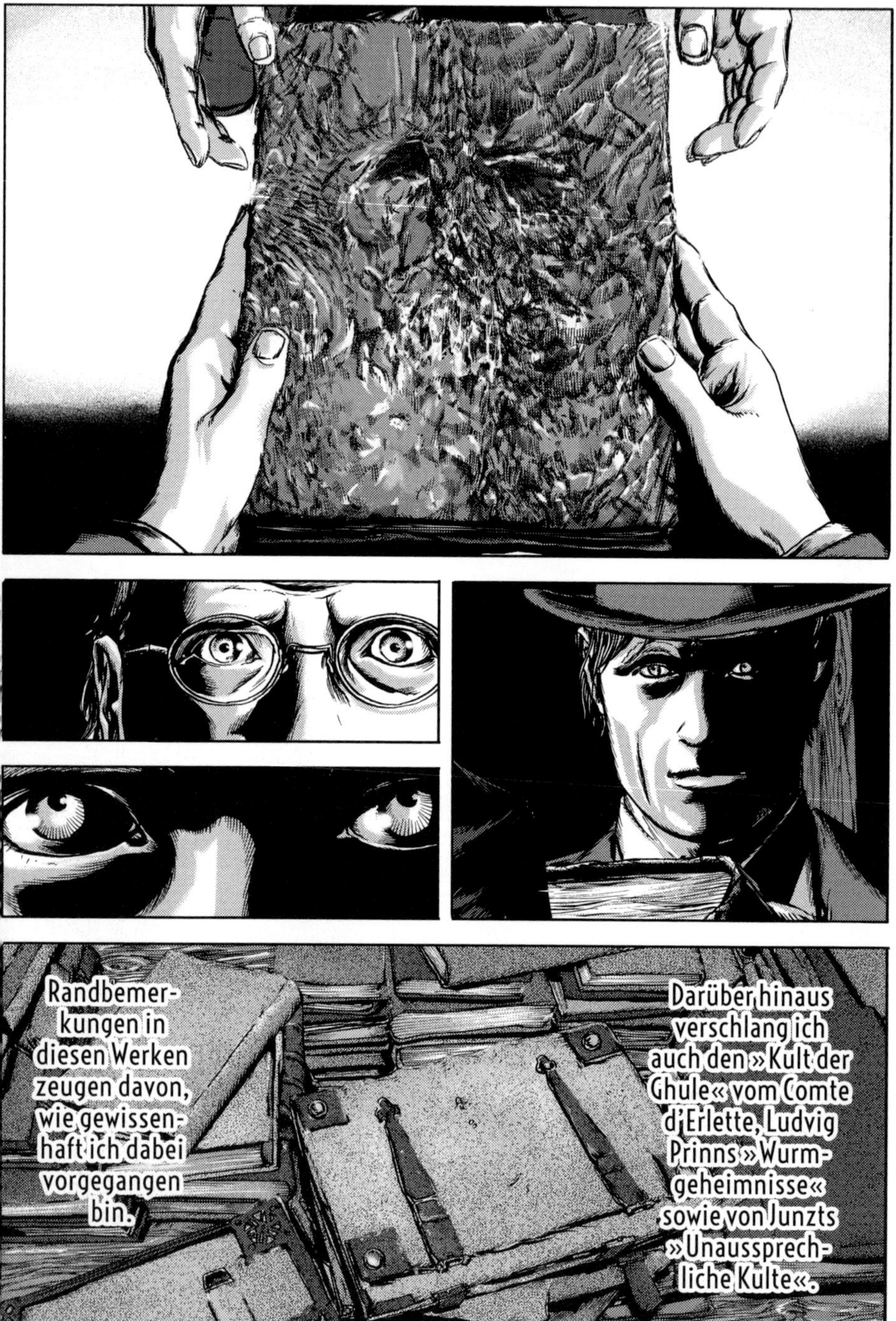
Randbemerkungen in diesen Werken zeugen davon, wie gewissenhaft ich dabei vorgegangen bin.
Darüber hinaus verschlang ich auch den »Kult der Ghule« vom Comte d'Erlette, Ludvig Prinns »Wurmgeheimnisse« sowie von Junzts »Unaussprechliche Kulte«.

3 DIE RÜCKKEHR

Coming Back

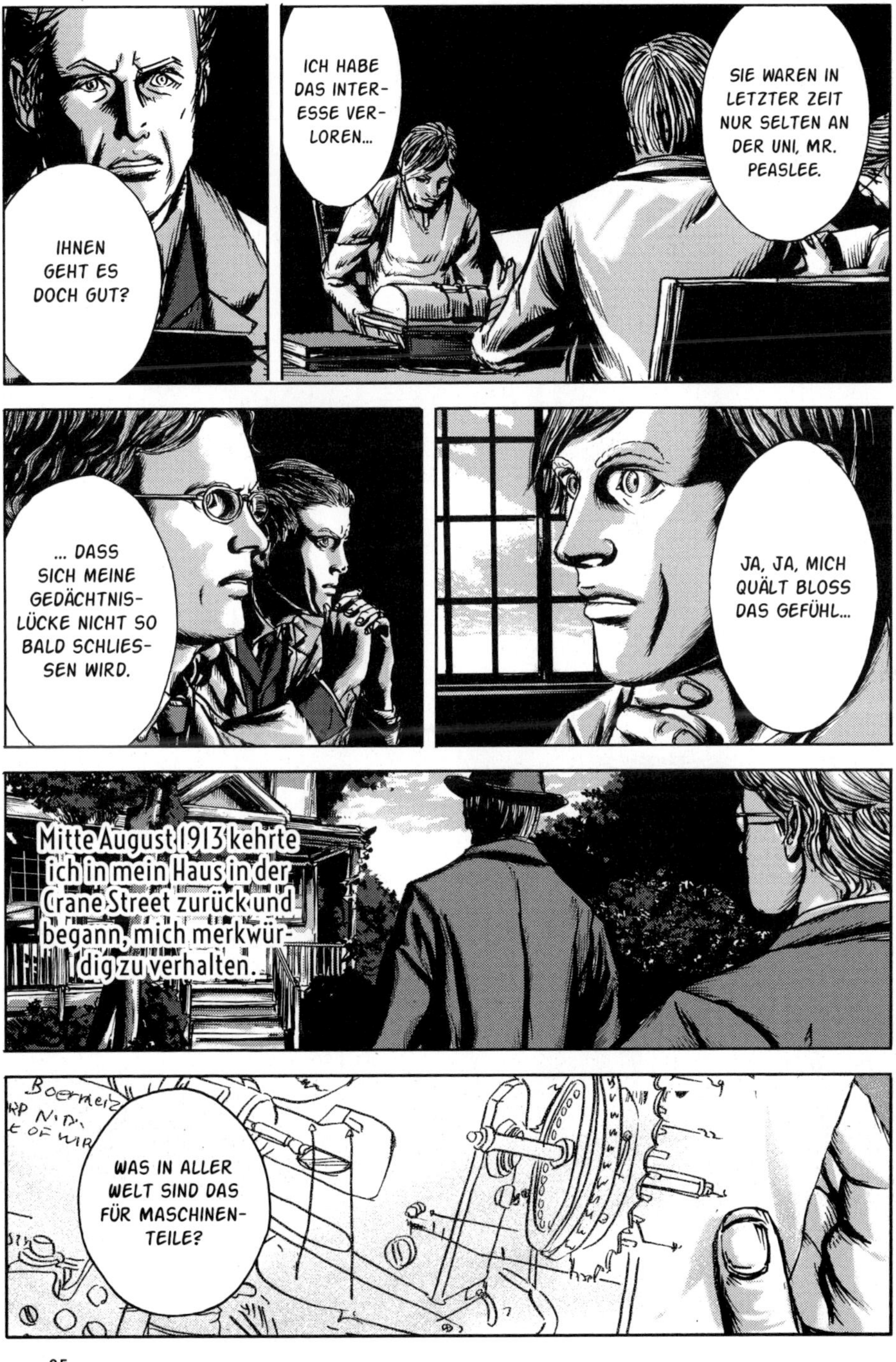
SIE WAREN IN LETZTER ZEIT NUR SELTEN AN DER UNI, MR. PEASLEE.
ICH HABE DAS INTERESSE VERLOREN...
IHNEN GEHT ES DOCH GUT?
JA, JA, MICH QUÄLT BLOSS DAS GEFÜHL...
... DASS SICH MEINE GEDÄCHTNISLÜCKE NICHT SO BALD SCHLIESSEN WIRD.
Mitte August 1913 kehrte ich in mein Haus in der Crane Street zurück und begann, mich merkwürdig zu verhalten.
WAS IN ALLER WELT SIND DAS FÜR MASCHINENTEILE?

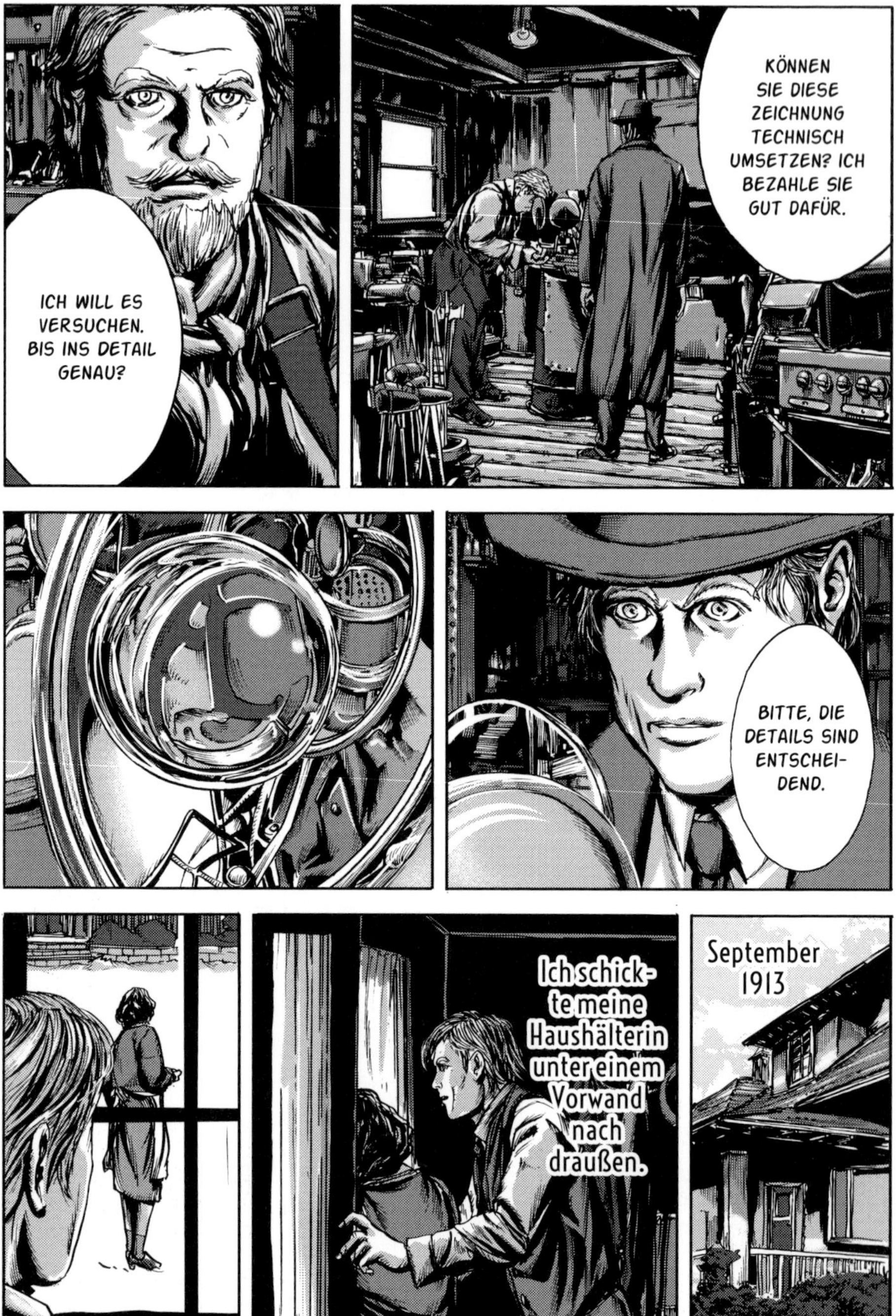
KÖNNEN SIE DIESE ZEICHNUNG TECHNISCH UMSETZEN? ICH BEZAHLE SIE GUT DAFÜR.
ICH WILL ES VERSUCHEN. BIS INS DETAIL GENAU?
BITTE, DIE DETAILS SIND ENTSCHEI-DEND.
September 1913
Ich schick-te meine Haushälterin unter einem Vorwand nach draußen.

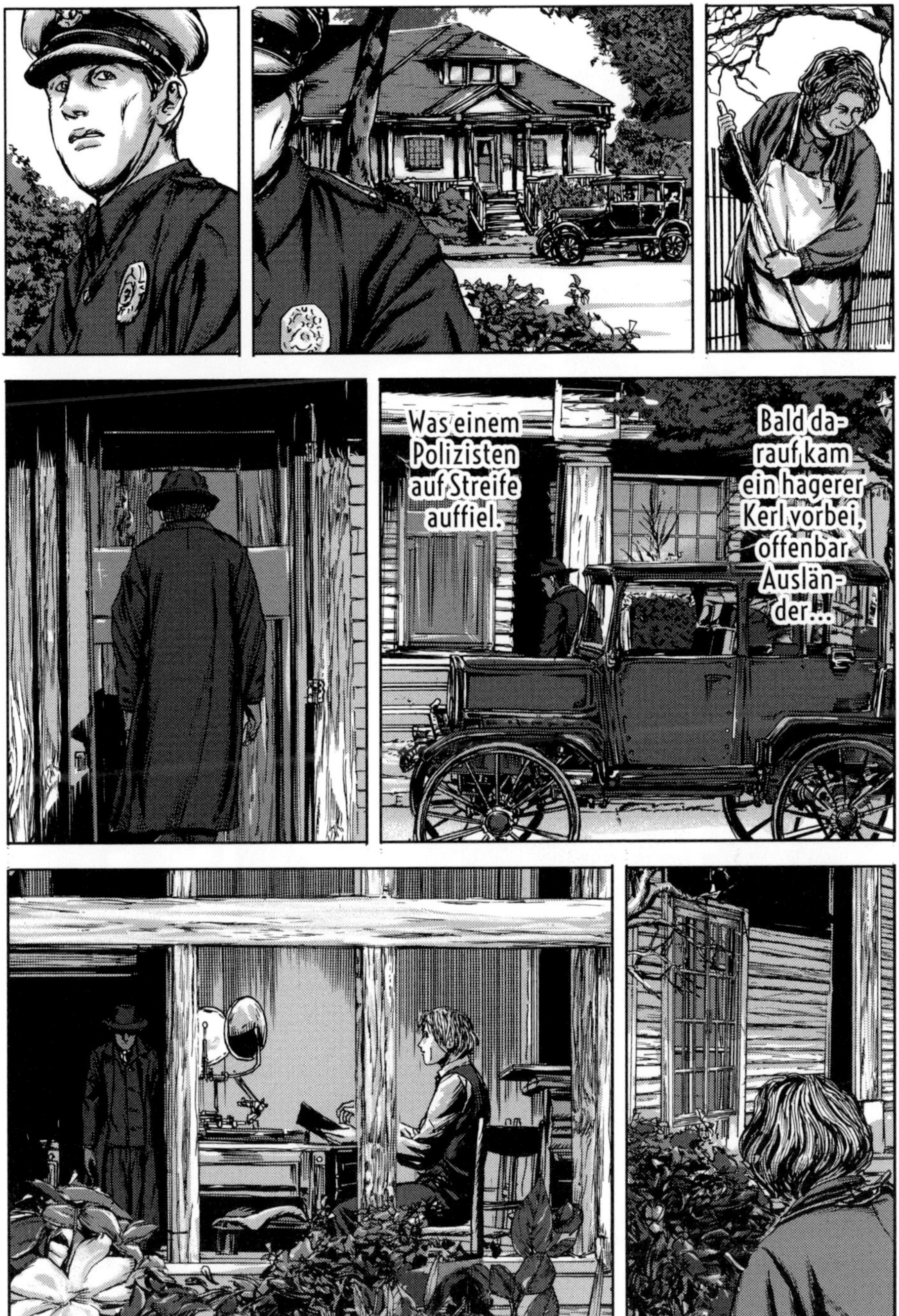
Was einem Polizisten auf Streife auffiel.
Bald darauf kam ein hagerer Kerl vorbei, offenbar Ausländer…

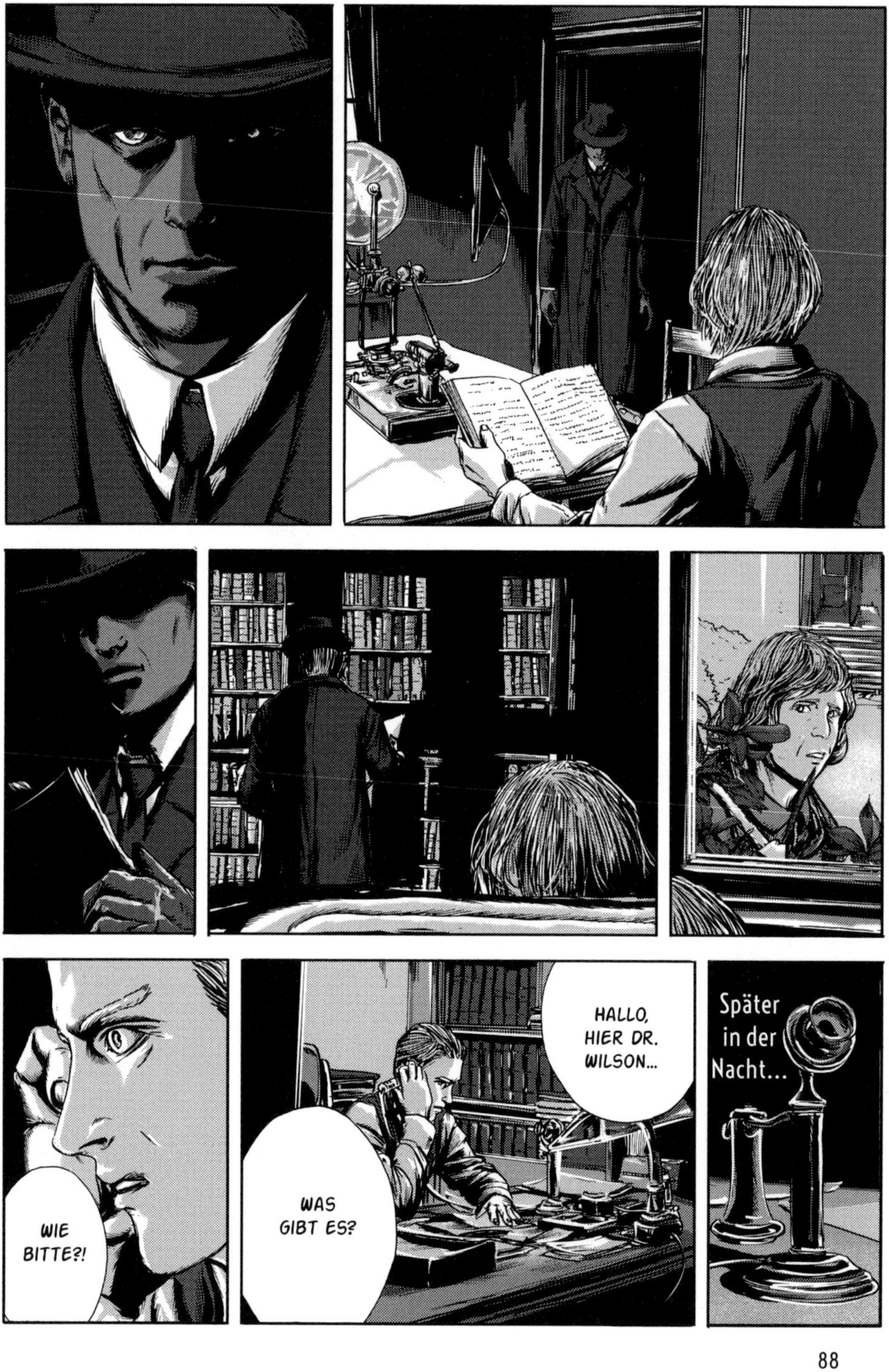
Später in der Nacht…
HALLO, HIER DR. WILSON…
WAS GIBT ES?
WIE BITTE?!

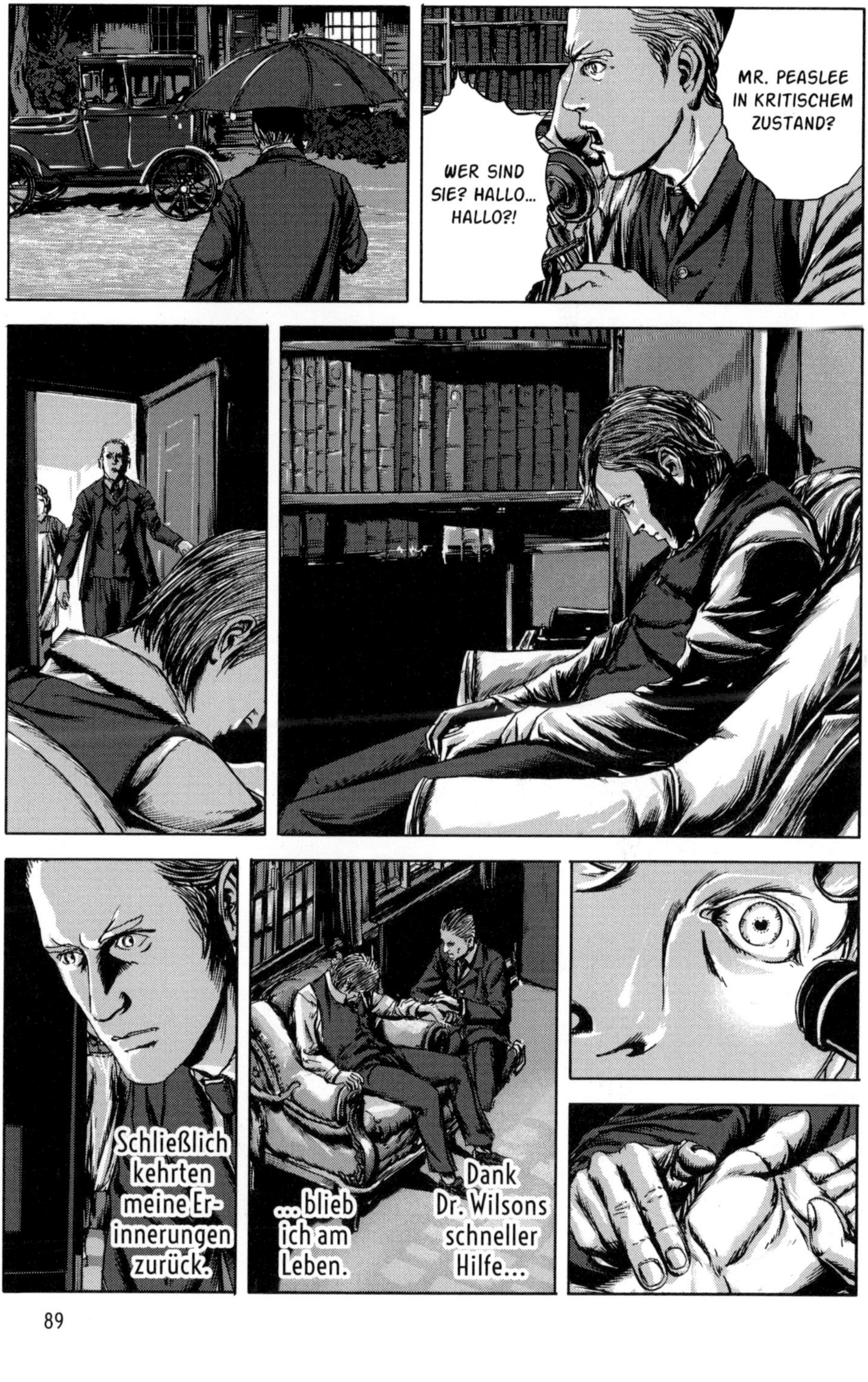
MR. PEASLEE
IN KRITISCHEM
ZUSTAND?
WER SIND
SIE? HALLO...
HALLO?!
Schließlich kehrten meine Erinnerungen zurück.
... blieb ich am Leben.
Dank Dr. Wilsons schneller Hilfe...

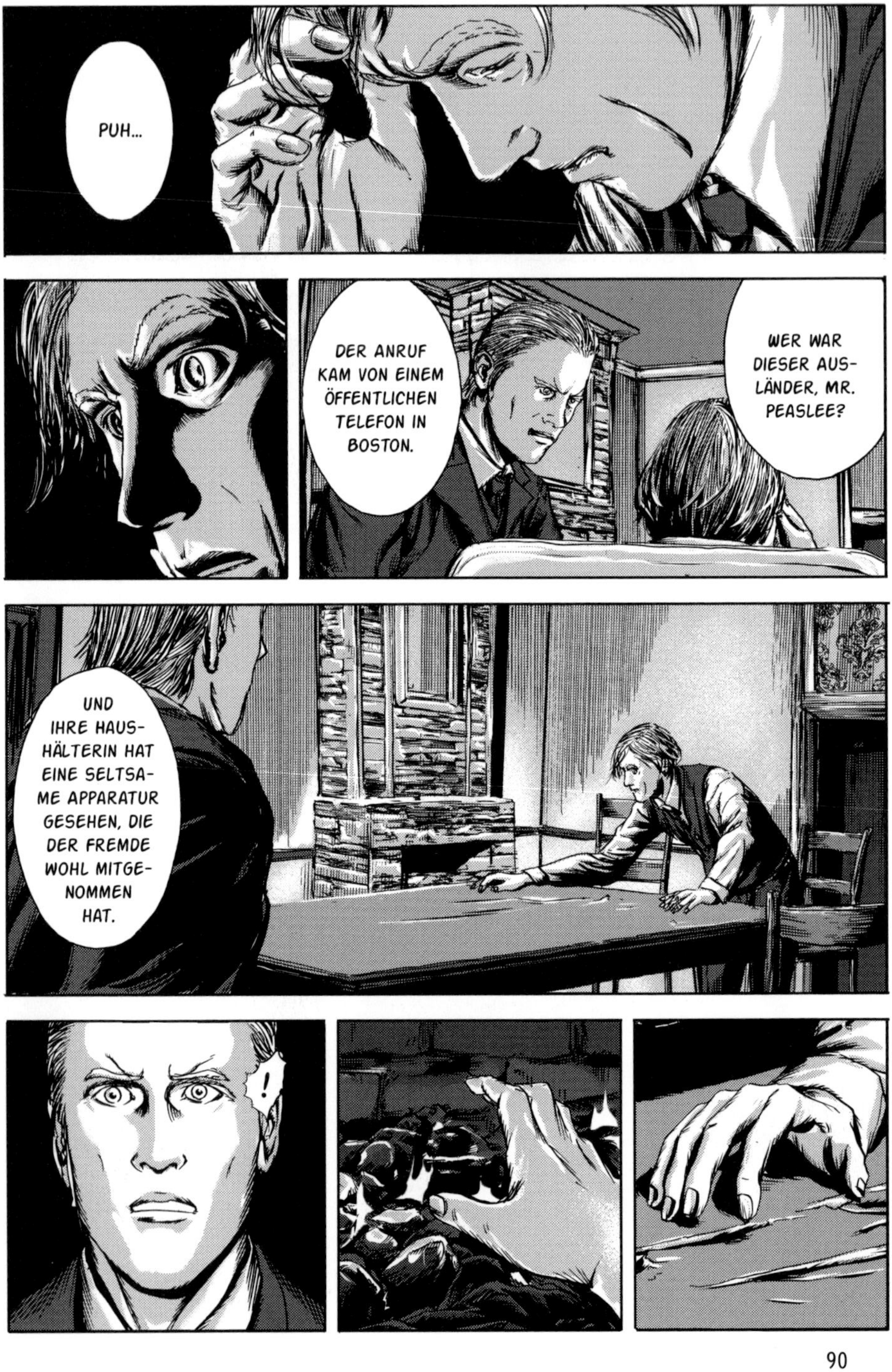
PUH...
DER ANRUF KAM VON EINEM ÖFFENTLICHEN TELEFON IN BOSTON.
WER WAR DIESER AUSLÄNDER, MR. PEASLEE?
UND IHRE HAUSHÄLTERIN HAT EINE SELTSAME APPARATUR GESEHEN, DIE DER FREMDE WOHL MITGENOMMEN HAT.
!

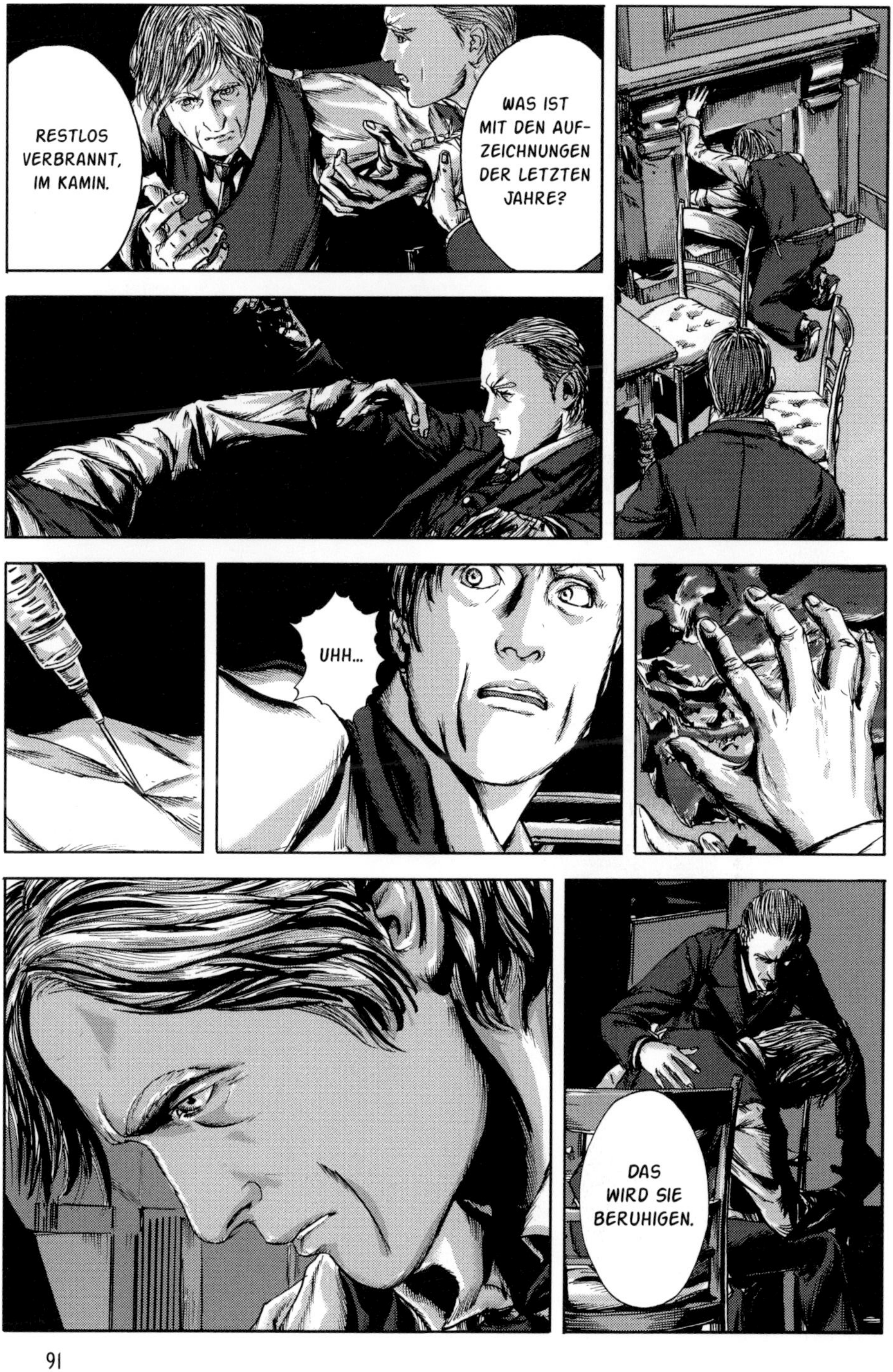
WAS IST MIT DEN AUF-ZEICHNUNGEN DER LETZTEN JAHRE?
RESTLOS VERBRANNT, IM KAMIN.
UHH…
DAS WIRD SIE BERUHIGEN.

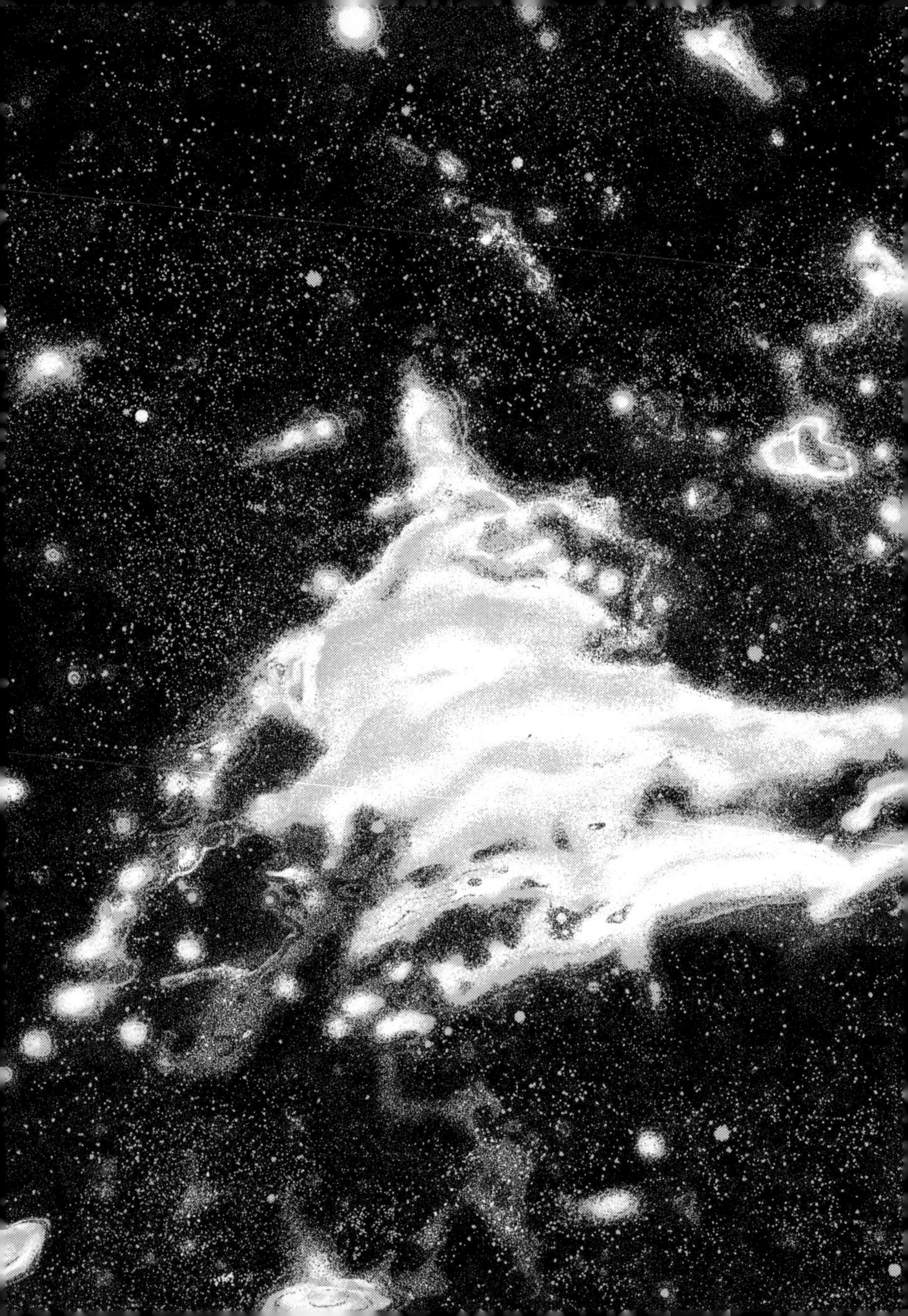

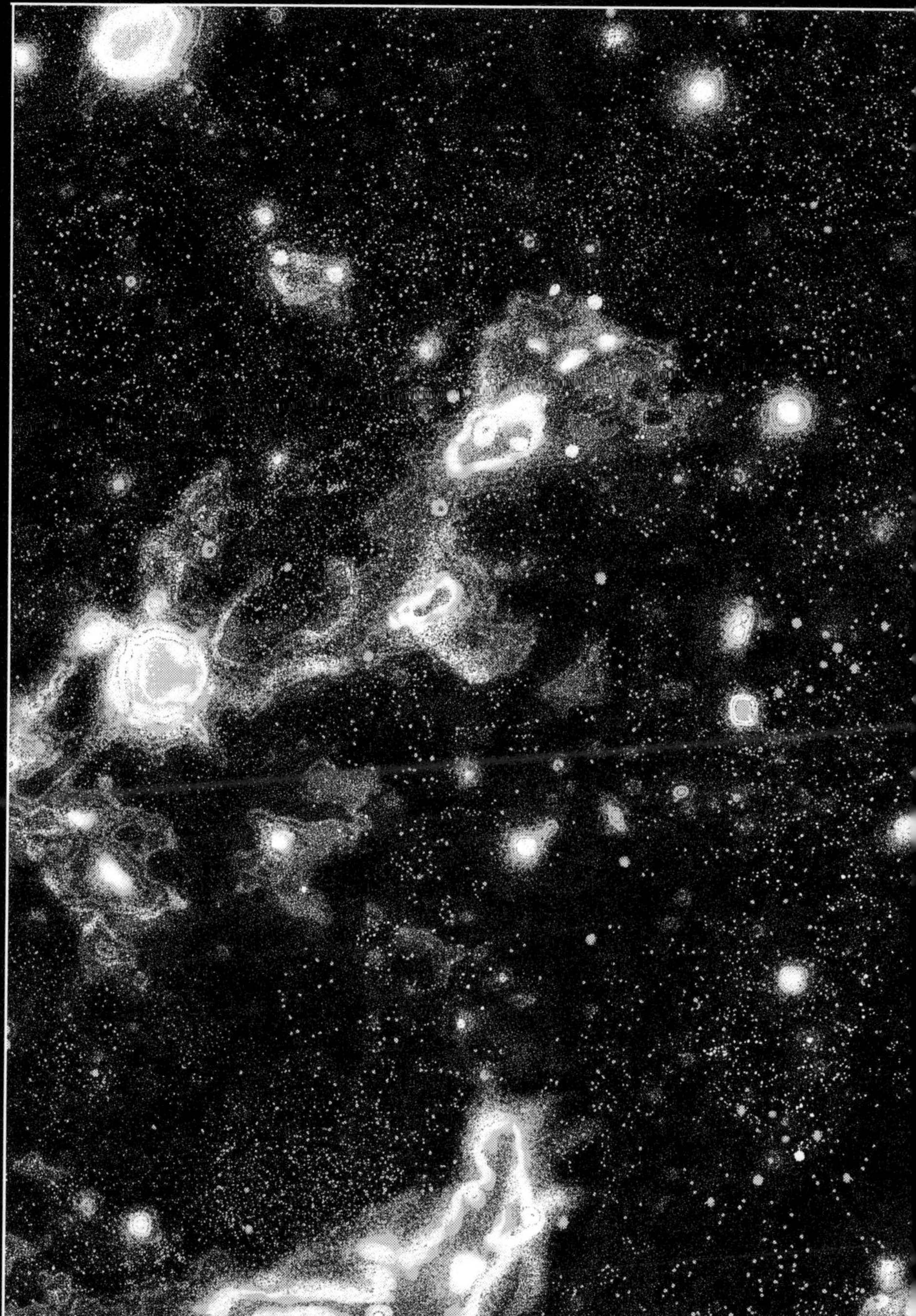

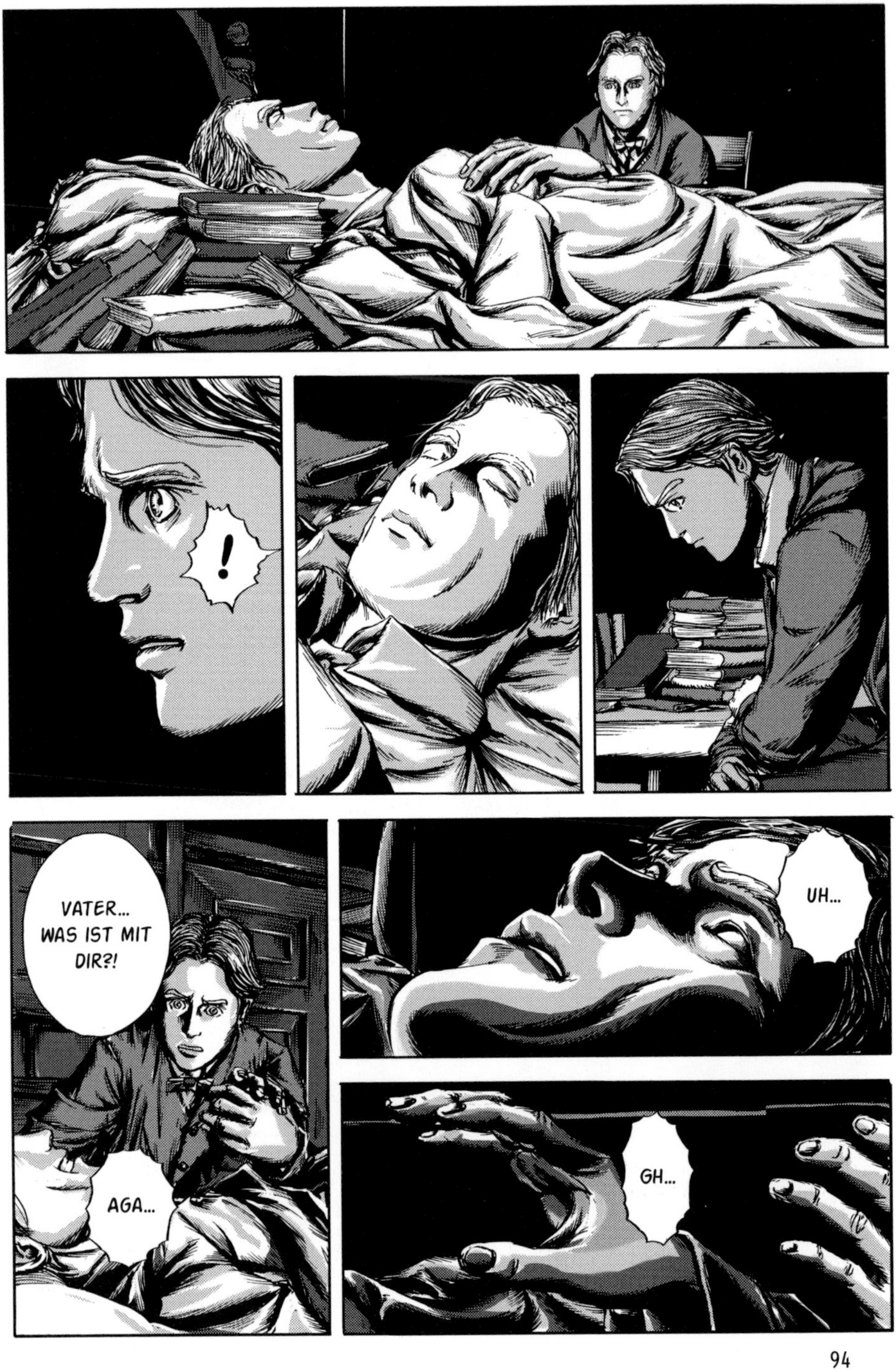
!
VATER... WAS IST MIT DIR?!
AGA...
UH...
GH...

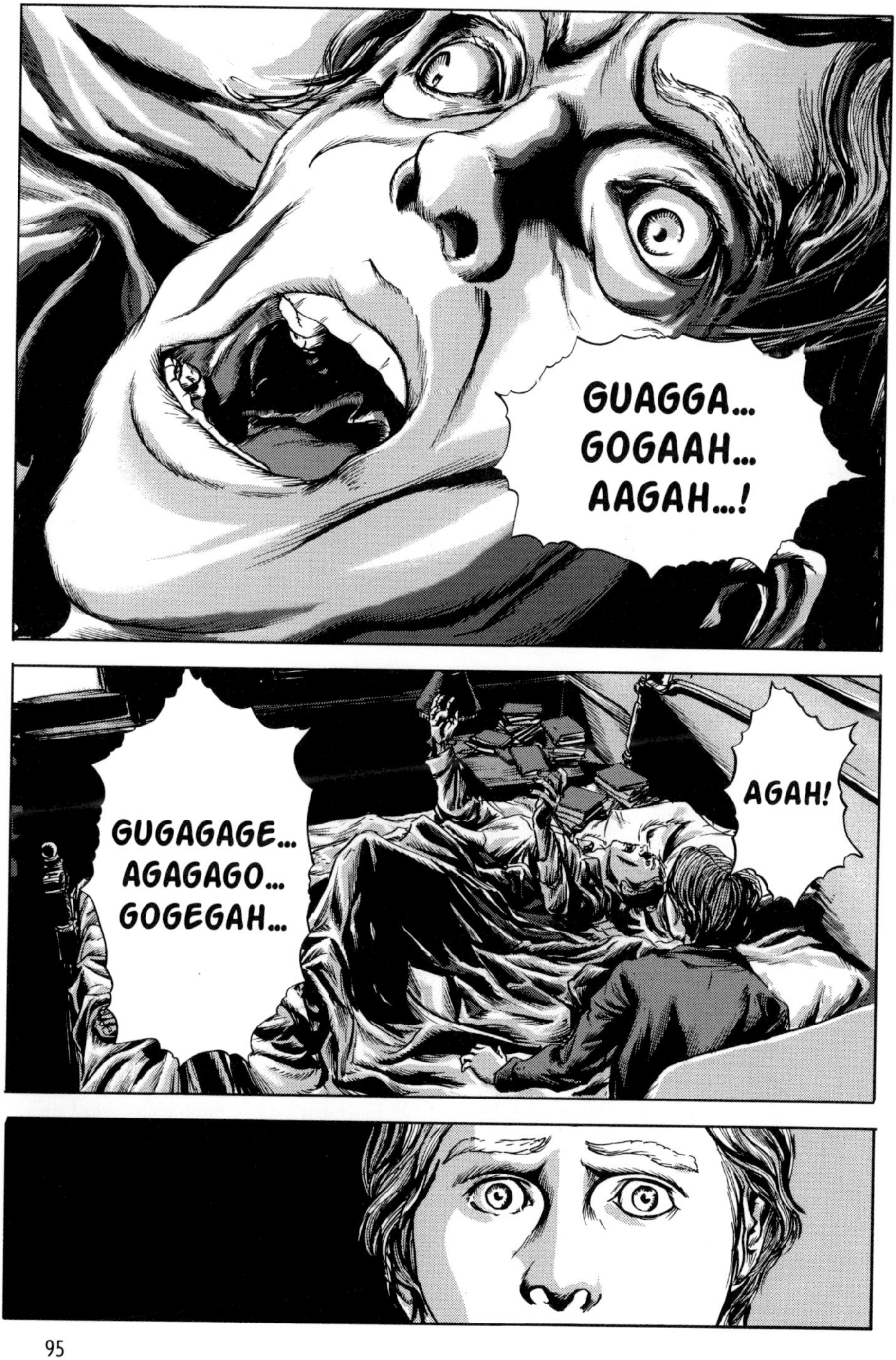
GUAGGA...
GOGAAH...
AAGAH...!
AGAH!
GUGAGAGE...
AGAGAGO...
GOGEGAH...

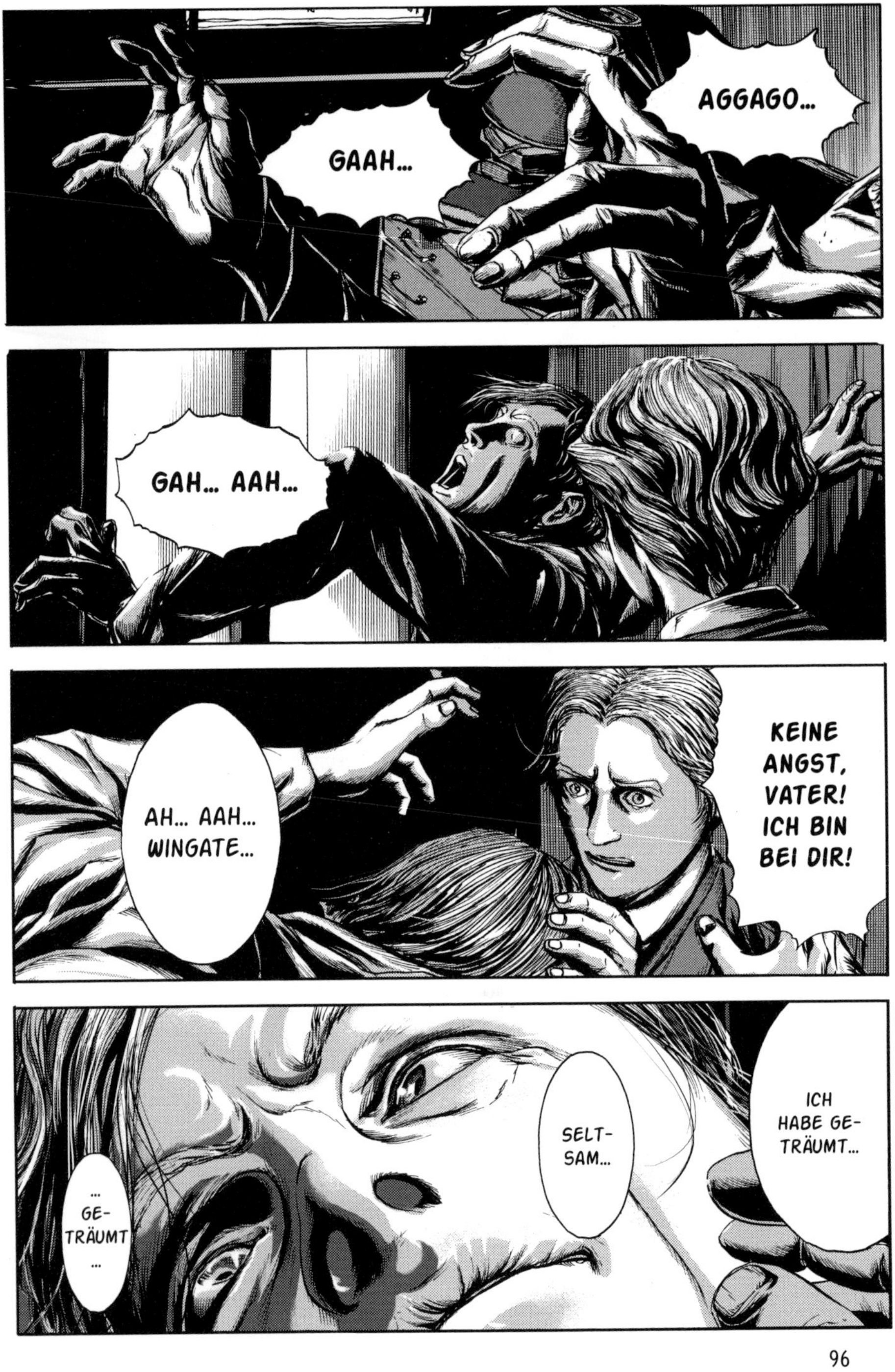
GAAH...
AGGAGO...
GAH... AAH...
KEINE ANGST, VATER! ICH BIN BEI DIR!
AH... AAH... WINGATE...
ICH HABE GE-TRÄUMT...
SELT-SAM...
... GE-TRÄUMT ...

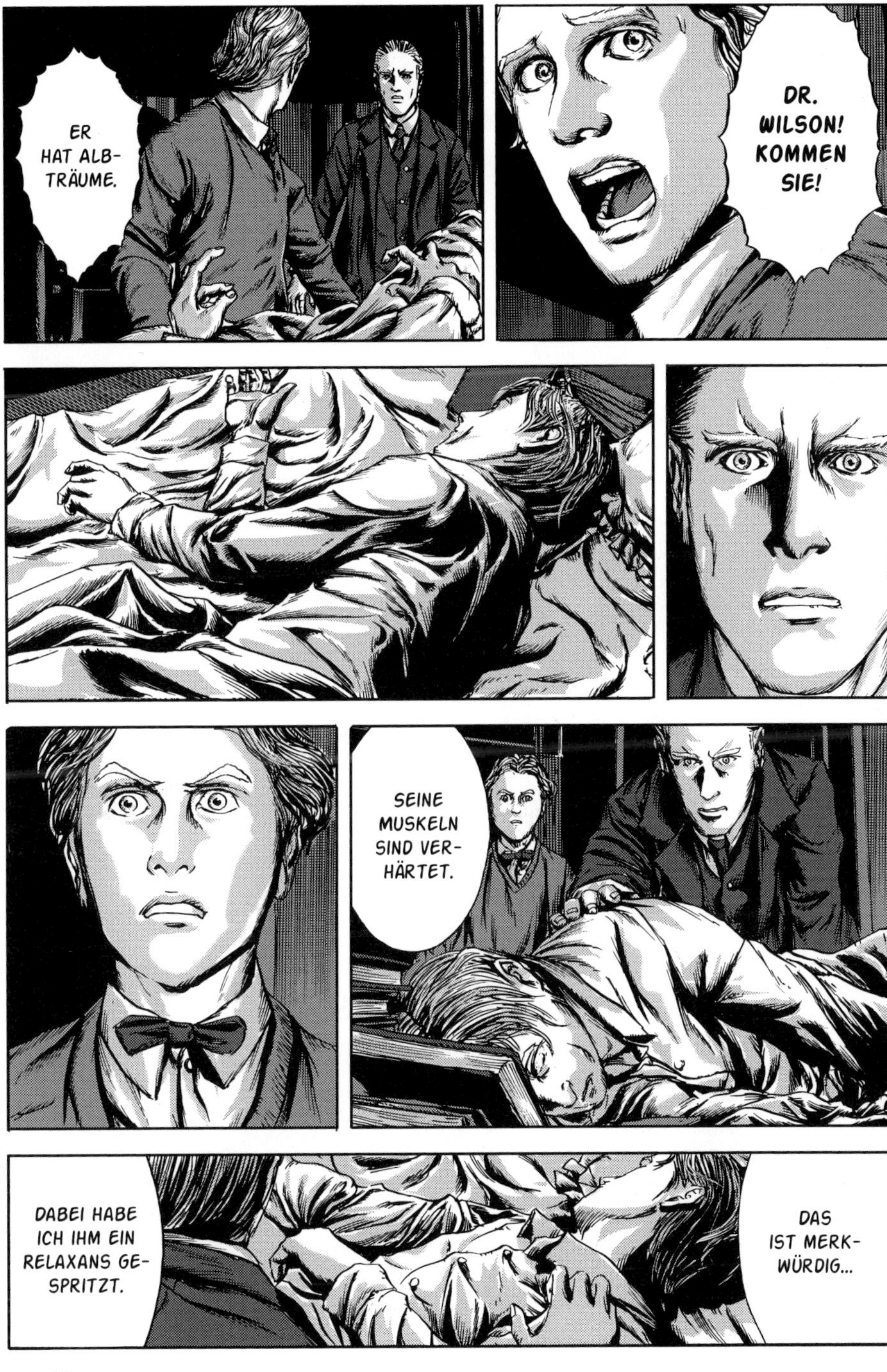

DR. WILSON! KOMMEN SIE!
ER HAT ALBTRÄUME.
SEINE MUSKELN SIND VERHÄRTET.
DAS IST MERKWÜRDIG...
DABEI HABE ICH IHM EIN RELAXANS GESPRITZT.

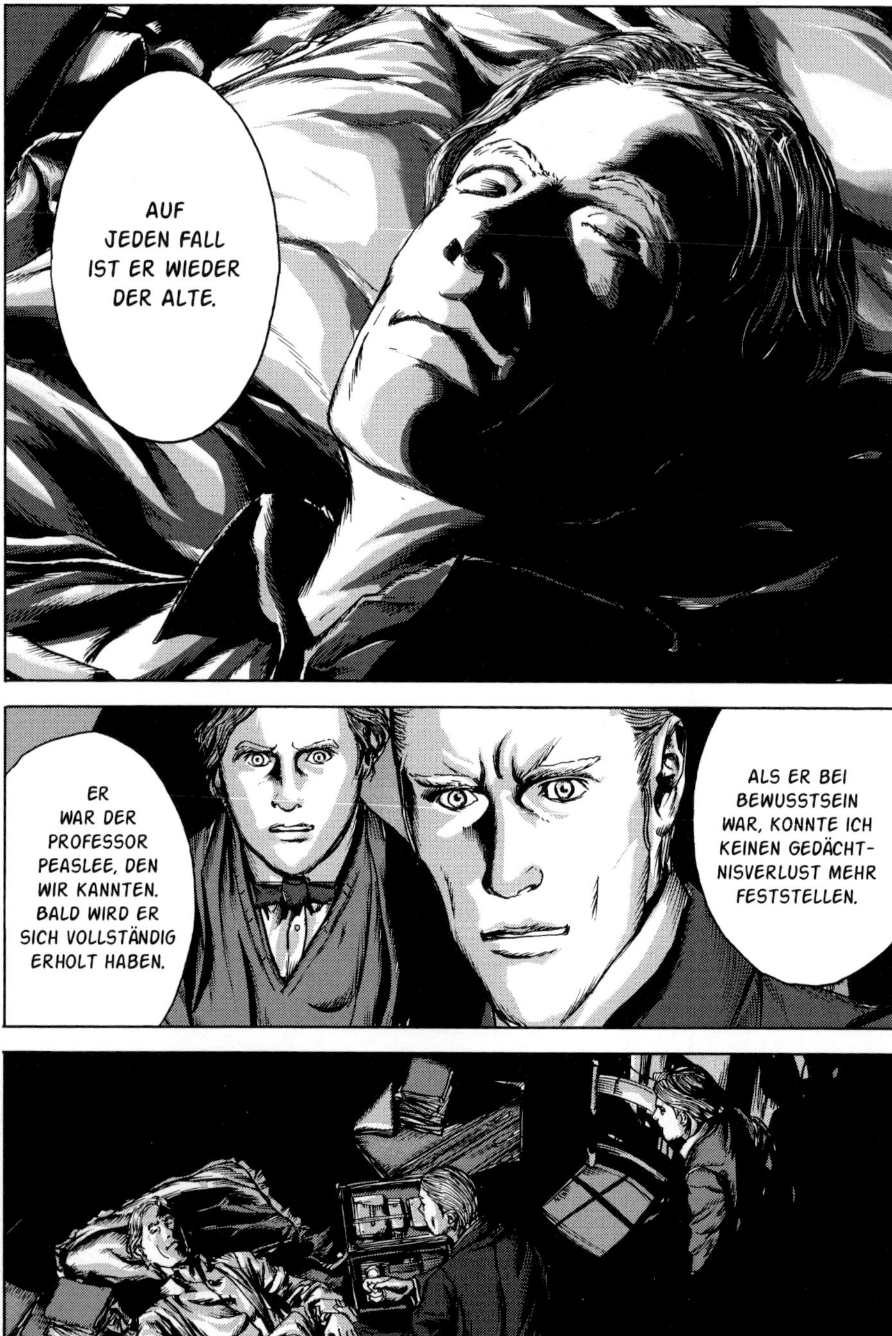
AUF JEDEN FALL IST ER WIEDER DER ALTE.
ALS ER BEI BEWUSSTSEIN WAR, KONNTE ICH KEINEN GEDÄCHTNISVERLUST MEHR FESTSTELLEN.
ER WAR DER PROFESSOR PEASLEE, DEN WIR KANNTEN. BALD WIRD ER SICH VOLLSTÄNDIG ERHOLT HABEN.

4 ALBTRÄUME

Tormenting Nightmares

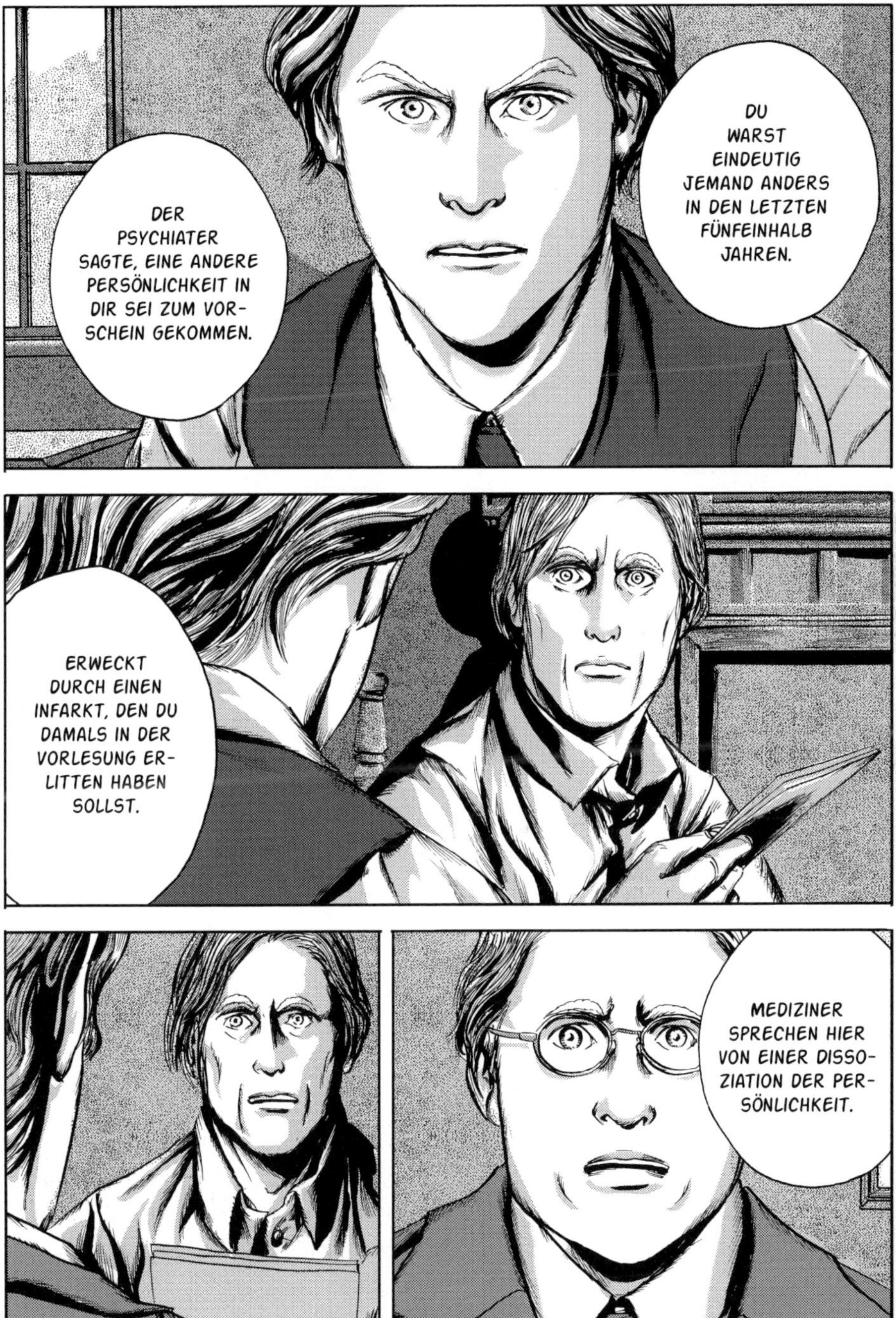
DU WARST EINDEUTIG JEMAND ANDERS IN DEN LETZTEN FÜNFEINHALB JAHREN.
DER PSYCHIATER SAGTE, EINE ANDERE PERSÖNLICHKEIT IN DIR SEI ZUM VORSCHEIN GEKOMMEN.
ERWECKT DURCH EINEN INFARKT, DEN DU DAMALS IN DER VORLESUNG ERLITTEN HABEN SOLLST.
MEDIZINER SPRECHEN HIER VON EINER DISSOZIATION DER PERSÖNLICHKEIT.

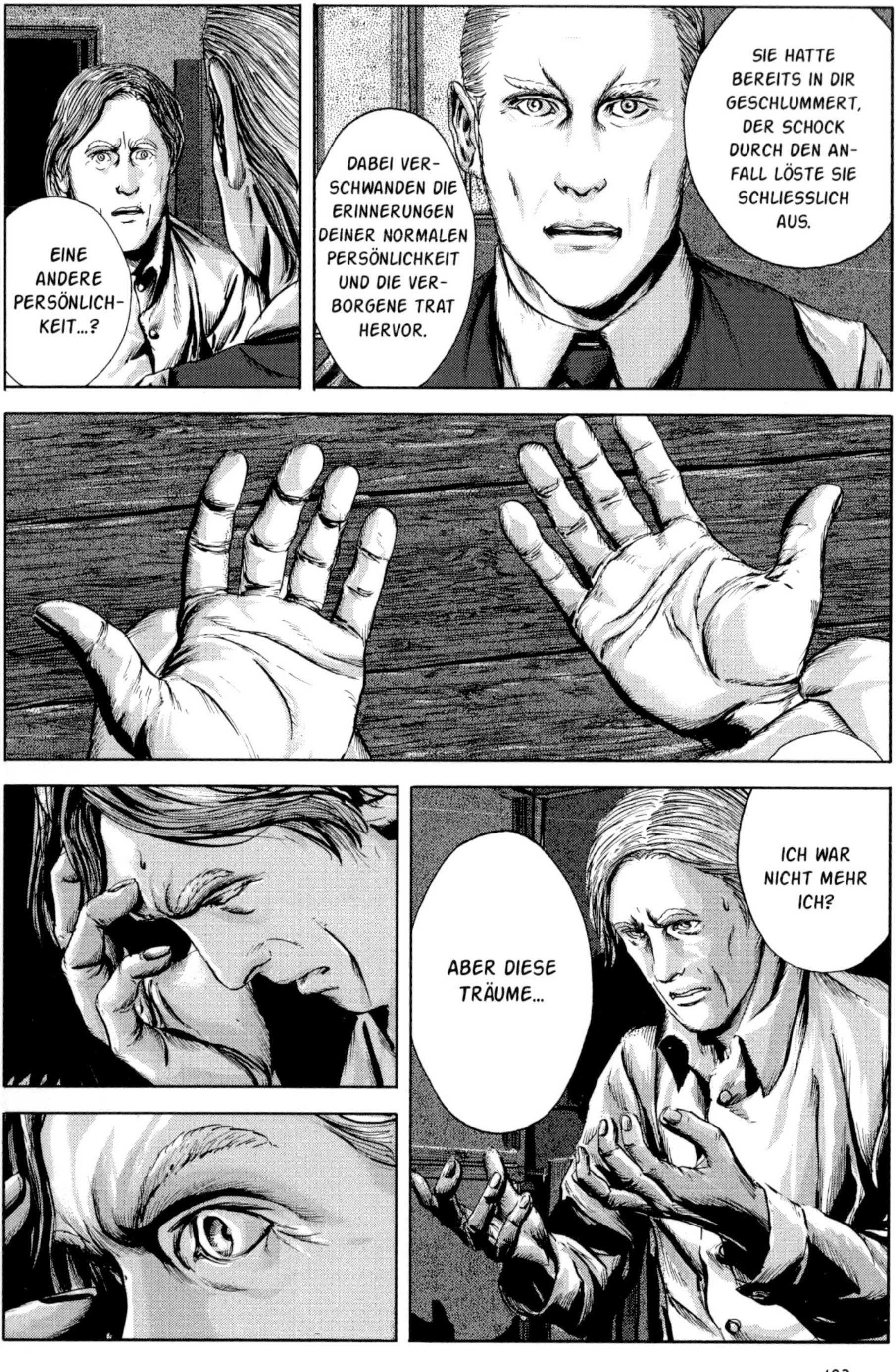
SIE HATTE BEREITS IN DIR GESCHLUMMERT, DER SCHOCK DURCH DEN AN-FALL LÖSTE SIE SCHLIESSLICH AUS.
DABEI VER-SCHWANDEN DIE ERINNERUNGEN DEINER NORMALEN PERSÖNLICHKEIT UND DIE VER-BORGENE TRAT HERVOR.
EINE ANDERE PERSÖNLICH-KEIT...?
ICH WAR NICHT MEHR ICH?
ABER DIESE TRÄUME...

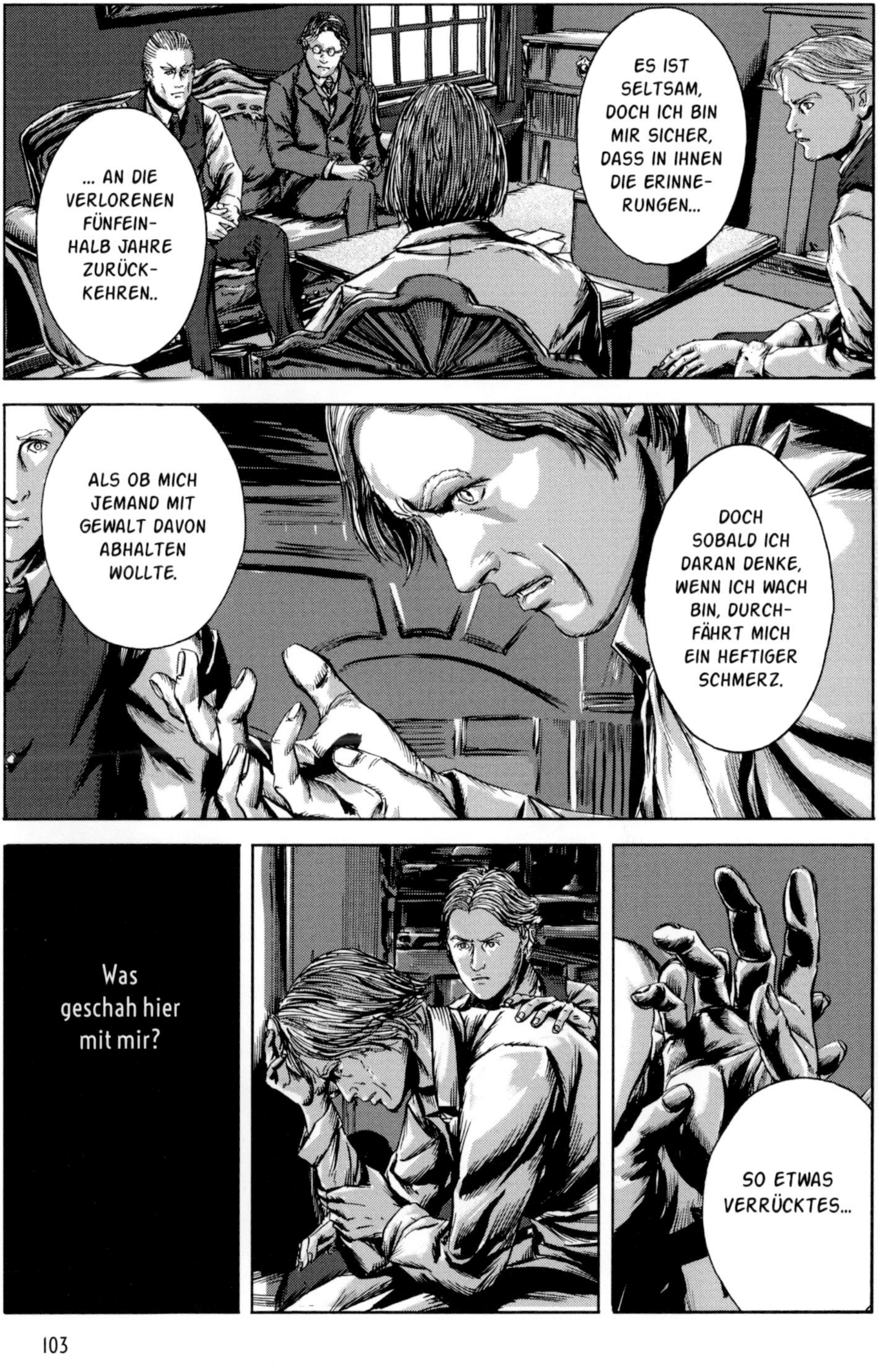
ES IST SELTSAM, DOCH ICH BIN MIR SICHER, DASS IN IHNEN DIE ERINNE-RUNGEN...
... AN DIE VERLORENEN FÜNFEIN-HALB JAHRE ZURÜCK-KEHREN..
DOCH SOBALD ICH DARAN DENKE, WENN ICH WACH BIN, DURCH-FÄHRT MICH EIN HEFTIGER SCHMERZ.
ALS OB MICH JEMAND MIT GEWALT DAVON ABHALTEN WOLLTE.
Was geschah hier mit mir?
SO ETWAS VERRÜCKTES...

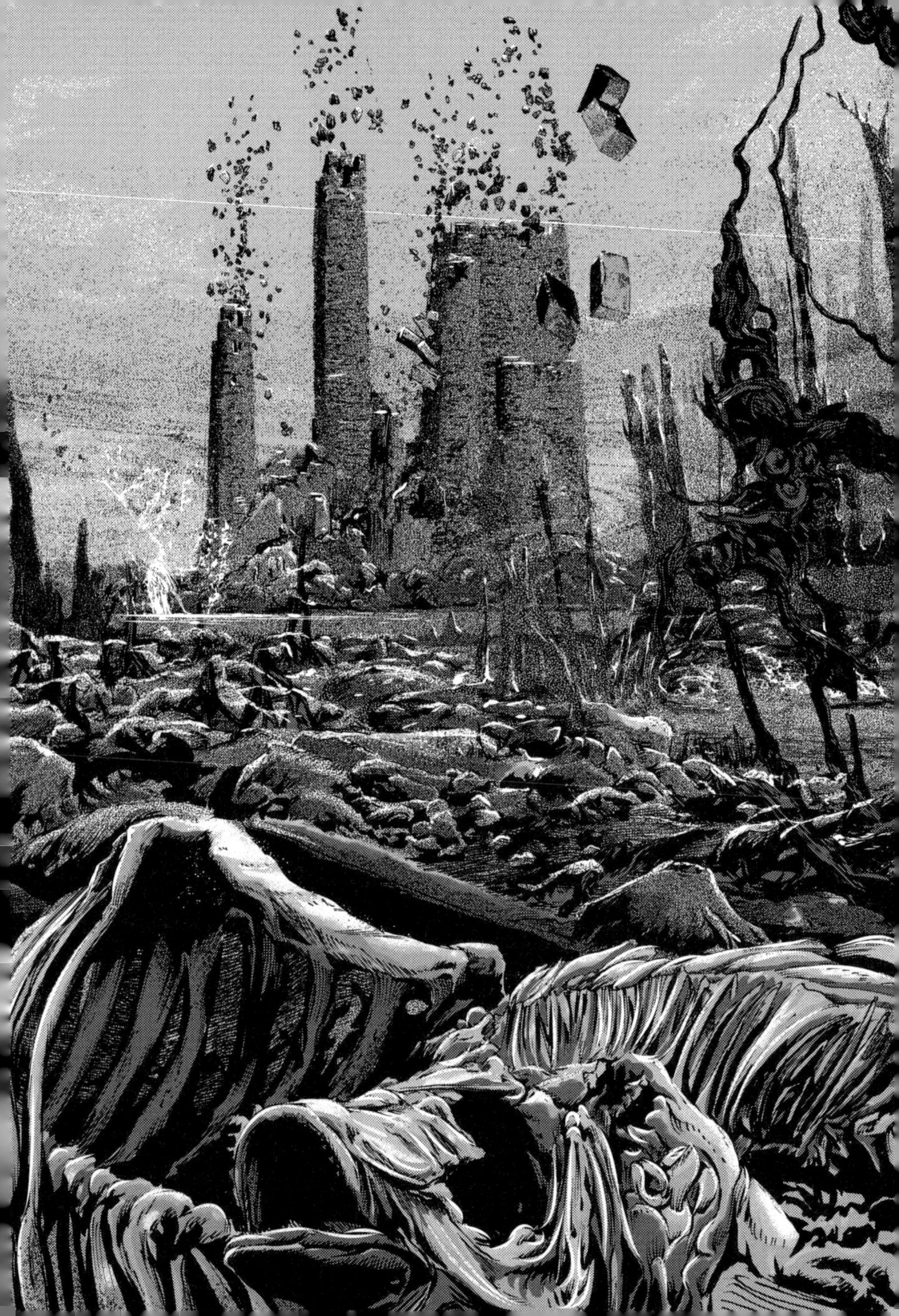

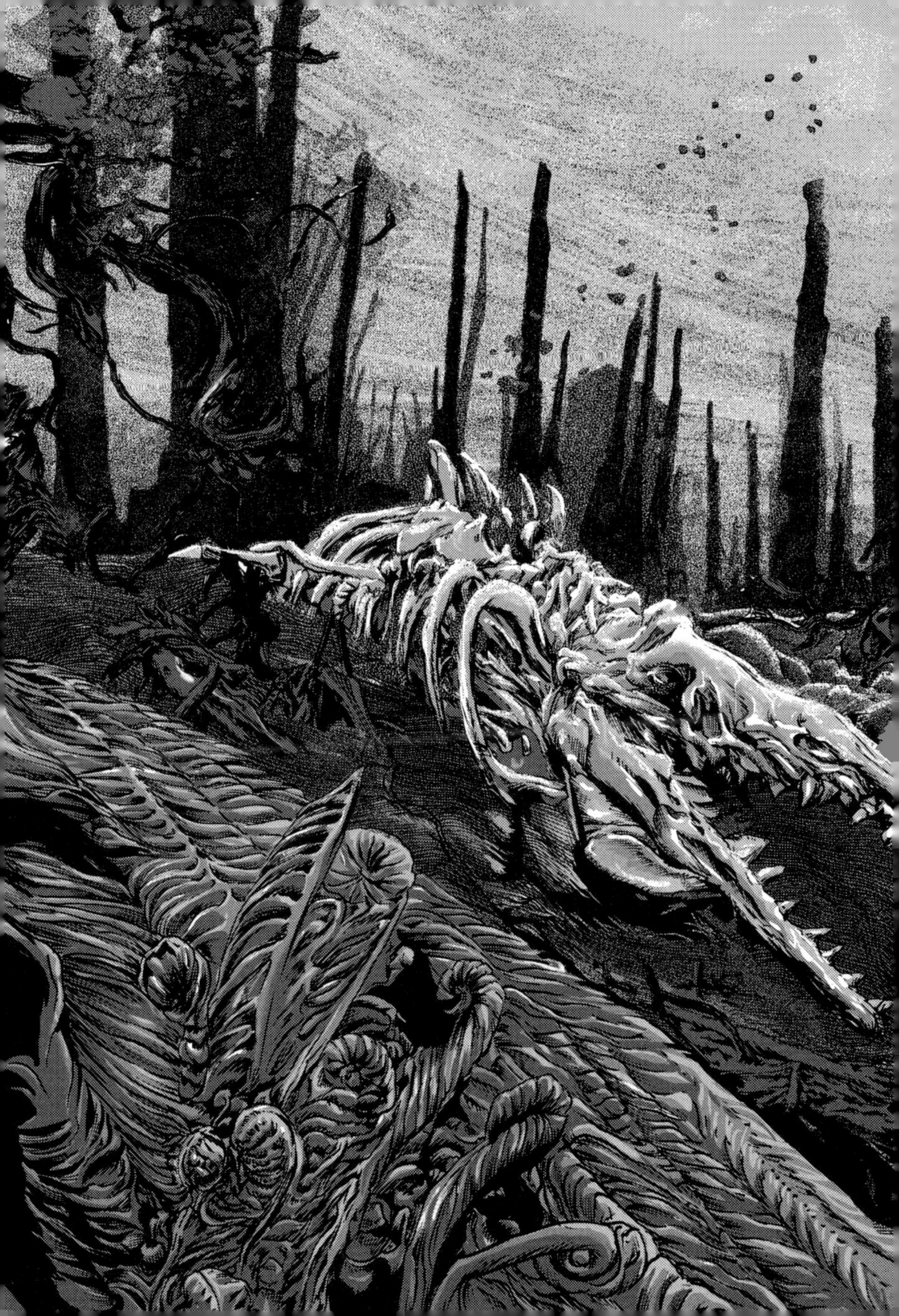

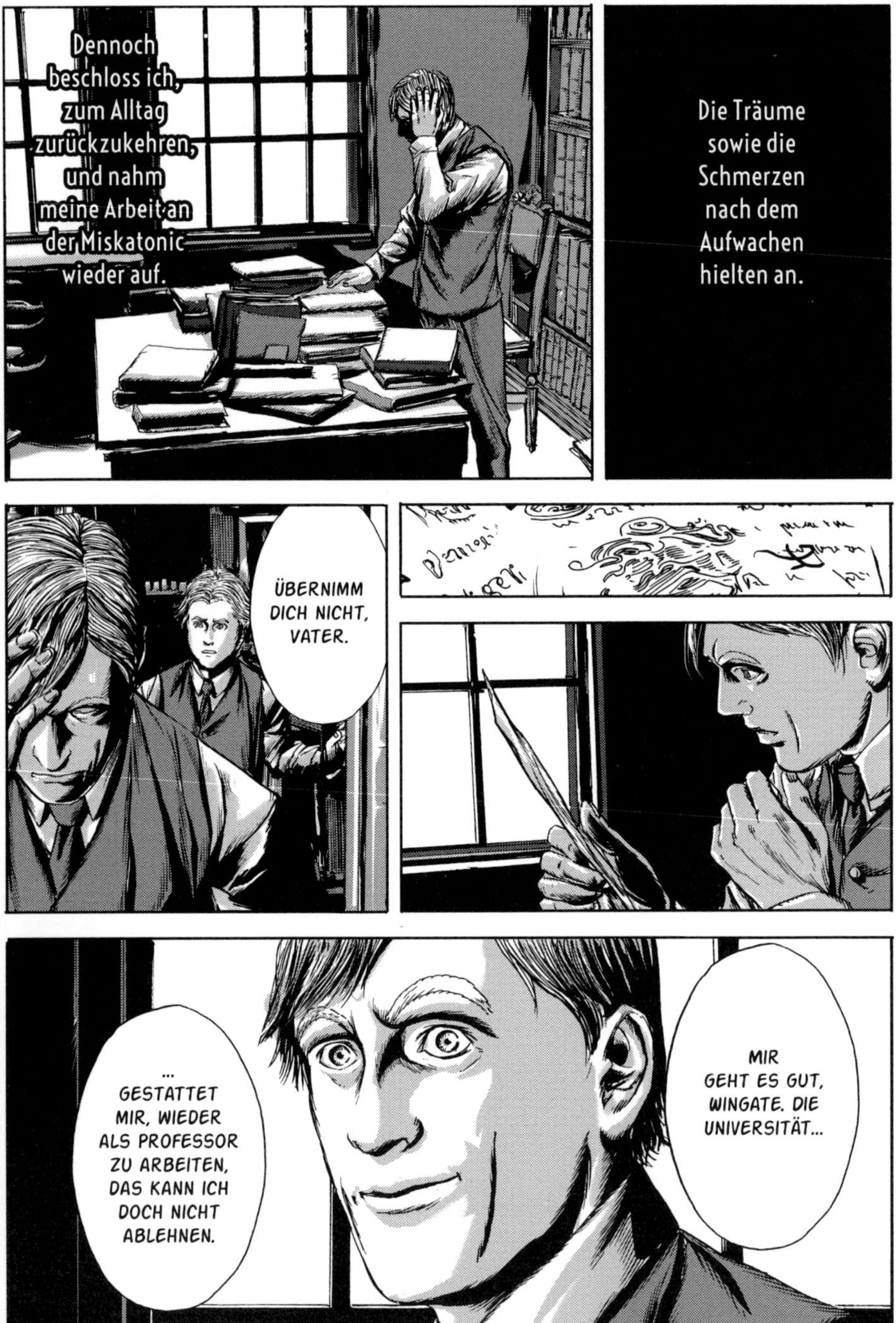
Dennoch beschloss ich, zum Alltag zurückzukehren, und nahm meine Arbeit an der Miskatonic wieder auf.
Die Träume sowie die Schmerzen nach dem Aufwachen hielten an.
ÜBERNIMM DICH NICHT, VATER.
MIR GEHT ES GUT, WINGATE. DIE UNIVERSITÄT...
... GESTATTET MIR, WIEDER ALS PROFESSOR ZU ARBEITEN, DAS KANN ICH DOCH NICHT ABLEHNEN.

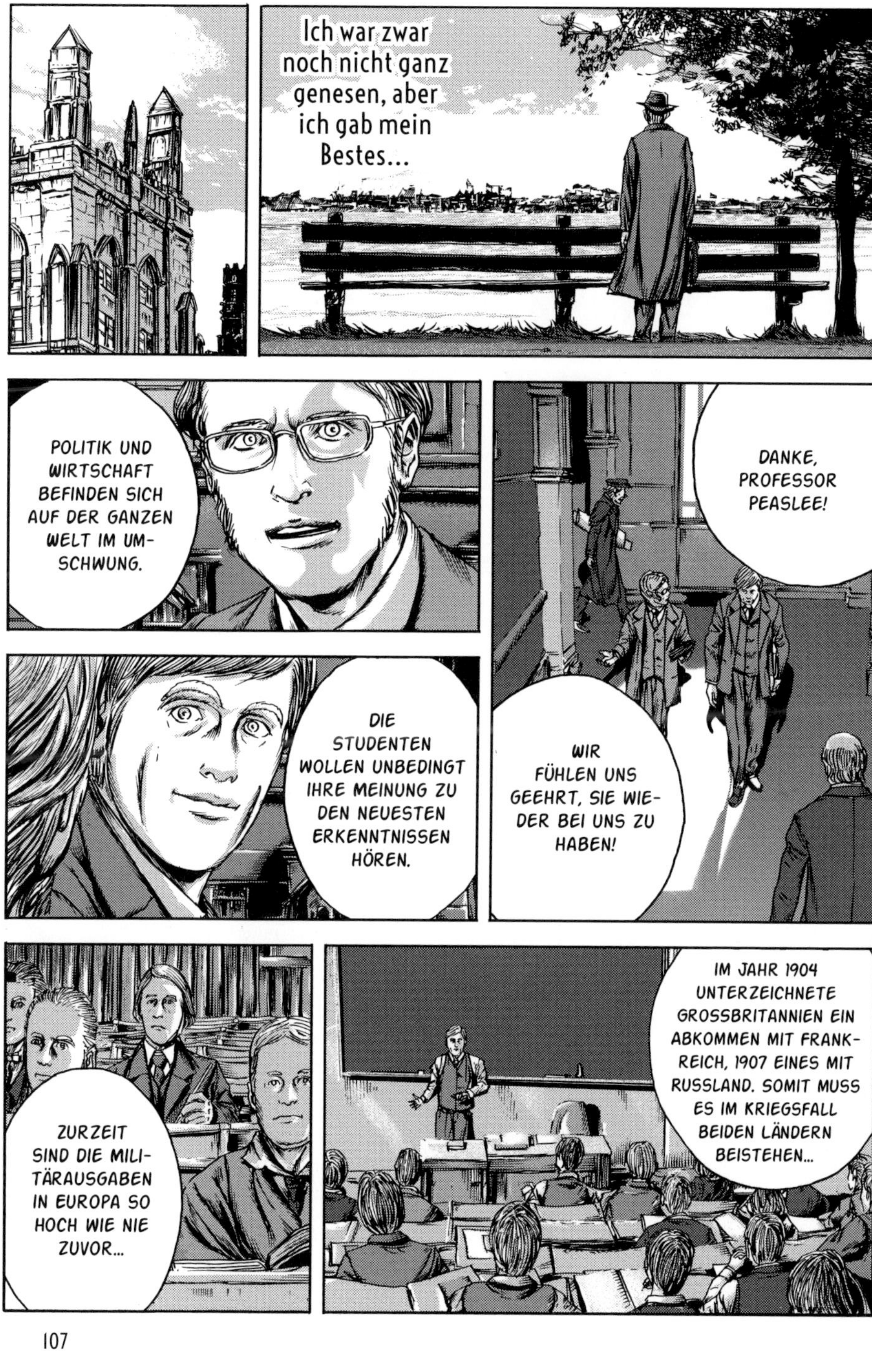
Ich war zwar noch nicht ganz genesen, aber ich gab mein Bestes...
POLITIK UND WIRTSCHAFT BEFINDEN SICH AUF DER GANZEN WELT IM UM-SCHWUNG.
DANKE, PROFESSOR PEASLEE!
DIE STUDENTEN WOLLEN UNBEDINGT IHRE MEINUNG ZU DEN NEUESTEN ERKENNTNISSEN HÖREN.
WIR FÜHLEN UNS GEEHRT, SIE WIE-DER BEI UNS ZU HABEN!
ZURZEIT SIND DIE MILI-TÄRAUSGABEN IN EUROPA SO HOCH WIE NIE ZUVOR...
IM JAHR 1904 UNTERZEICHNETE GROSSBRITANNIEN EIN ABKOMMEN MIT FRANK-REICH, 1907 EINES MIT RUSSLAND. SOMIT MUSS ES IM KRIEGSFALL BEIDEN LÄNDERN BEISTEHEN...

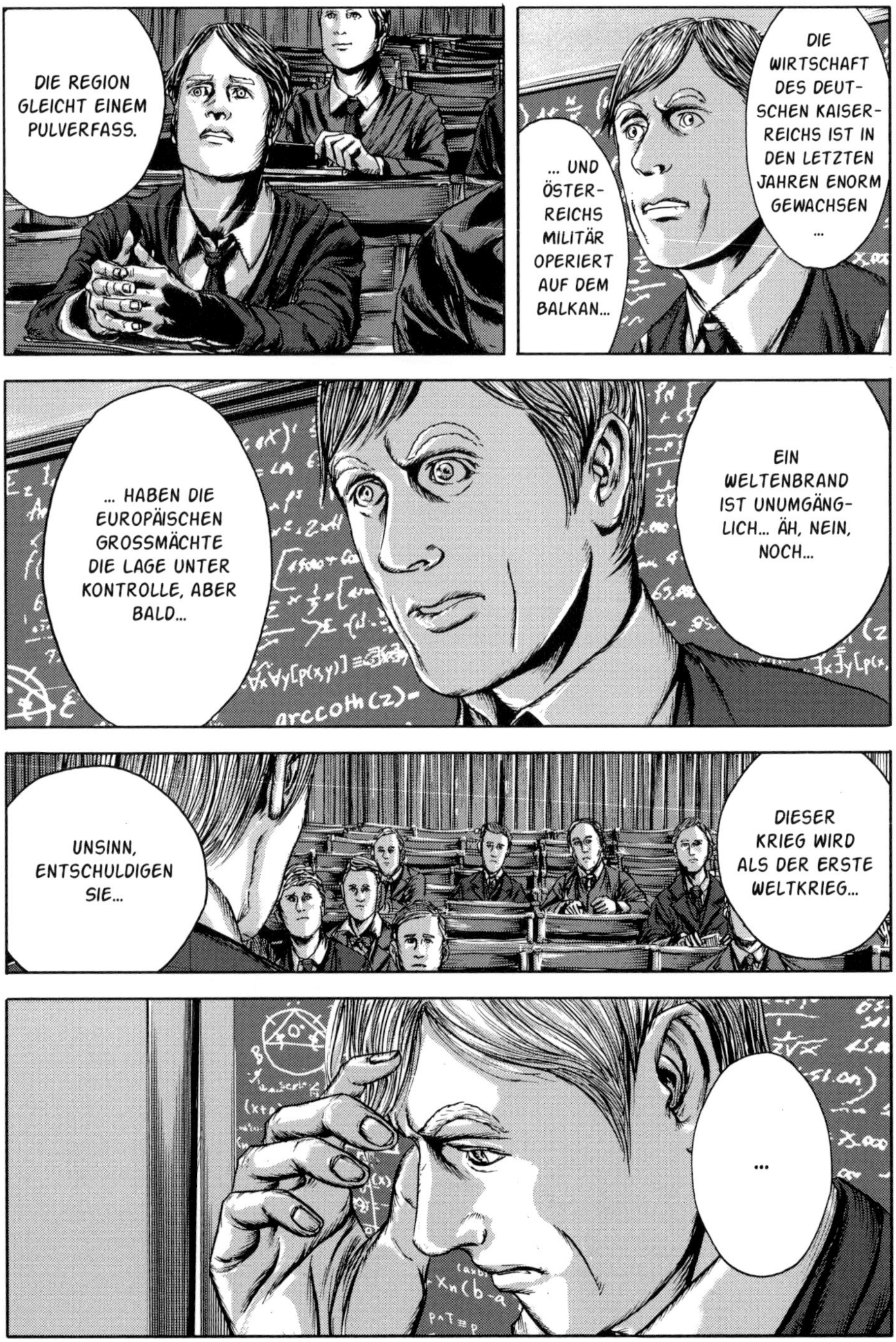
DIE REGION GLEICHT EINEM PULVERFASS.
DIE WIRTSCHAFT DES DEUT-SCHEN KAISER-REICHS IST IN DEN LETZTEN JAHREN ENORM GEWACHSEN ...
... UND ÖSTER-REICHS MILITÄR OPERIERT AUF DEM BALKAN...
EIN WELTENBRAND IST UNUMGÄNG-LICH... ÄH, NEIN, NOCH...
... HABEN DIE EUROPÄISCHEN GROSSMÄCHTE DIE LAGE UNTER KONTROLLE, ABER BALD...
DIESER KRIEG WIRD ALS DER ERSTE WELTKRIEG...
UNSINN, ENTSCHULDIGEN SIE...
...

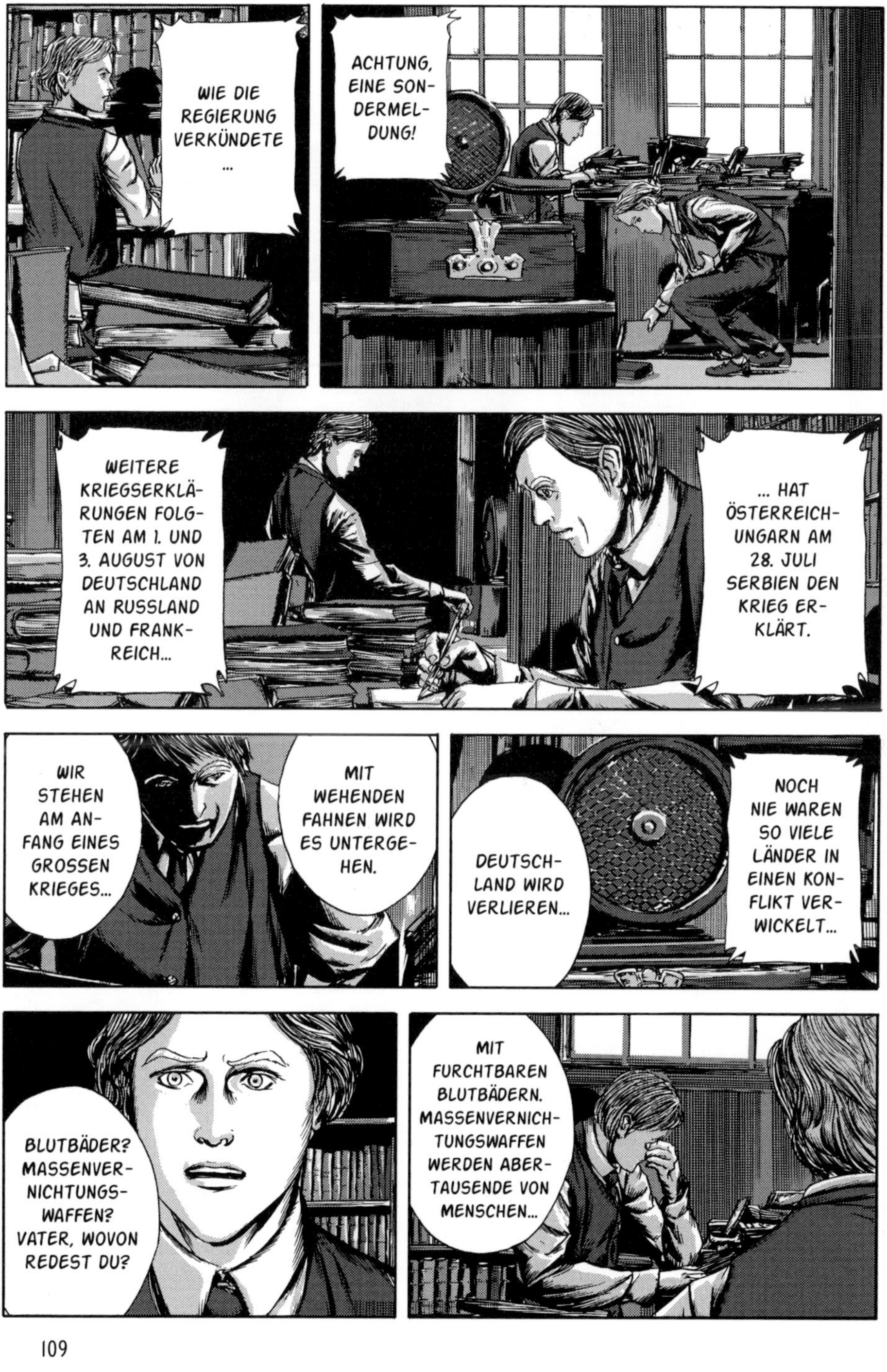
ACHTUNG, EINE SONDERMELDUNG!
WIE DIE REGIERUNG VERKÜNDETE ...
... HAT ÖSTERREICH-UNGARN AM 28. JULI SERBIEN DEN KRIEG ERKLÄRT.
WEITERE KRIEGSERKLÄRUNGEN FOLGTEN AM 1. UND 3. AUGUST VON DEUTSCHLAND AN RUSSLAND UND FRANKREICH...
NOCH NIE WAREN SO VIELE LÄNDER IN EINEN KONFLIKT VERWICKELT...
DEUTSCHLAND WIRD VERLIEREN...
MIT WEHENDEN FAHNEN WIRD ES UNTERGEHEN.
WIR STEHEN AM ANFANG EINES GROSSEN KRIEGES...
MIT FURCHTBAREN BLUTBÄDERN. MASSENVERNICHTUNGSWAFFEN WERDEN ABERTAUSENDE VON MENSCHEN...
BLUTBÄDER? MASSENVERNICHTUNGSWAFFEN? VATER, WOVON REDEST DU?

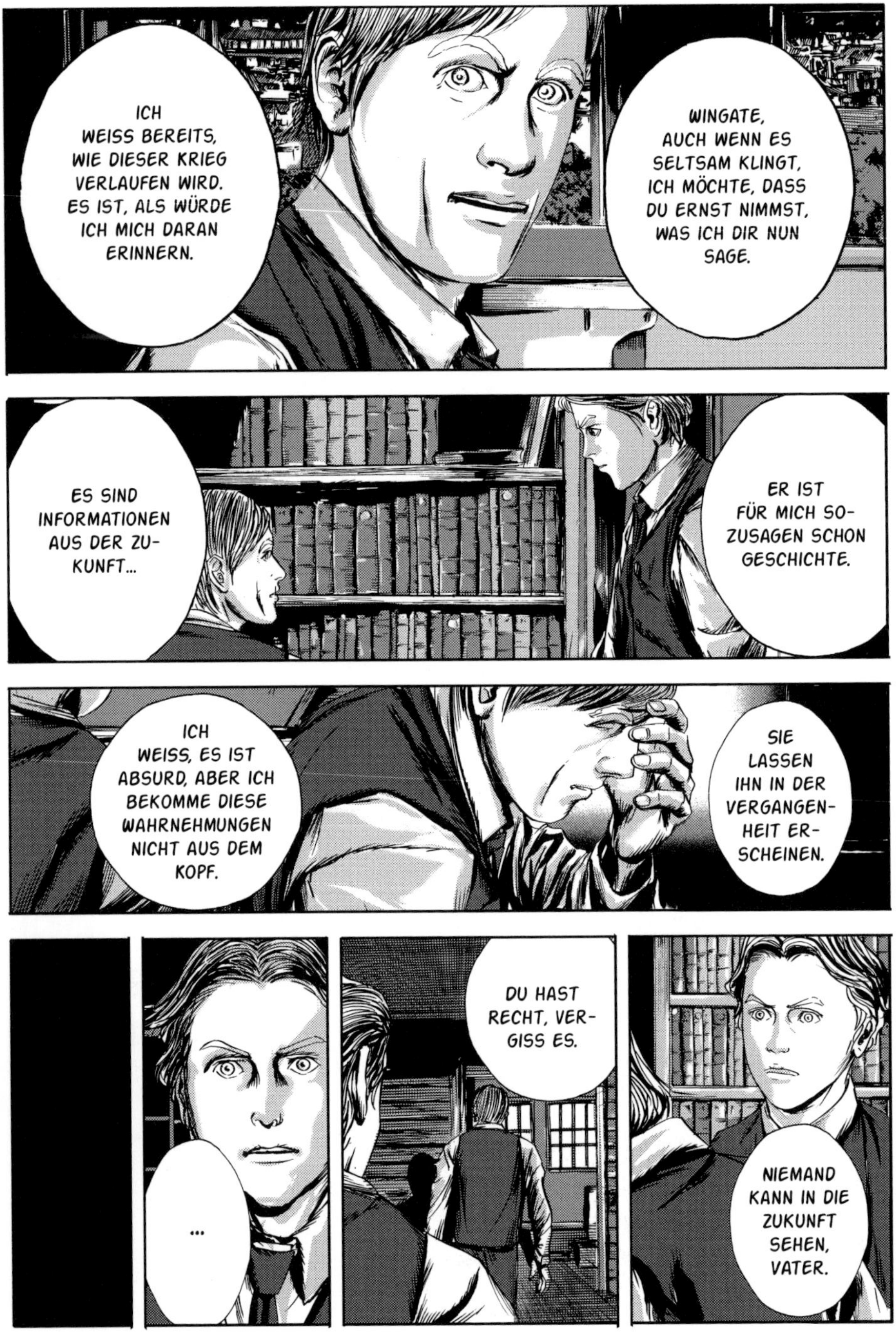
WINGATE, AUCH WENN ES SELTSAM KLINGT, ICH MÖCHTE, DASS DU ERNST NIMMST, WAS ICH DIR NUN SAGE.
ICH WEISS BEREITS, WIE DIESER KRIEG VERLAUFEN WIRD. ES IST, ALS WÜRDE ICH MICH DARAN ERINNERN.
ER IST FÜR MICH SO-ZUSAGEN SCHON GESCHICHTE.
ES SIND INFORMATIONEN AUS DER ZU-KUNFT...
SIE LASSEN IHN IN DER VERGANGEN-HEIT ER-SCHEINEN.
ICH WEISS, ES IST ABSURD, ABER ICH BEKOMME DIESE WAHRNEHMUNGEN NICHT AUS DEM KOPF.
NIEMAND KANN IN DIE ZUKUNFT SEHEN, VATER.
DU HAST RECHT, VER-GISS ES.
...

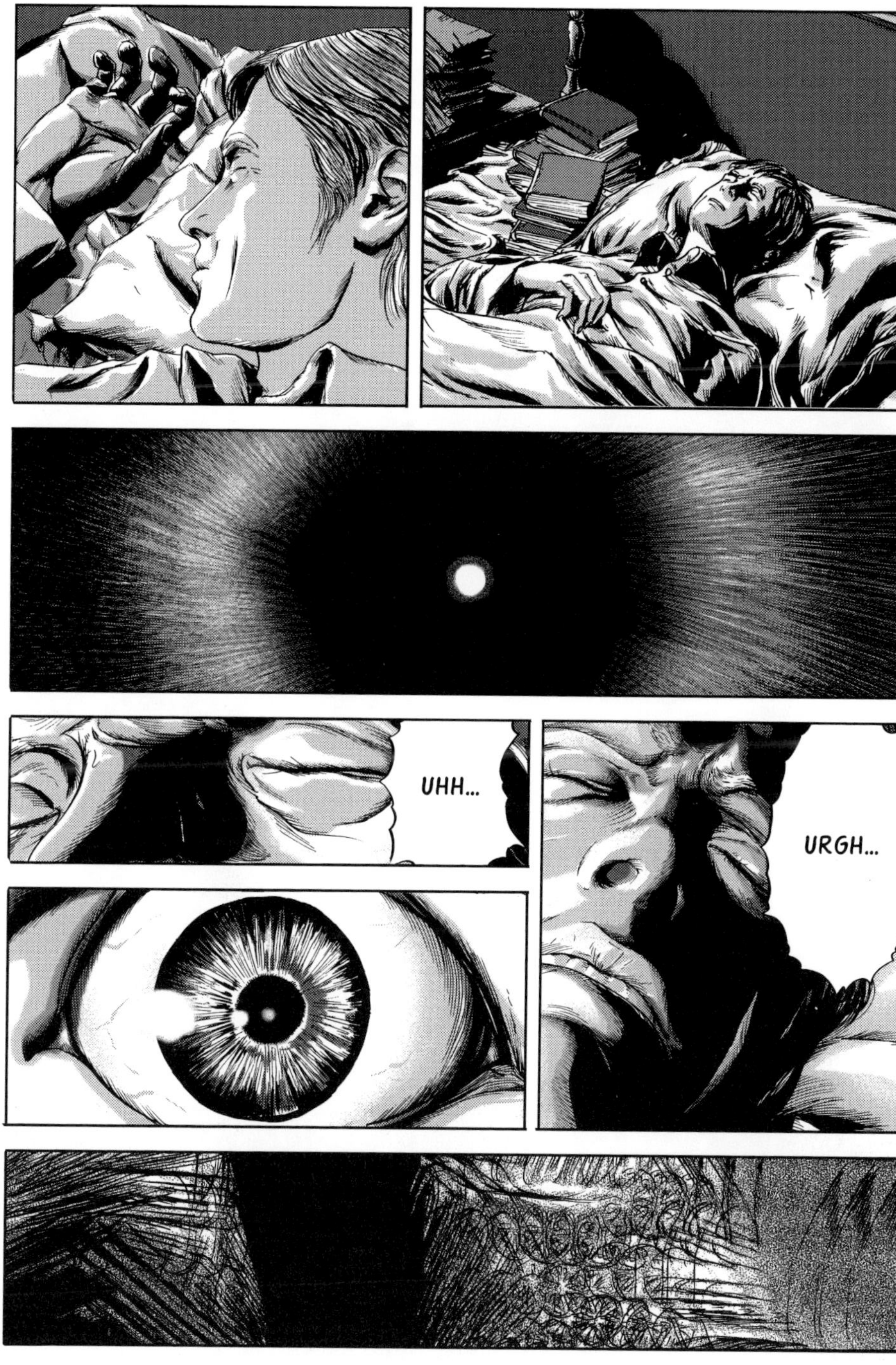
UHH...
URGH...

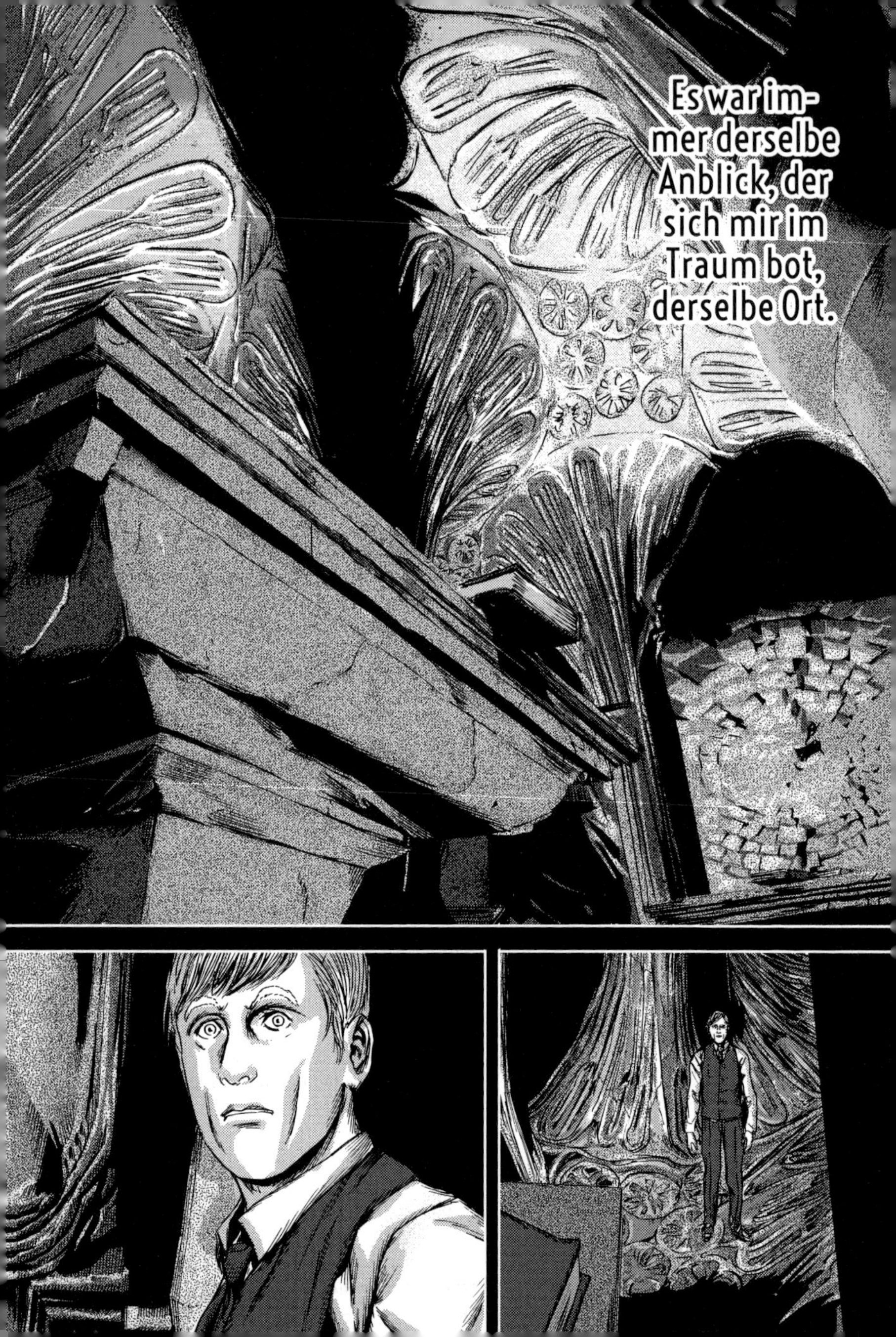
Es war immer derselbe Anblick, der sich mir im Traum bot, derselbe Ort.

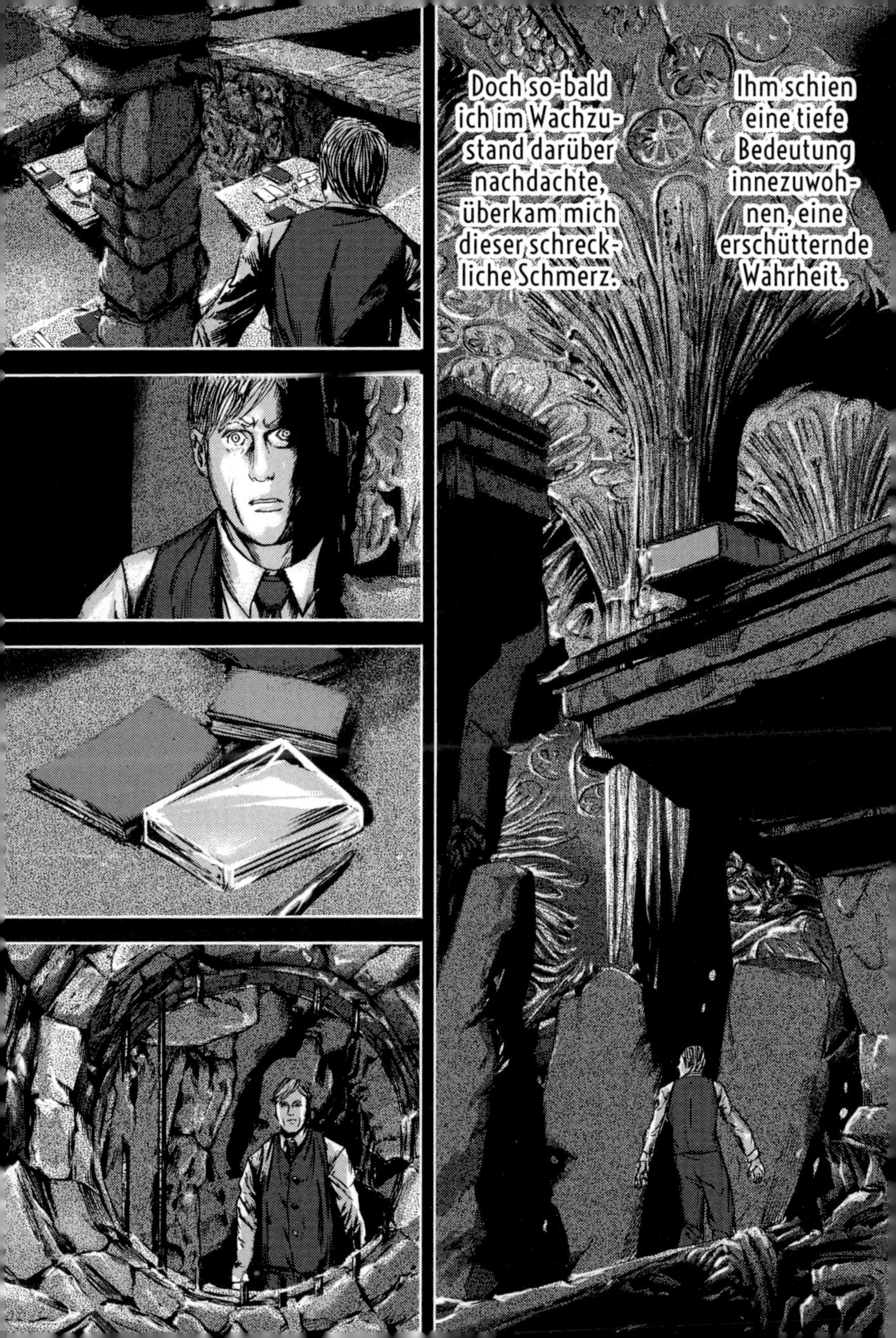
Ihm schien eine tiefe Bedeutung innezuwohnen, eine erschütternde Wahrheit.
Doch sobald ich im Wachzustand darüber nachdachte, überkam mich dieser schreckliche Schmerz.

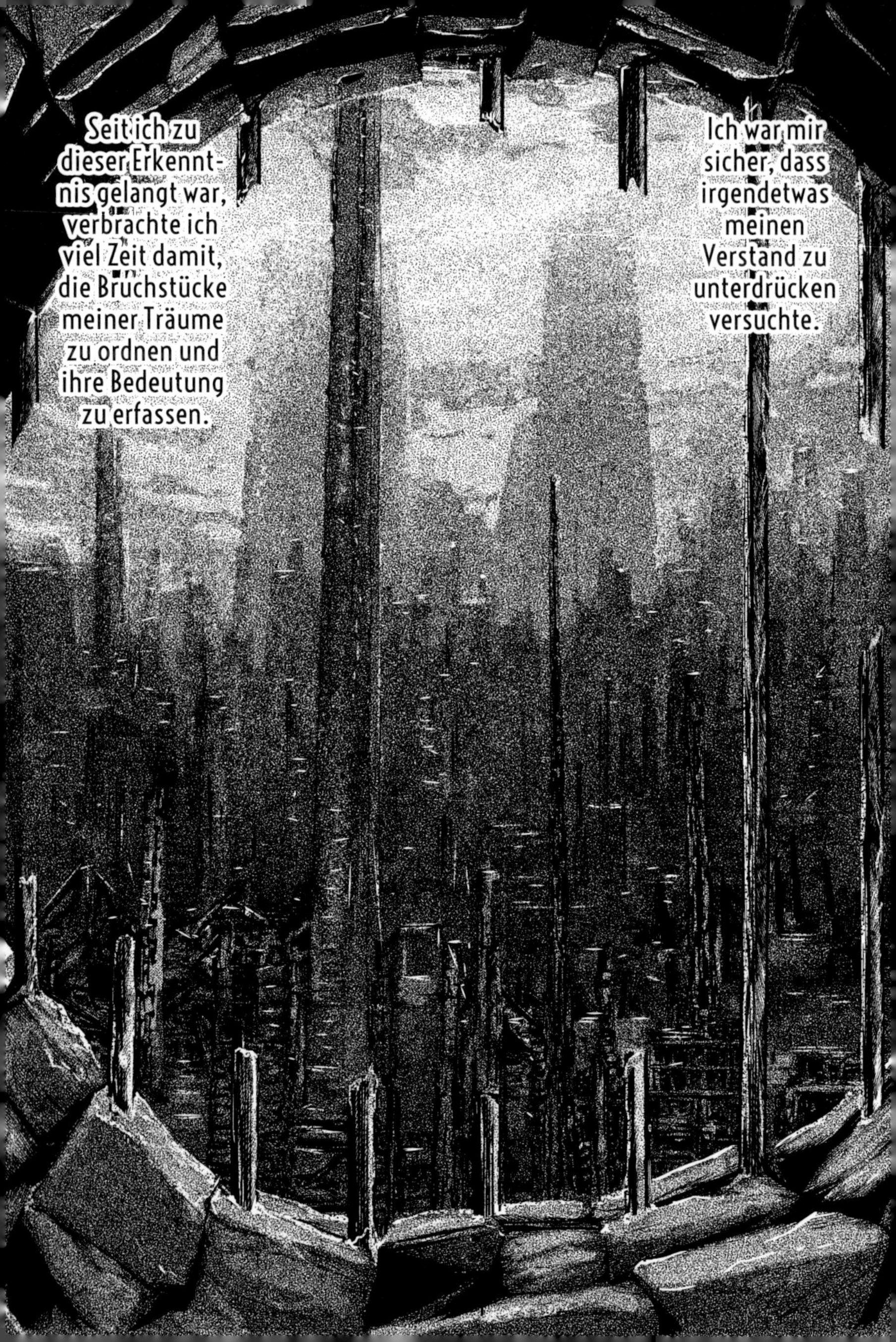
Seit ich zu dieser Erkennt-nis gelangt war, verbrachte ich viel Zeit damit, die Bruchstücke meiner Träume zu ordnen und ihre Bedeutung zu erfassen.
Ich war mir sicher, dass irgendetwas meinen Verstand zu unterdrücken versuchte.

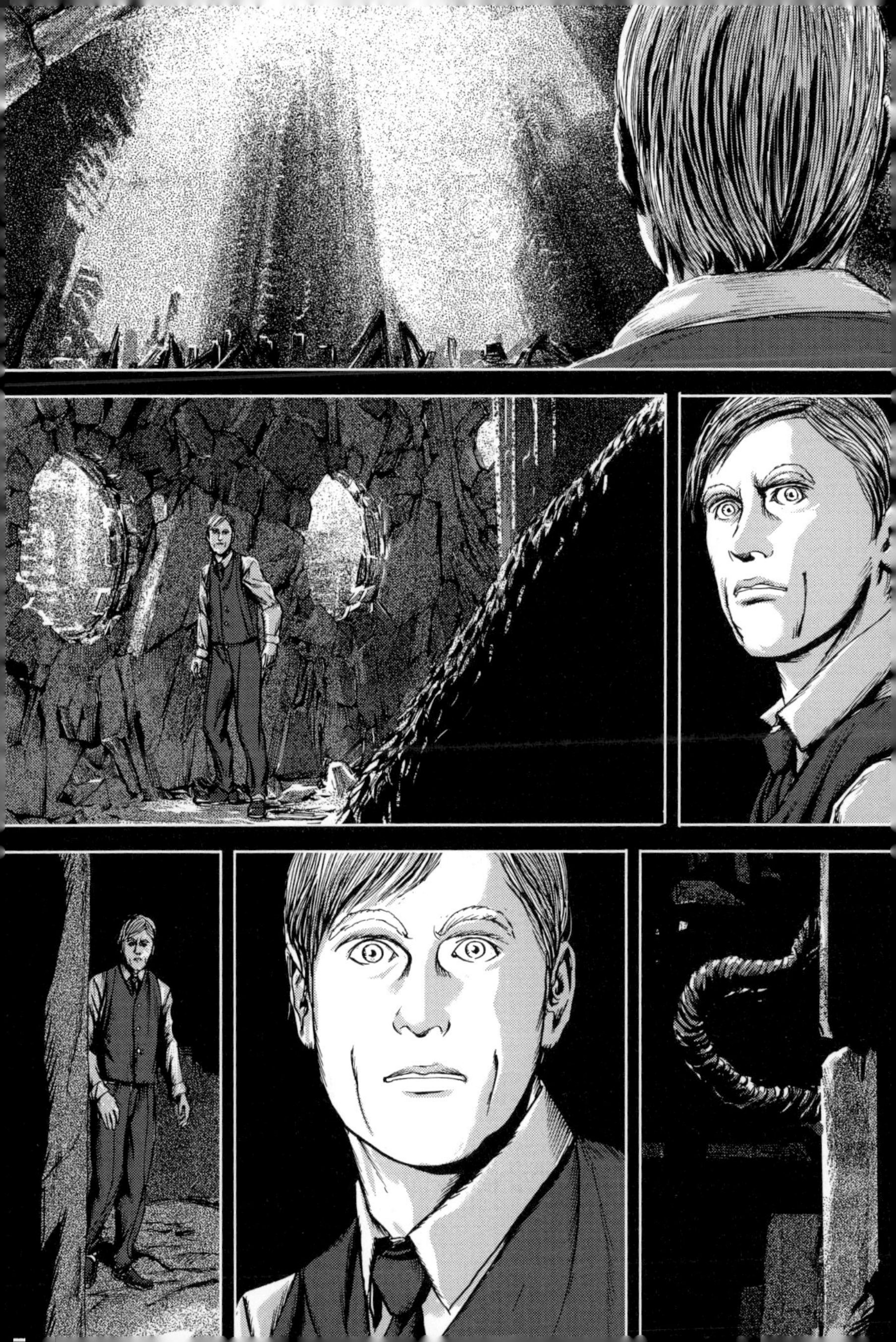

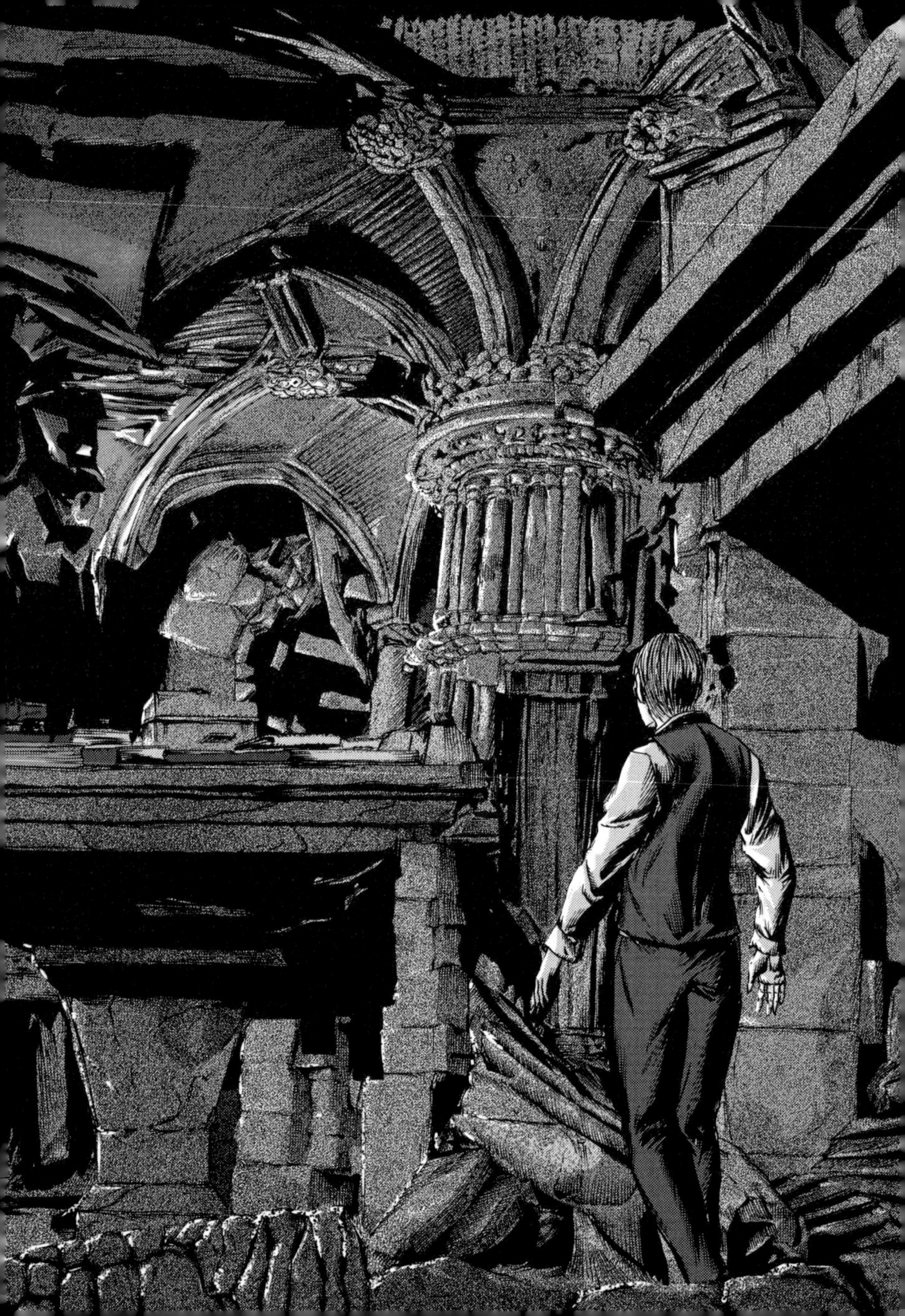

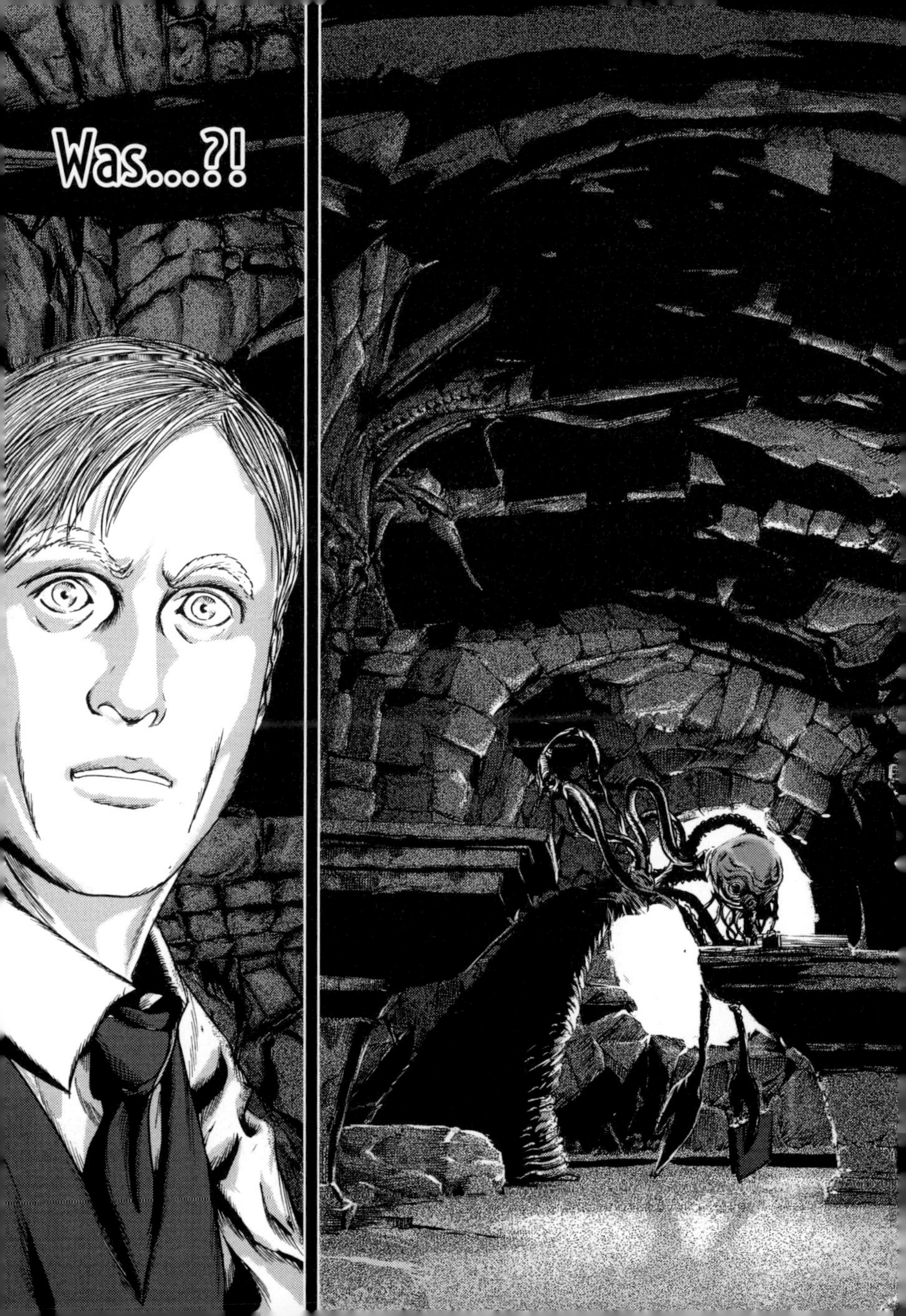
Was...?!

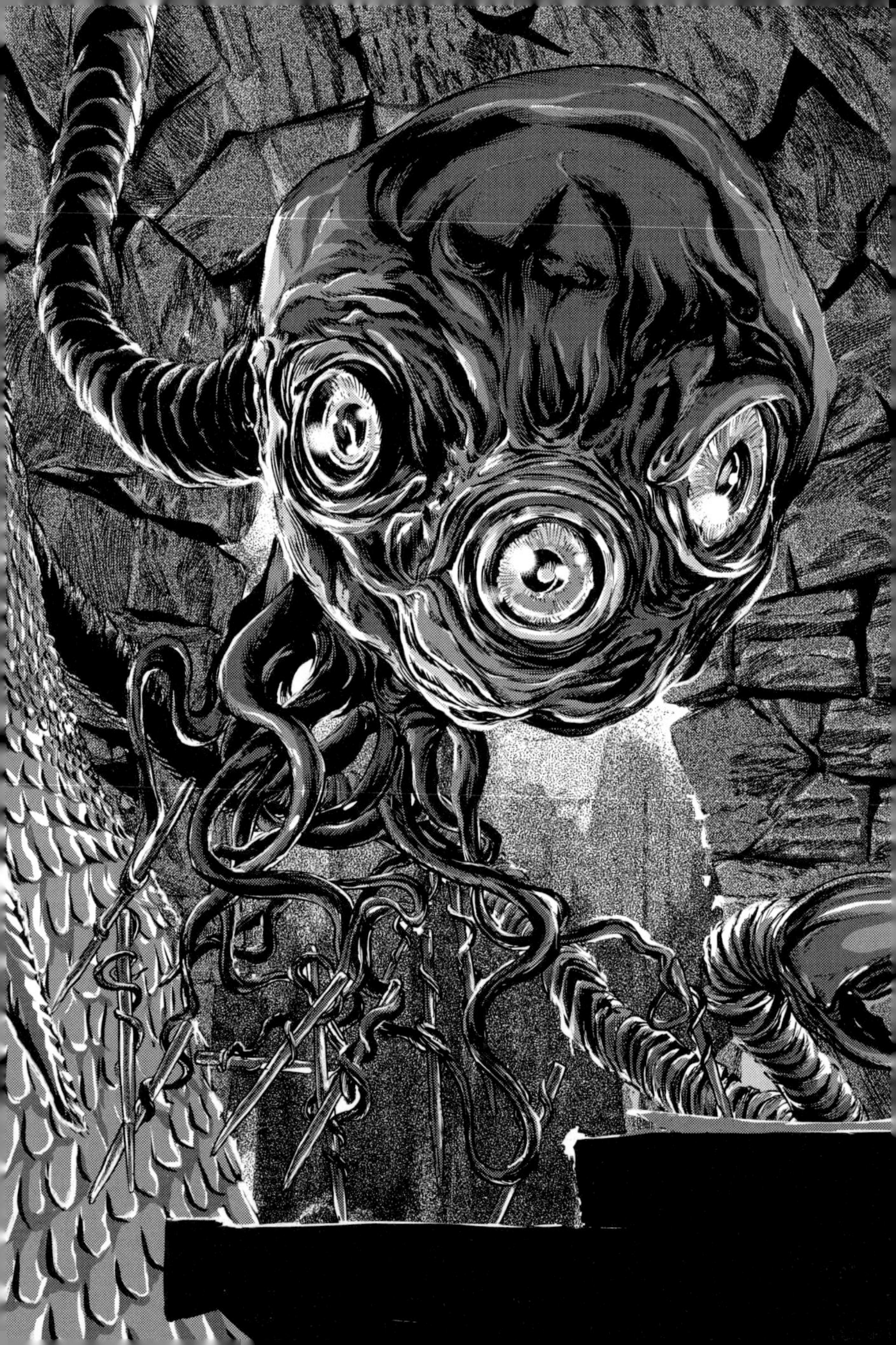

5 KÖRPERTAUSCH

Some Unholy Sort of Exchange

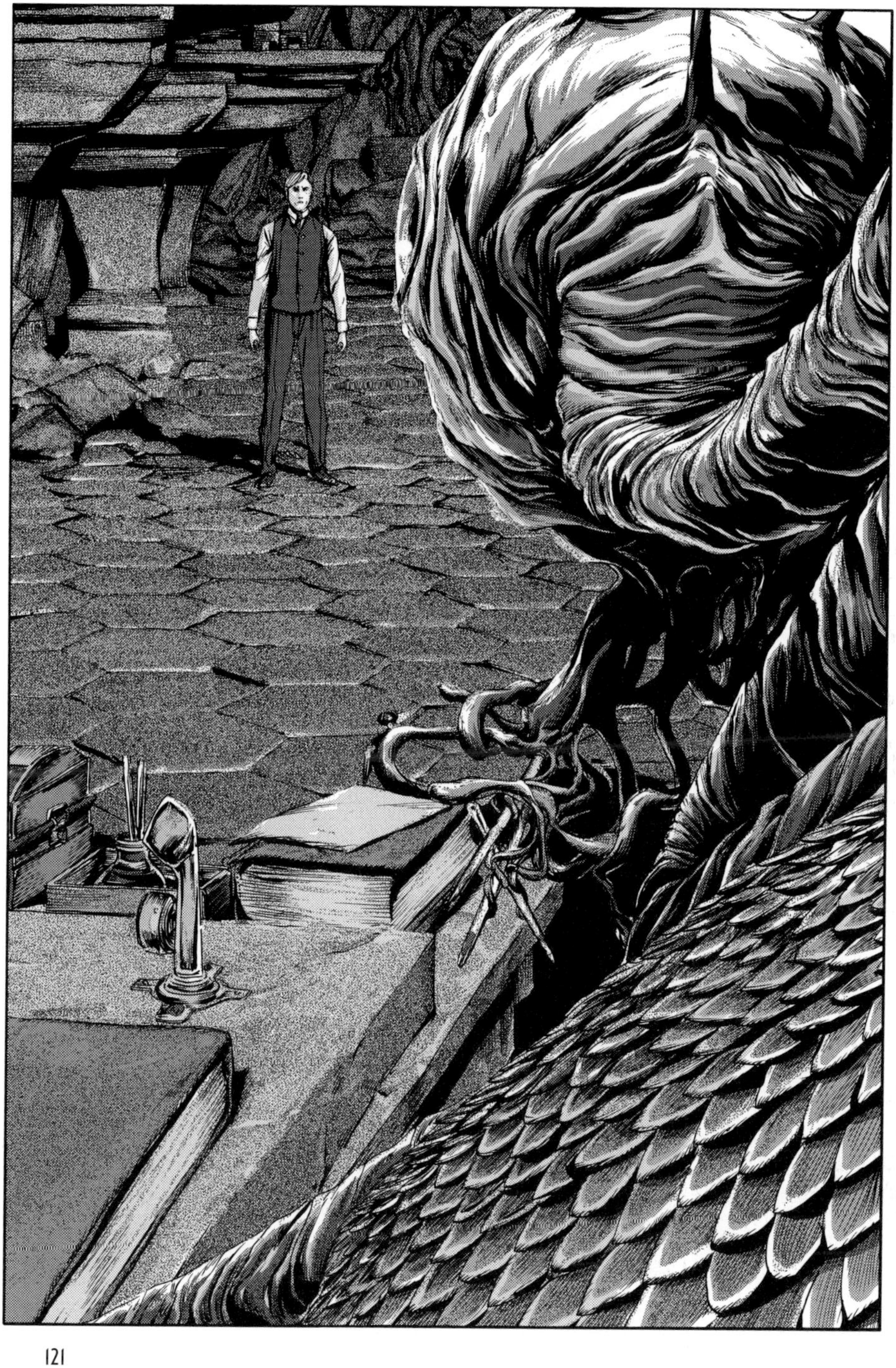

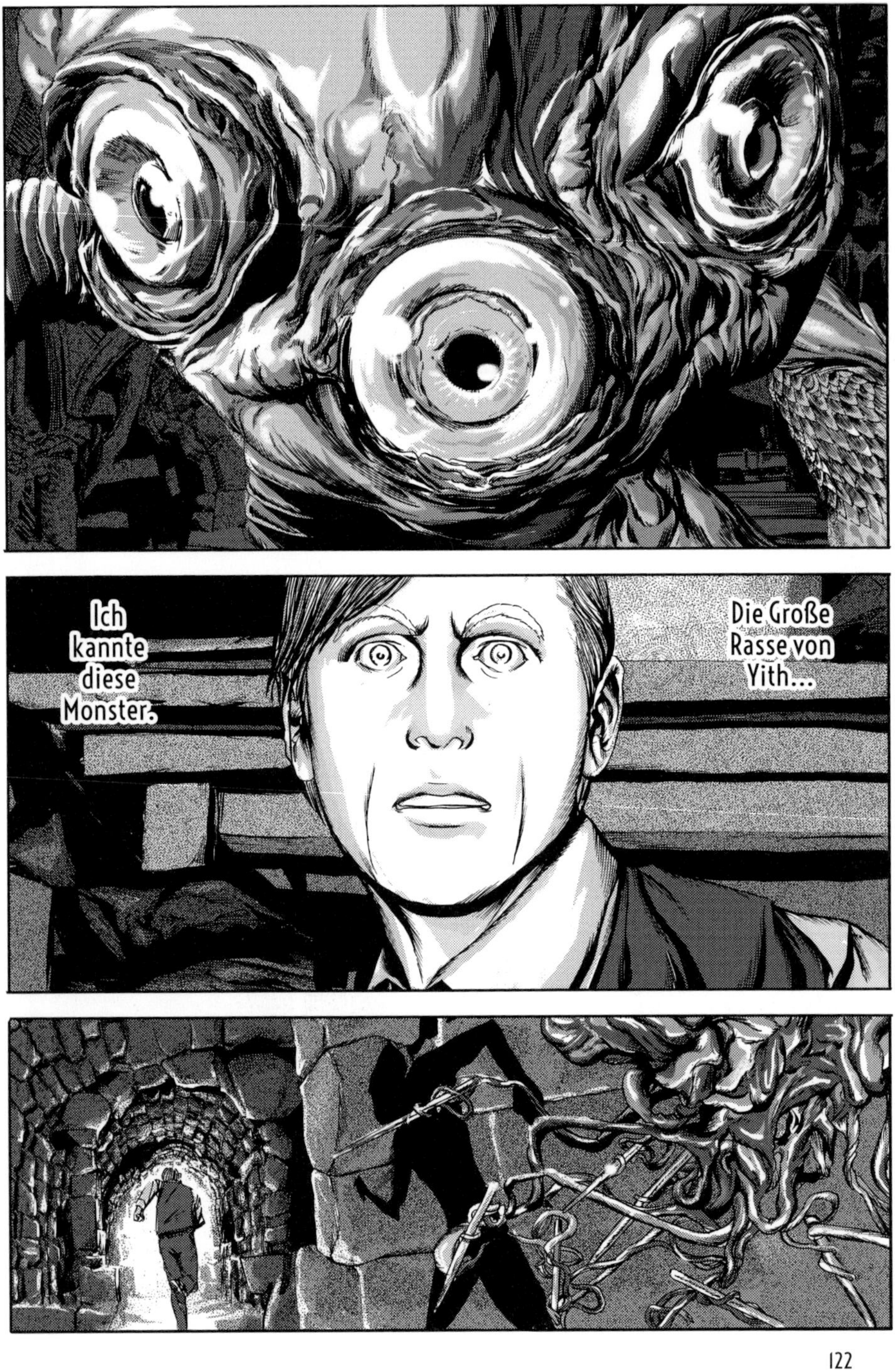
Ich kannte diese Monster.
Die Große Rasse von Yith...

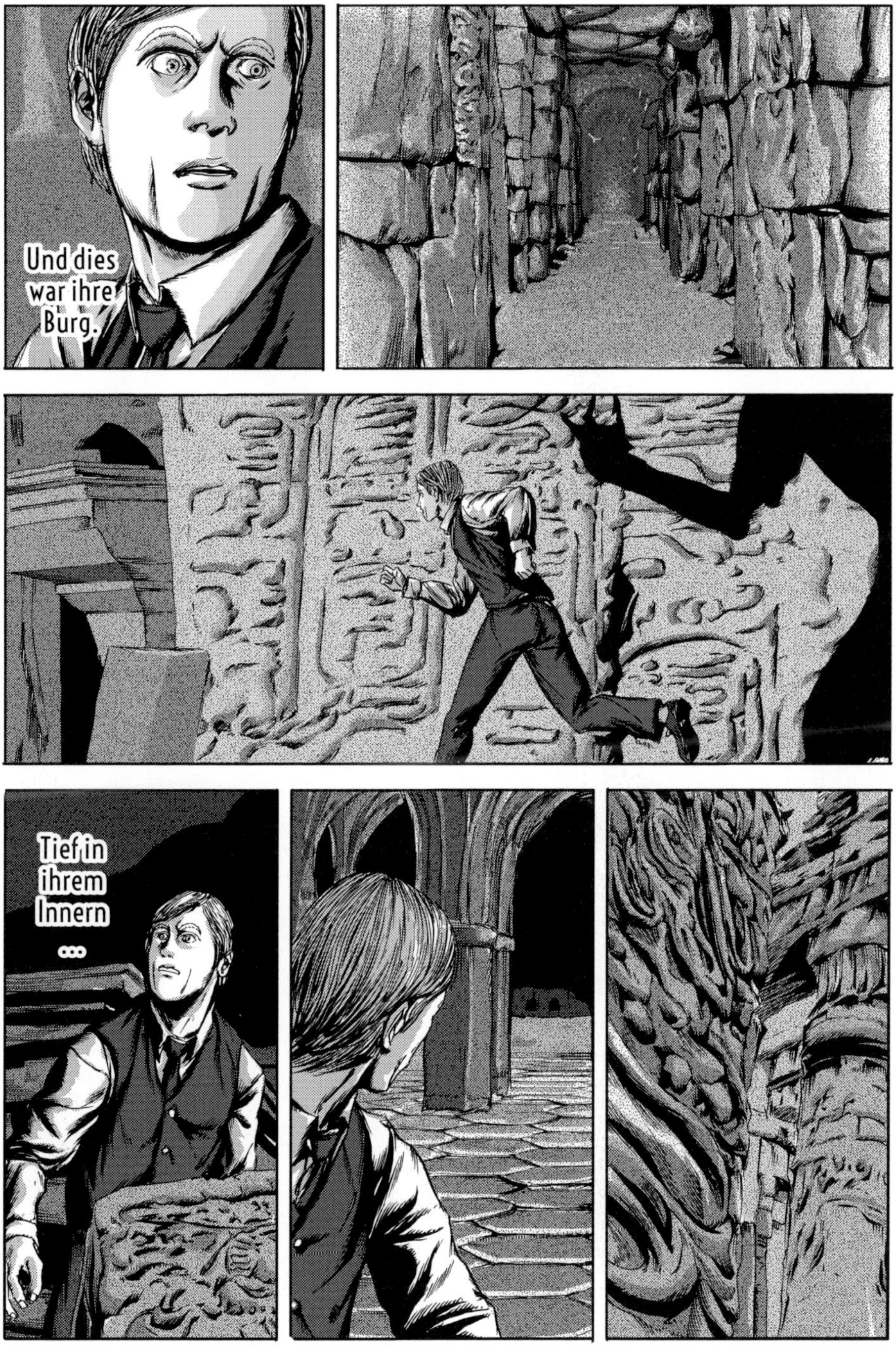
Und dies war ihre Burg.
Tief in ihrem Innern ...

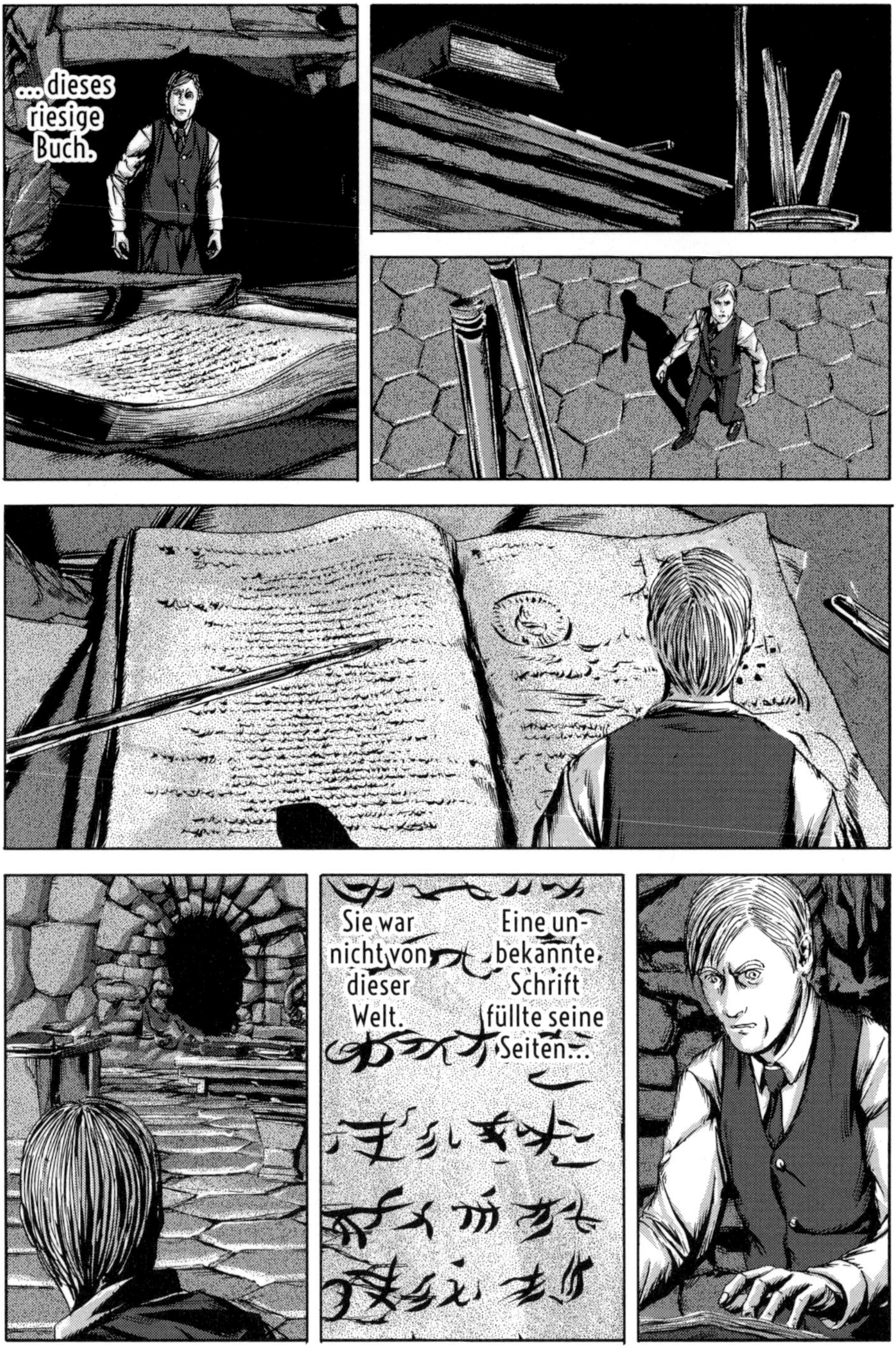

... dieses riesige Buch.
Eine unbekannte Schrift füllte seine Seiten...
Sie war nicht von dieser Welt.

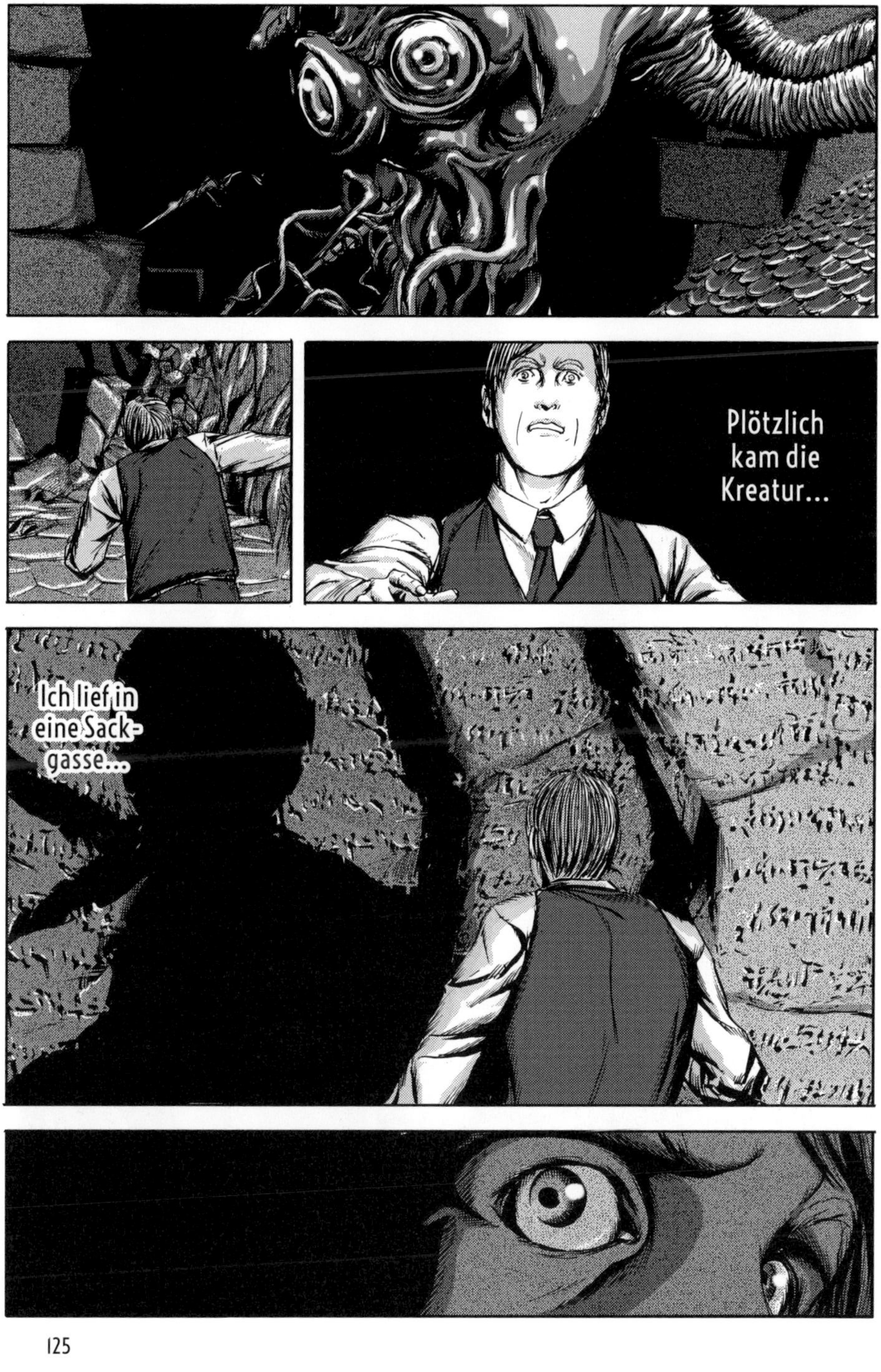
Plötzlich kam die Kreatur...
Ich lief in eine Sack-gasse...

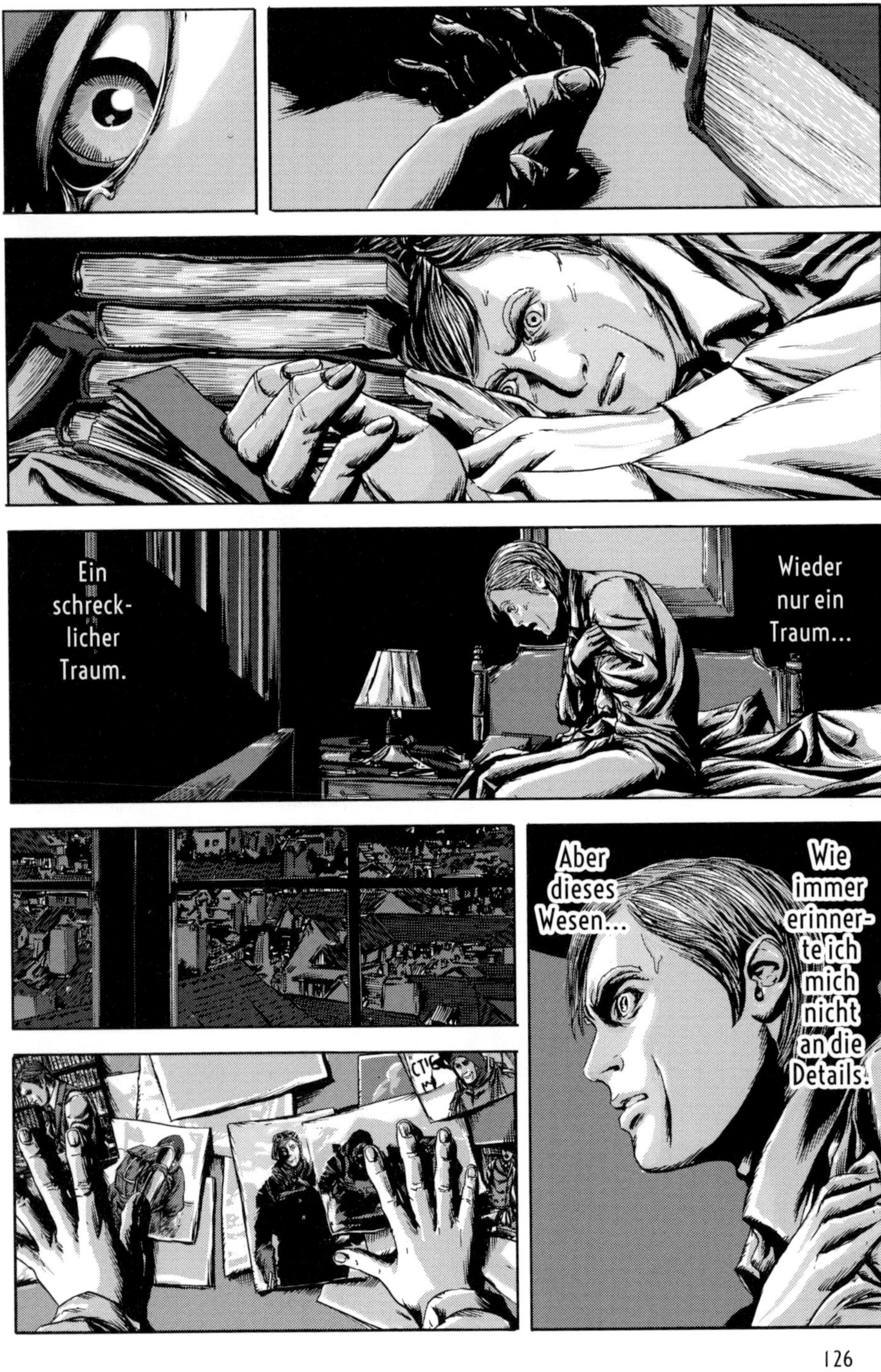
Ein schreck-licher Traum.
Wieder nur ein Traum...
Aber dieses Wesen...
Wie immer erinner-te ich mich nicht an die Details.

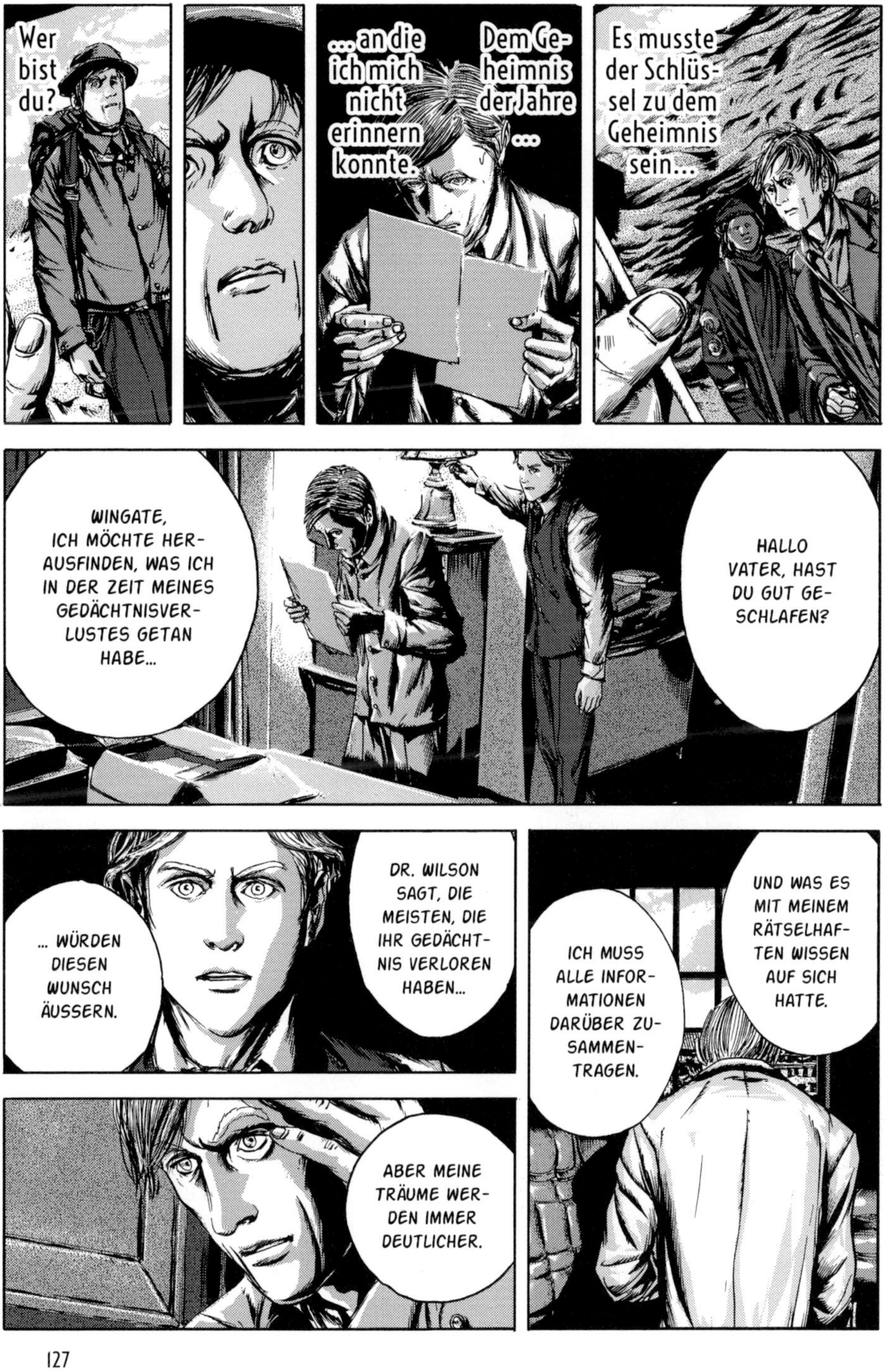
Wer bist du?
Dem Geheimnis der Jahre ...
... an die ich mich nicht erinnern konnte.
Es musste der Schlüssel zu dem Geheimnis sein...
WINGATE, ICH MÖCHTE HERAUSFINDEN, WAS ICH IN DER ZEIT MEINES GEDÄCHTNISVERLUSTES GETAN HABE...
HALLO VATER, HAST DU GUT GESCHLAFEN?
DR. WILSON SAGT, DIE MEISTEN, DIE IHR GEDÄCHTNIS VERLOREN HABEN...
... WÜRDEN DIESEN WUNSCH ÄUSSERN.
ABER MEINE TRÄUME WERDEN IMMER DEUTLICHER.
UND WAS ES MIT MEINEM RÄTSELHAFTEN WISSEN AUF SICH HATTE.
ICH MUSS ALLE INFORMATIONEN DARÜBER ZUSAMMENTRAGEN.

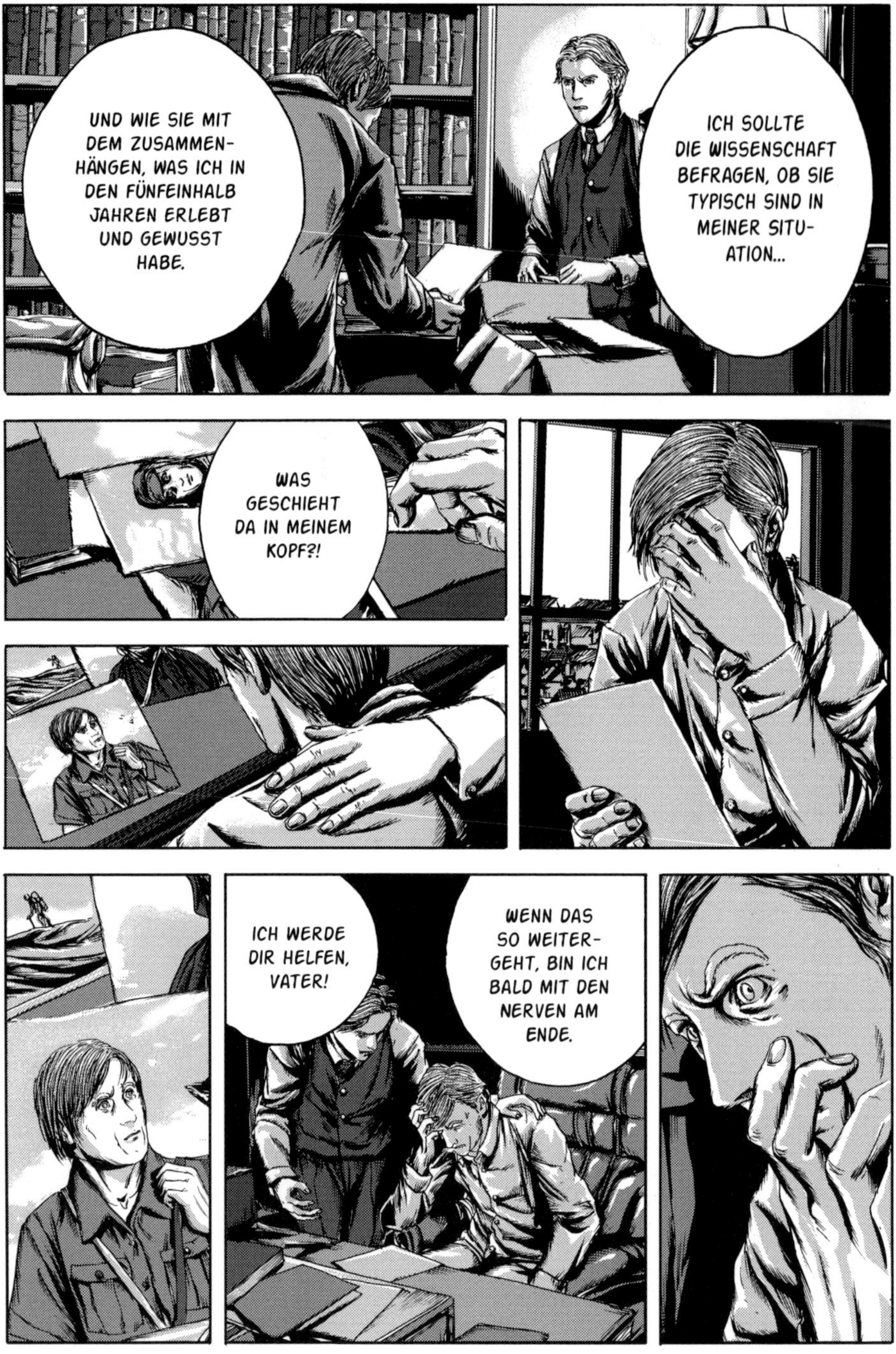
UND WIE SIE MIT DEM ZUSAMMEN-HÄNGEN, WAS ICH IN DEN FÜNFEINHALB JAHREN ERLEBT UND GEWUSST HABE.
ICH SOLLTE DIE WISSENSCHAFT BEFRAGEN, OB SIE TYPISCH SIND IN MEINER SITU-ATION...
WAS GESCHIEHT DA IN MEINEM KOPF?!
ICH WERDE DIR HELFEN, VATER!
WENN DAS SO WEITER-GEHT, BIN ICH BALD MIT DEN NERVEN AM ENDE.

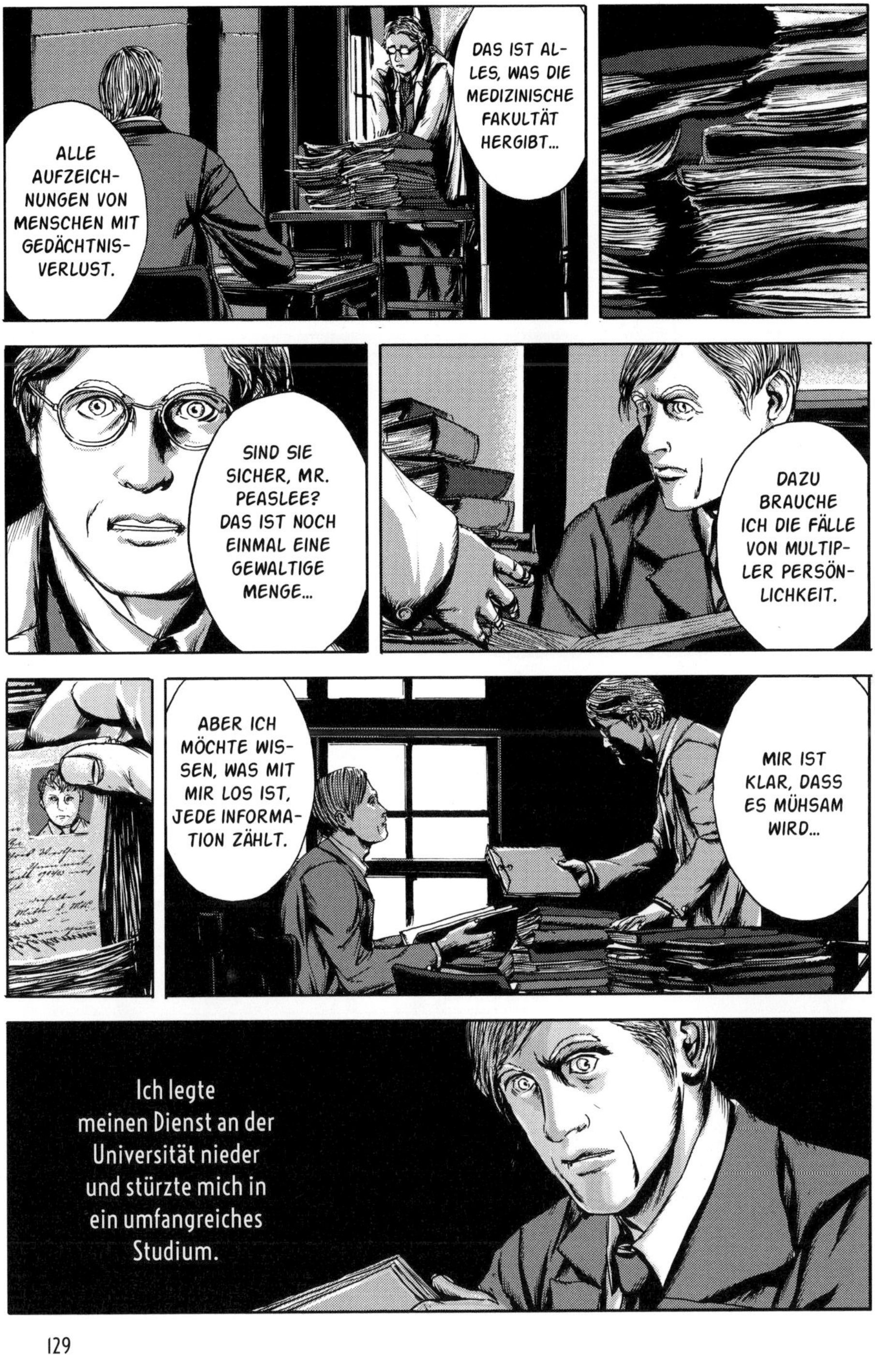
ALLE AUFZEICHNUNGEN VON MENSCHEN MIT GEDÄCHTNISVERLUST.
DAS IST ALLES, WAS DIE MEDIZINISCHE FAKULTÄT HERGIBT...
SIND SIE SICHER, MR. PEASLEE? DAS IST NOCH EINMAL EINE GEWALTIGE MENGE...
DAZU BRAUCHE ICH DIE FÄLLE VON MULTIPLER PERSÖNLICHKEIT.
ABER ICH MÖCHTE WISSEN, WAS MIT MIR LOS IST, JEDE INFORMATION ZÄHLT.
MIR IST KLAR, DASS ES MÜHSAM WIRD...
Ich legte meinen Dienst an der Universität nieder und stürzte mich in ein umfangreiches Studium.

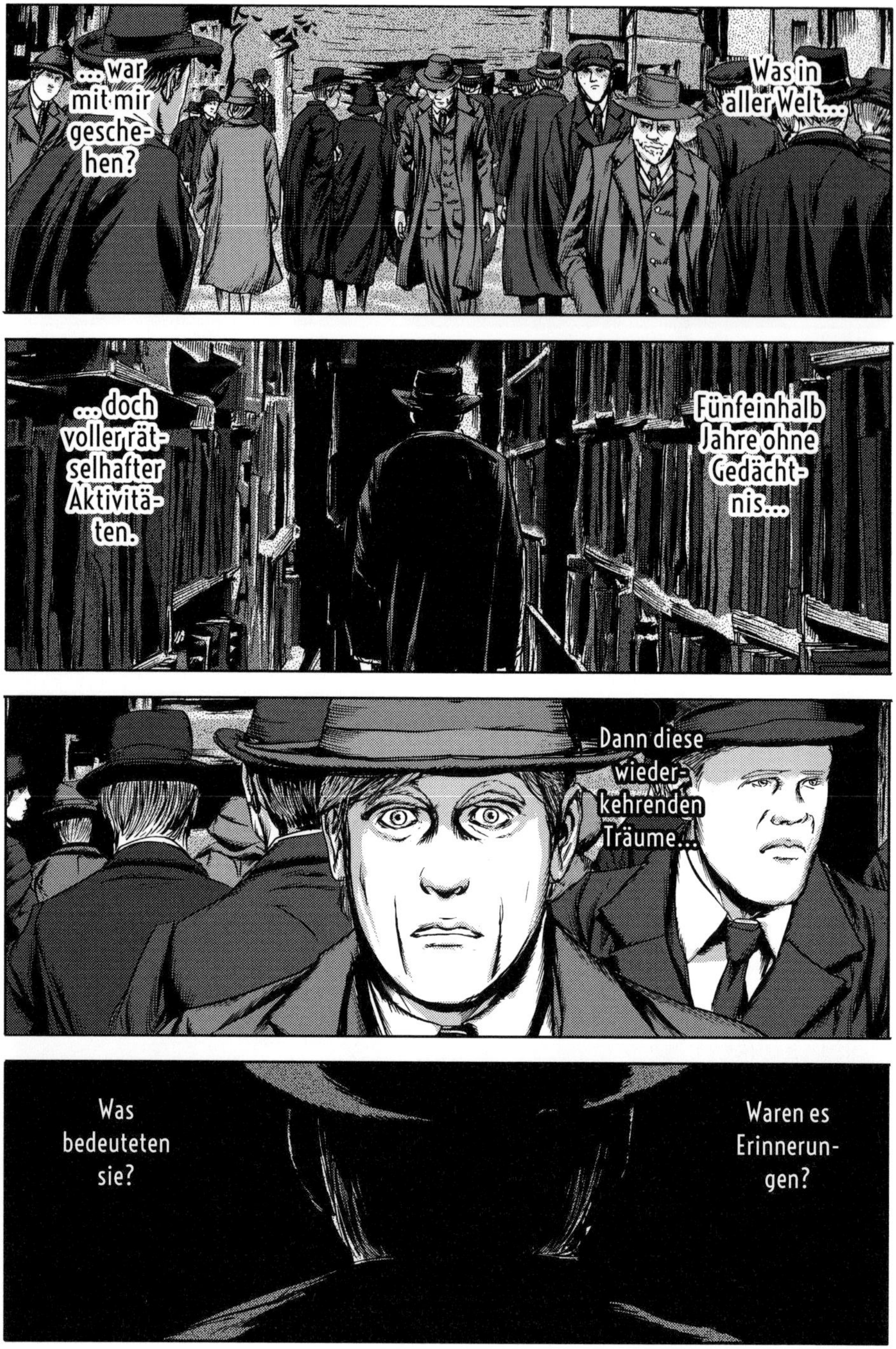
Was in aller Welt…
… war mit mir geschehen?
Fünfeinhalb Jahre ohne Gedächtnis…
… doch voller rätselhafter Aktivitäten.
Dann diese wiederkehrenden Träume…
Was bedeuteten sie?
Waren es Erinnerungen?

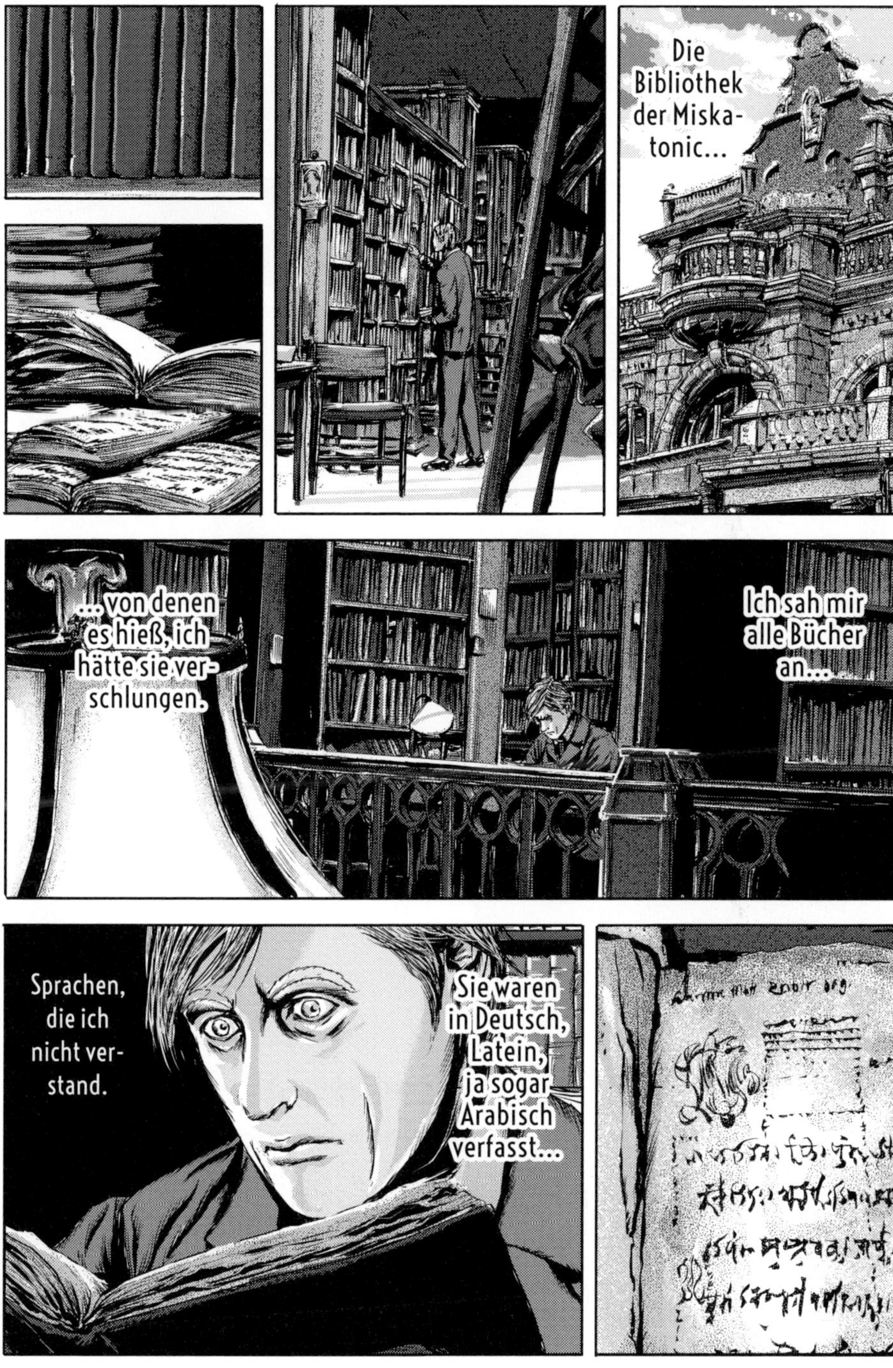
Die Bibliothek der Miska-tonic...
Ich sah mir alle Bücher an...
... von denen es hieß, ich hätte sie ver-schlungen.
Sie waren in Deutsch, Latein, ja sogar Arabisch verfasst...
Sprachen, die ich nicht ver-stand.

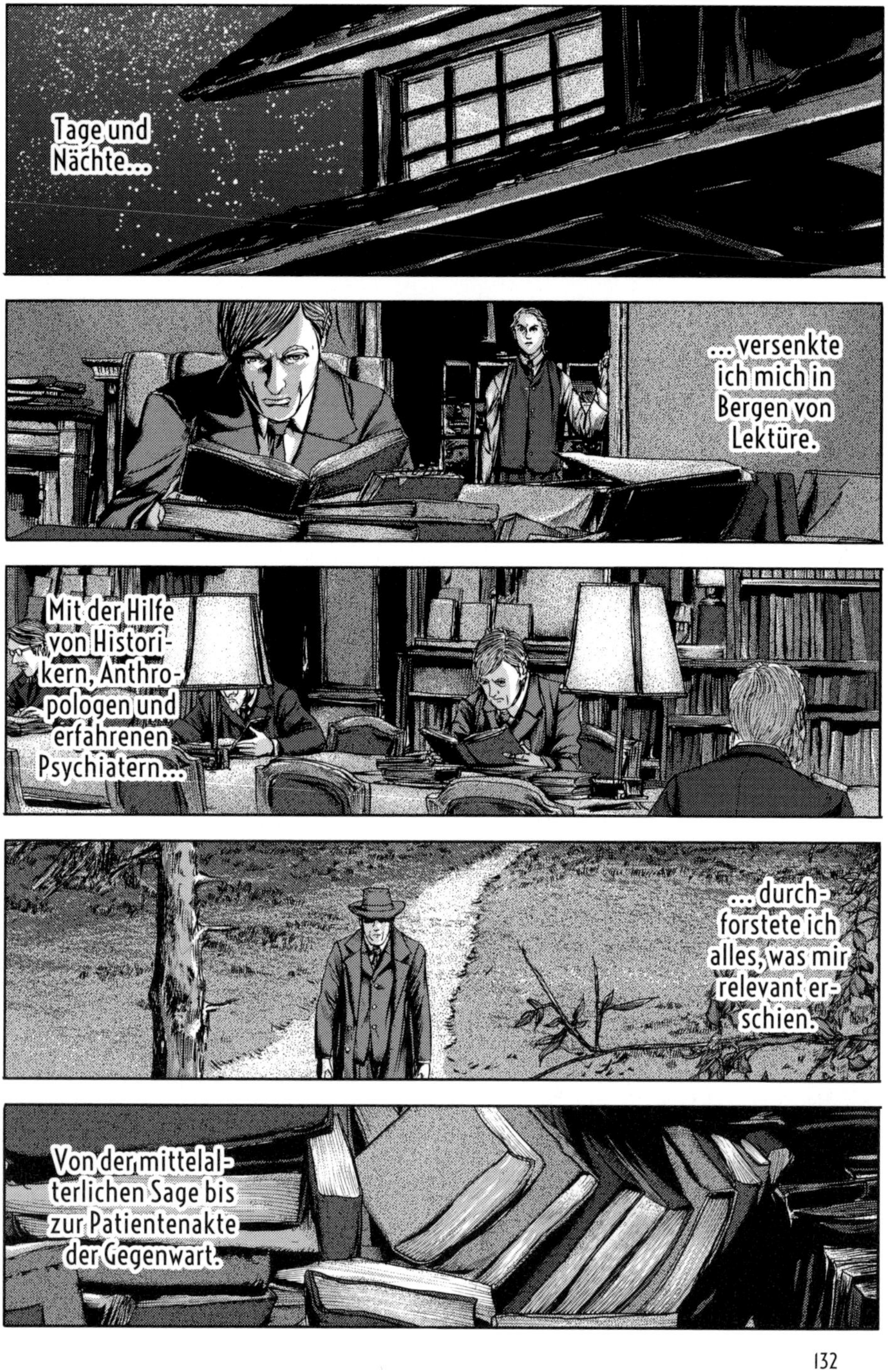
Tage und Nächte...
... versenkte ich mich in Bergen von Lektüre.
Mit der Hilfe von Histori- kern, Anthro- pologen und erfahrenen Psychiatern...
... durch- forstete ich alles, was mir relevant er- schien.
Von der mittelal- terlichen Sage bis zur Patientenakte der Gegenwart.

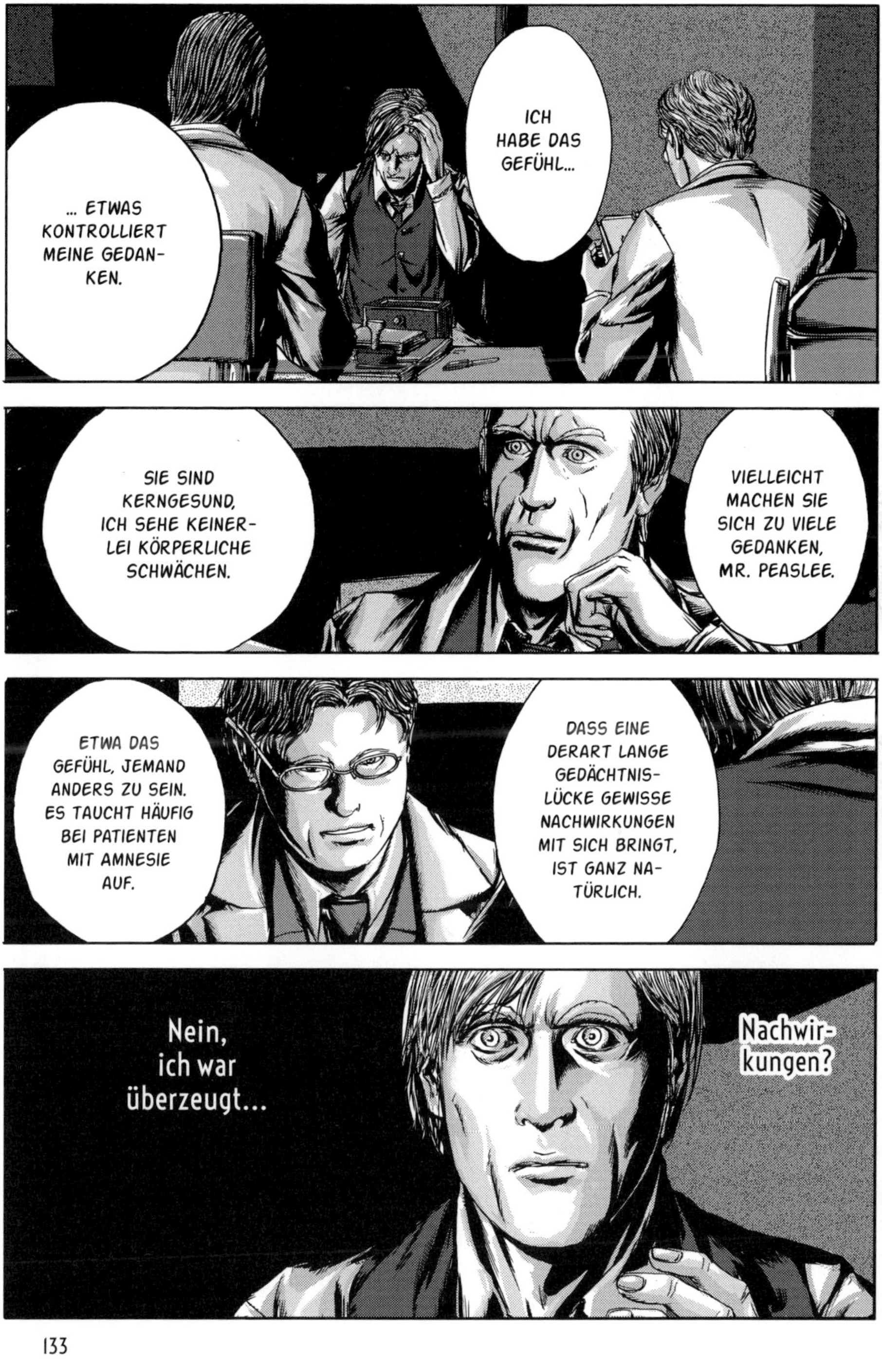
ICH HABE DAS GEFÜHL...
... ETWAS KONTROLLIERT MEINE GEDANKEN.
VIELLEICHT MACHEN SIE SICH ZU VIELE GEDANKEN, MR. PEASLEE.
SIE SIND KERNGESUND, ICH SEHE KEINERLEI KÖRPERLICHE SCHWÄCHEN.
DASS EINE DERART LANGE GEDÄCHTNISLÜCKE GEWISSE NACHWIRKUNGEN MIT SICH BRINGT, IST GANZ NATÜRLICH.
ETWA DAS GEFÜHL, JEMAND ANDERS ZU SEIN. ES TAUCHT HÄUFIG BEI PATIENTEN MIT AMNESIE AUF.
Nachwirkungen?
Nein, ich war überzeugt...

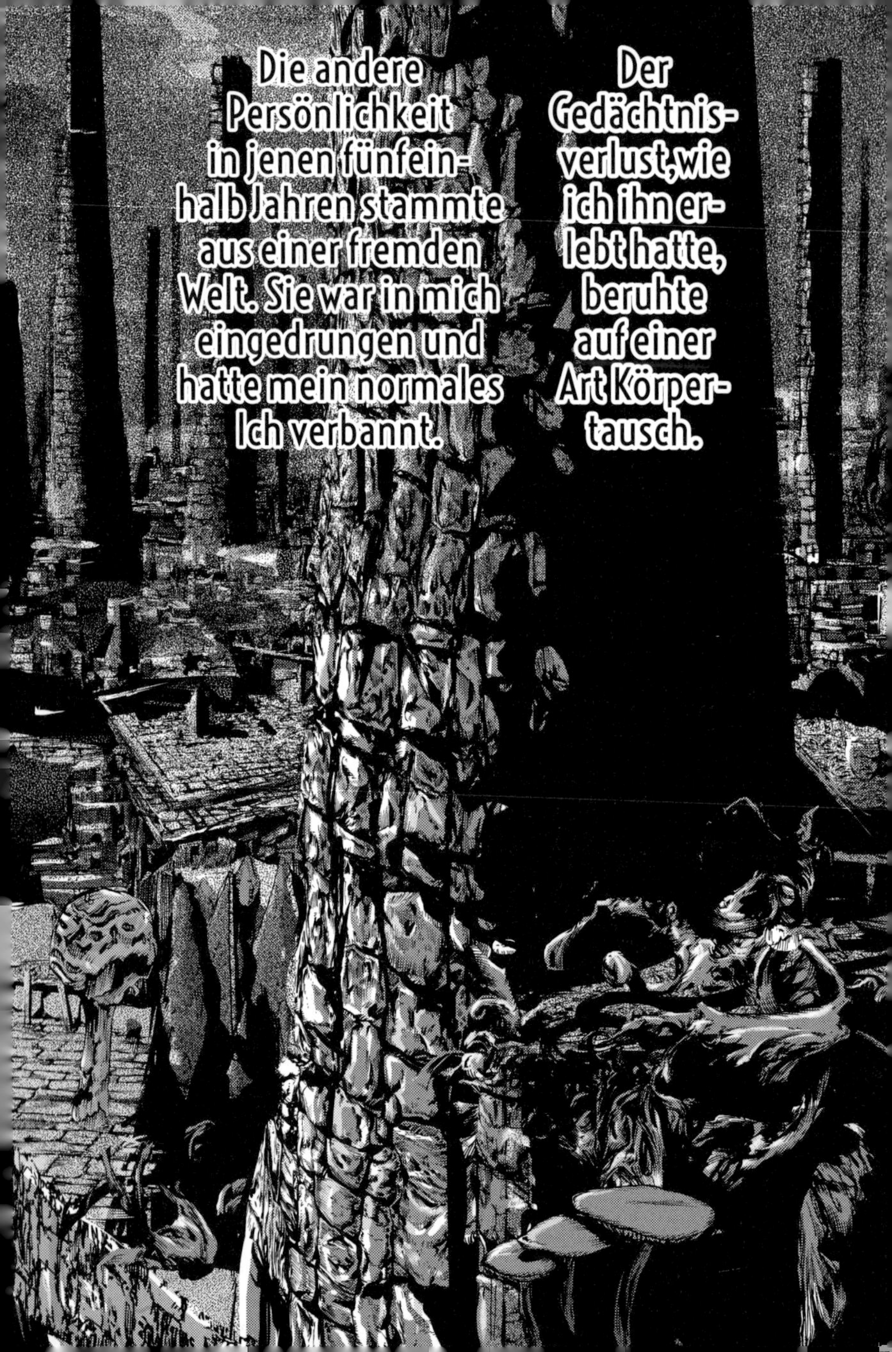
Der Gedächtnisverlust,wie ich ihn erlebt hatte, beruhte auf einer Art Körpertausch.
Die andere Persönlichkeit in jenen fünfeinhalb Jahren stammte aus einer fremden Welt. Sie war in mich eingedrungen und hatte mein normales Ich verbannt.

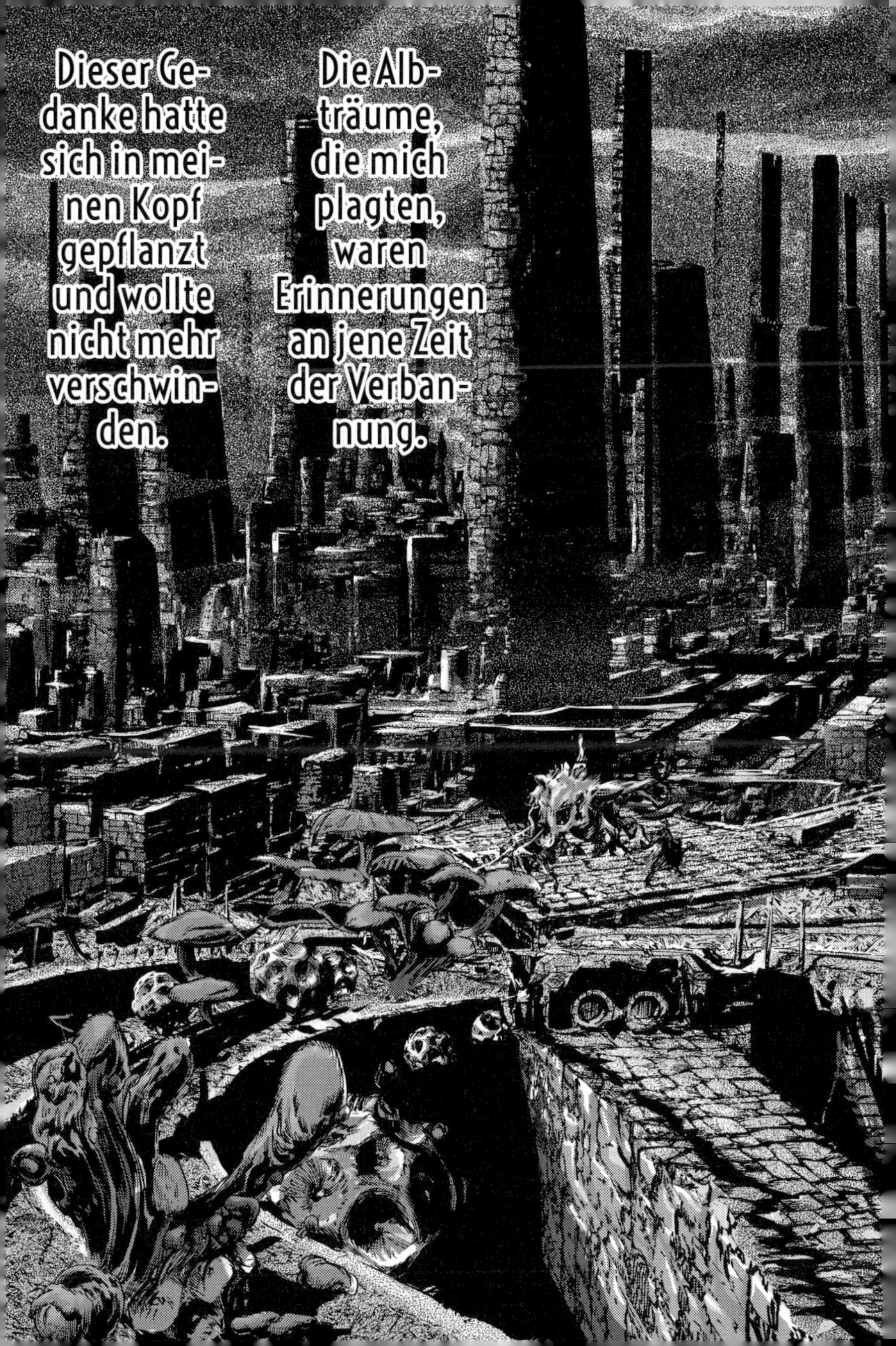
Dieser Gedanke hatte sich in meinen Kopf gepflanzt und wollte nicht mehr verschwinden.
Die Albträume, die mich plagten, waren Erinnerungen an jene Zeit der Verbannung.

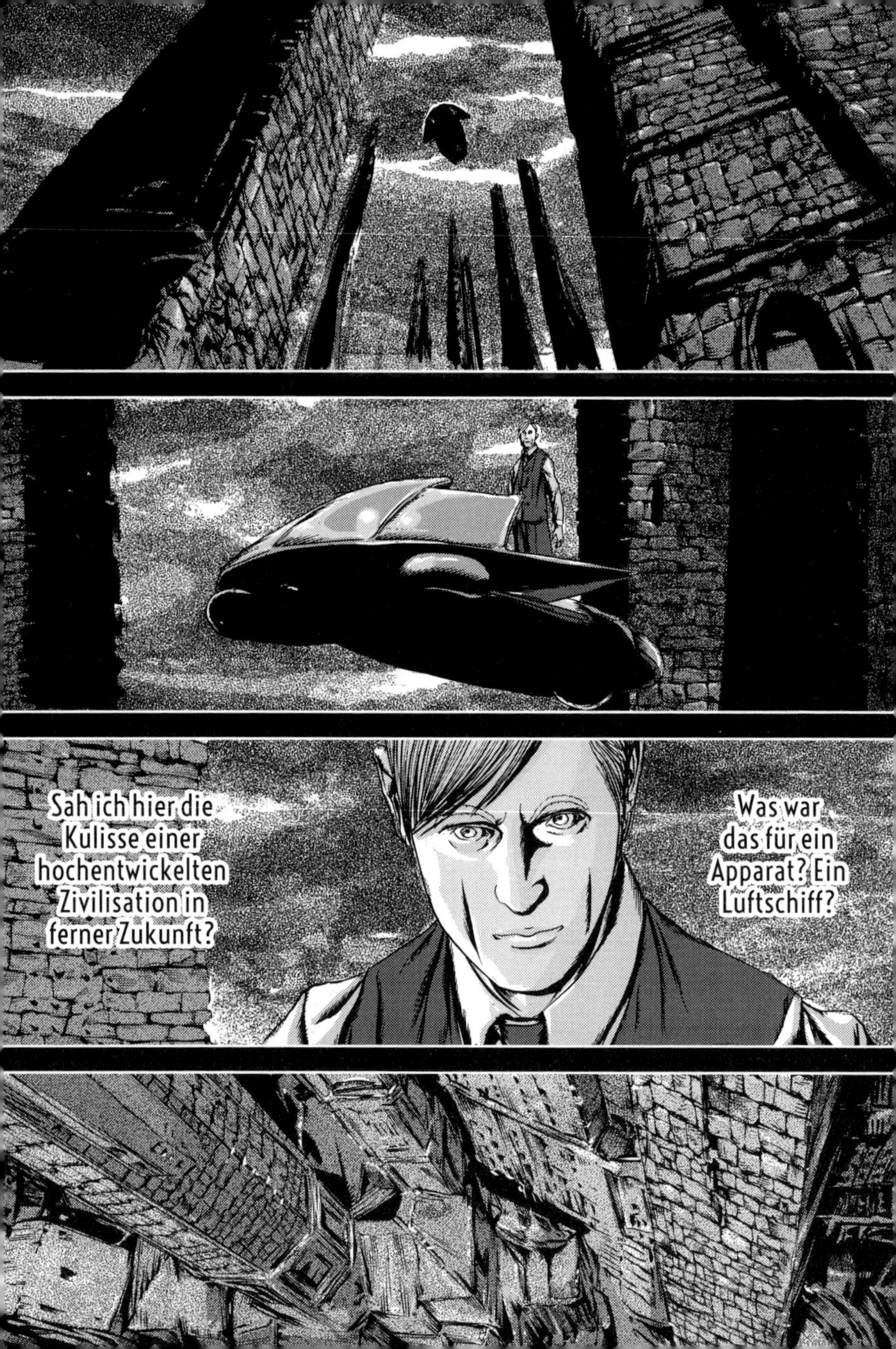
Sah ich hier die Kulisse einer hochentwickelten Zivilisation in ferner Zukunft?
Was war das für ein Apparat? Ein Luftschiff?

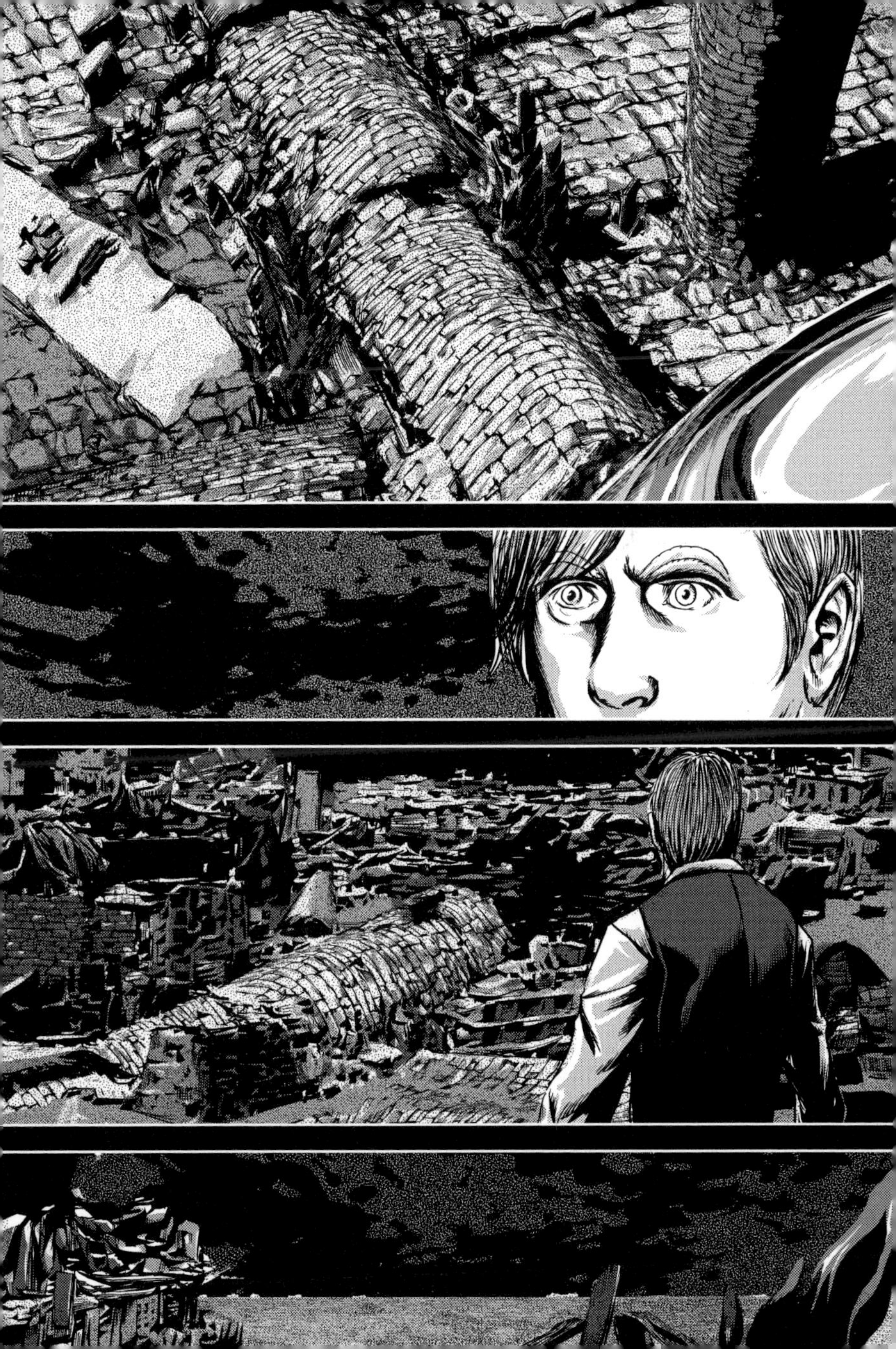

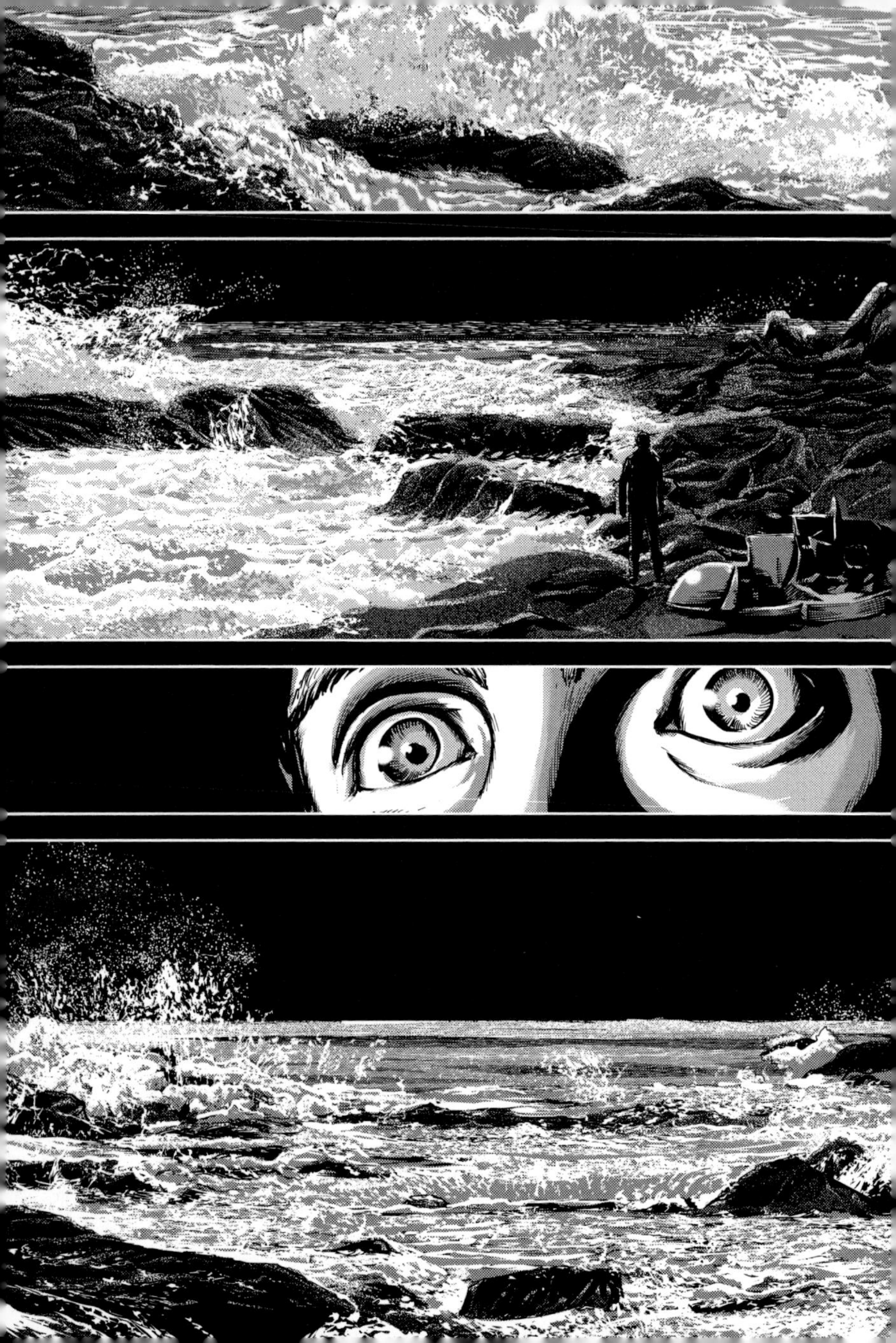

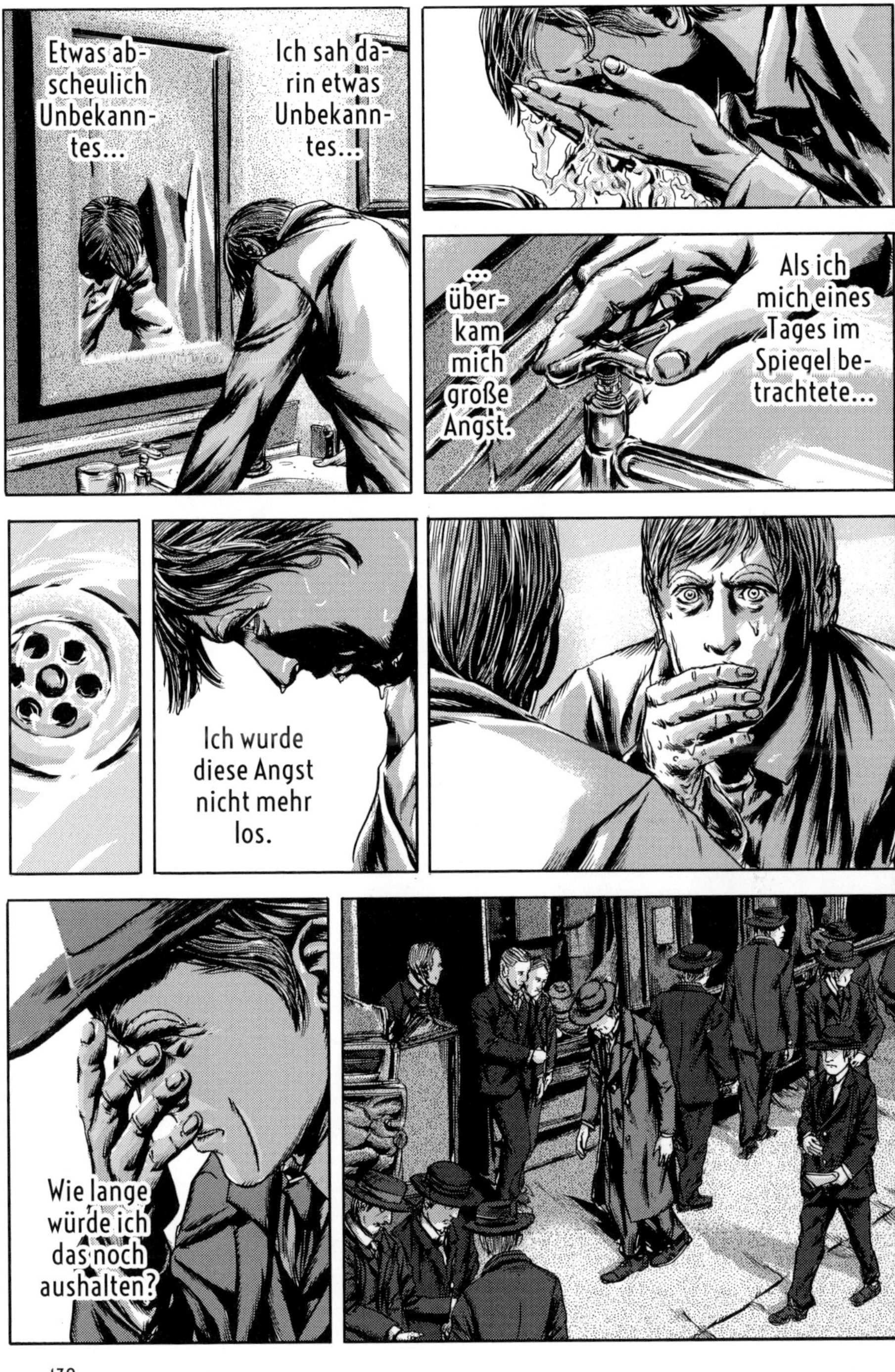
Als ich mich eines Tages im Spiegel betrachtete...
... überkam mich große Angst.
Ich sah darin etwas Unbekanntes...
Etwas abscheulich Unbekanntes...
Ich wurde diese Angst nicht mehr los.
Wie lange würde ich das noch aushalten?

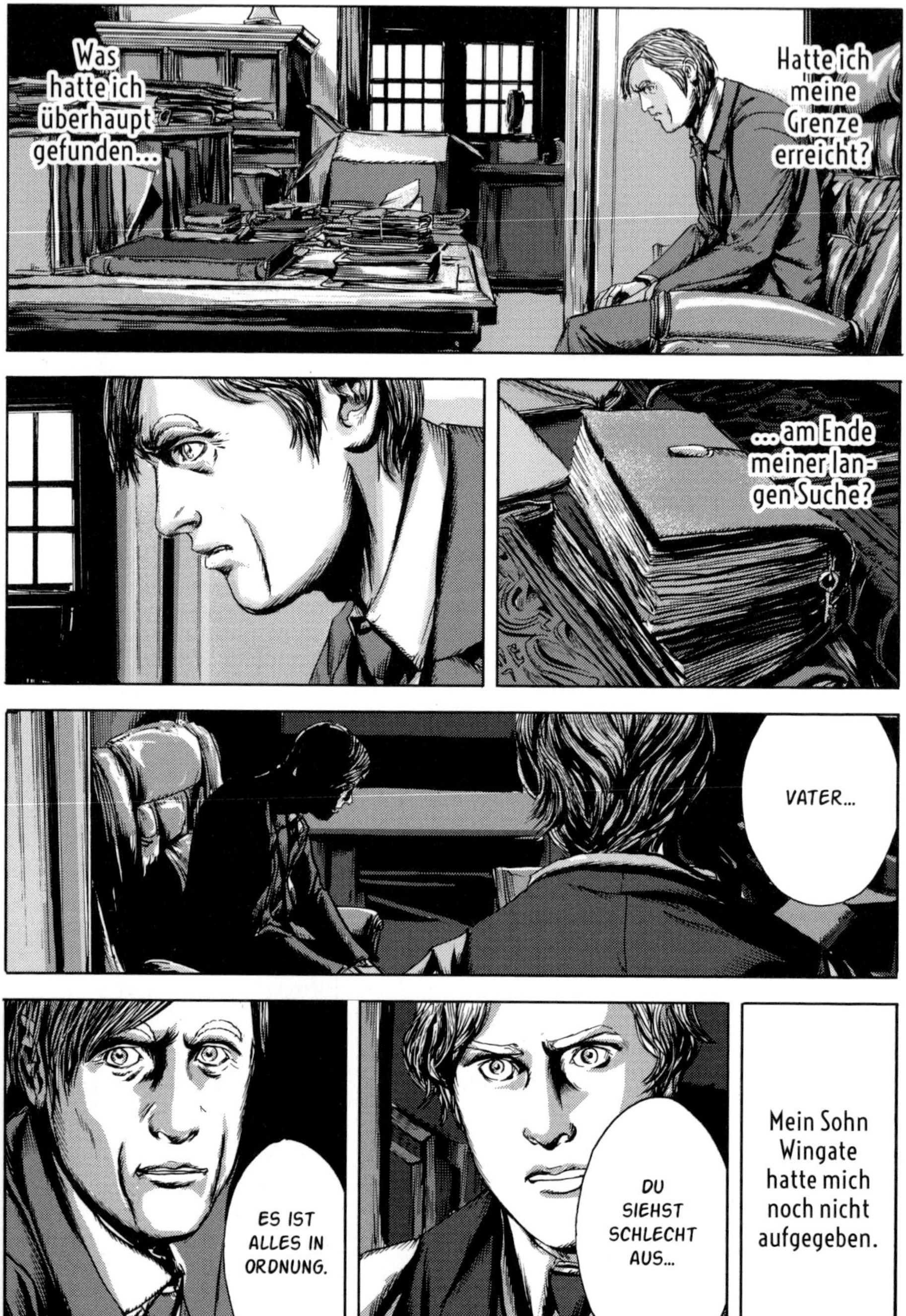
Was hatte ich überhaupt gefunden...
Hatte ich meine Grenze erreicht?
... am Ende meiner langen Suche?
VATER...
Mein Sohn Wingate hatte mich noch nicht aufgegeben.
DU SIEHST SCHLECHT AUS...
ES IST ALLES IN ORDNUNG.

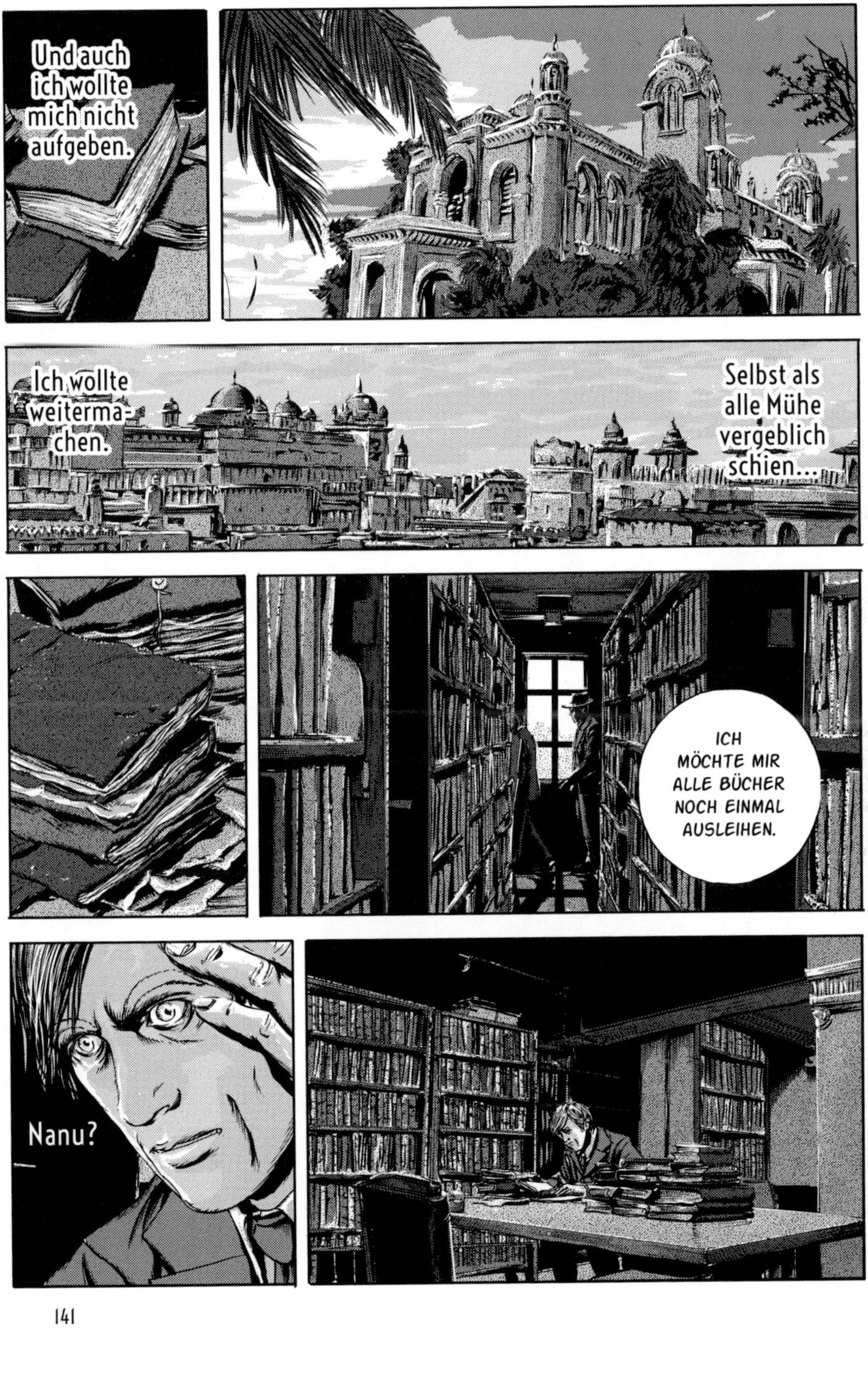
Und auch ich wollte mich nicht aufgeben.
Ich wollte weiterma-chen.
Selbst als alle Mühe vergeblich schien...
ICH MÖCHTE MIR ALLE BÜCHER NOCH EINMAL AUSLEIHEN.
Nanu?

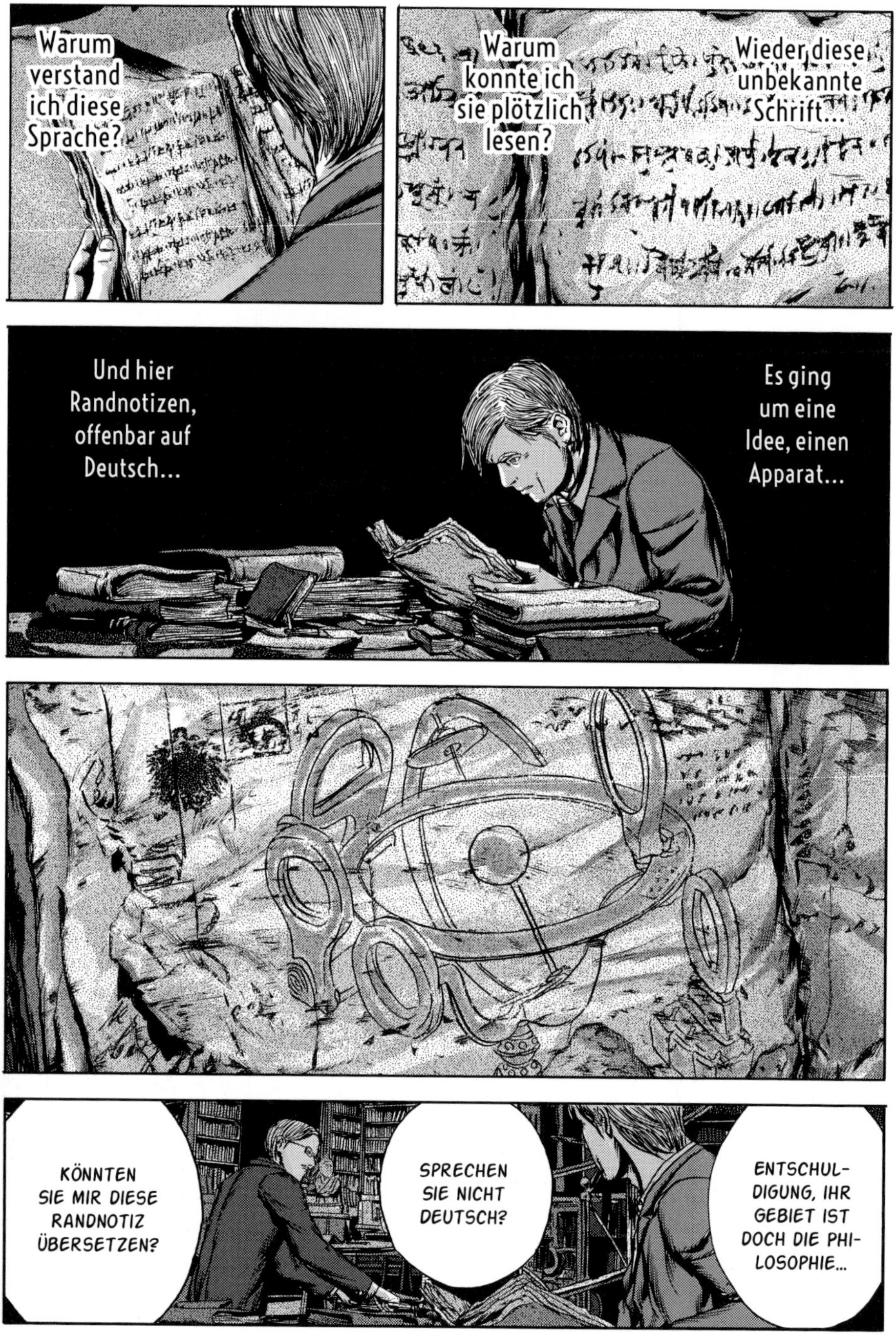
Warum verstand ich diese Sprache?
Wieder diese unbekannte Schrift...
Warum konnte ich sie plötzlich lesen?
Und hier Randnotizen, offenbar auf Deutsch...
Es ging um eine Idee, einen Apparat...
KÖNNTEN SIE MIR DIESE RANDNOTIZ ÜBERSETZEN?
SPRECHEN SIE NICHT DEUTSCH?
ENTSCHUL-DIGUNG, IHR GEBIET IST DOCH DIE PHI-LOSOPHIE...

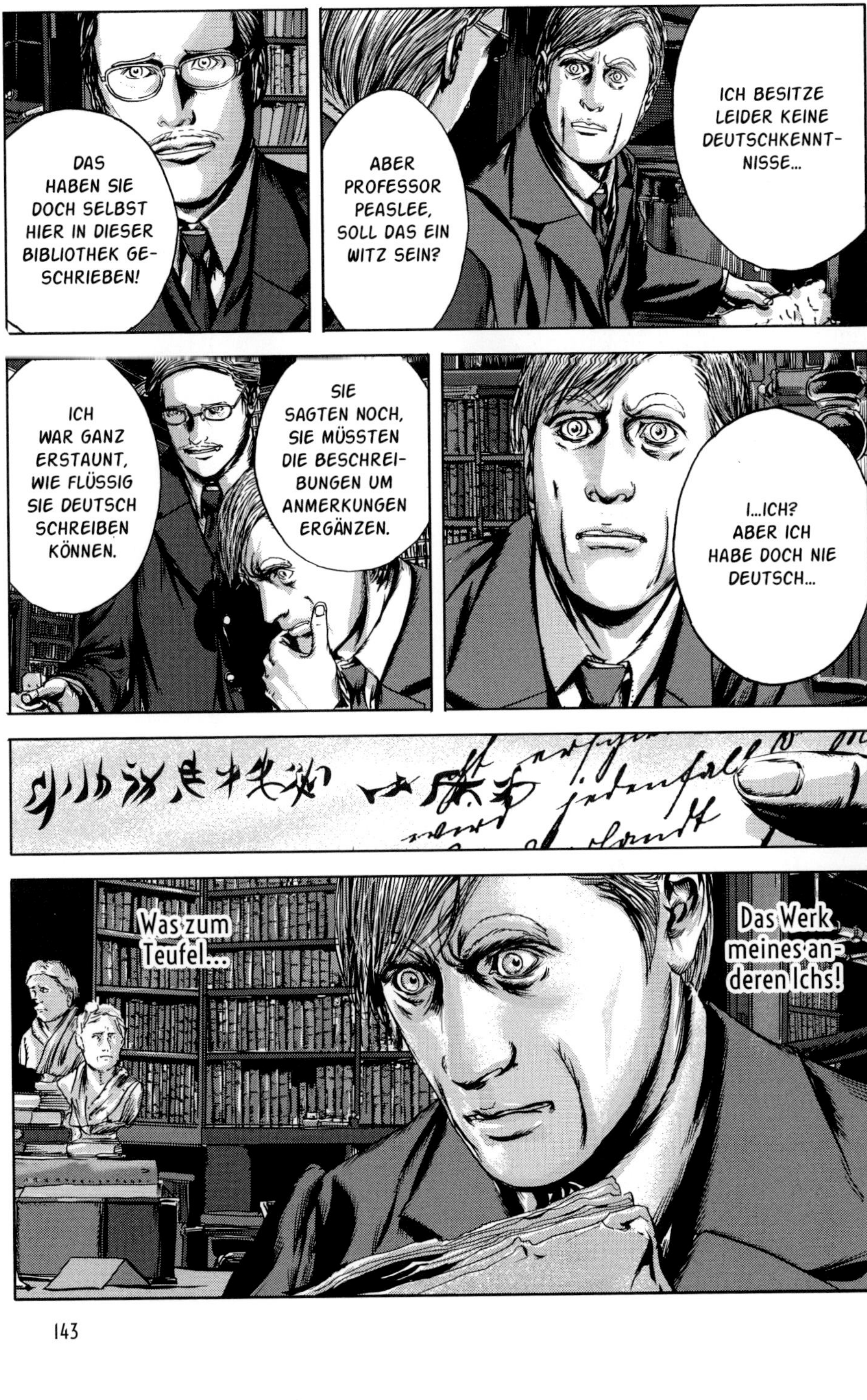
ICH BESITZE LEIDER KEINE DEUTSCHKENNT-NISSE...
ABER PROFESSOR PEASLEE, SOLL DAS EIN WITZ SEIN?
DAS HABEN SIE DOCH SELBST HIER IN DIESER BIBLIOTHEK GE-SCHRIEBEN!
I...ICH? ABER ICH HABE DOCH NIE DEUTSCH...
SIE SAGTEN NOCH, SIE MÜSSTEN DIE BESCHREI-BUNGEN UM ANMERKUNGEN ERGÄNZEN.
ICH WAR GANZ ERSTAUNT, WIE FLÜSSIG SIE DEUTSCH SCHREIBEN KÖNNEN.
Das Werk meines an-deren Ichs!
Was zum Teufel...

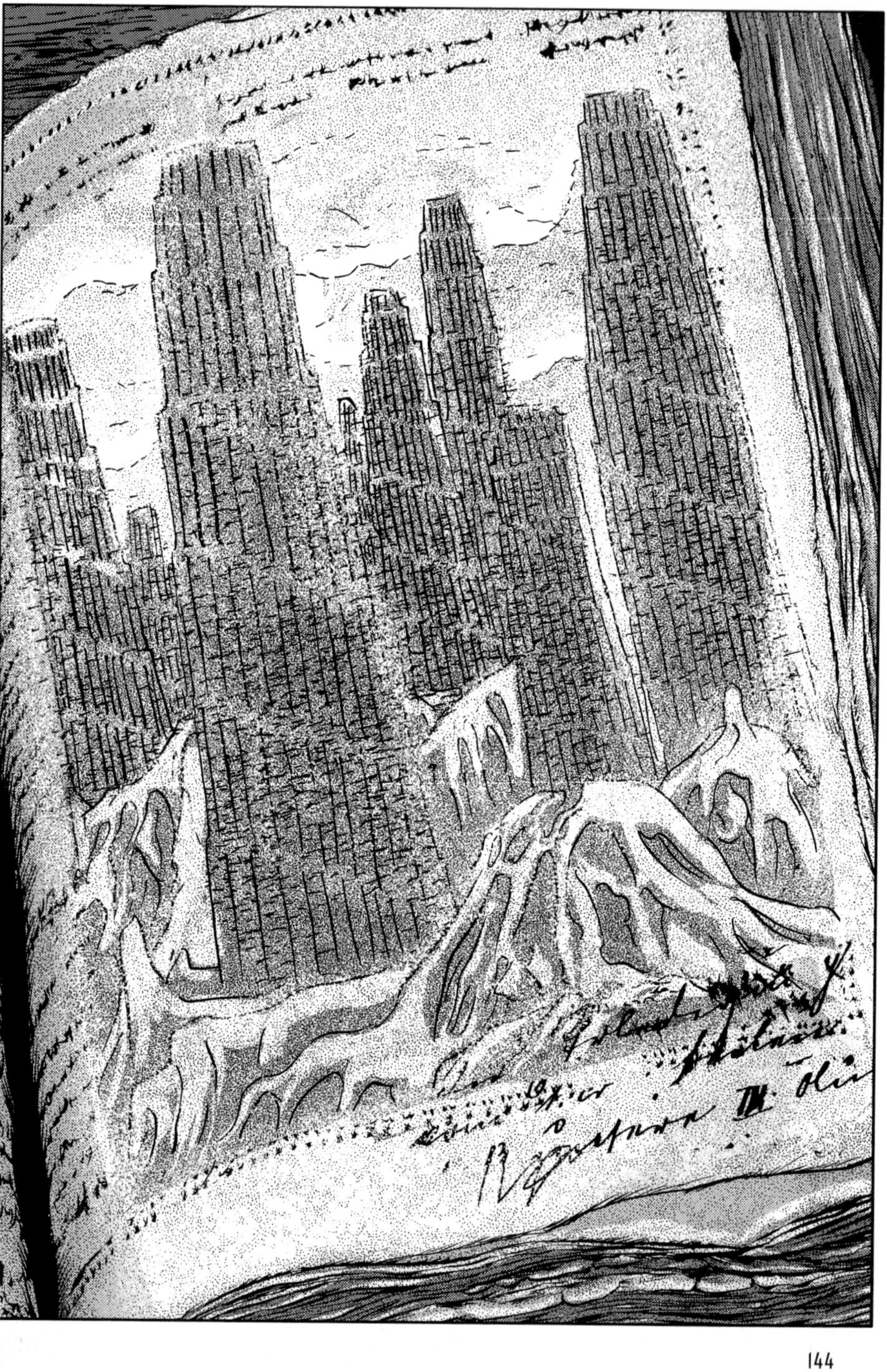

6 DIE GROSSE RASSE VON YITH

The Great Race of Yith

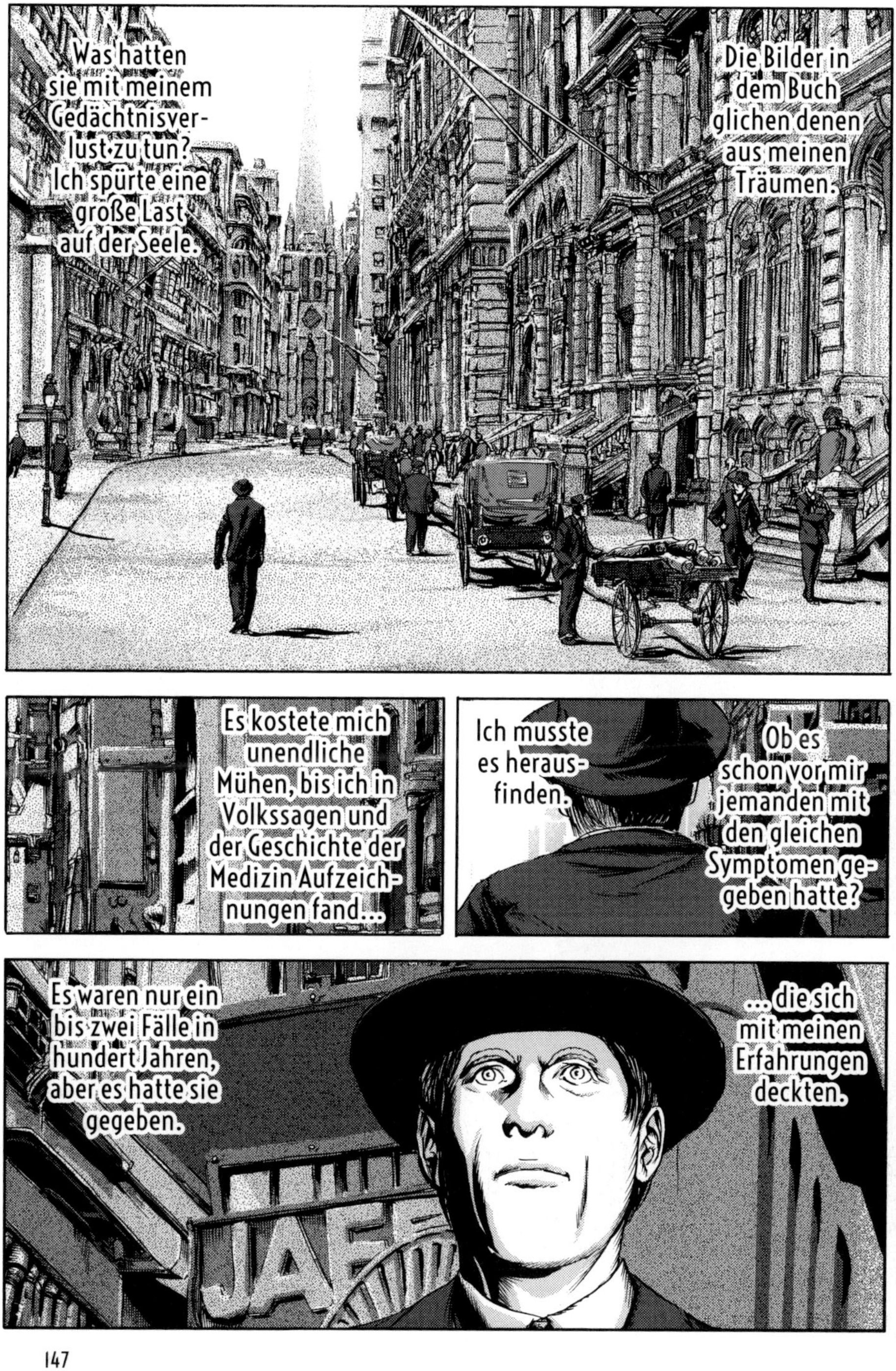
Was hatten sie mit meinem Gedächtnisverlust zu tun? Ich spürte eine große Last auf der Seele.
Die Bilder in dem Buch glichen denen aus meinen Träumen.
Es kostete mich unendliche Mühen, bis ich in Volkssagen und der Geschichte der Medizin Aufzeichnungen fand...
Ich musste es herausfinden.
Ob es schon vor mir jemanden mit den gleichen Symptomen gegeben hatte?
Es waren nur ein bis zwei Fälle in hundert Jahren, aber es hatte sie gegeben.
... die sich mit meinen Erfahrungen deckten.
JAF

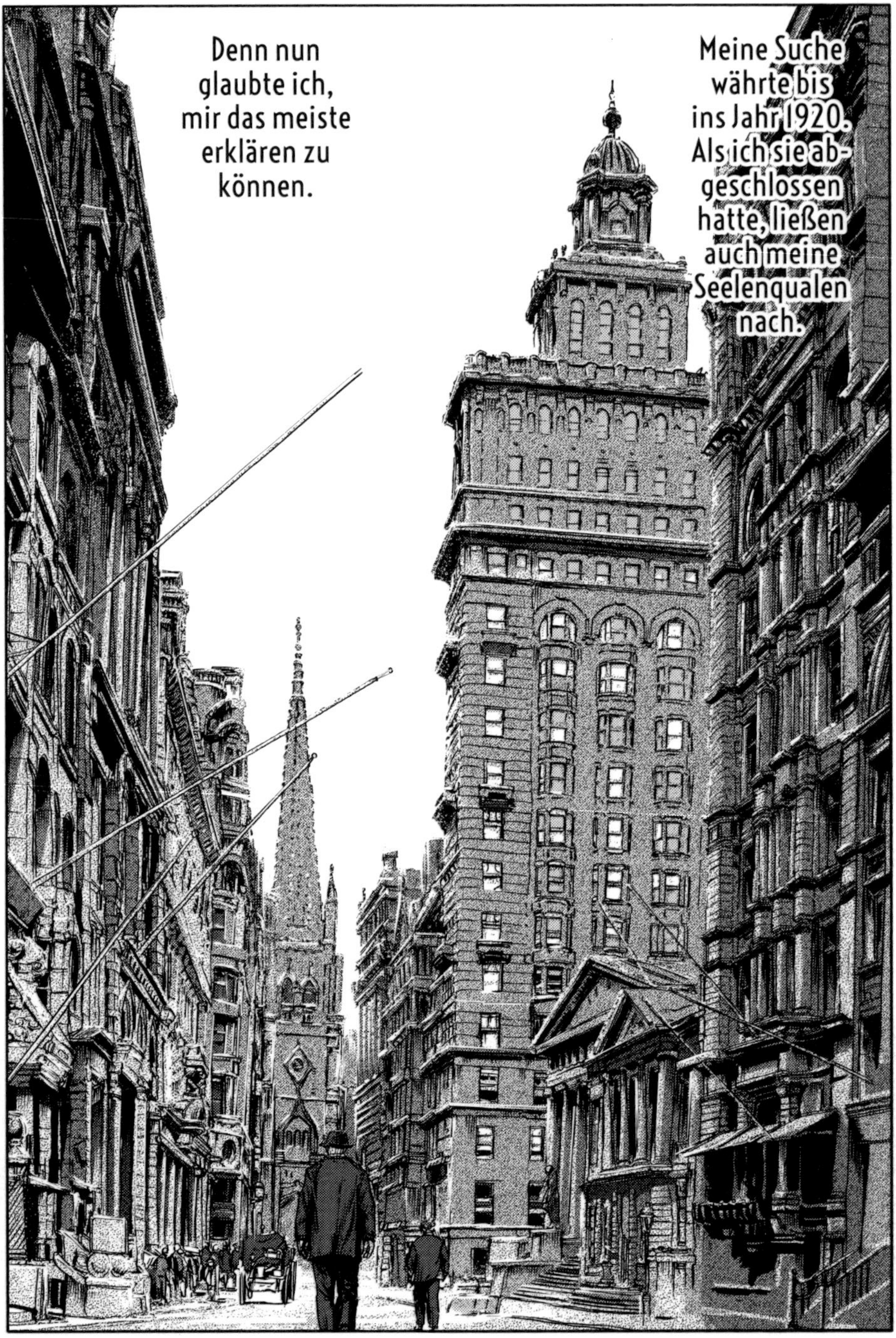
Denn nun glaubte ich, mir das meiste erklären zu können.
Meine Suche währte bis ins Jahr 1920. Als ich sie abgeschlossen hatte, ließen auch meine Seelenqualen nach.

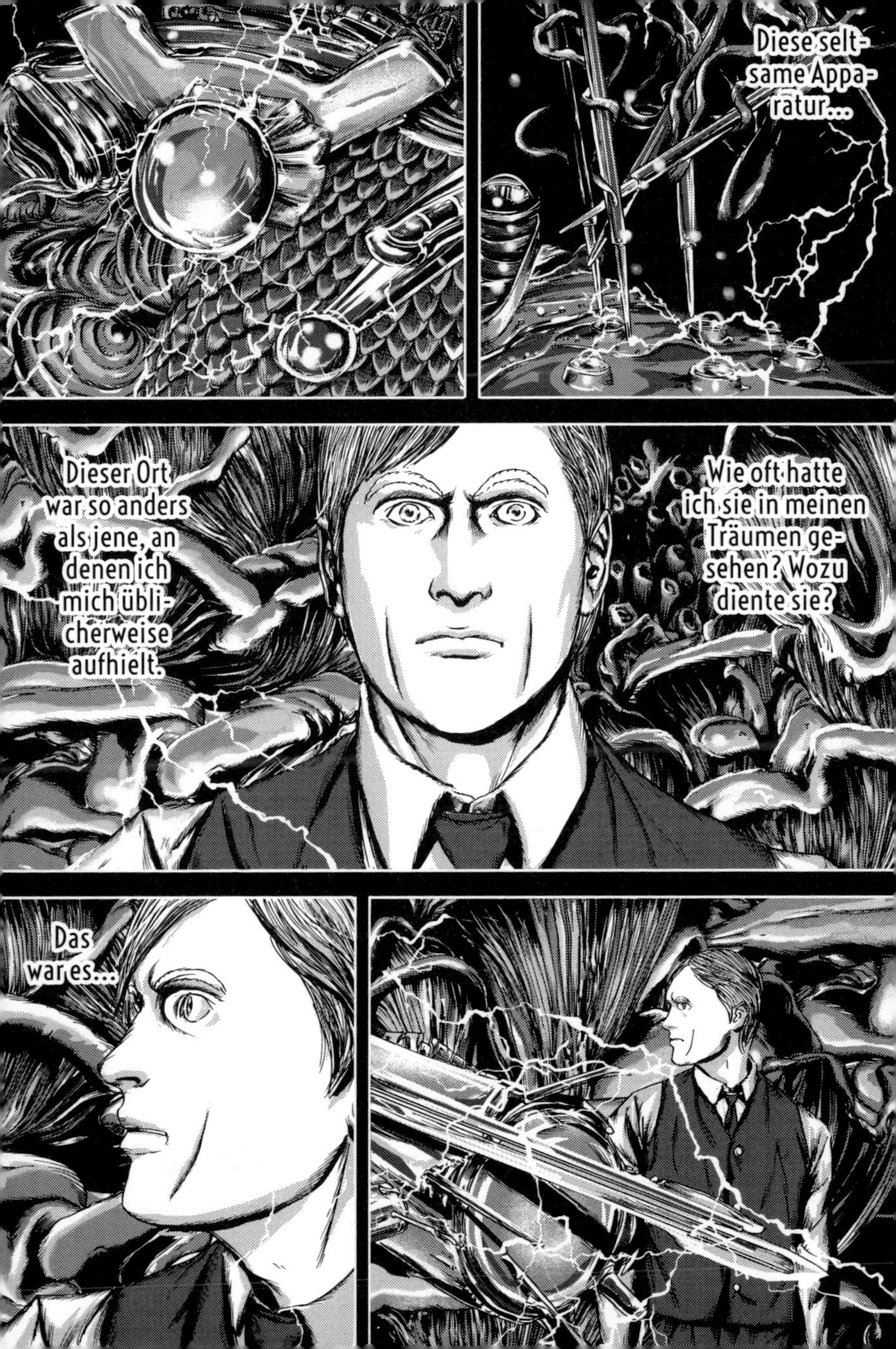
Diese seltsame Apparatur...
Dieser Ort war so anders als jene, an denen ich mich üblicherweise aufhielt.
Wie oft hatte ich sie in meinen Träumen gesehen? Wozu diente sie?
Das war es...

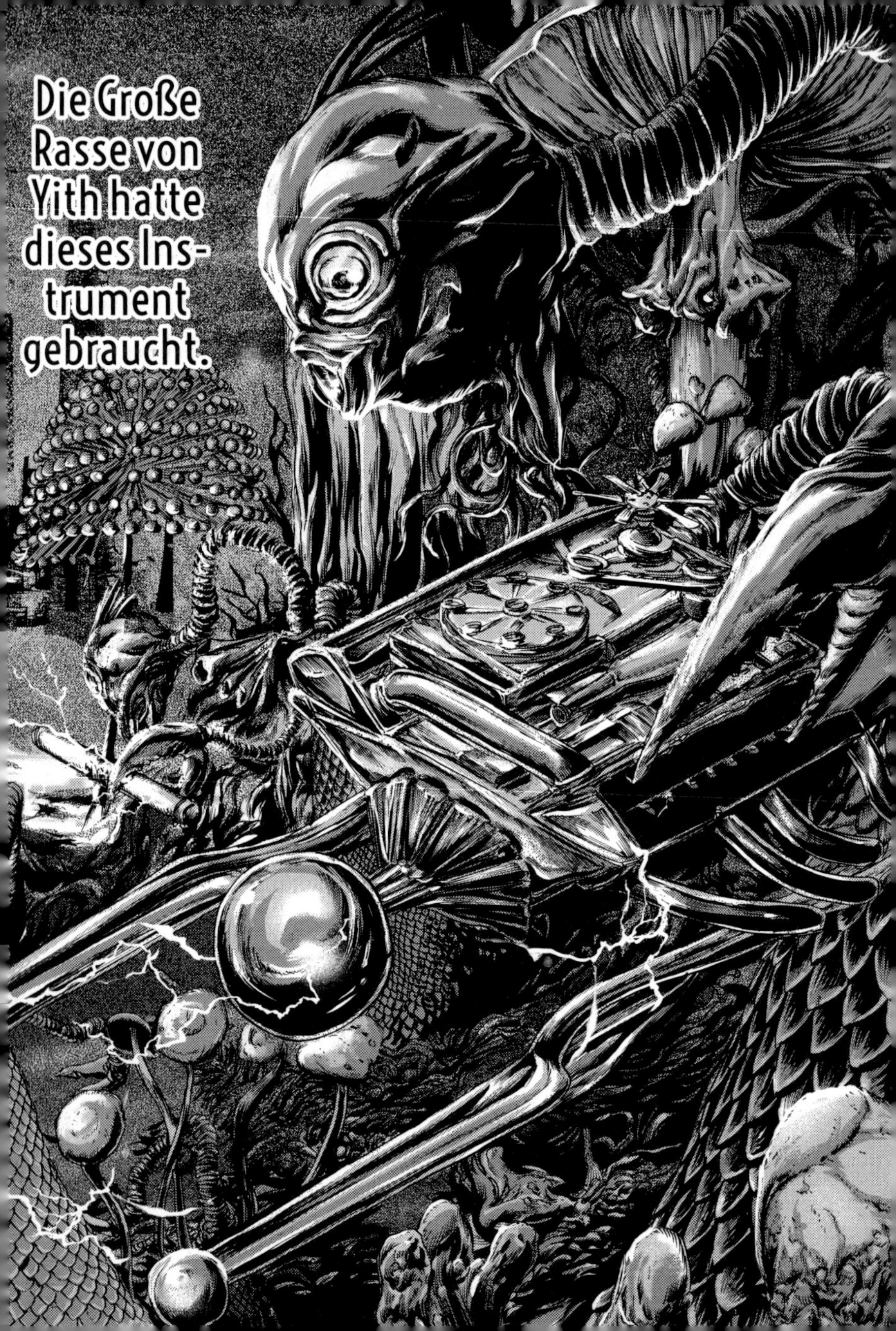
Die Große Rasse von Yith hatte dieses Instrument gebraucht.

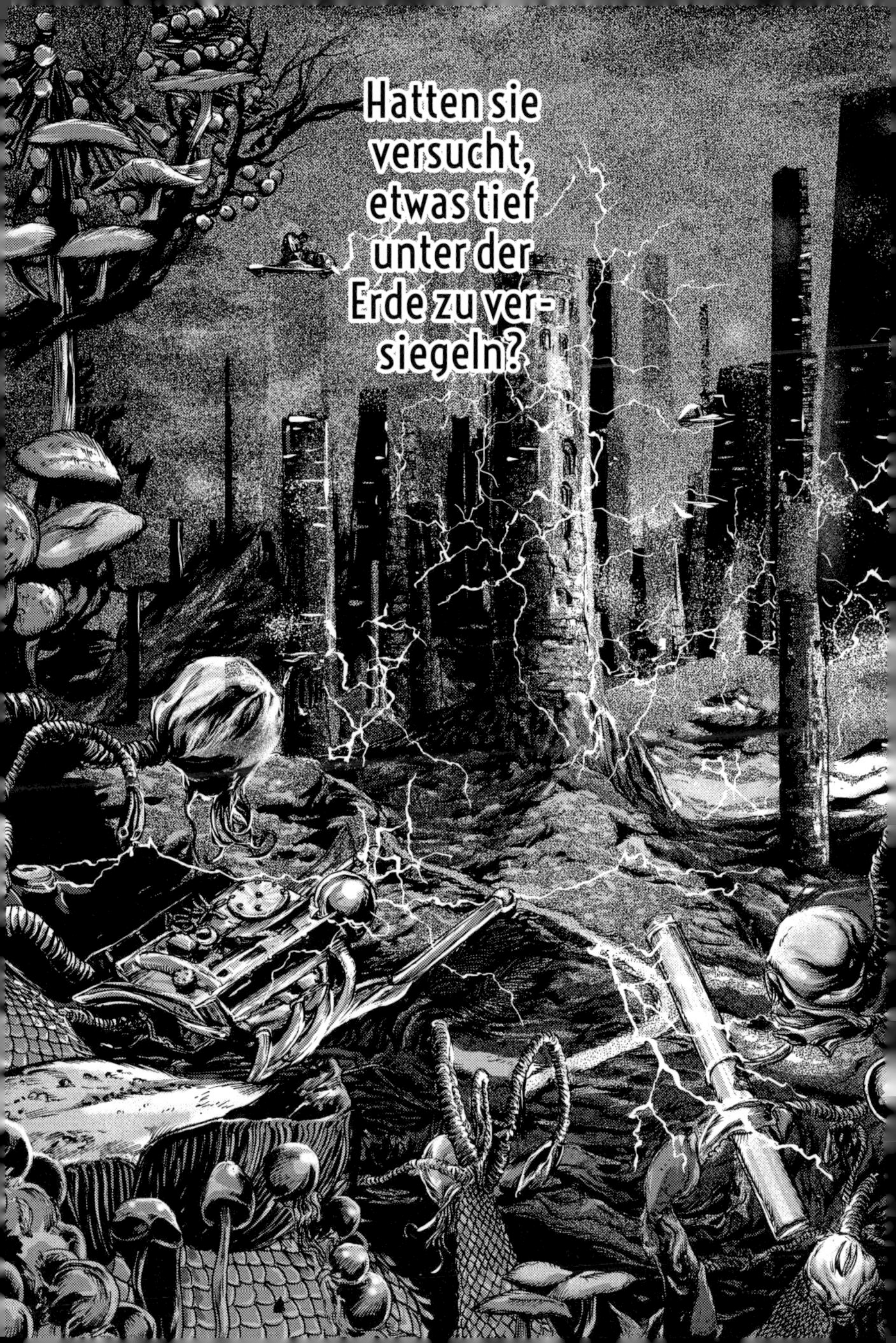
Hatten sie versucht, etwas tief unter der Erde zu ver- siegeln?

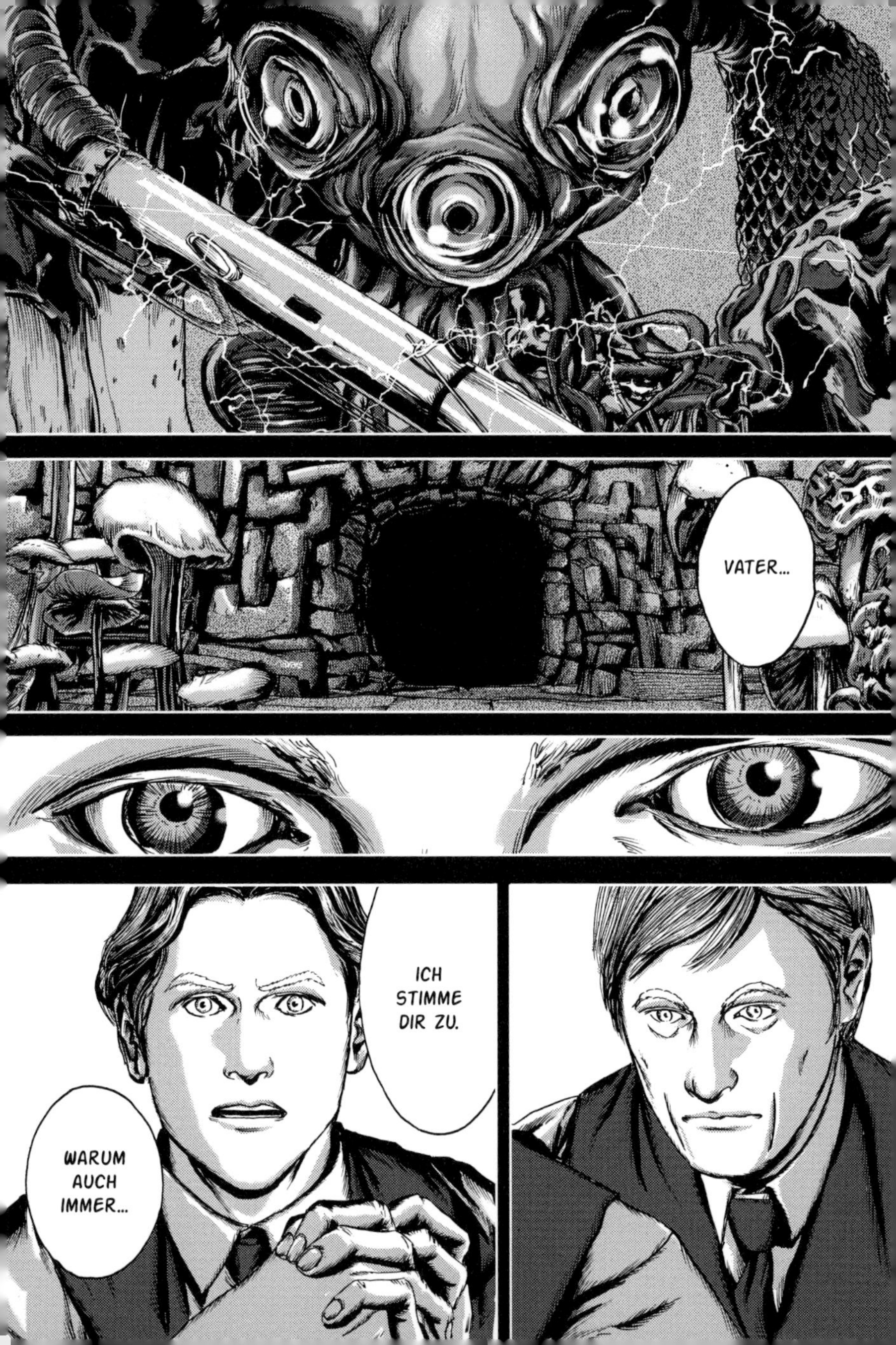
VATER…
ICH STIMME DIR ZU.
WARUM AUCH IMMER…

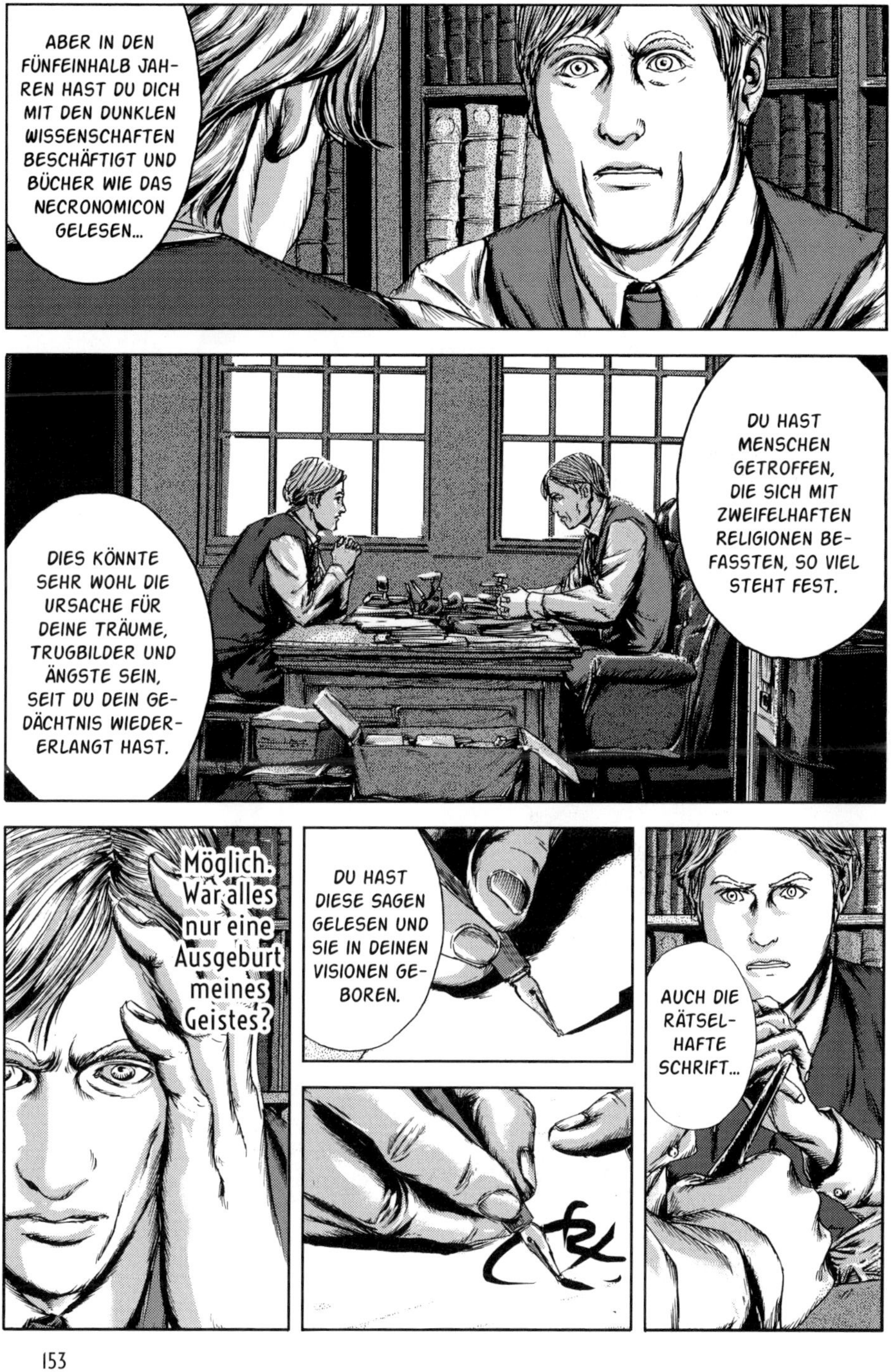
ABER IN DEN FÜNFEINHALB JAHREN HAST DU DICH MIT DEN DUNKLEN WISSENSCHAFTEN BESCHÄFTIGT UND BÜCHER WIE DAS NECRONOMICON GELESEN...
DU HAST MENSCHEN GETROFFEN, DIE SICH MIT ZWEIFELHAFTEN RELIGIONEN BEFASSTEN, SO VIEL STEHT FEST.
DIES KÖNNTE SEHR WOHL DIE URSACHE FÜR DEINE TRÄUME, TRUGBILDER UND ÄNGSTE SEIN, SEIT DU DEIN GEDÄCHTNIS WIEDERERLANGT HAST.
Möglich. War alles nur eine Ausgeburt meines Geistes?
DU HAST DIESE SAGEN GELESEN UND SIE IN DEINEN VISIONEN GEBOREN.
AUCH DIE RÄTSELHAFTE SCHRIFT...

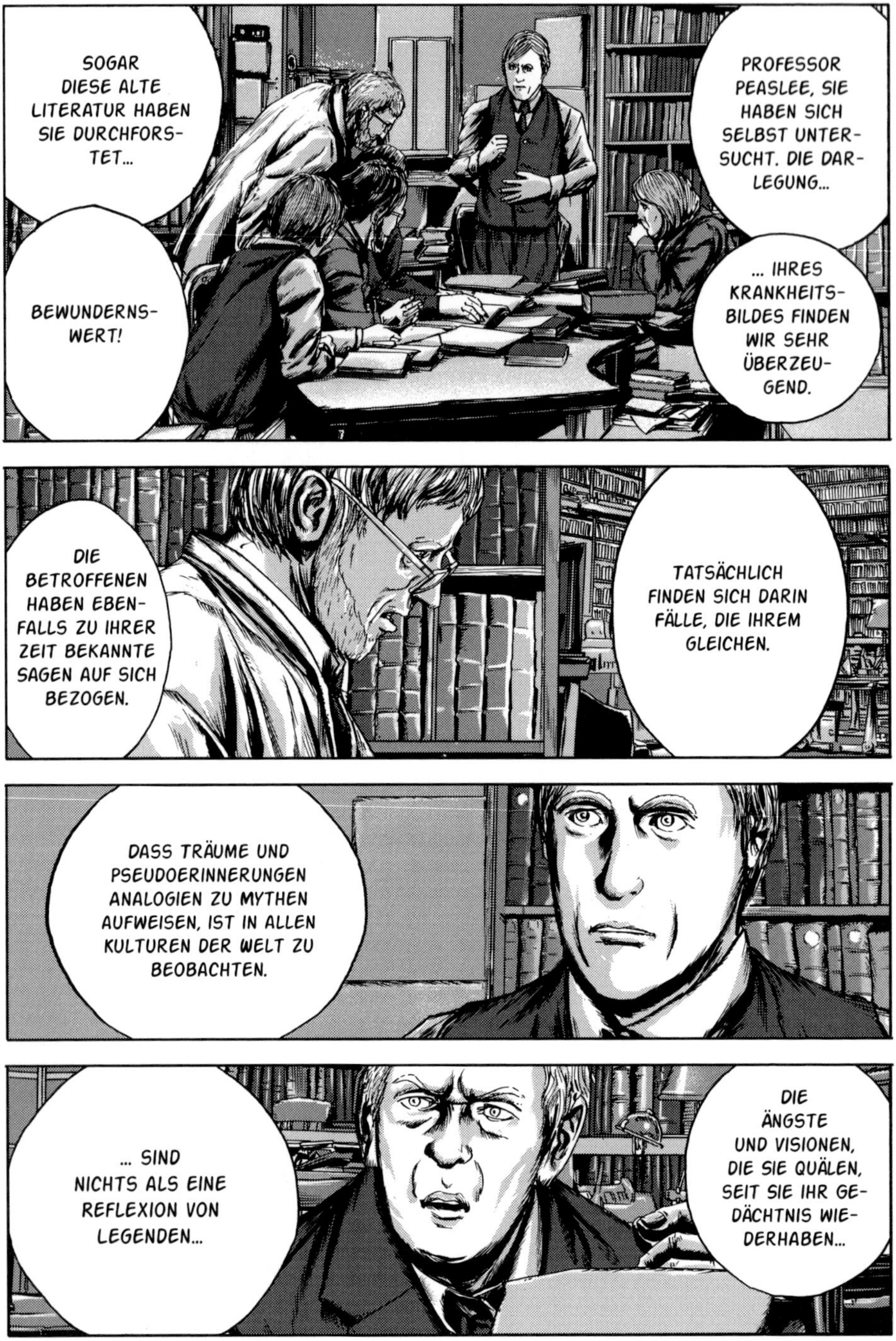

SOGAR DIESE ALTE LITERATUR HABEN SIE DURCHFORSTET...
BEWUNDERNSWERT!
PROFESSOR PEASLEE, SIE HABEN SICH SELBST UNTERSUCHT. DIE DARLEGUNG...
... IHRES KRANKHEITSBILDES FINDEN WIR SEHR ÜBERZEUGEND.
DIE BETROFFENEN HABEN EBENFALLS ZU IHRER ZEIT BEKANNTE SAGEN AUF SICH BEZOGEN.
TATSÄCHLICH FINDEN SICH DARIN FÄLLE, DIE IHREM GLEICHEN.
DASS TRÄUME UND PSEUDOERINNERUNGEN ANALOGIEN ZU MYTHEN AUFWEISEN, IST IN ALLEN KULTUREN DER WELT ZU BEOBACHTEN.
DIE ÄNGSTE UND VISIONEN, DIE SIE QUÄLEN, SEIT SIE IHR GEDÄCHTNIS WIEDERHABEN...
... SIND NICHTS ALS EINE REFLEXION VON LEGENDEN...

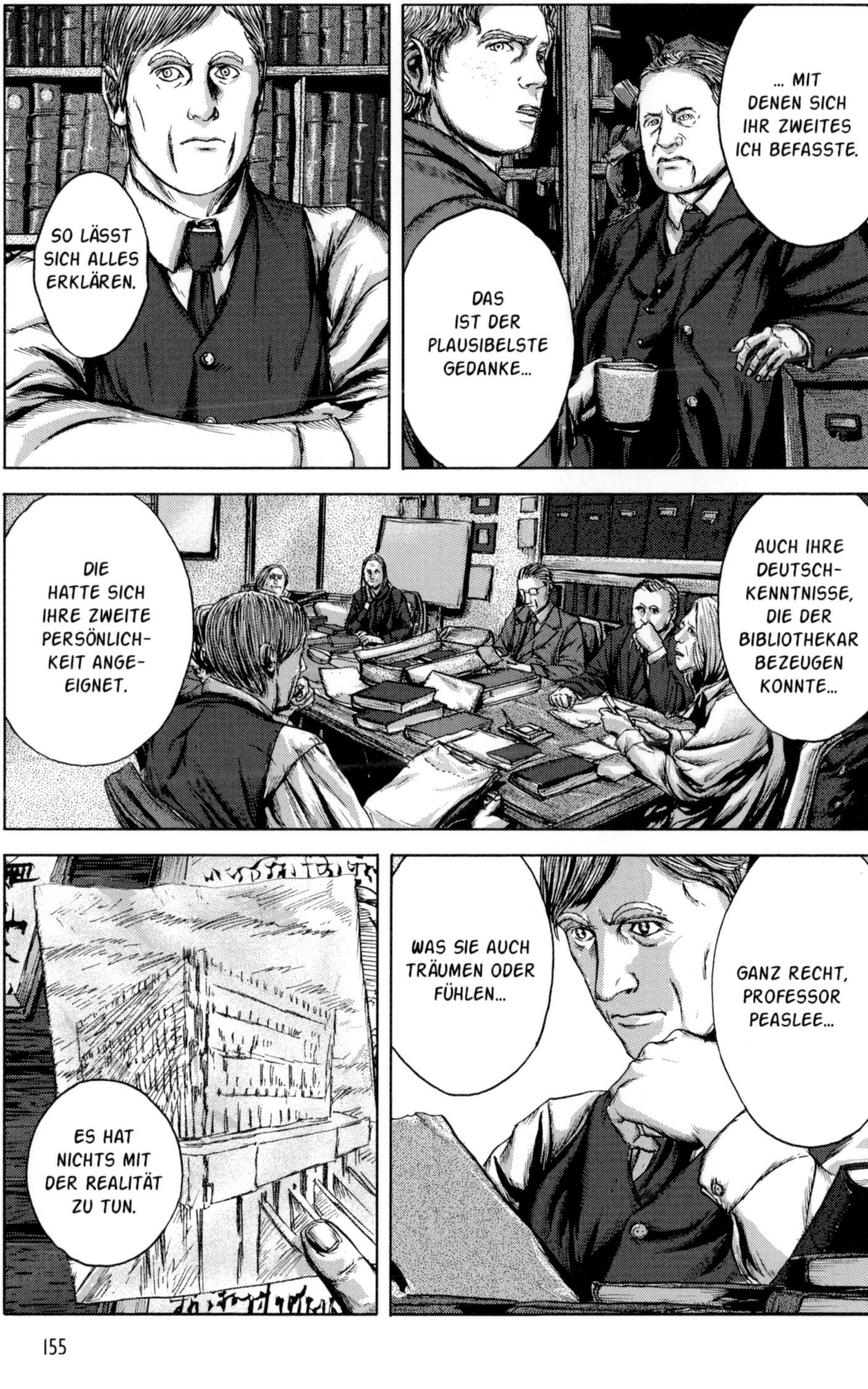
SO LÄSST SICH ALLES ERKLÄREN.
... MIT DENEN SICH IHR ZWEITES ICH BEFASSTE.
DAS IST DER PLAUSIBELSTE GEDANKE...
AUCH IHRE DEUTSCH-KENNTNISSE, DIE DER BIBLIOTHEKAR BEZEUGEN KONNTE...
DIE HATTE SICH IHRE ZWEITE PERSÖNLICH-KEIT ANGE-EIGNET.
GANZ RECHT, PROFESSOR PEASLEE...
WAS SIE AUCH TRÄUMEN ODER FÜHLEN...
ES HAT NICHTS MIT DER REALITÄT ZU TUN.

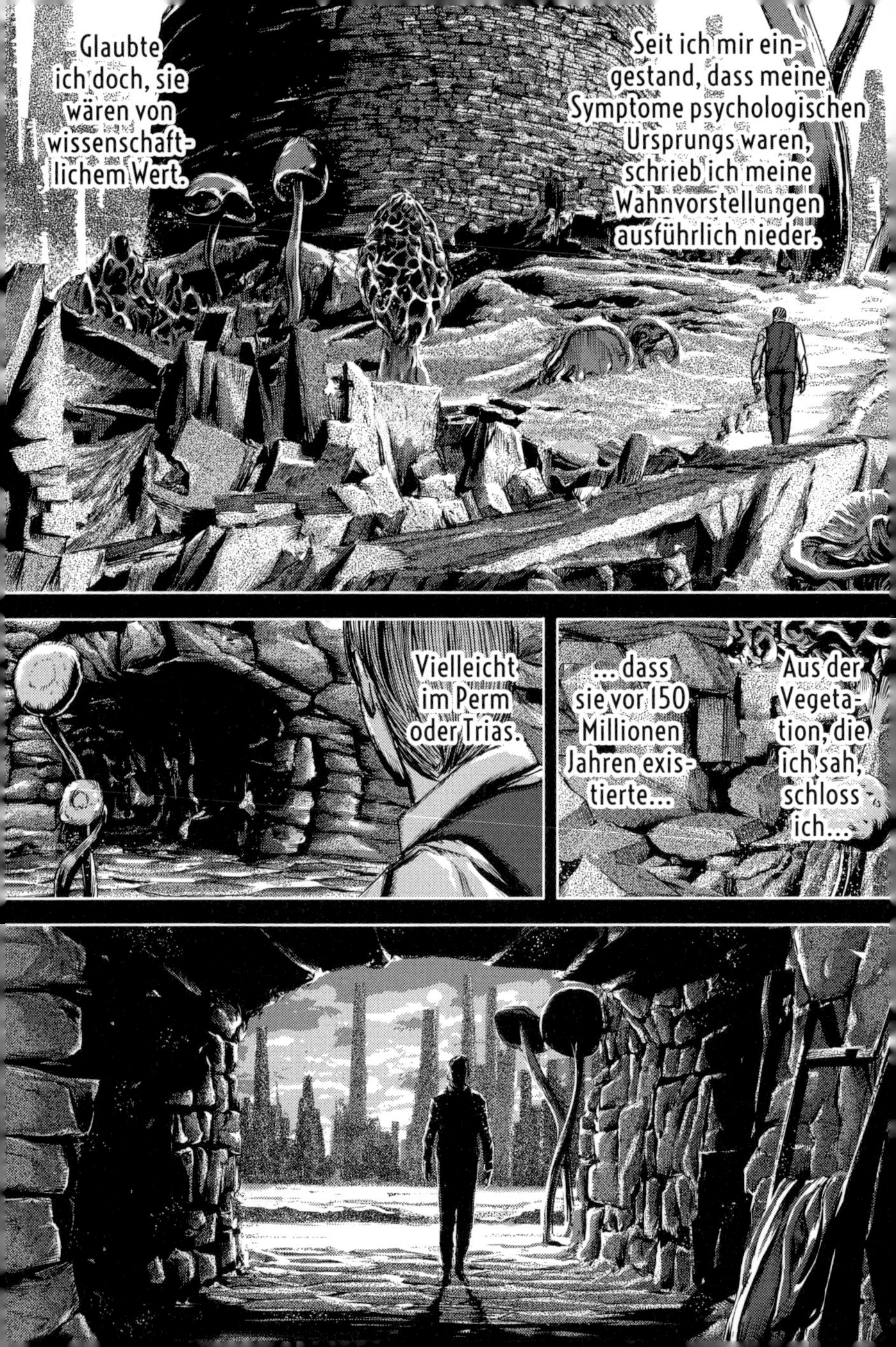
Seit ich mir eingestand, dass meine Symptome psychologischen Ursprungs waren, schrieb ich meine Wahnvorstellungen ausführlich nieder.
Glaubte ich doch, sie wären von wissenschaftlichem Wert.
Aus der Vegetation, die ich sah, schloss ich…
… dass sie vor 150 Millionen Jahren existierte…
Vielleicht im Perm oder Trias.

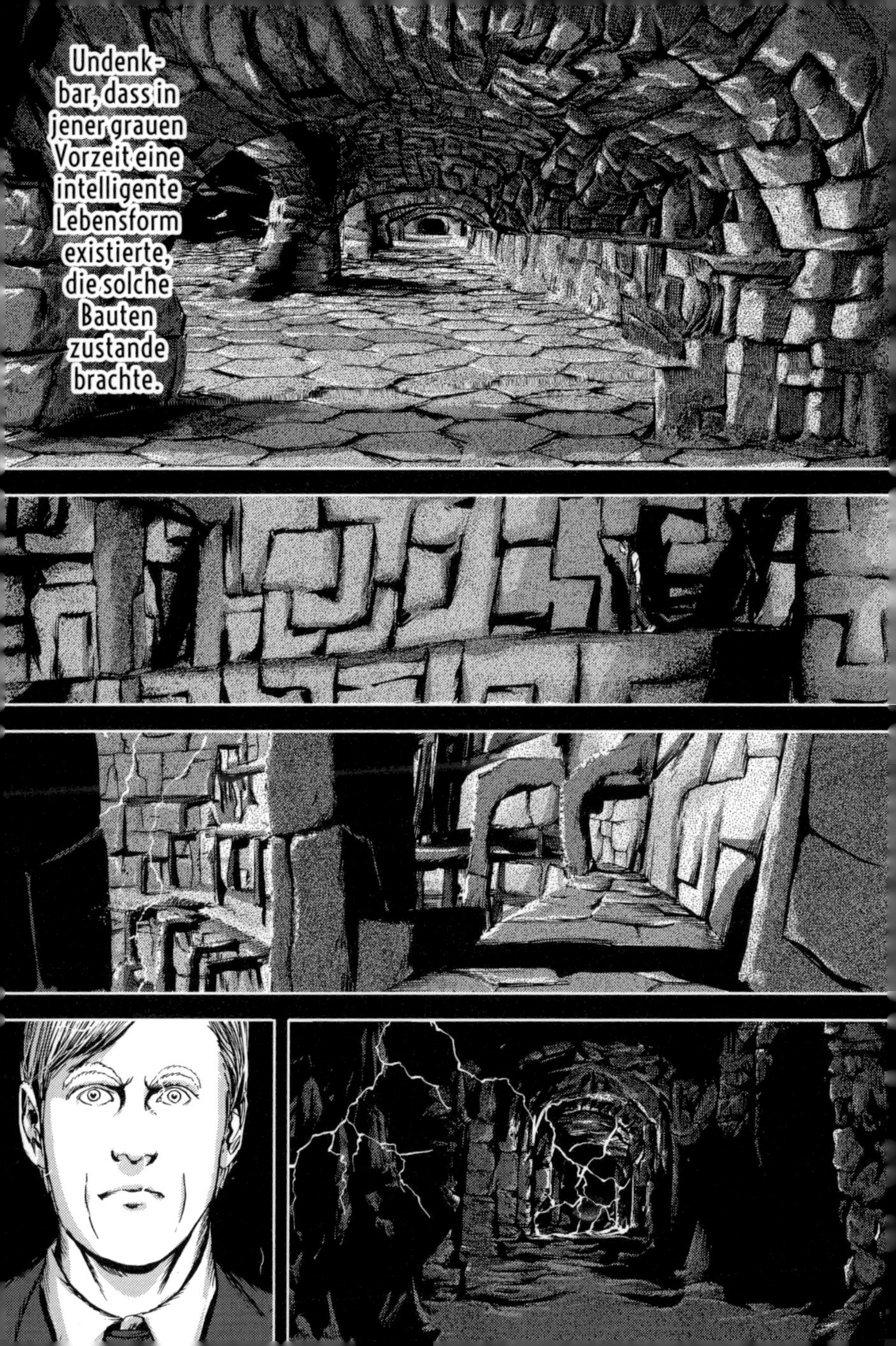
Undenkbar, dass in jener grauen Vorzeit eine intelligente Lebensform existierte, die solche Bauten zustande brachte.

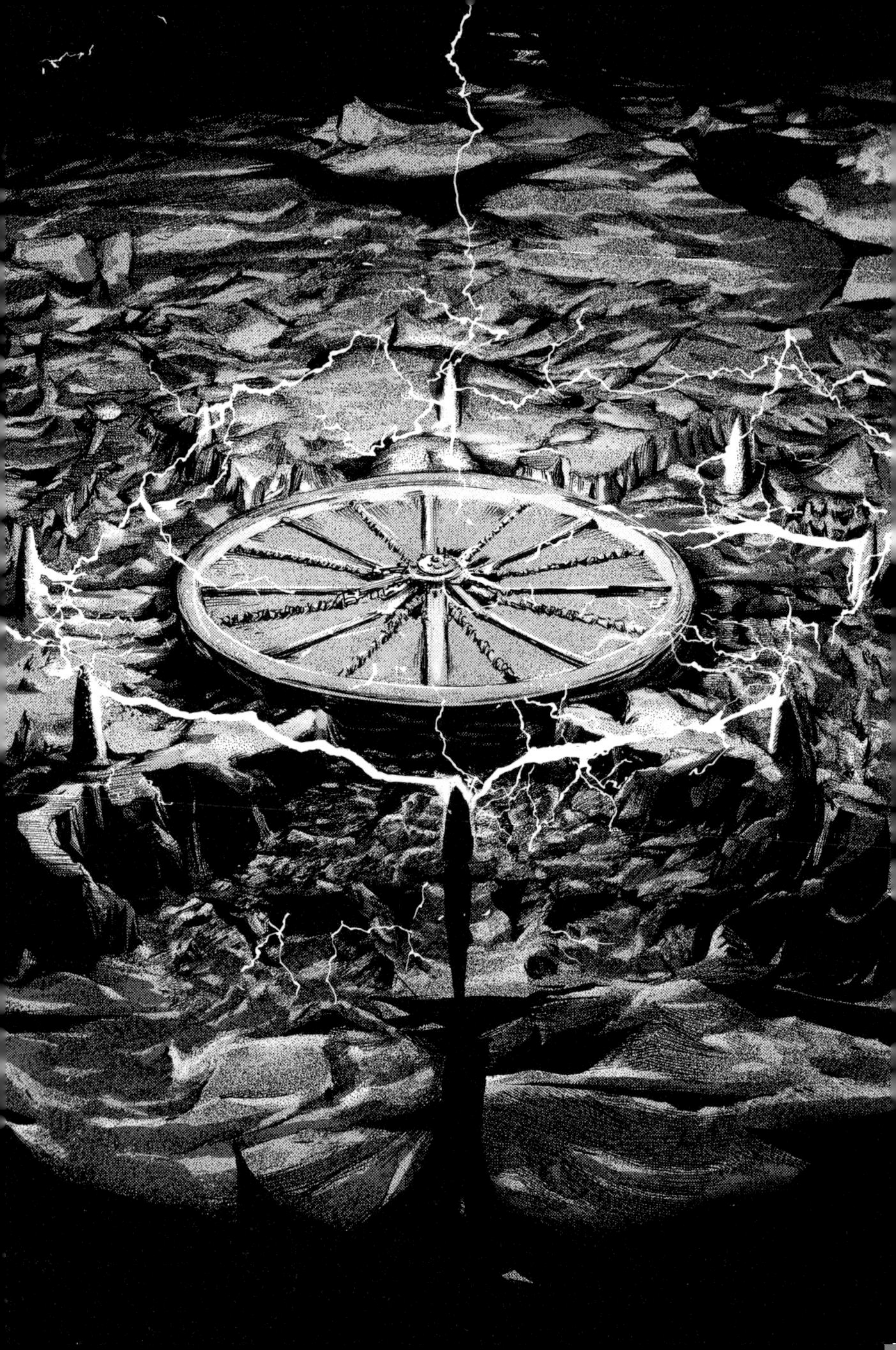

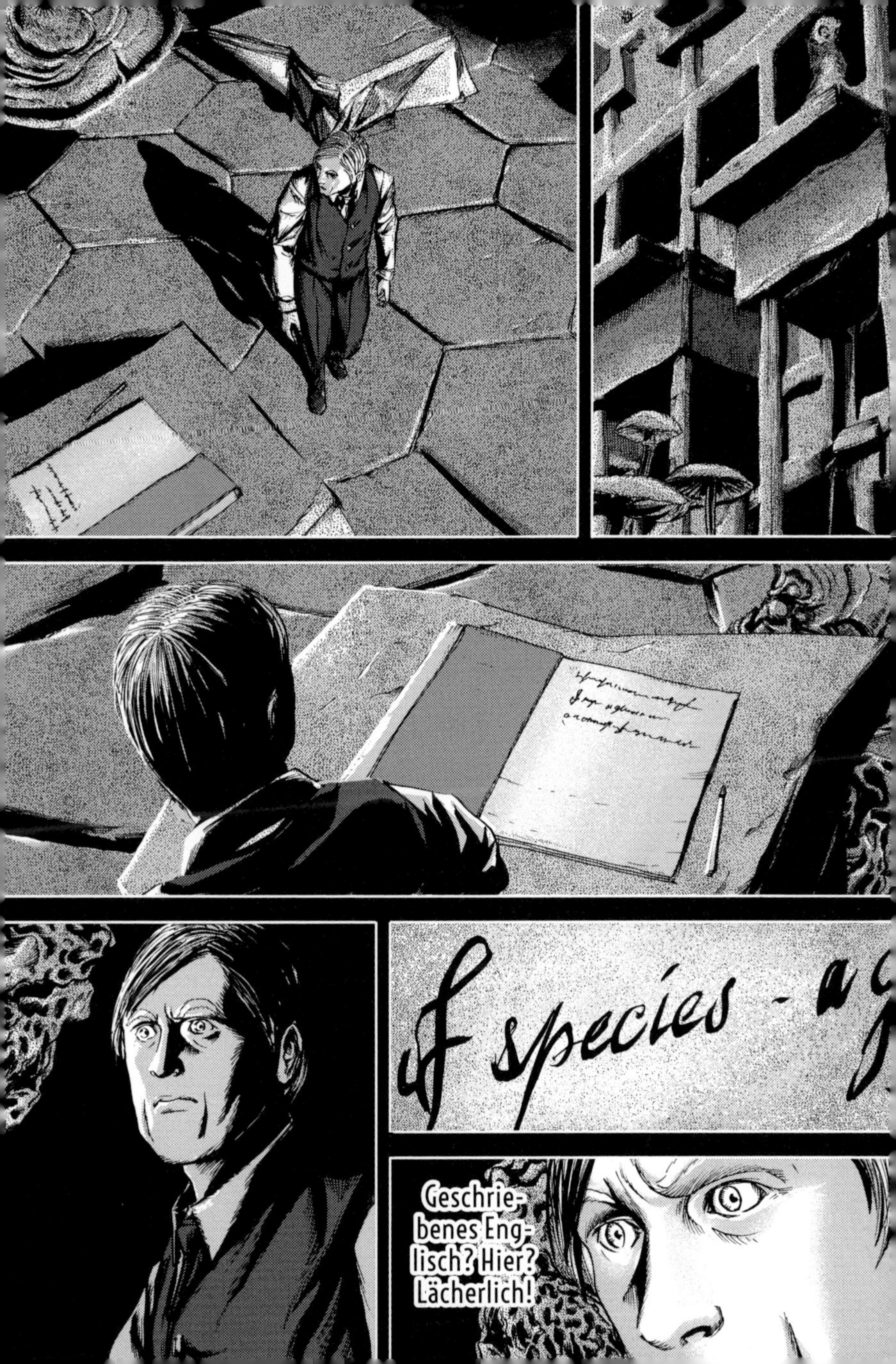
of species - a
Geschrie-benes Eng-lisch? Hier? Lächerlich!

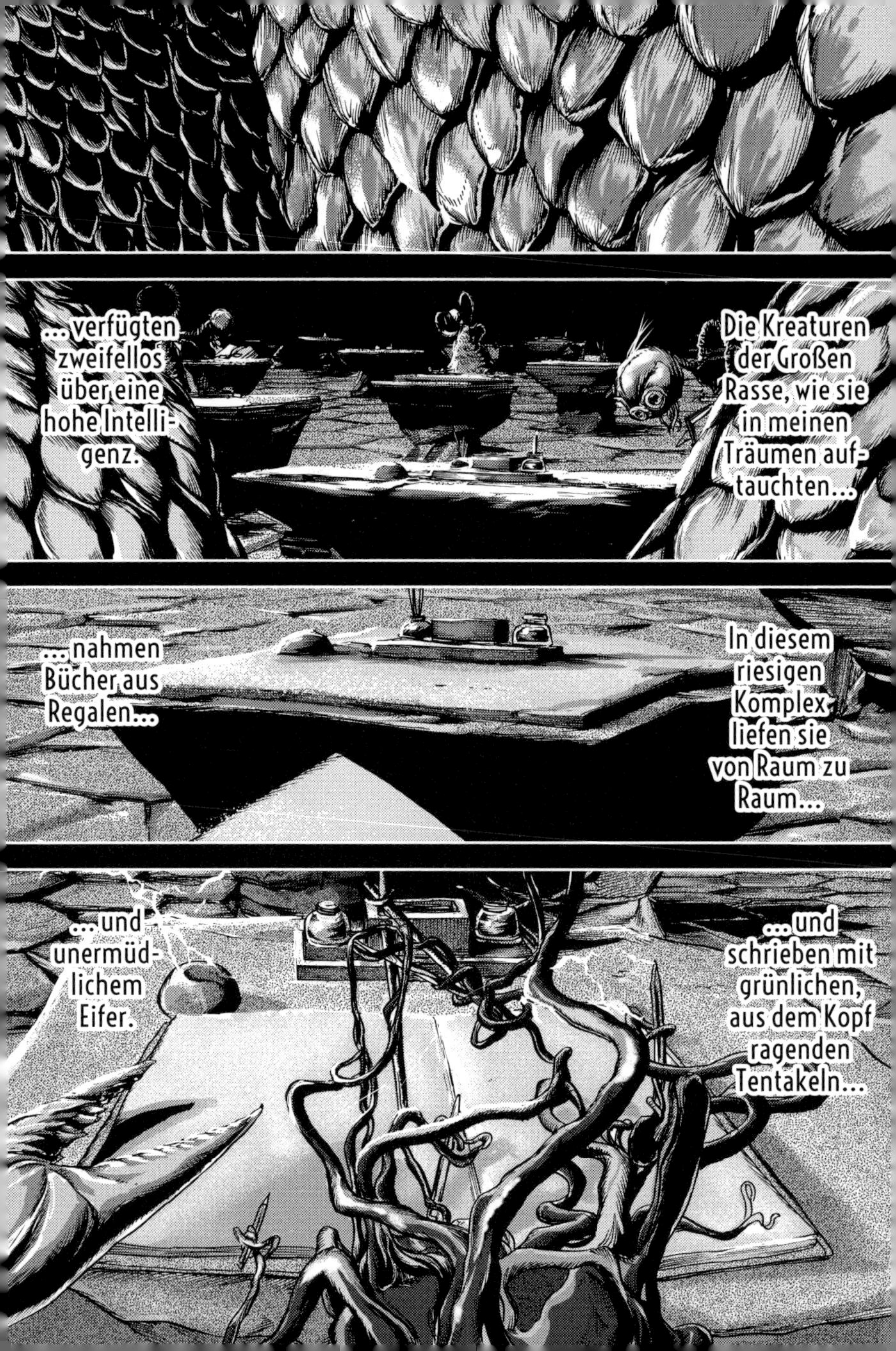
Die Kreaturen der Großen Rasse, wie sie in meinen Träumen auftauchten…
… verfügten zweifellos über eine hohe Intelligenz.
In diesem riesigen Komplex liefen sie von Raum zu Raum…
… nahmen Bücher aus Regalen…
… und schrieben mit grünlichen, aus dem Kopf ragenden Tentakeln…
… und unermüdlichem Eifer.

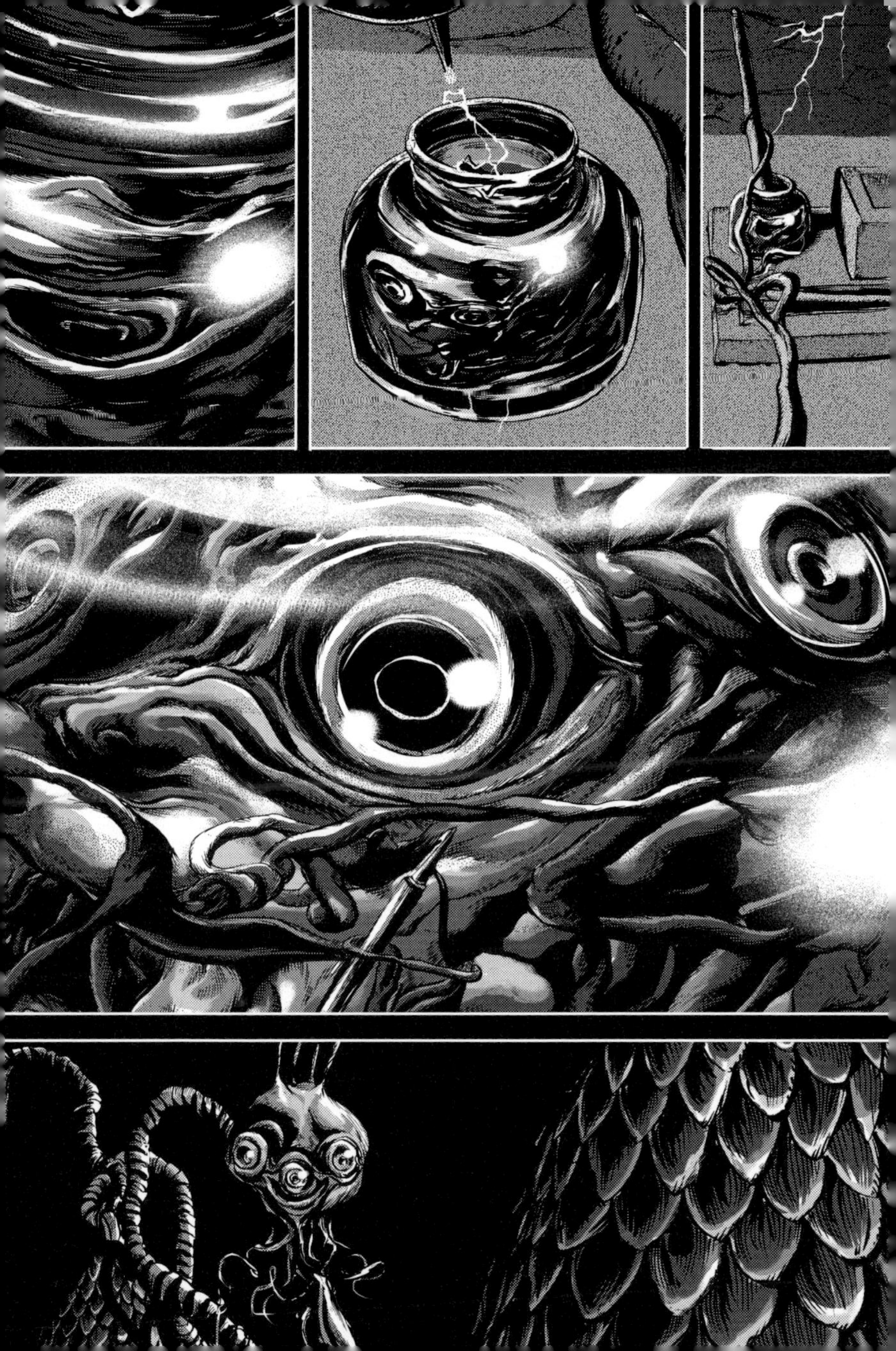

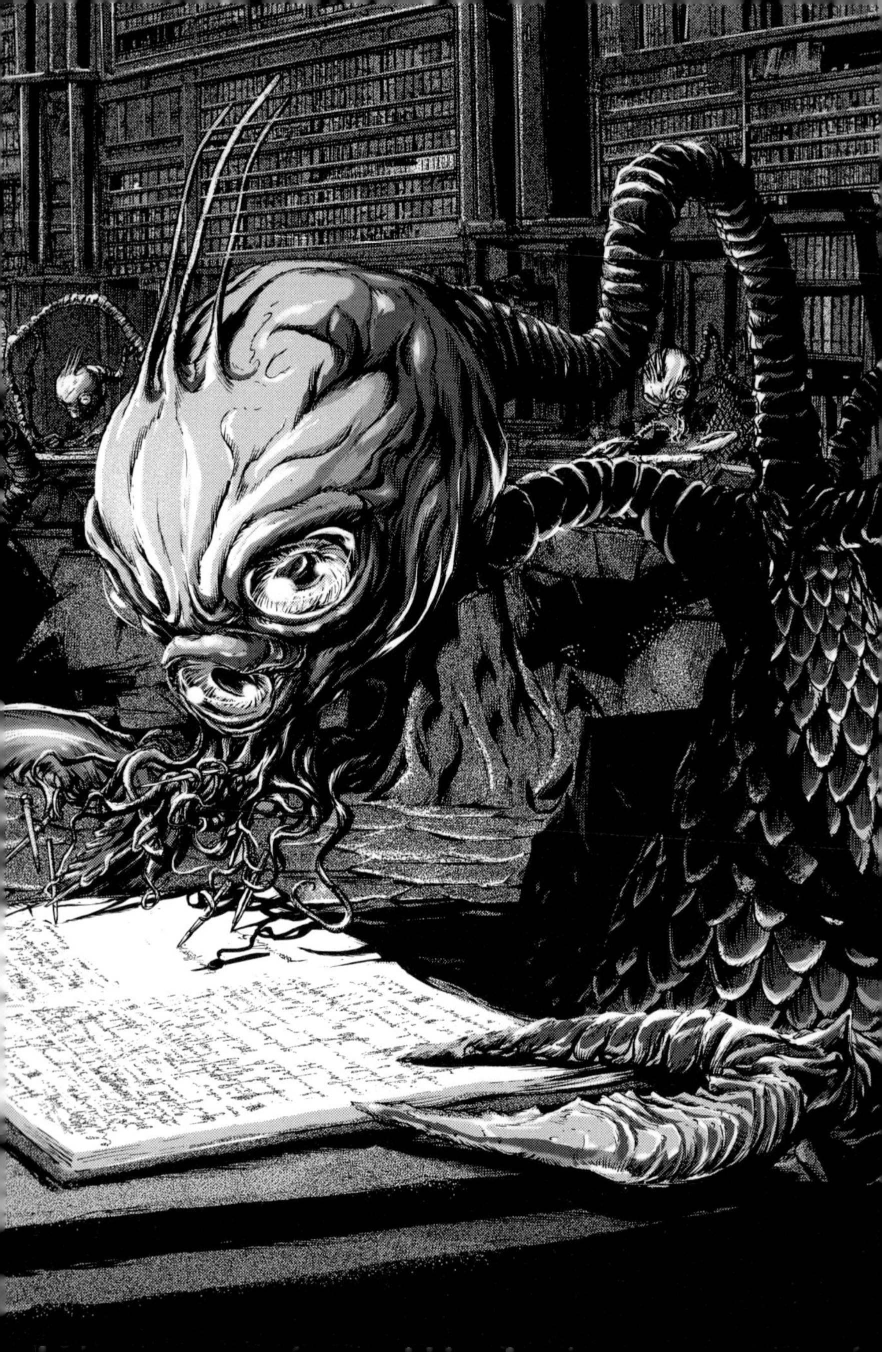

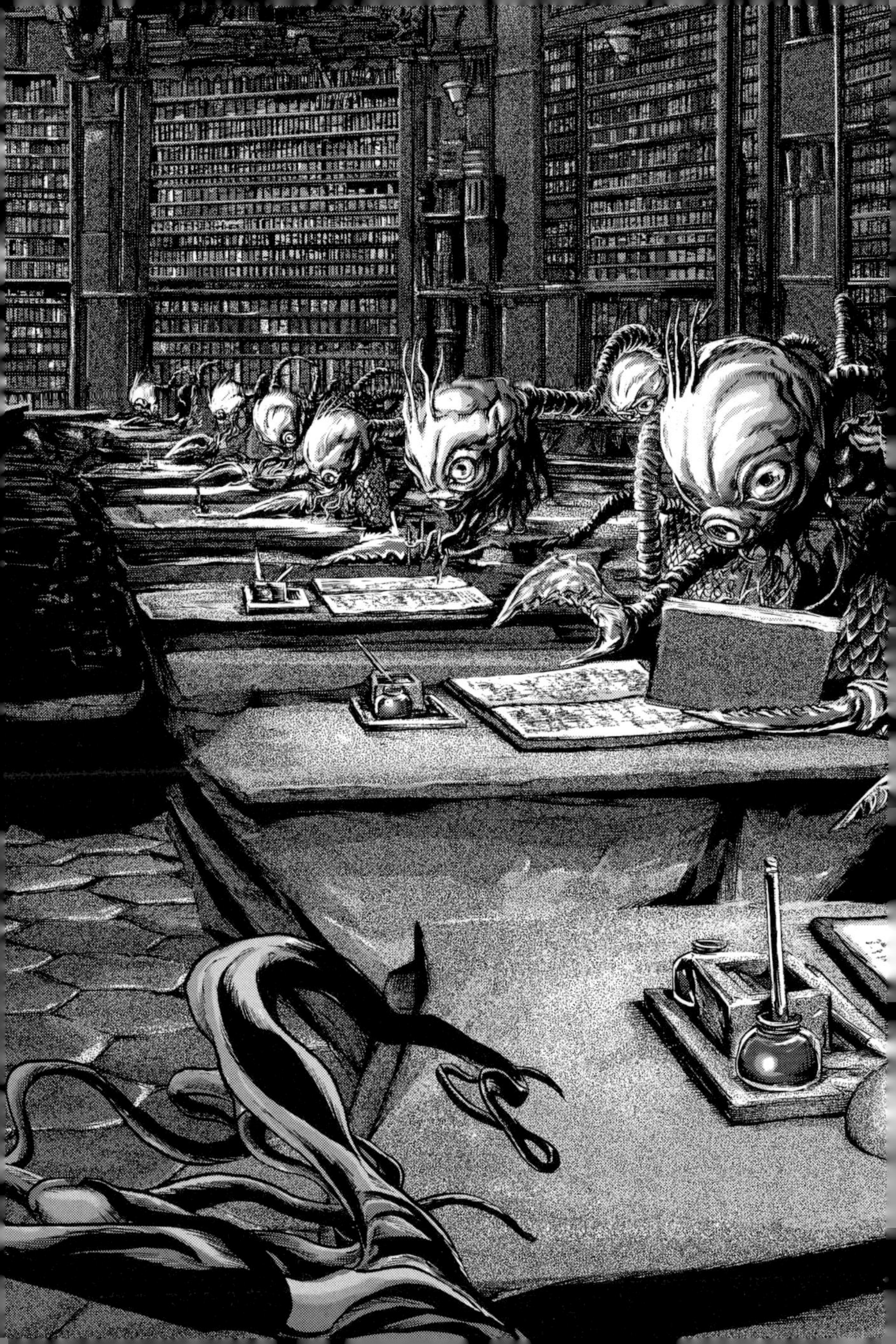

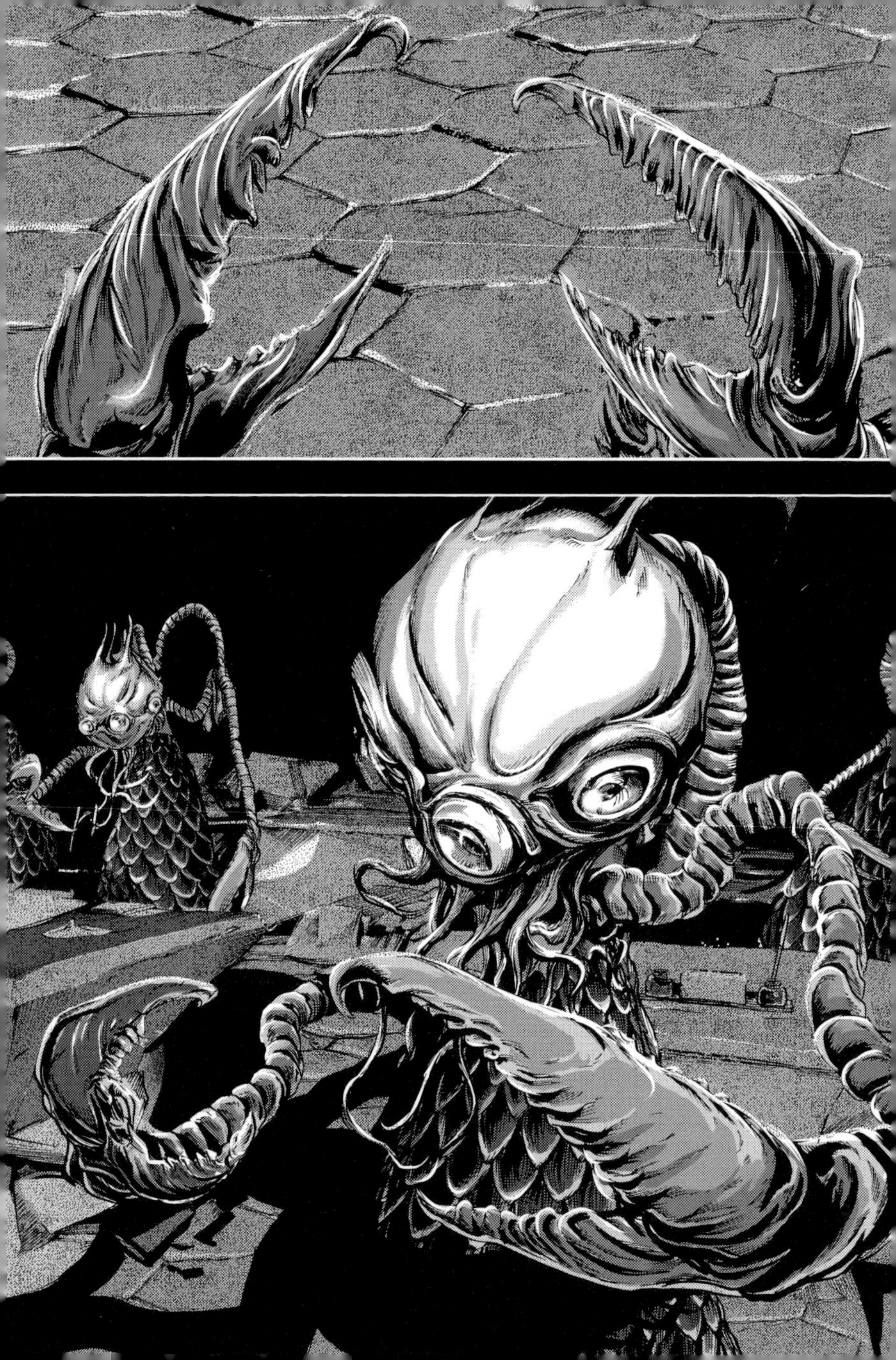

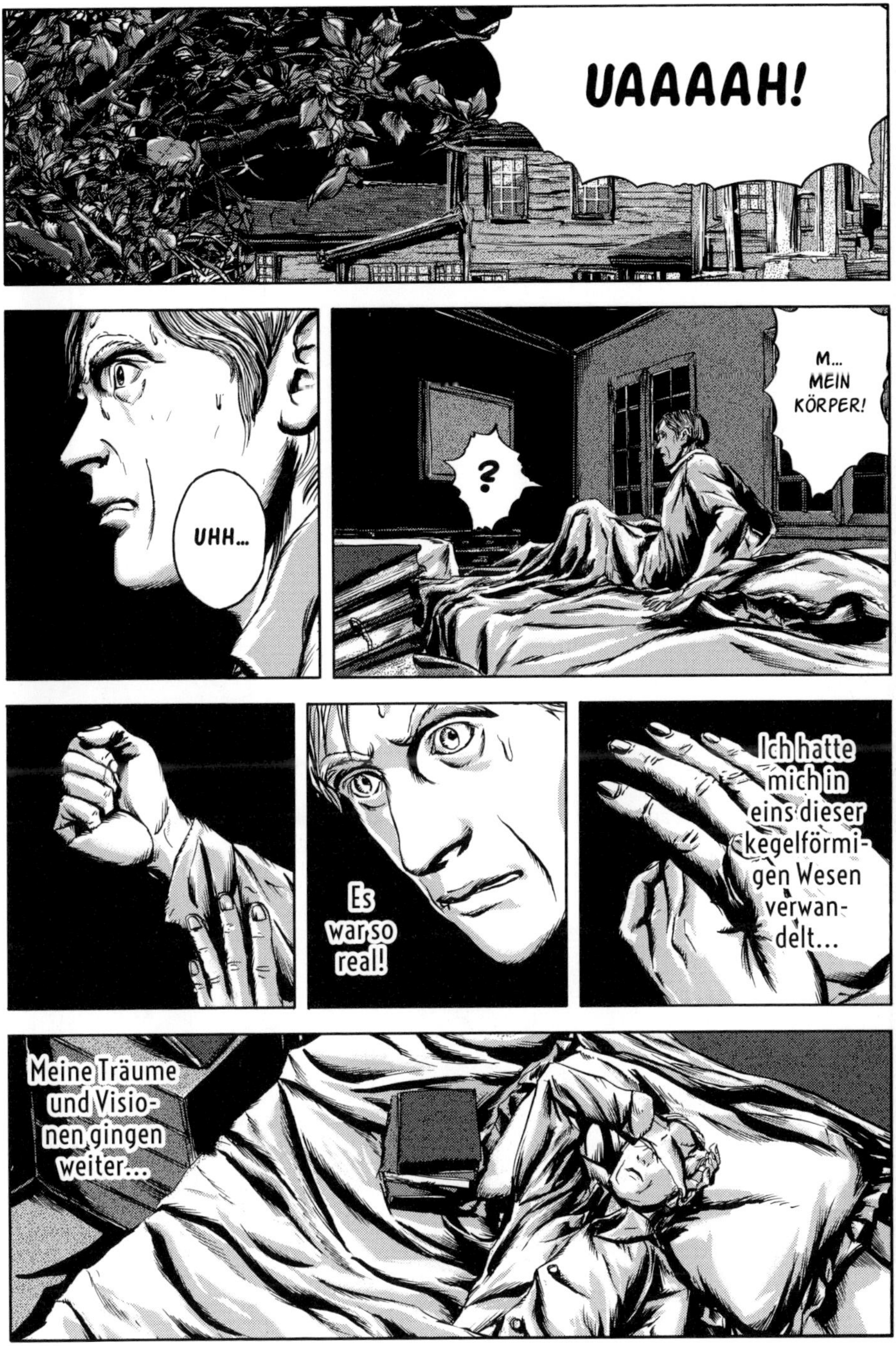
UAAAAH!
UHH...
?
M... MEIN KÖRPER!
Es war so real!
Ich hatte mich in eins dieser kegelförmigen Wesen verwandelt...
Meine Träume und Visionen gingen weiter...

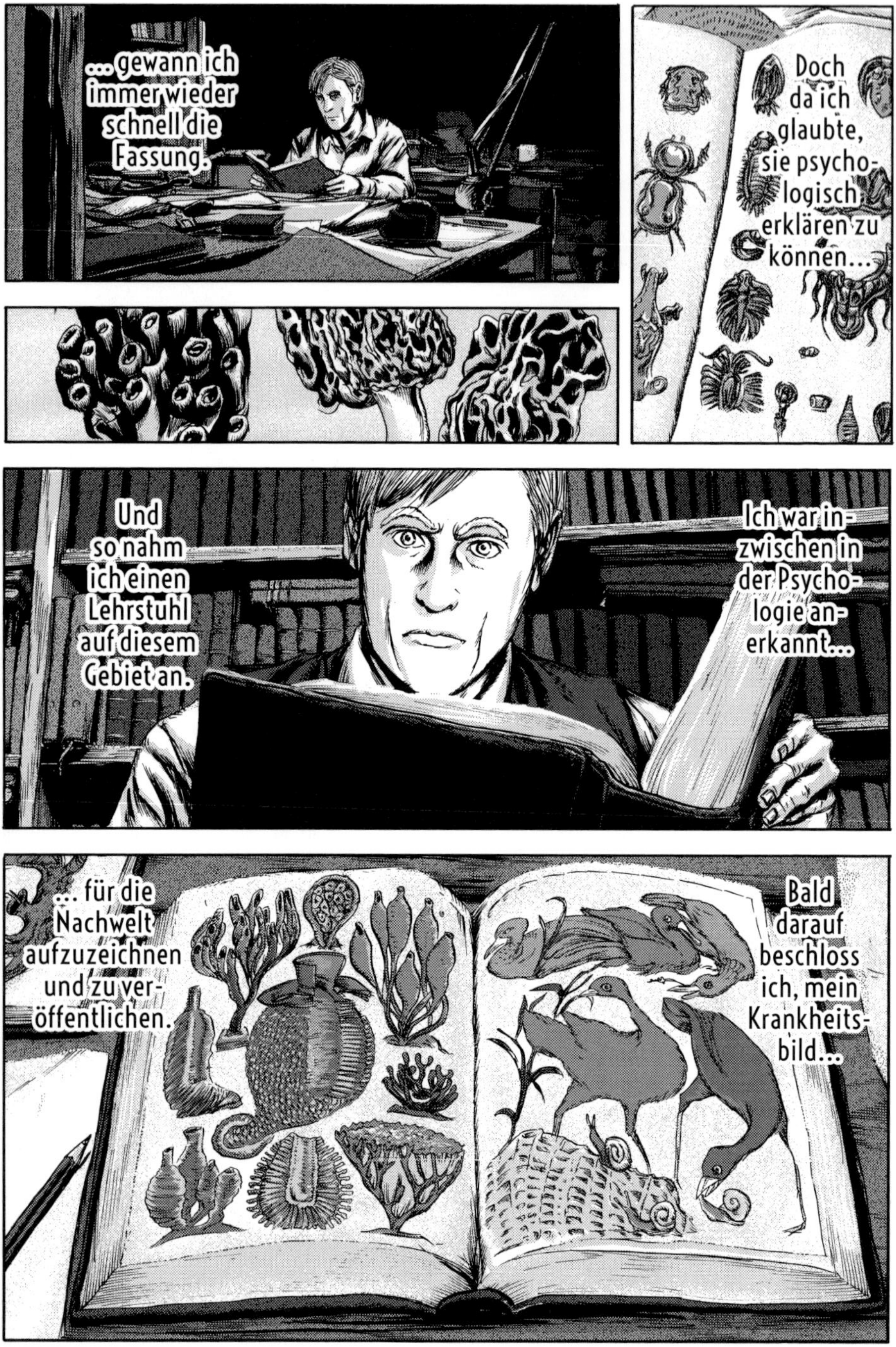
... gewann ich immer wieder schnell die Fassung.
Doch da ich glaubte, sie psycho-logisch erklären zu können...
Ich war in-zwischen in der Psycho-logie an-erkannt...
Und so nahm ich einen Lehrstuhl auf diesem Gebiet an.
Bald darauf beschloss ich, mein Krankheits-bild...
... für die Nachwelt aufzuzeichnen und zu ver-öffentlichen.

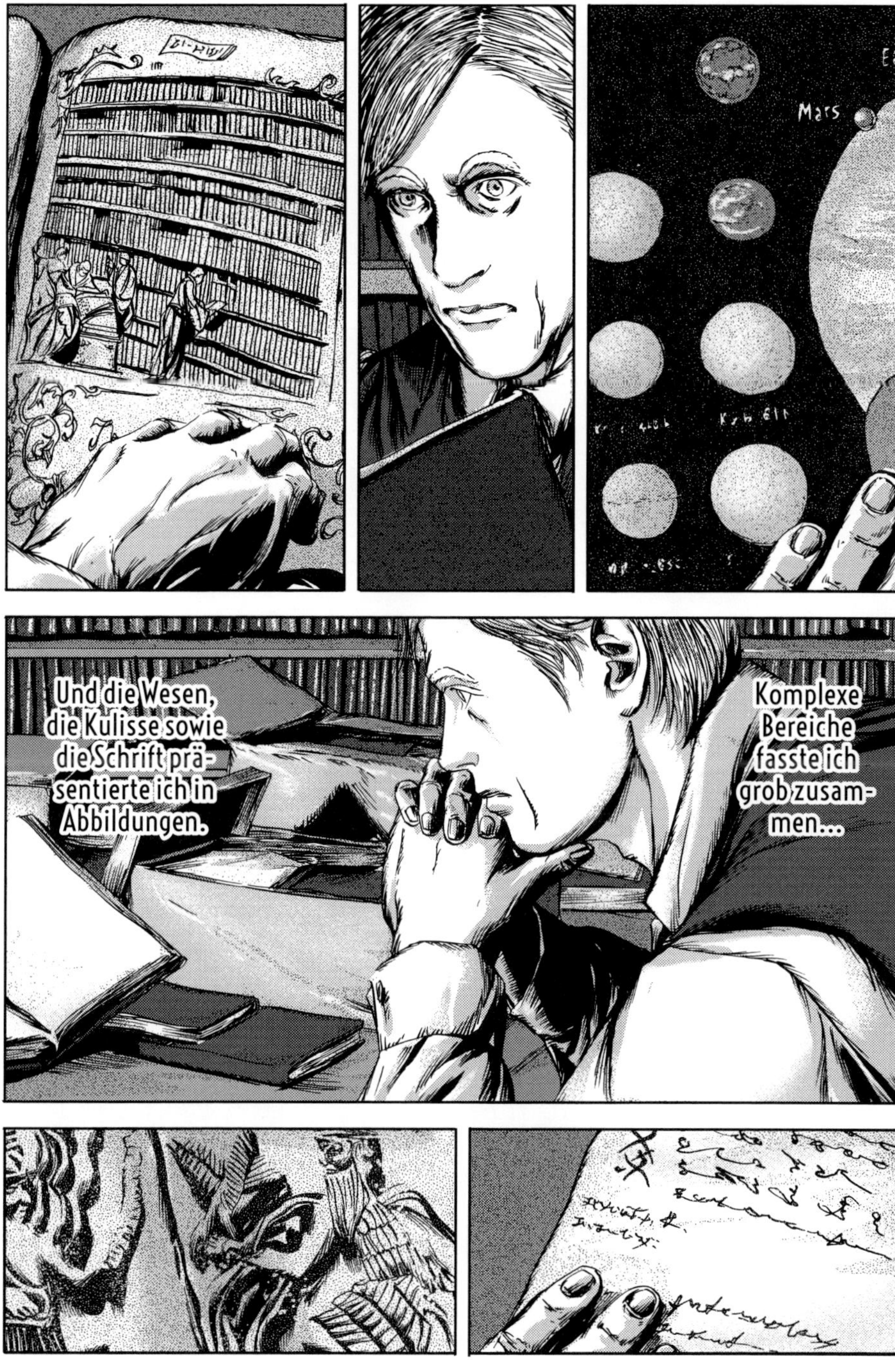
Mars
Komplexe Bereiche fasste ich grob zusammen...
Und die Wesen, die Kulisse sowie die Schrift präsentierte ich in Abbildungen.

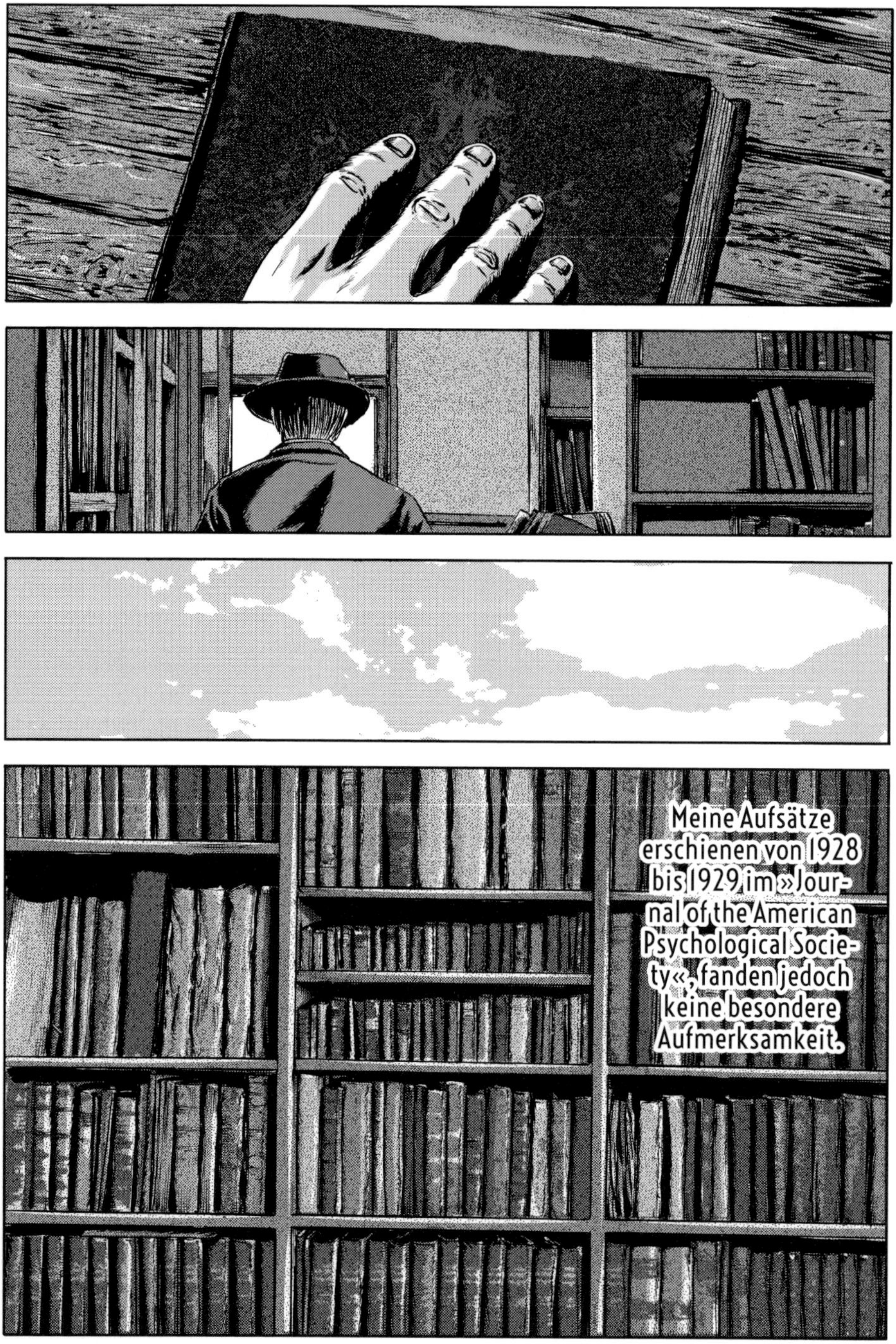
Meine Aufsätze erschienen von 1928 bis 1929 im »Journal of the American Psychological Society«, fanden jedoch keine besondere Aufmerksamkeit.

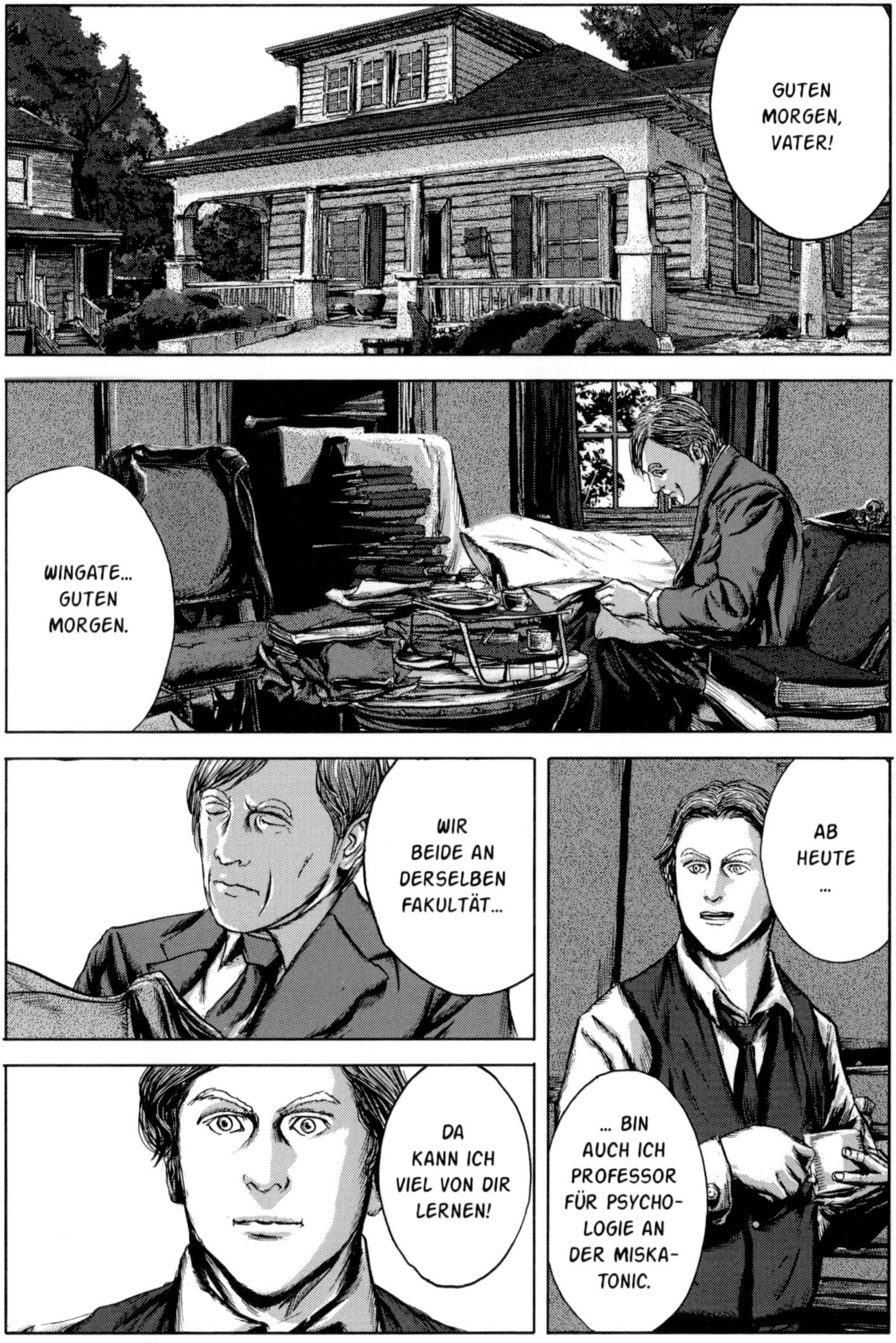
GUTEN MORGEN, VATER!
WINGATE... GUTEN MORGEN.
AB HEUTE ...
... BIN AUCH ICH PROFESSOR FÜR PSYCHO-LOGIE AN DER MISKA-TONIC.
WIR BEIDE AN DERSELBEN FAKULTÄT...
DA KANN ICH VIEL VON DIR LERNEN!

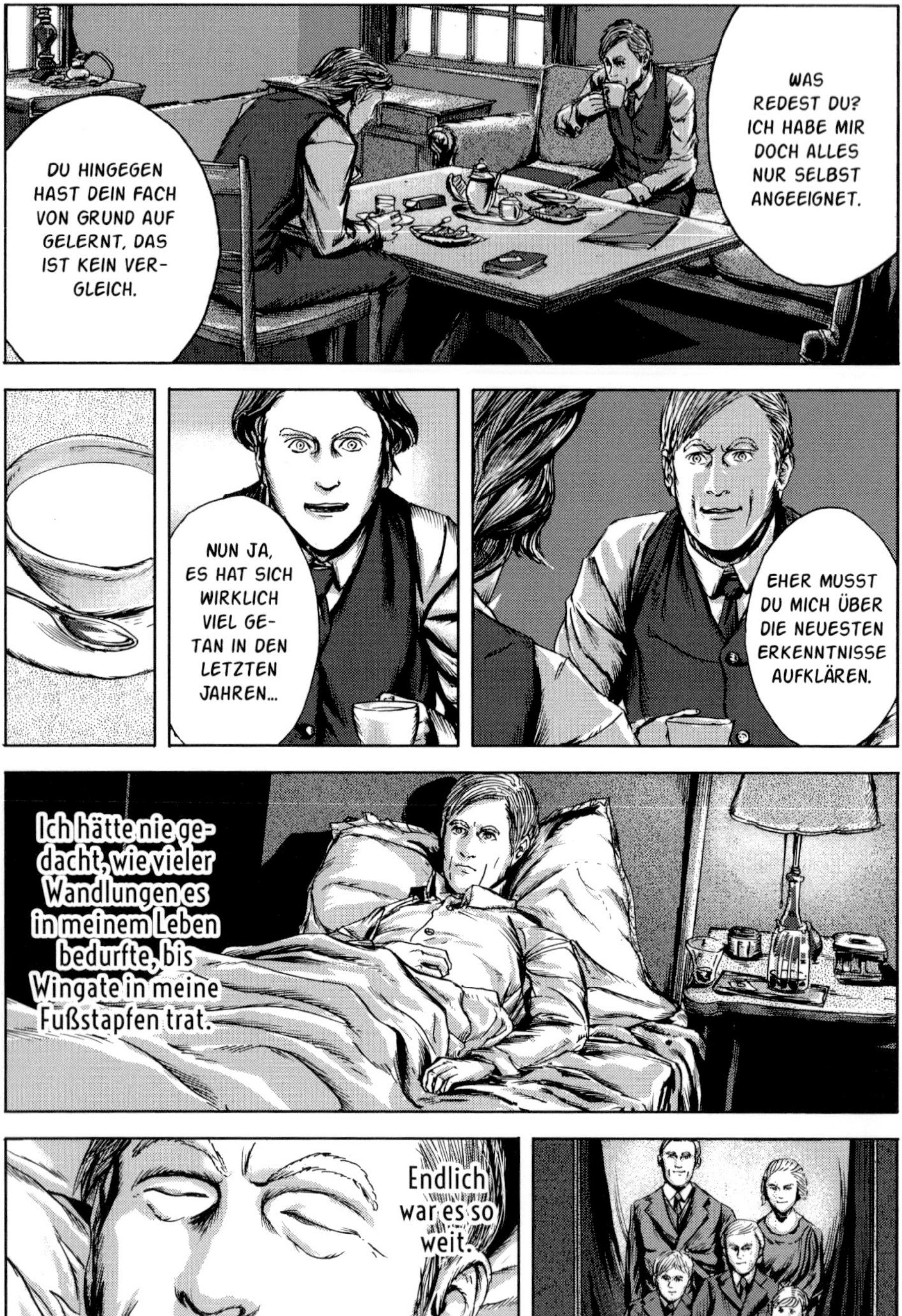
DU HINGEGEN HAST DEIN FACH VON GRUND AUF GELERNT, DAS IST KEIN VERGLEICH.
WAS REDEST DU? ICH HABE MIR DOCH ALLES NUR SELBST ANGEEIGNET.
NUN JA, ES HAT SICH WIRKLICH VIEL GETAN IN DEN LETZTEN JAHREN…
EHER MUSST DU MICH ÜBER DIE NEUESTEN ERKENNTNISSE AUFKLÄREN.
Ich hätte nie gedacht, wie vieler Wandlungen es in meinem Leben bedurfte, bis Wingate in meine Fußstapfen trat.
Endlich war es so weit.

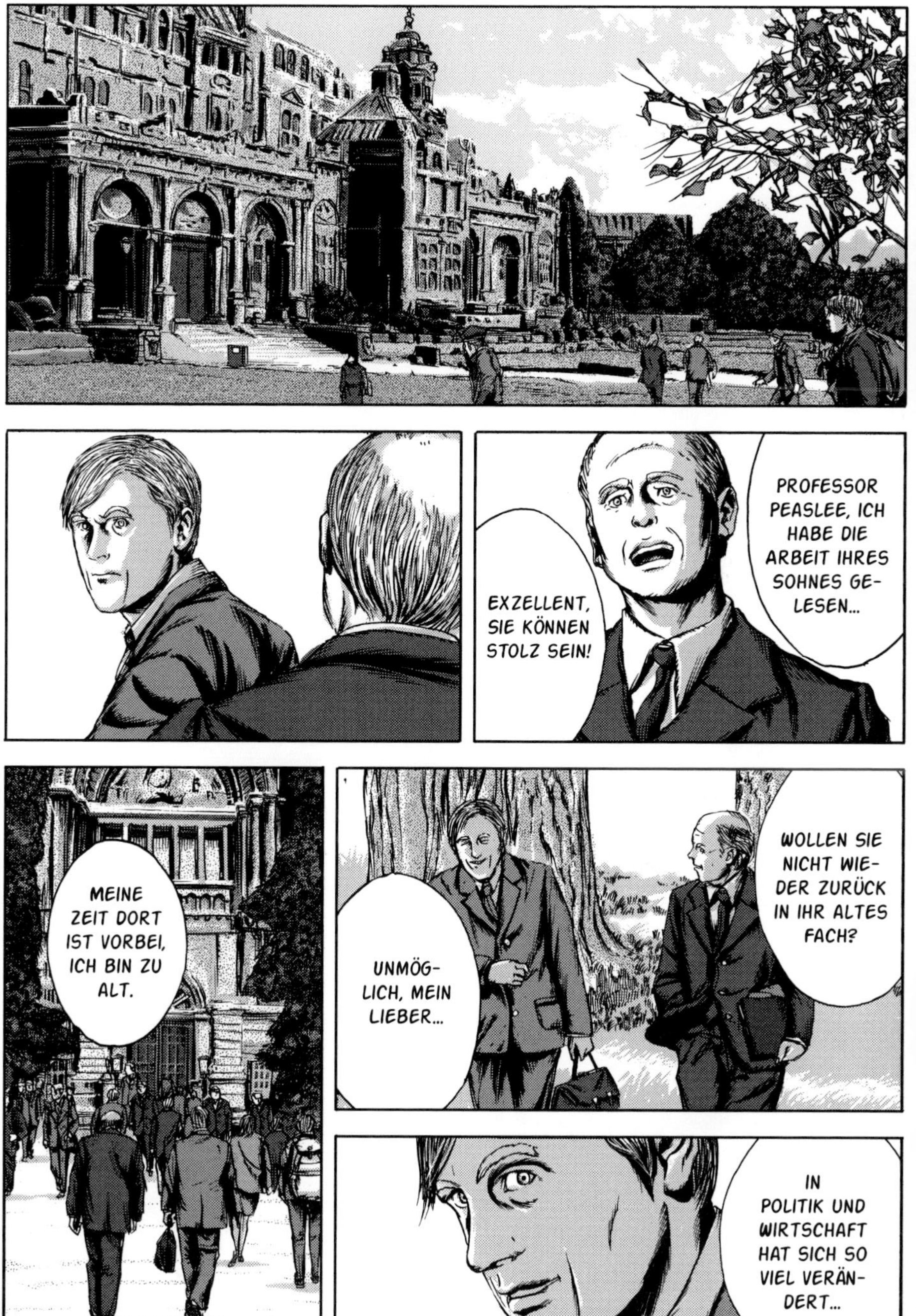
PROFESSOR PEASLEE, ICH HABE DIE ARBEIT IHRES SOHNES GE-LESEN...
EXZELLENT, SIE KÖNNEN STOLZ SEIN!
WOLLEN SIE NICHT WIE-DER ZURÜCK IN IHR ALTES FACH?
UNMÖG-LICH, MEIN LIEBER...
MEINE ZEIT DORT IST VORBEI, ICH BIN ZU ALT.
IN POLITIK UND WIRTSCHAFT HAT SICH SO VIEL VERÄN-DERT...

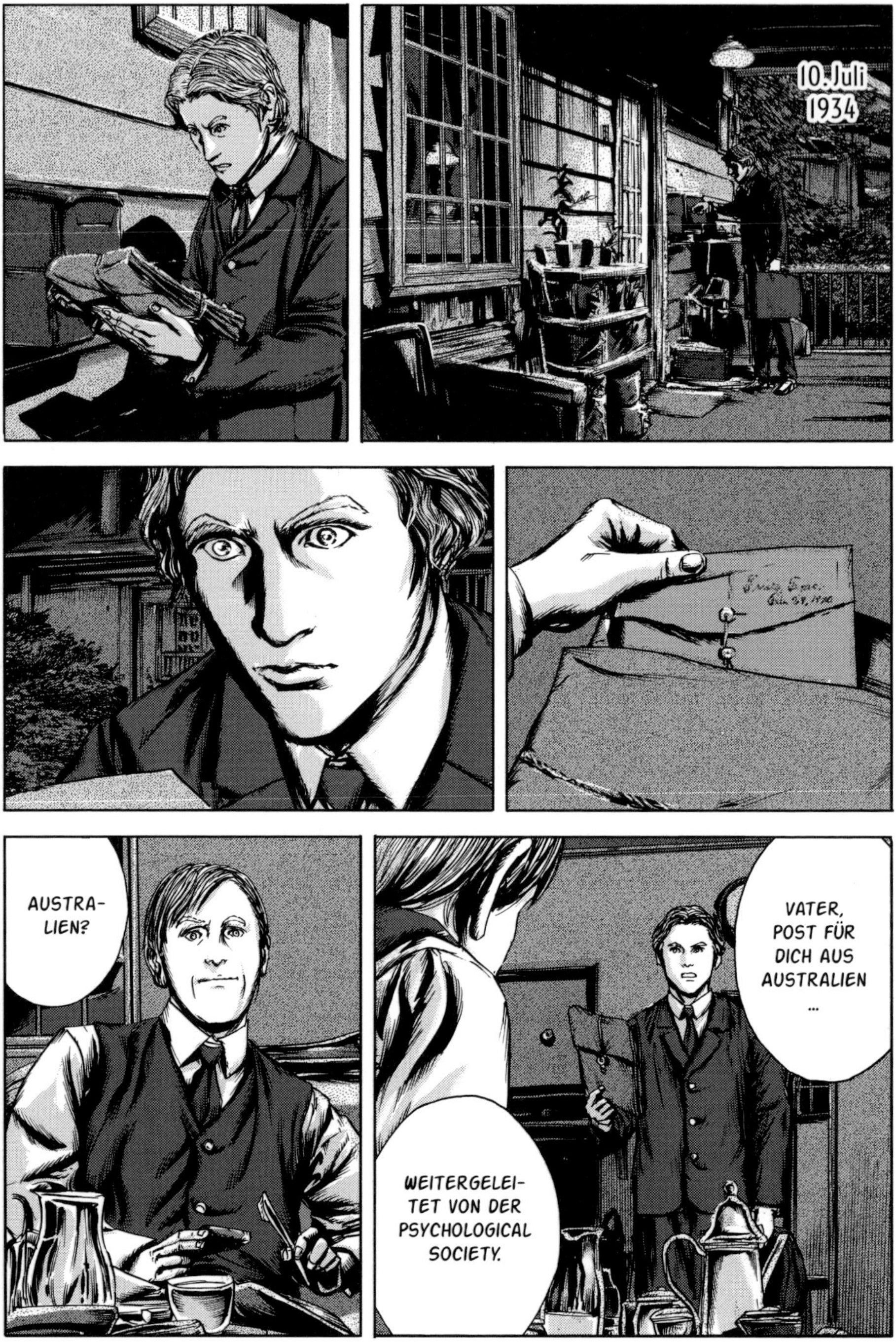
10. Juli
1934
VATER, POST FÜR DICH AUS AUSTRALIEN …
WEITERGELEI-TET VON DER PSYCHOLOGICAL SOCIETY.
AUSTRA-LIEN?

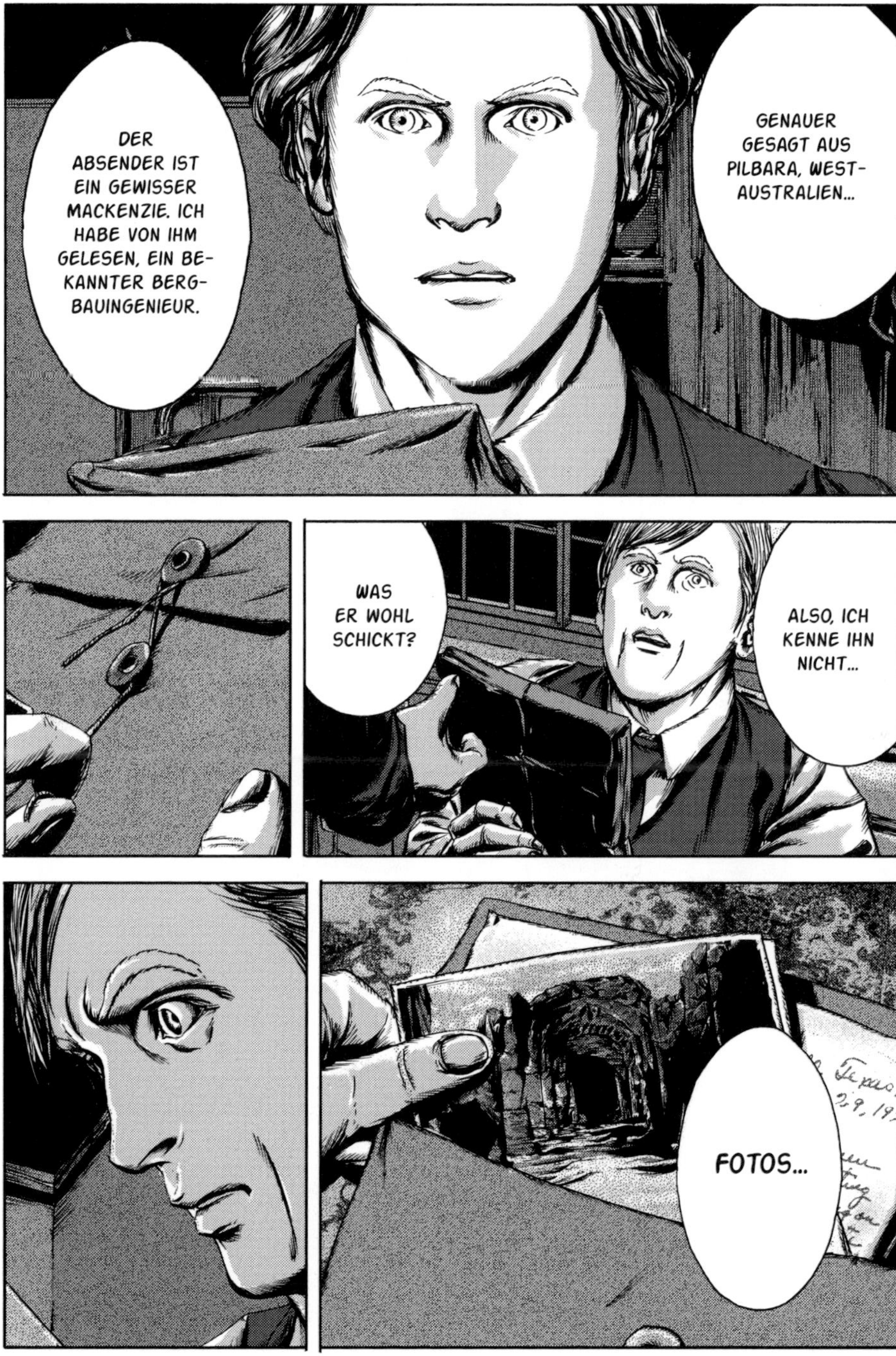

DER ABSENDER IST EIN GEWISSER MACKENZIE. ICH HABE VON IHM GELESEN, EIN BEKANNTER BERGBAUINGENIEUR.
GENAUER GESAGT AUS PILBARA, WEST-AUSTRALIEN...
WAS ER WOHL SCHICKT?
ALSO, ICH KENNE IHN NICHT...
FOTOS...

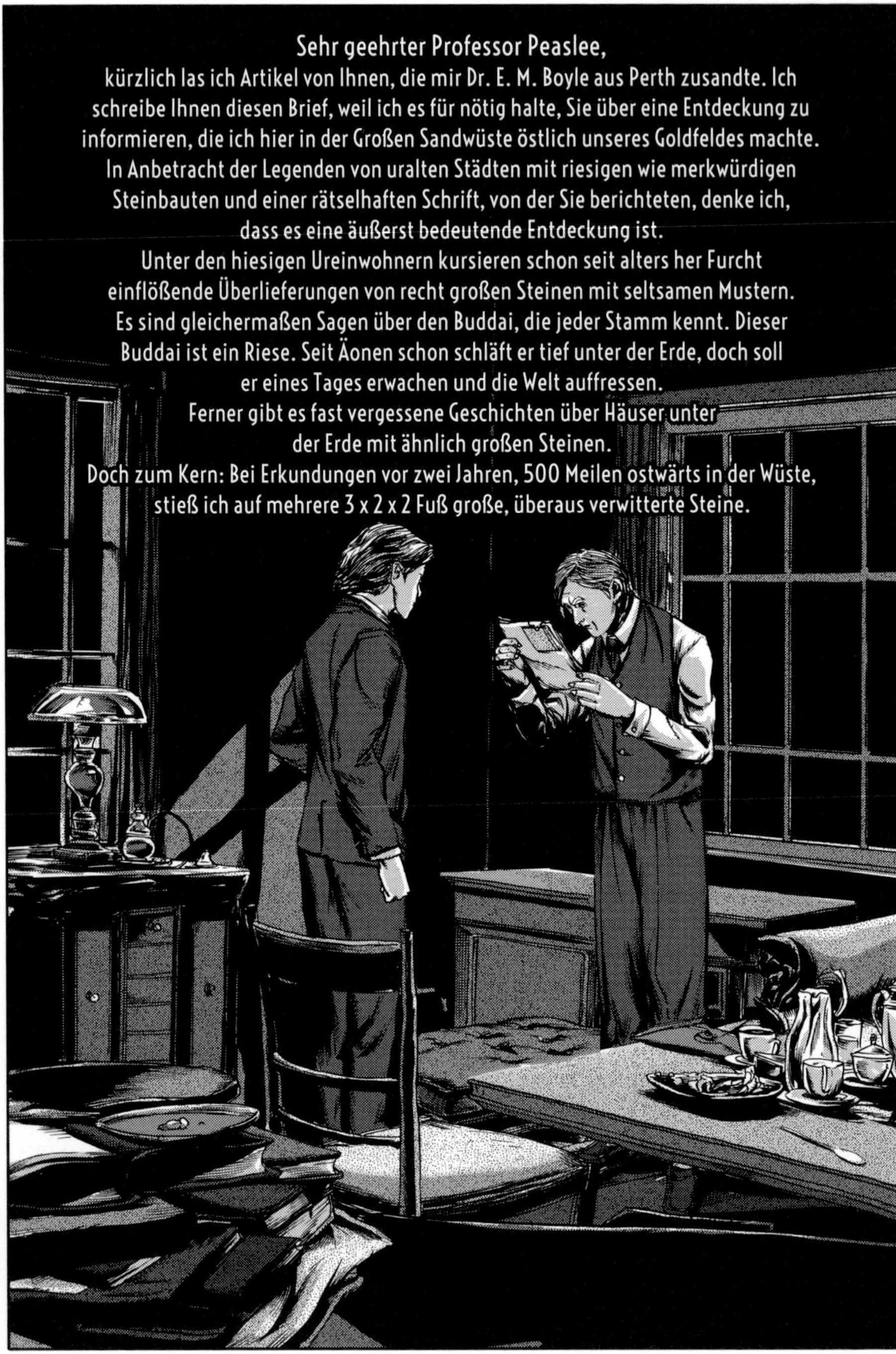
Sehr geehrter Professor Peaslee,
kürzlich las ich Artikel von Ihnen, die mir Dr. E. M. Boyle aus Perth zusandte. Ich schreibe Ihnen diesen Brief, weil ich es für nötig halte, Sie über eine Entdeckung zu informieren, die ich hier in der Großen Sandwüste östlich unseres Goldfeldes machte. In Anbetracht der Legenden von uralten Städten mit riesigen wie merkwürdigen Steinbauten und einer rätselhaften Schrift, von der Sie berichteten, denke ich, dass es eine äußerst bedeutende Entdeckung ist.
Unter den hiesigen Ureinwohnern kursieren schon seit alters her Furcht einflößende Überlieferungen von recht großen Steinen mit seltsamen Mustern. Es sind gleichermaßen Sagen über den Buddai, die jeder Stamm kennt. Dieser Buddai ist ein Riese. Seit Äonen schon schläft er tief unter der Erde, doch soll er eines Tages erwachen und die Welt auffressen.
Ferner gibt es fast vergessene Geschichten über Häuser unter der Erde mit ähnlich großen Steinen.
Doch zum Kern: Bei Erkundungen vor zwei Jahren, 500 Meilen ostwärts in der Wüste, stieß ich auf mehrere 3 x 2 x 2 Fuß große, überaus verwitterte Steine.

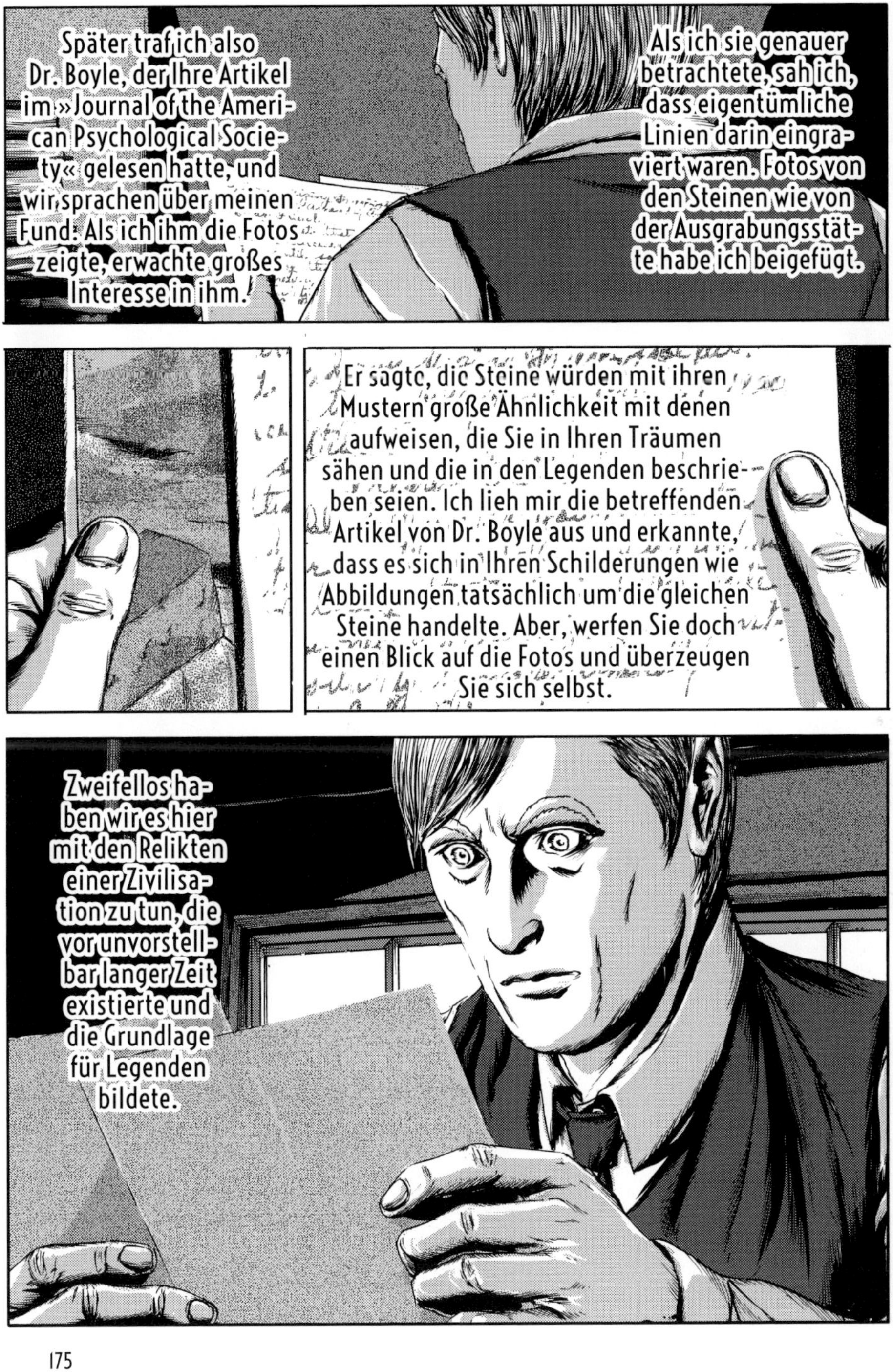
Später traf ich also Dr. Boyle, der Ihre Artikel im »Journal of the American Psychological Society« gelesen hatte, und wir sprachen über meinen Fund: Als ich ihm die Fotos zeigte, erwachte großes Interesse in ihm.
Als ich sie genauer betrachtete, sah ich, dass eigentümliche Linien darin eingraviert waren. Fotos von den Steinen wie von der Ausgrabungsstätte habe ich beigefügt.
Er sagte, die Steine würden mit ihren Mustern große Ähnlichkeit mit denen aufweisen, die Sie in Ihren Träumen sähen und die in den Legenden beschrieben seien. Ich lieh mir die betreffenden Artikel von Dr. Boyle aus und erkannte, dass es sich in Ihren Schilderungen wie Abbildungen tatsächlich um die gleichen Steine handelte. Aber, werfen Sie doch einen Blick auf die Fotos und überzeugen Sie sich selbst.
Zweifellos haben wir es hier mit den Relikten einer Zivilisation zu tun, die vor unvorstellbar langer Zeit existierte und die Grundlage für Legenden bildete.

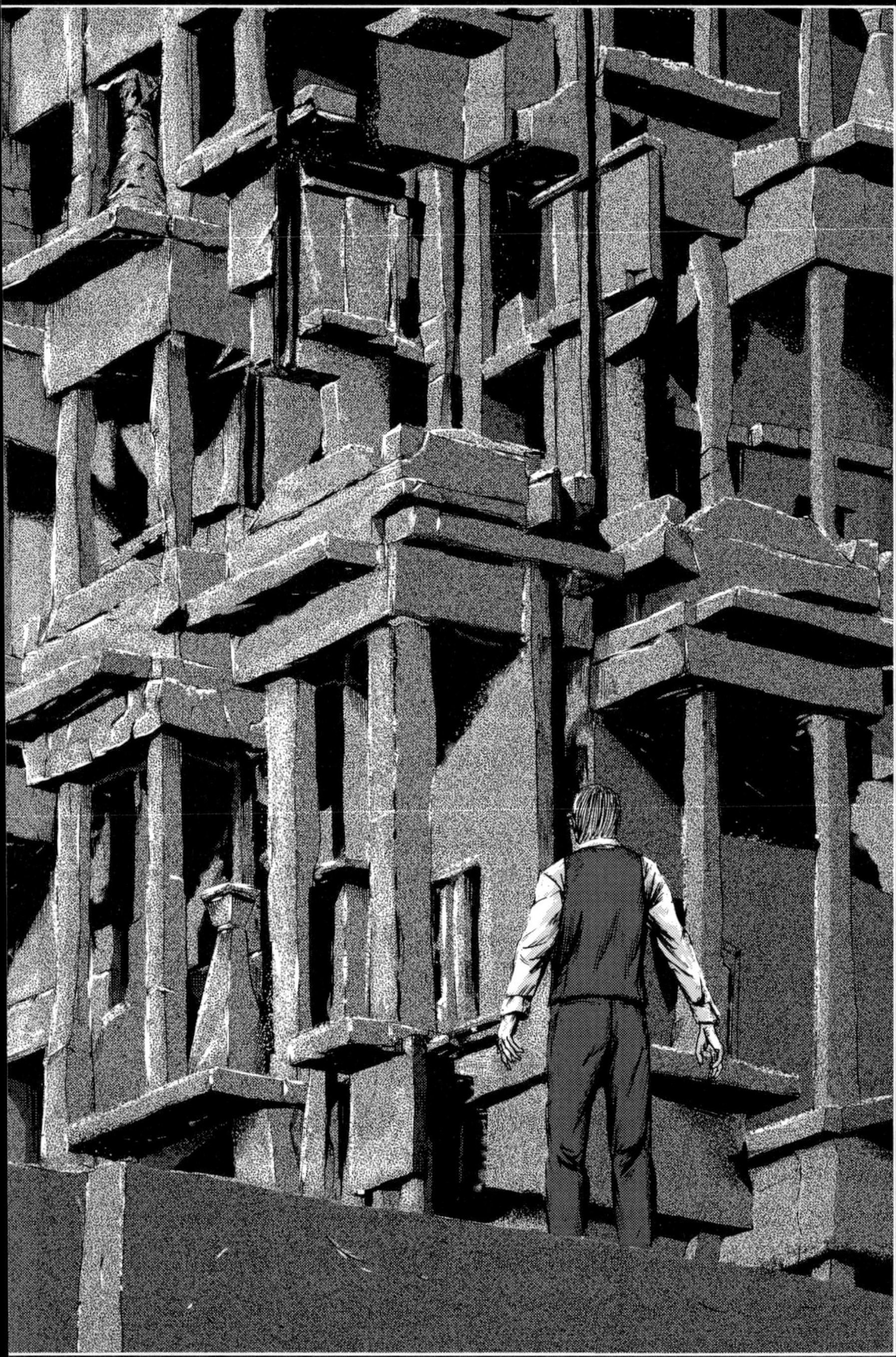

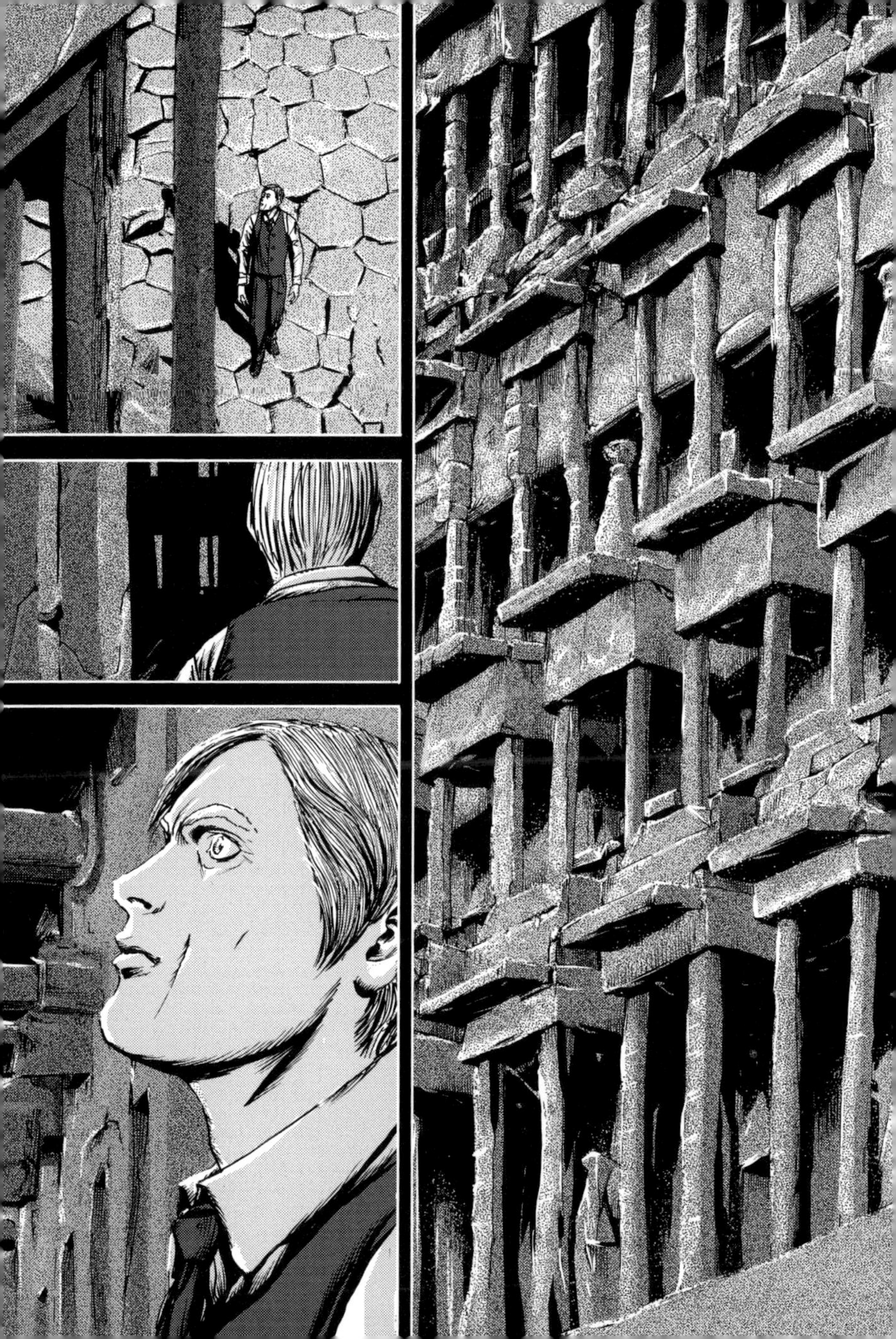

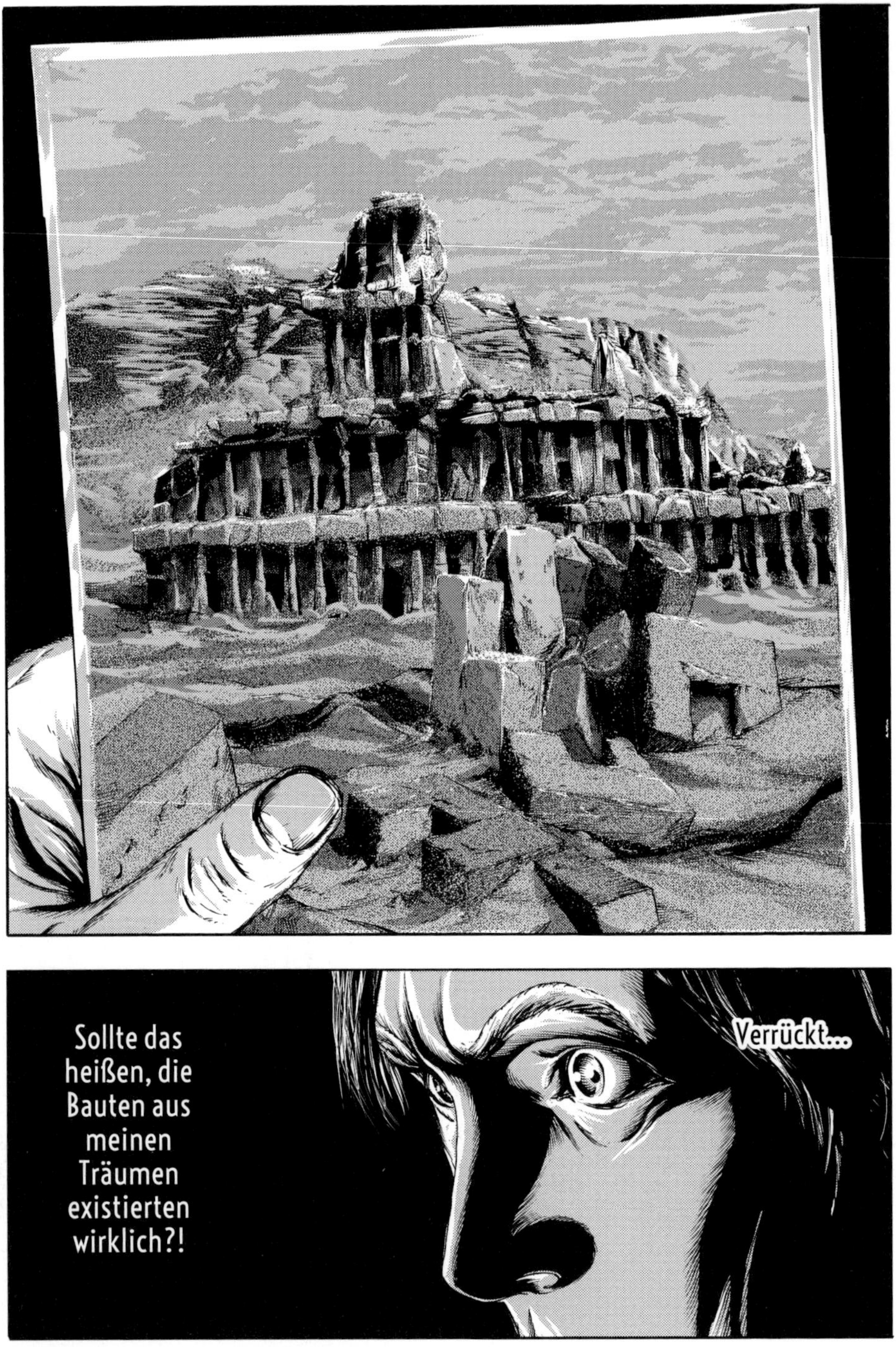
Sollte das heißen, die Bauten aus meinen Träumen existierten wirklich?!
Verrückt...

7 DAS ZENTRALARCHIV

The Great Race's Central Archives

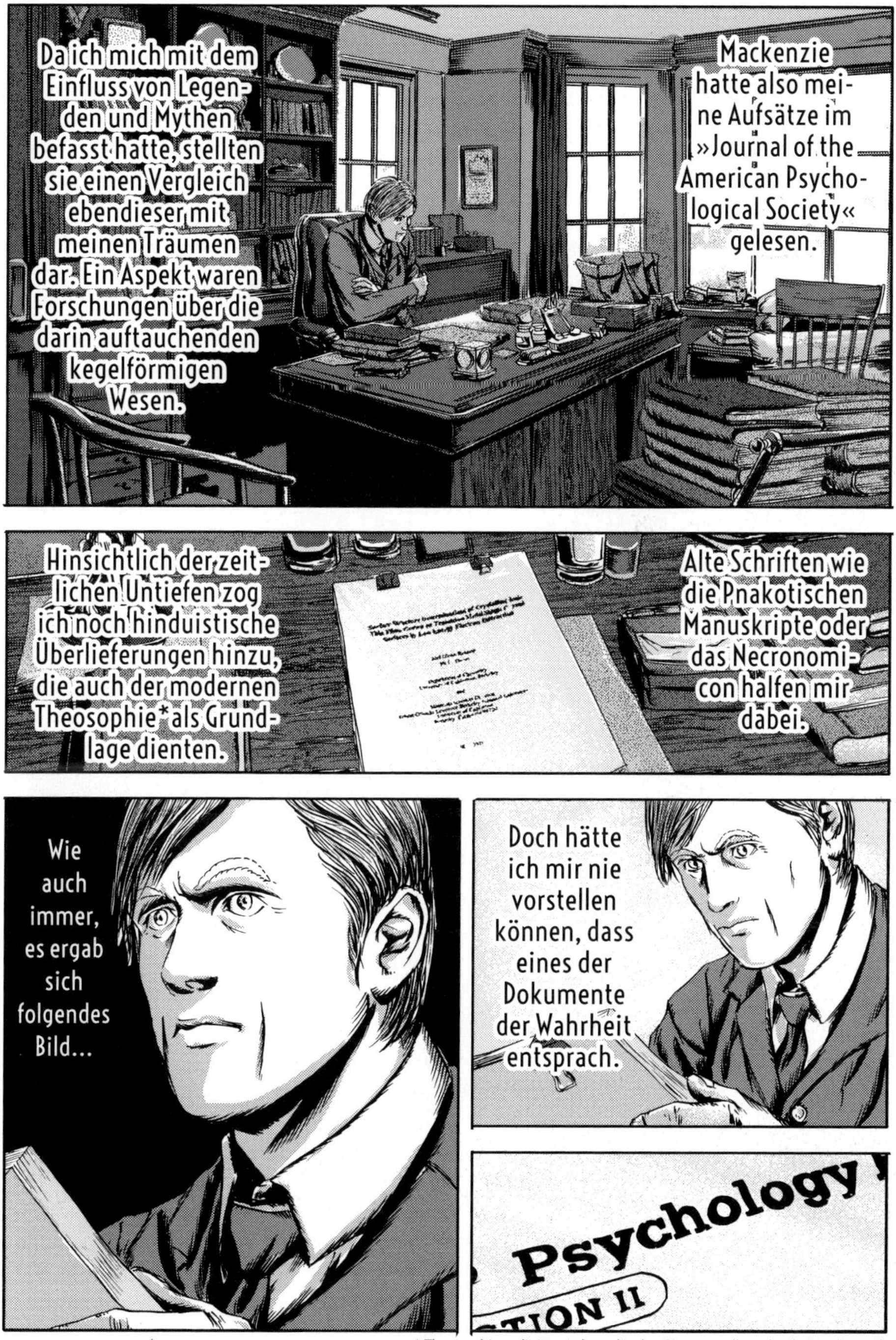

* Theosophie: religiöse Lehre, die den Sinn von allem durch Gott begreift

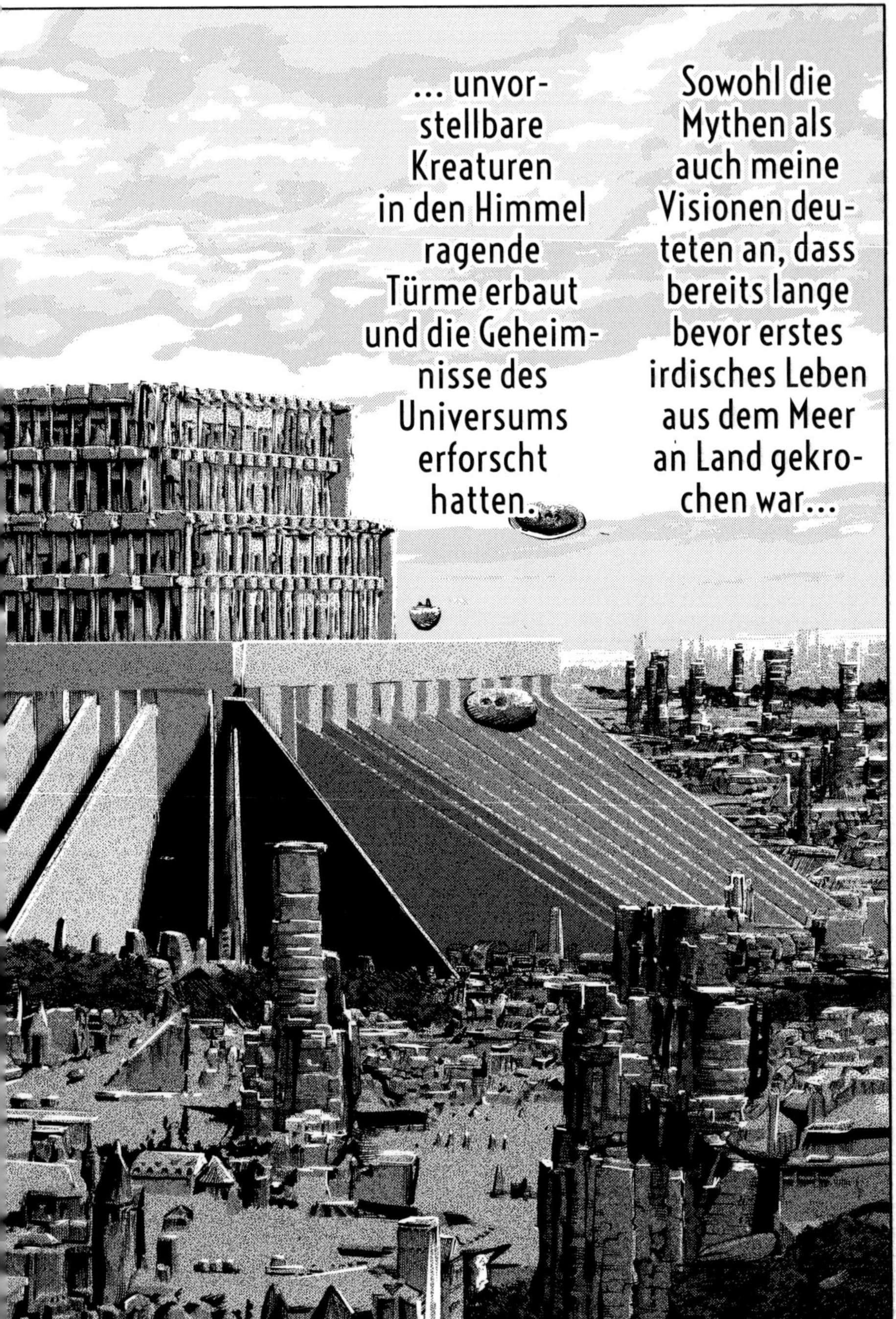
Sowohl die Mythen als auch meine Visionen deu-teten an, dass bereits lange bevor erstes irdisches Leben aus dem Meer an Land gekro-chen war…
… unvor-stellbare Kreaturen in den Himmel ragende Türme erbaut und die Geheim-nisse des Universums erforscht hatten.

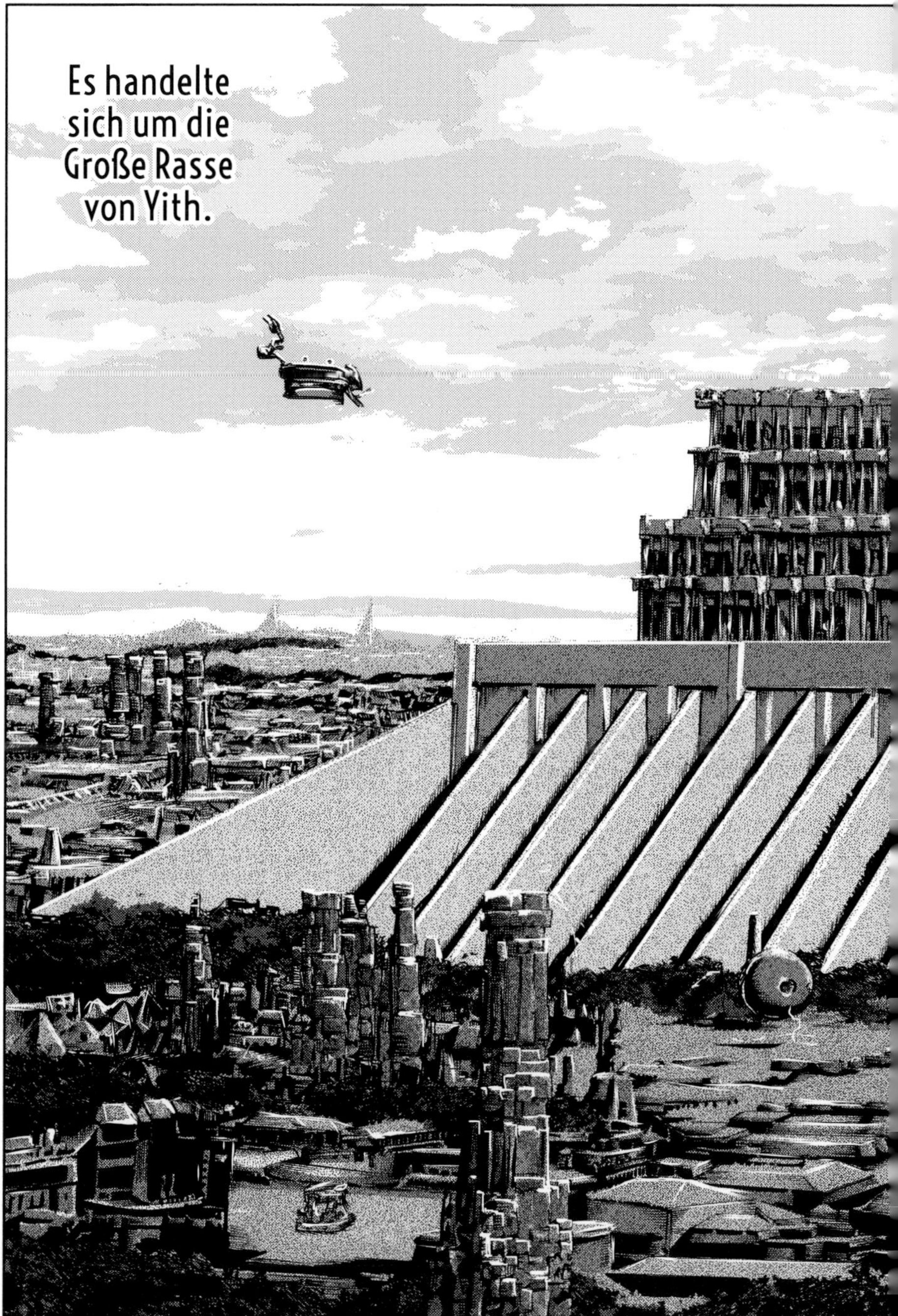
Es handelte sich um die Große Rasse von Yith.

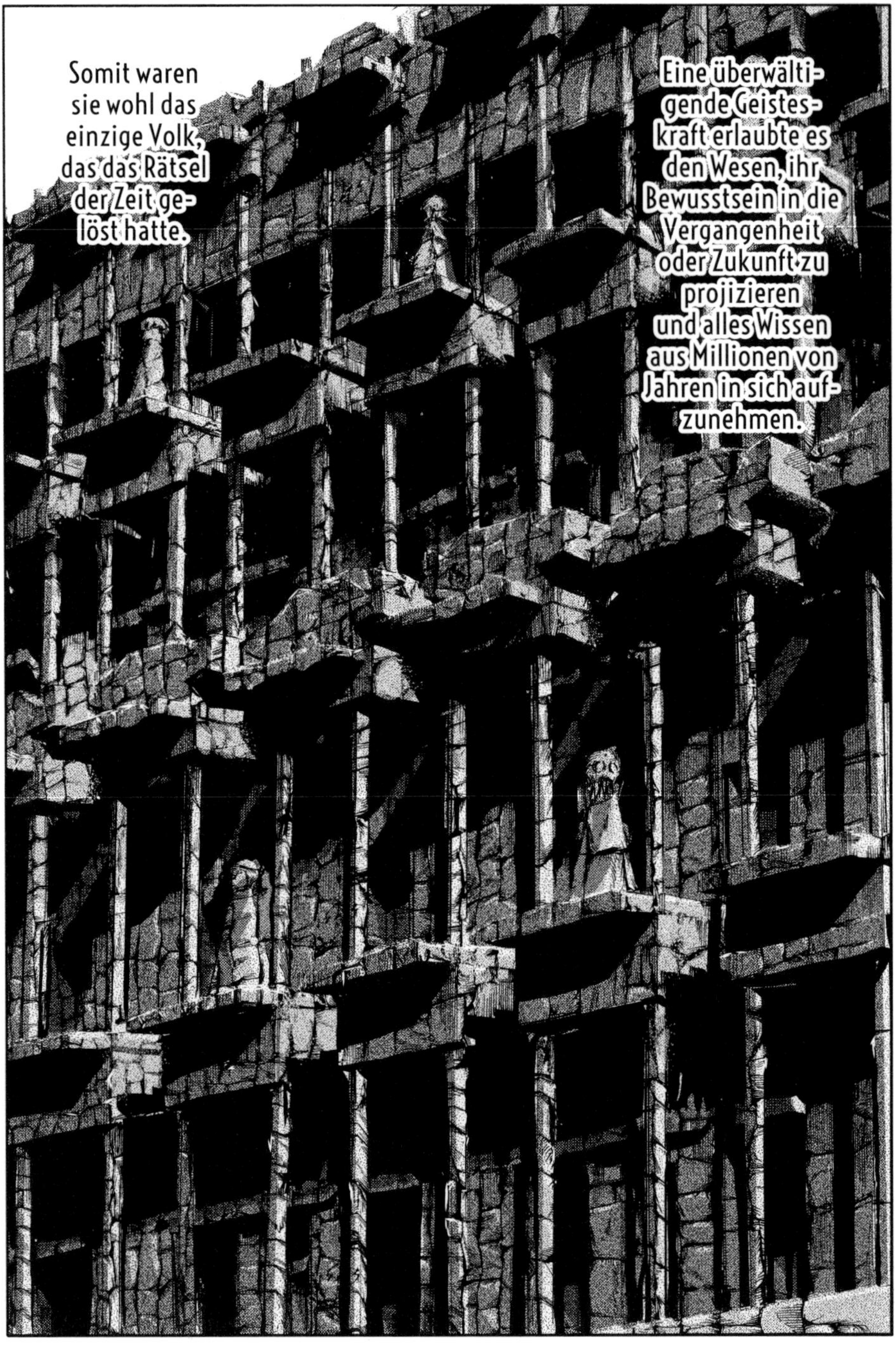
Somit waren sie wohl das einzige Volk, das das Rätsel der Zeit gelöst hatte.
Eine überwältigende Geisteskraft erlaubte es den Wesen, ihr Bewusstsein in die Vergangenheit oder Zukunft zu projizieren und alles Wissen aus Millionen von Jahren in sich aufzunehmen.

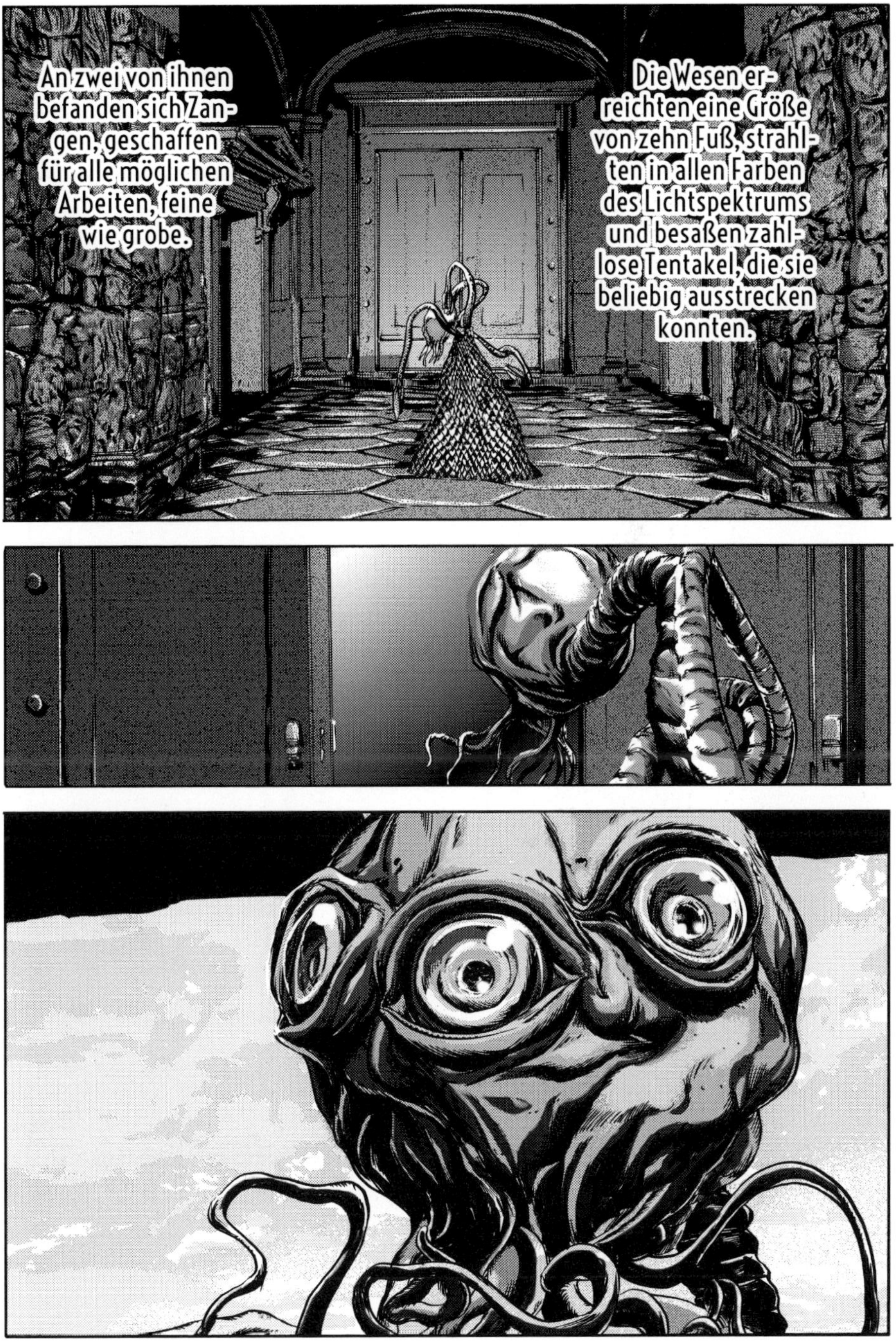
Die Wesen erreichten eine Größe von zehn Fuß, strahlten in allen Farben des Lichtspektrums und besaßen zahllose Tentakel, die sie beliebig ausstrecken konnten.
An zwei von ihnen befanden sich Zangen, geschaffen für alle möglichen Arbeiten, feine wie grobe.

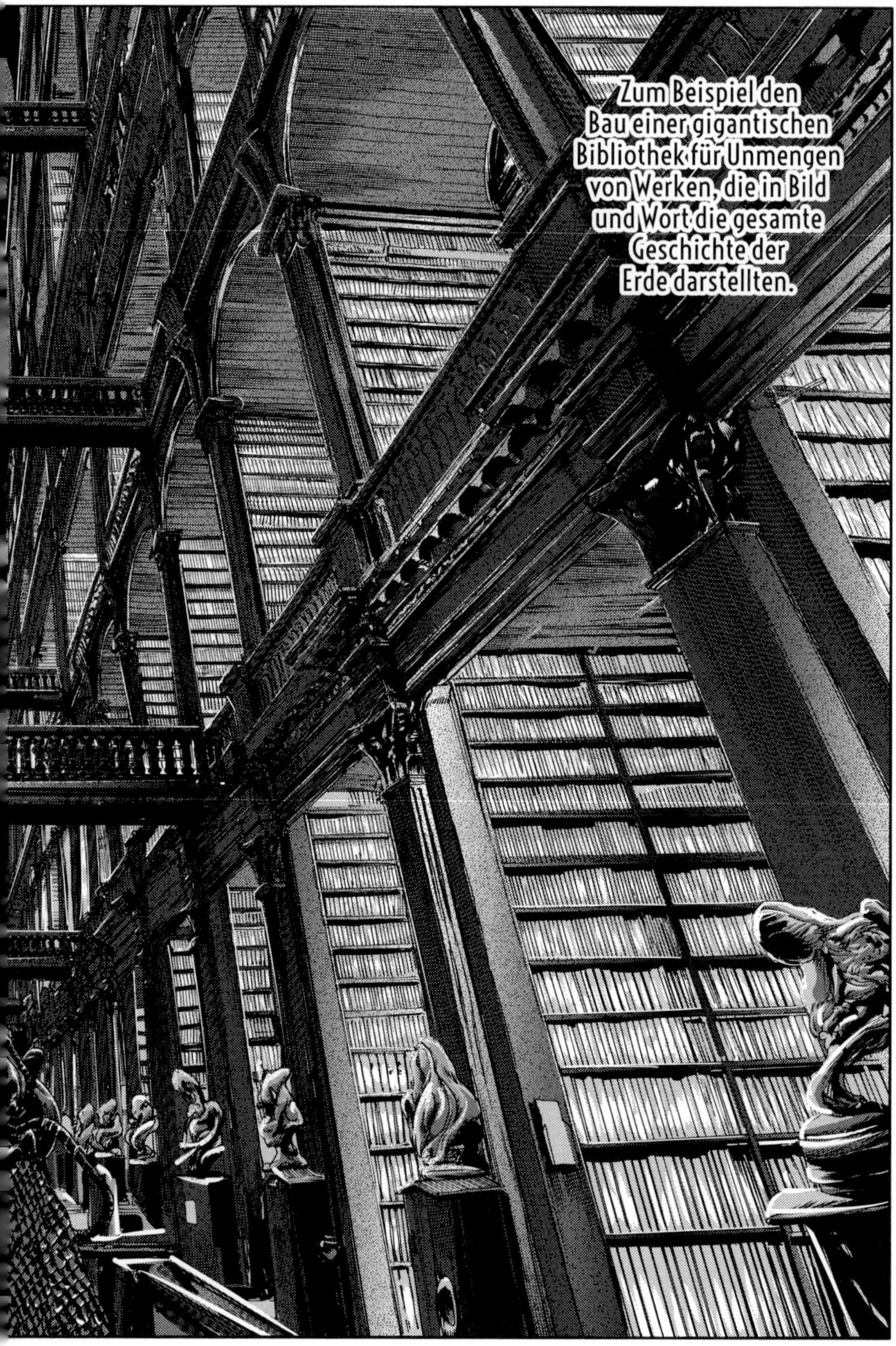
Zum Beispiel den Bau einer gigantischen Bibliothek für Unmengen von Werken, die in Bild und Wort die gesamte Geschichte der Erde darstellten.

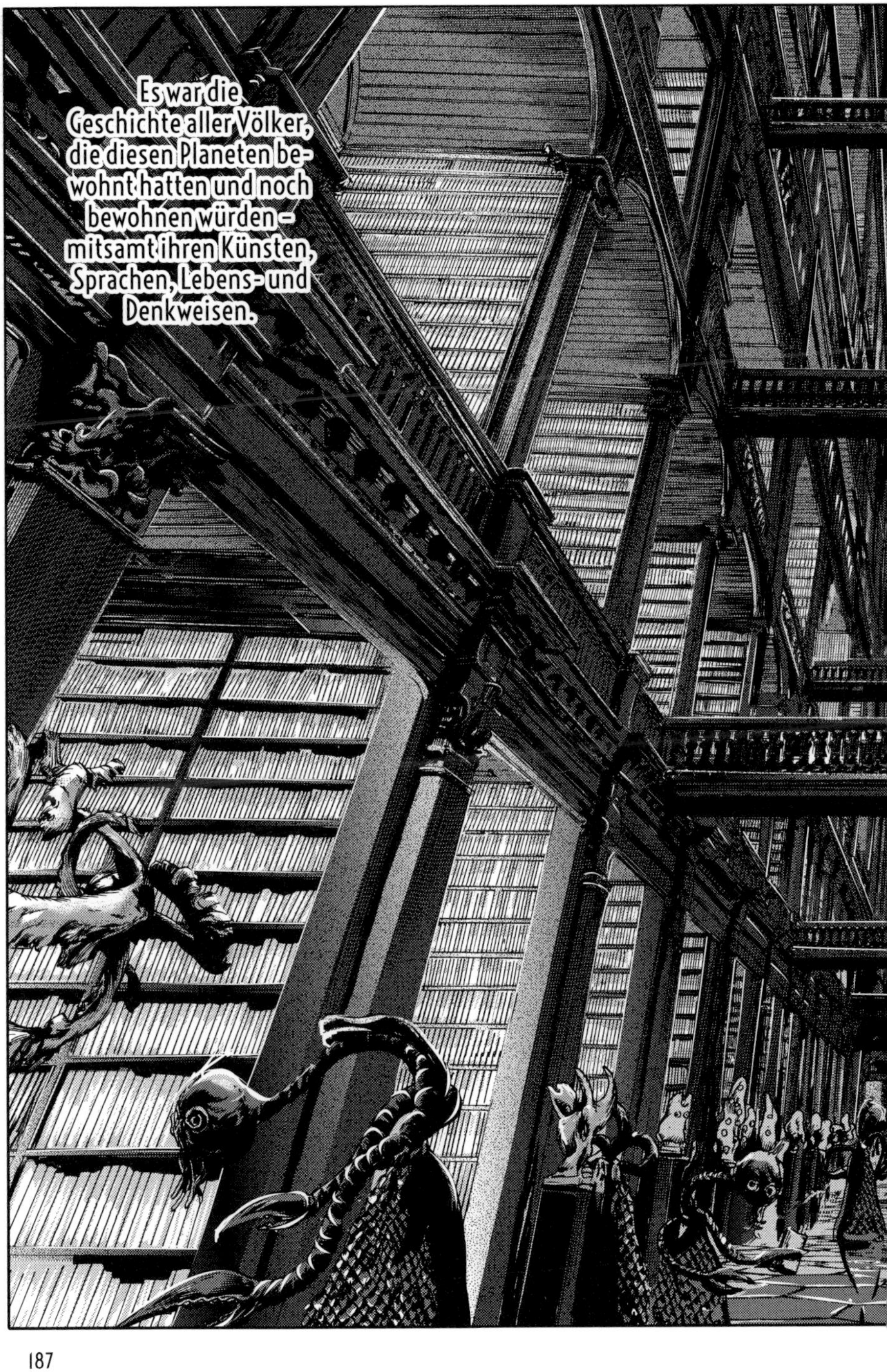
Es war die Geschichte aller Völker, die diesen Planeten bewohnt hatten und noch bewohnen würden – mitsamt ihren Künsten, Sprachen, Lebens- und Denkweisen.

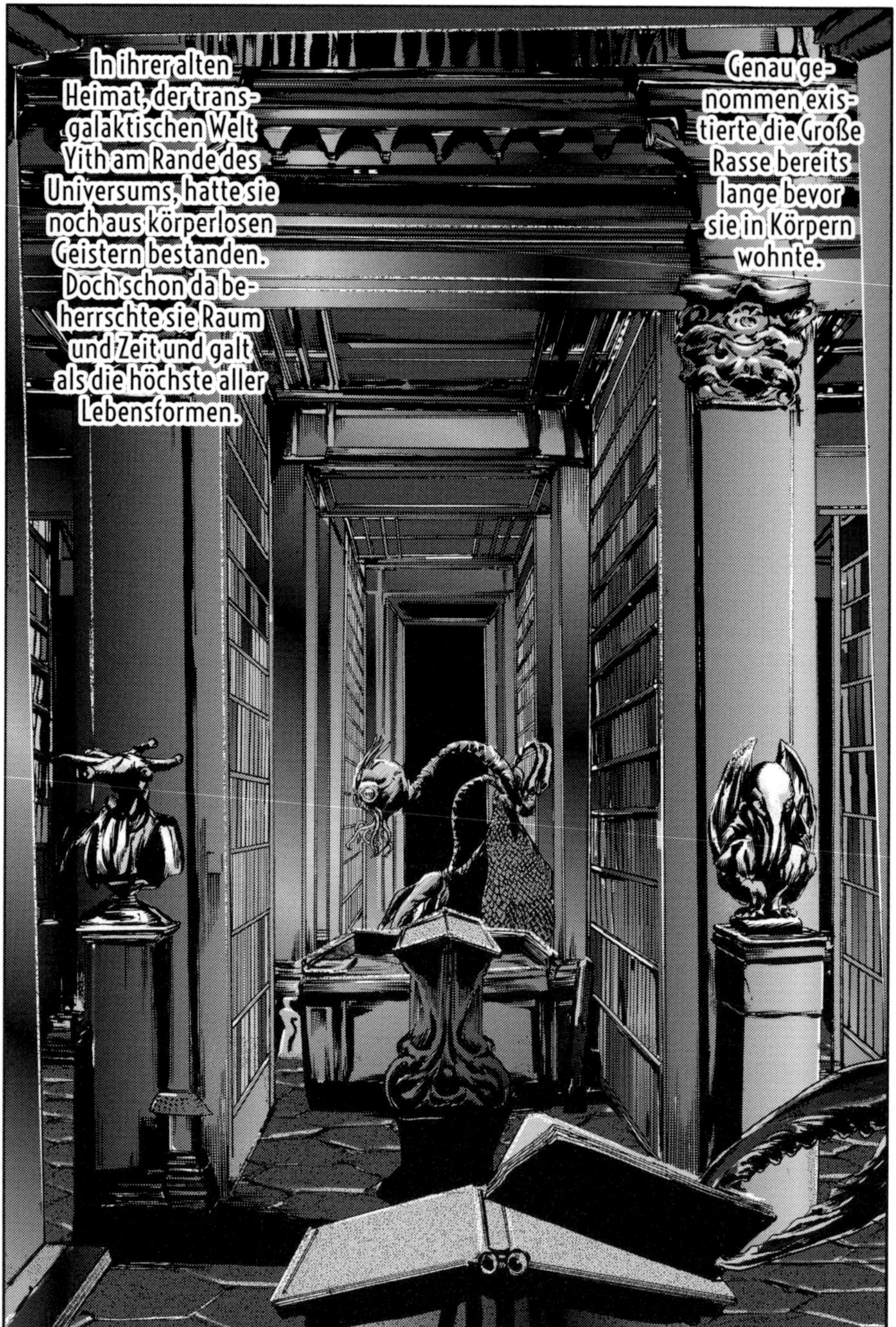
In ihrer alten Heimat, der transgalaktischen Welt Yith am Rande des Universums, hatte sie noch aus körperlosen Geistern bestanden. Doch schon da beherrschte sie Raum und Zeit und galt als die höchste aller Lebensformen.
Genau genommen existierte die Große Rasse bereits lange bevor sie in Körpern wohnte.

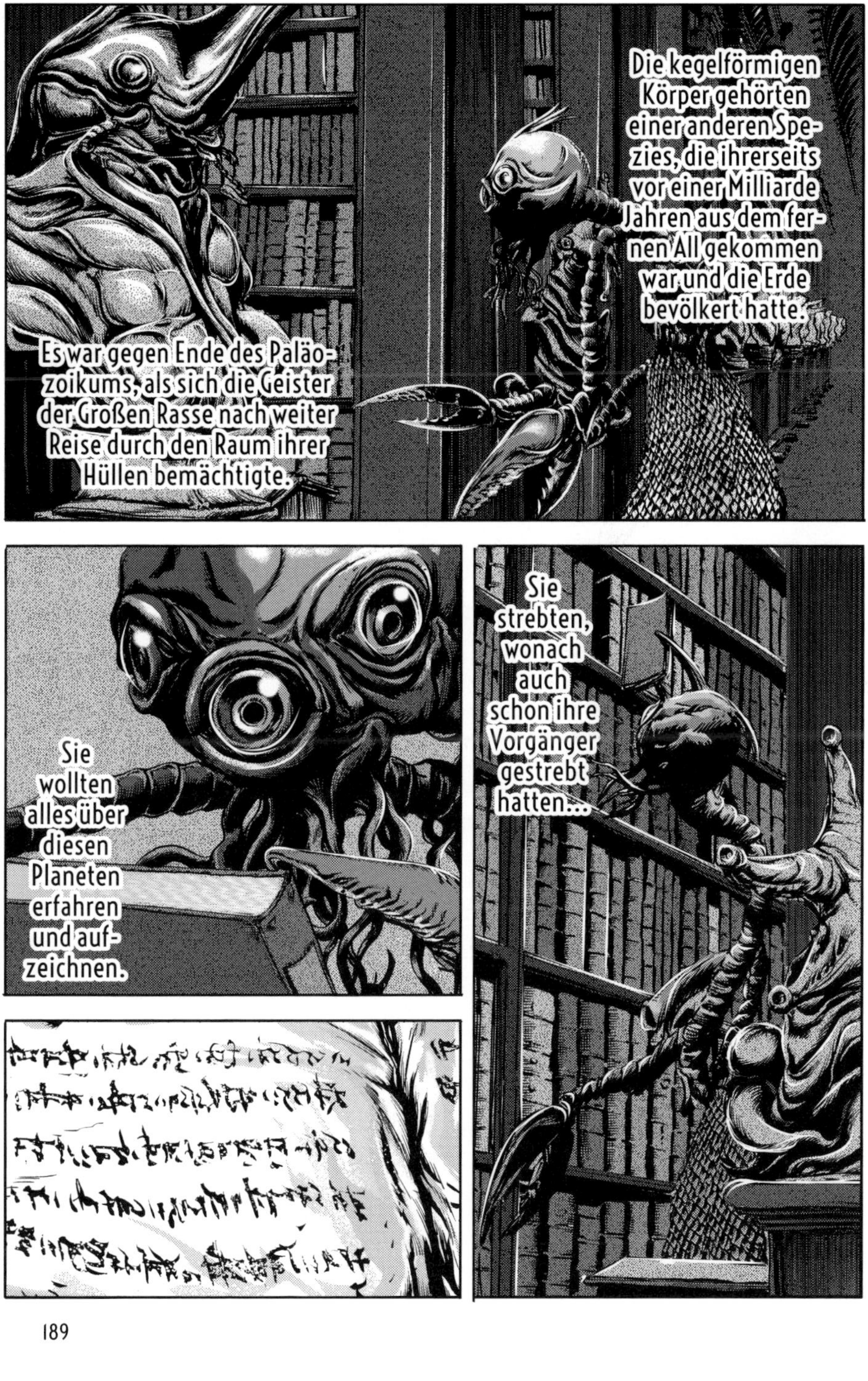
Die kegelförmigen Körper gehörten einer anderen Spezies, die ihrerseits vor einer Milliarde Jahren aus dem fernen All gekommen war und die Erde bevölkert hatte.
Es war gegen Ende des Paläozoikums, als sich die Geister der Großen Rasse nach weiter Reise durch den Raum ihrer Hüllen bemächtigte.
Sie strebten, wonach auch schon ihre Vorgänger gestrebt hatten…
Sie wollten alles über diesen Planeten erfahren und aufzeichnen.

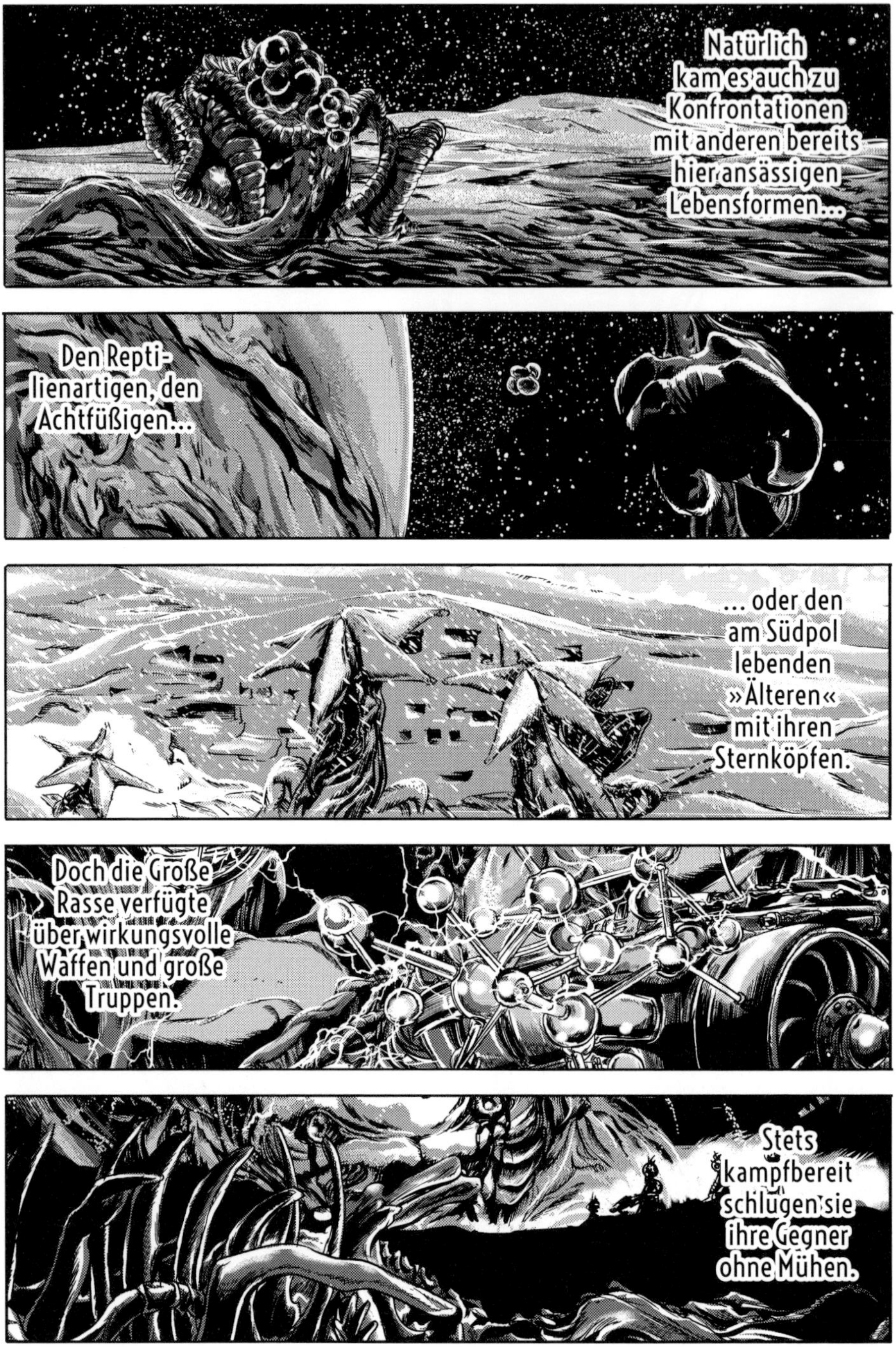
Natürlich kam es auch zu Konfrontationen mit anderen bereits hier ansässigen Lebensformen...
Den Repti- lienartigen, den Achtfüßigen...
... oder den am Südpol lebenden »Älteren« mit ihren Sternköpfen.
Doch die Große Rasse verfügte über wirkungsvolle Waffen und große Truppen.
Stets kampfbereit schlugen sie ihre Gegner ohne Mühen.

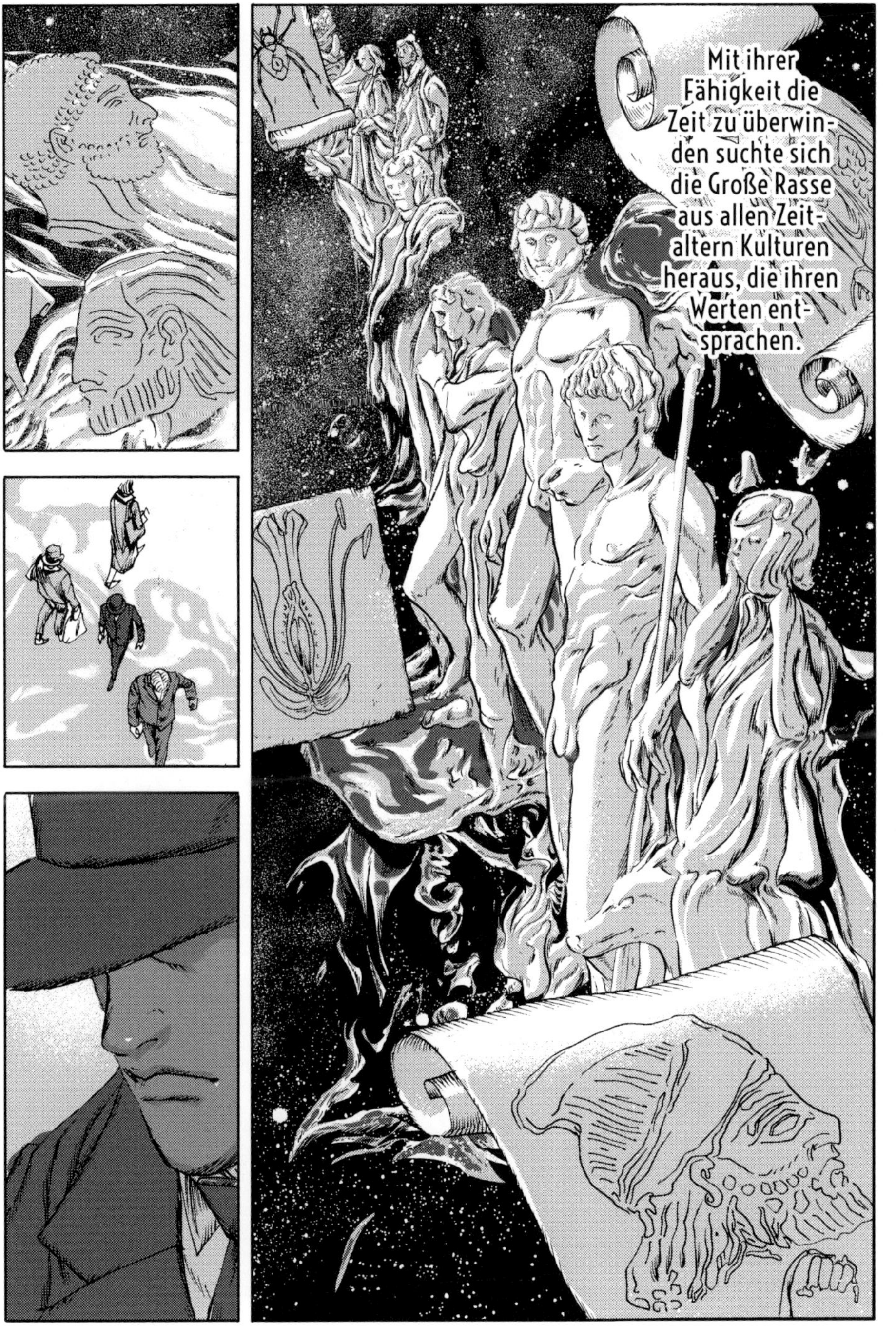
Mit ihrer Fähigkeit die Zeit zu überwinden suchte sich die Große Rasse aus allen Zeitaltern Kulturen heraus, die ihren Werten entsprachen.

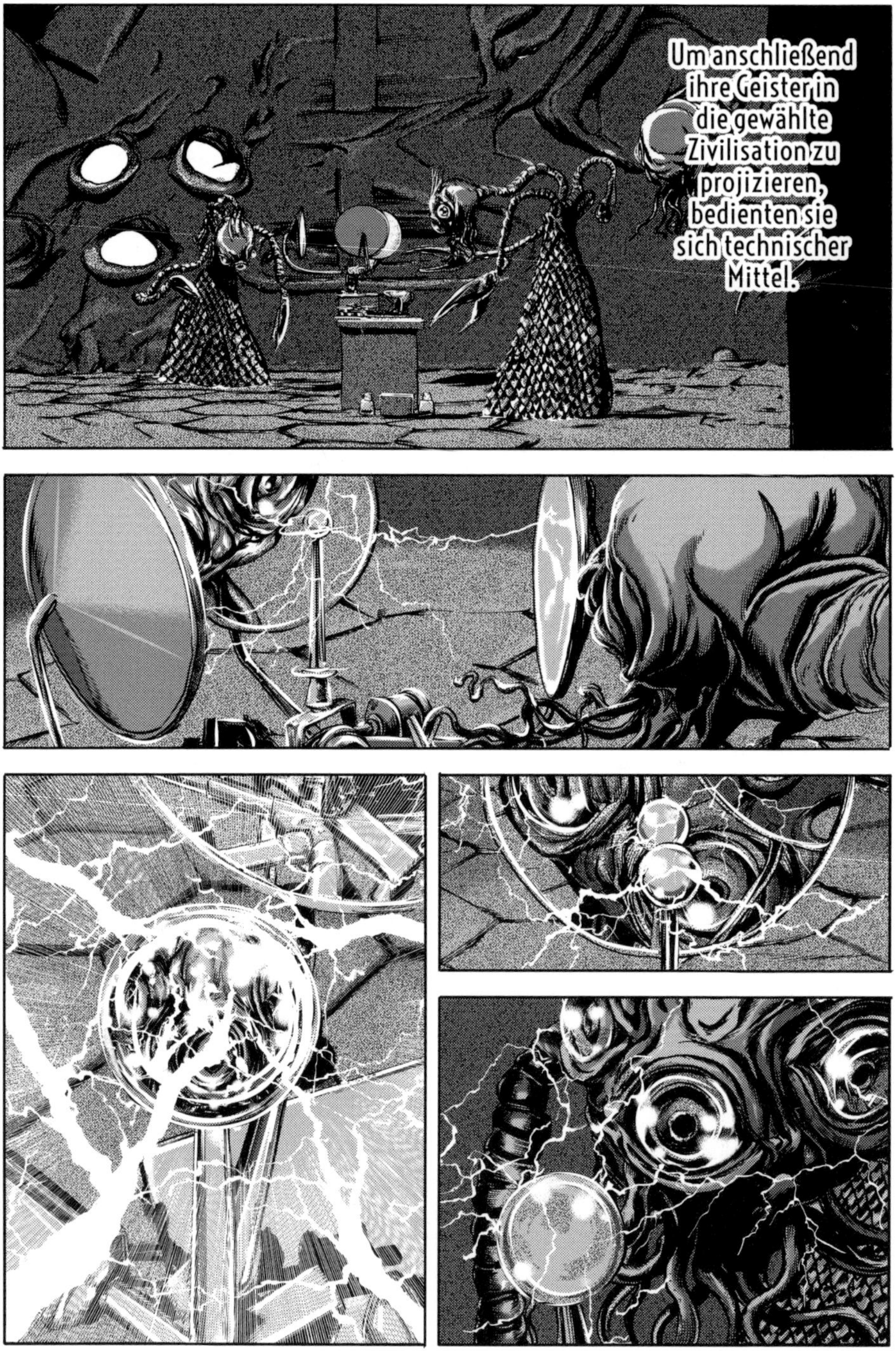
Um anschließend ihre Geister in die gewählte Zivilisation zu projizieren, bedienten sie sich technischer Mittel.

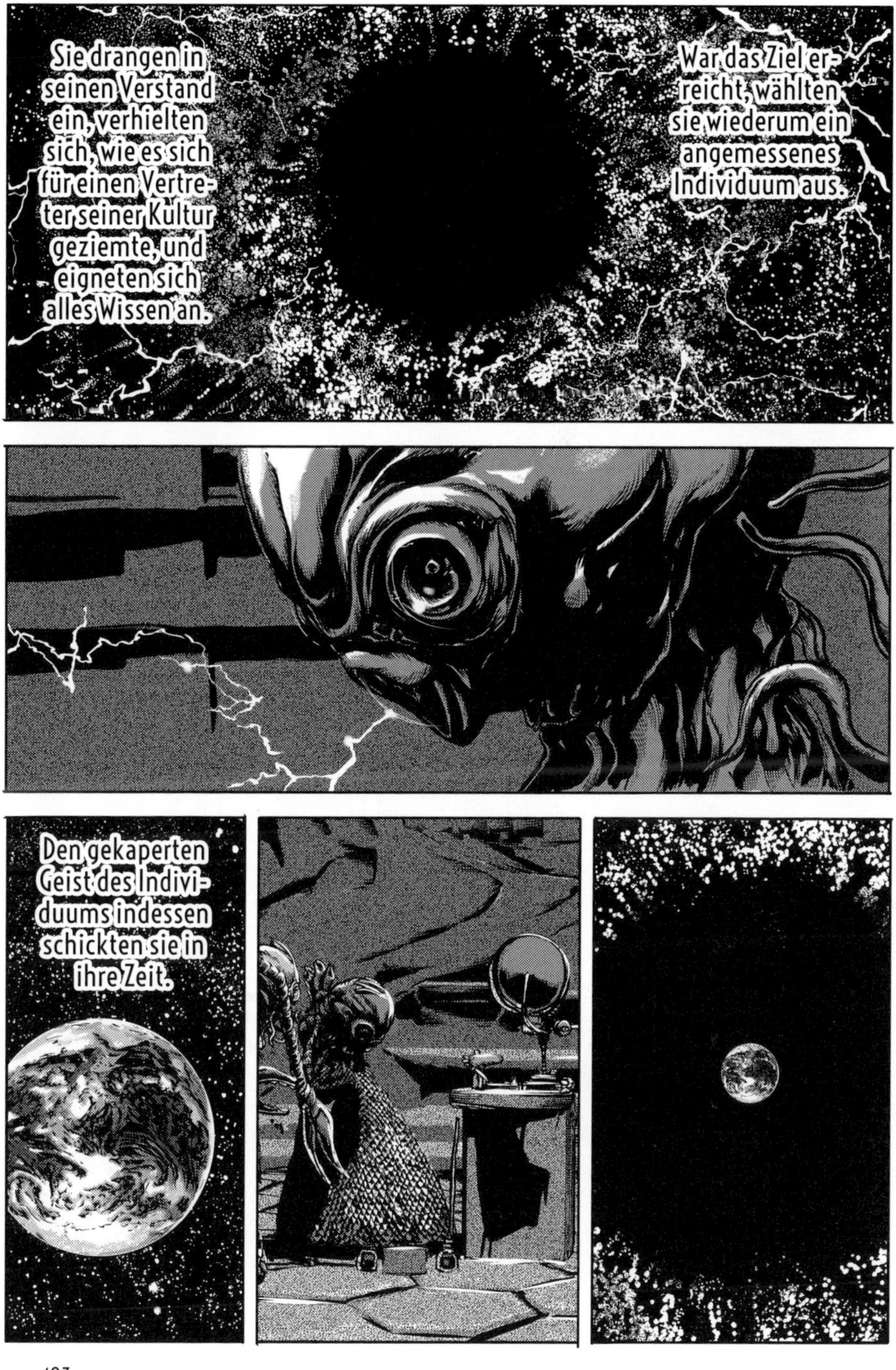
Sie drangen in seinen Verstand ein, verhielten sich, wie es sich für einen Vertreter seiner Kultur geziemte, und eigneten sich alles Wissen an.
War das Ziel erreicht, wählten sie wiederum ein angemessenes Individuum aus.
Den gekaperten Geist des Individuums indessen schickten sie in ihre Zeit.

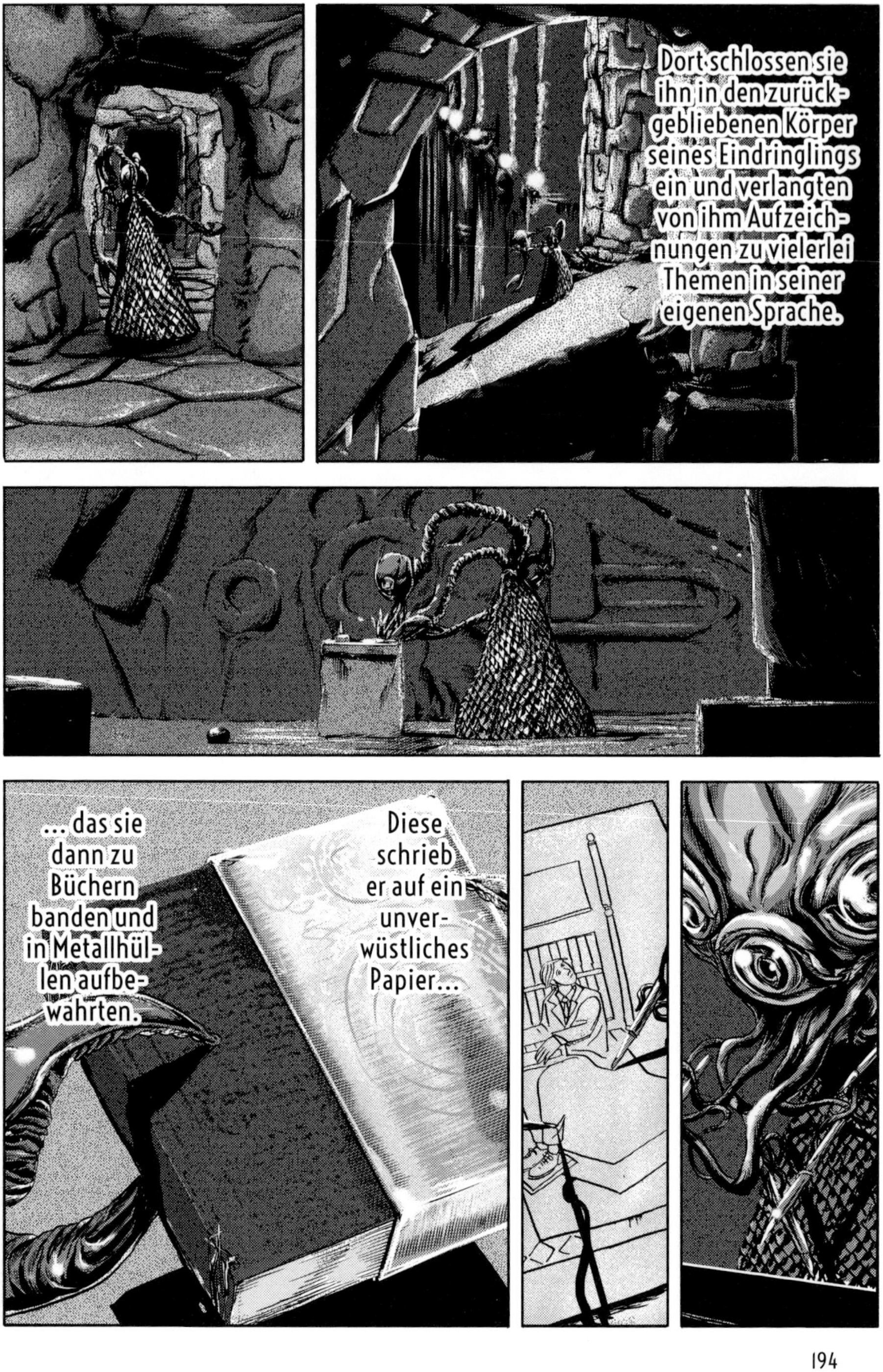
Dort schlossen sie ihn in den zurückgebliebenen Körper seines Eindringlings ein und verlangten von ihm Aufzeichnungen zu vielerlei Themen in seiner eigenen Sprache.
Diese schrieb er auf ein unverwüstliches Papier...
... das sie dann zu Büchern banden und in Metallhüllen aufbewahrten.

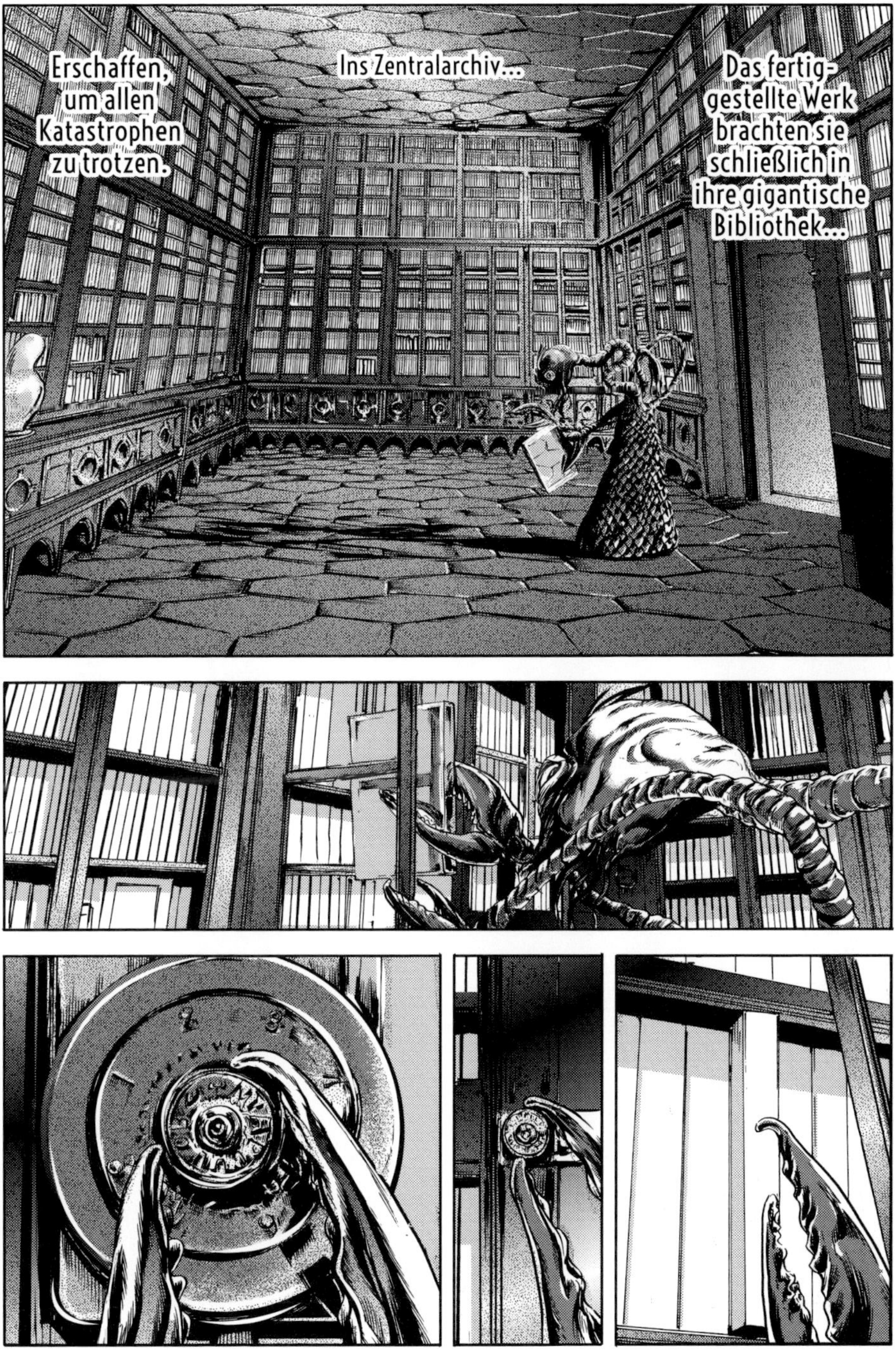
Das fertig-gestellte Werk brachten sie schließlich in ihre gigantische Bibliothek...
Ins Zentralarchiv...
Erschaffen, um allen Katastrophen zu trotzen.

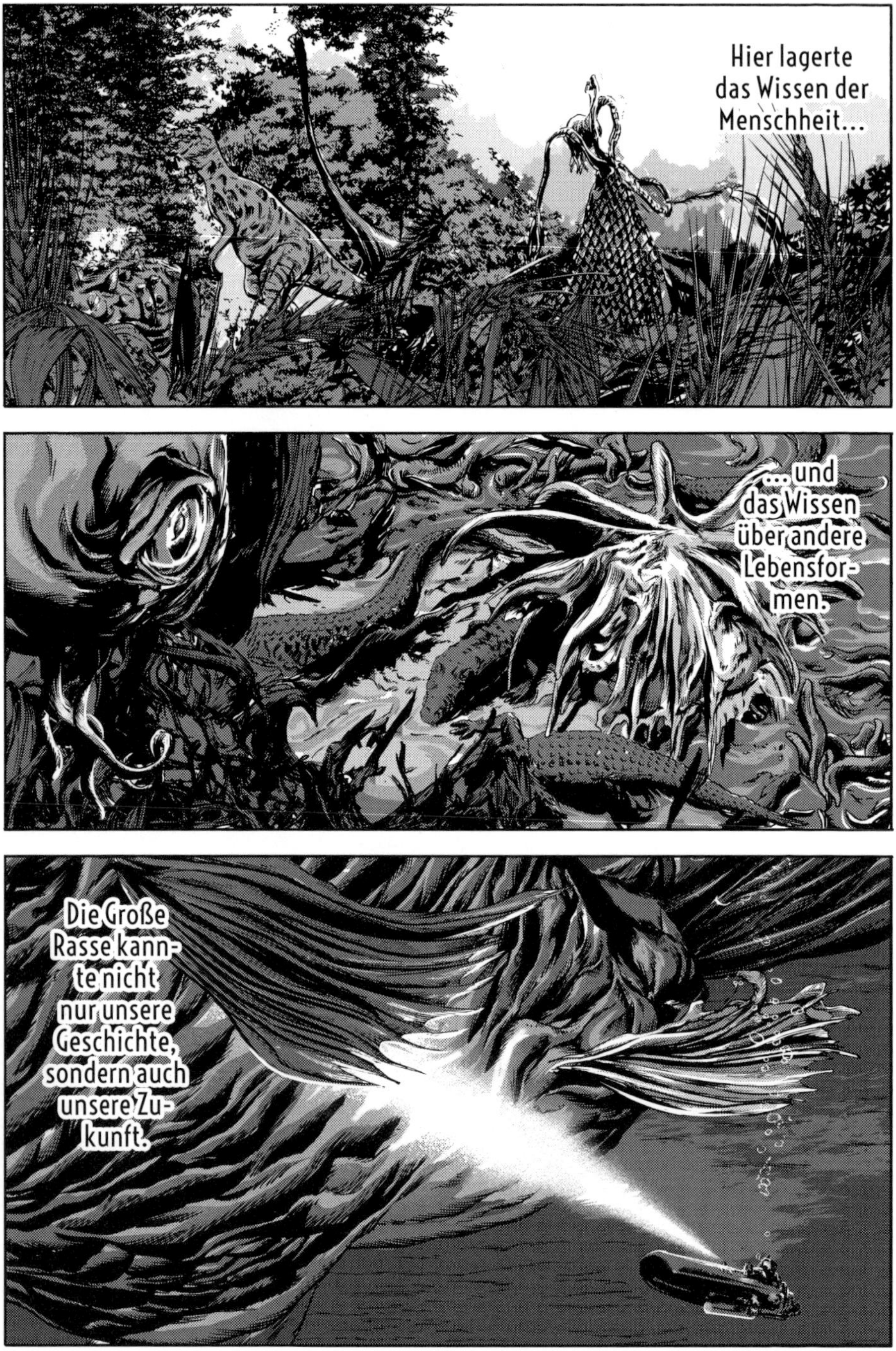
Hier lagerte das Wissen der Menschheit...
... und das Wissen über andere Lebensformen.
Die Große Rasse kannte nicht nur unsere Geschichte, sondern auch unsere Zukunft.

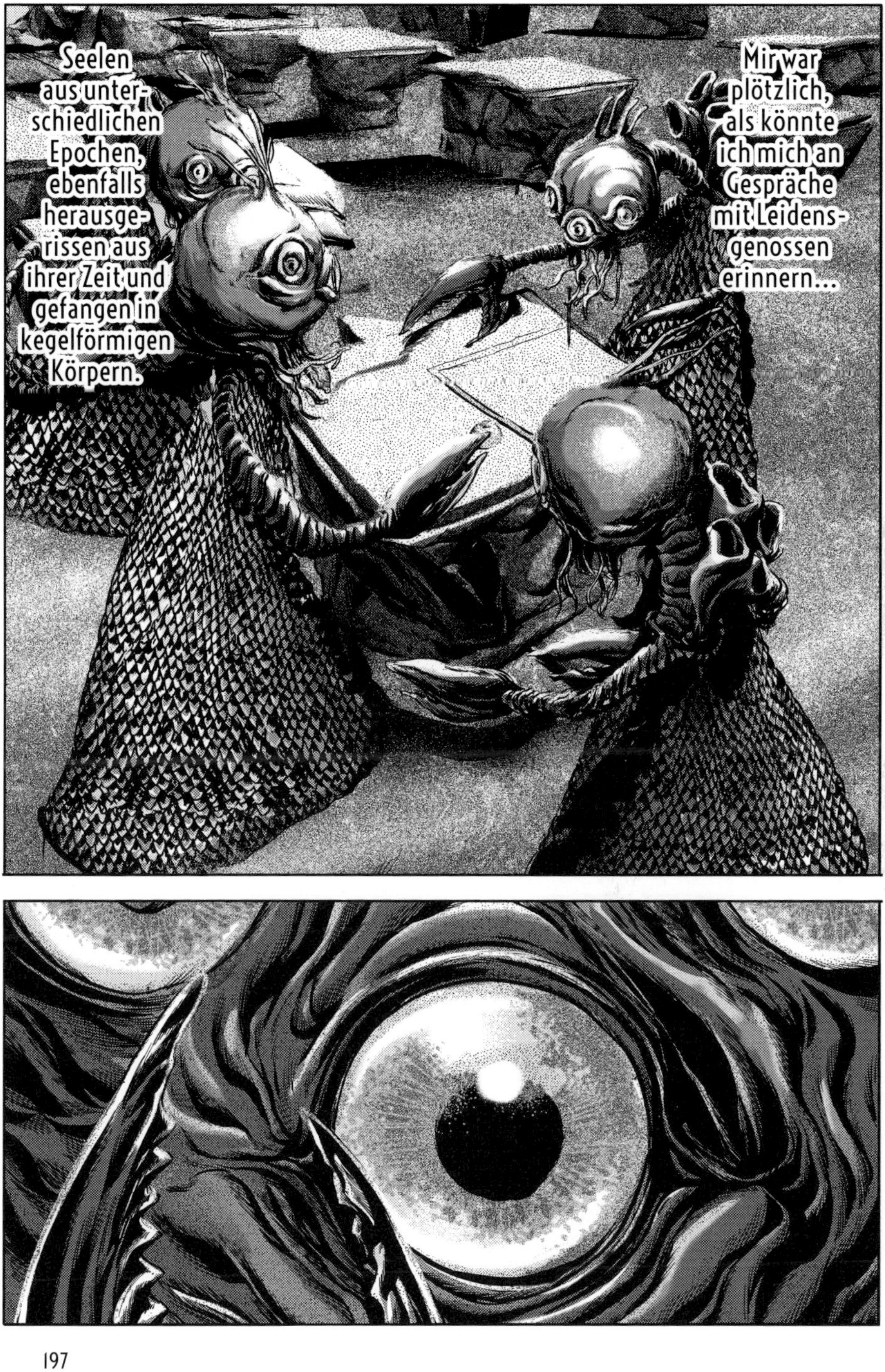
Mir war plötzlich, als könnte ich mich an Gespräche mit Leidens-genossen erinnern…
Seelen aus unter-schiedlichen Epochen, ebenfalls herausge-rissen aus ihrer Zeit und gefangen in kegelförmigen Körpern.

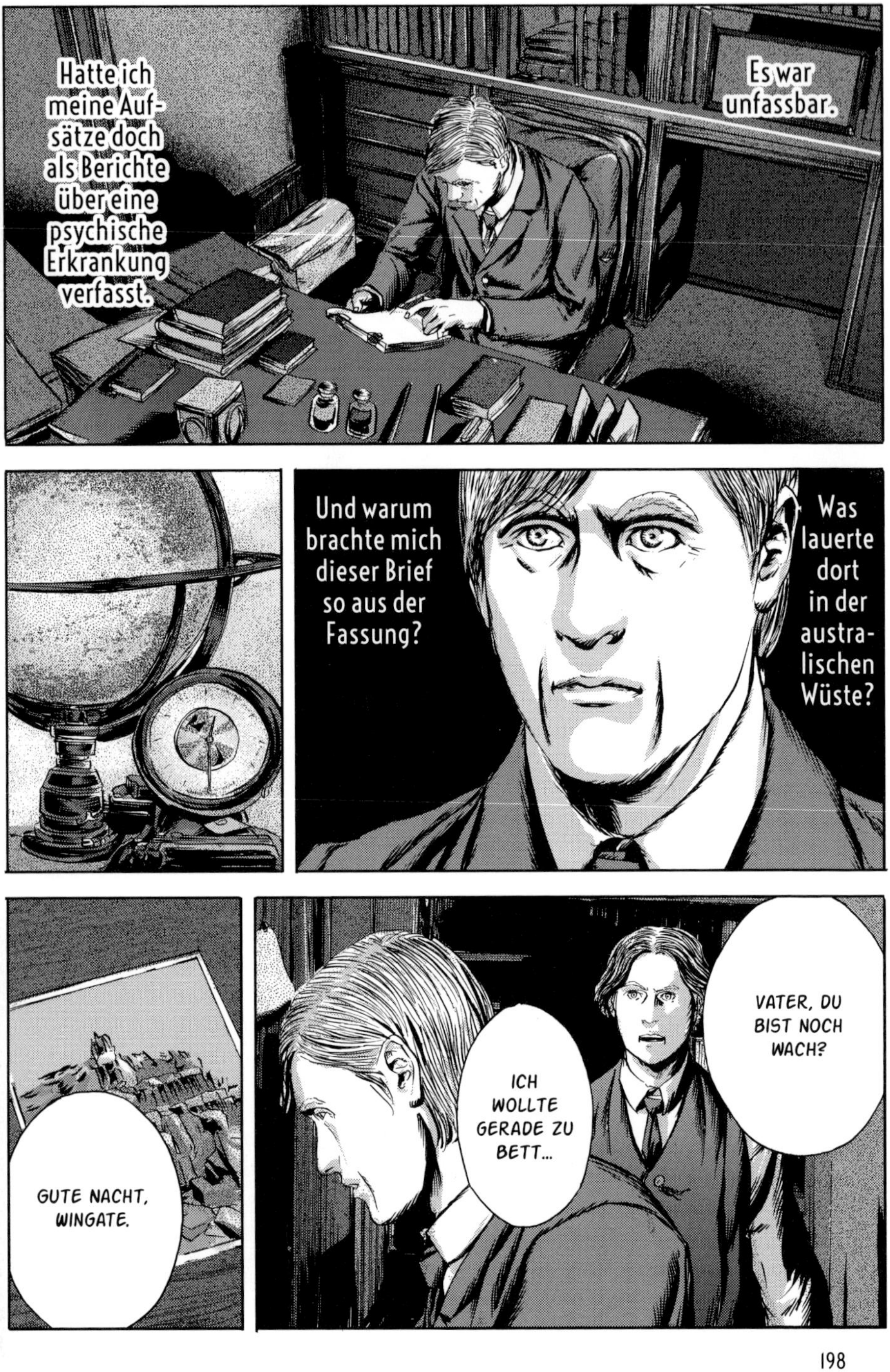

Hatte ich meine Aufsätze doch als Berichte über eine psychische Erkrankung verfasst.
Es war unfassbar.
Und warum brachte mich dieser Brief so aus der Fassung?
Was lauerte dort in der australischen Wüste?
VATER, DU BIST NOCH WACH?
ICH WOLLTE GERADE ZU BETT...
GUTE NACHT, WINGATE.

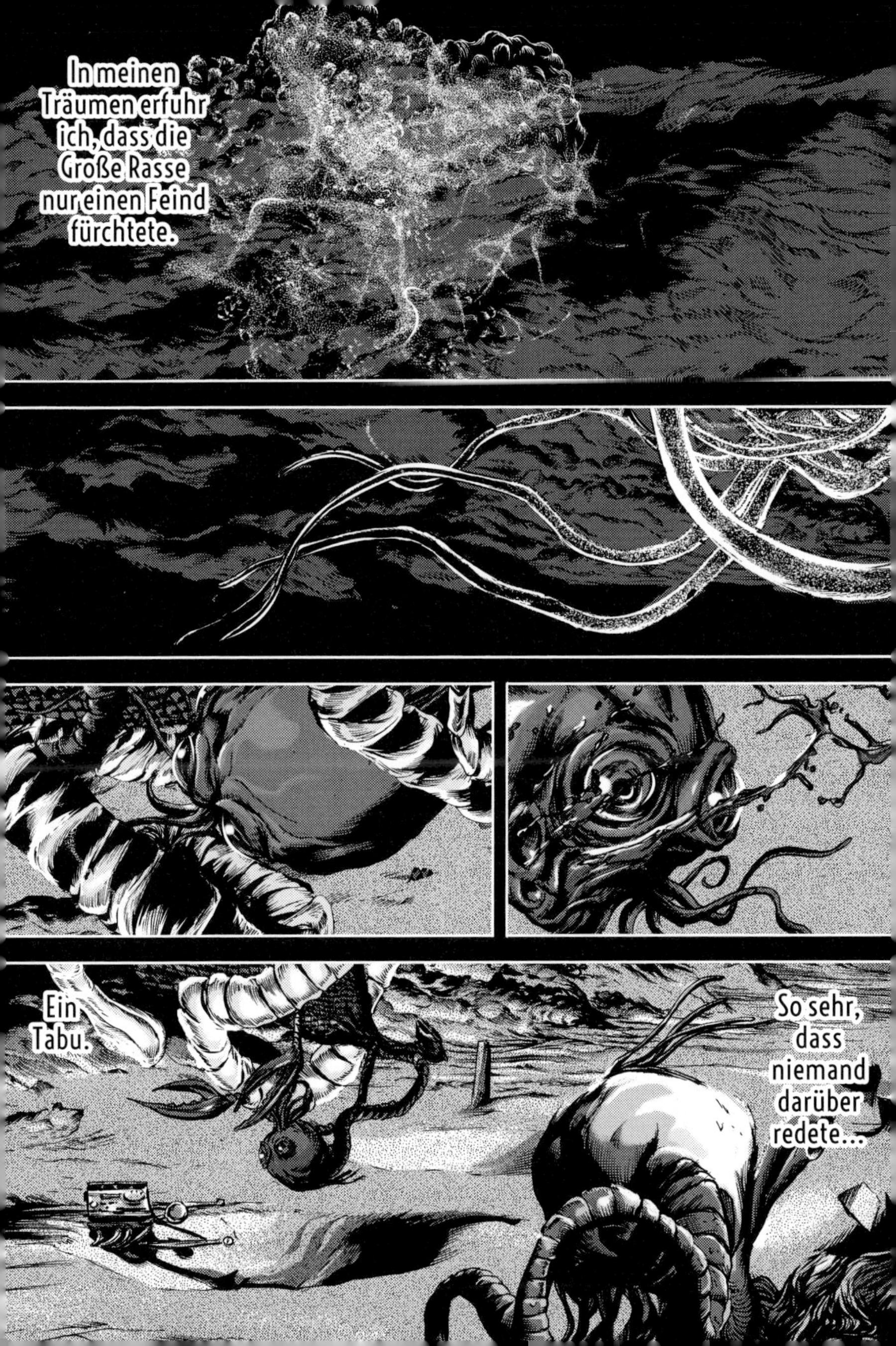
In meinen Träumen erfuhr ich, dass die Große Rasse nur einen Feind fürchtete.
Ein Tabu.
So sehr, dass niemand darüber redete…

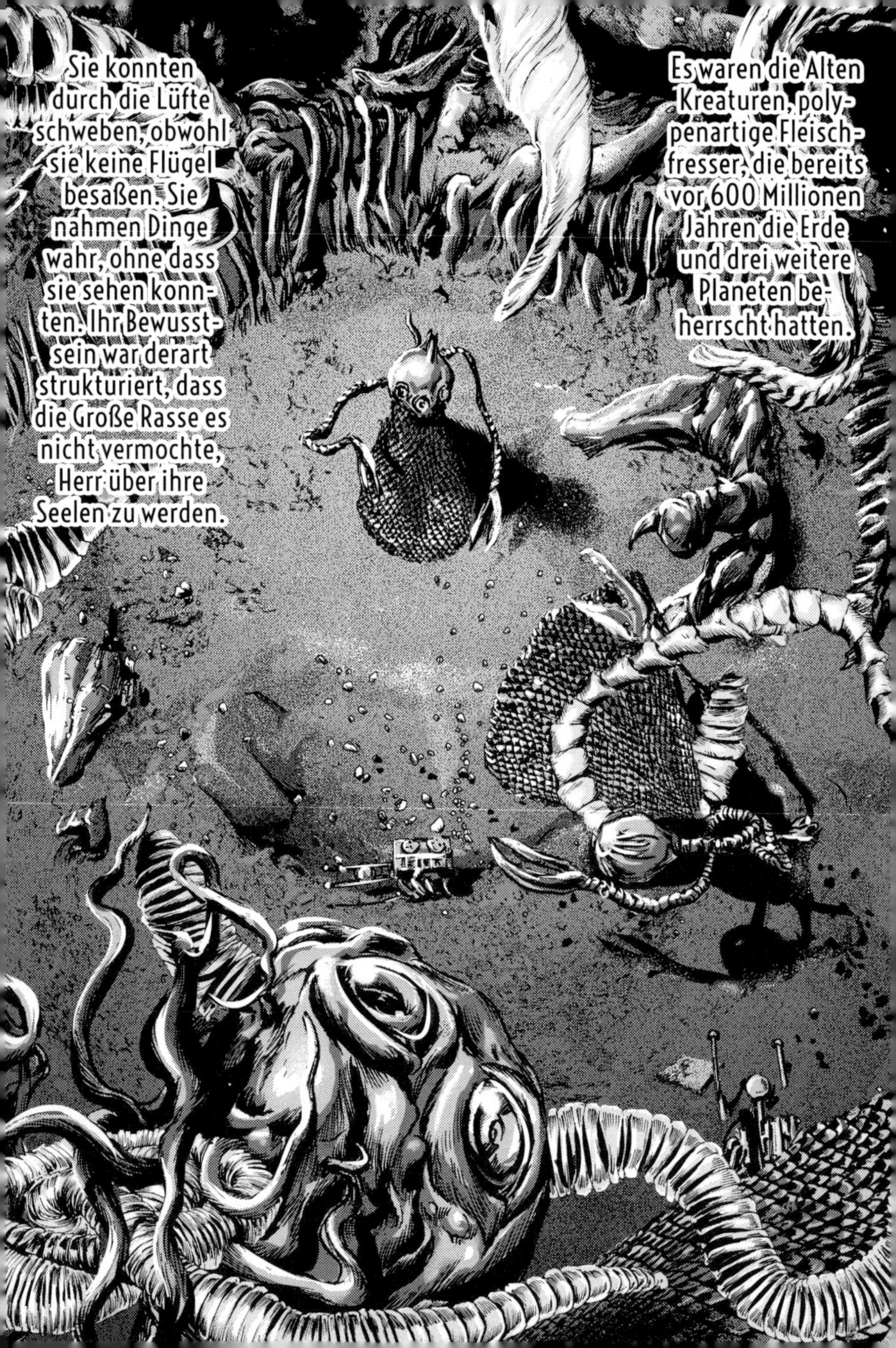
Sie konnten durch die Lüfte schweben, obwohl sie keine Flügel besaßen. Sie nahmen Dinge wahr, ohne dass sie sehen konnten. Ihr Bewusstsein war derart strukturiert, dass die Große Rasse es nicht vermochte, Herr über ihre Seelen zu werden.
Es waren die Alten Kreaturen, polypenartige Fleischfresser, die bereits vor 600 Millionen Jahren die Erde und drei weitere Planeten beherrscht hatten.

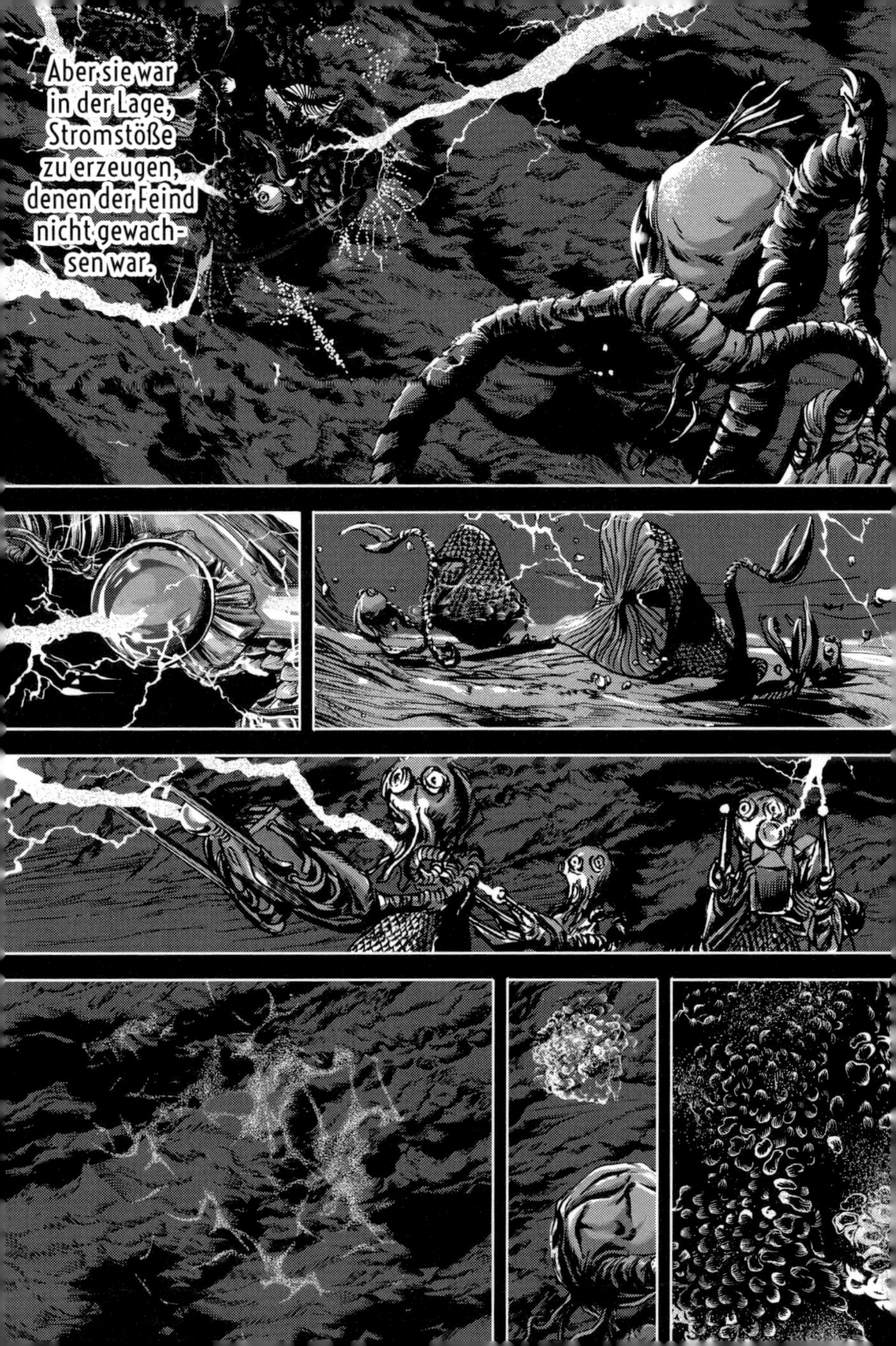
Aber sie war in der Lage, Stromstöße zu erzeugen, denen der Feind nicht gewachsen war.

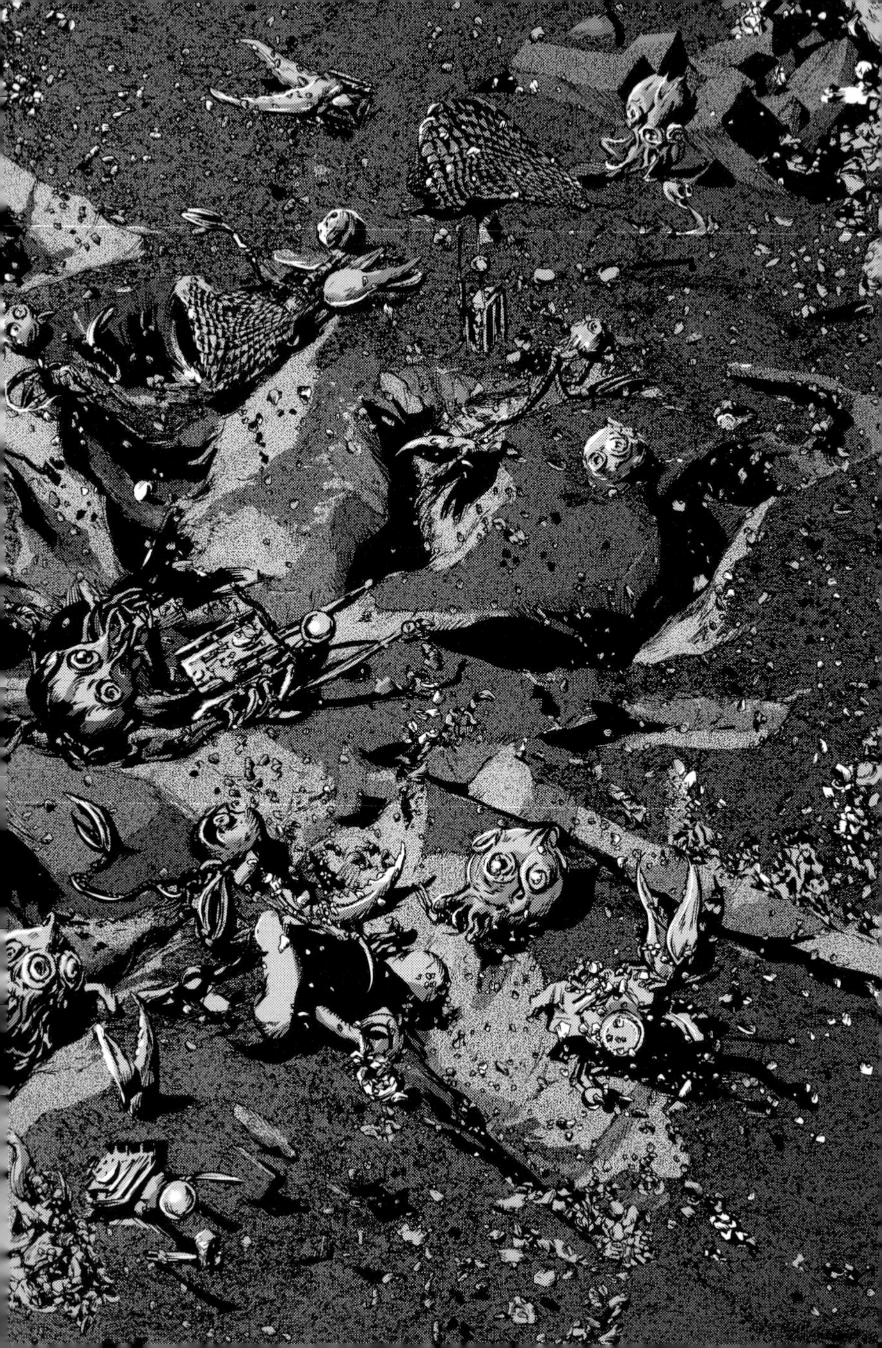

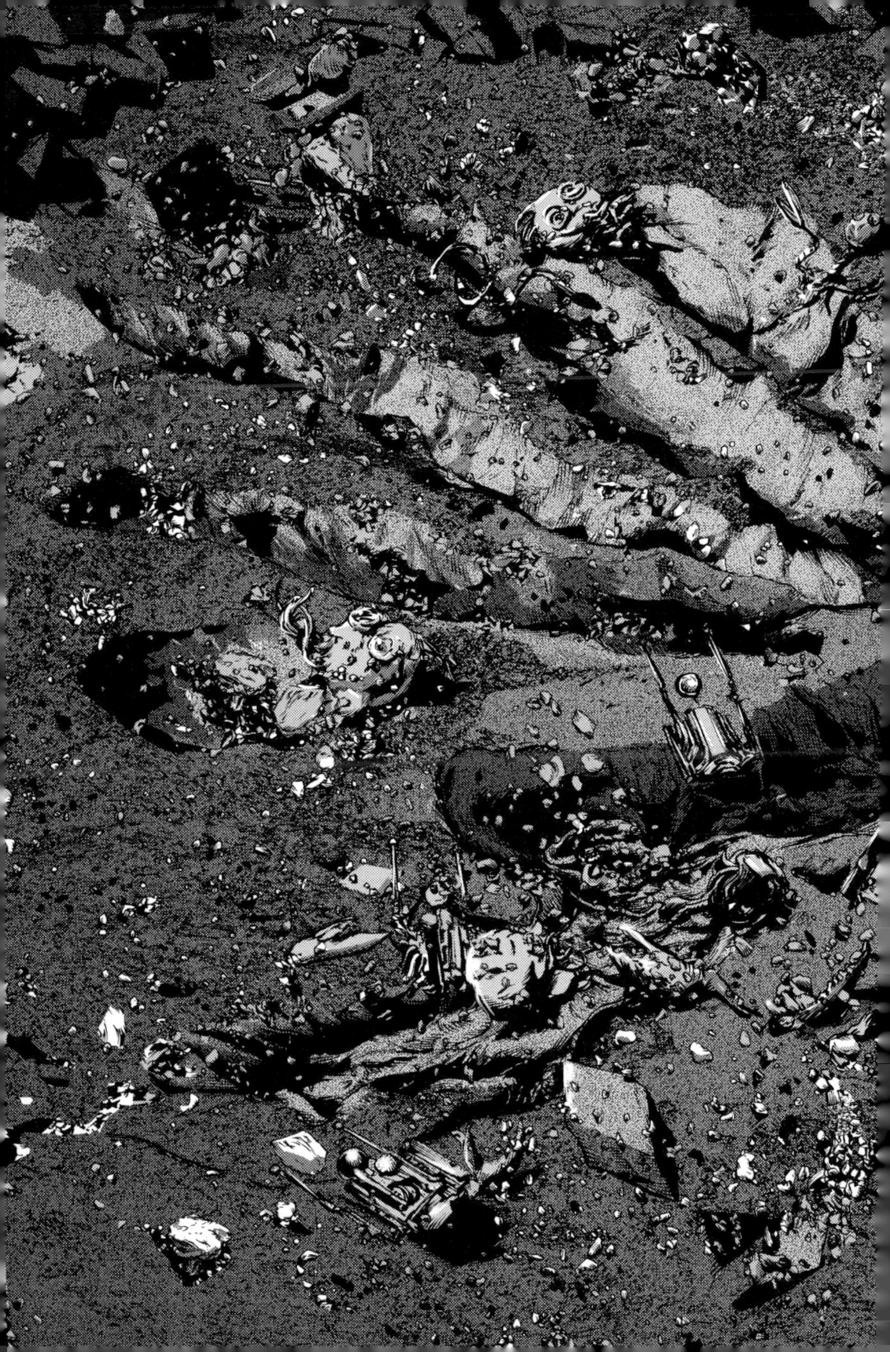

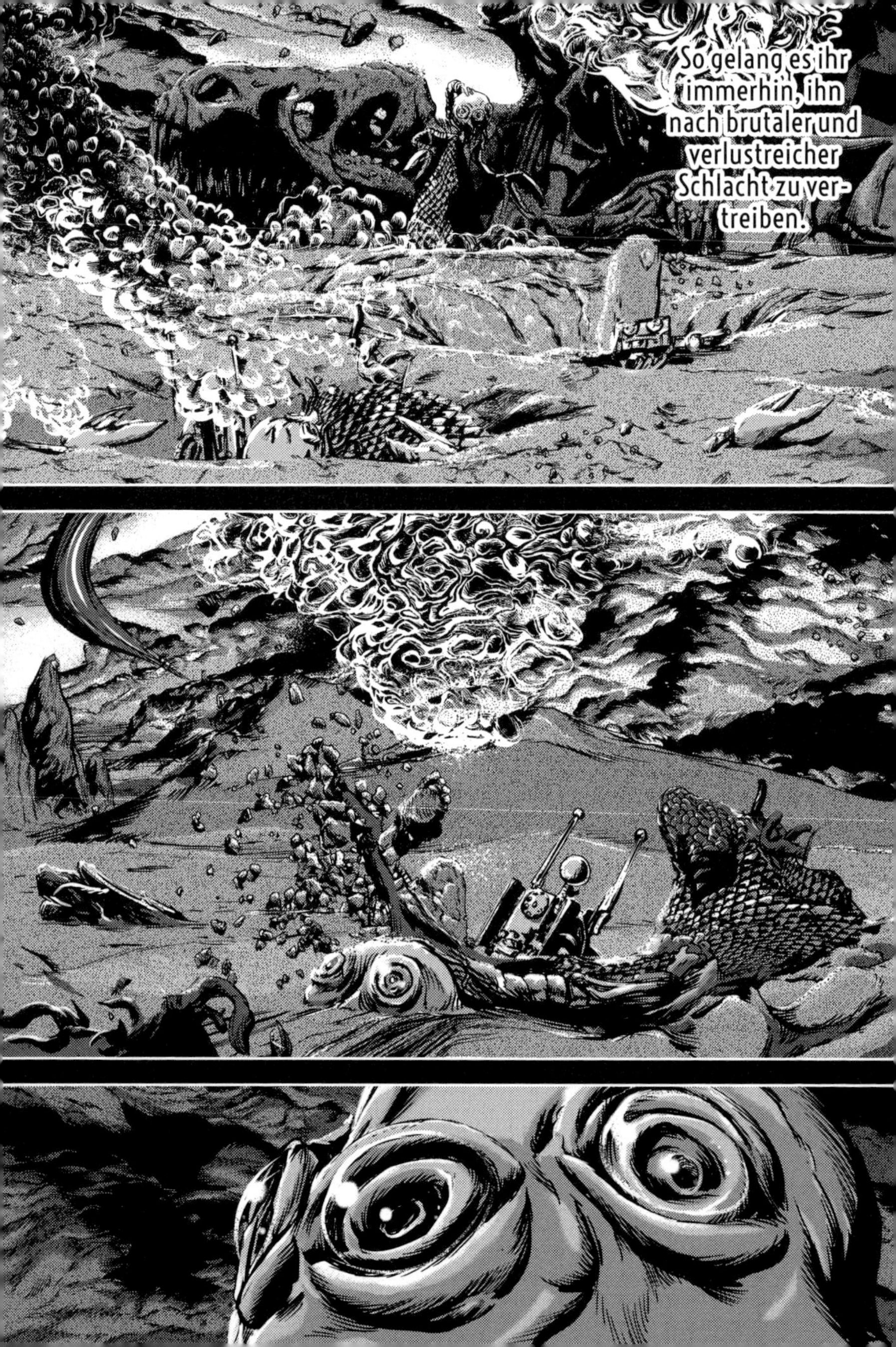
So gelang es ihr immerhin, ihn nach brutaler und verlustreicher Schlacht zu vertreiben.

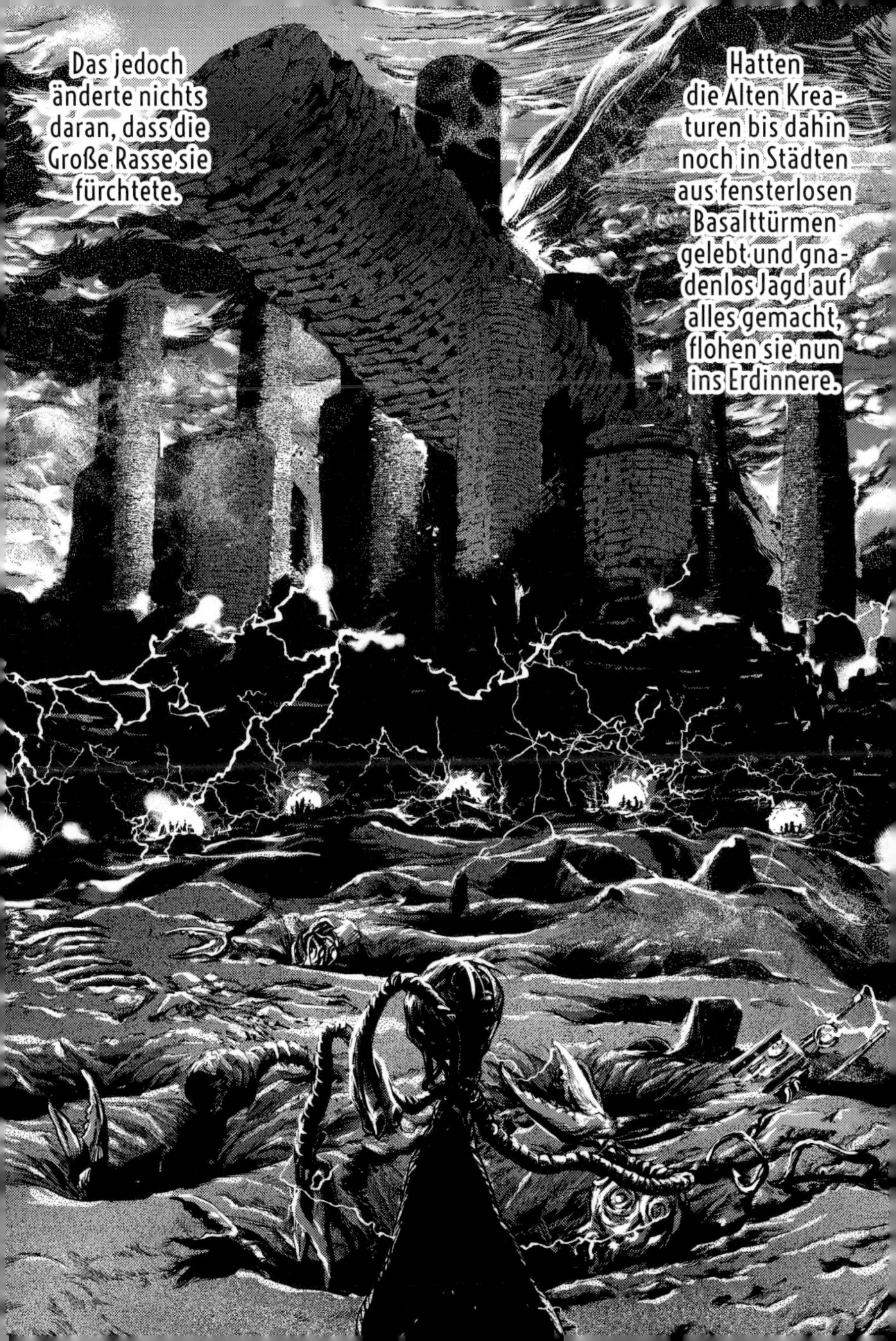
Das jedoch änderte nichts daran, dass die Große Rasse sie fürchtete.
Hatten die Alten Kreaturen bis dahin noch in Städten aus fensterlosen Basalttürmen gelebt und gnadenlos Jagd auf alles gemacht, flohen sie nun ins Erdinnere.

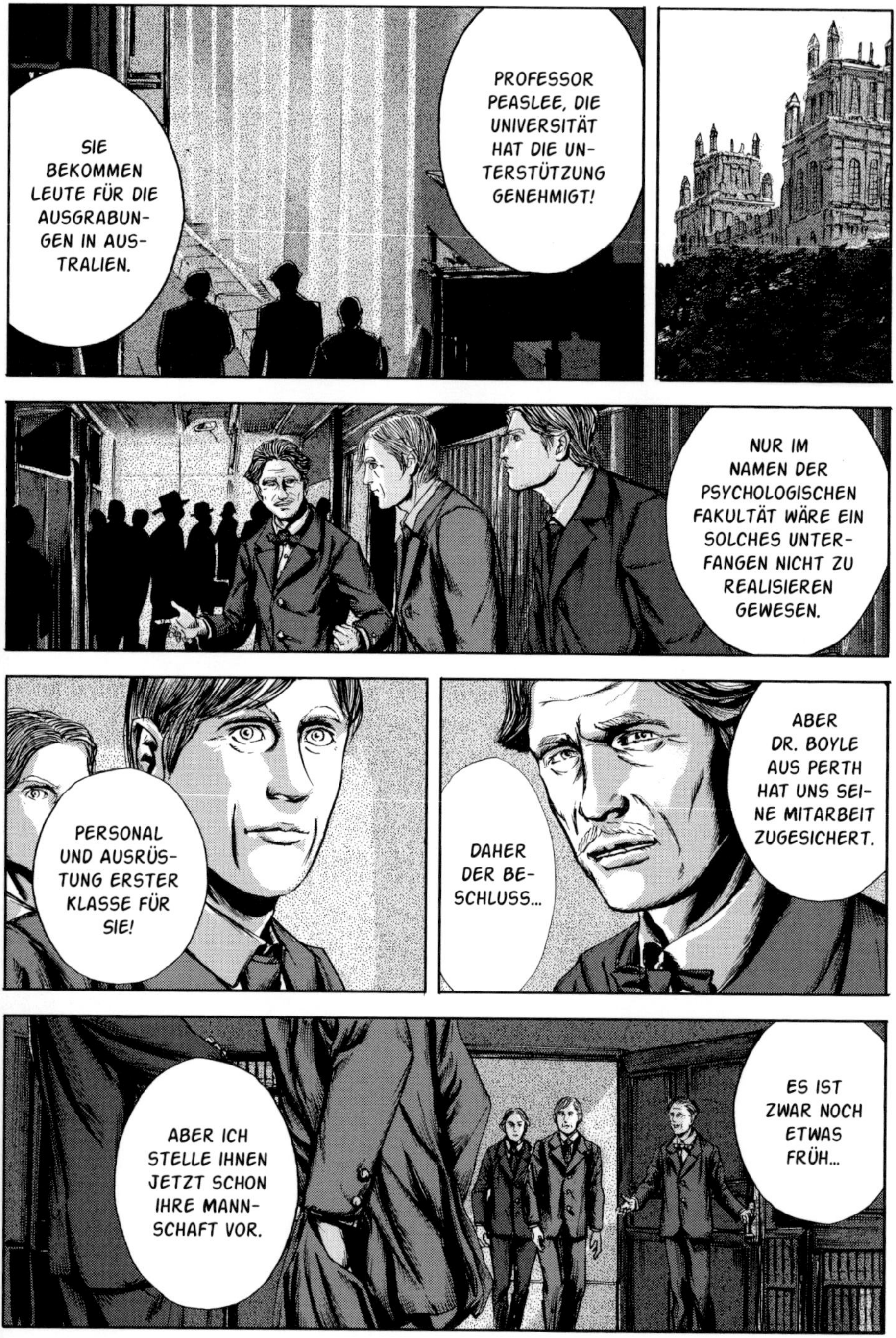
PROFESSOR PEASLEE, DIE UNIVERSITÄT HAT DIE UNTERSTÜTZUNG GENEHMIGT!
SIE BEKOMMEN LEUTE FÜR DIE AUSGRABUNGEN IN AUSTRALIEN.
NUR IM NAMEN DER PSYCHOLOGISCHEN FAKULTÄT WÄRE EIN SOLCHES UNTERFANGEN NICHT ZU REALISIEREN GEWESEN.
ABER DR. BOYLE AUS PERTH HAT UNS SEINE MITARBEIT ZUGESICHERT.
DAHER DER BESCHLUSS...
PERSONAL UND AUSRÜSTUNG ERSTER KLASSE FÜR SIE!
ES IST ZWAR NOCH ETWAS FRÜH...
ABER ICH STELLE IHNEN JETZT SCHON IHRE MANNSCHAFT VOR.

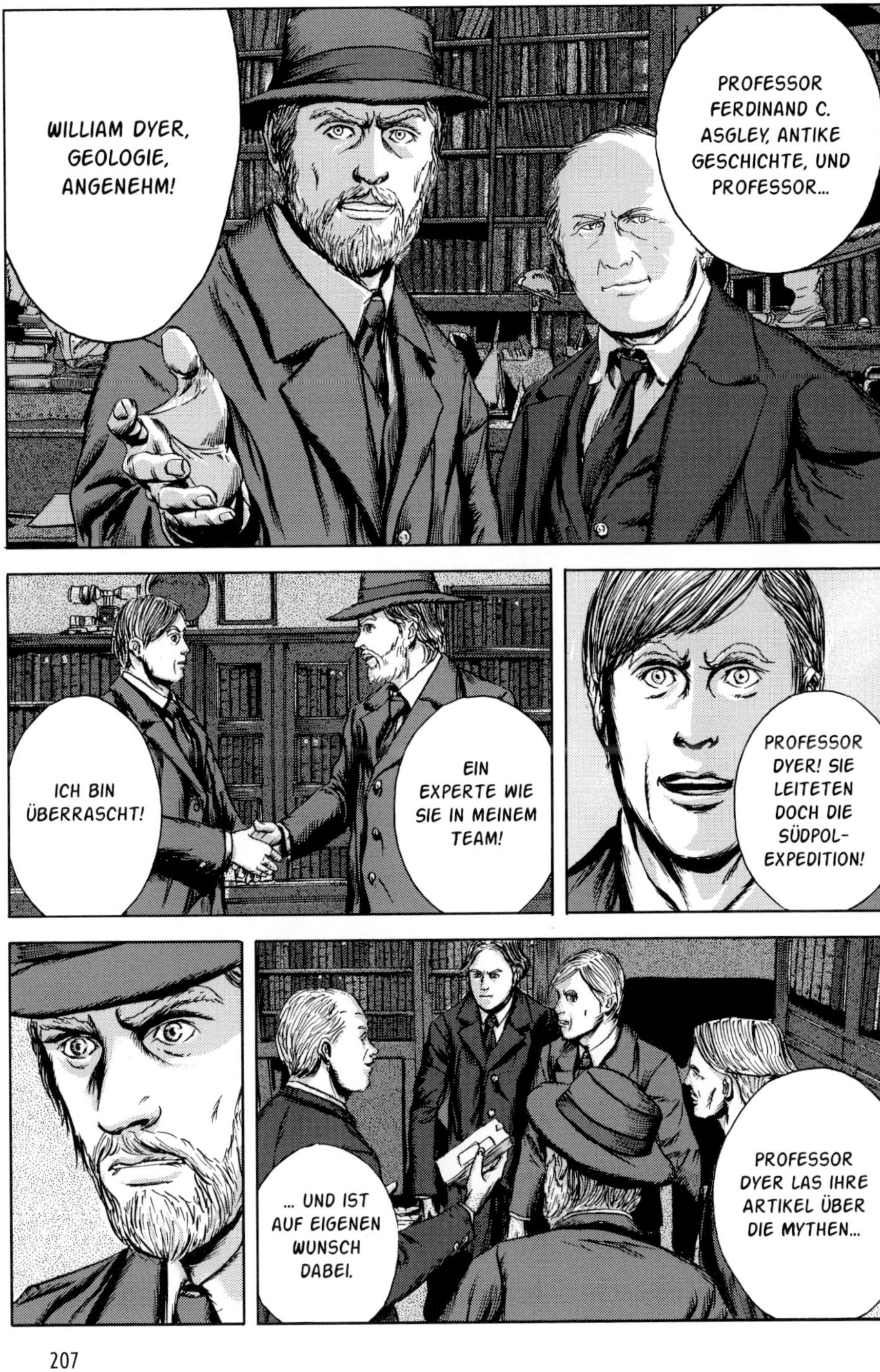
WILLIAM DYER, GEOLOGIE, ANGENEHM!
PROFESSOR FERDINAND C. ASGLEY, ANTIKE GESCHICHTE, UND PROFESSOR...
ICH BIN ÜBERRASCHT!
EIN EXPERTE WIE SIE IN MEINEM TEAM!
PROFESSOR DYER! SIE LEITETEN DOCH DIE SÜDPOL-EXPEDITION!
PROFESSOR DYER LAS IHRE ARTIKEL ÜBER DIE MYTHEN...
... UND IST AUF EIGENEN WUNSCH DABEI.

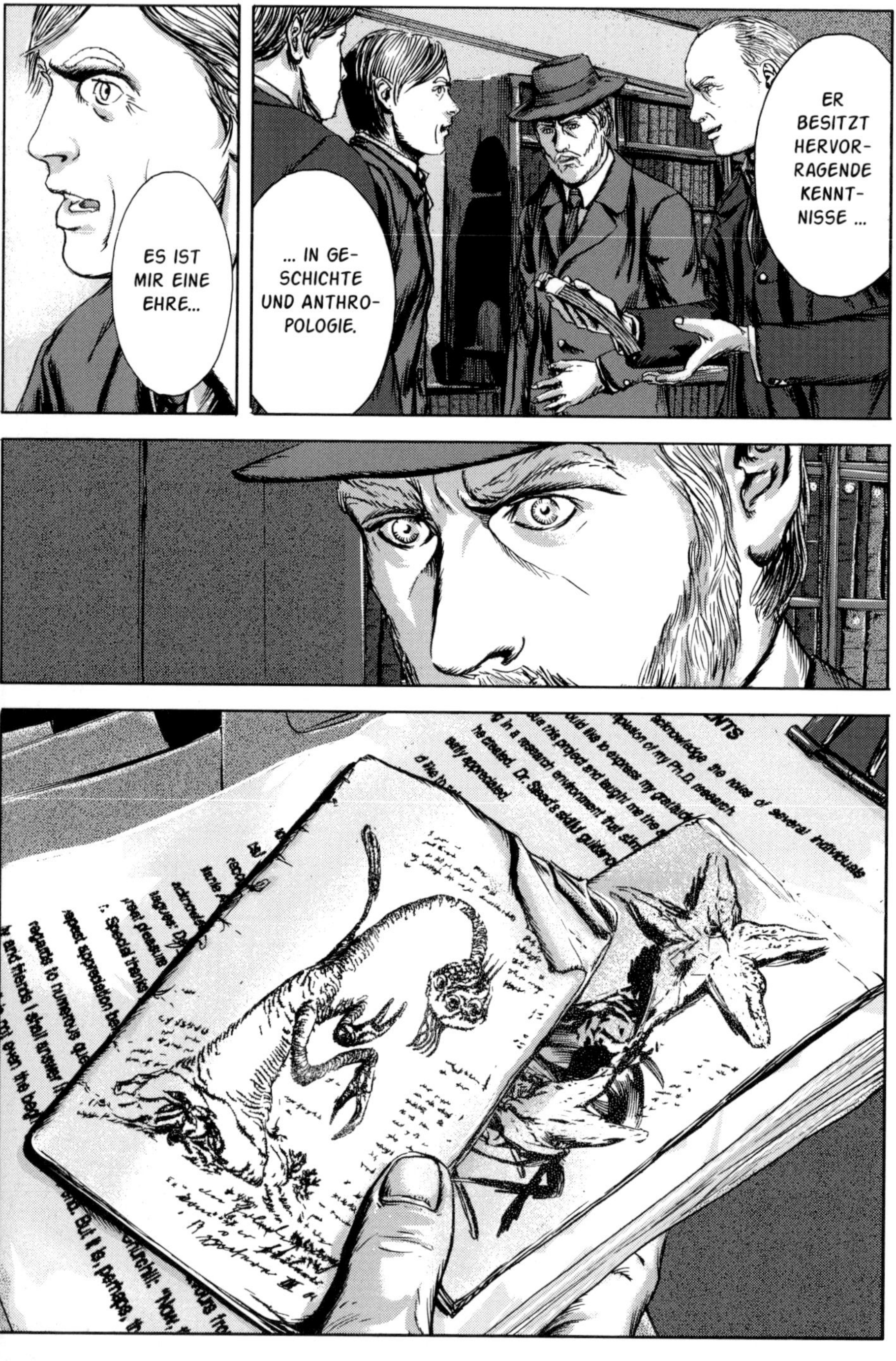
ER BESITZT HERVORRAGENDE KENNTNISSE ...
... IN GESCHICHTE UND ANTHROPOLOGIE.
ES IST MIR EINE EHRE...

8 DIE ALTEN KREATUREN

A Horrible Elder Race of Half-Polypous

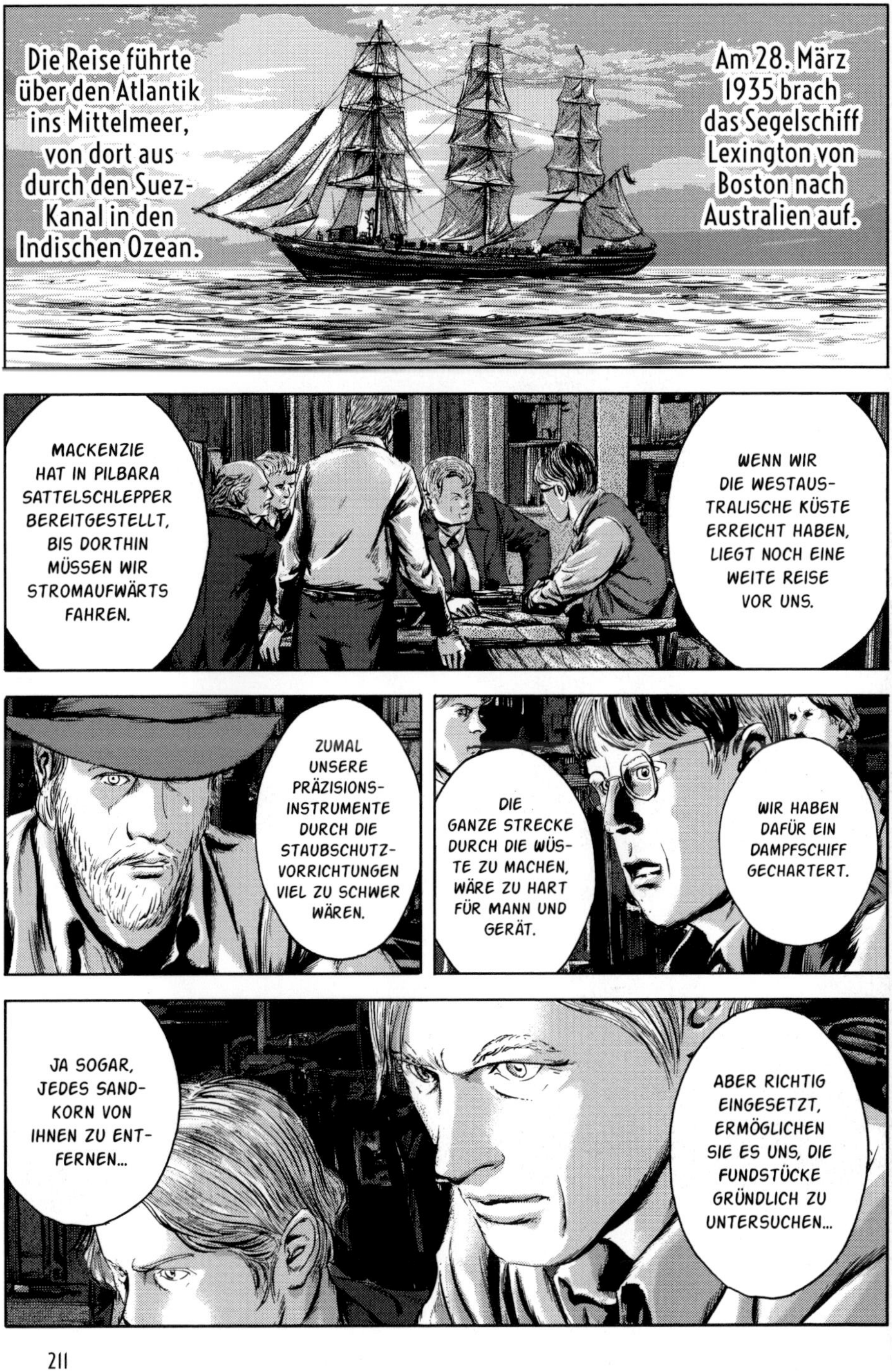
Am 28. März 1935 brach das Segelschiff Lexington von Boston nach Australien auf.
Die Reise führte über den Atlantik ins Mittelmeer, von dort aus durch den Suez-Kanal in den Indischen Ozean.
WENN WIR DIE WESTAUS-TRALISCHE KÜSTE ERREICHT HABEN, LIEGT NOCH EINE WEITE REISE VOR UNS.
MACKENZIE HAT IN PILBARA SATTELSCHLEPPER BEREITGESTELLT, BIS DORTHIN MÜSSEN WIR STROMAUFWÄRTS FAHREN.
WIR HABEN DAFÜR EIN DAMPFSCHIFF GECHARTERT.
DIE GANZE STRECKE DURCH DIE WÜS-TE ZU MACHEN, WÄRE ZU HART FÜR MANN UND GERÄT.
ZUMAL UNSERE PRÄZISIONS-INSTRUMENTE DURCH DIE STAUBSCHUTZ-VORRICHTUNGEN VIEL ZU SCHWER WÄREN.
ABER RICHTIG EINGESETZT, ERMÖGLICHEN SIE ES UNS, DIE FUNDSTÜCKE GRÜNDLICH ZU UNTERSUCHEN...
JA SOGAR, JEDES SAND-KORN VON IHNEN ZU ENT-FERNEN...

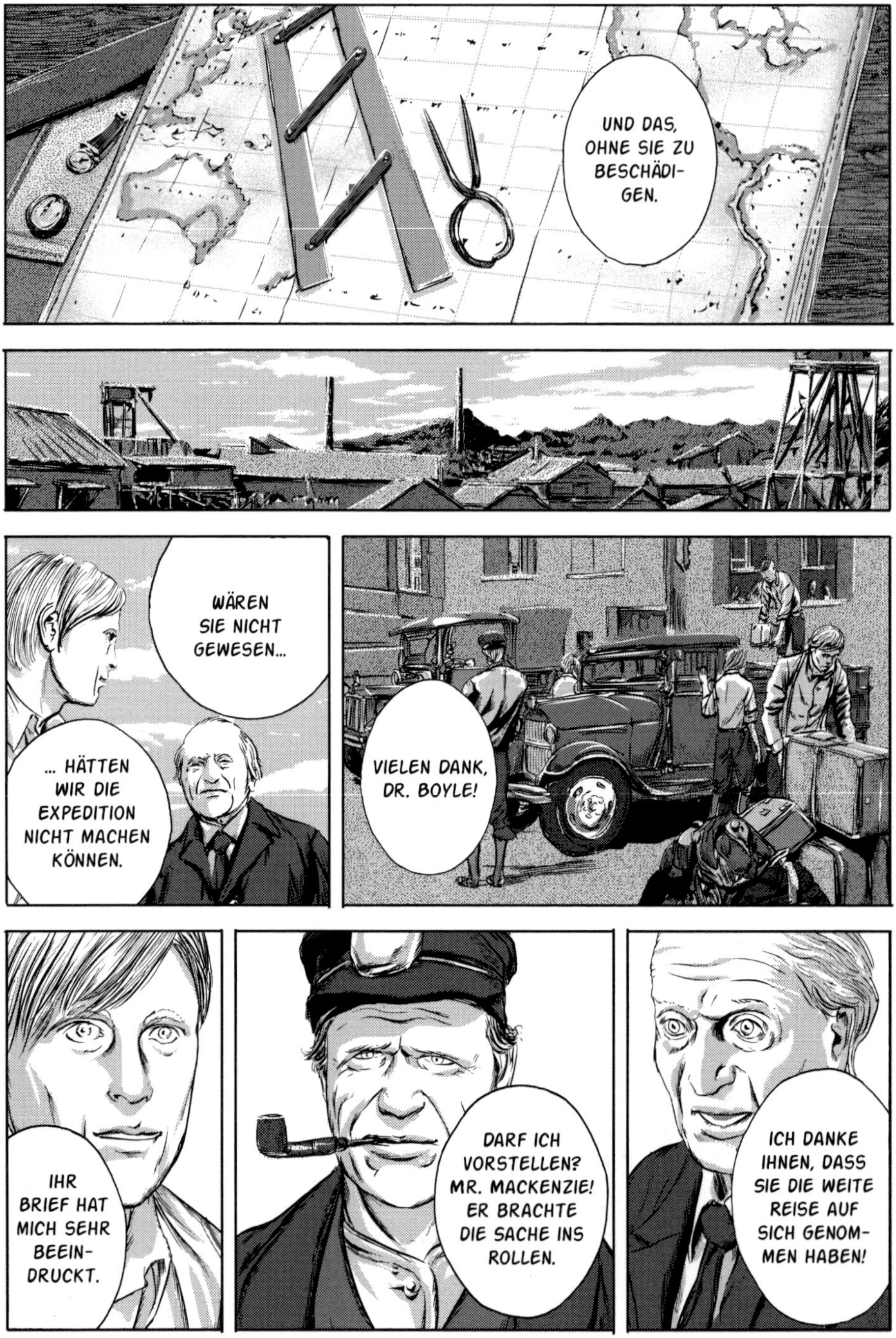
UND DAS, OHNE SIE ZU BESCHÄDI-GEN.
WÄREN SIE NICHT GEWESEN...
... HÄTTEN WIR DIE EXPEDITION NICHT MACHEN KÖNNEN.
VIELEN DANK, DR. BOYLE!
IHR BRIEF HAT MICH SEHR BEEIN-DRUCKT.
DARF ICH VORSTELLEN? MR. MACKENZIE! ER BRACHTE DIE SACHE INS ROLLEN.
ICH DANKE IHNEN, DASS SIE DIE WEITE REISE AUF SICH GENOM-MEN HABEN!

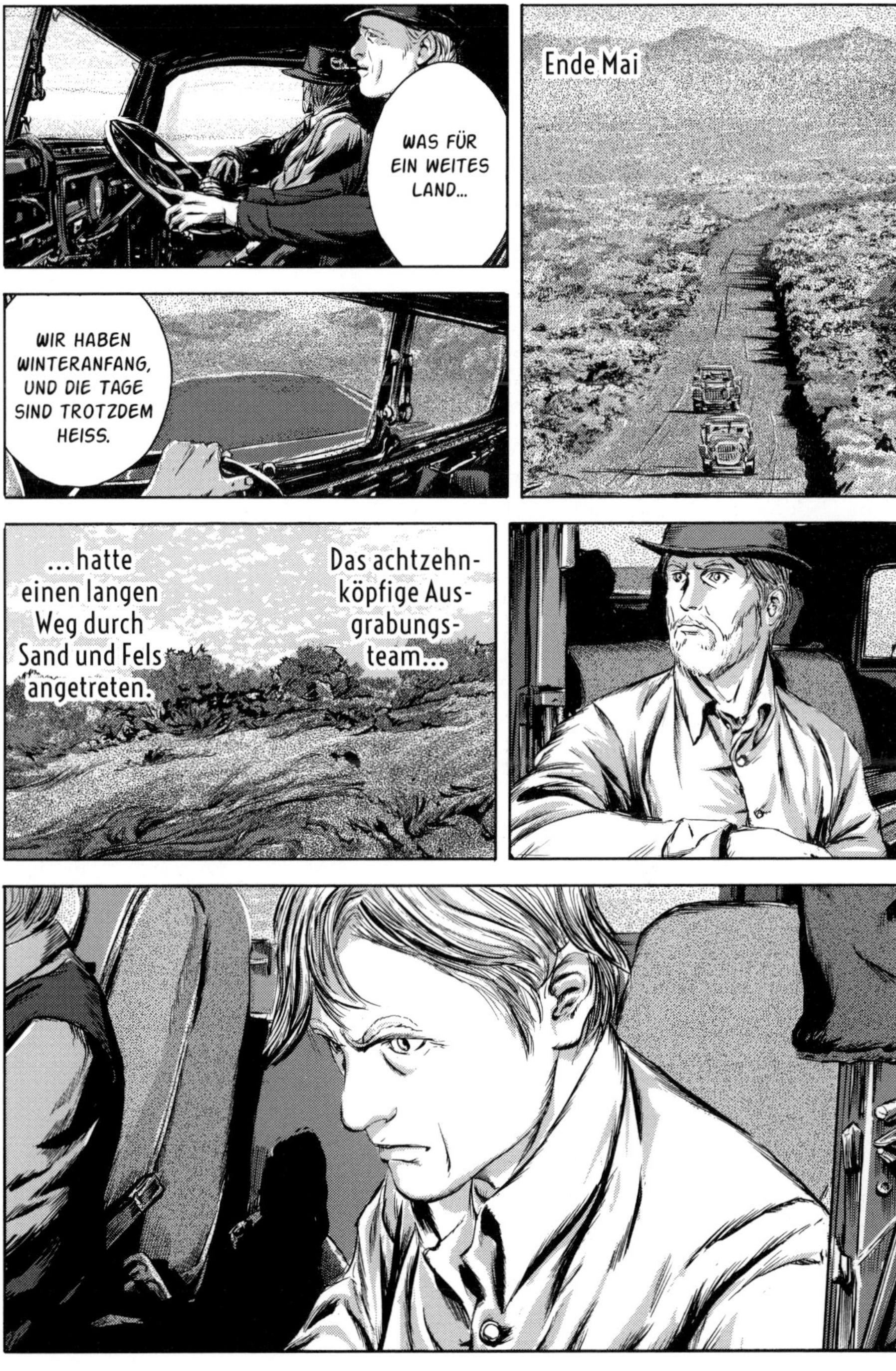
Ende Mai
WAS FÜR EIN WEITES LAND...
WIR HABEN WINTERANFANG, UND DIE TAGE SIND TROTZDEM HEISS.
Das achtzehnköpfige Ausgrabungsteam...
... hatte einen langen Weg durch Sand und Fels angetreten.

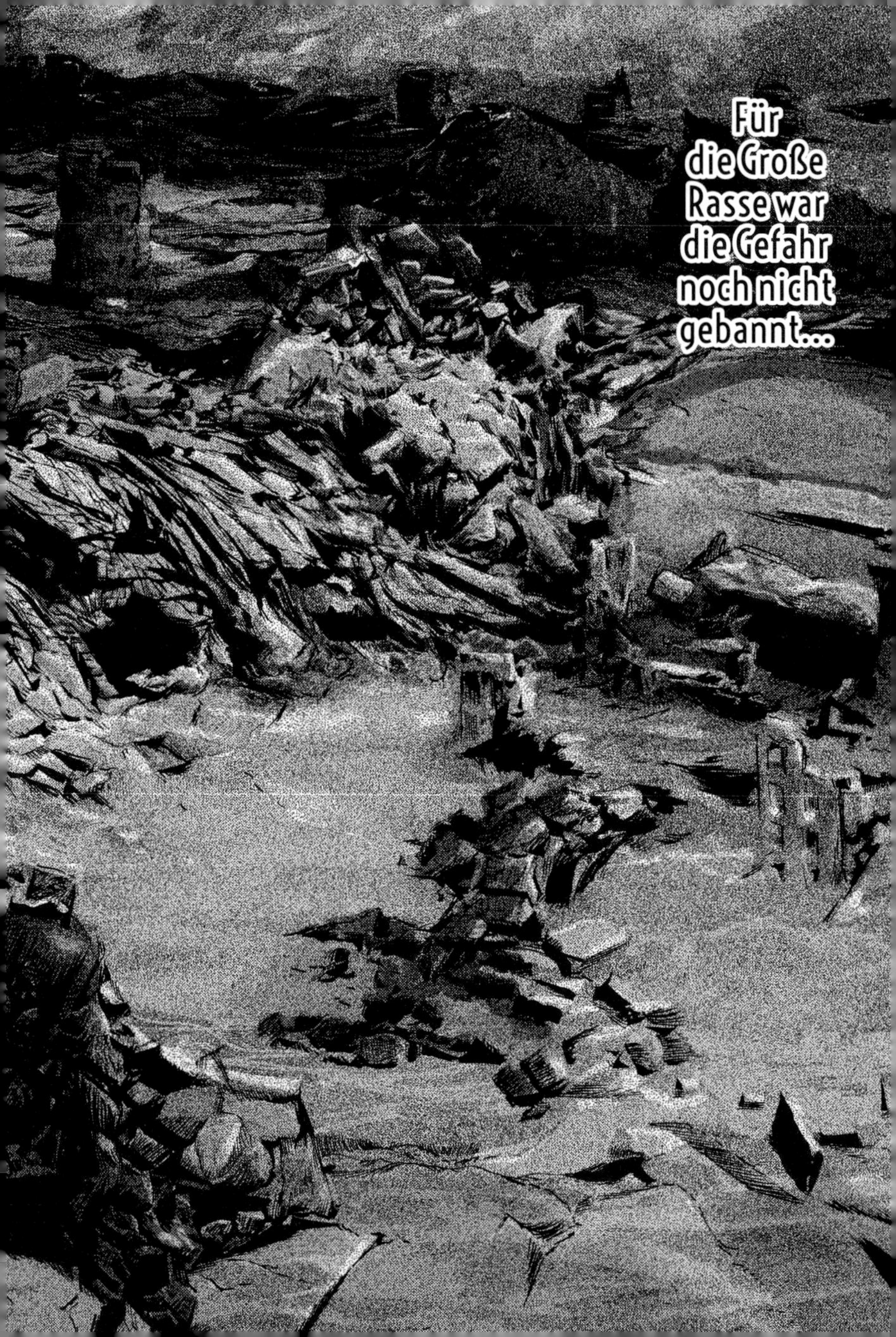
Für die Große Rasse war die Gefahr noch nicht gebannt...

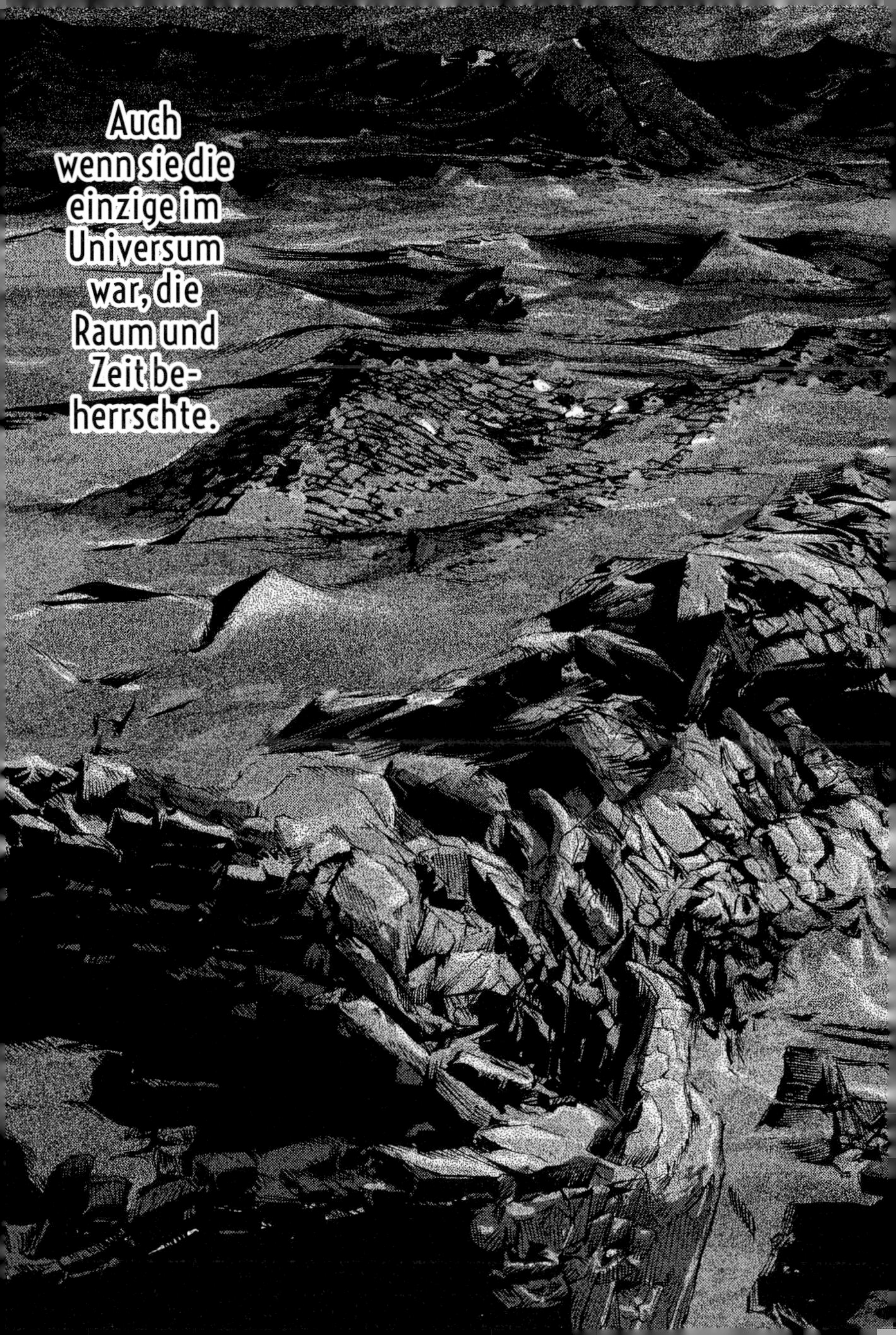
Auch wenn sie die einzige im Universum war, die Raum und Zeit beherrschte.

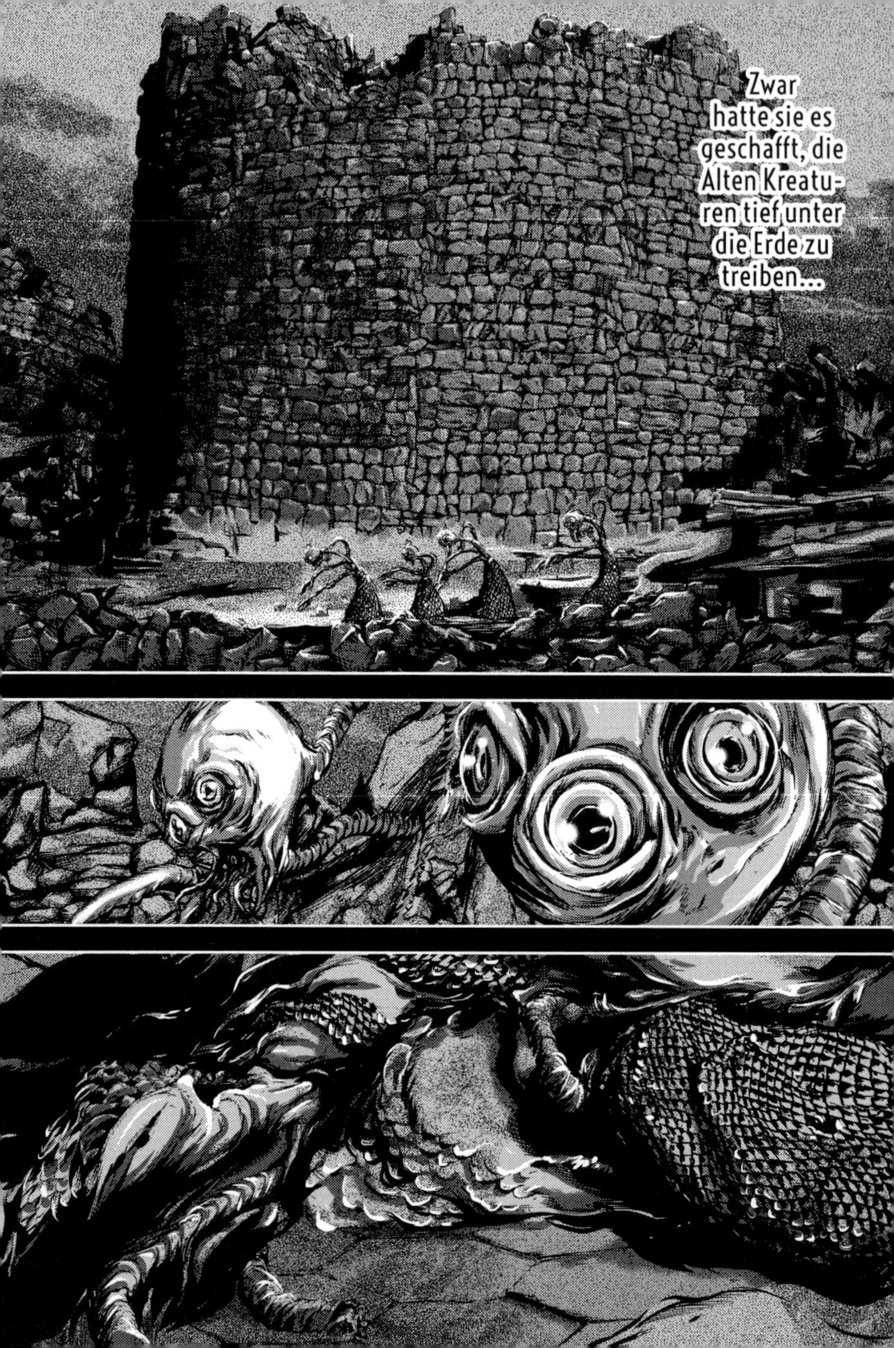
Zwar hatte sie es geschafft, die Alten Kreaturen tief unter die Erde zu treiben...

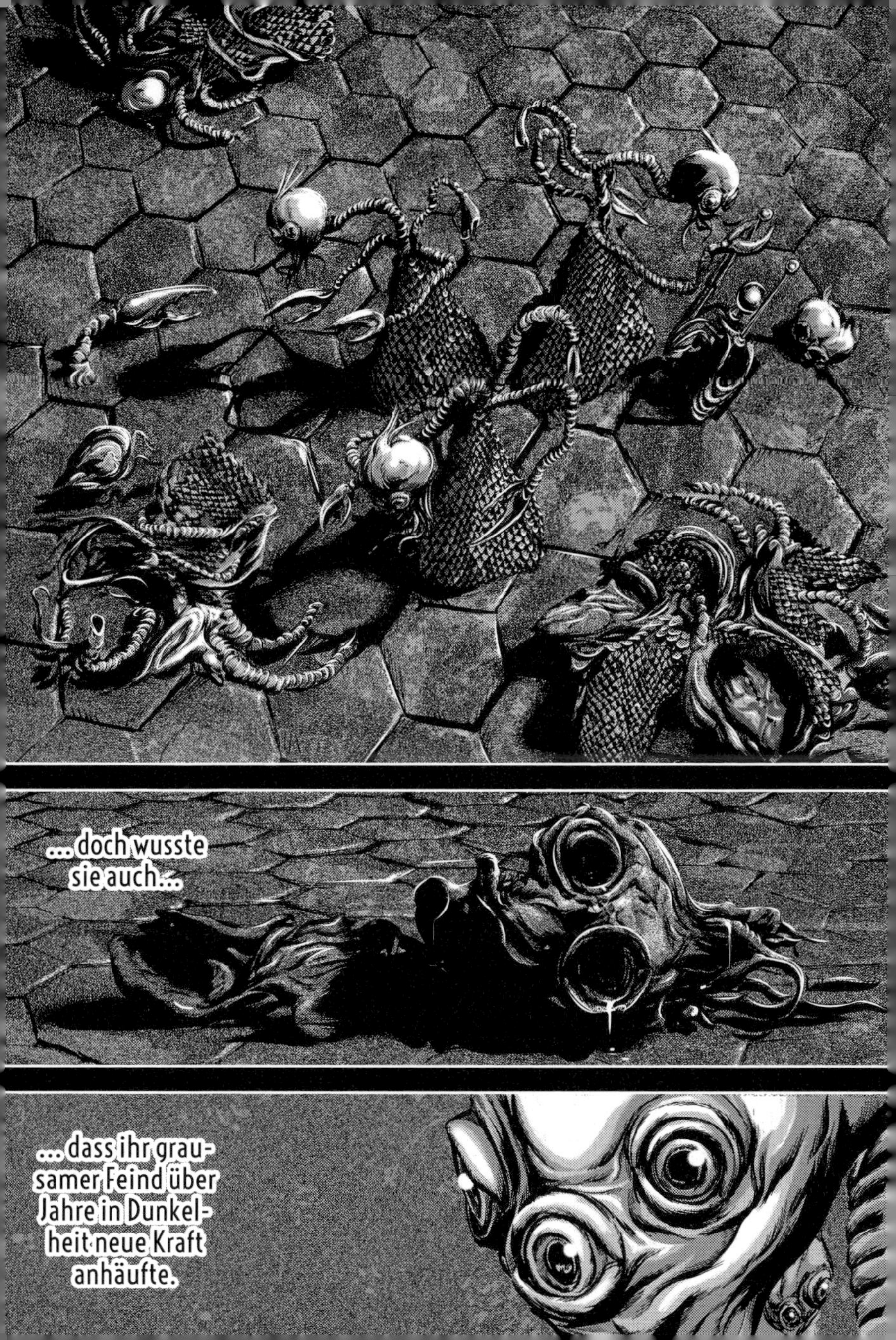
... doch wusste sie auch ...
... dass ihr grausamer Feind über Jahre in Dunkelheit neue Kraft anhäufte.

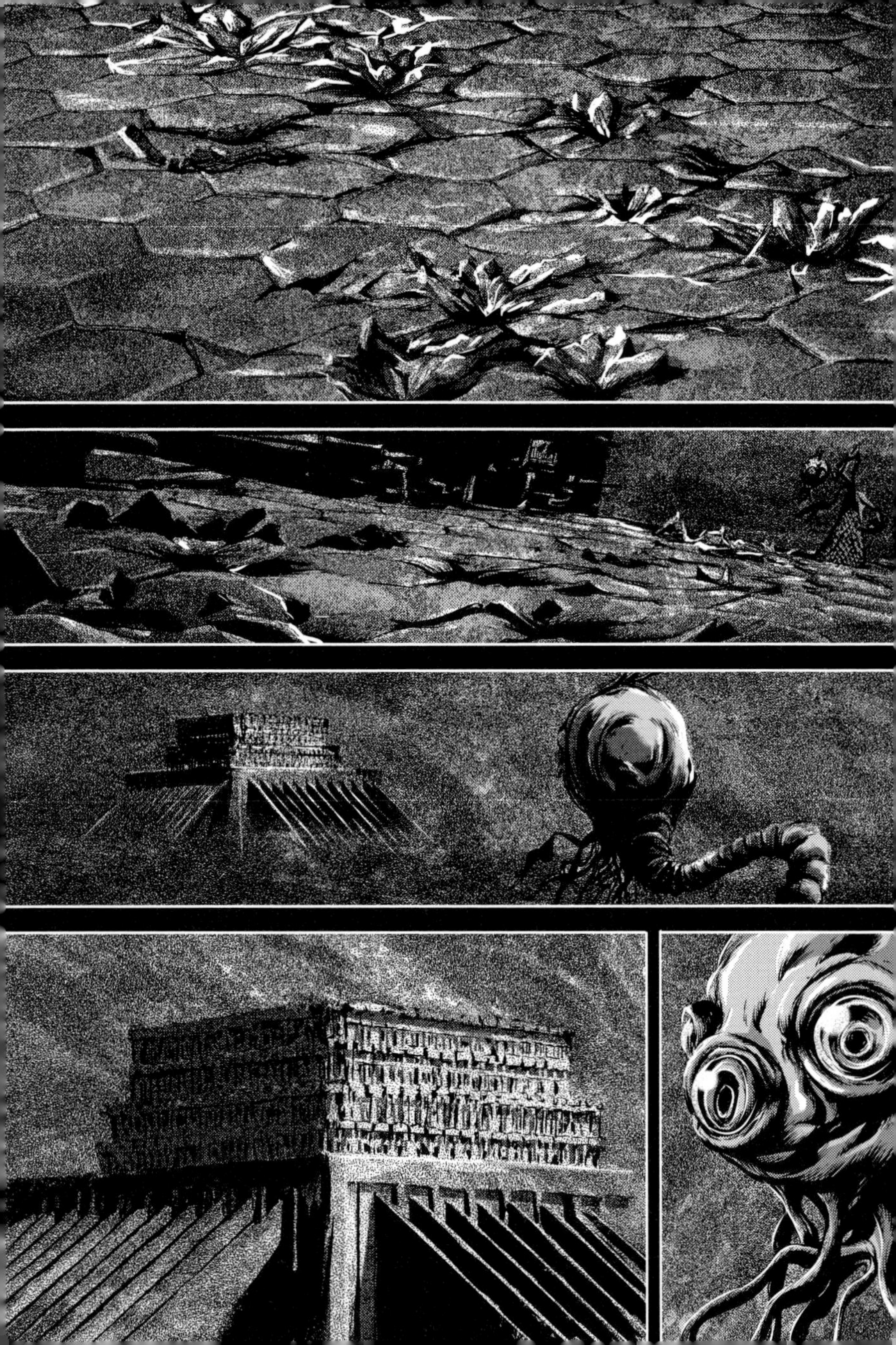

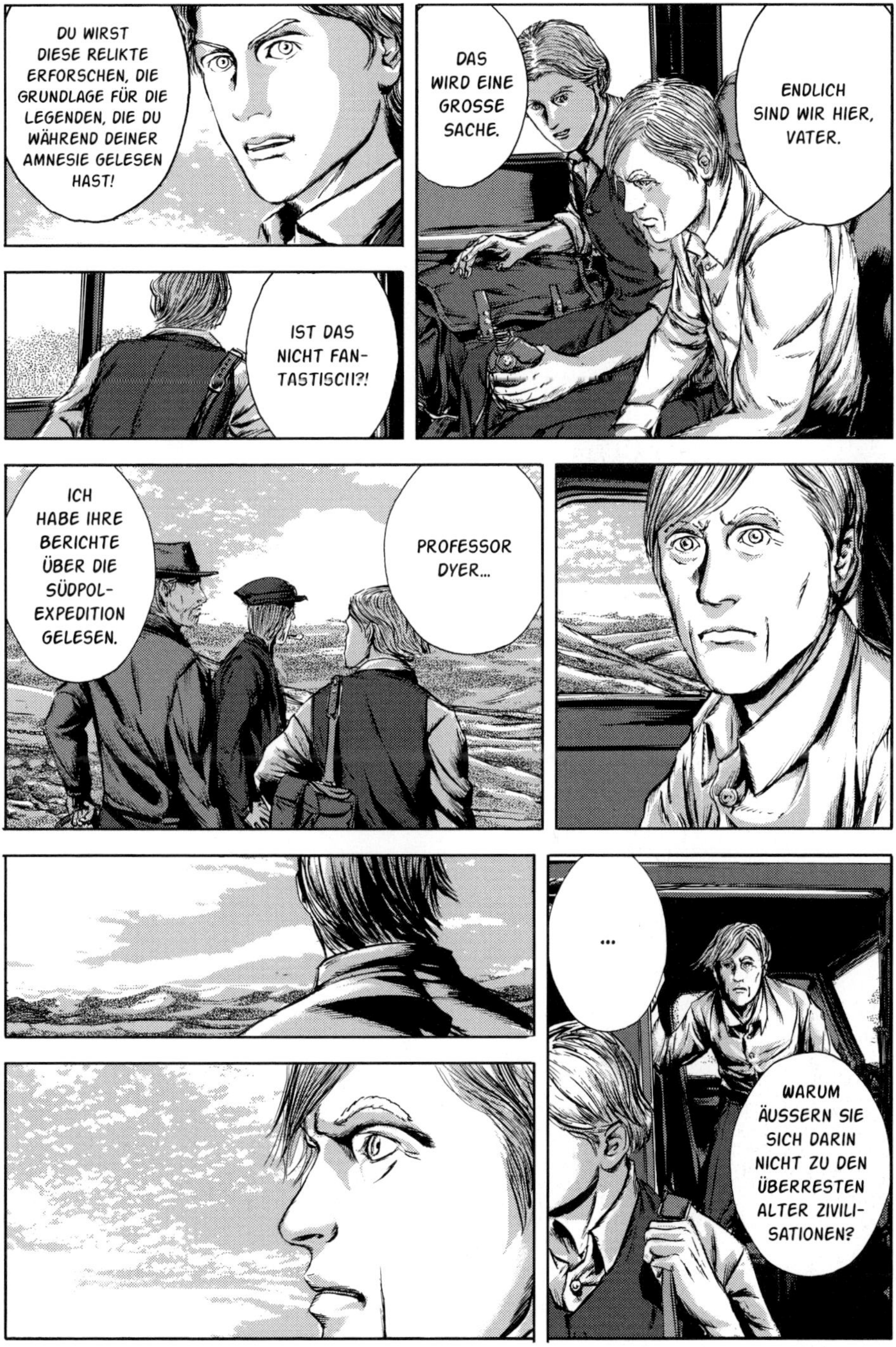
DU WIRST DIESE RELIKTE ERFORSCHEN, DIE GRUNDLAGE FÜR DIE LEGENDEN, DIE DU WÄHREND DEINER AMNESIE GELESEN HAST!
IST DAS NICHT FANTASTISCII?!
DAS WIRD EINE GROSSE SACHE.
ENDLICH SIND WIR HIER, VATER.
ICH HABE IHRE BERICHTE ÜBER DIE SÜDPOL-EXPEDITION GELESEN.
PROFESSOR DYER...
...
WARUM ÄUSSERN SIE SICH DARIN NICHT ZU DEN ÜBERRESTEN ALTER ZIVILISATIONEN?

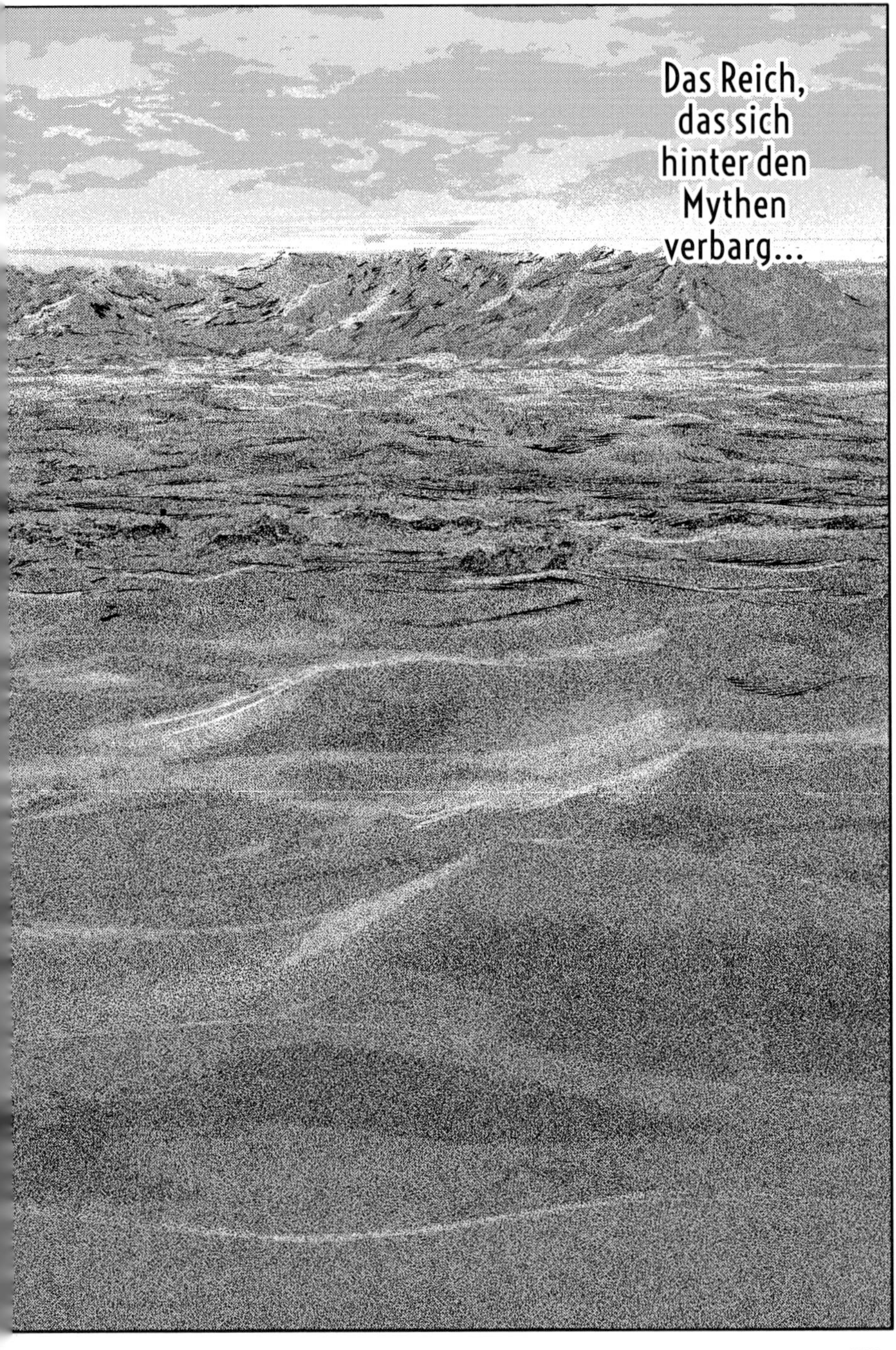
Das Reich, das sich hinter den Mythen verbarg...

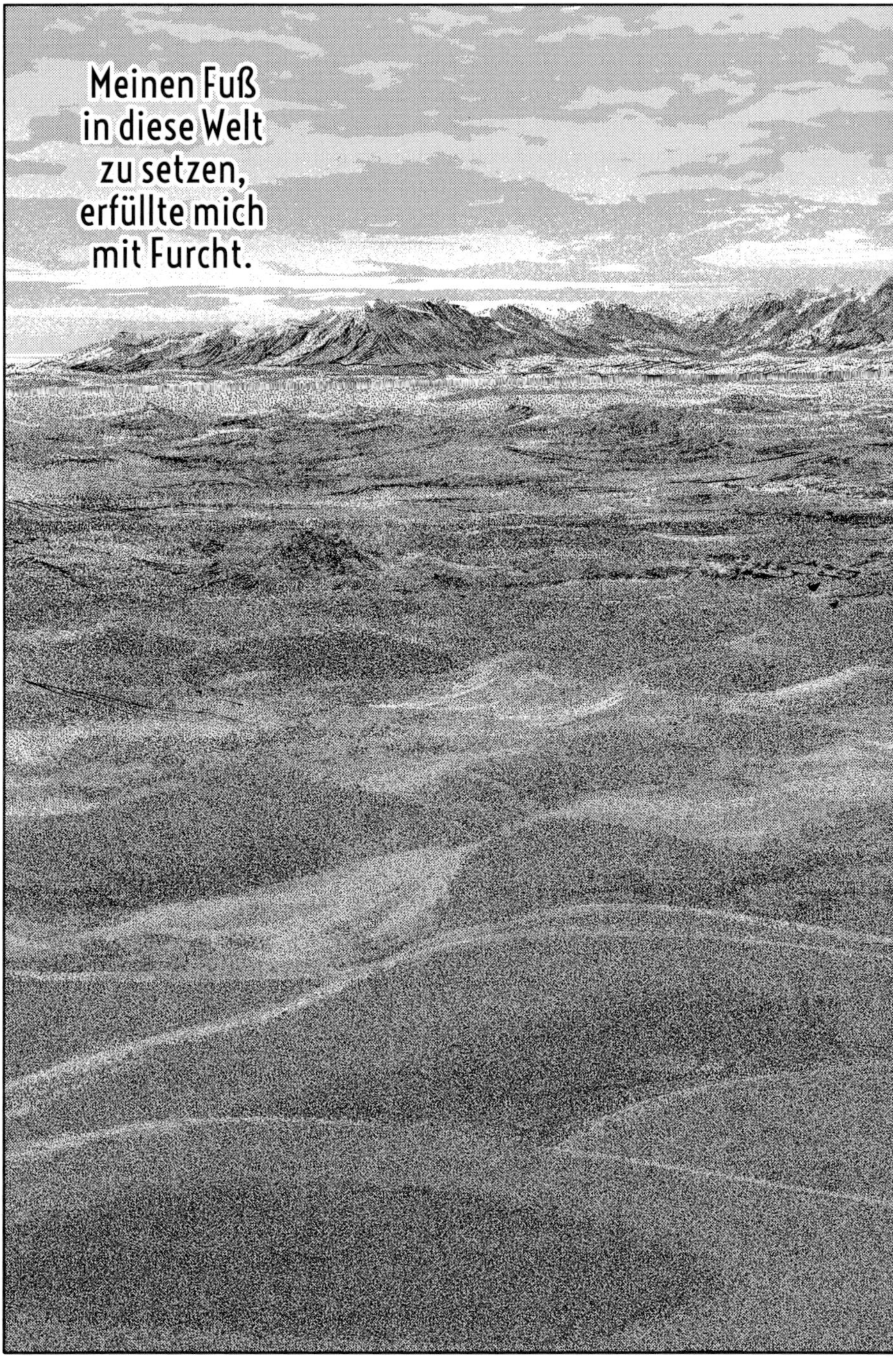
Meinen Fuß in diese Welt zu setzen, erfüllte mich mit Furcht.

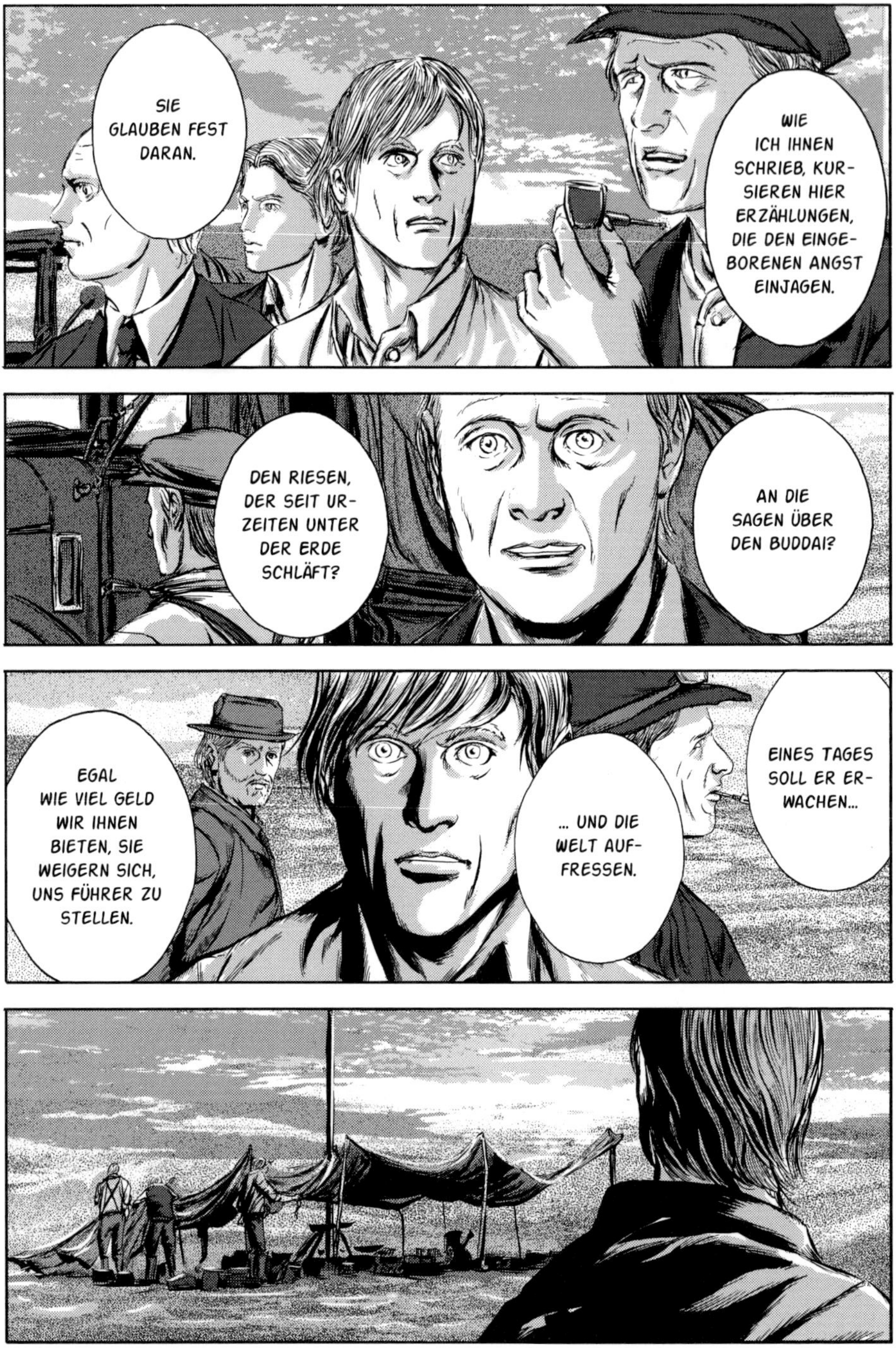
WIE ICH IHNEN SCHRIEB, KURSIEREN HIER ERZÄHLUNGEN, DIE DEN EINGEBORENEN ANGST EINJAGEN.
SIE GLAUBEN FEST DARAN.
AN DIE SAGEN ÜBER DEN BUDDAI?
DEN RIESEN, DER SEIT URZEITEN UNTER DER ERDE SCHLÄFT?
EINES TAGES SOLL ER ERWACHEN...
... UND DIE WELT AUFFRESSEN.
EGAL WIE VIEL GELD WIR IHNEN BIETEN, SIE WEIGERN SICH, UNS FÜHRER ZU STELLEN.

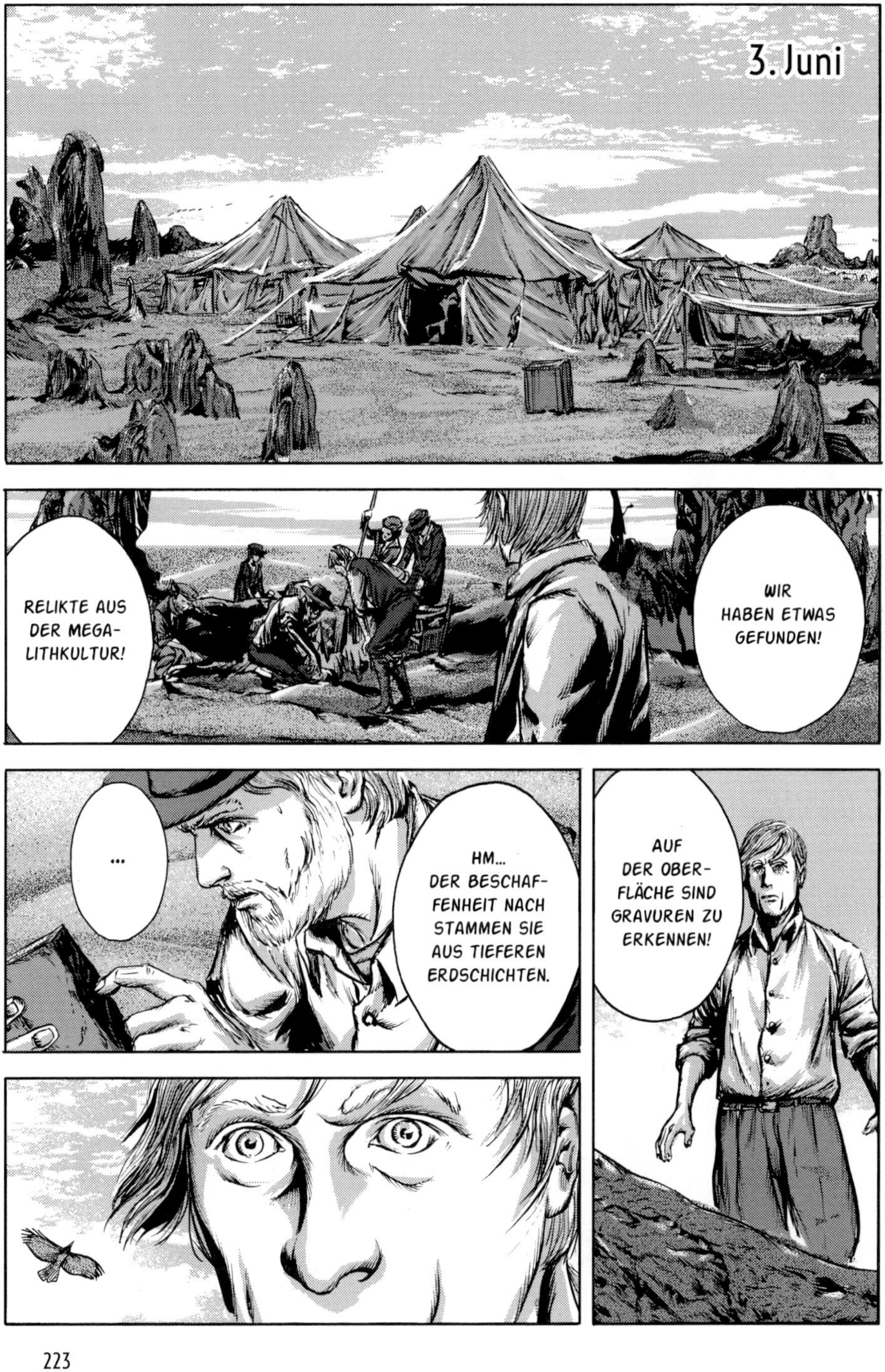
3. Juni
Relikte aus der Mega-lithkultur!
Wir haben etwas gefunden!
...
Hm... Der Beschaf-fenheit nach stammen sie aus tieferen Erdschichten.
Auf der Ober-fläche sind Gravuren zu erkennen!

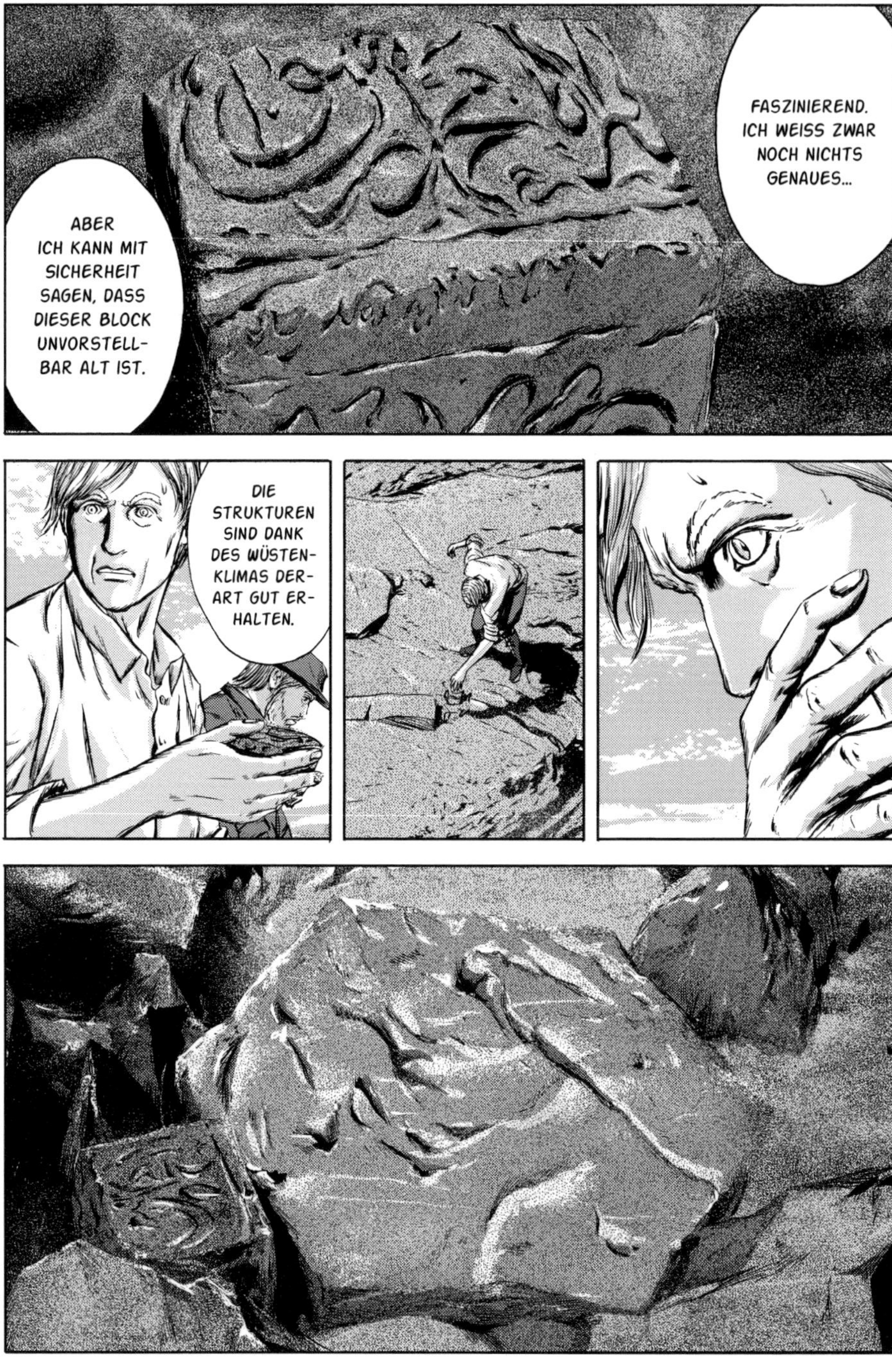

FASZINIEREND. ICH WEISS ZWAR NOCH NICHTS GENAUES...
ABER ICH KANN MIT SICHERHEIT SAGEN, DASS DIESER BLOCK UNVORSTELL-BAR ALT IST.
DIE STRUKTUREN SIND DANK DES WÜSTEN-KLIMAS DER-ART GUT ER-HALTEN.

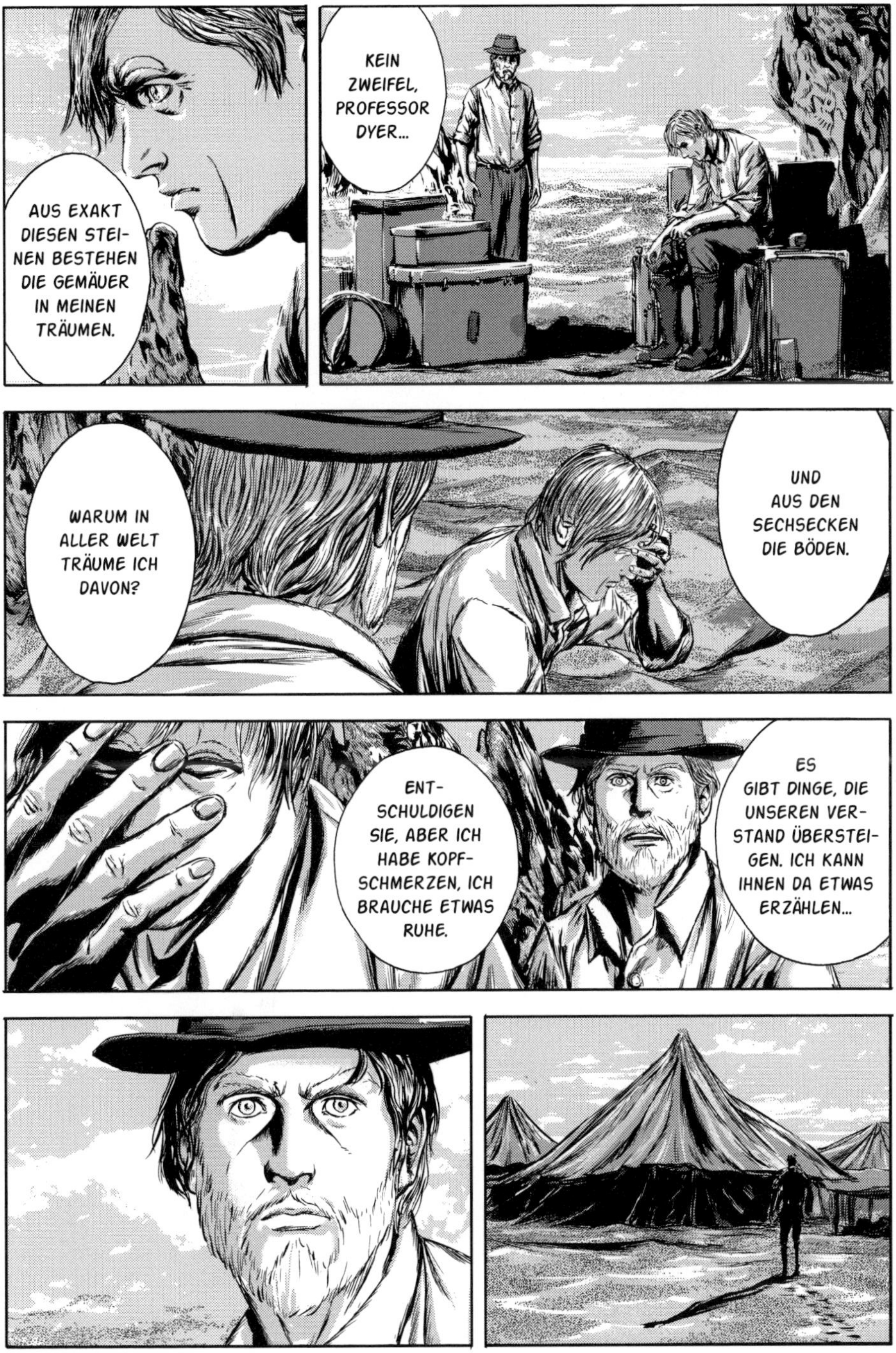
AUS EXAKT DIESEN STEINEN BESTEHEN DIE GEMÄUER IN MEINEN TRÄUMEN.
KEIN ZWEIFEL, PROFESSOR DYER...
WARUM IN ALLER WELT TRÄUME ICH DAVON?
UND AUS DEN SECHSECKEN DIE BÖDEN.
ENTSCHULDIGEN SIE, ABER ICH HABE KOPFSCHMERZEN, ICH BRAUCHE ETWAS RUHE.
ES GIBT DINGE, DIE UNSEREN VERSTAND ÜBERSTEIGEN. ICH KANN IHNEN DA ETWAS ERZÄHLEN...

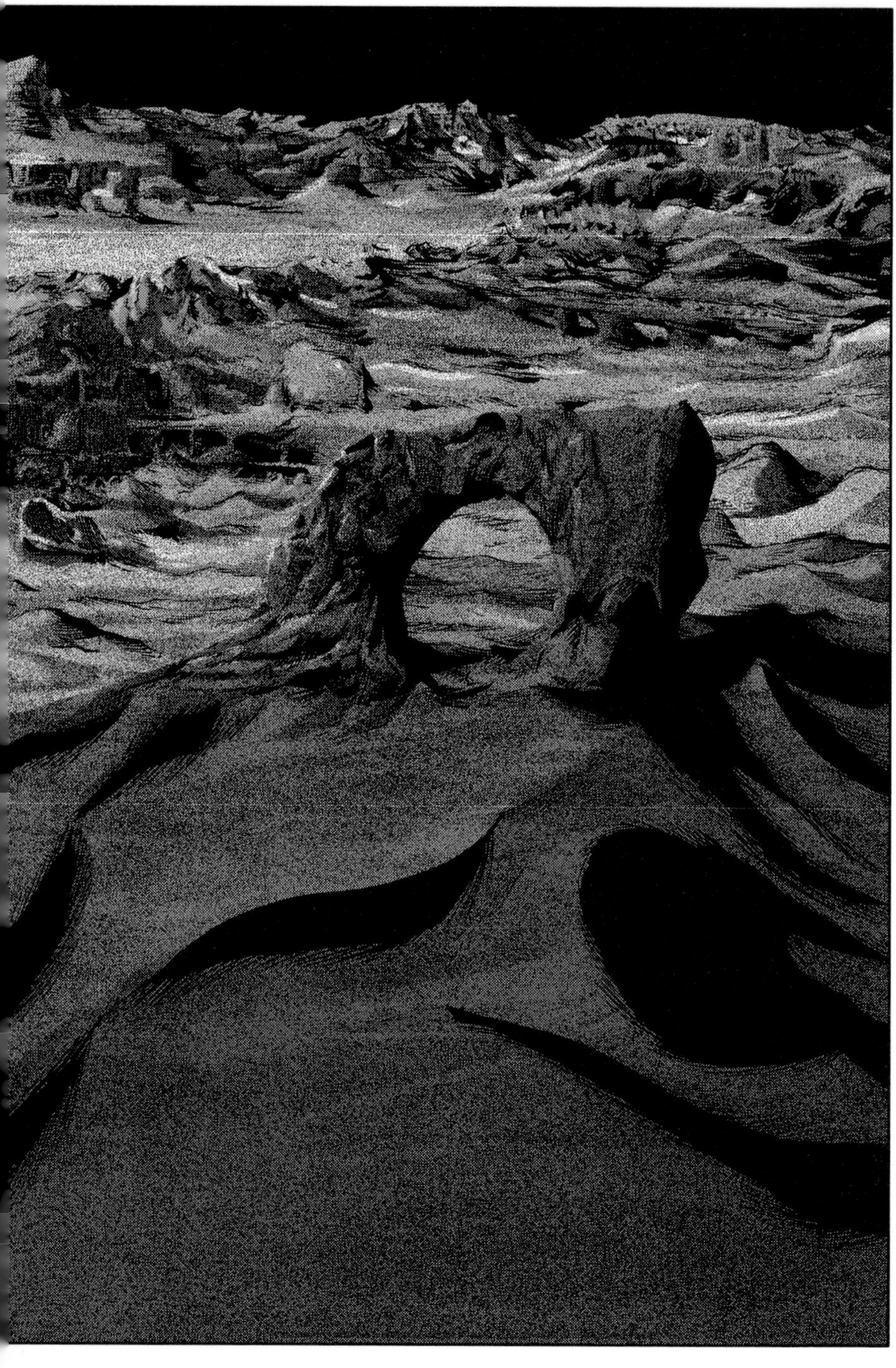

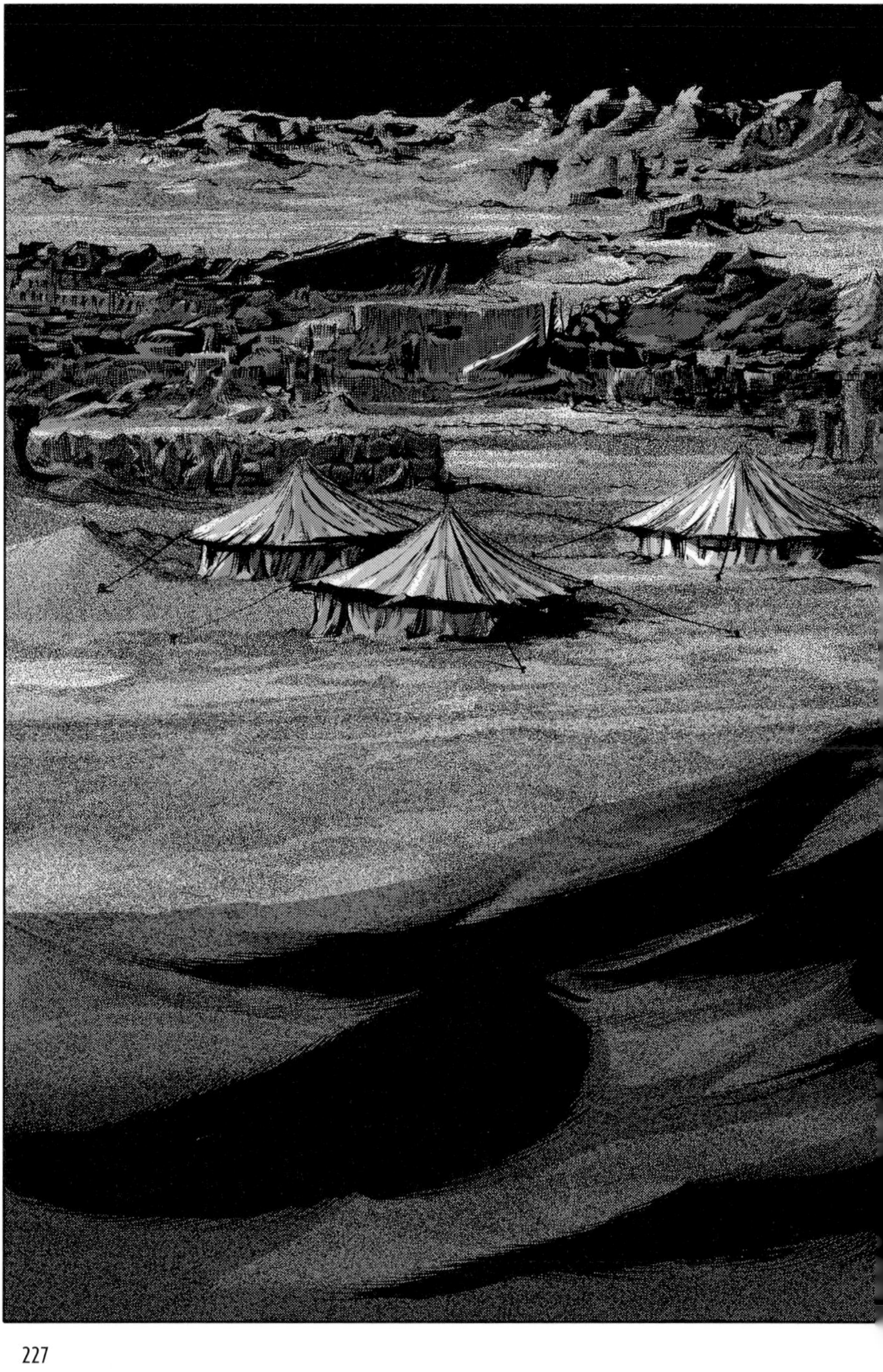

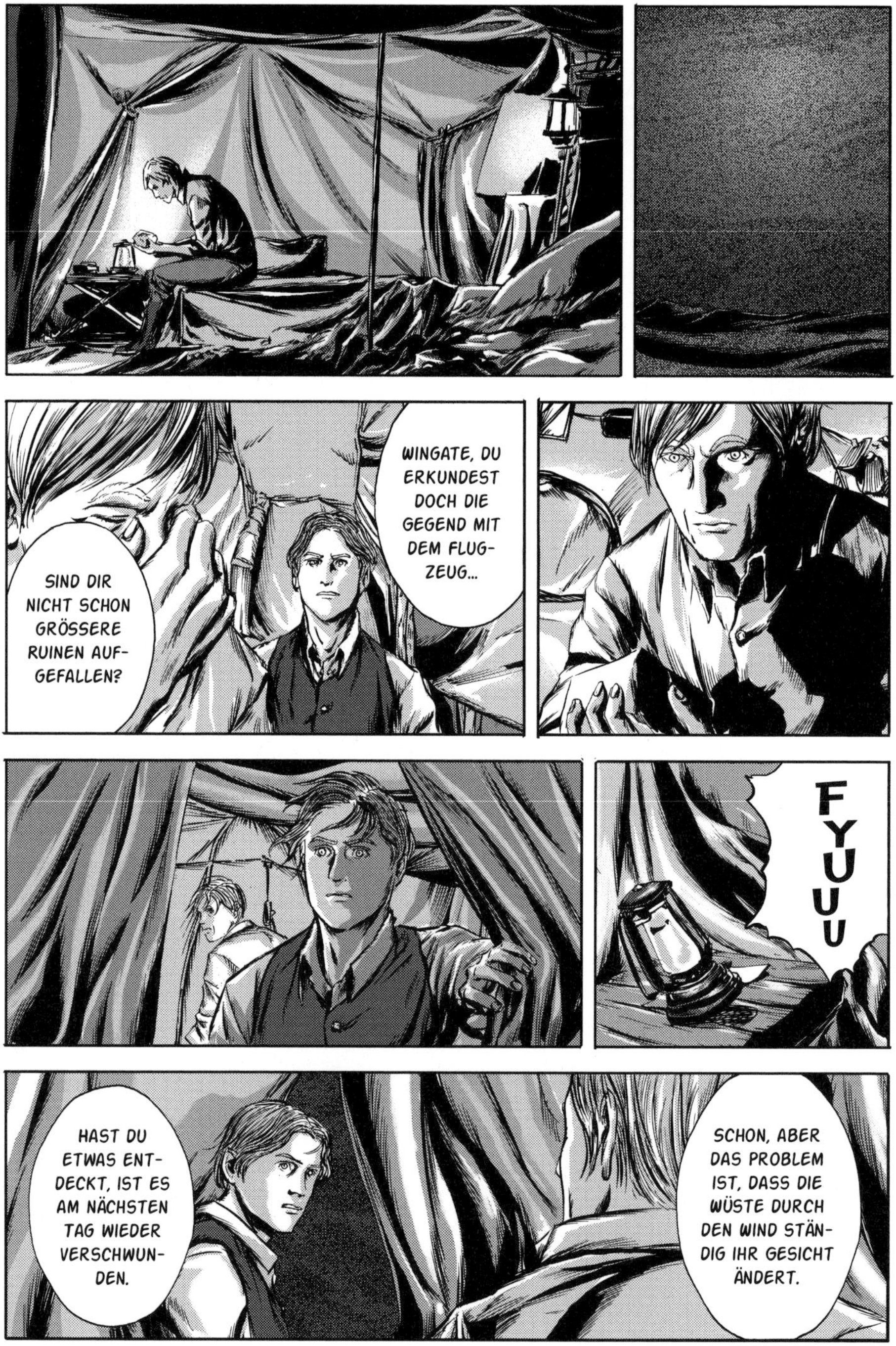
WINGATE, DU ERKUNDEST DOCH DIE GEGEND MIT DEM FLUG- ZEUG...
SIND DIR NICHT SCHON GRÖSSERE RUINEN AUF- GEFALLEN?
FYUUU
SCHON, ABER DAS PROBLEM IST, DASS DIE WÜSTE DURCH DEN WIND STÄN- DIG IHR GESICHT ÄNDERT.
HAST DU ETWAS ENT- DECKT, IST ES AM NÄCHSTEN TAG WIEDER VERSCHWUN- DEN.

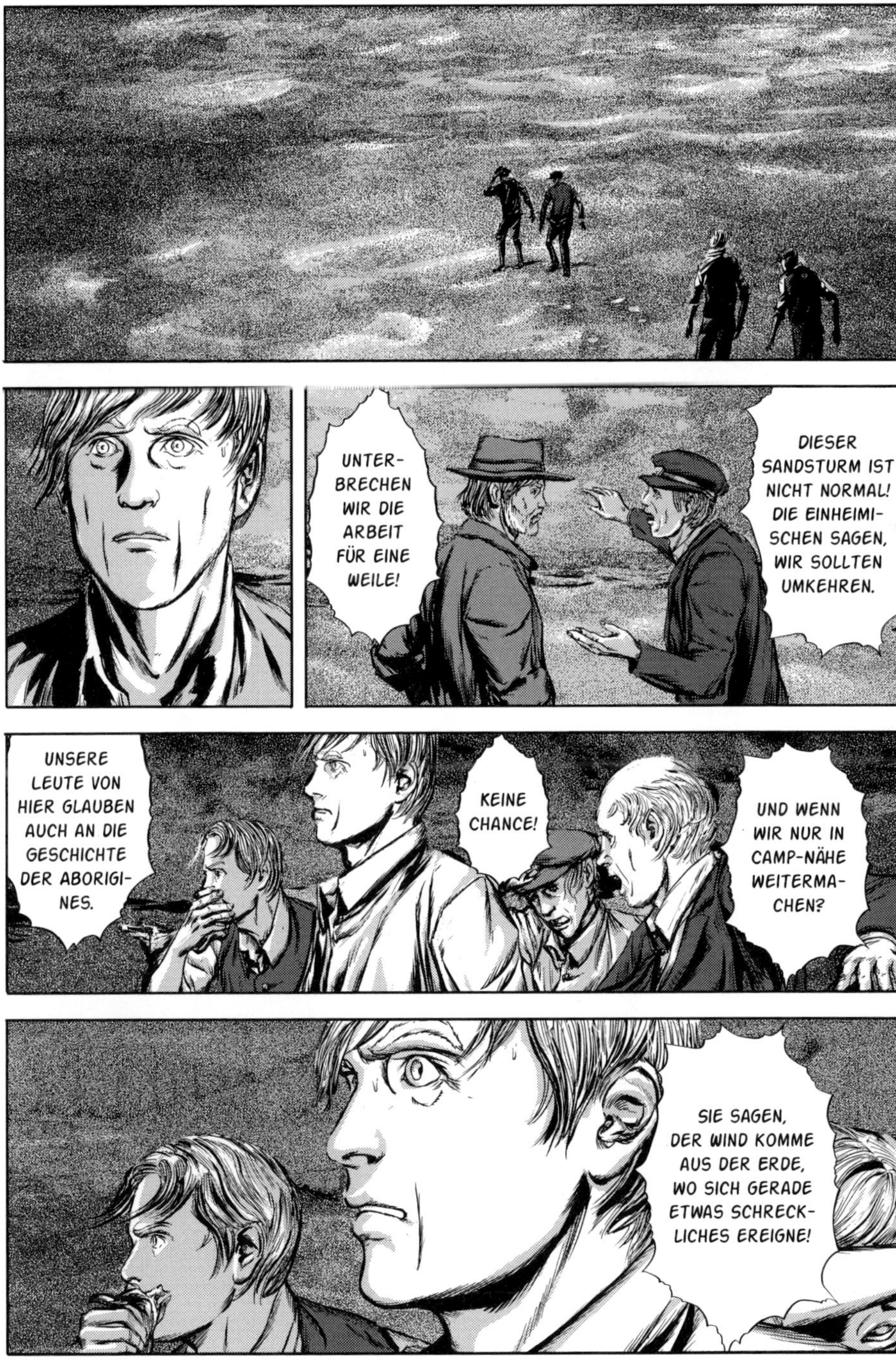
DIESER SANDSTURM IST NICHT NORMAL! DIE EINHEIMISCHEN SAGEN, WIR SOLLTEN UMKEHREN.
UNTERBRECHEN WIR DIE ARBEIT FÜR EINE WEILE!
UNSERE LEUTE VON HIER GLAUBEN AUCH AN DIE GESCHICHTE DER ABORIGINES.
KEINE CHANCE!
UND WENN WIR NUR IN CAMP-NÄHE WEITERMACHEN?
SIE SAGEN, DER WIND KOMME AUS DER ERDE, WO SICH GERADE ETWAS SCHRECKLICHES EREIGNE!

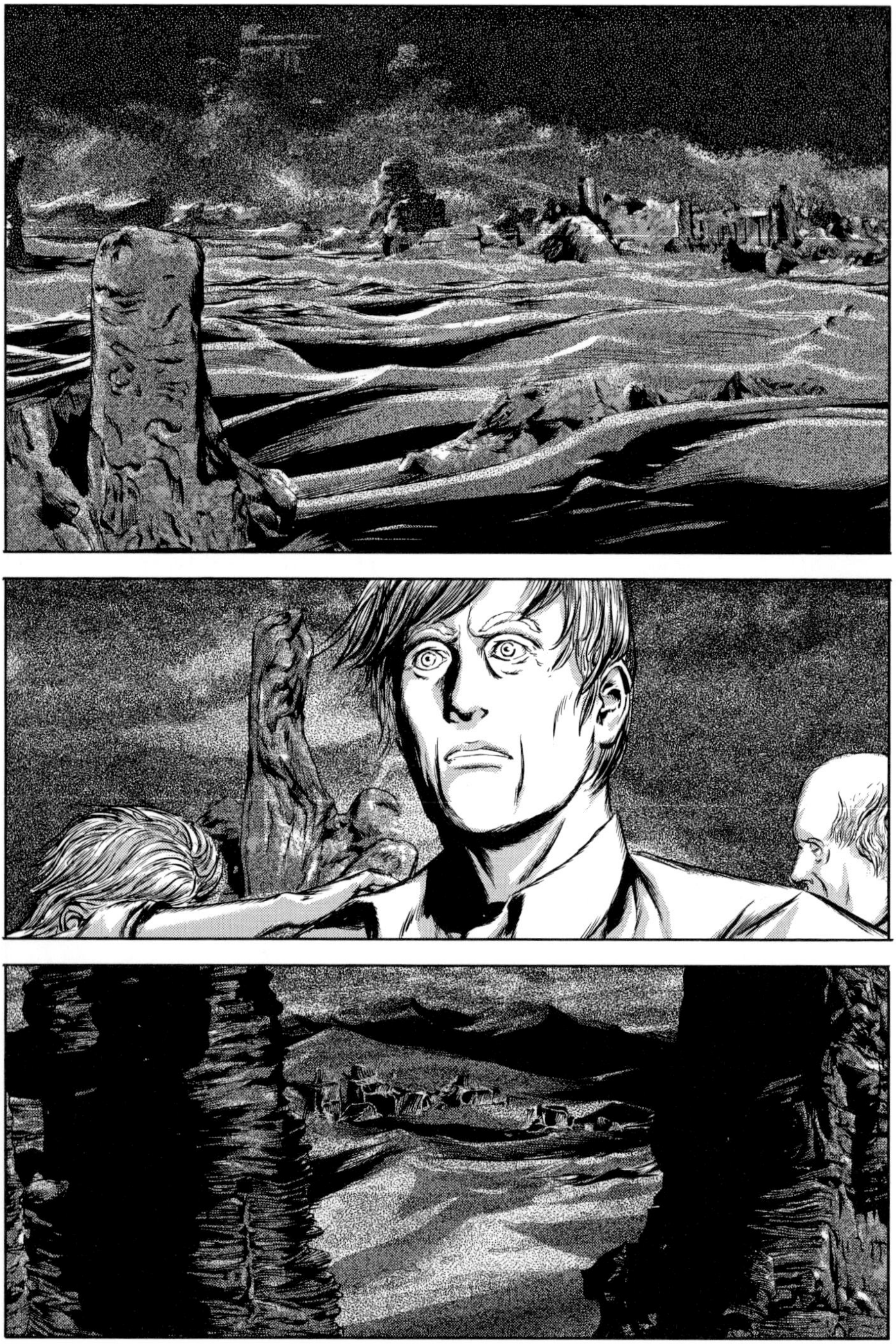

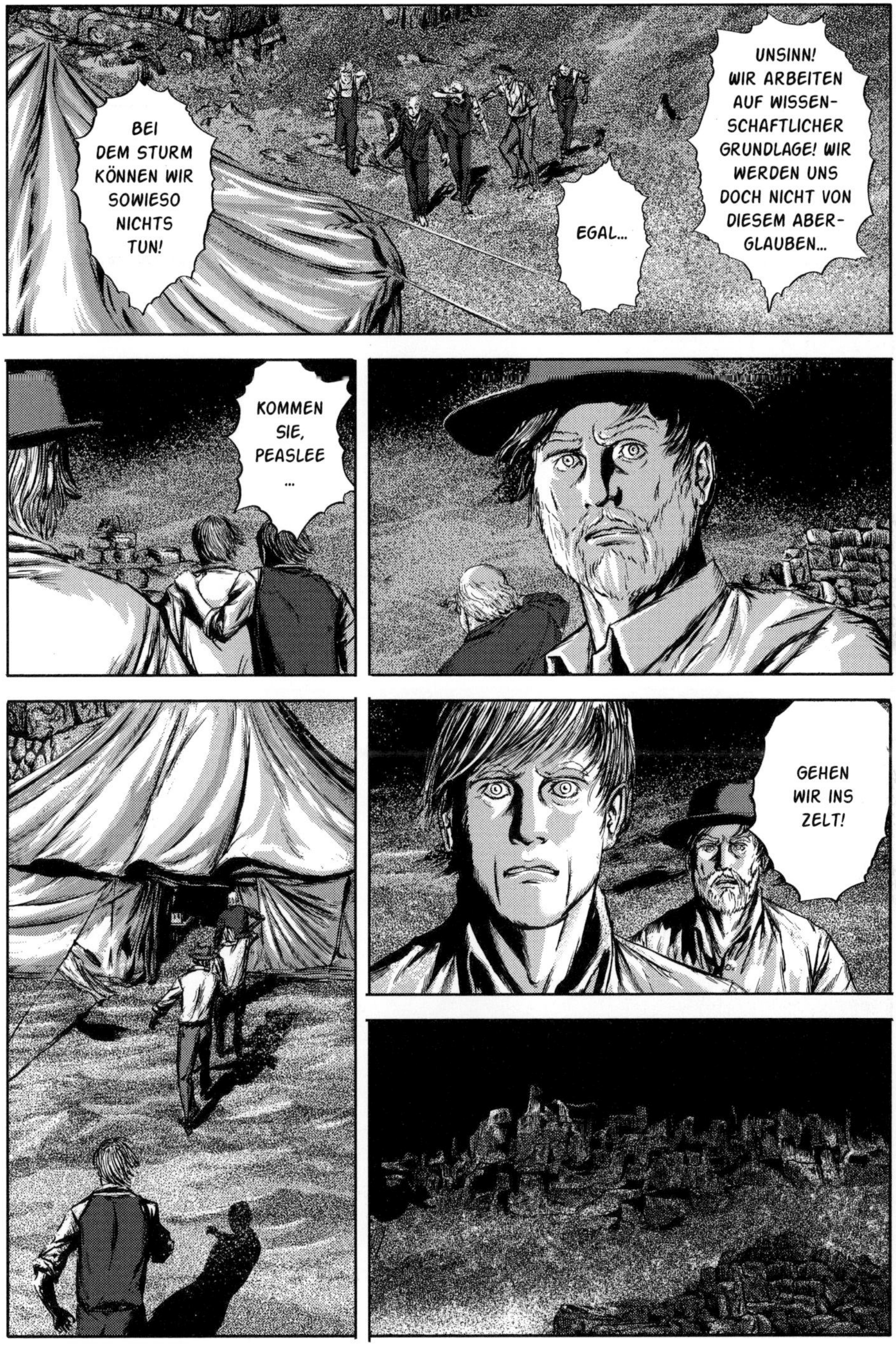
UNSINN! WIR ARBEITEN AUF WISSEN-SCHAFTLICHER GRUNDLAGE! WIR WERDEN UNS DOCH NICHT VON DIESEM ABER-GLAUBEN...
EGAL...
BEI DEM STURM KÖNNEN WIR SOWIESO NICHTS TUN!
KOMMEN SIE, PEASLEE ...
GEHEN WIR INS ZELT!

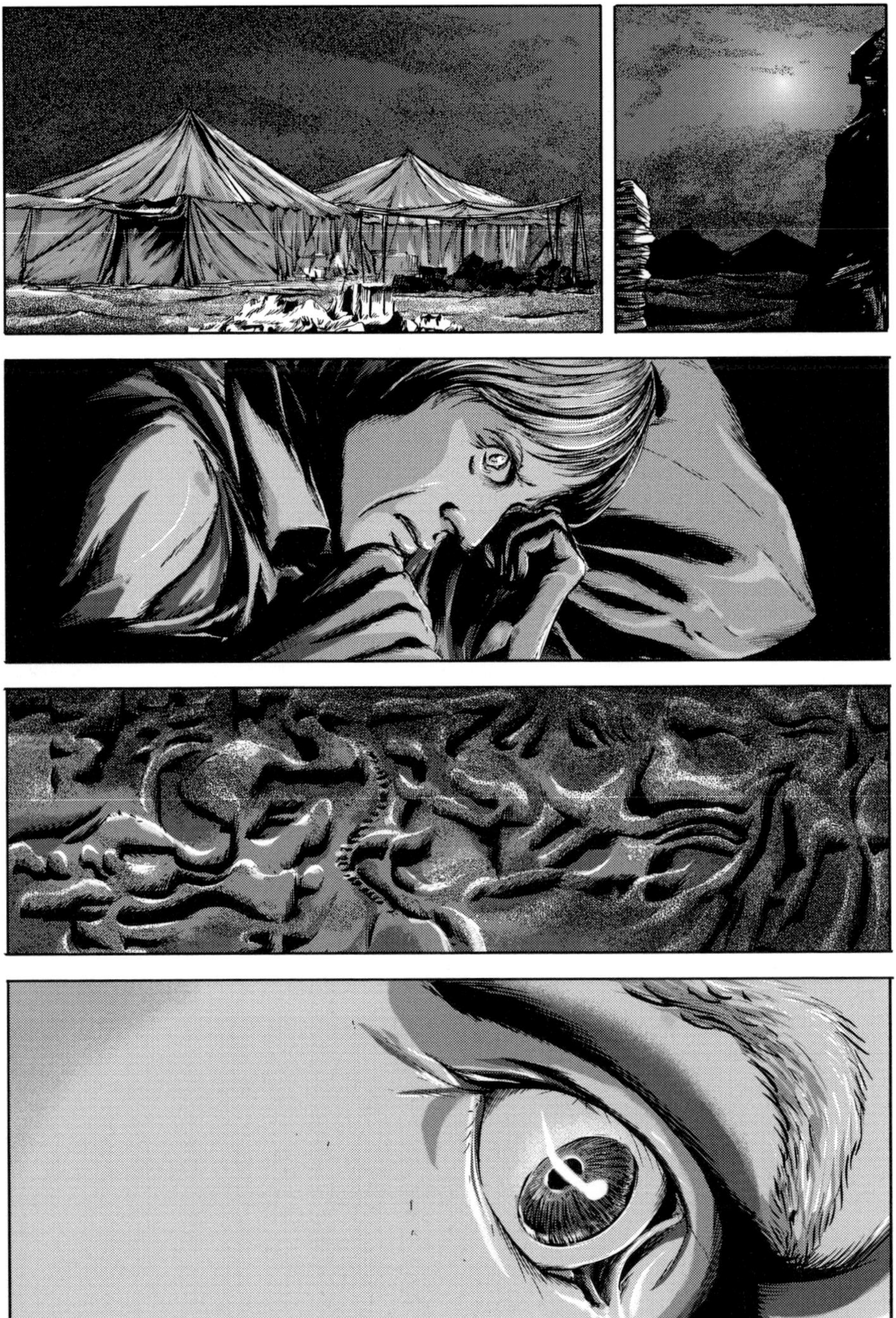

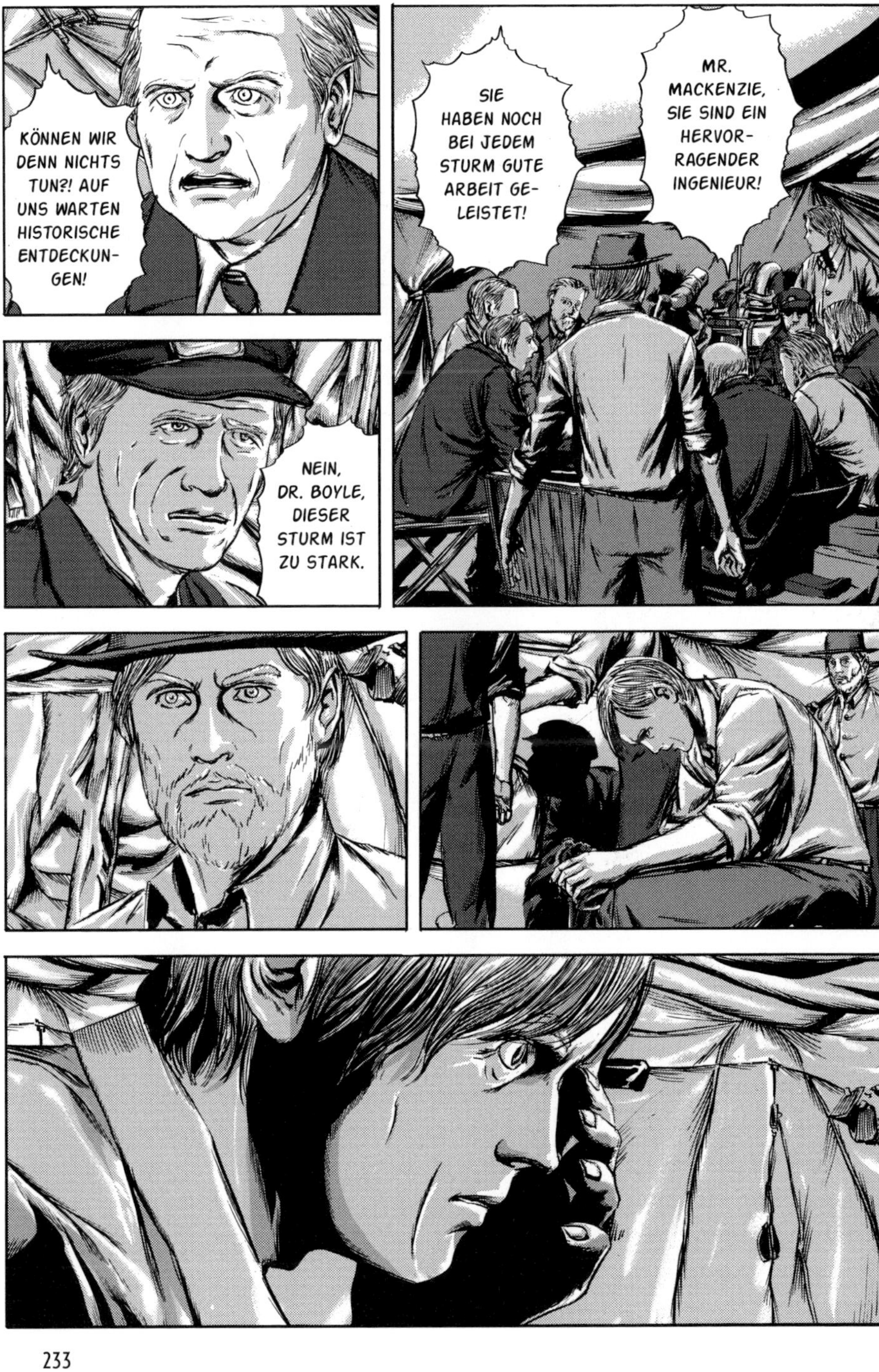
KÖNNEN WIR DENN NICHTS TUN?! AUF UNS WARTEN HISTORISCHE ENTDECKUNGEN!
NEIN, DR. BOYLE, DIESER STURM IST ZU STARK.
MR. MACKENZIE, SIE SIND EIN HERVORRAGENDER INGENIEUR!
SIE HABEN NOCH BEI JEDEM STURM GUTE ARBEIT GELEISTET!

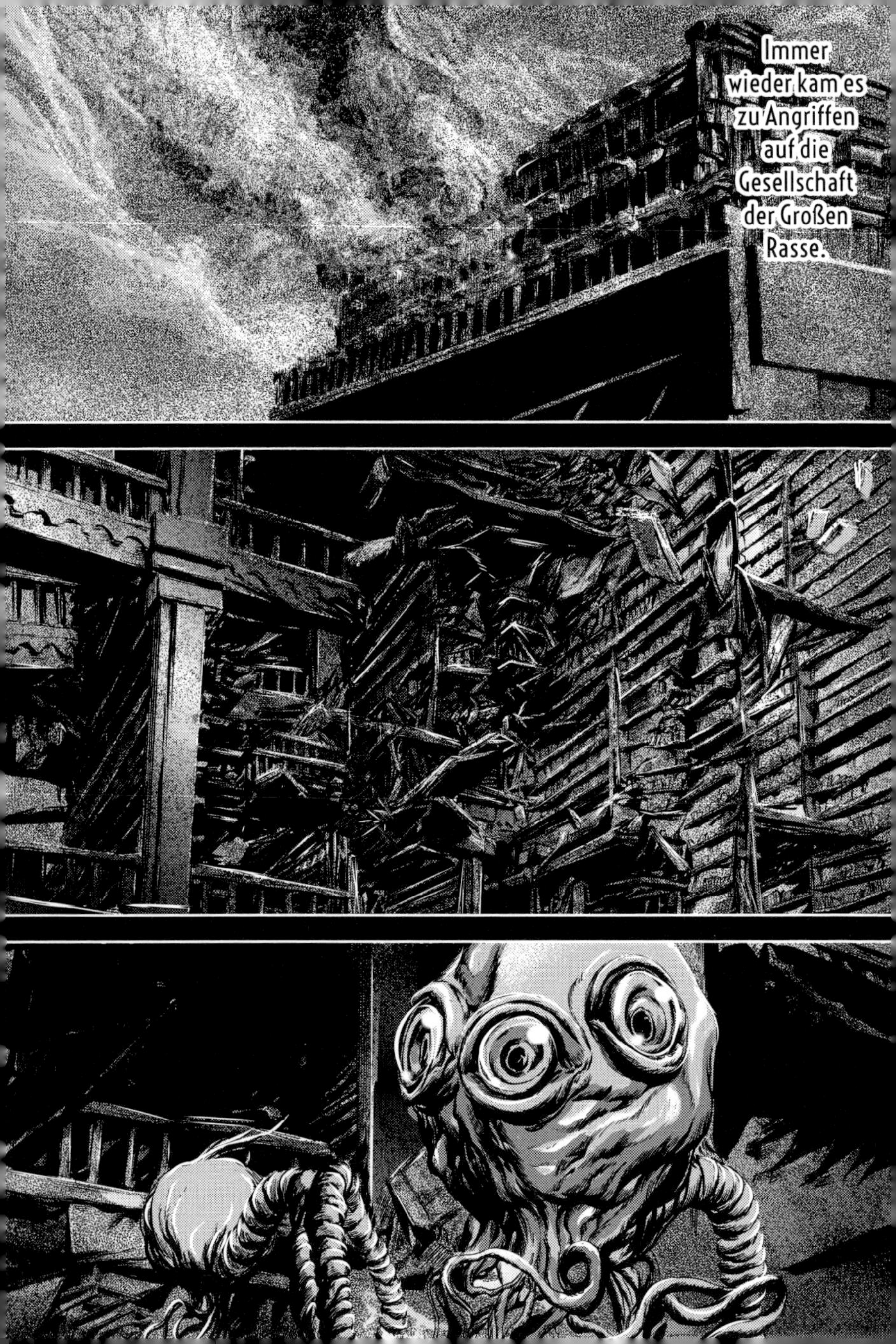
Immer wieder kam es zu Angriffen auf die Gesellschaft der Großen Rasse.

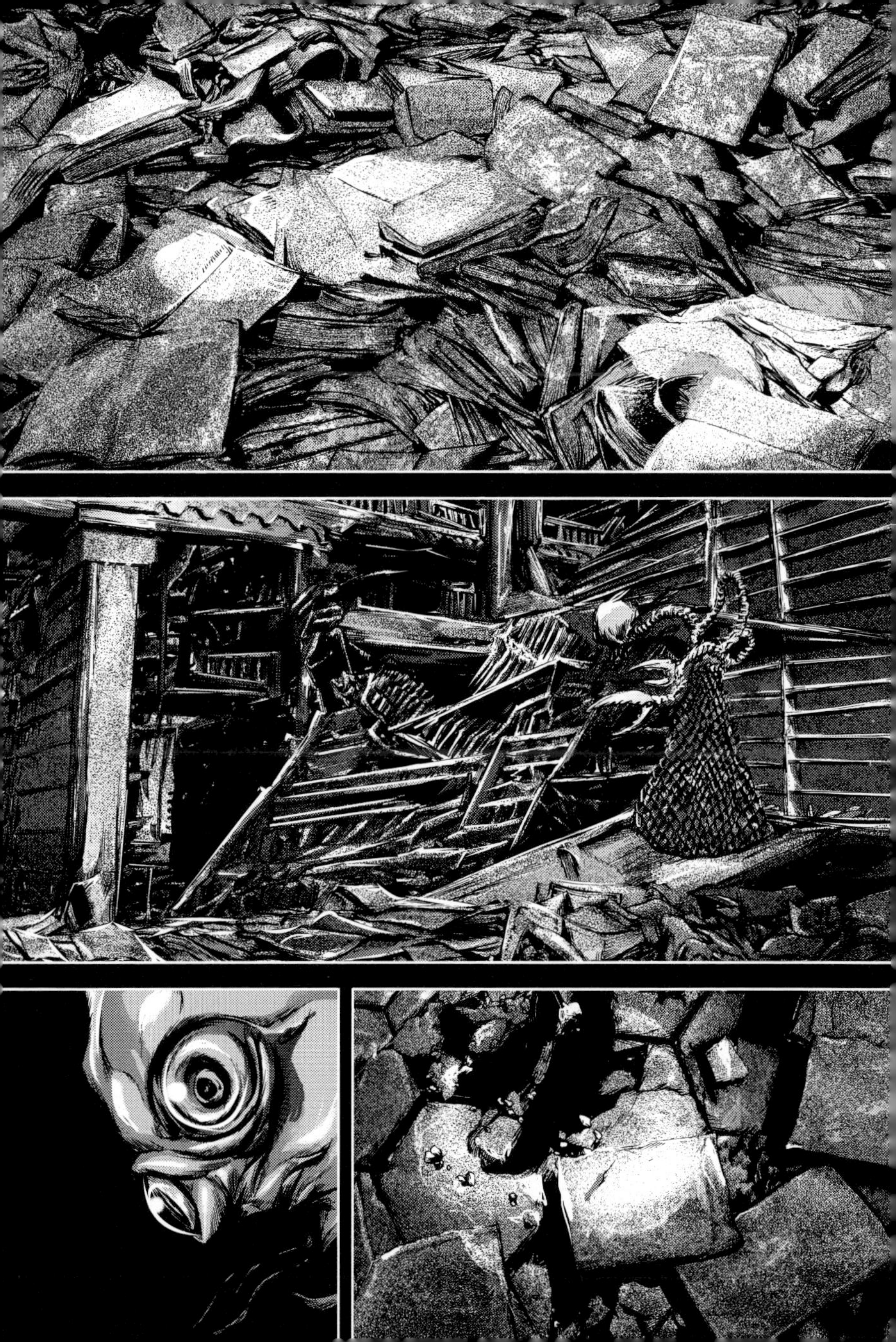

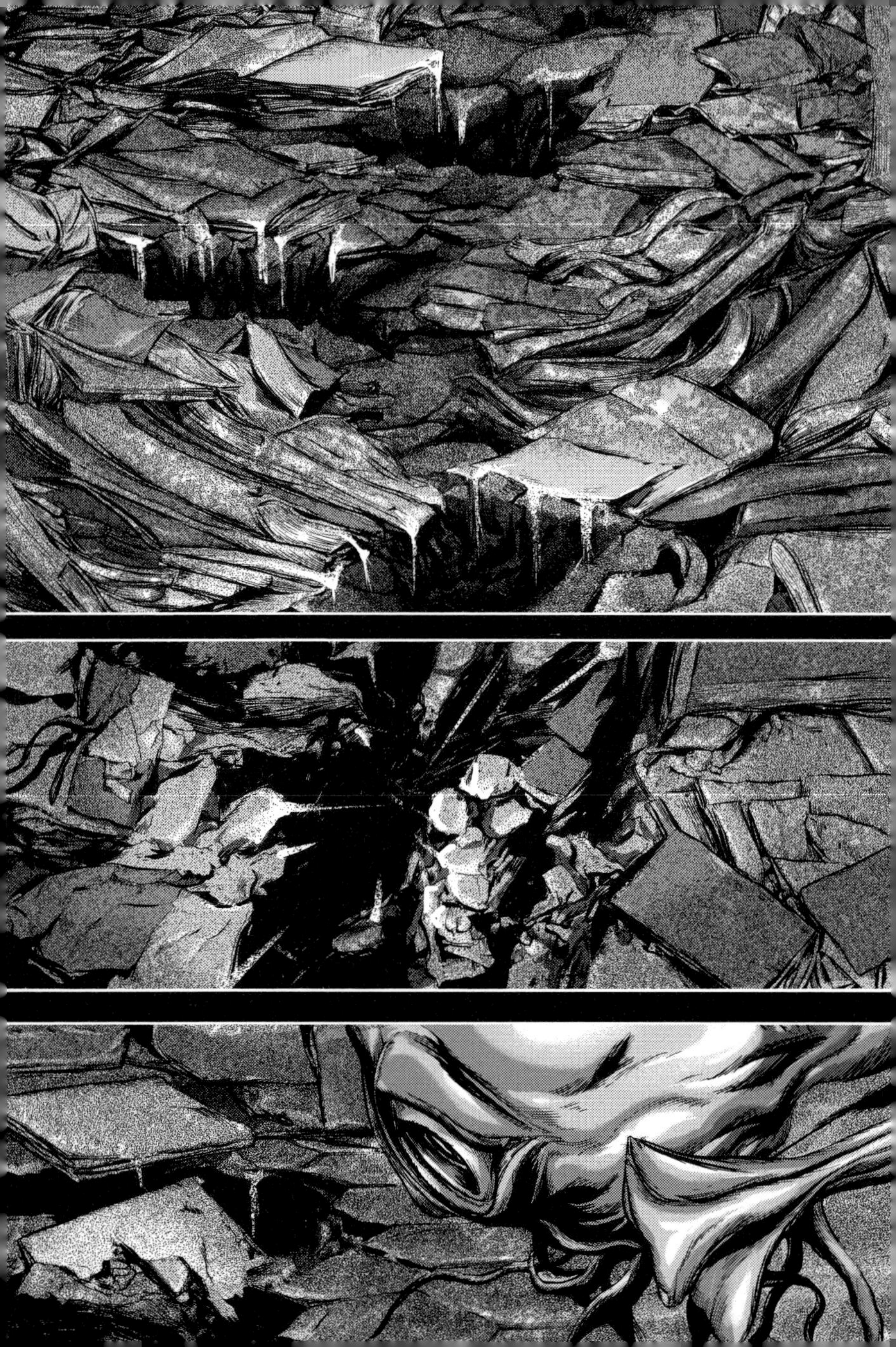

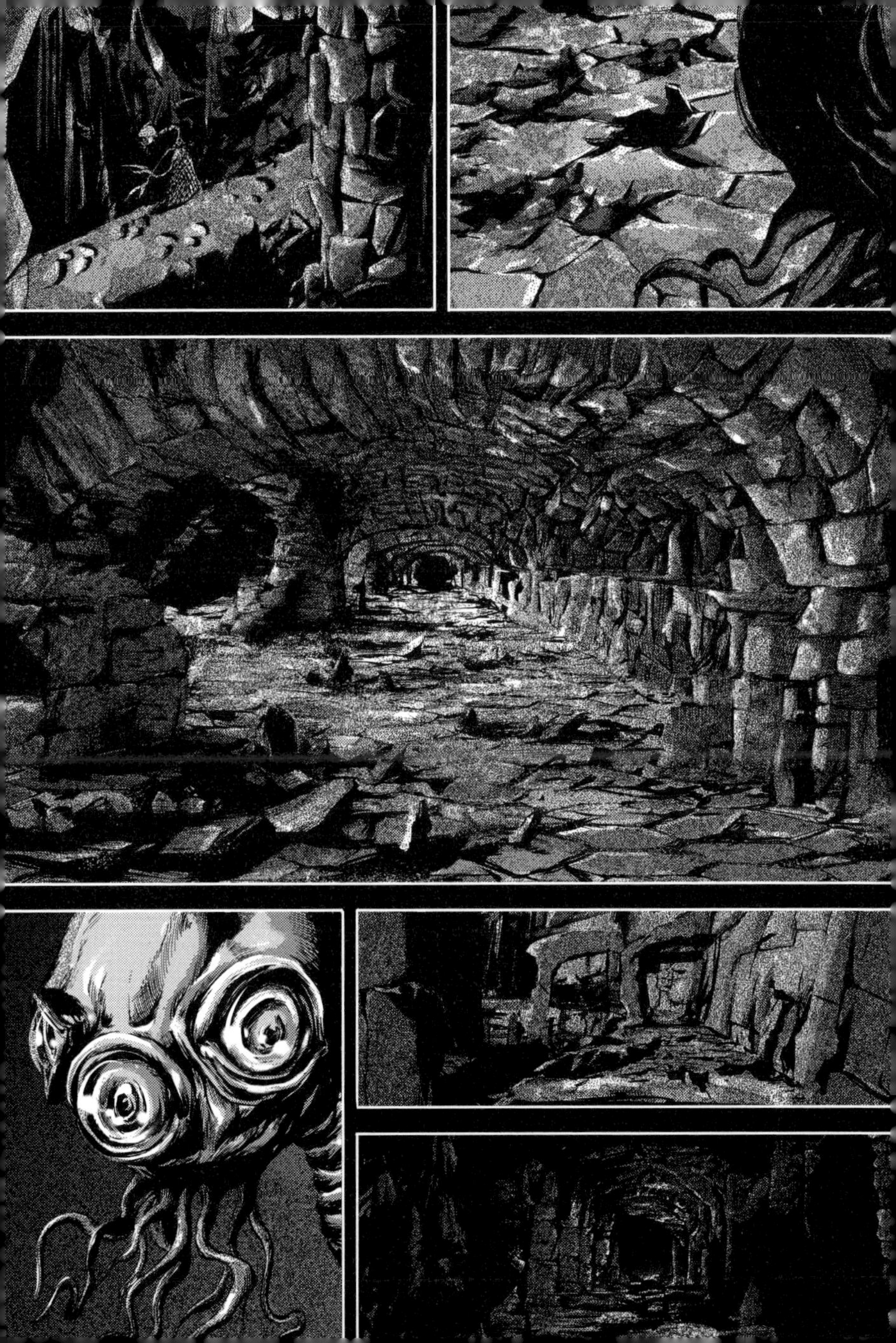

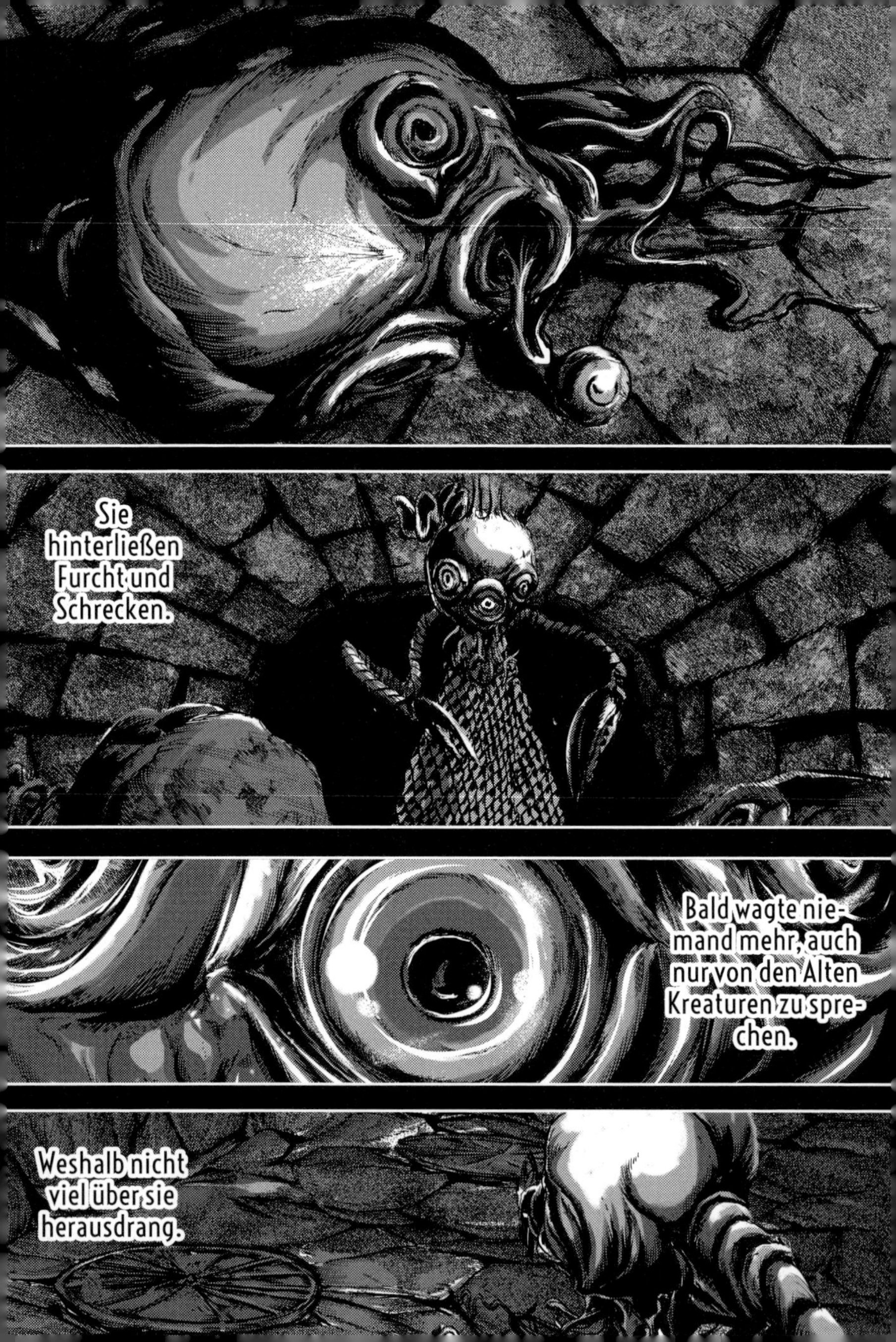
Sie hinterließen Furcht und Schrecken.
Bald wagte niemand mehr, auch nur von den Alten Kreaturen zu sprechen.
Weshalb nicht viel über sie herausdrang.

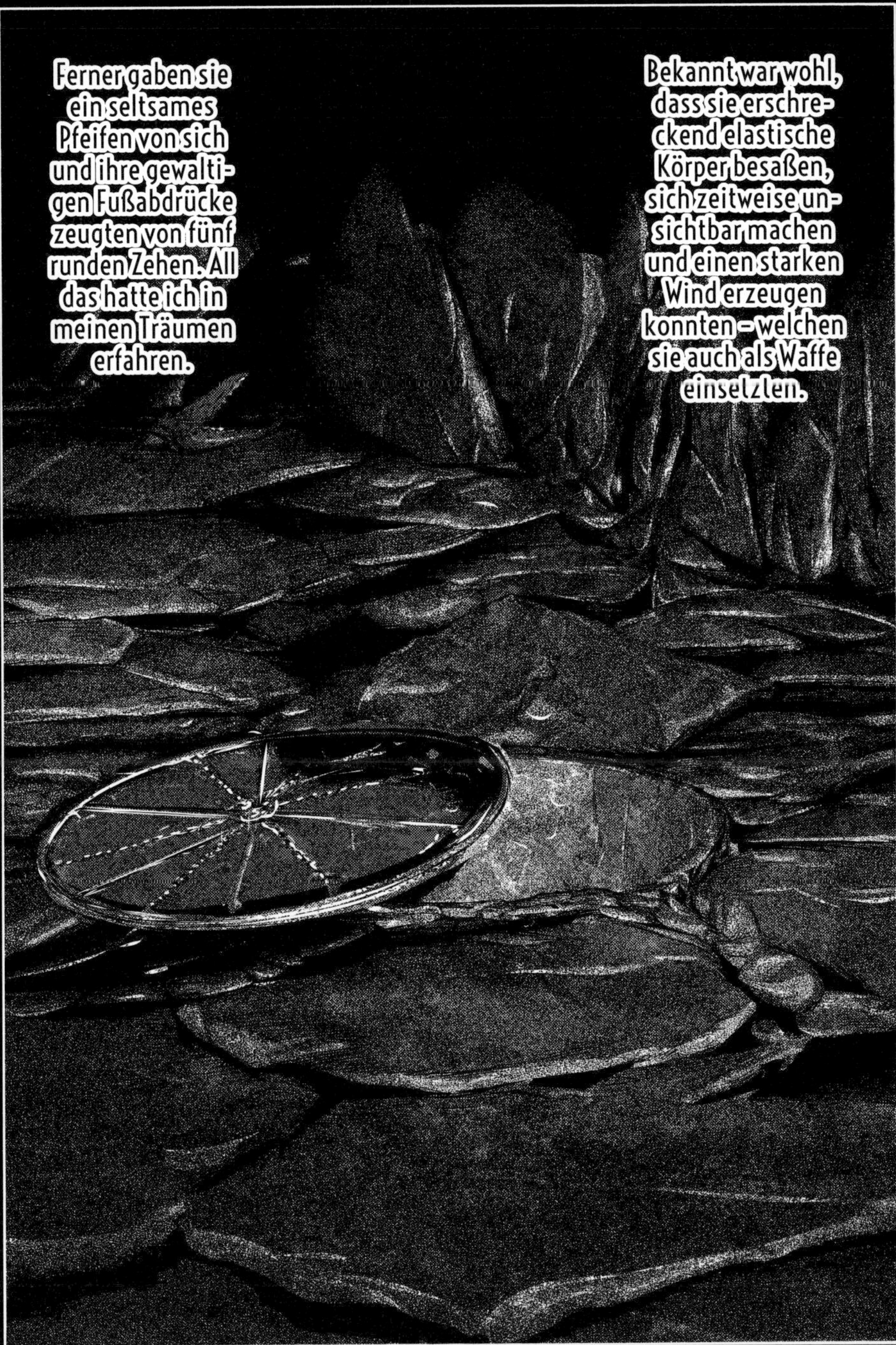
Bekannt war wohl, dass sie erschre-ckend elastische Körper besaßen, sich zeitweise un-sichtbar machen und einen starken Wind erzeugen konnten – welchen sie auch als Waffe einsetzten.
Ferner gaben sie ein seltsames Pfeifen von sich und ihre gewalti-gen Fußabdrücke zeugten von fünf runden Zehen. All das hatte ich in meinen Träumen erfahren.

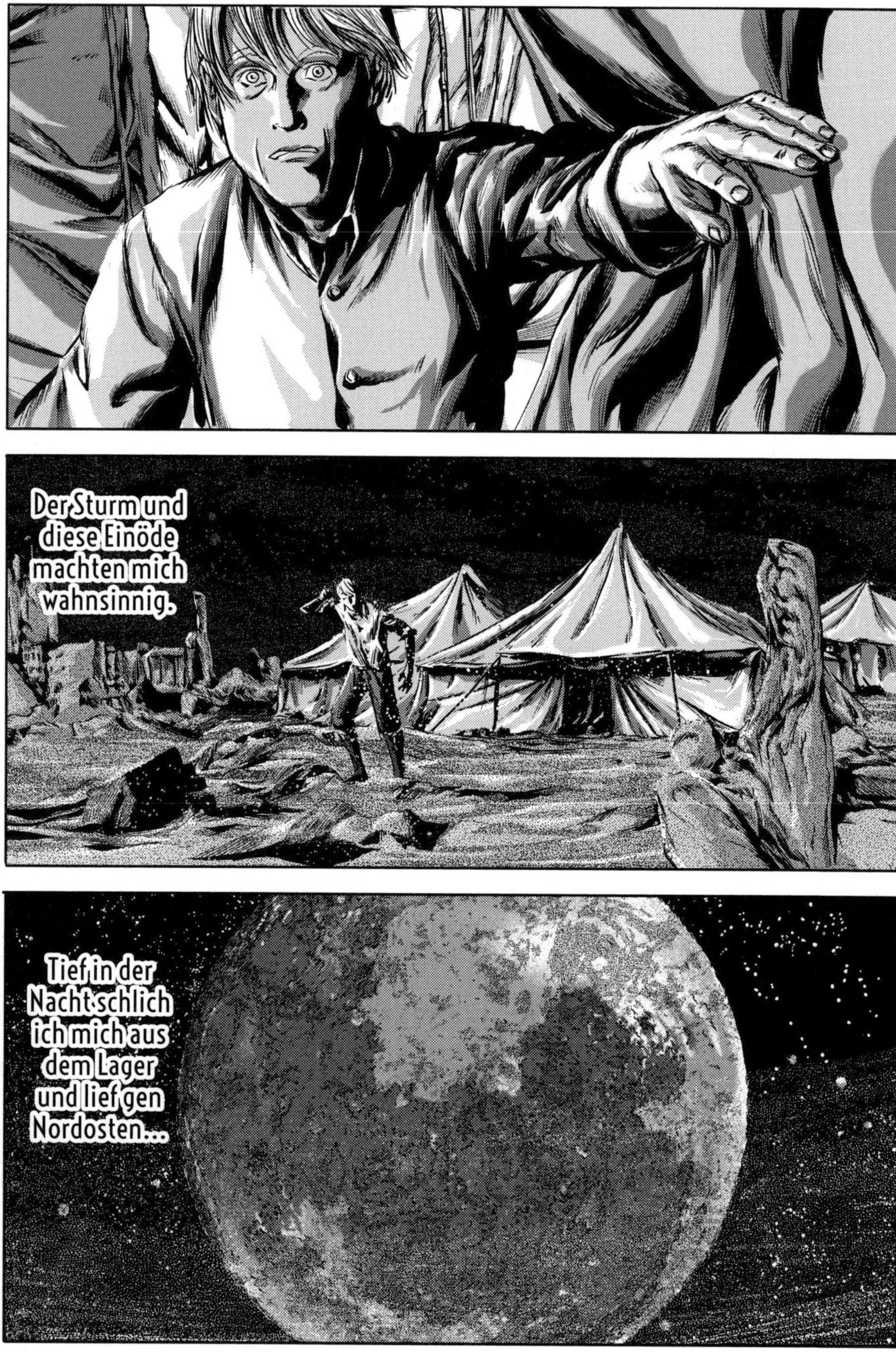
Der Sturm und diese Einöde machten mich wahnsinnig.
Tief in der Nacht schlich ich mich aus dem Lager und lief gen Nordosten...

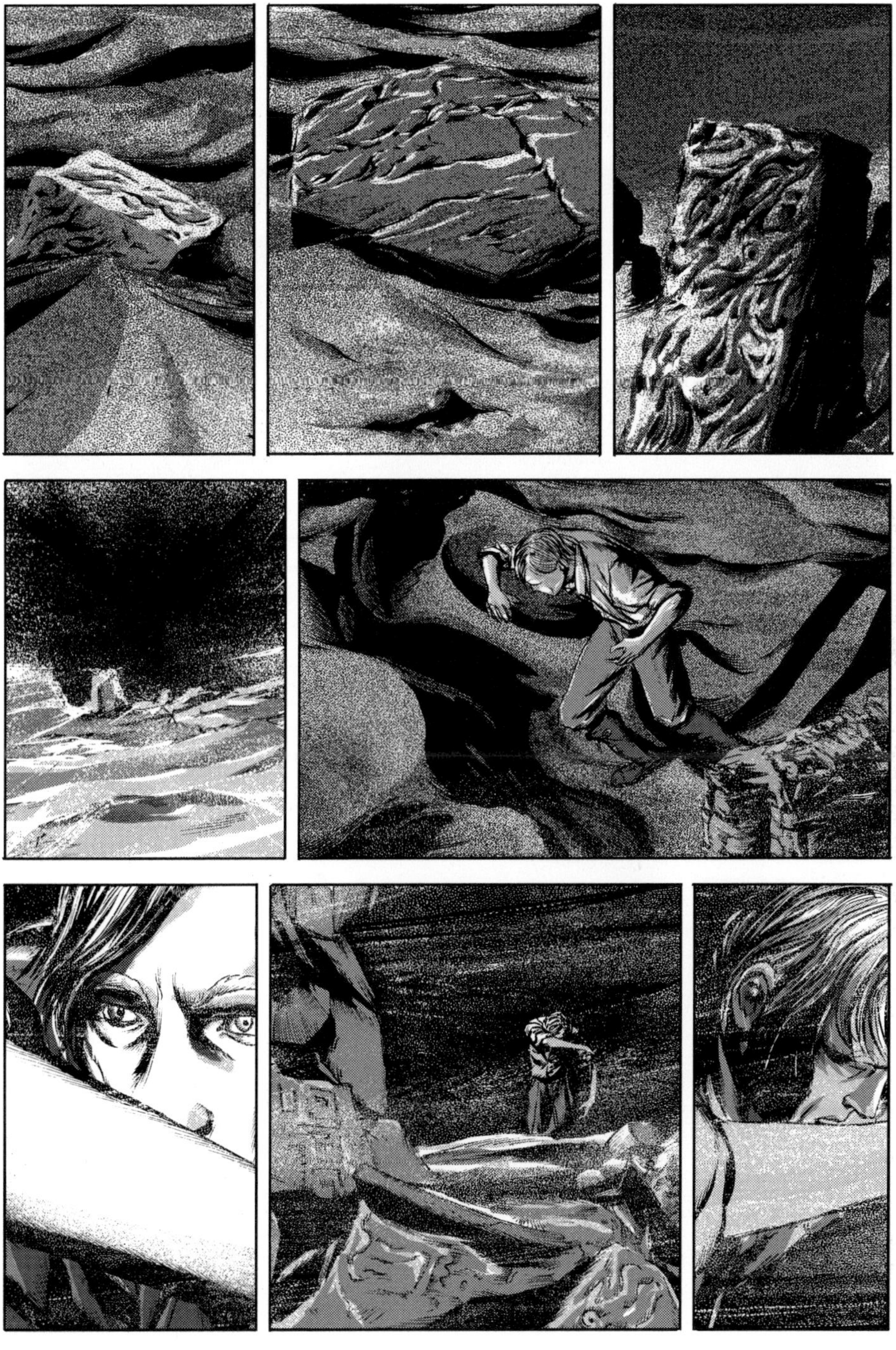

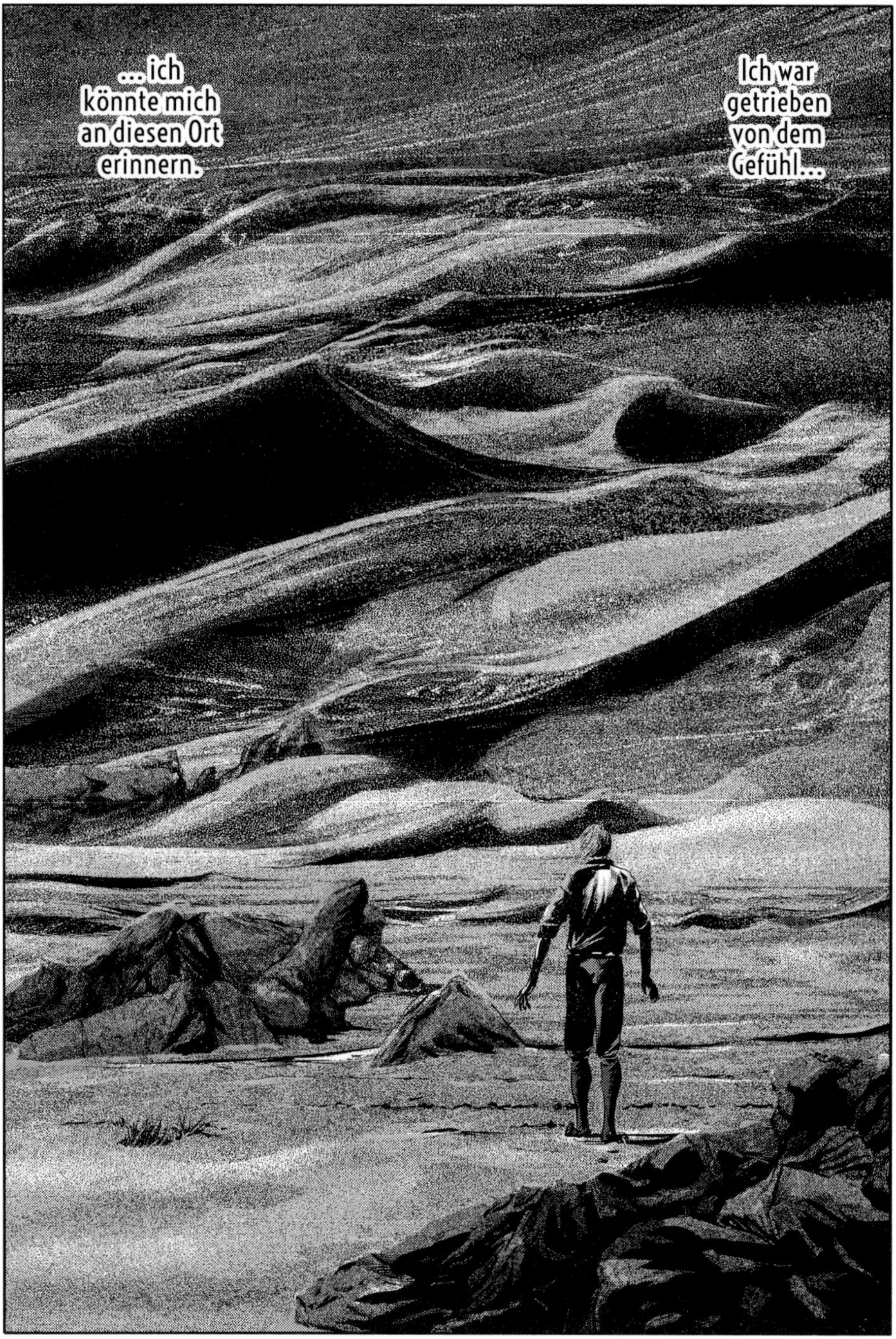
Ich war getrieben von dem Gefühl...
...ich könnte mich an diesen Ort erinnern.

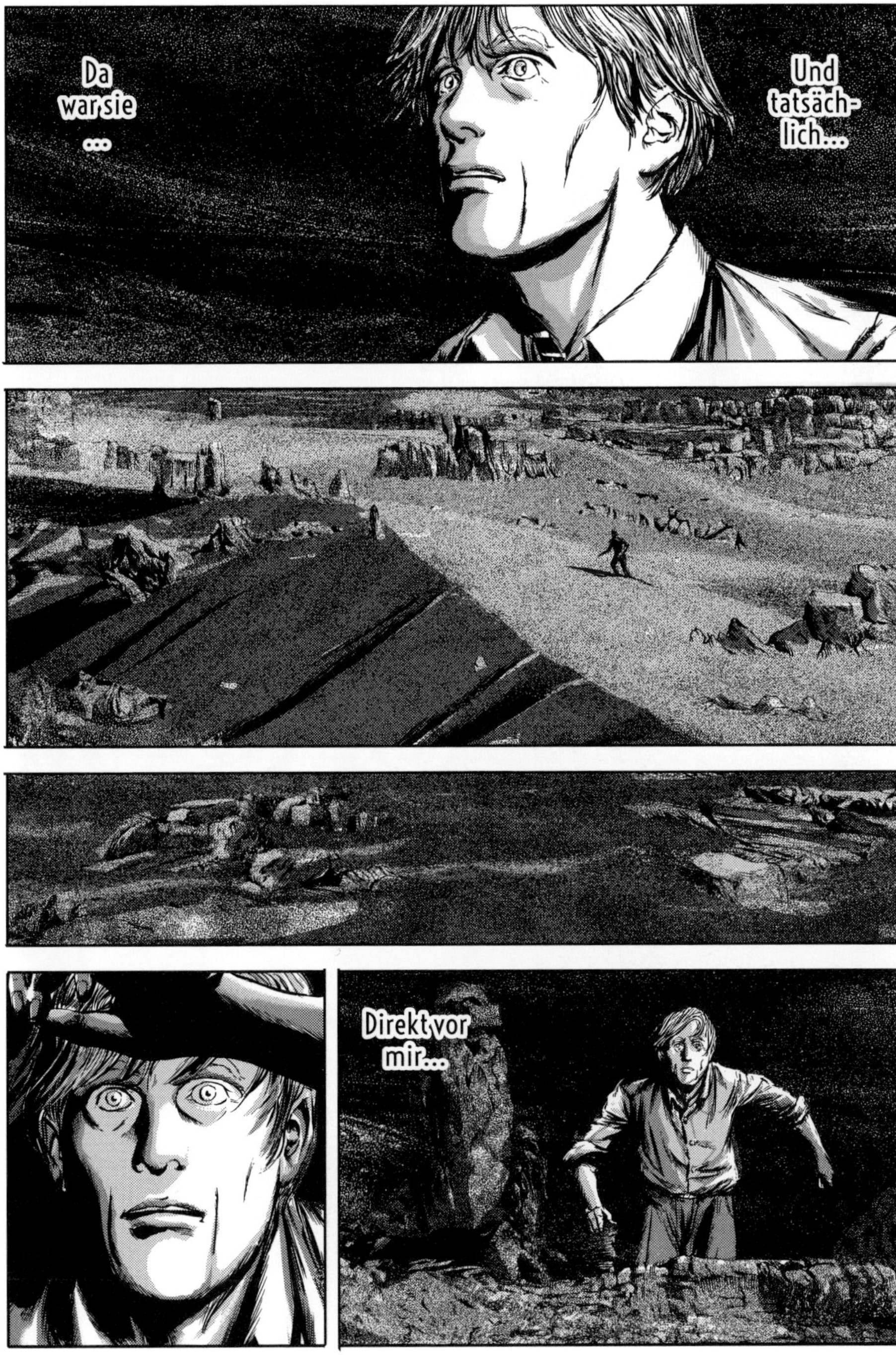

Und tatsäch-lich...
Da war sie ...
Direkt vor mir...

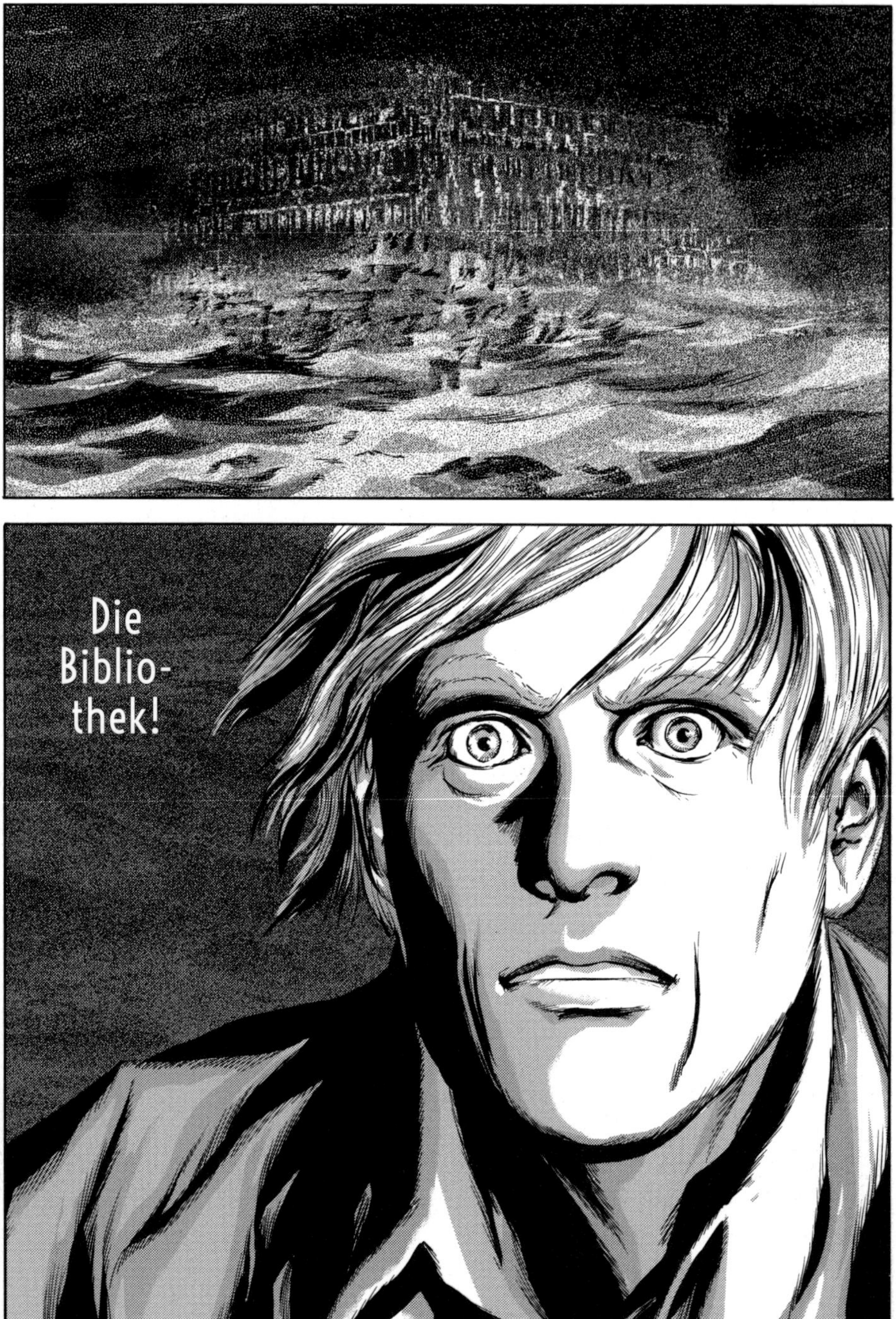
Die Biblio-thek!

9 VERFLUCHTE LEGENDEN

Terrible Books

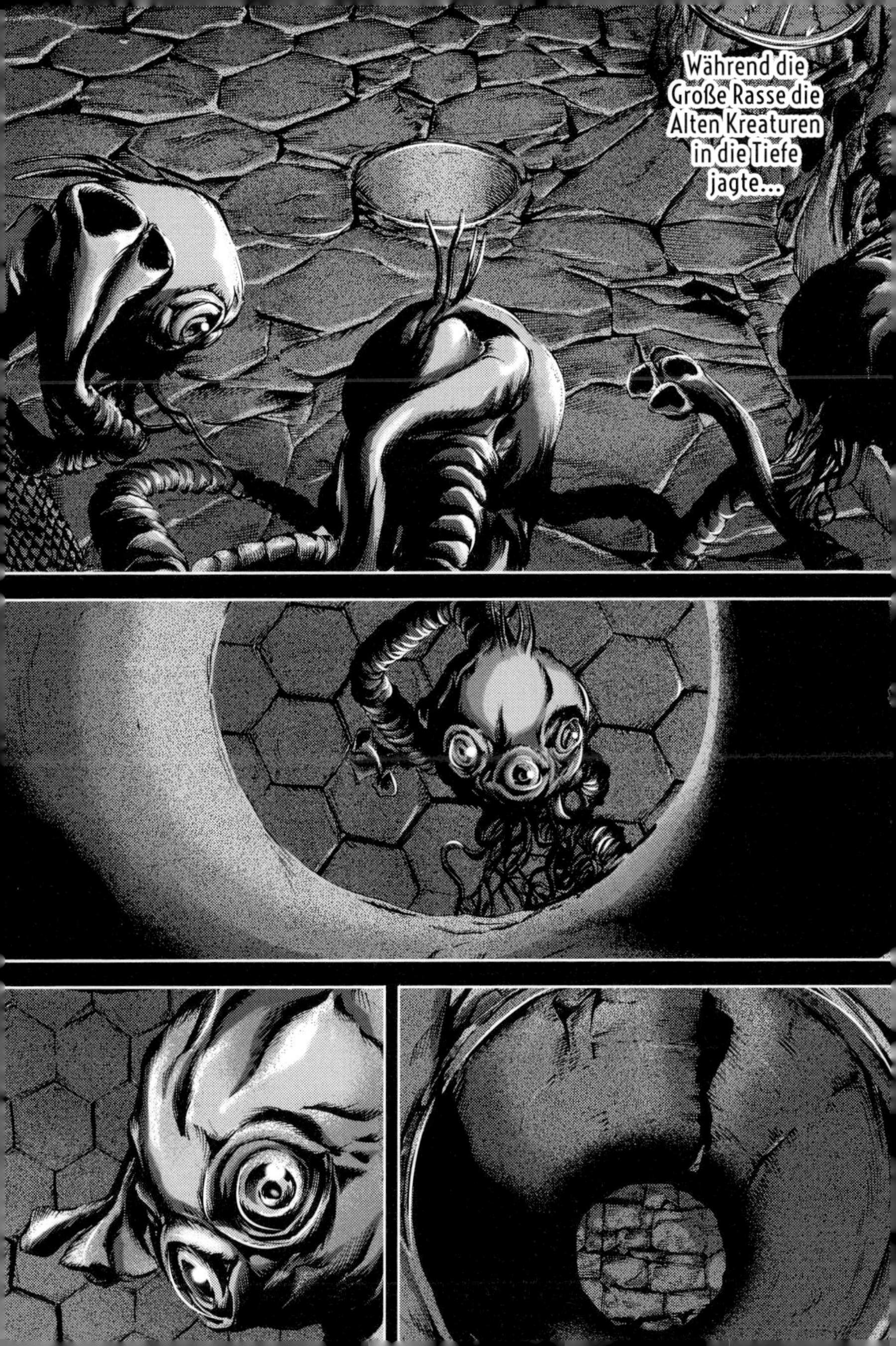
Während die
Große Rasse die
Alten Kreaturen
in die Tiefe
jagte...

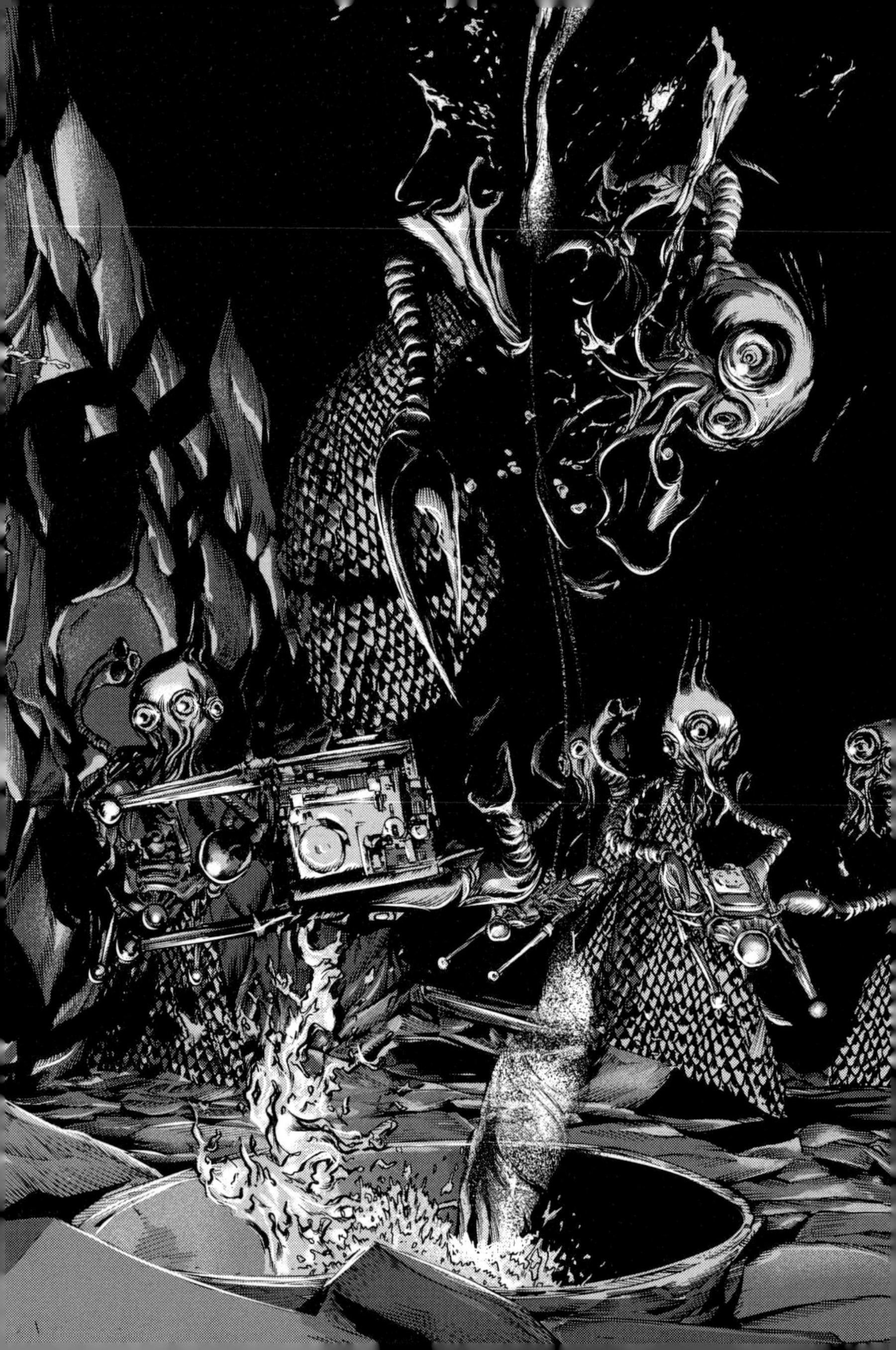

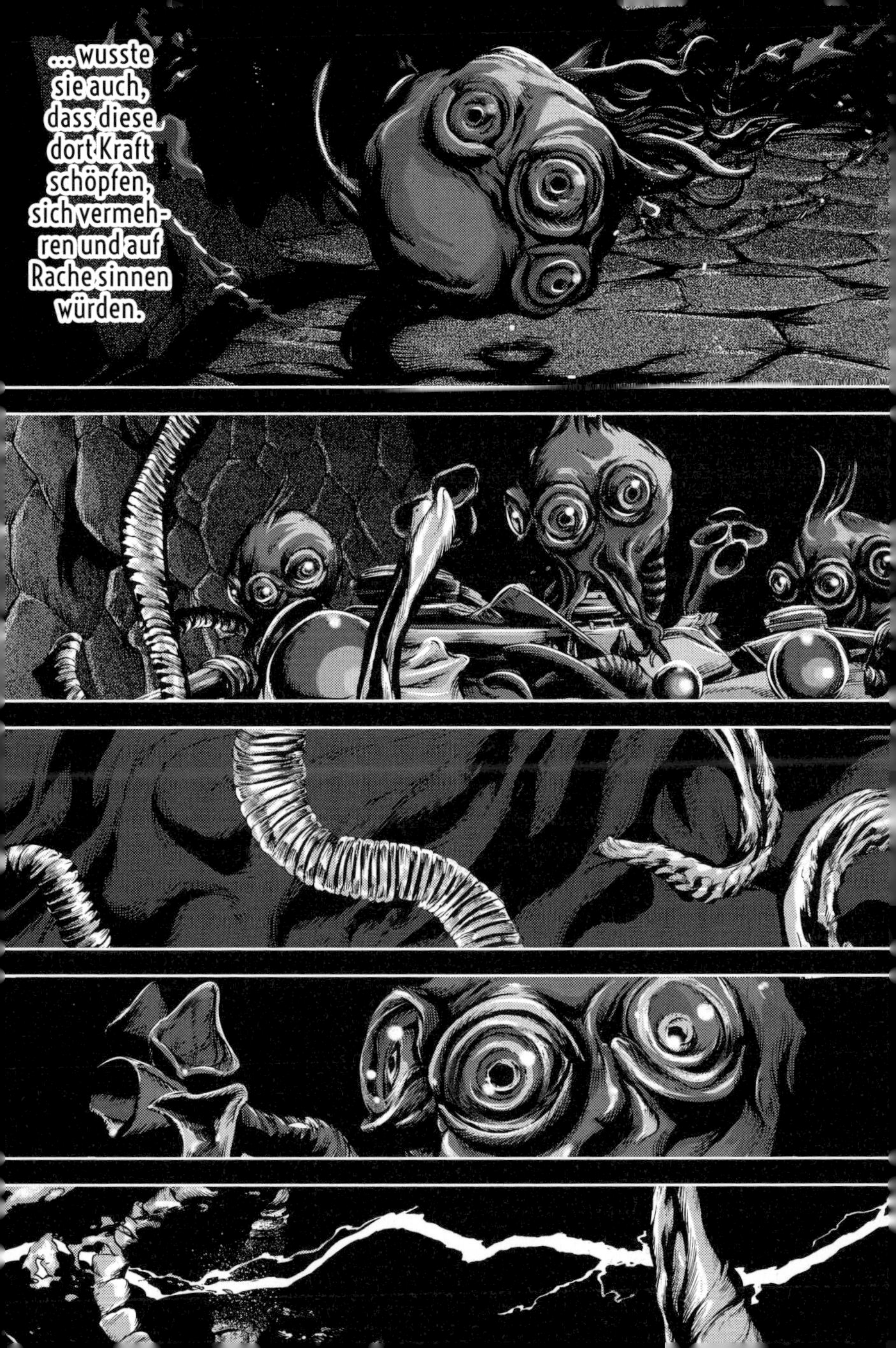
... wusste sie auch, dass diese dort Kraft schöpfen, sich vermehren und auf Rache sinnen würden.

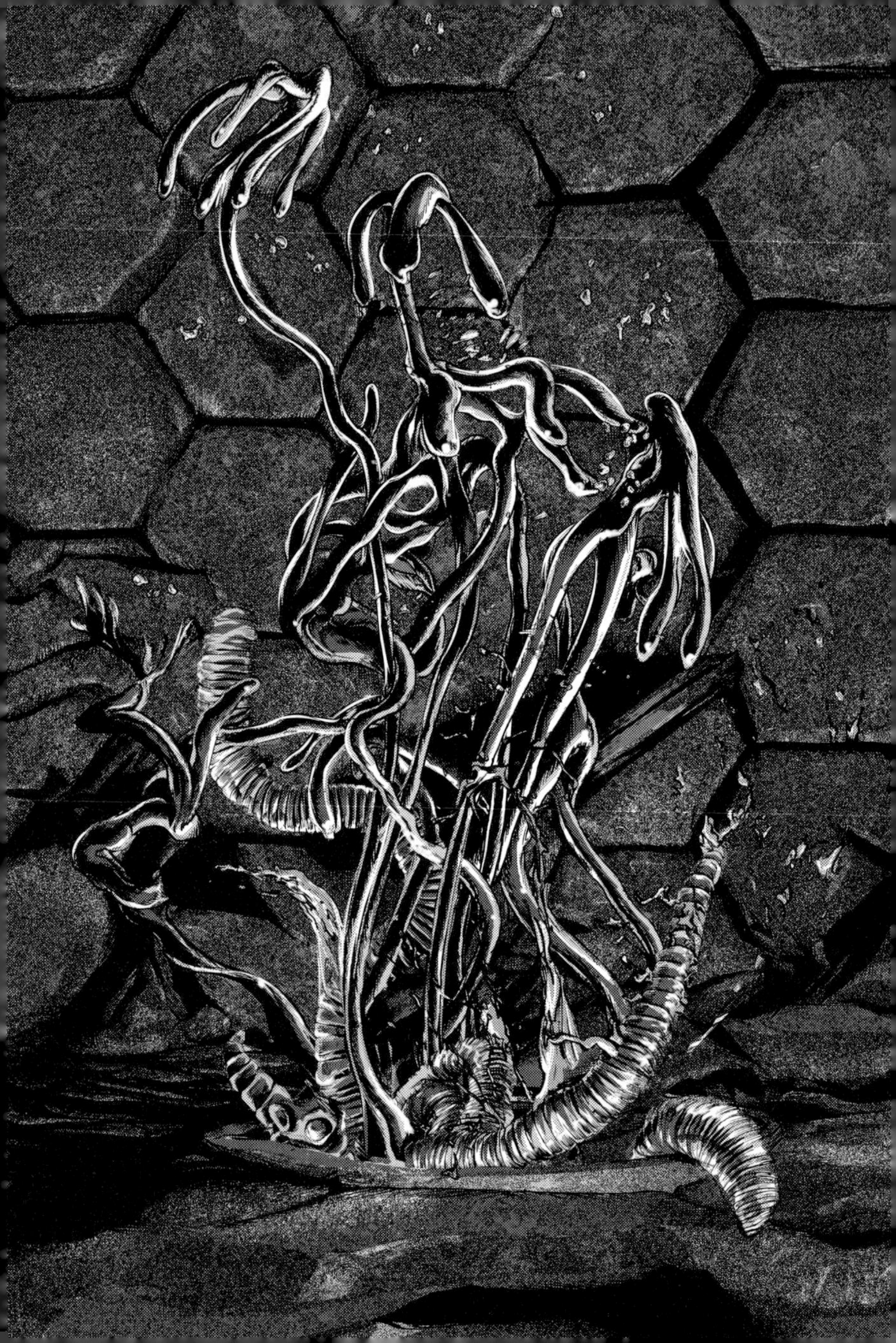

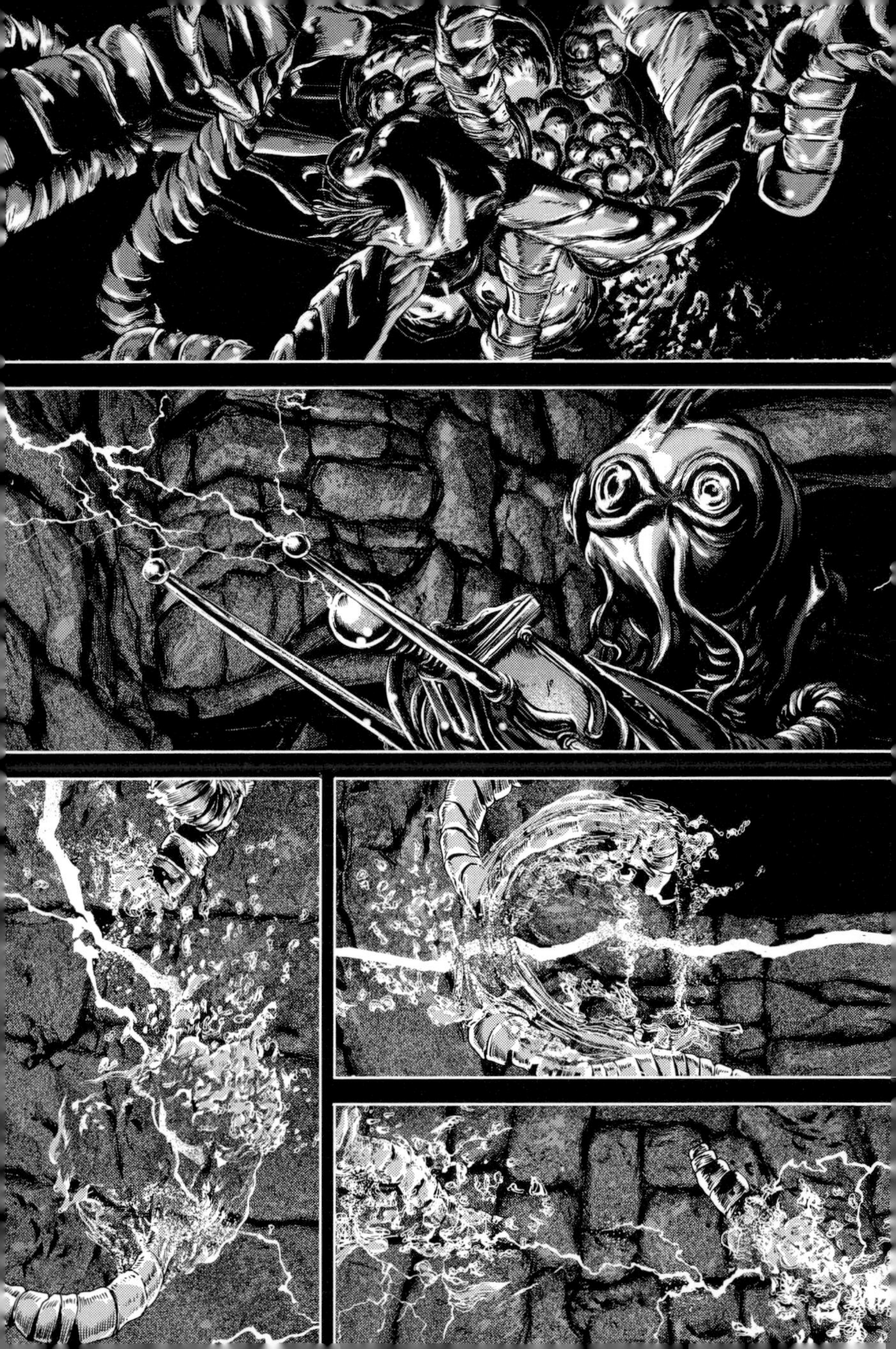

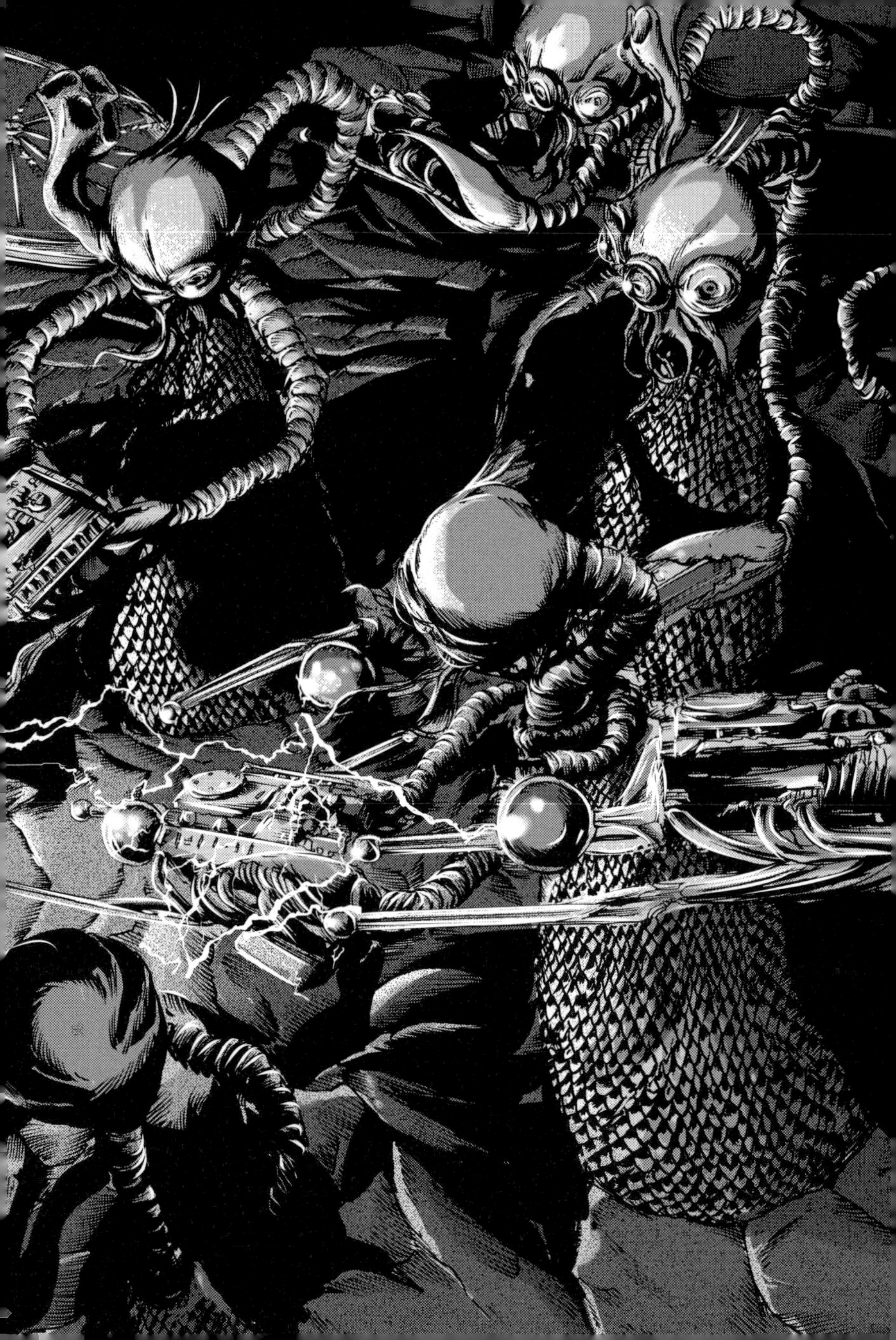

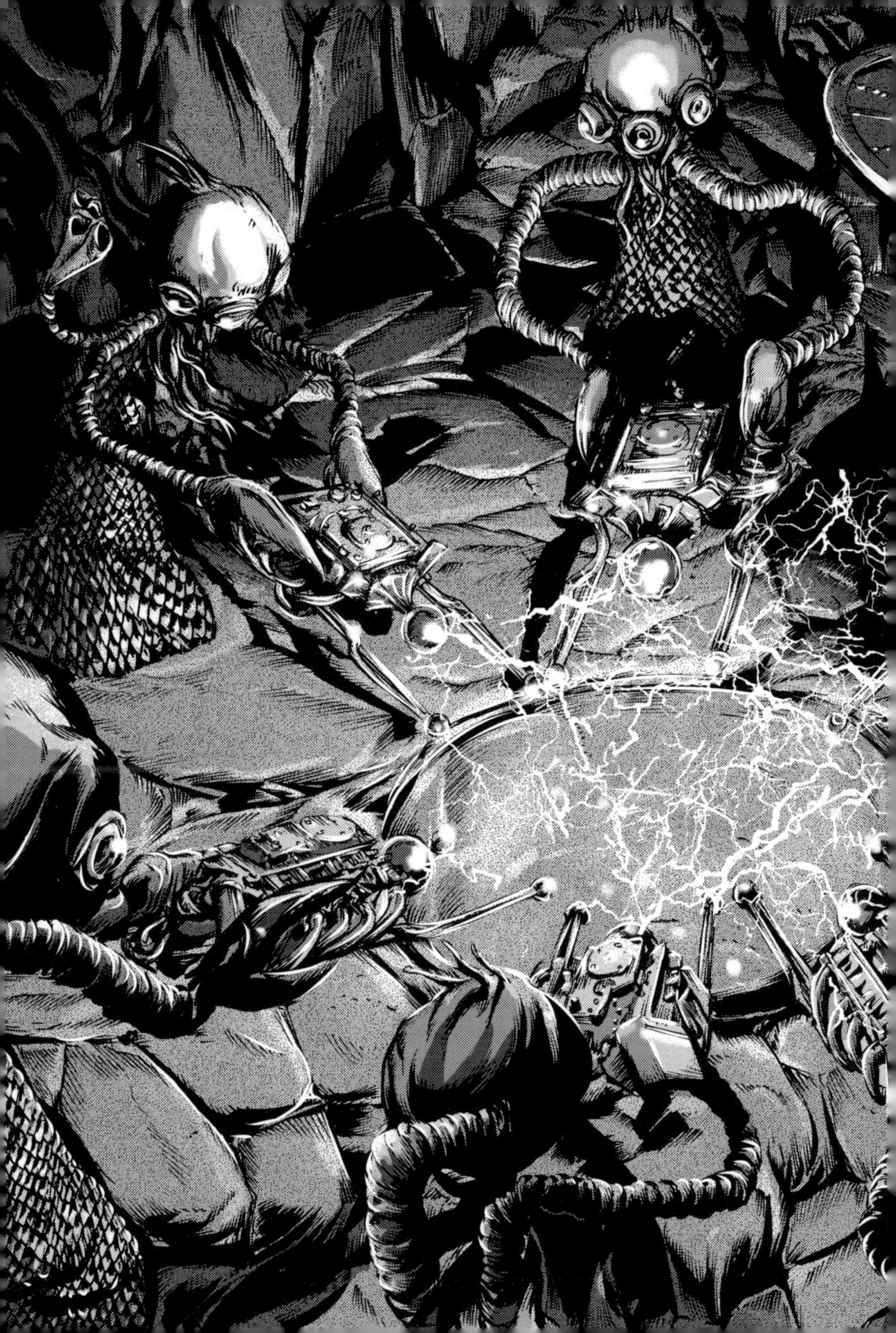

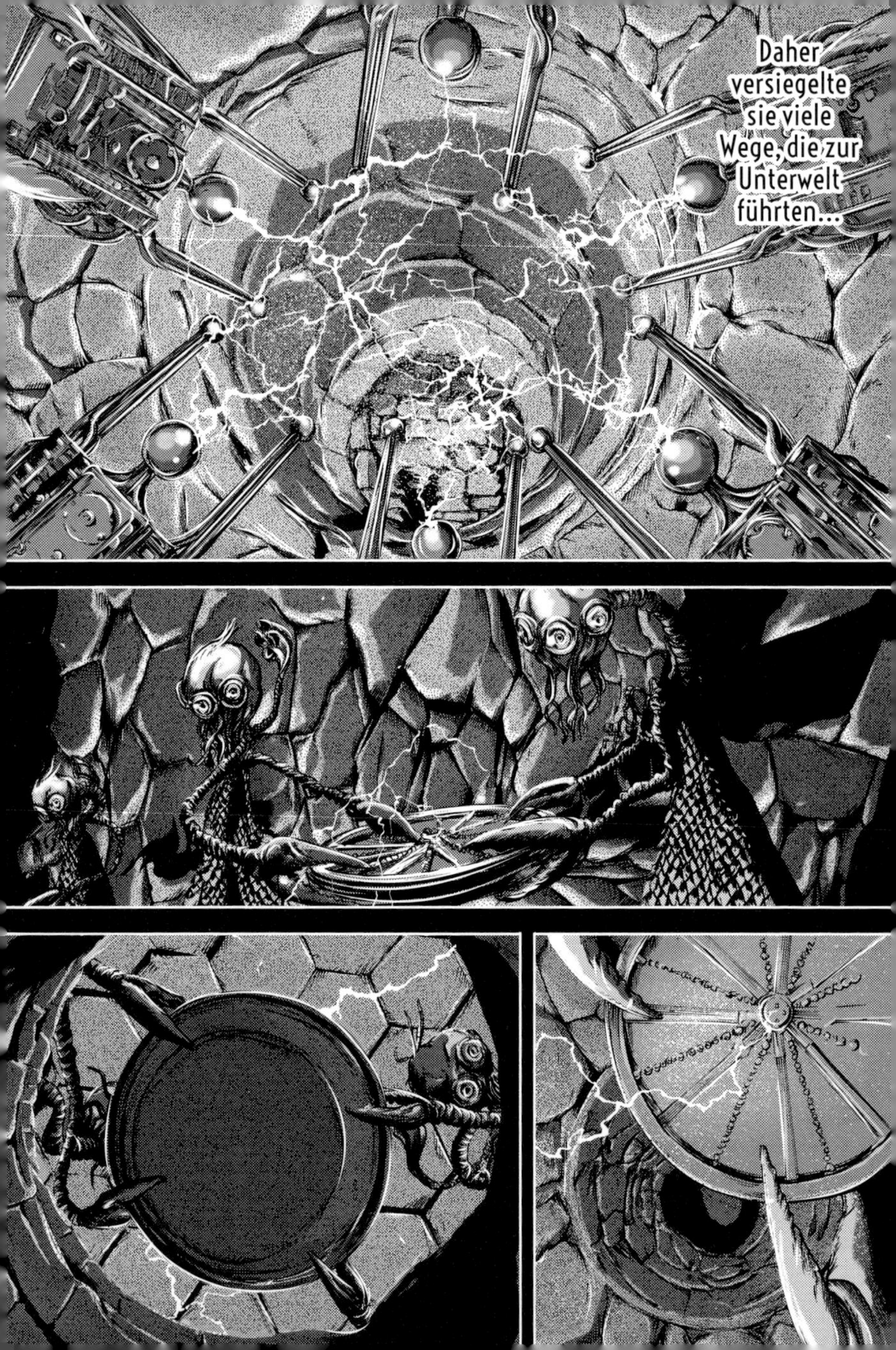
Daher versiegelte sie viele Wege, die zur Unterwelt führten...

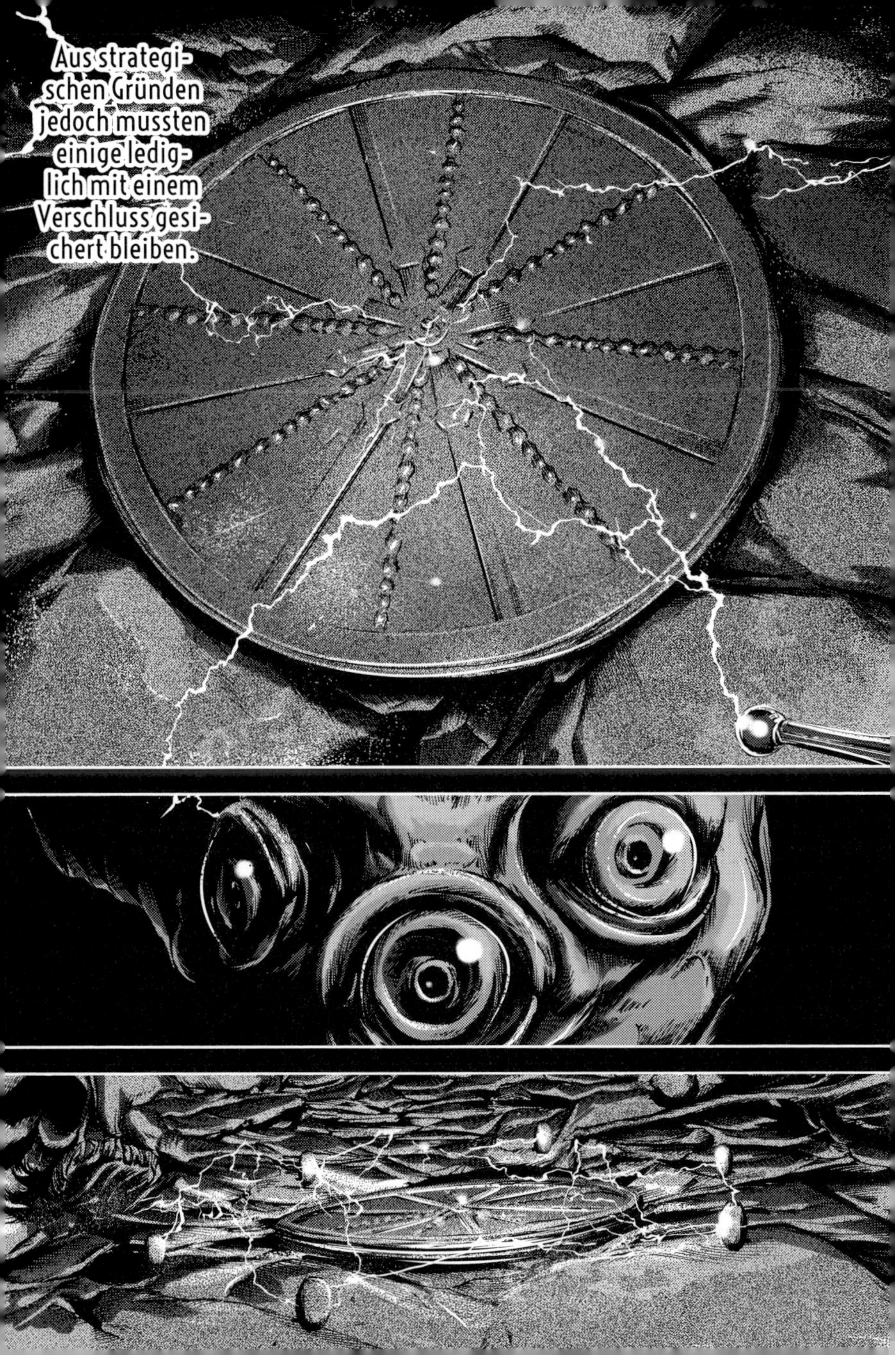
Aus strategischen Gründen jedoch mussten einige lediglich mit einem Verschluss gesichert bleiben.

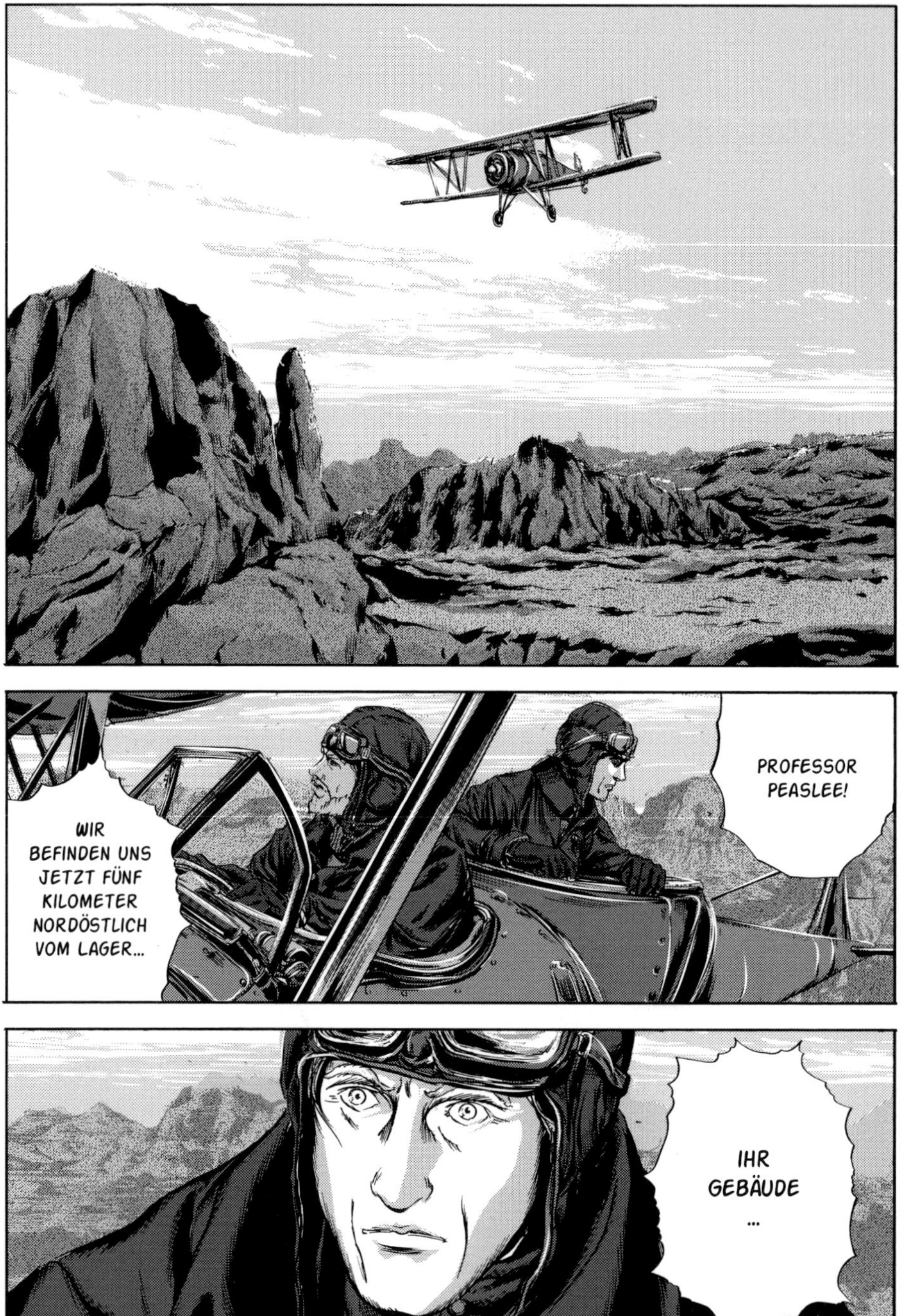
PROFESSOR PEASLEE!
WIR BEFINDEN UNS JETZT FÜNF KILOMETER NORDÖSTLICH VOM LAGER...
IHR GEBÄUDE ...

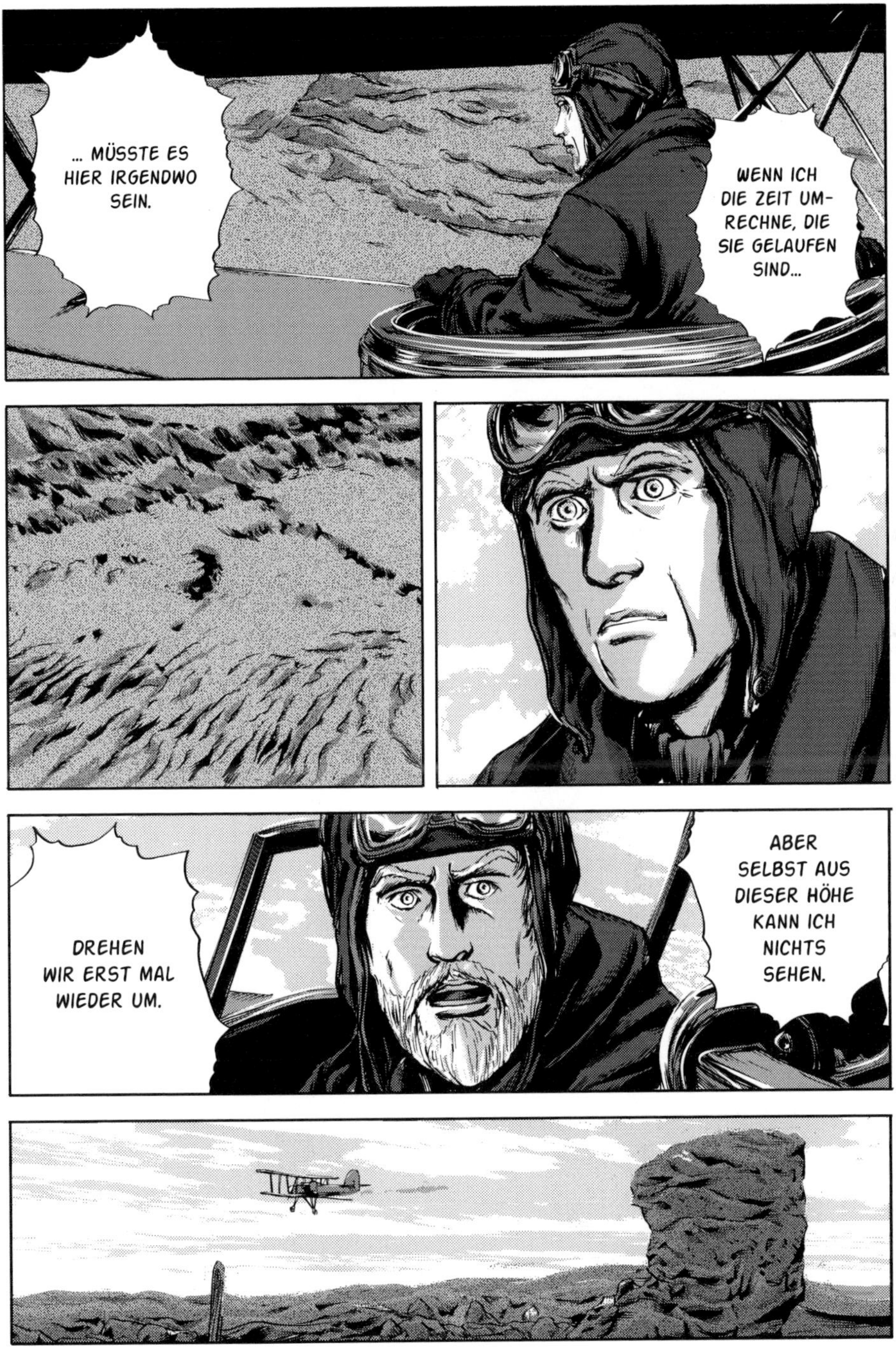
WENN ICH DIE ZEIT UMRECHNE, DIE SIE GELAUFEN SIND...
... MÜSSTE ES HIER IRGENDWO SEIN.
ABER SELBST AUS DIESER HÖHE KANN ICH NICHTS SEHEN.
DREHEN WIR ERST MAL WIEDER UM.

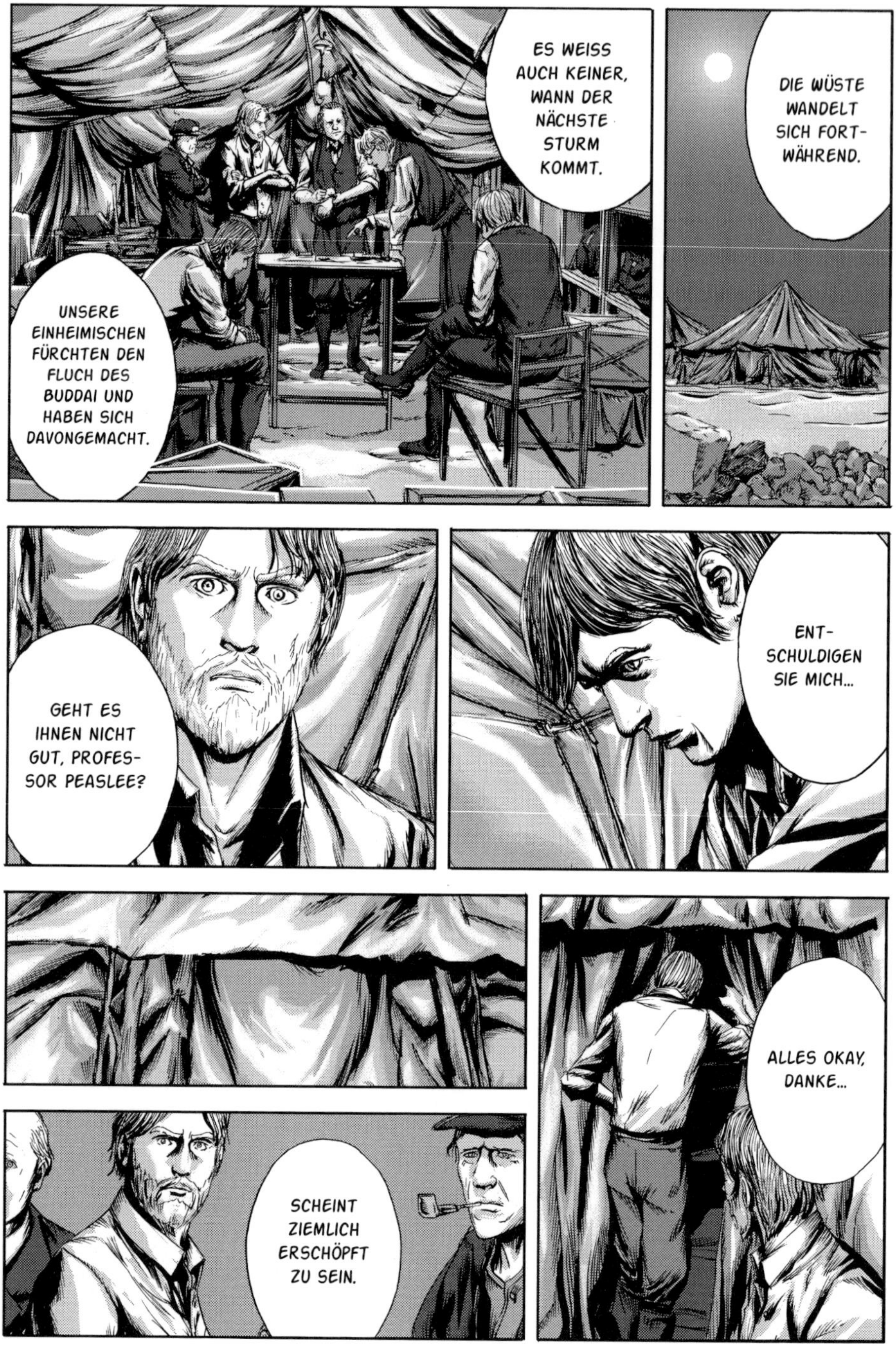
ES WEISS AUCH KEINER, WANN DER NÄCHSTE STURM KOMMT.
UNSERE EINHEIMISCHEN FÜRCHTEN DEN FLUCH DES BUDDAI UND HABEN SICH DAVONGEMACHT.
DIE WÜSTE WANDELT SICH FORTWÄHREND.
GEHT ES IHNEN NICHT GUT, PROFESSOR PEASLEE?
ENTSCHULDIGEN SIE MICH...
ALLES OKAY, DANKE...
SCHEINT ZIEMLICH ERSCHÖPFT ZU SEIN.

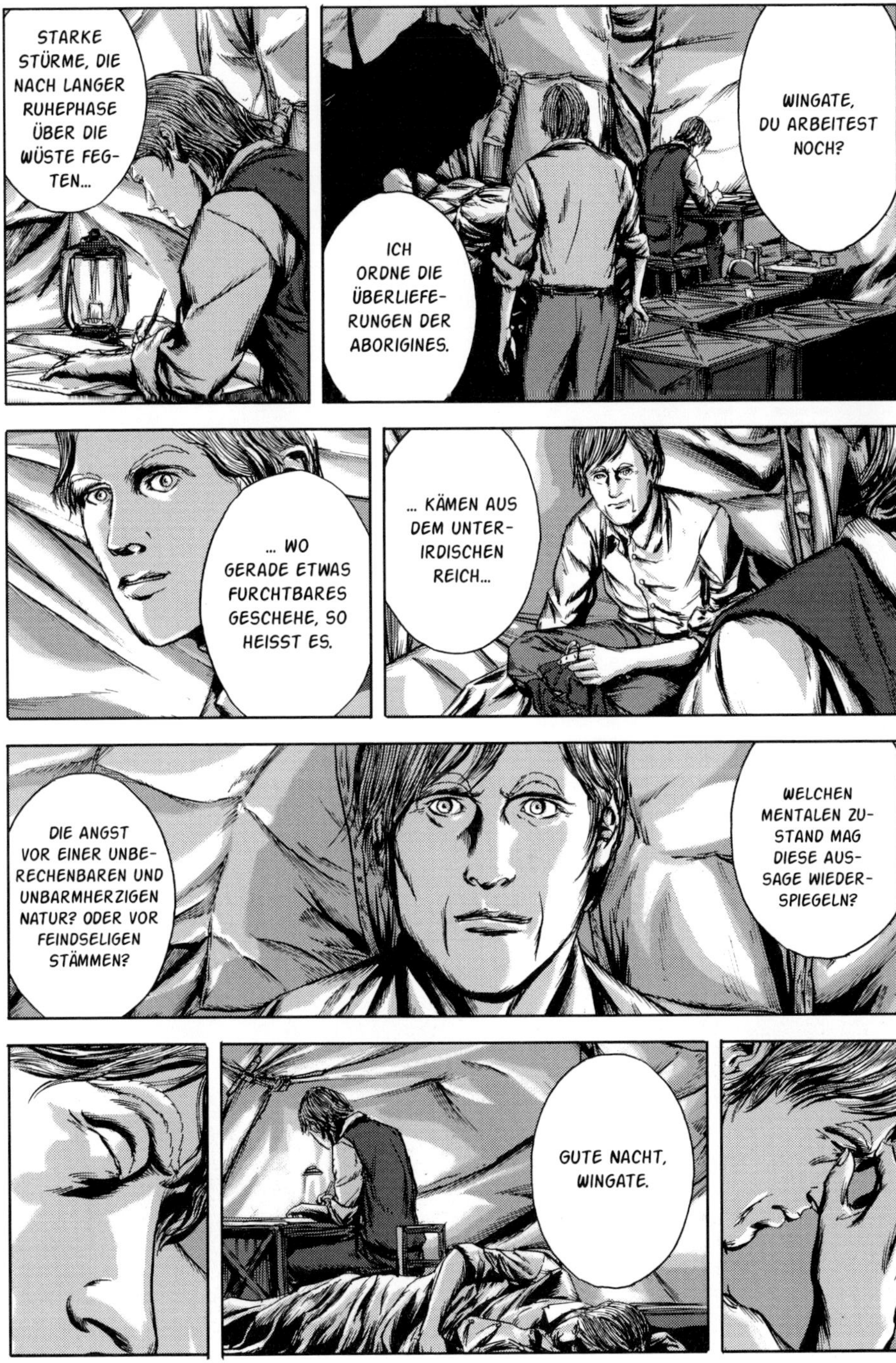
STARKE STÜRME, DIE NACH LANGER RUHEPHASE ÜBER DIE WÜSTE FEG-TEN...
WINGATE, DU ARBEITEST NOCH?
ICH ORDNE DIE ÜBERLIEFE-RUNGEN DER ABORIGINES.
... WO GERADE ETWAS FURCHTBARES GESCHEHE, SO HEISST ES.
... KÄMEN AUS DEM UNTER-IRDISCHEN REICH...
WELCHEN MENTALEN ZU-STAND MAG DIESE AUS-SAGE WIEDER-SPIEGELN?
DIE ANGST VOR EINER UNBE-RECHENBAREN UND UNBARMHERZIGEN NATUR? ODER VOR FEINDSELIGEN STÄMMEN?
GUTE NACHT, WINGATE.

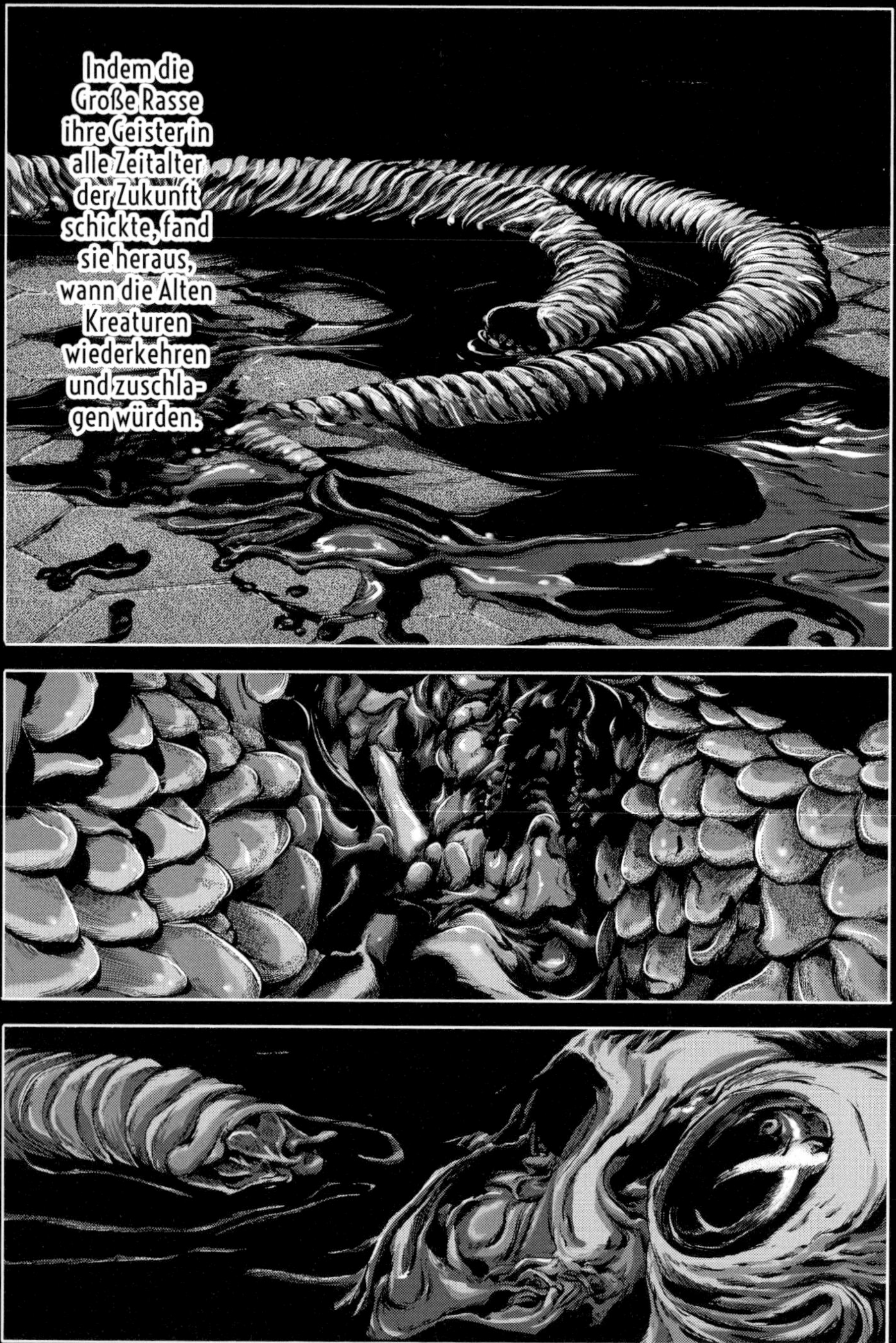
Indem die Große Rasse ihre Geister in alle Zeitalter der Zukunft schickte, fand sie heraus, wann die Alten Kreaturen wiederkehren und zuschlagen würden.

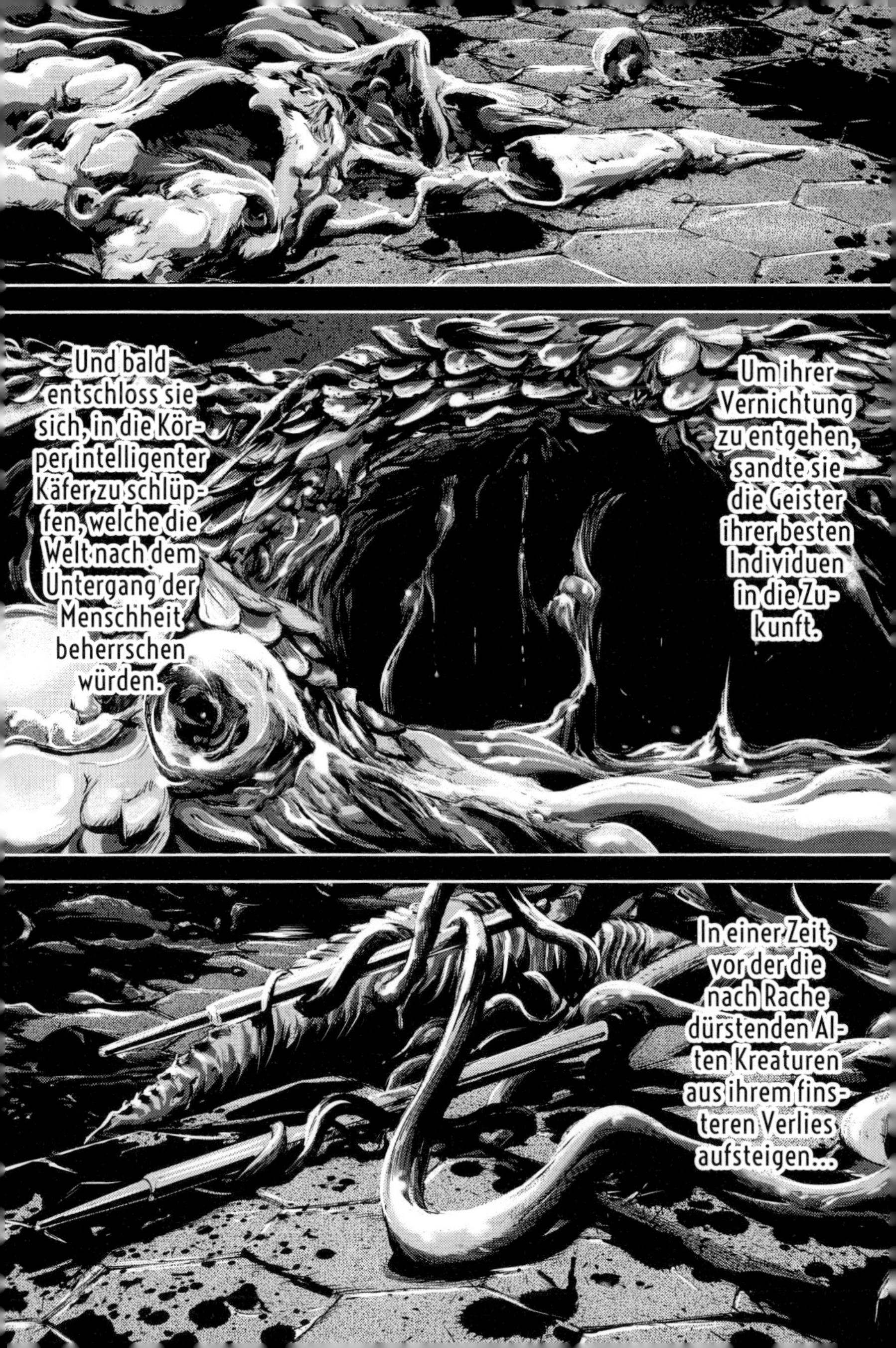
Und bald entschloss sie sich, in die Körper intelligenter Käfer zu schlüpfen, welche die Welt nach dem Untergang der Menschheit beherrschen würden.
Um ihrer Vernichtung zu entgehen, sandte sie die Geister ihrer besten Individuen in die Zukunft.
In einer Zeit, vor der die nach Rache dürstenden Alten Kreaturen aus ihrem finsteren Verlies aufsteigen…

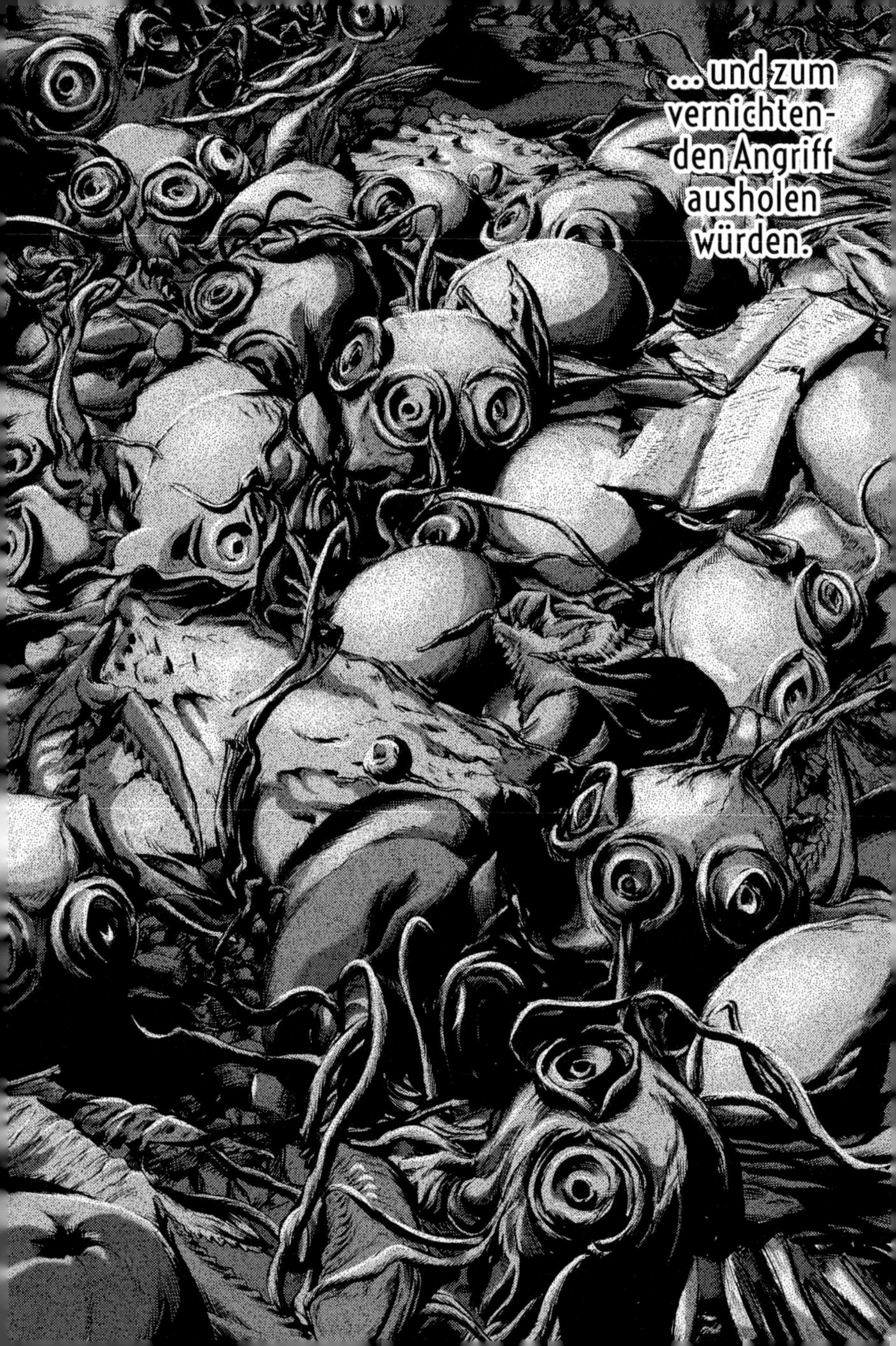
... und zum vernichten-den Angriff ausholen würden.

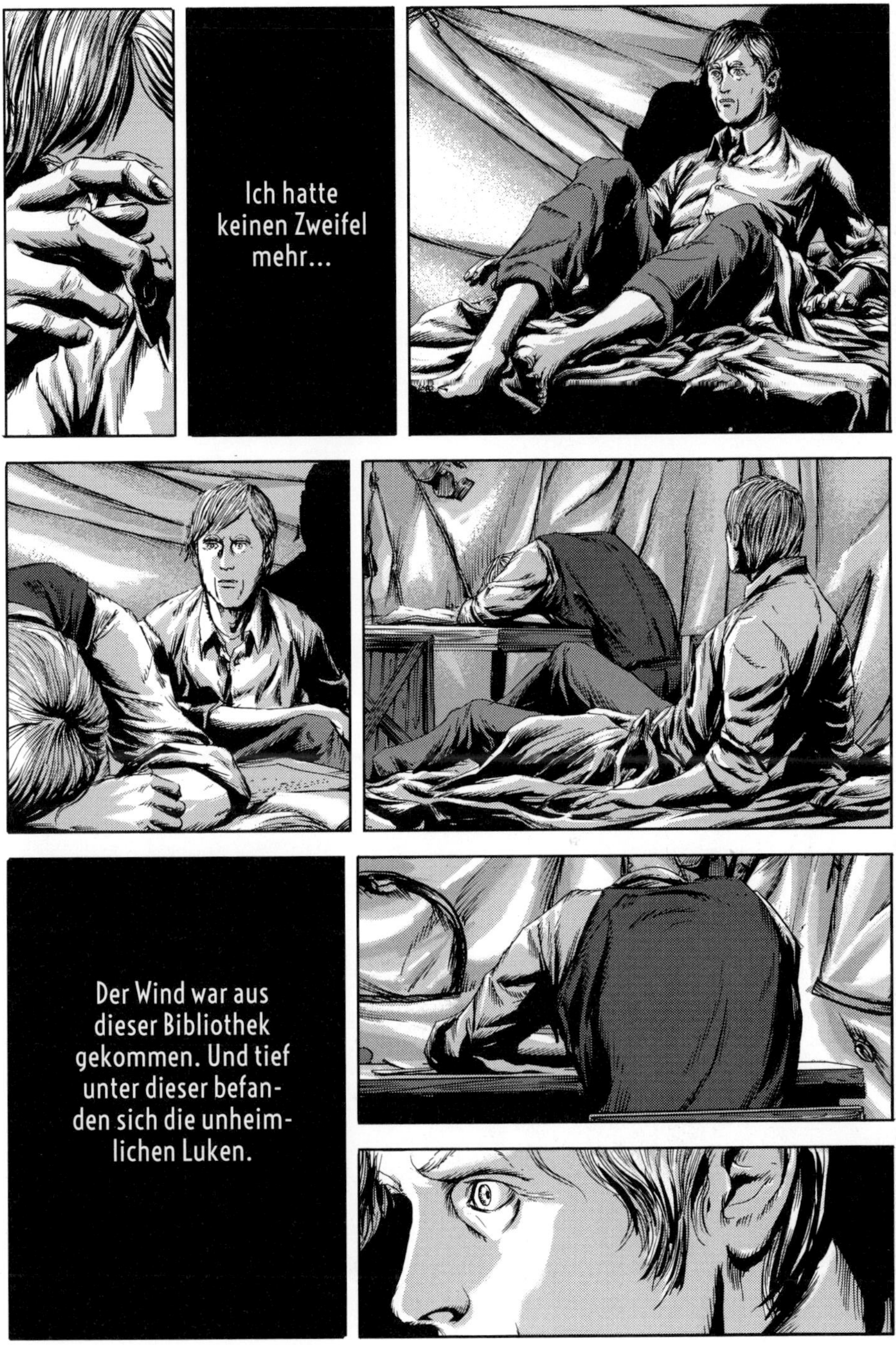
Ich hatte keinen Zweifel mehr…
Der Wind war aus dieser Bibliothek gekommen. Und tief unter dieser befanden sich die unheimlichen Luken.

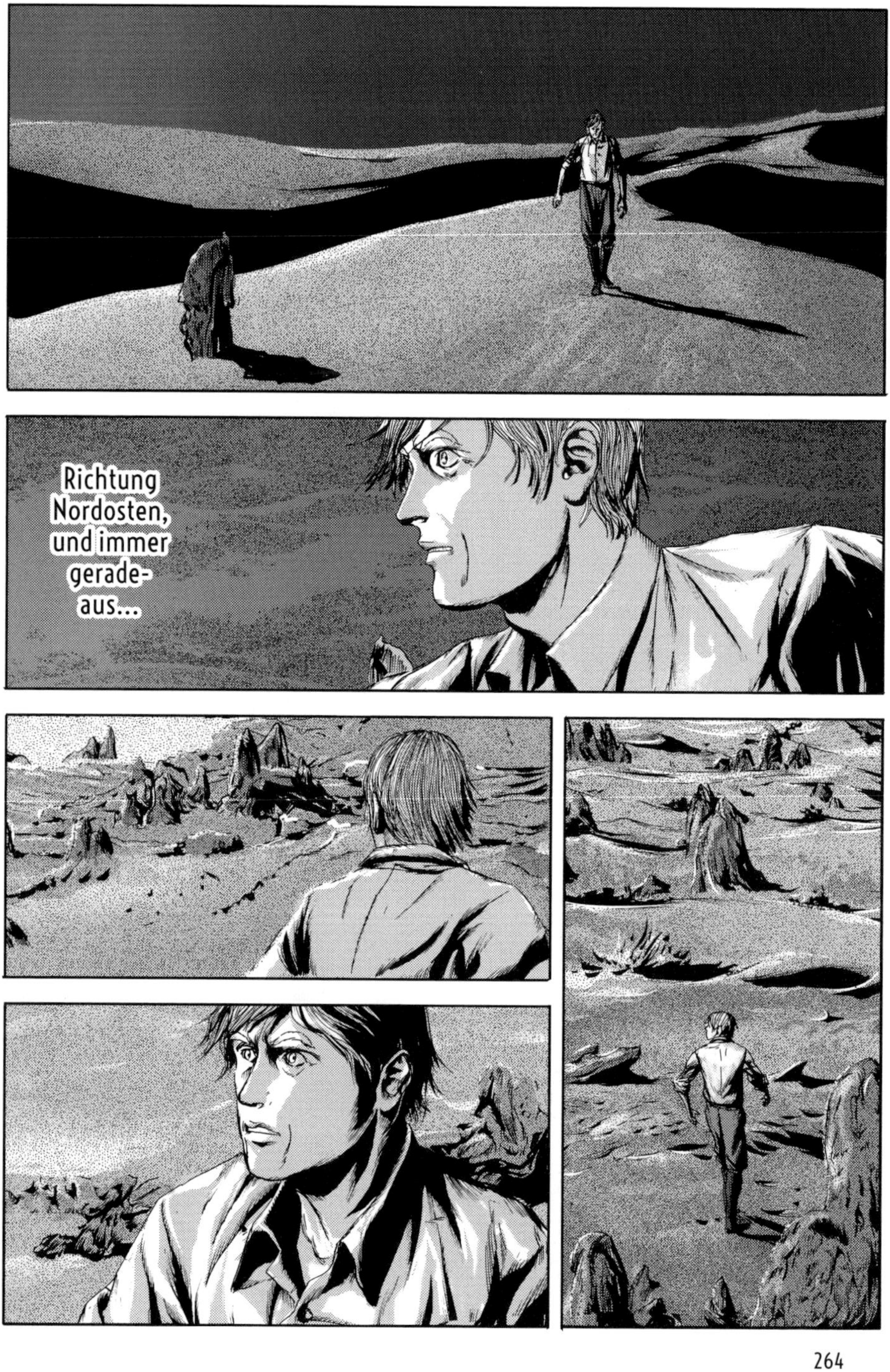
Richtung Nordosten, und immer geradeaus...

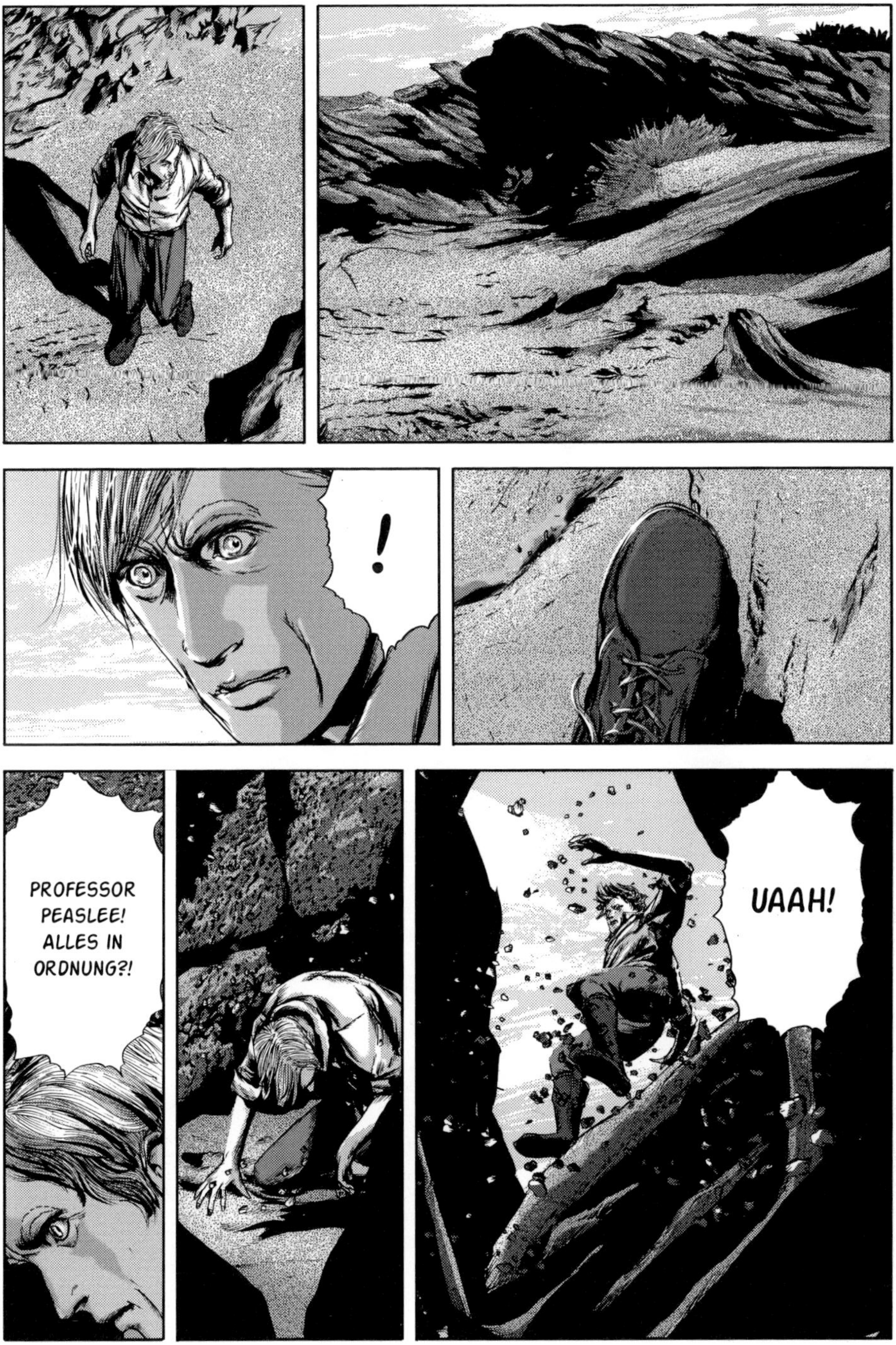
!
PROFESSOR PEASLEE! ALLES IN ORDNUNG?!
UAAH!

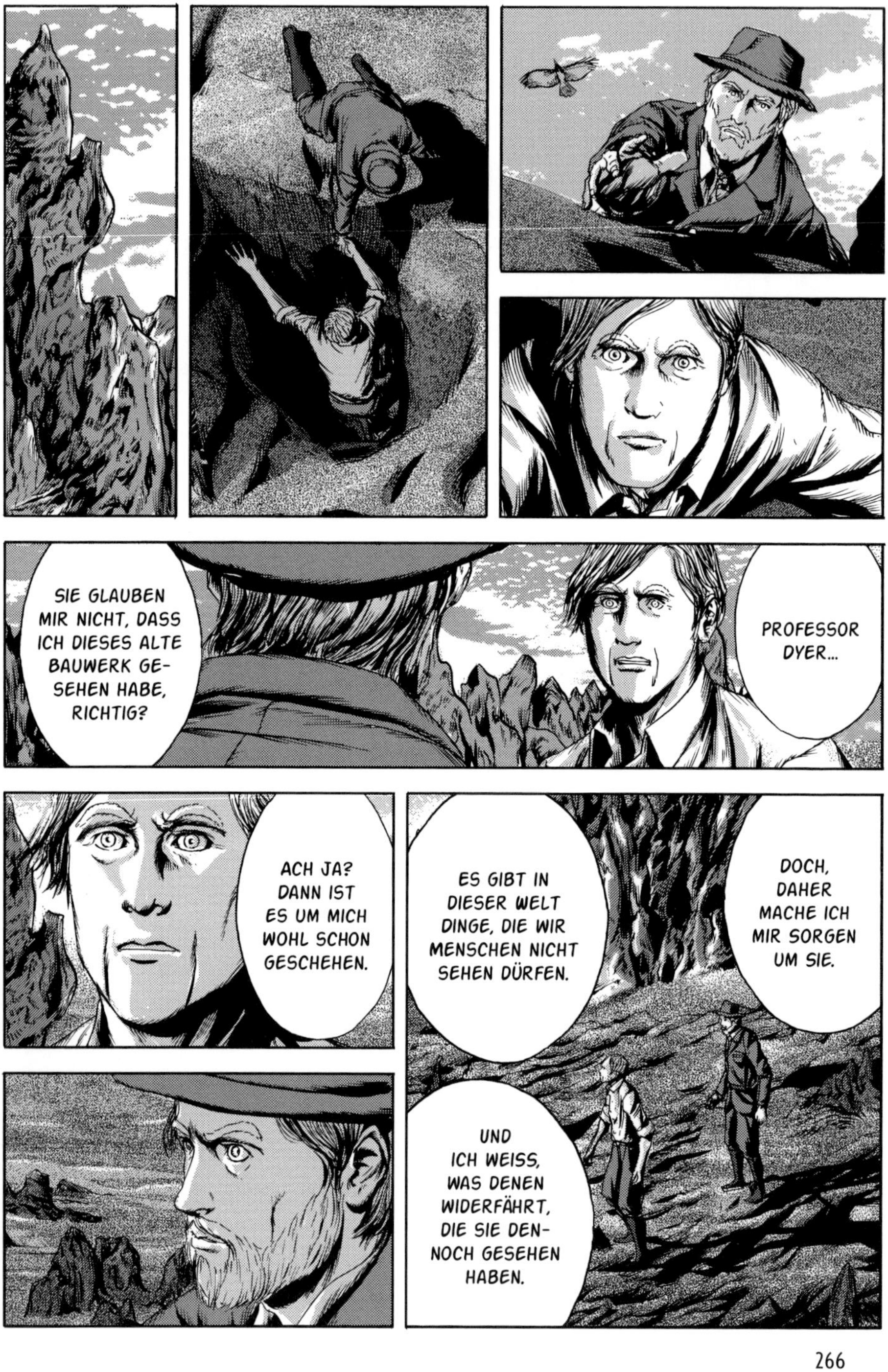
PROFESSOR DYER...
SIE GLAUBEN MIR NICHT, DASS ICH DIESES ALTE BAUWERK GESEHEN HABE, RICHTIG?
ACH JA? DANN IST ES UM MICH WOHL SCHON GESCHEHEN.
DOCH, DAHER MACHE ICH MIR SORGEN UM SIE.
ES GIBT IN DIESER WELT DINGE, DIE WIR MENSCHEN NICHT SEHEN DÜRFEN.
UND ICH WEISS, WAS DENEN WIDERFÄHRT, DIE SIE DENNOCH GESEHEN HABEN.

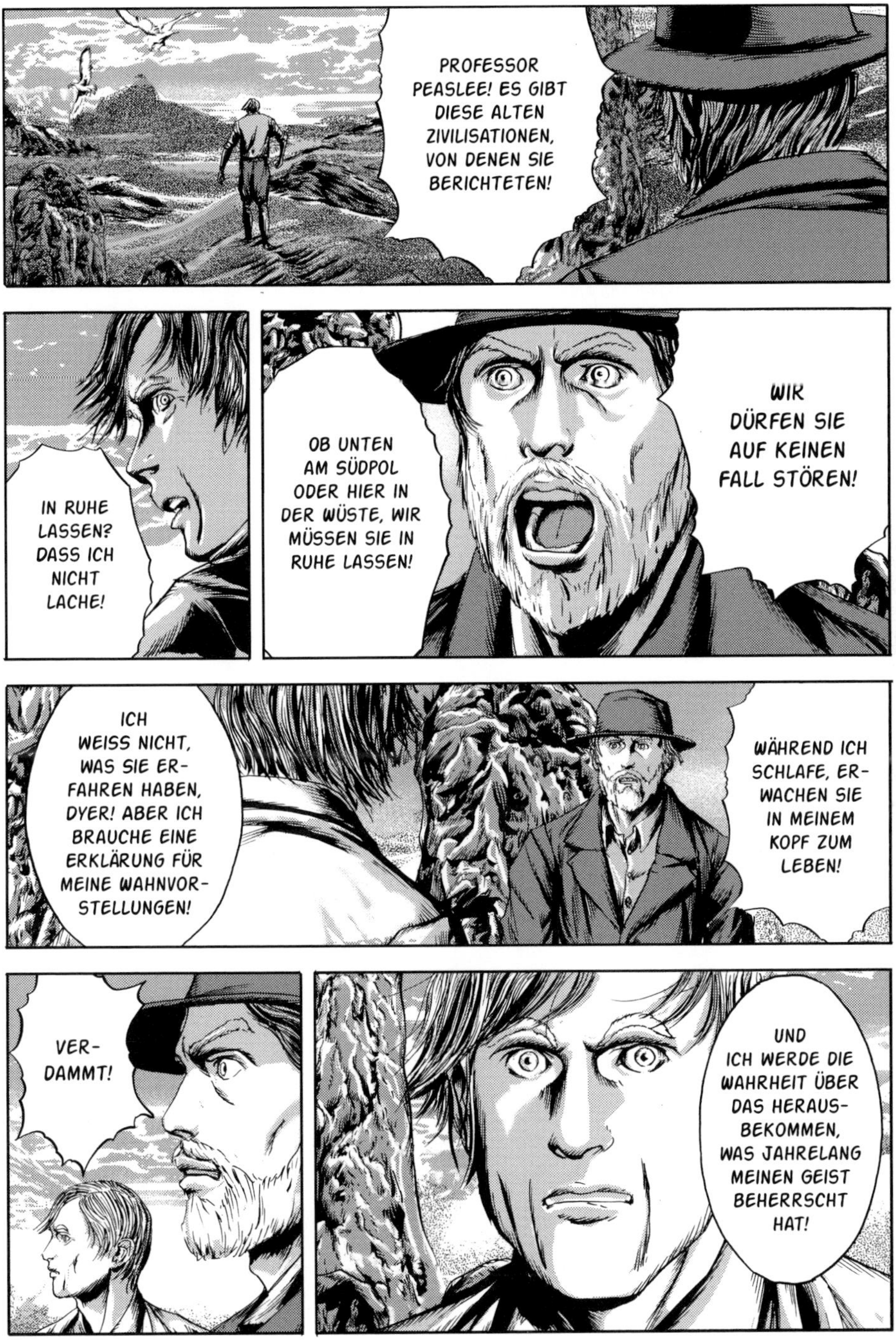
PROFESSOR PEASLEE! ES GIBT DIESE ALTEN ZIVILISATIONEN, VON DENEN SIE BERICHTETEN!
WIR DÜRFEN SIE AUF KEINEN FALL STÖREN!
OB UNTEN AM SÜDPOL ODER HIER IN DER WÜSTE, WIR MÜSSEN SIE IN RUHE LASSEN!
IN RUHE LASSEN? DASS ICH NICHT LACHE!
WÄHREND ICH SCHLAFE, ER-WACHEN SIE IN MEINEM KOPF ZUM LEBEN!
ICH WEISS NICHT, WAS SIE ER-FAHREN HABEN, DYER! ABER ICH BRAUCHE EINE ERKLÄRUNG FÜR MEINE WAHNVOR-STELLUNGEN!
UND ICH WERDE DIE WAHRHEIT ÜBER DAS HERAUS-BEKOMMEN, WAS JAHRELANG MEINEN GEIST BEHERRSCHT HAT!
VER-DAMMT!

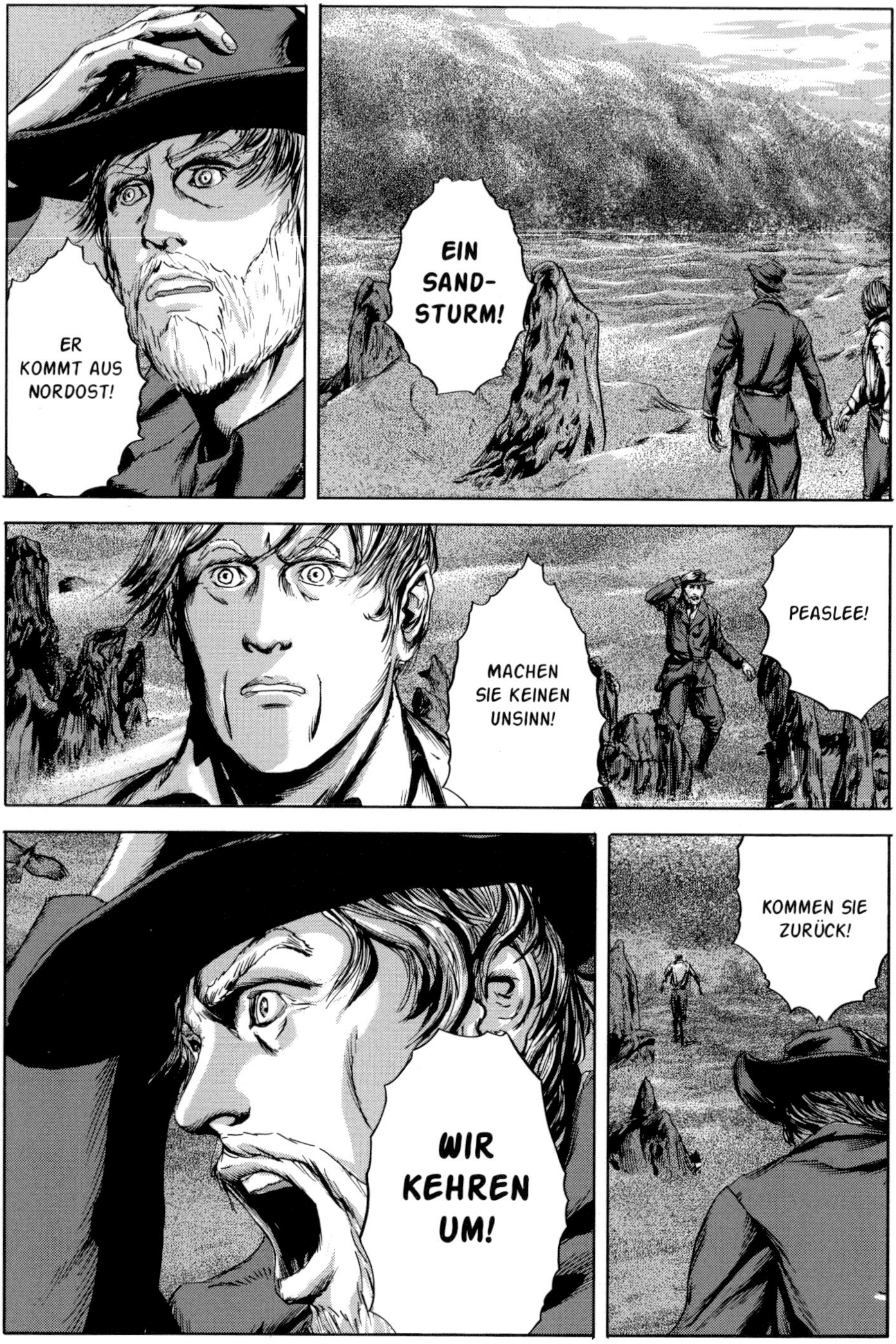
ER KOMMT AUS NORDOST!
EIN SAND-STURM!
PEASLEE!
MACHEN SIE KEINEN UNSINN!
KOMMEN SIE ZURÜCK!
WIR KEHREN UM!

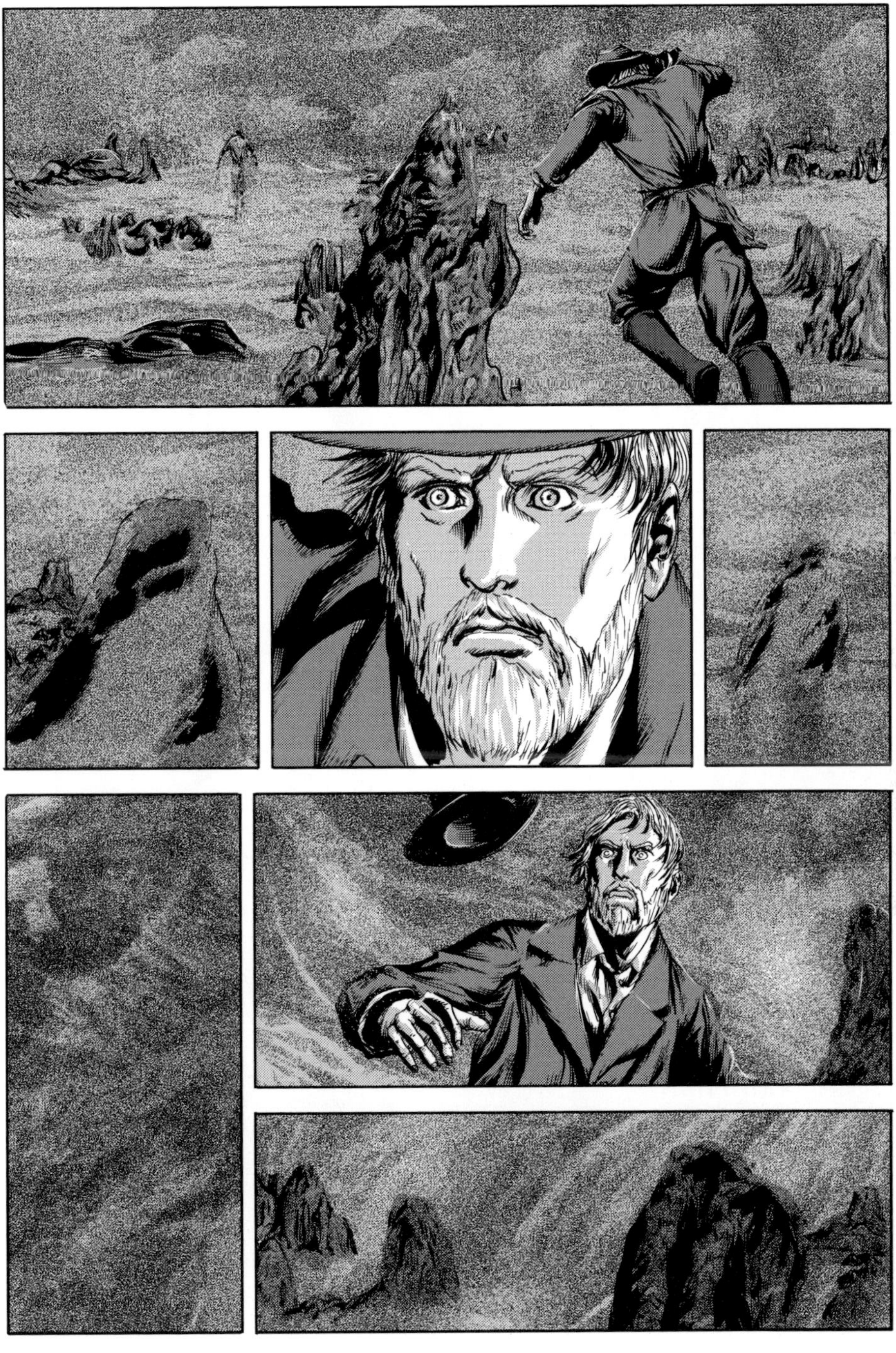

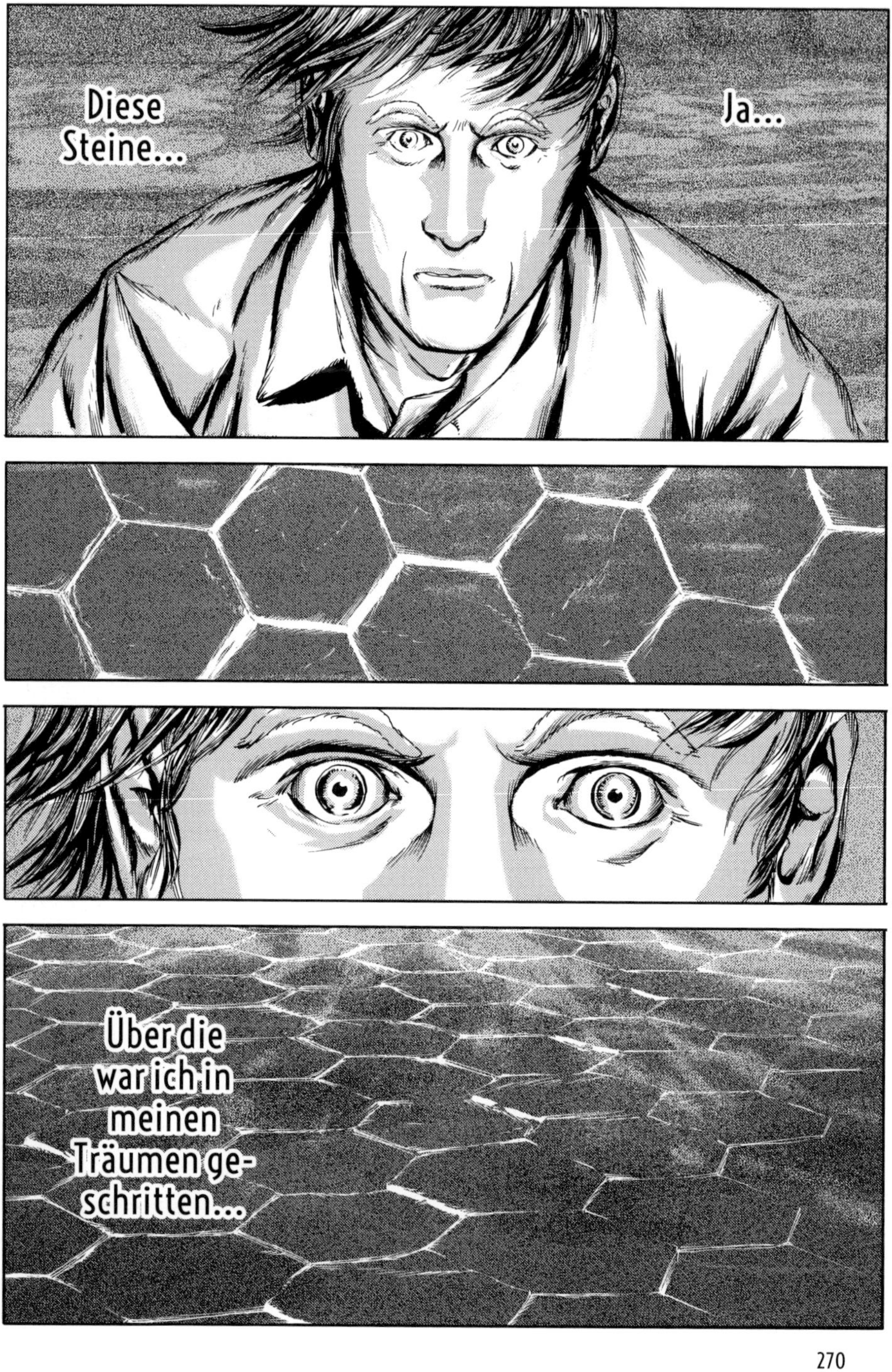
Ja...
Diese Steine...
Über die war ich in meinen Träumen geschritten...

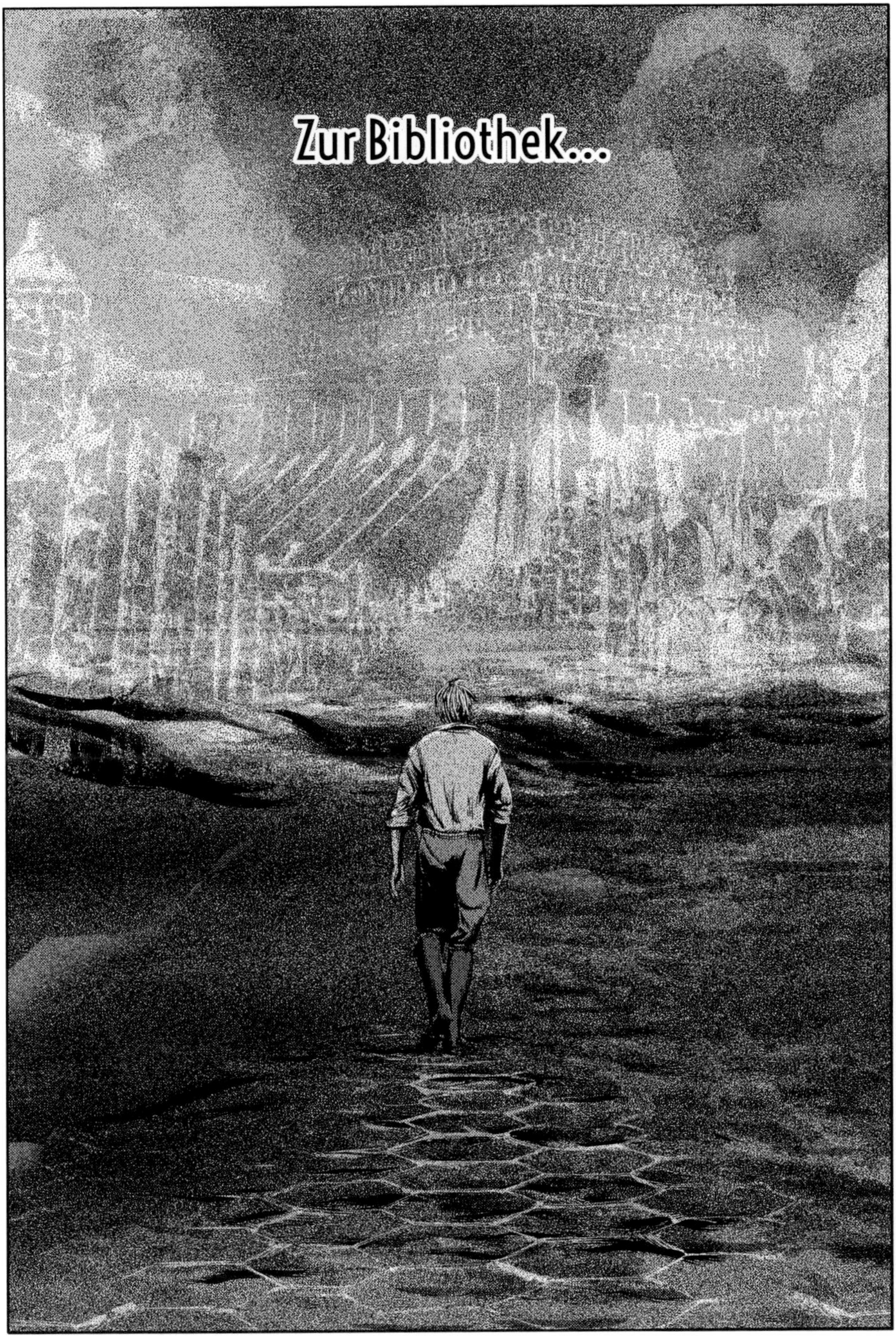
Zur Bibliothek...

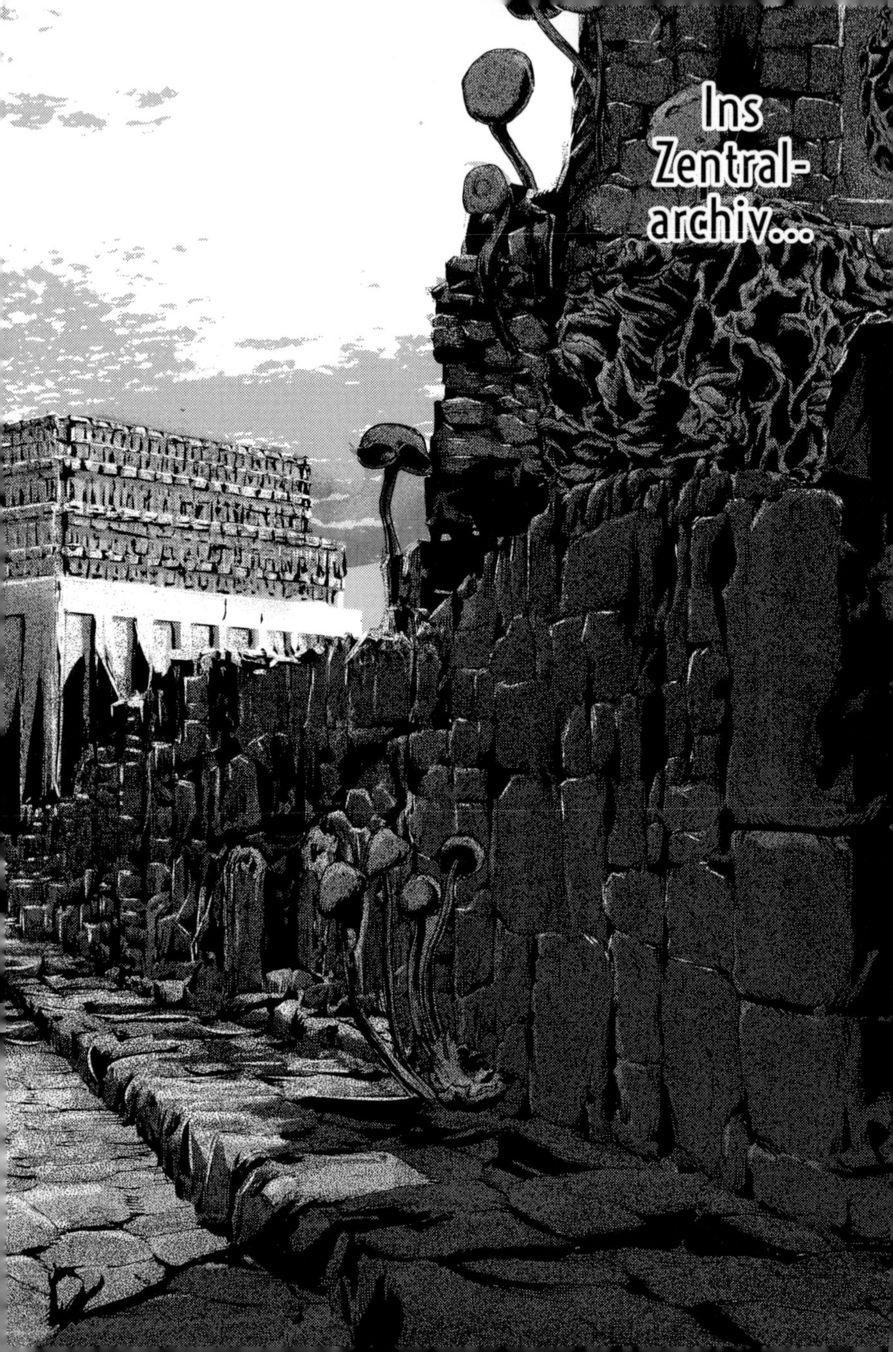
Ins Zentral-archiv...

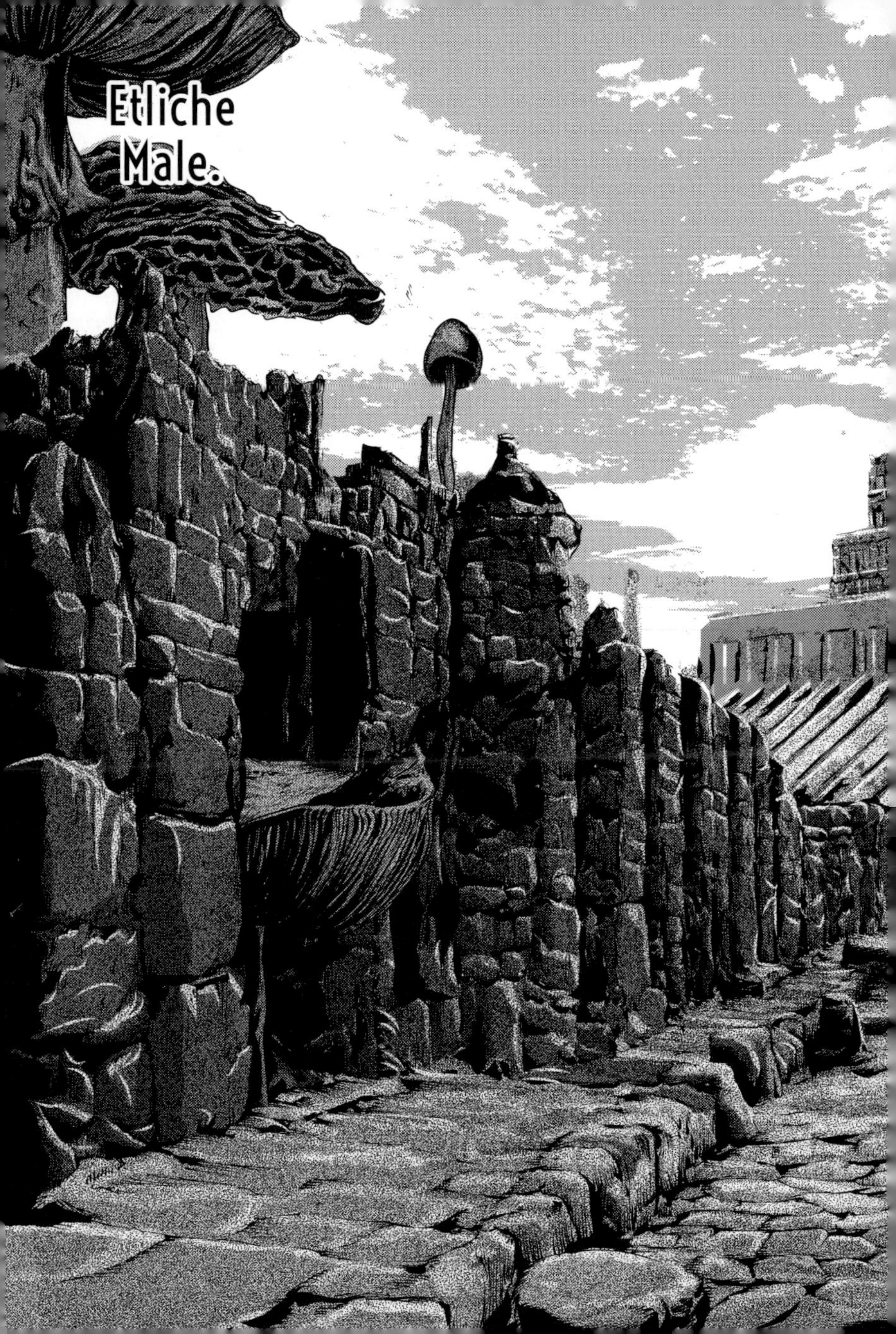
Etliche Male.

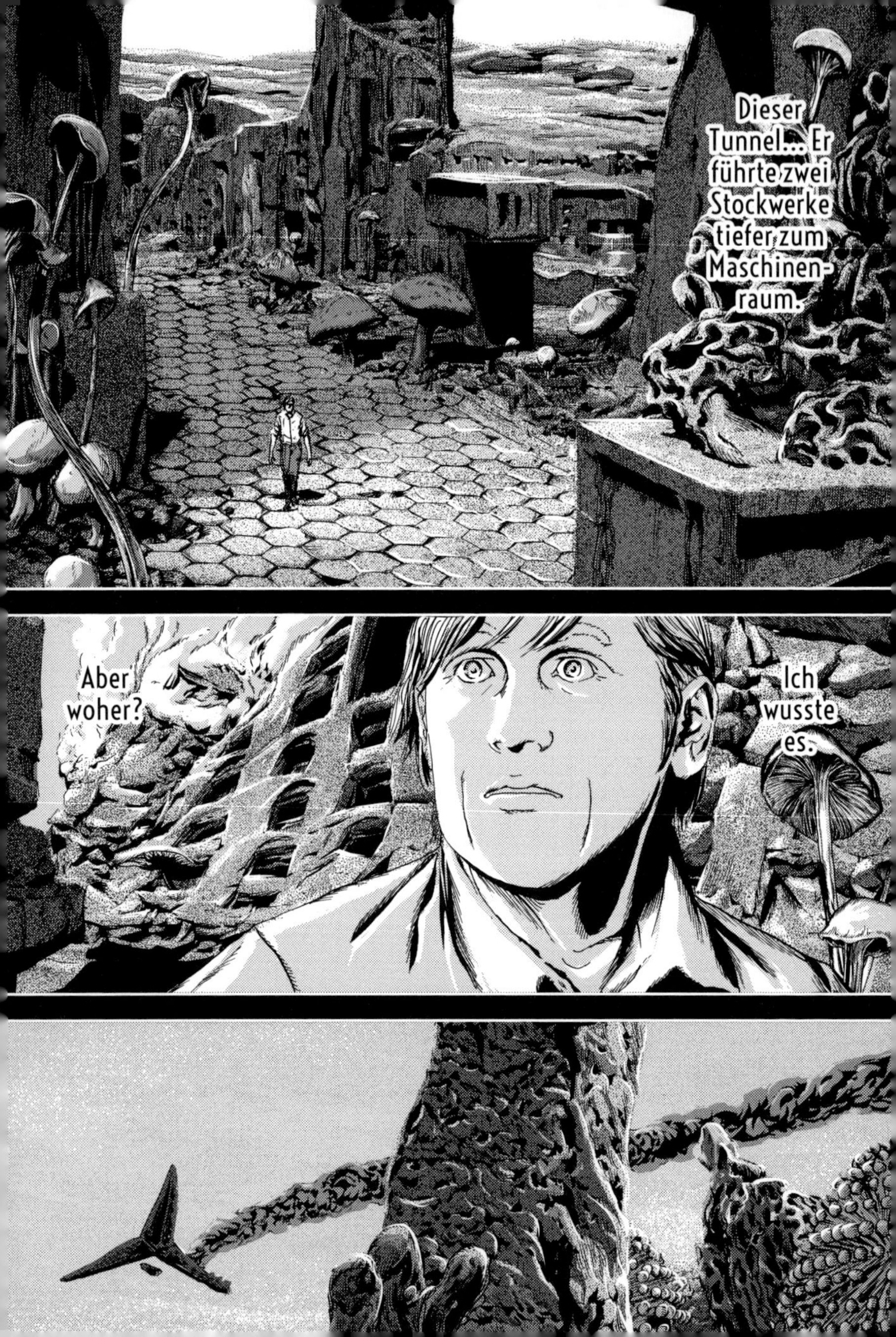
Dieser Tunnel... Er führte zwei Stockwerke tiefer zum Maschinen-raum.
Ich wusste es.
Aber woher?

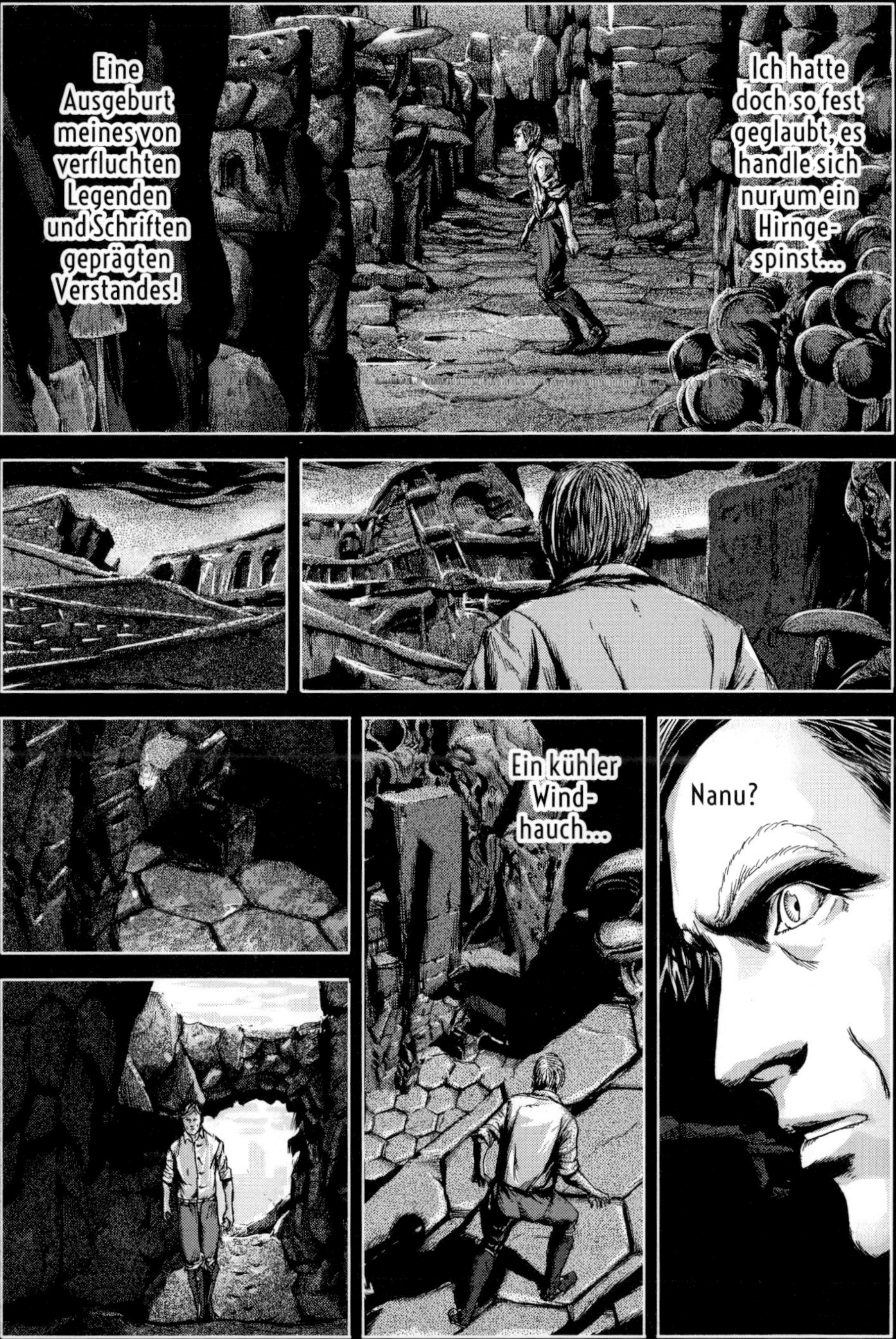
Ich hatte doch so fest geglaubt, es handle sich nur um ein Hirnge-spinst...
Eine Ausgeburt meines von verfluchten Legenden und Schriften geprägten Verstandes!
Nanu?
Ein kühler Wind-hauch...

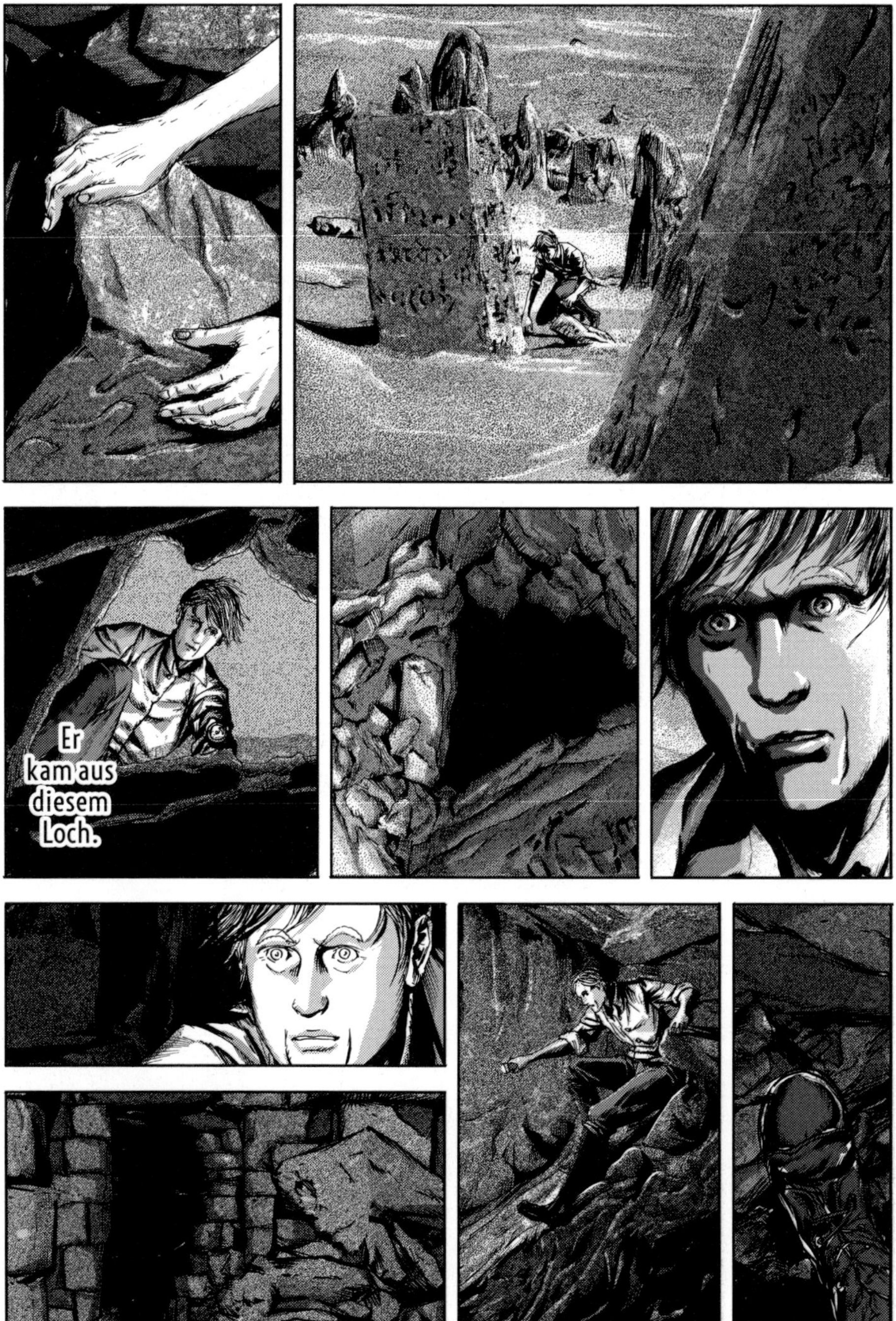
Er kam aus diesem Loch.

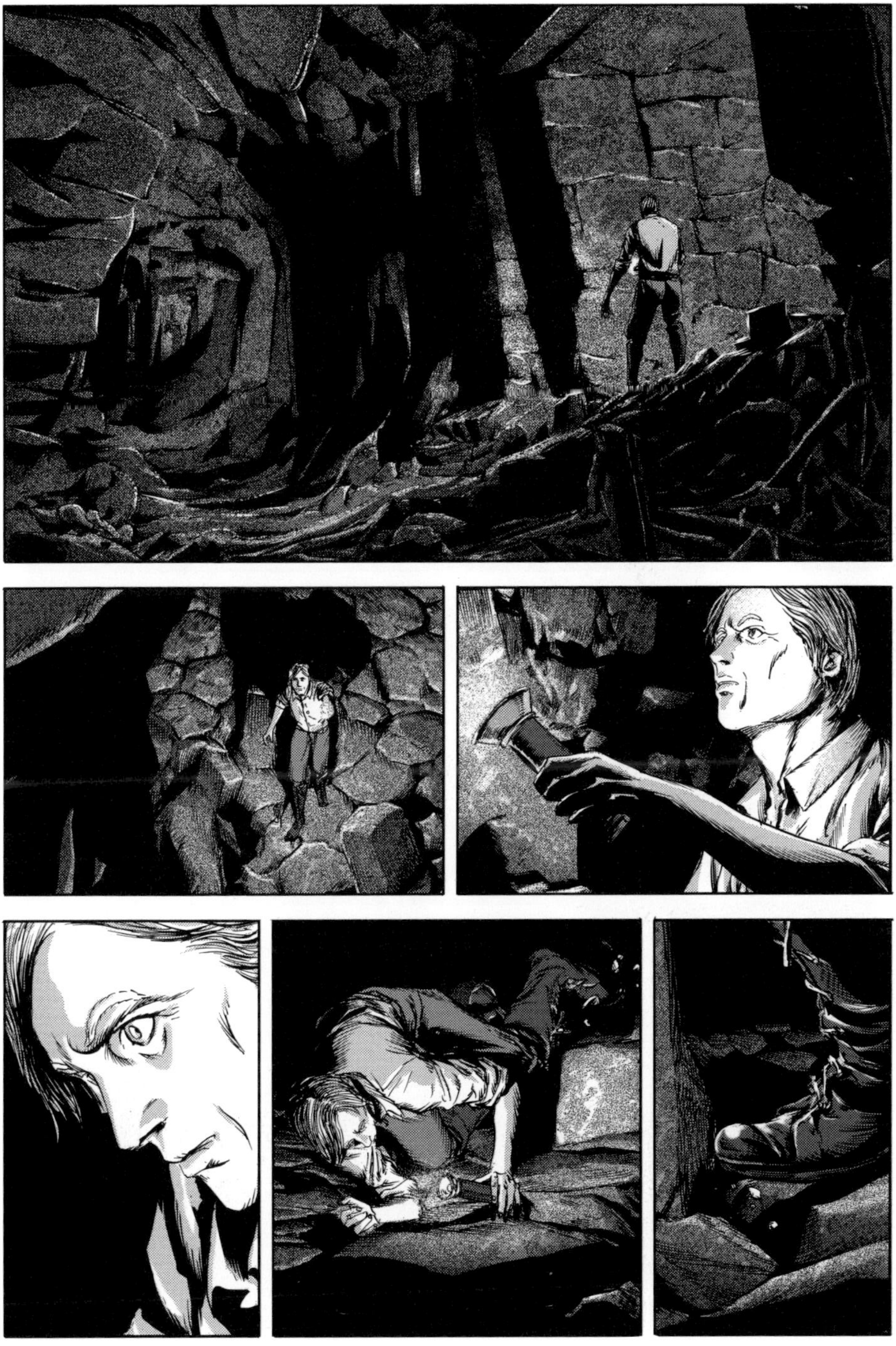

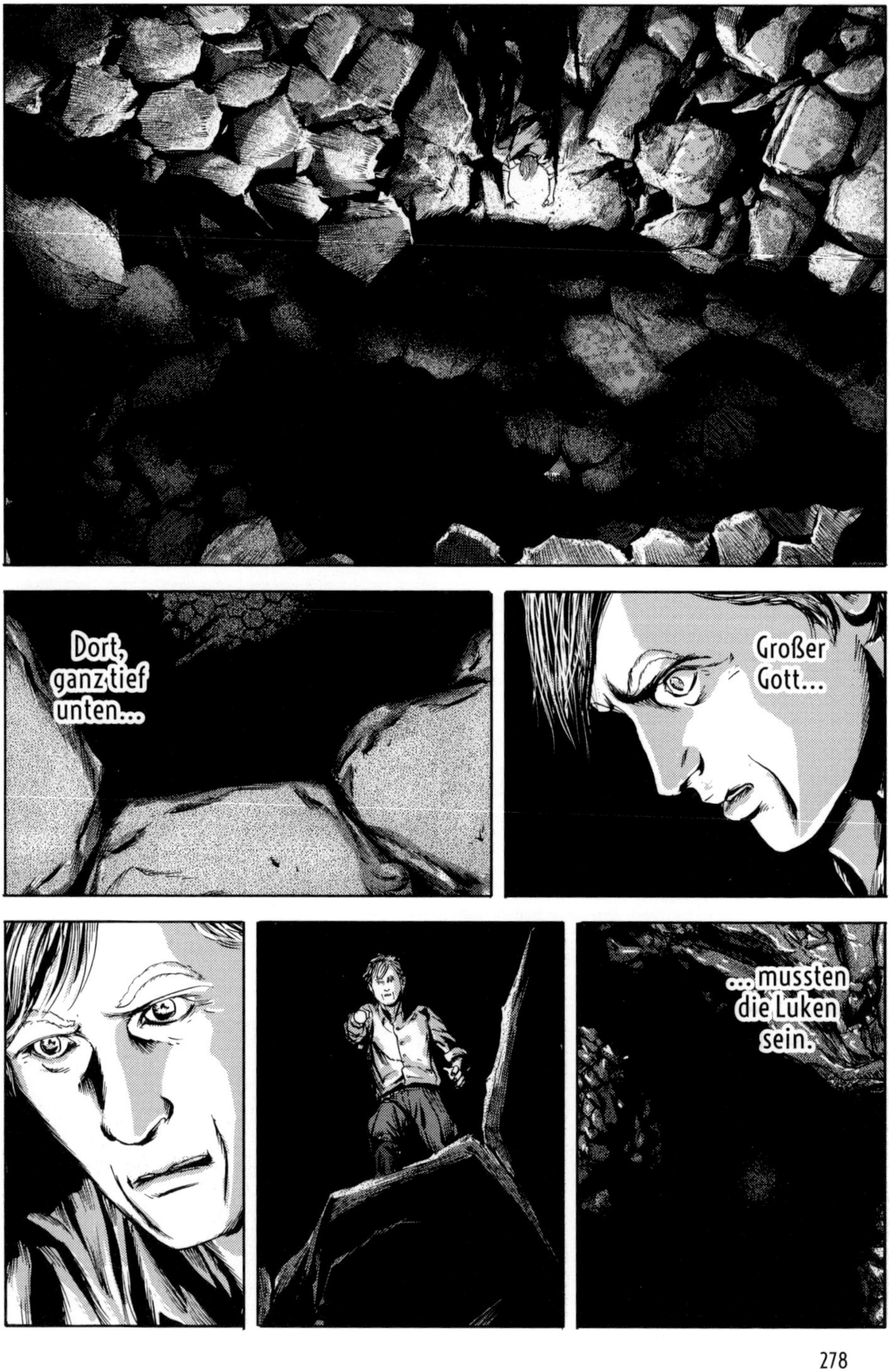
Dort, ganz tief unten...
Großer Gott...
... mussten die Luken sein.

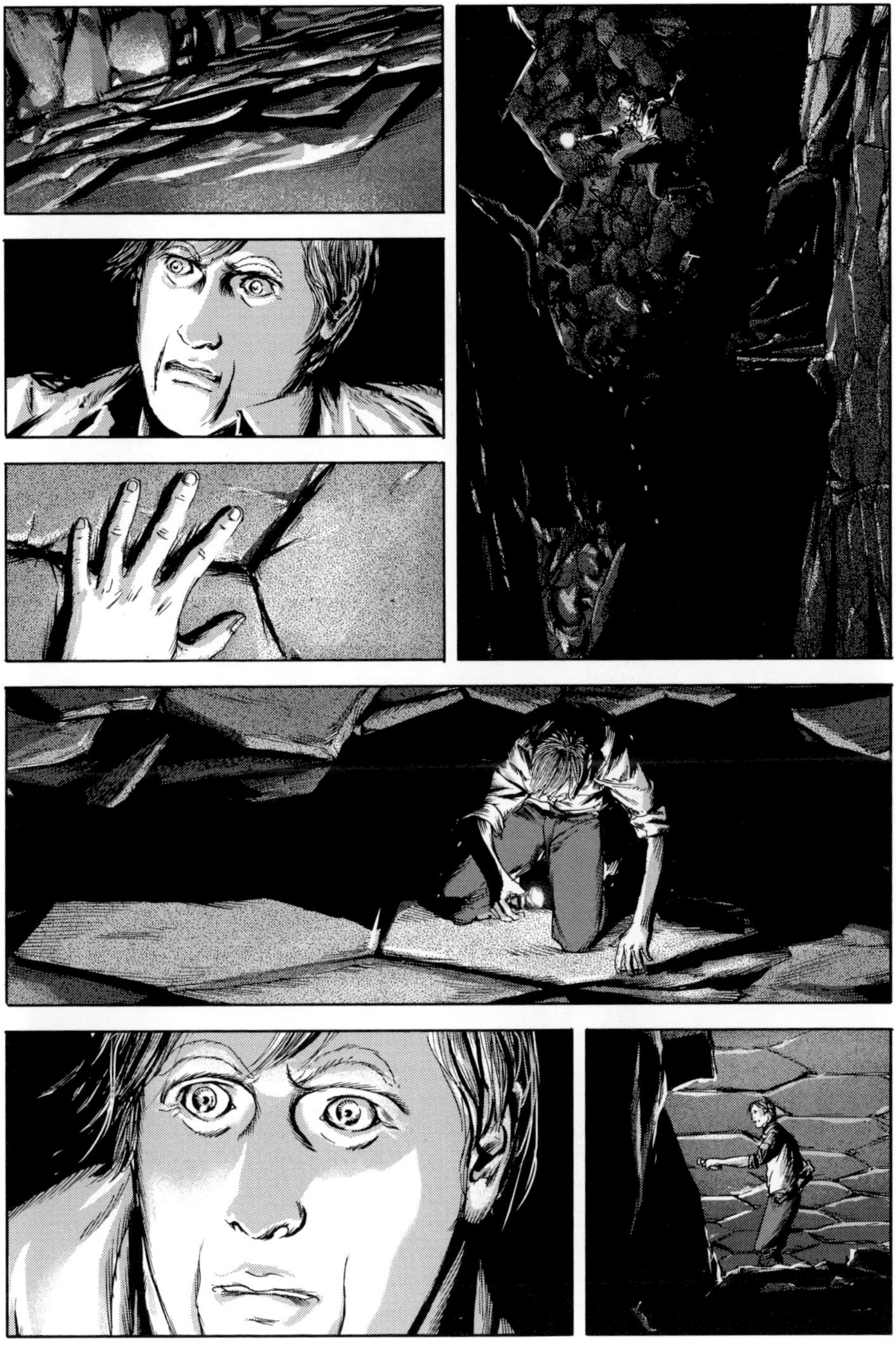

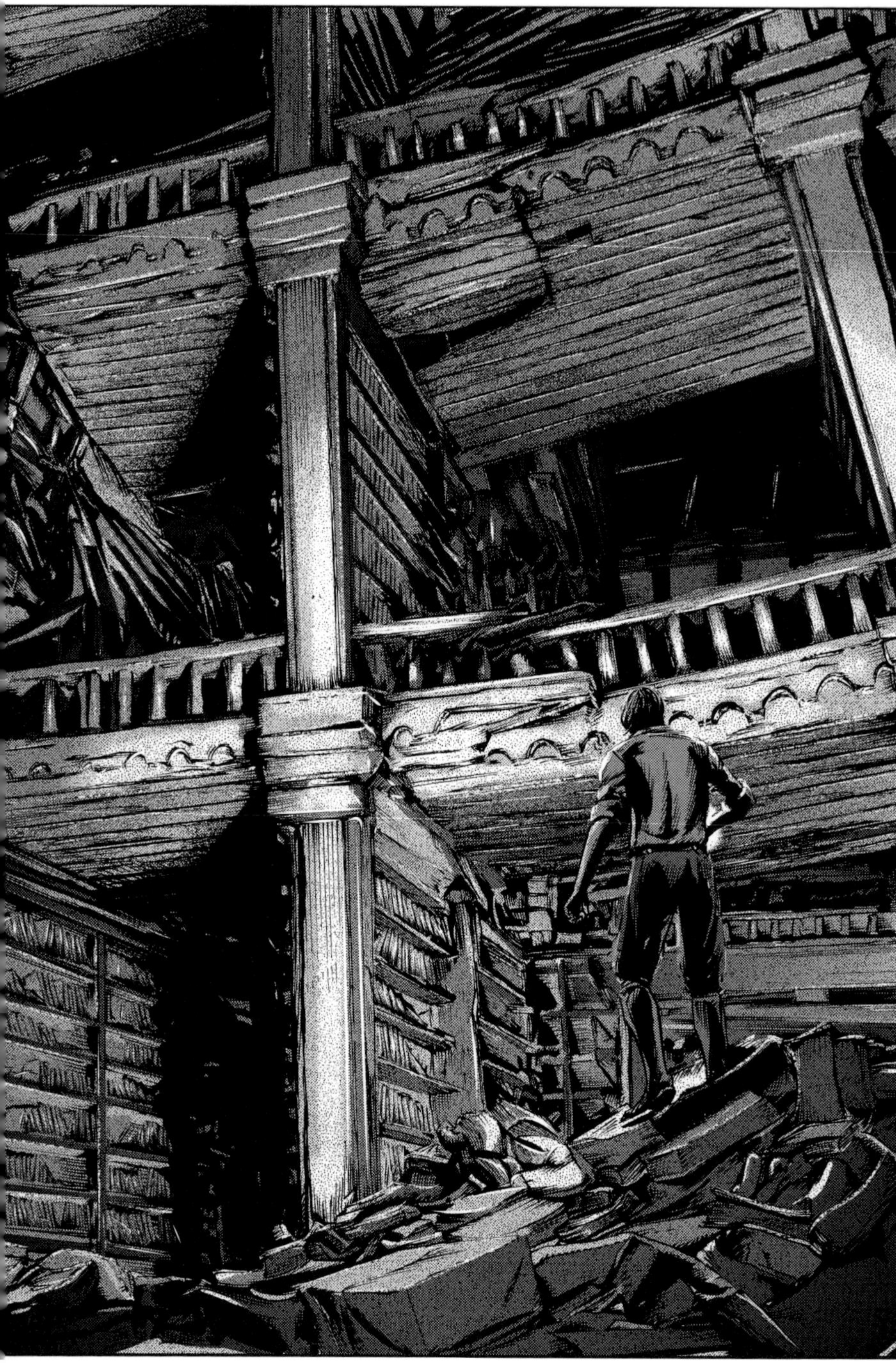

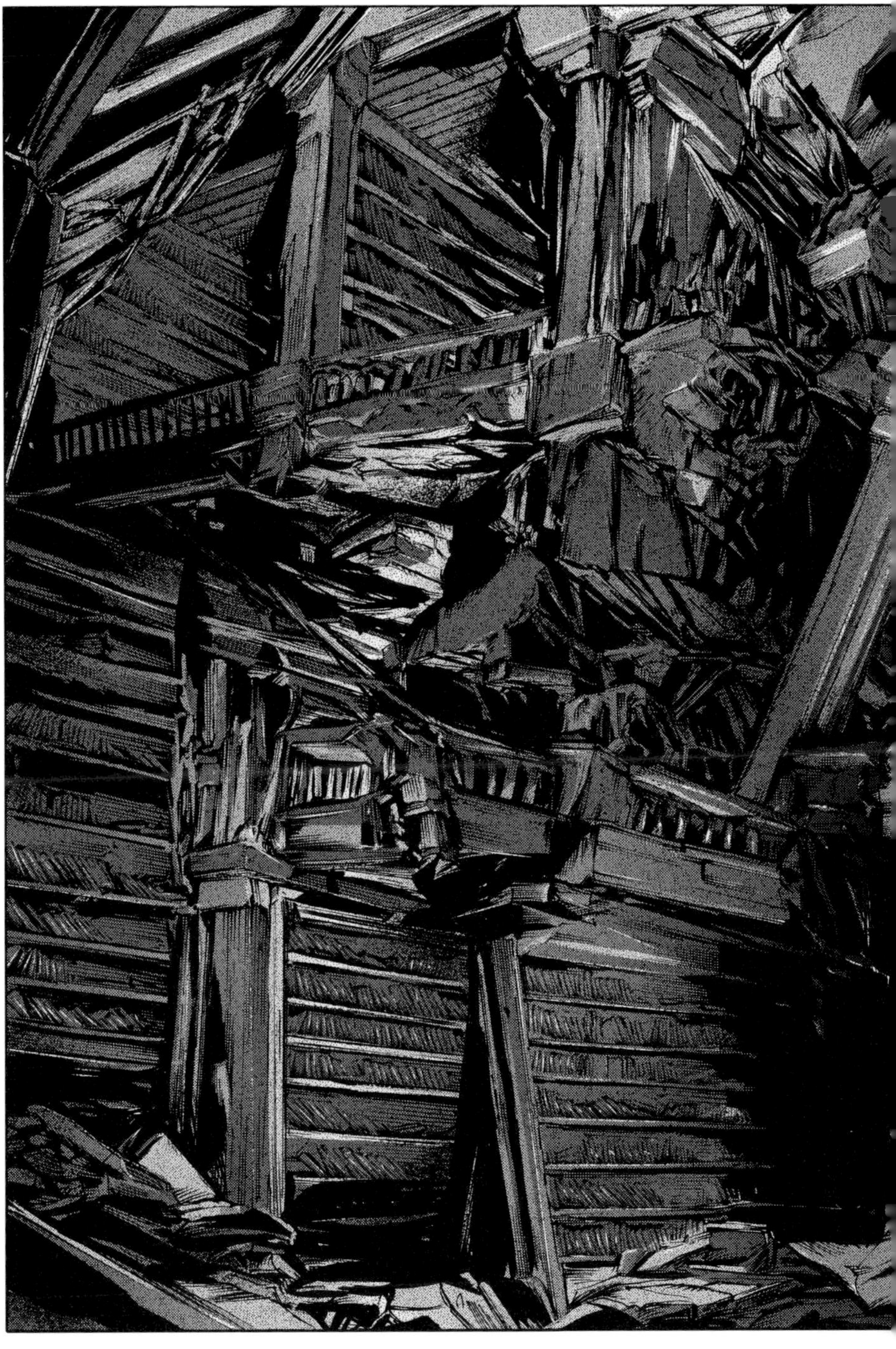

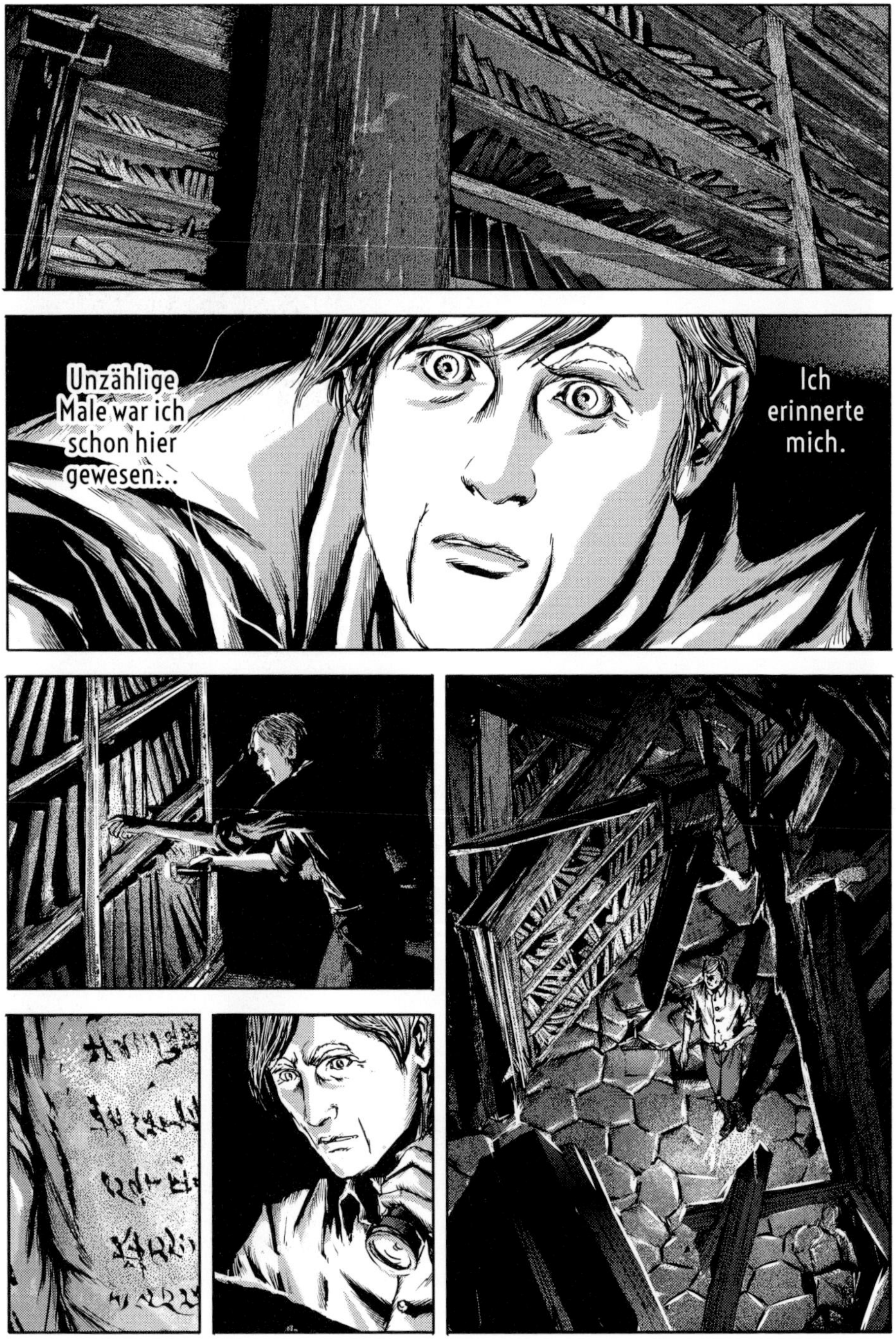

Unzählige Male war ich schon hier gewesen…
Ich erinnerte mich.

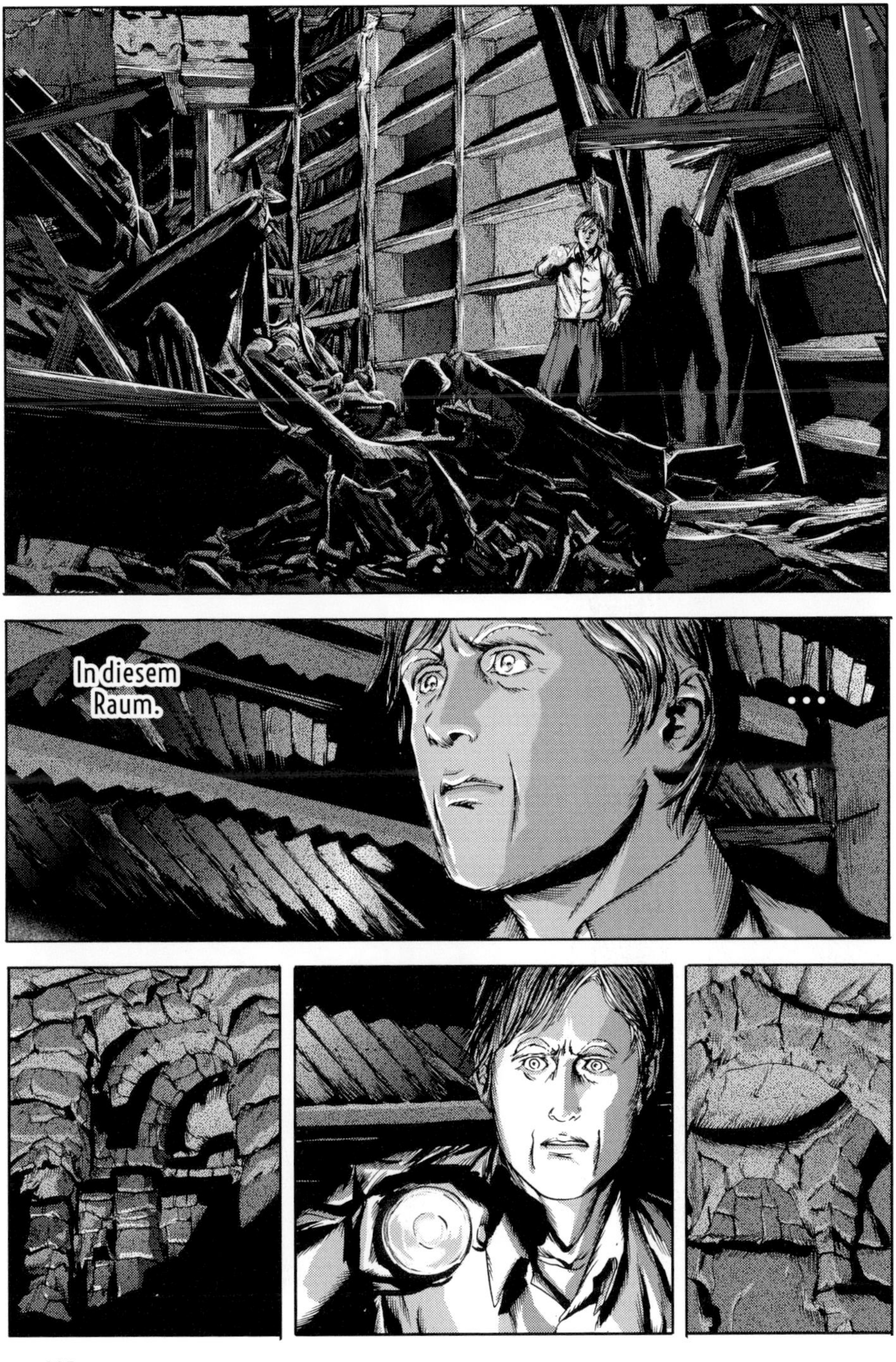
In diesem Raum.
...

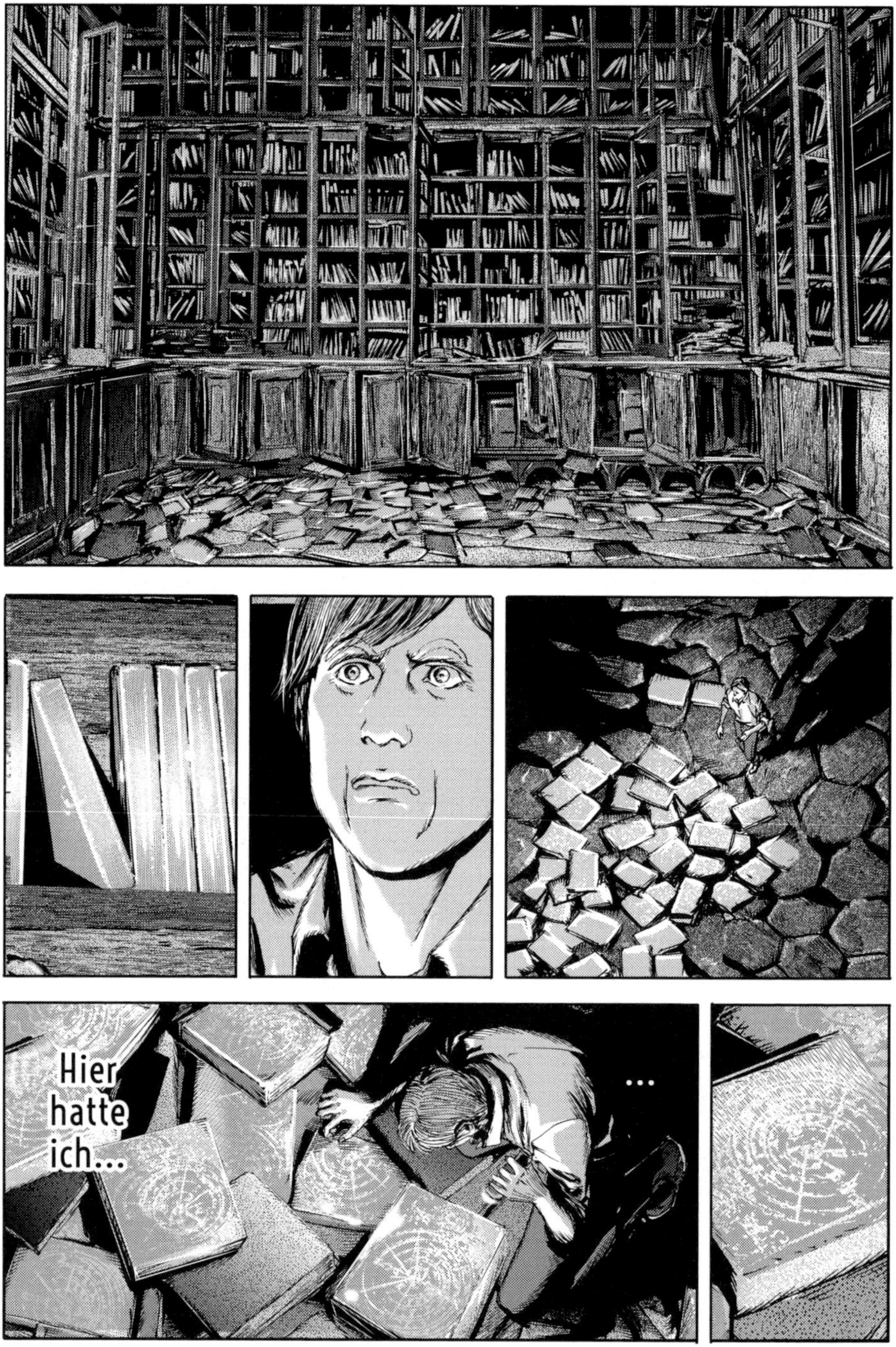
Hier hatte ich...
...

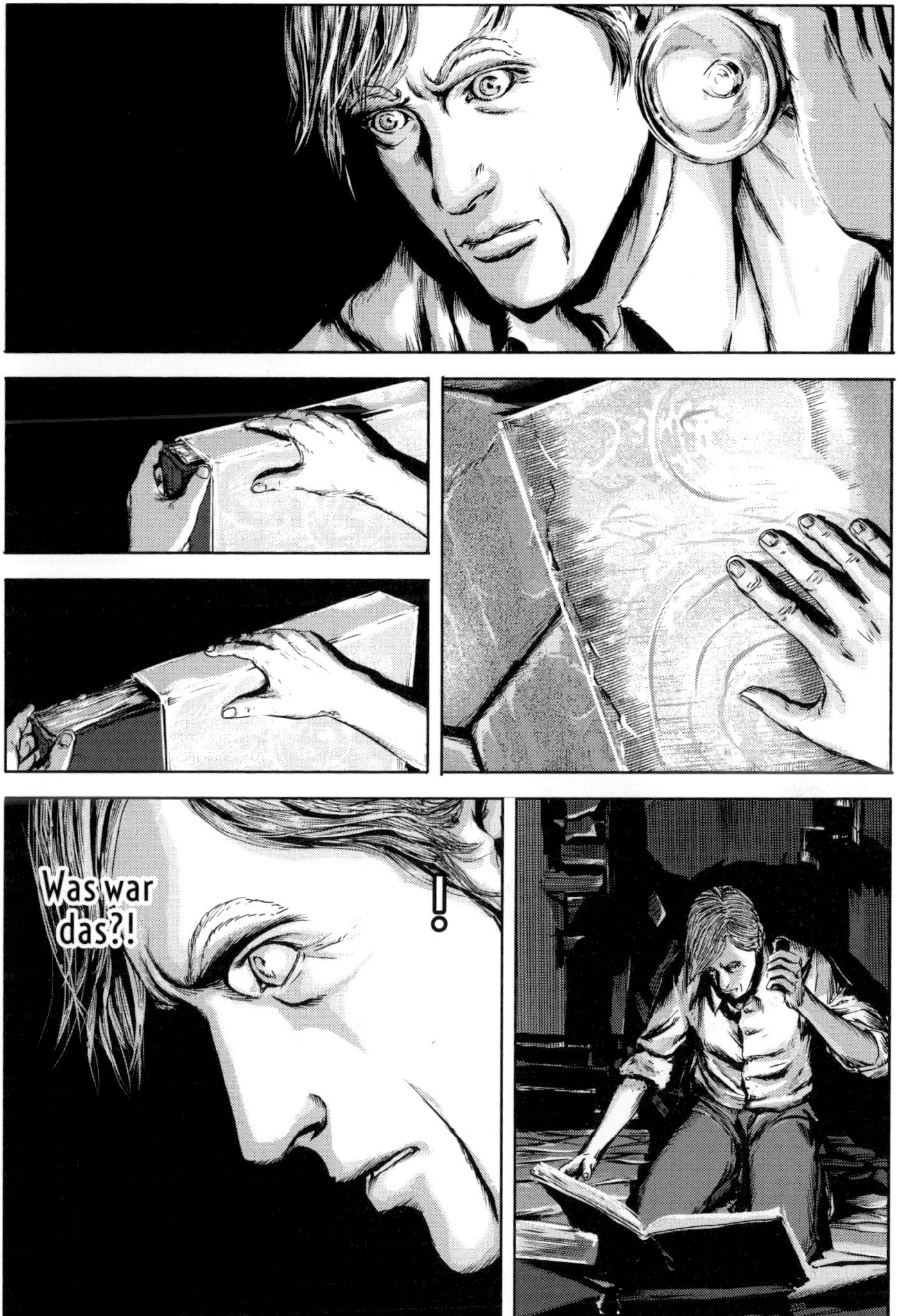
!
Was war das?!

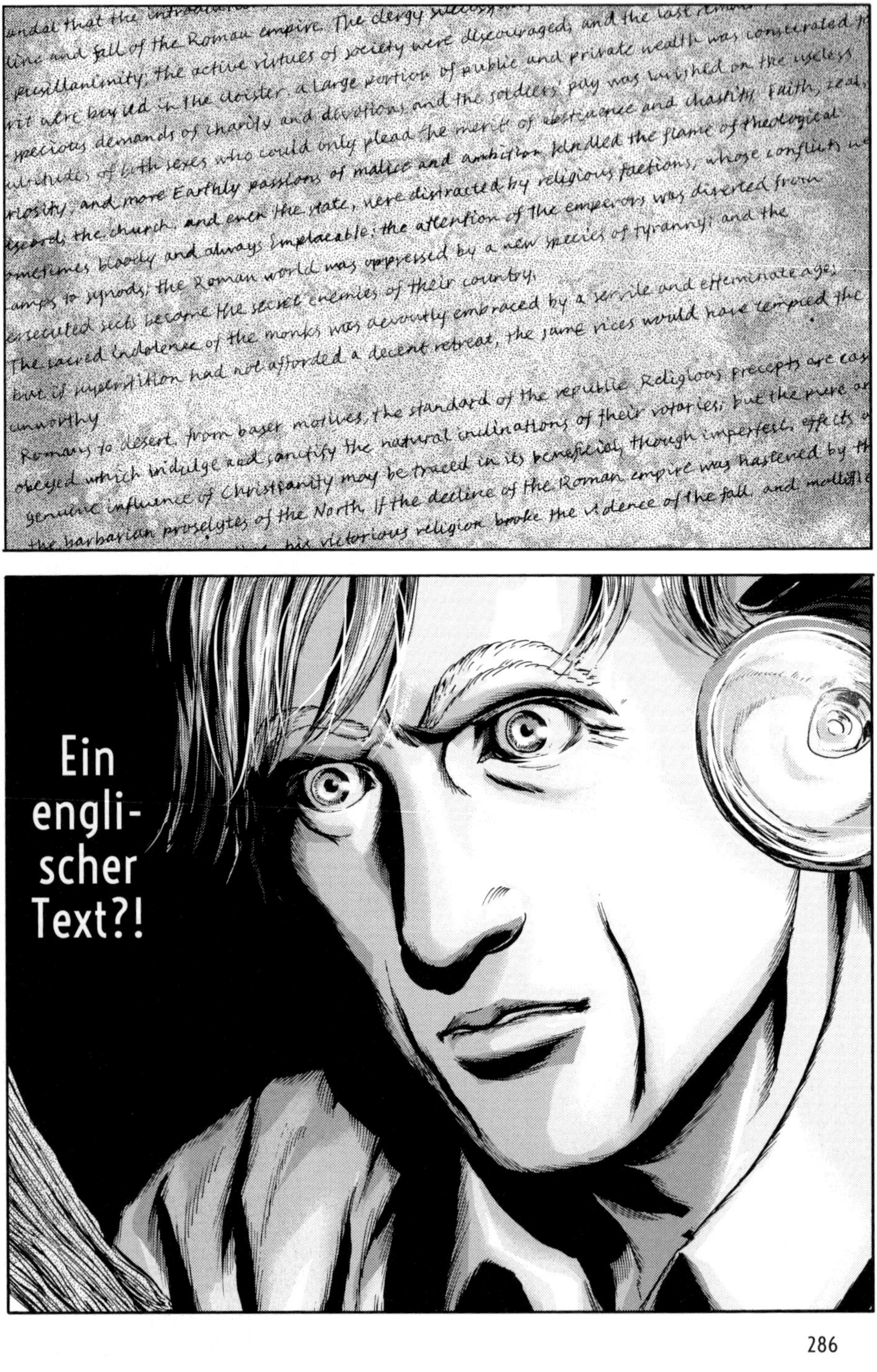
line and fall of the Roman empire. The clergy
pusillanimity; the active virtues of society were discouraged; and the last
were buried in the cloister. a large portion of public and private wealth was consecrated
specious demands of charity and devotions and the soldiers' pay was lavished on the useless
of both sexes who could only plead the merit of abstinence and chastity. Faith, zeal,
curiosity, and more Earthly passions of malice and ambition kindled the flame of theological
discord; the church, and even the state, were distracted by religious factions, whose conflicts
sometimes bloody and always implacable; the attention of the emperors was diverted from
camps to synods; the Roman world was oppressed by a new species of tyranny; and the
persecuted sects became the secret enemies of their country.
The sacred indolence of the monks was devoutly embraced by a servile and effeminate age;
but if superstition had not afforded a decent retreat, the same vices would have tempted the
unworthy
Romans to desert, from baser motives, the standard of the republic. Religious precepts are
obeyed which indulge and sanctify the natural inclinations of their votaries; but the pure
genuine influence of Christianity may be traced in its beneficial, though imperfect, effects
the barbarian proselytes of the North. If the decline of the Roman empire was hastened by
his victorious religion broke the violence of the fall, and mollified
Ein engli-scher Text?!

10 DIE LUKEN ZUR UNTERWELT

The Blasphemous Trap-doors are Unsealed

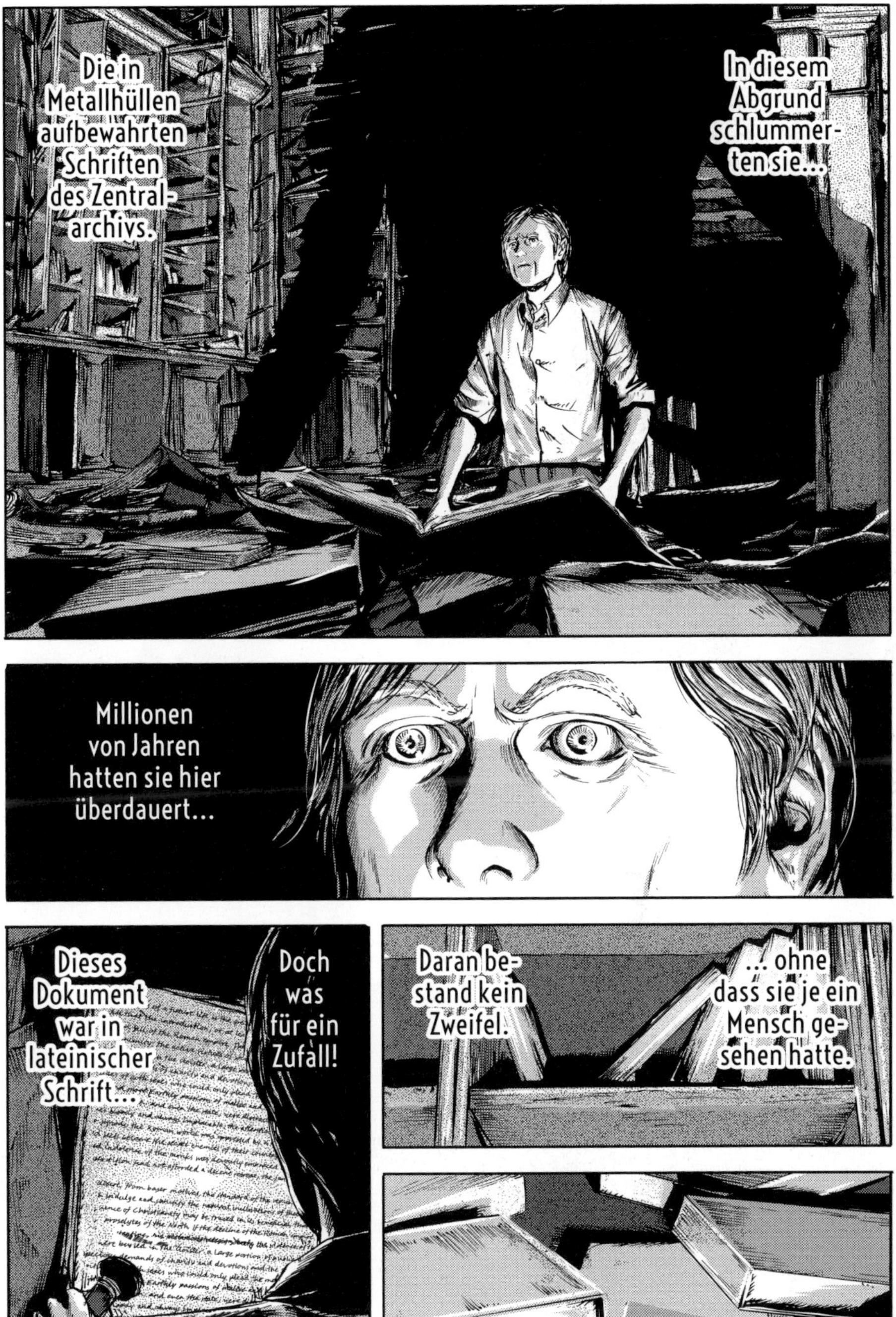
Die in Metallhüllen aufbewahrten Schriften des Zentralarchivs.
In diesem Abgrund schlummerten sie...
Millionen von Jahren hatten sie hier überdauert...
Dieses Dokument war in lateinischer Schrift...
Doch was für ein Zufall!
Daran bestand kein Zweifel.
... ohne dass sie je ein Mensch gesehen hatte.

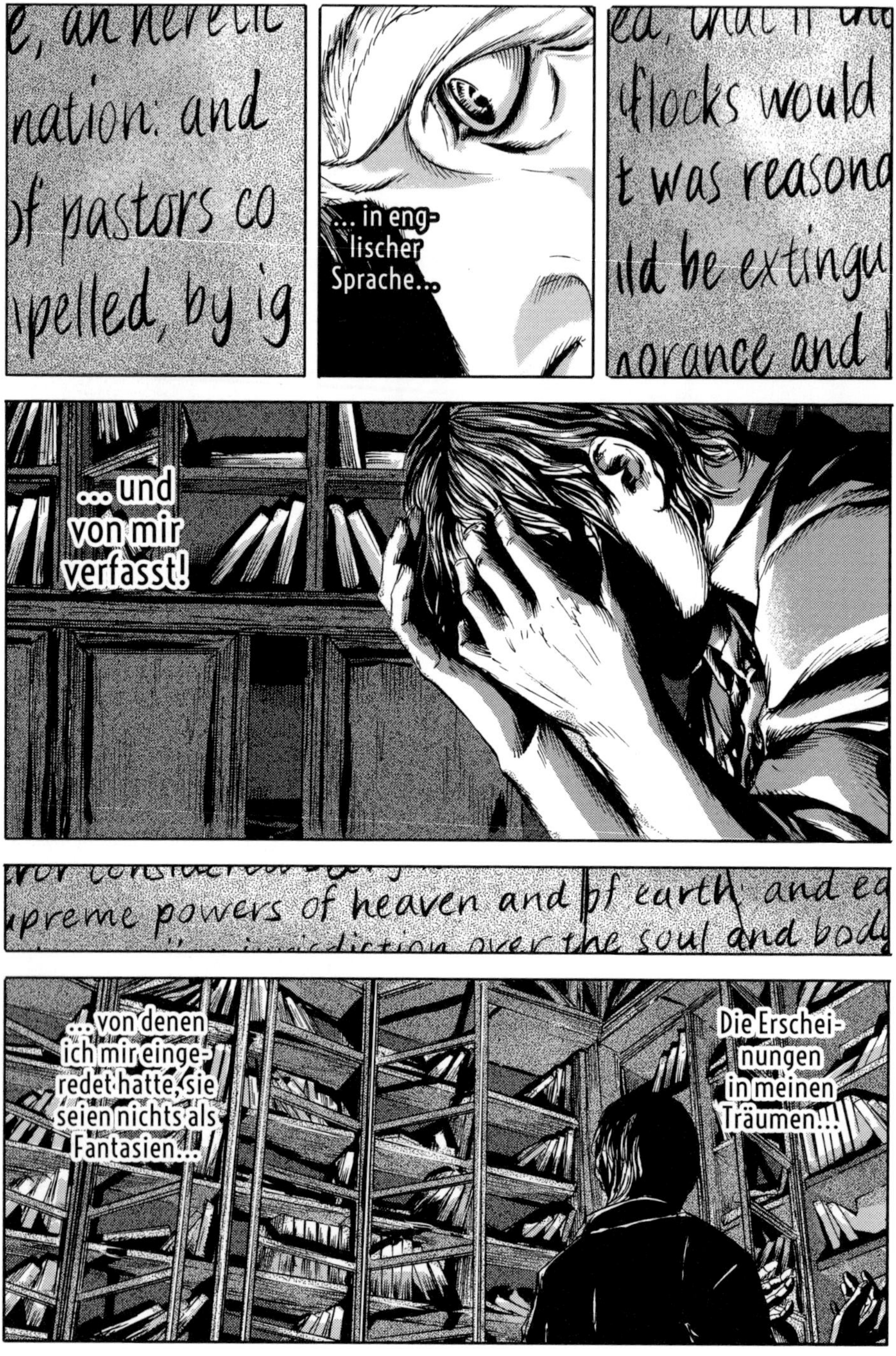
flocks would
t was reason
ld be extingu
norance and
nation: and
pastors co
pelled, by ig
... in englischer Sprache...
... und von mir verfasst!
supreme powers of heaven and of earth and eq
jurisdiction over the soul and body
Die Erscheinungen in meinen Träumen...!
... von denen ich mir eingeredet hatte, sie seien nichts als Fantasien...

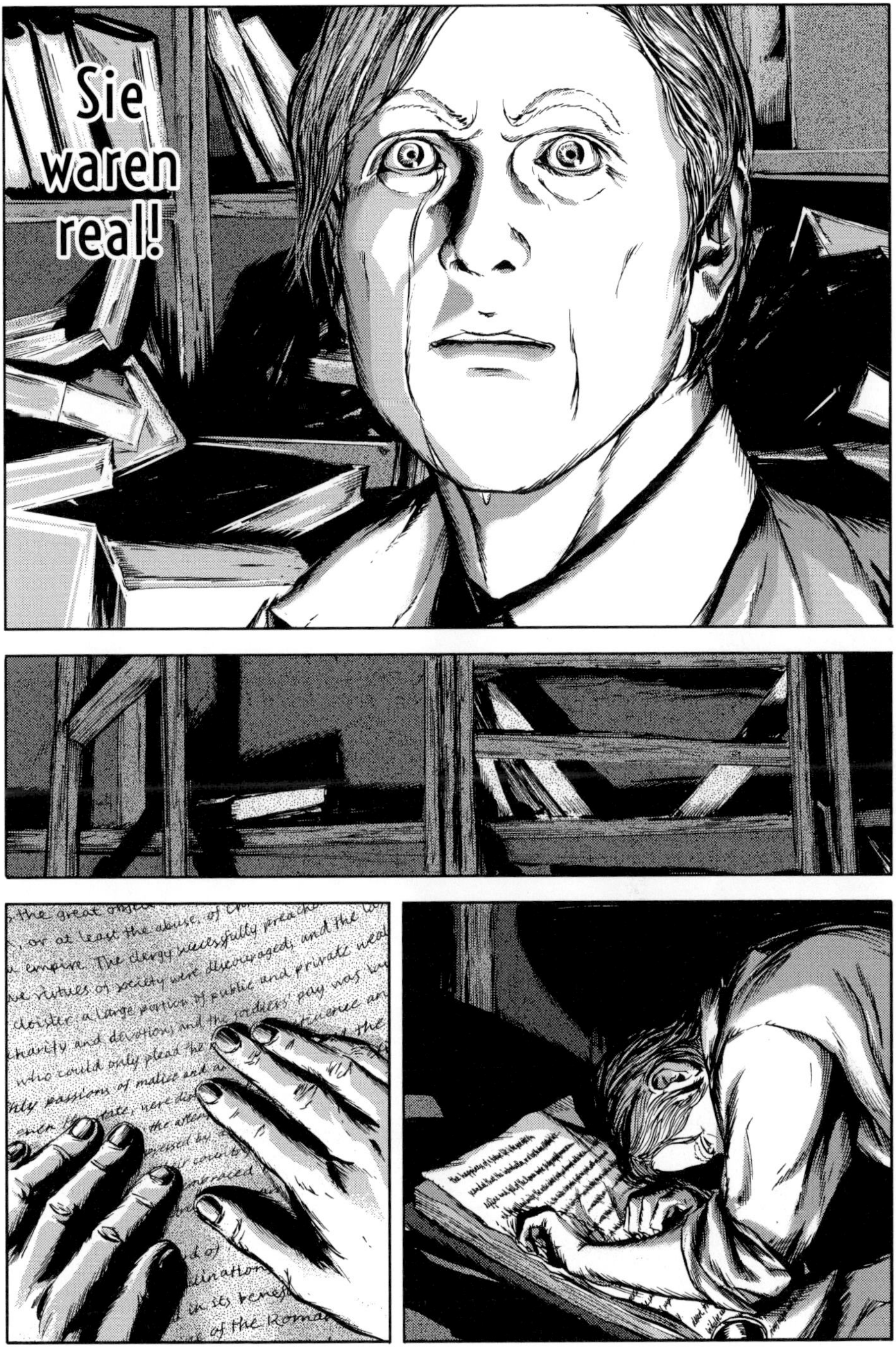
Sie waren real!

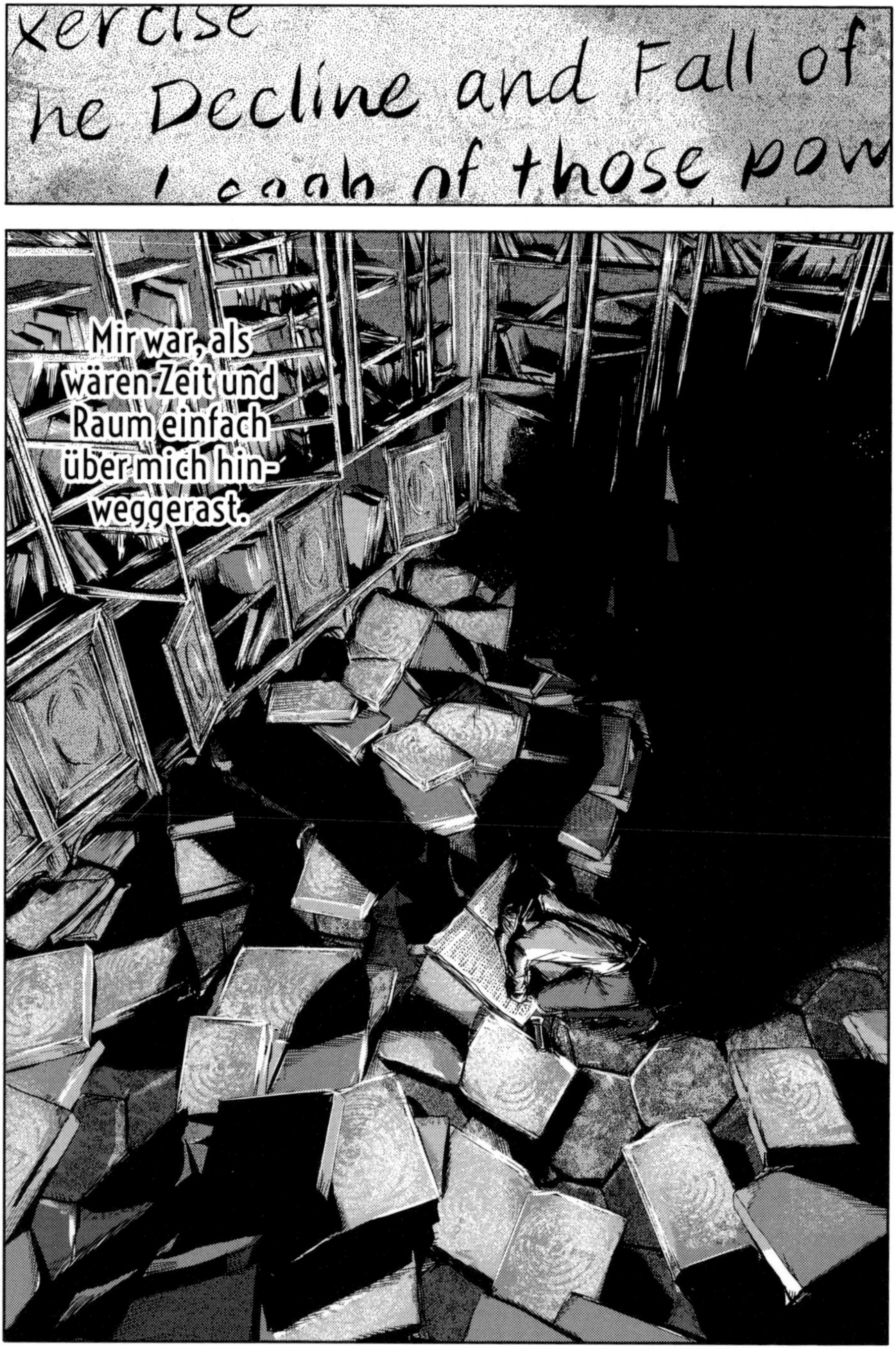
xercise
he Decline and Fall of
of those pow
Mir war, als wären Zeit und Raum einfach über mich hinweggerast.

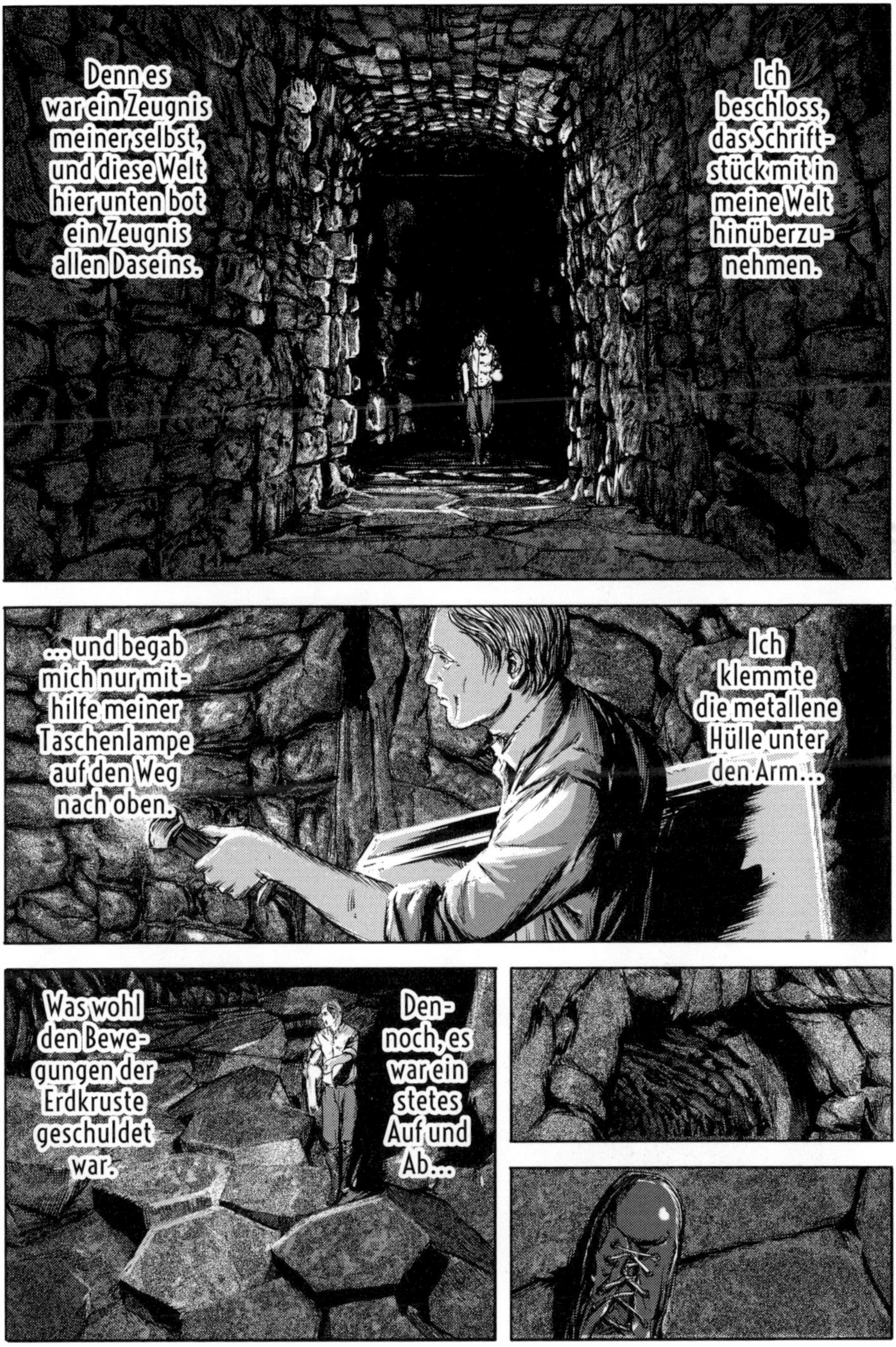
Ich beschloss, das Schriftstück mit in meine Welt hinüberzunehmen.
Denn es war ein Zeugnis meiner selbst, und diese Welt hier unten bot ein Zeugnis allen Daseins.
Ich klemmte die metallene Hülle unter den Arm …
… und begab mich nur mithilfe meiner Taschenlampe auf den Weg nach oben.
Dennoch, es war ein stetes Auf und Ab …
Was wohl den Bewegungen der Erdkruste geschuldet war.

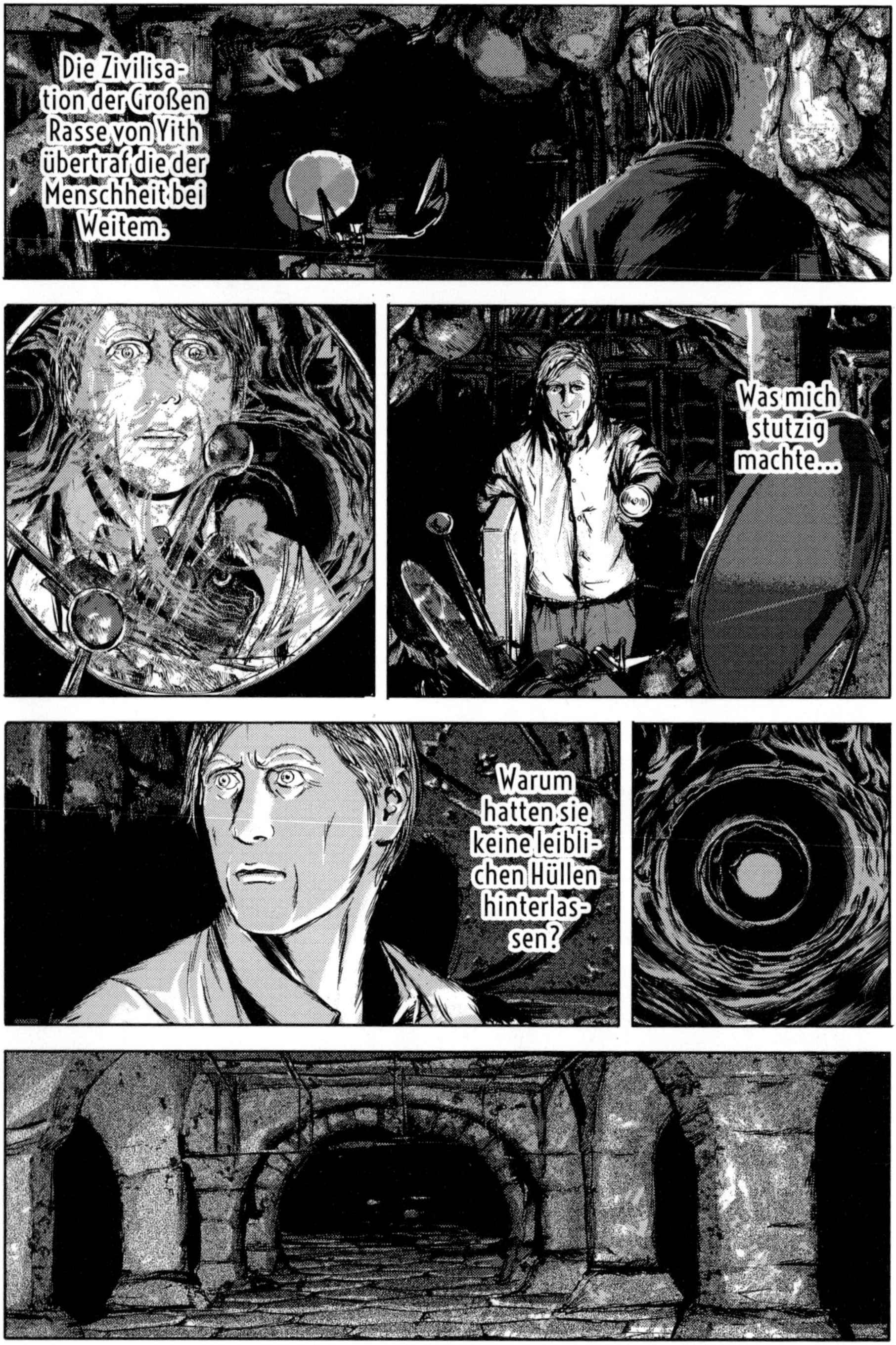
Die Zivilisation der Großen Rasse von Yith übertraf die der Menschheit bei Weitem.
Was mich stutzig machte...
Warum hatten sie keine leiblichen Hüllen hinterlassen?

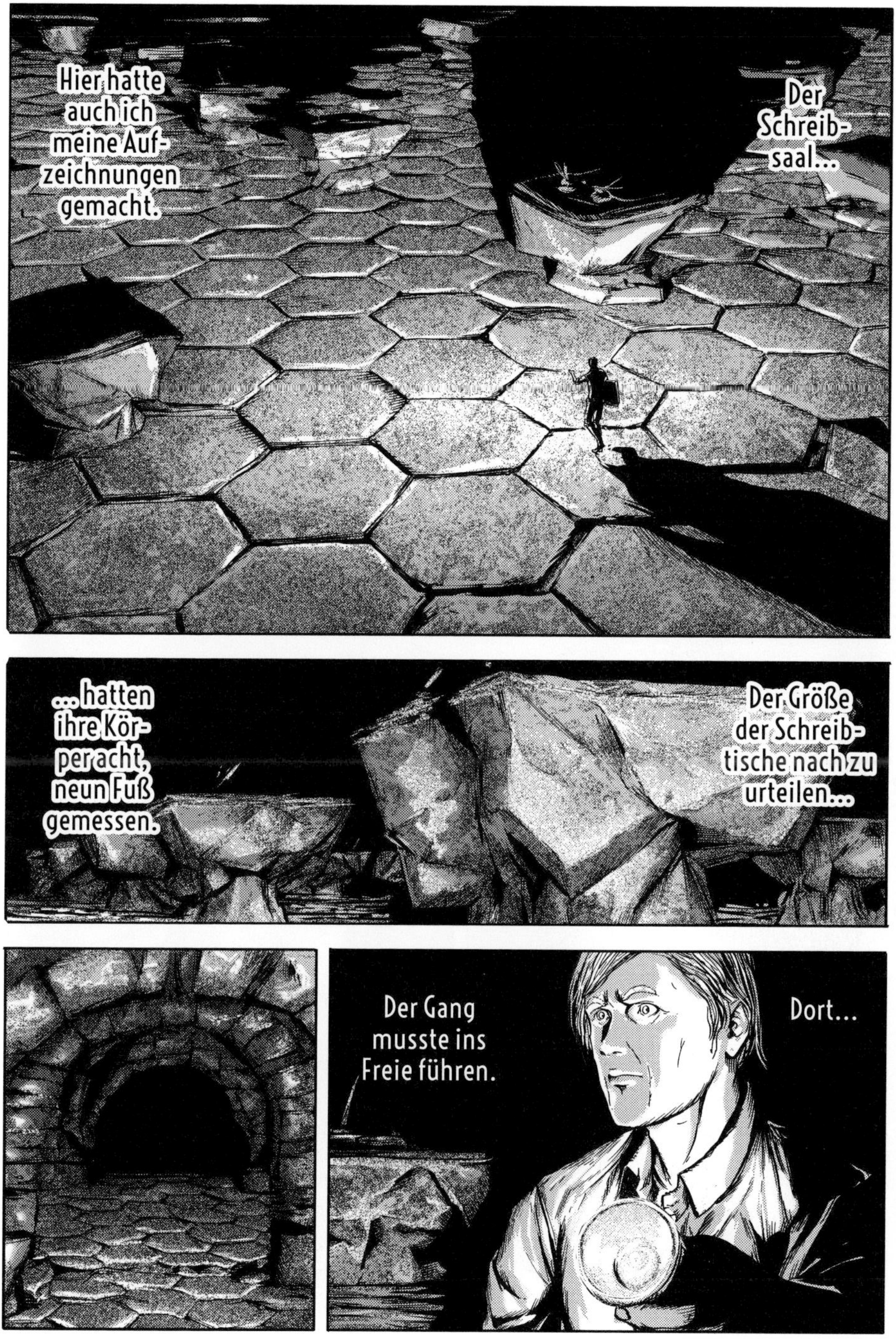
Der Schreib-
saal...
Hier hatte auch ich meine Auf-
zeichnungen gemacht.
Der Größe der Schreib-
tische nach zu urteilen...
... hatten ihre Kör-
per acht, neun Fuß gemessen.
Dort...
Der Gang musste ins Freie führen.

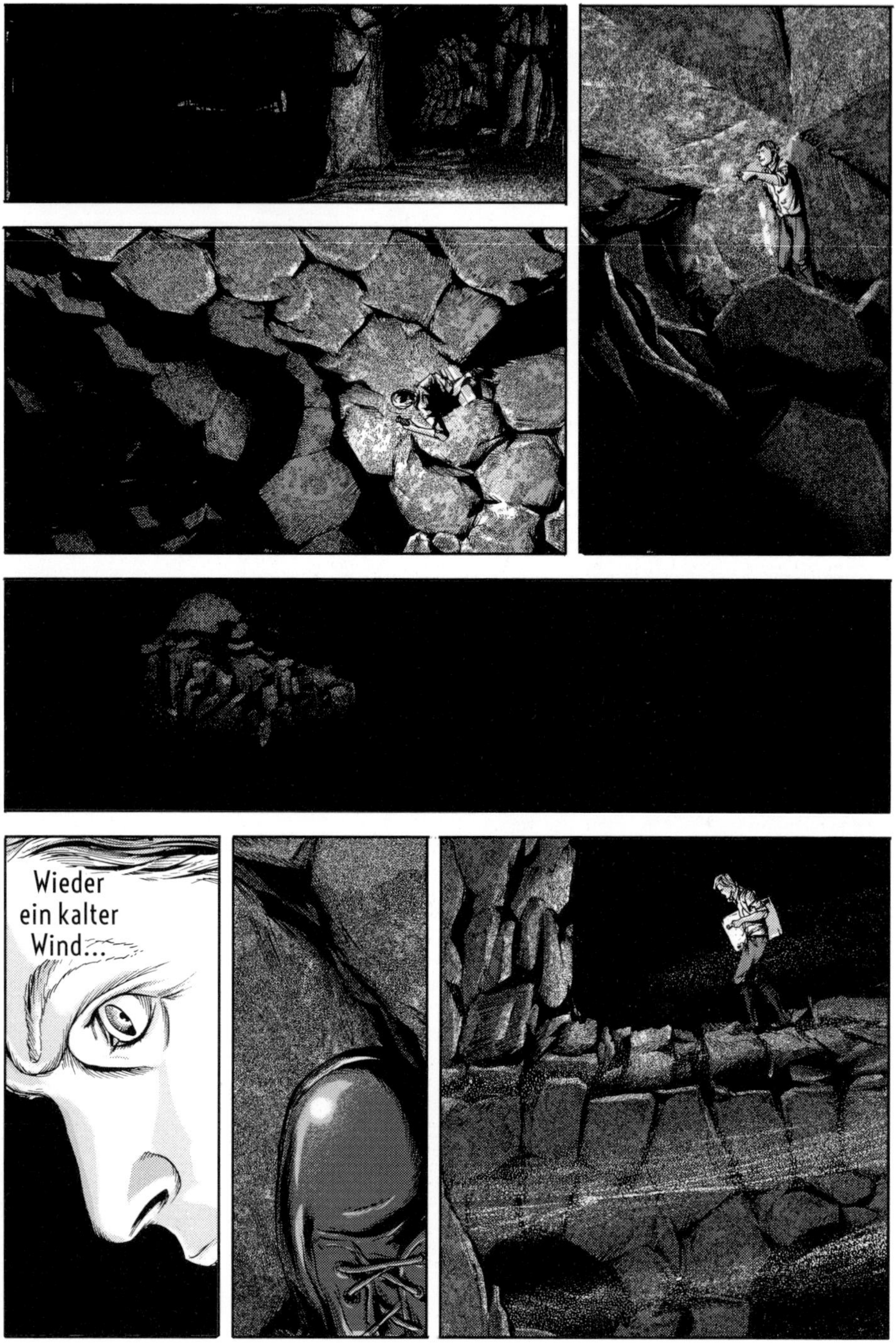
Wieder
ein kalter
Wind...

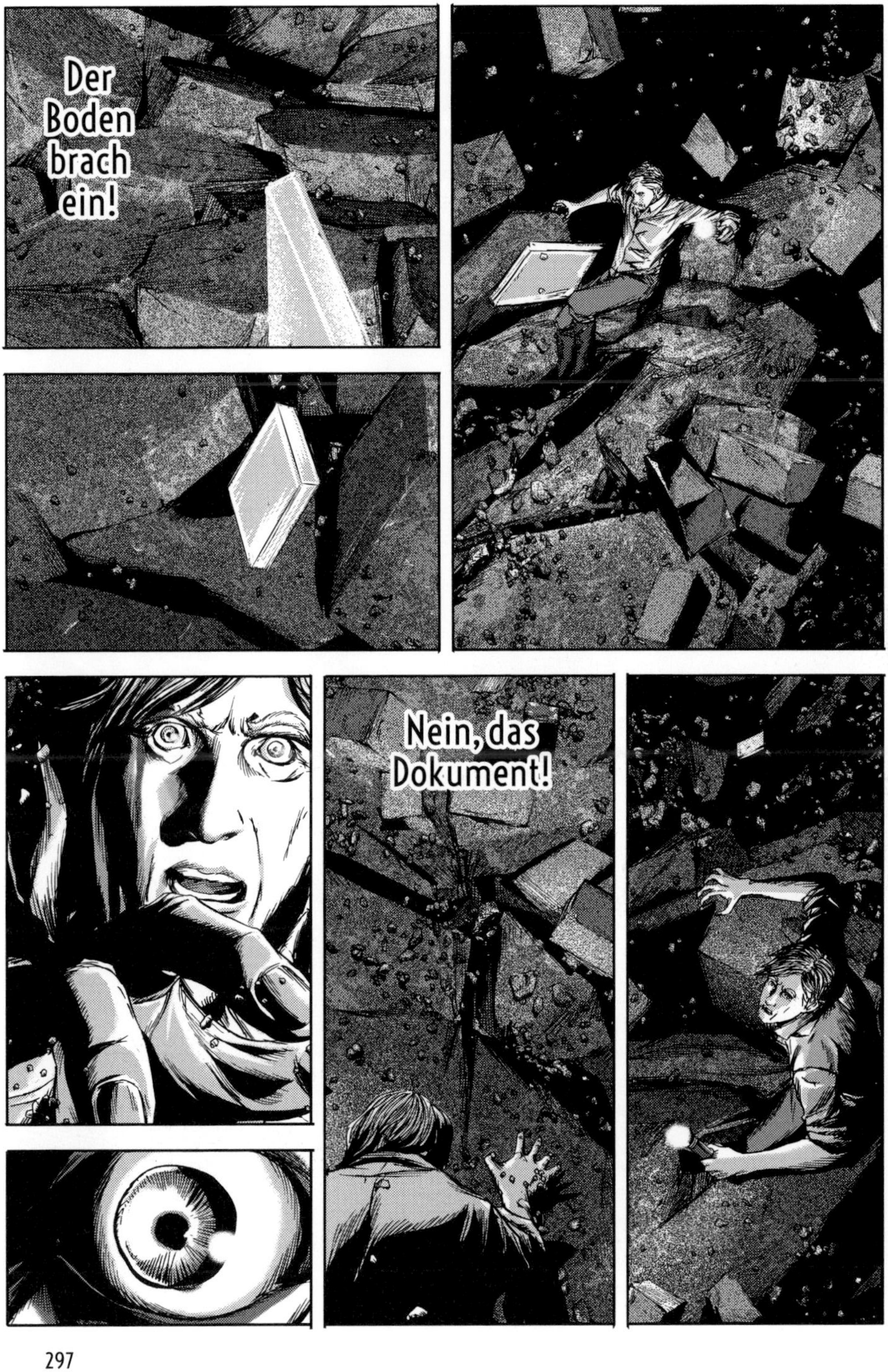
Der Boden brach ein!
Nein, das Dokument!

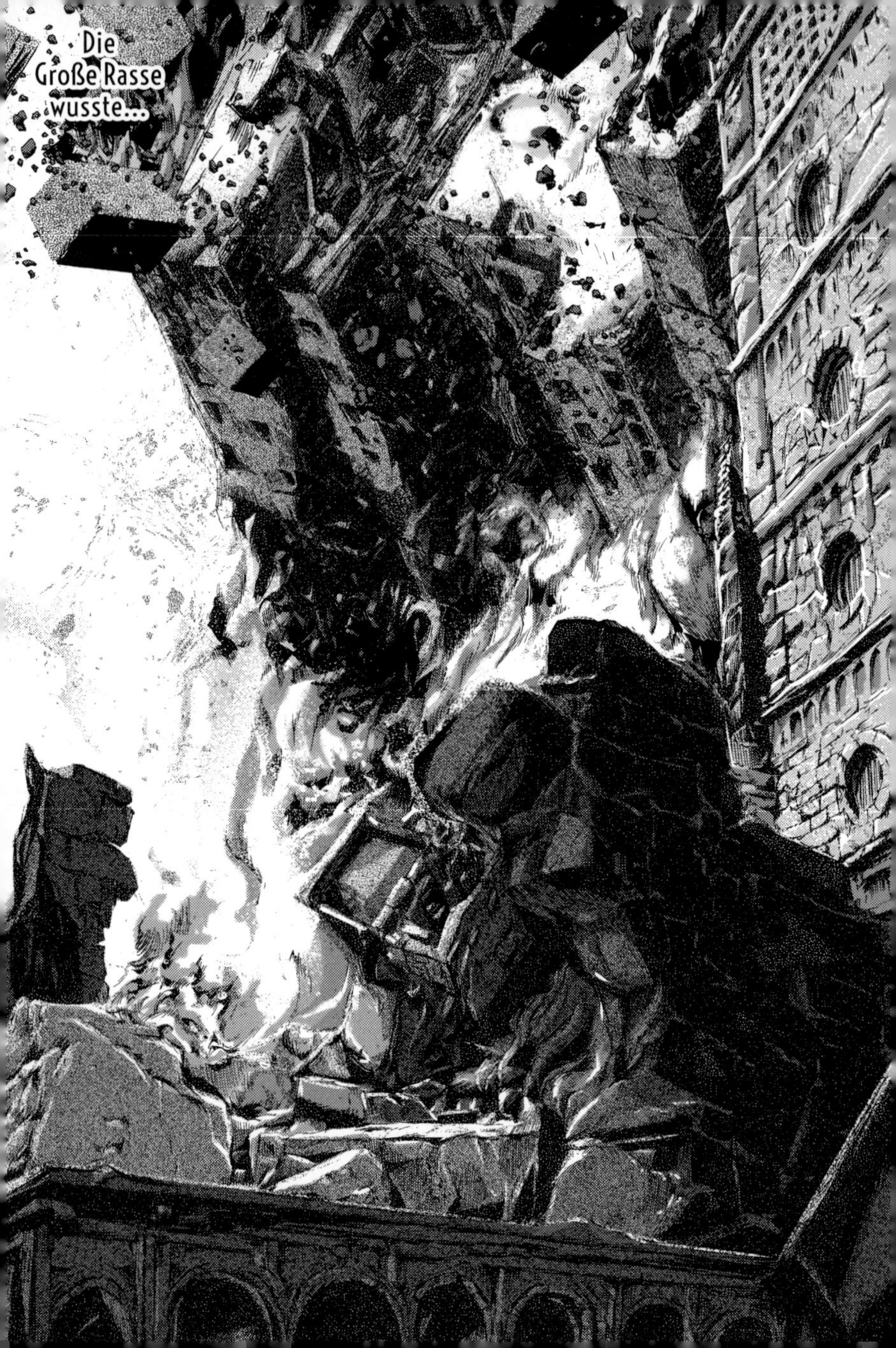
Die Große Rasse wusste…

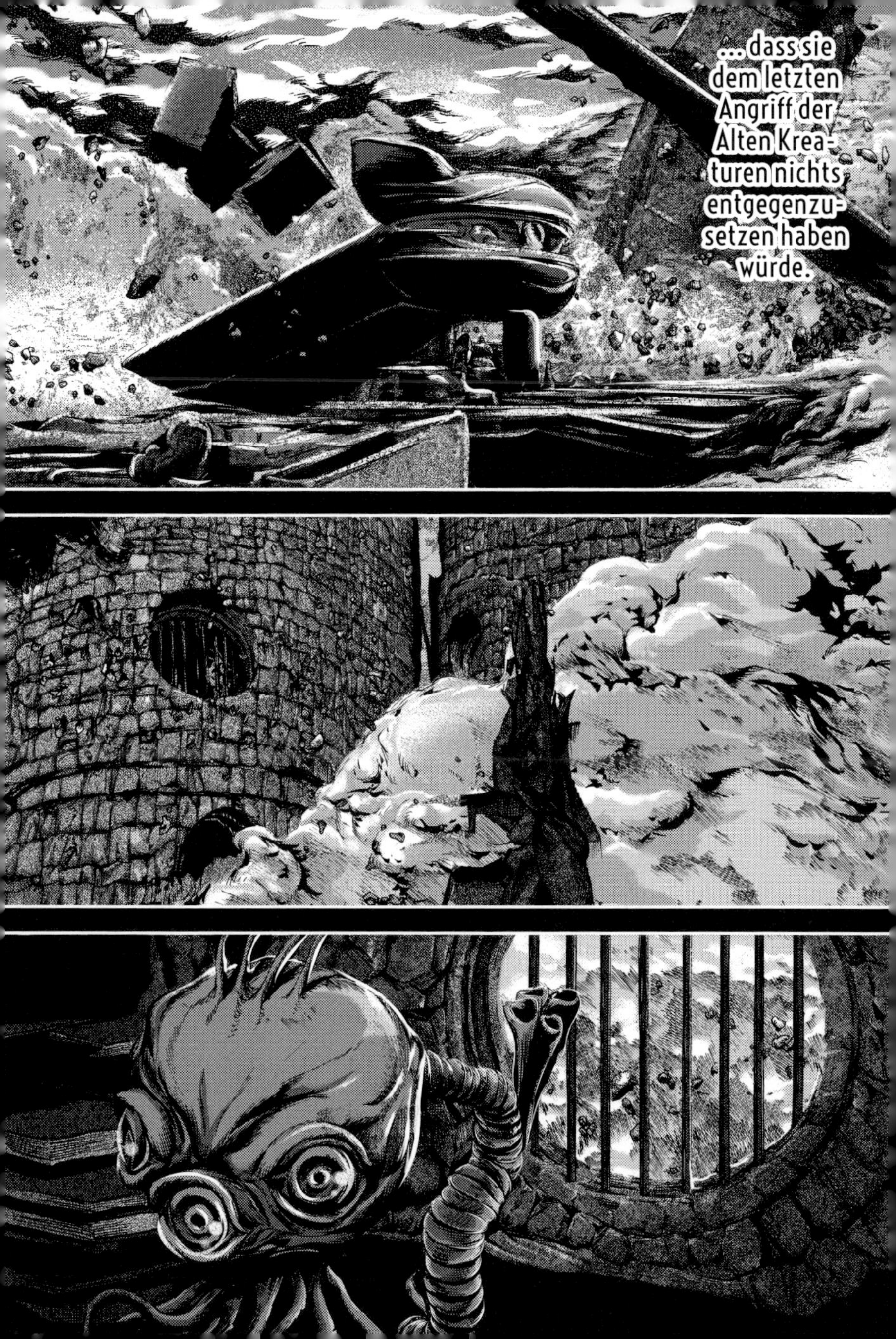
... dass sie dem letzten Angriff der Alten Krea- turen nichts entgegenzu- setzen haben würde.

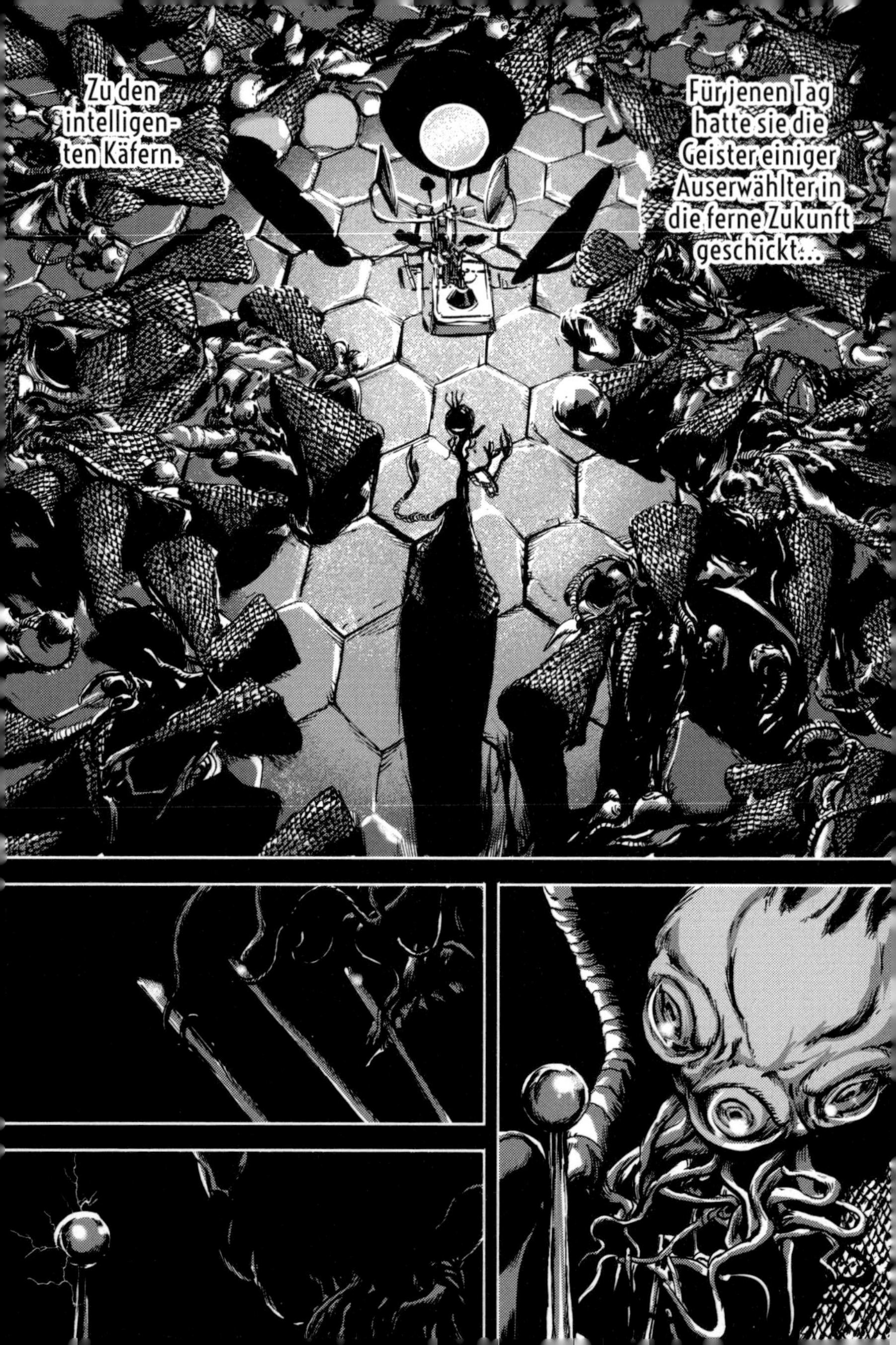
Zu den intelligenten Käfern.
Für jenen Tag hatte sie die Geister einiger Auserwählter in die ferne Zukunft geschickt…

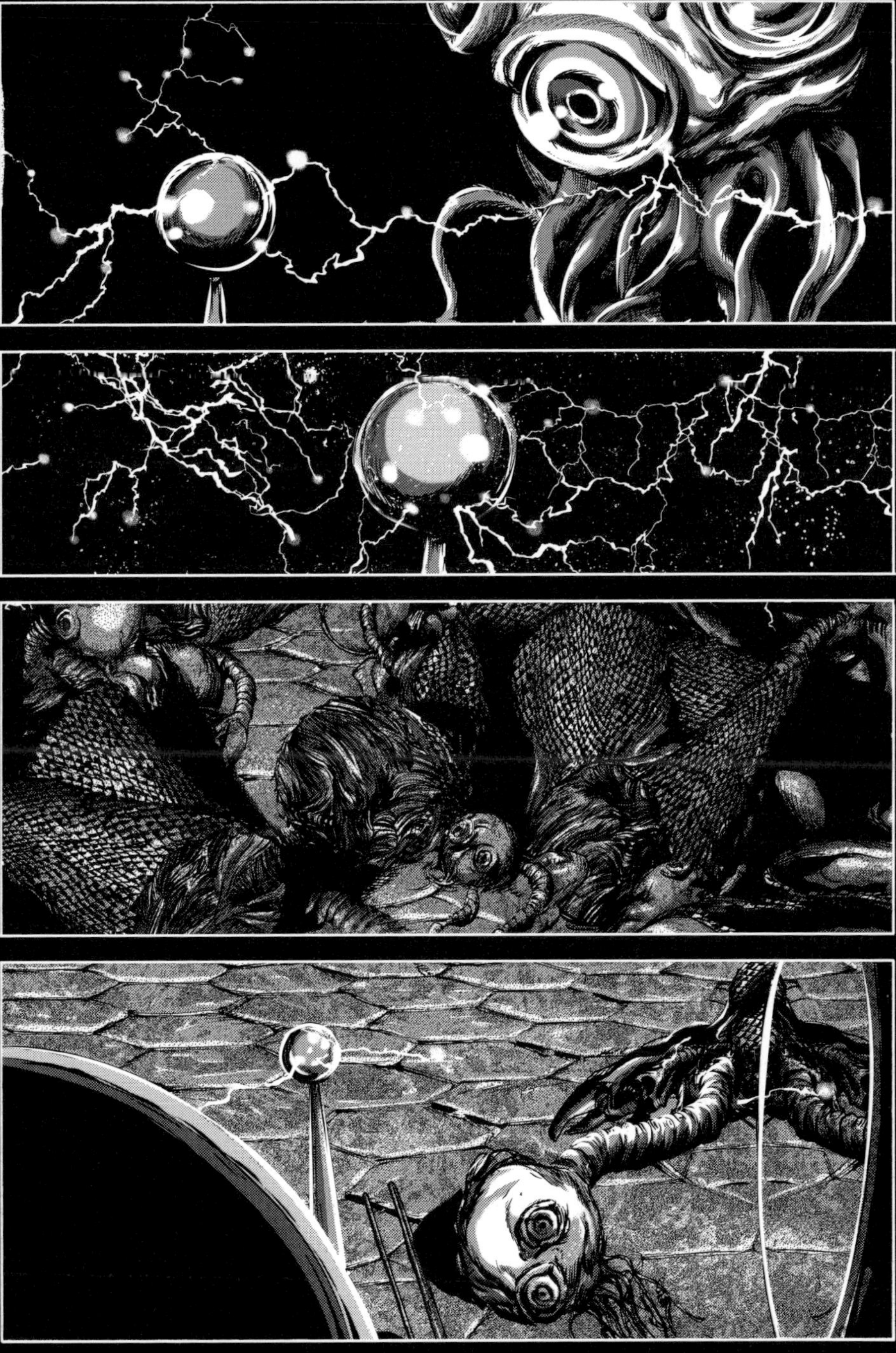

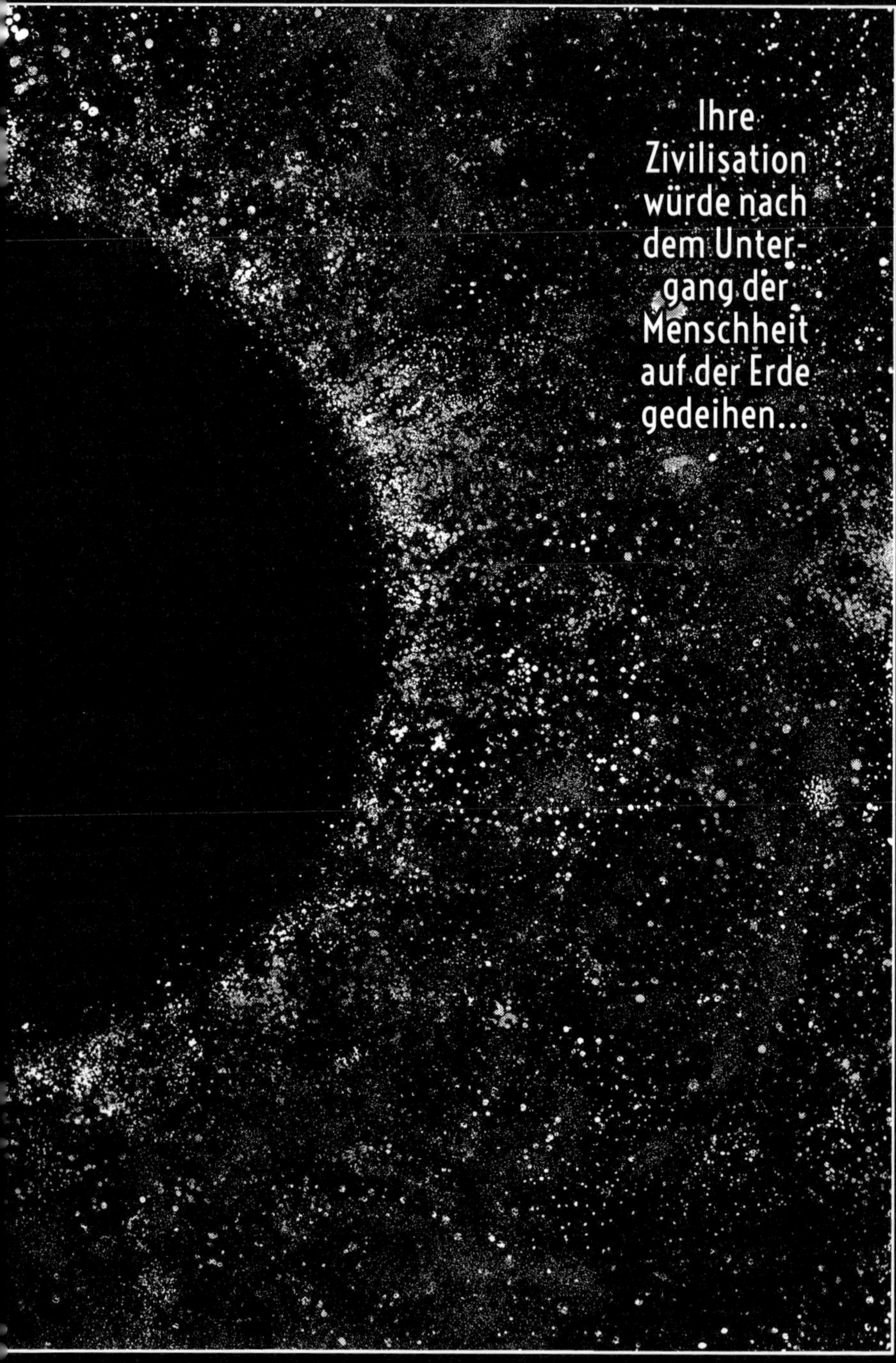
Ihre Zivilisation würde nach dem Untergang der Menschheit auf der Erde gedeihen …

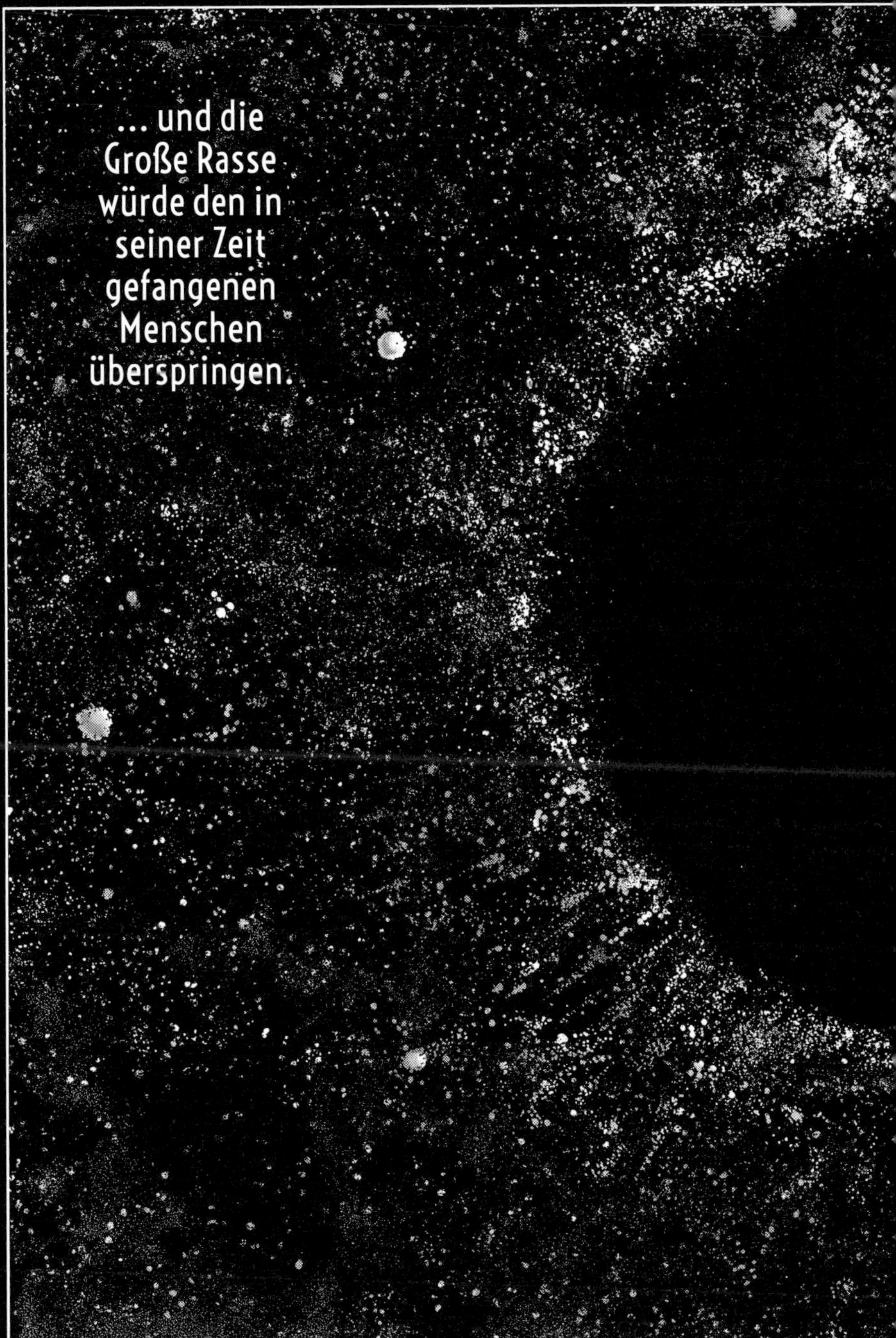
... und die Große Rasse würde den in seiner Zeit gefangenen Menschen überspringen.

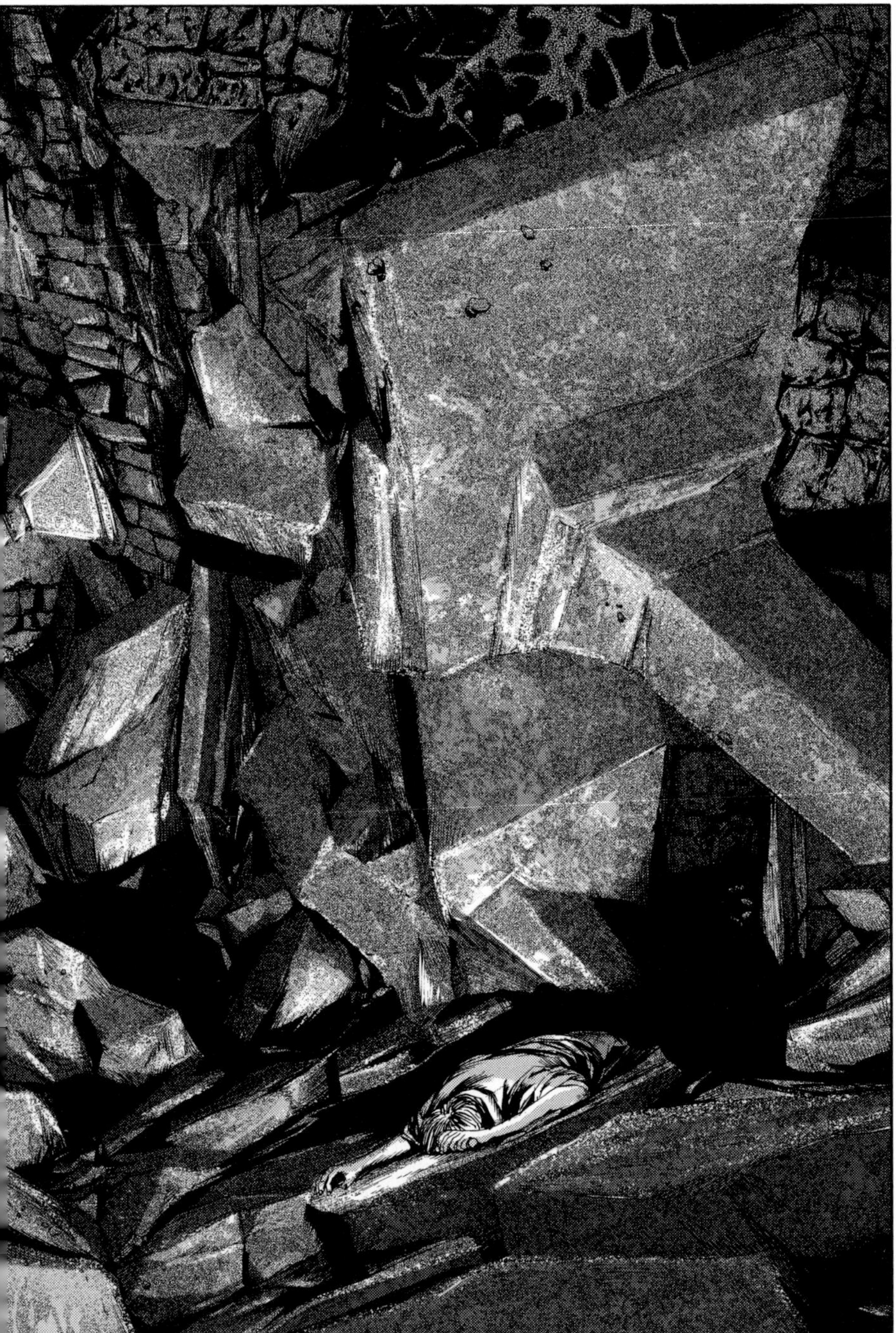

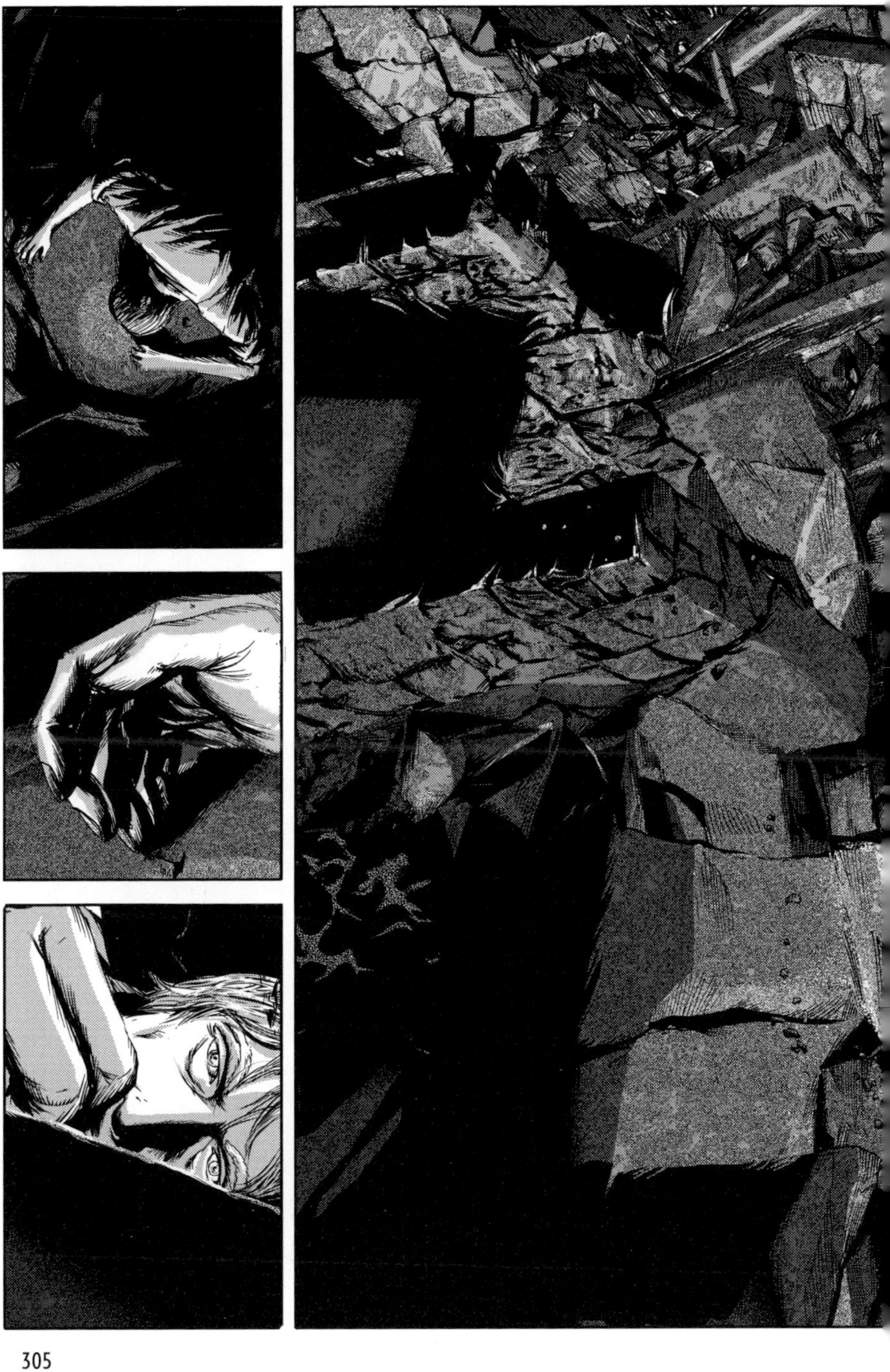

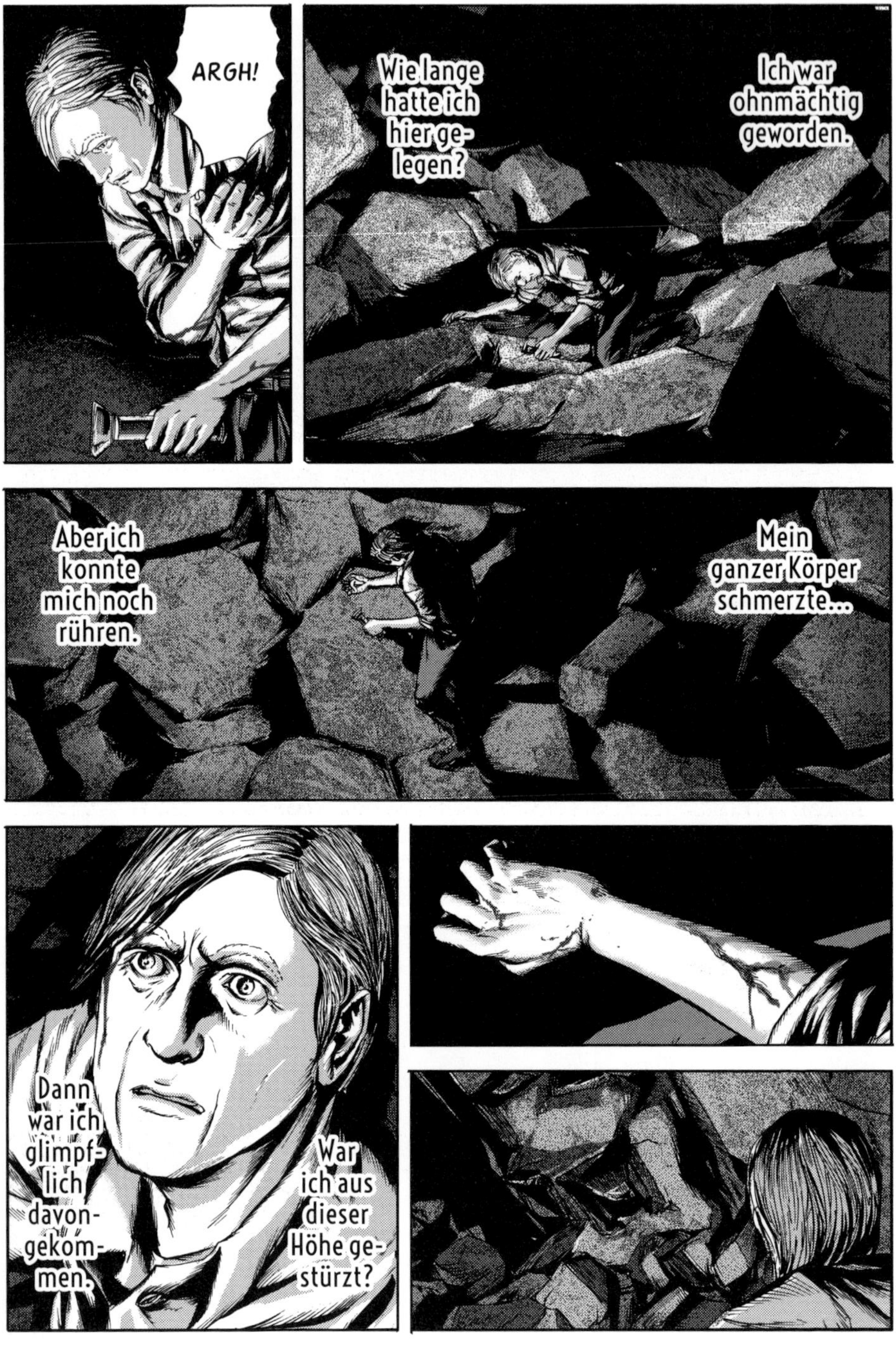
Ich war ohnmächtig geworden.
Wie lange hatte ich hier gelegen?
ARGH!
Mein ganzer Körper schmerzte…
Aber ich konnte mich noch rühren.
War ich aus dieser Höhe gestürzt?
Dann war ich glimpflich davongekommen.

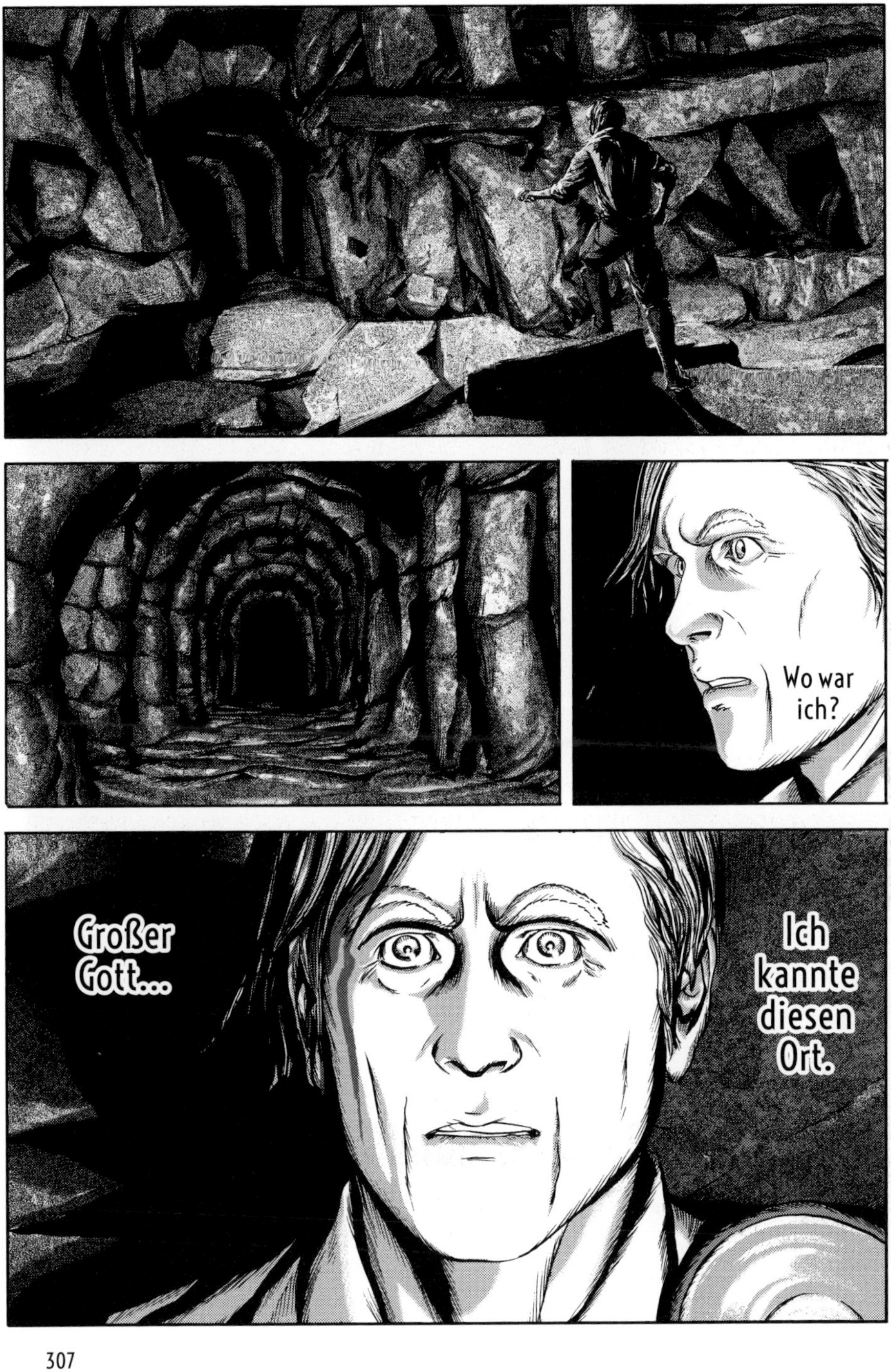
Wo war ich?
Großer Gott...
Ich kannte diesen Ort.

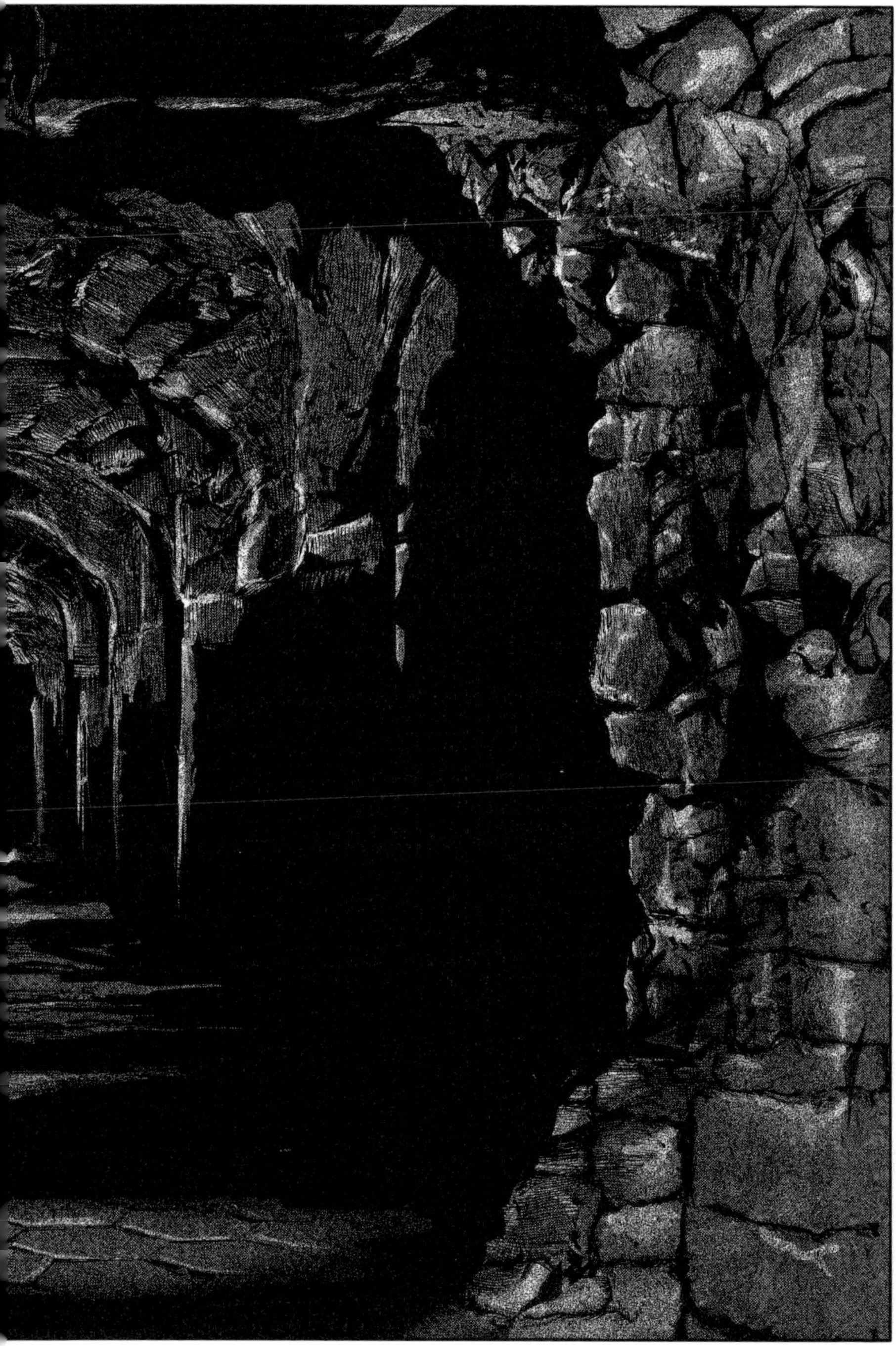

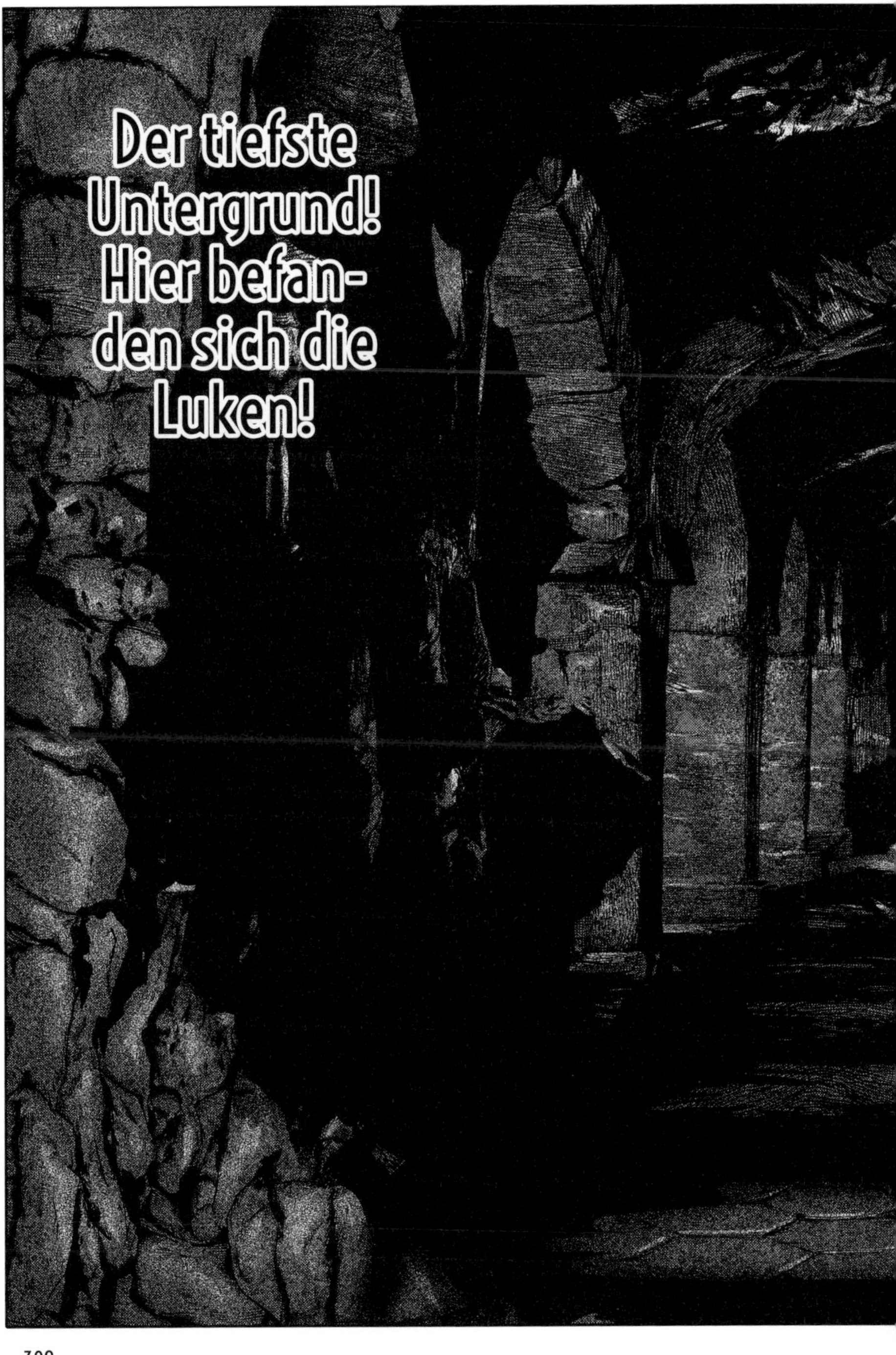
Der tiefste Untergrund! Hier befanden sich die Luken!

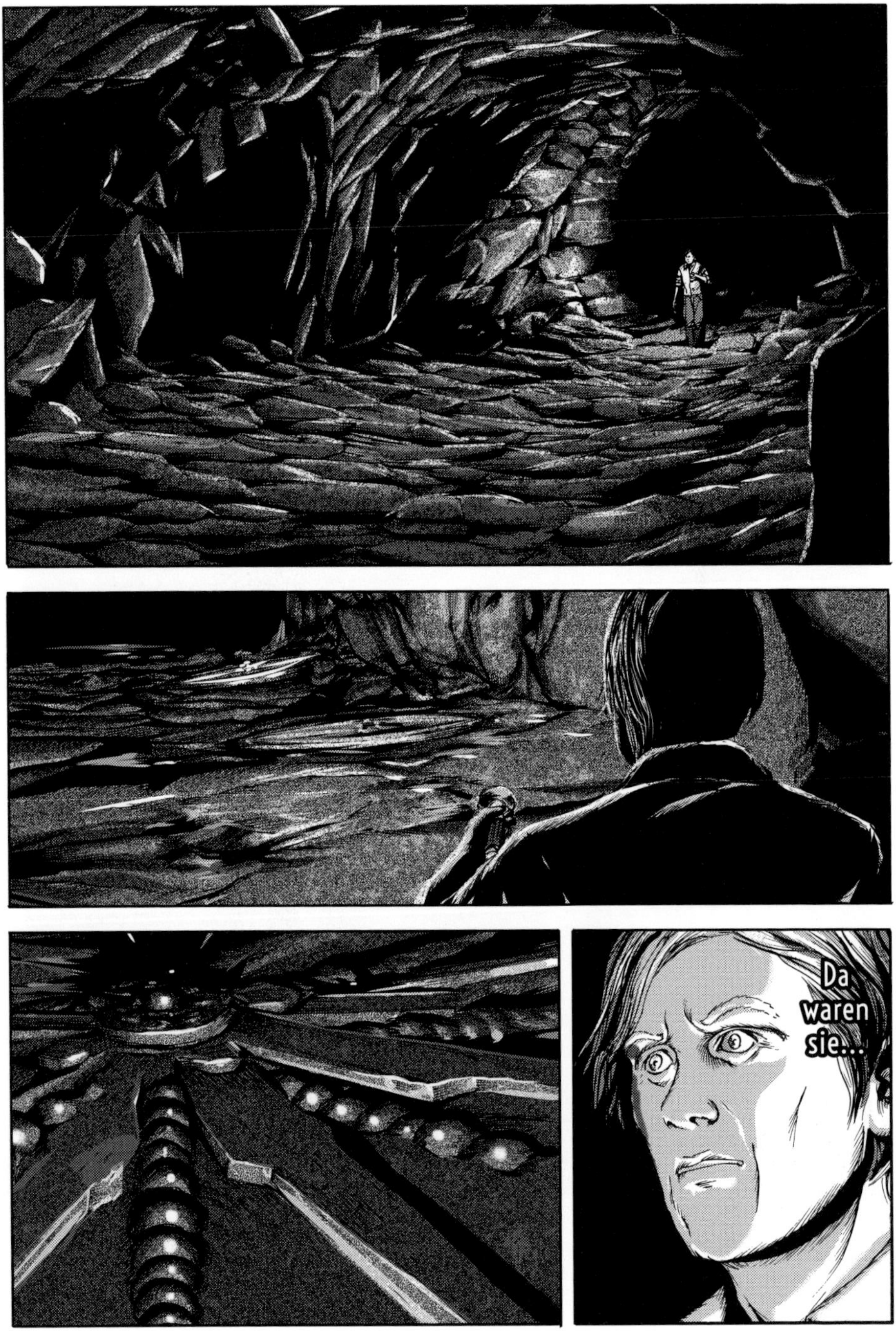
Da waren sie...

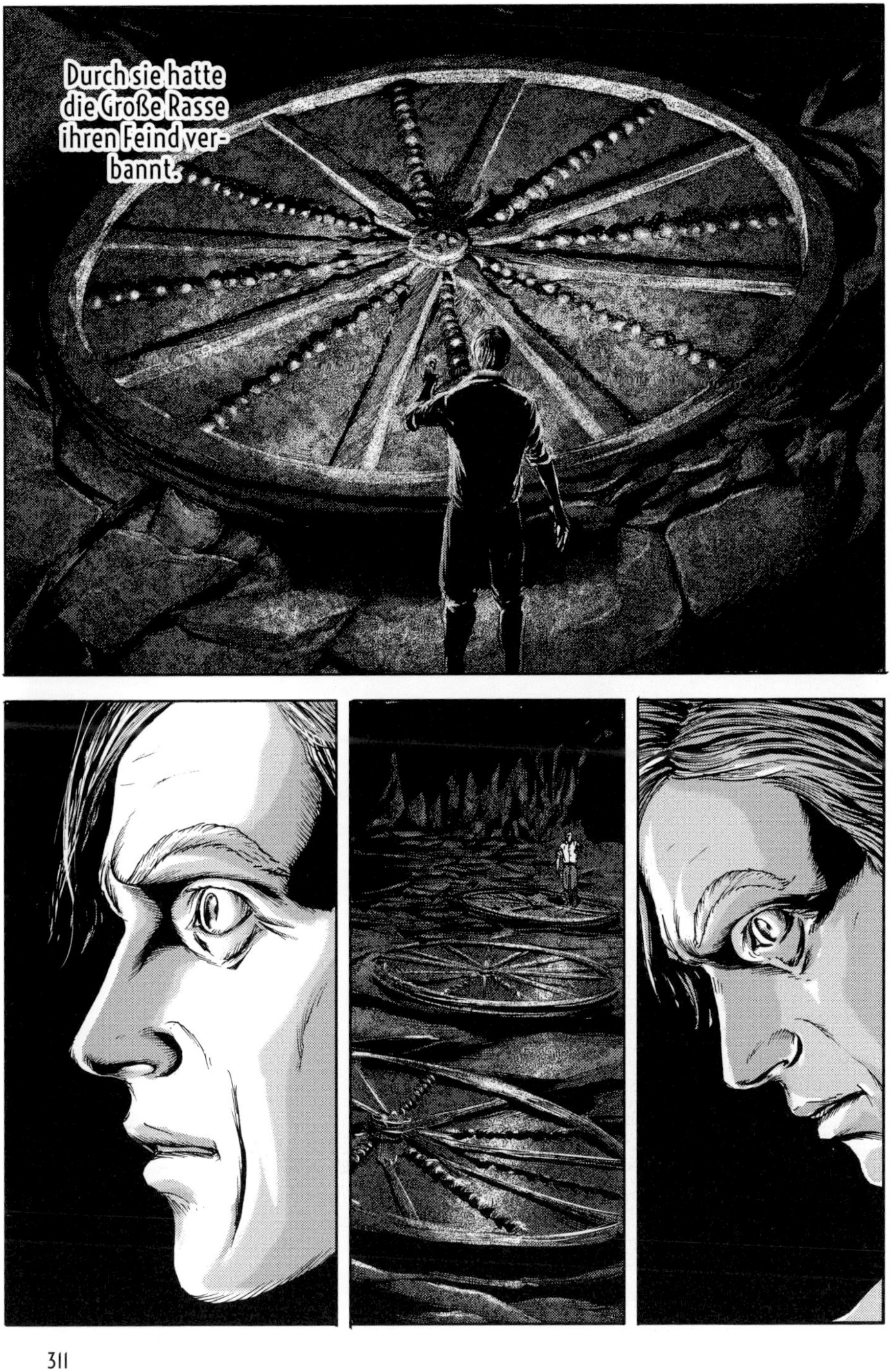
Durch sie hatte die Große Rasse ihren Feind verbannt.

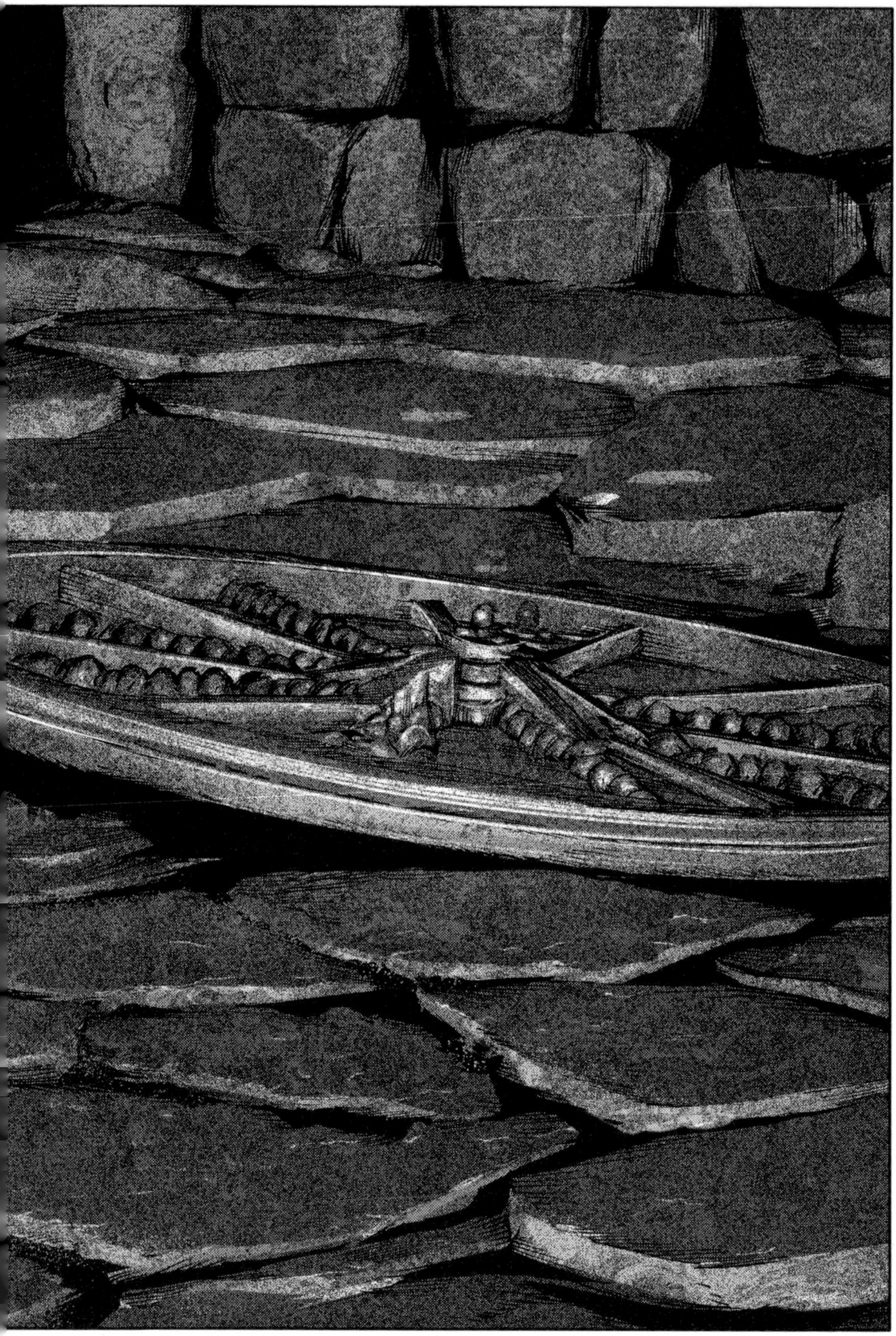

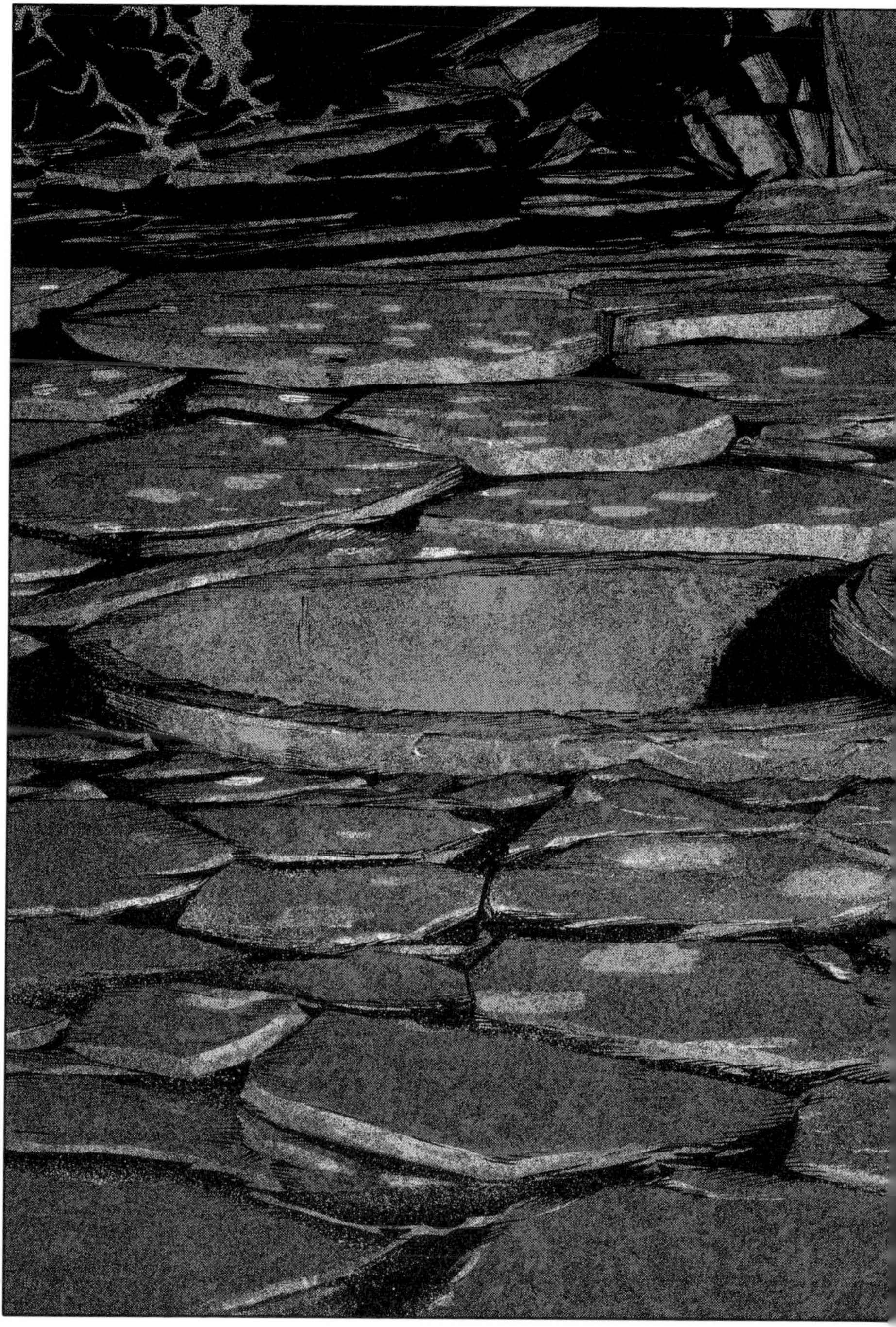

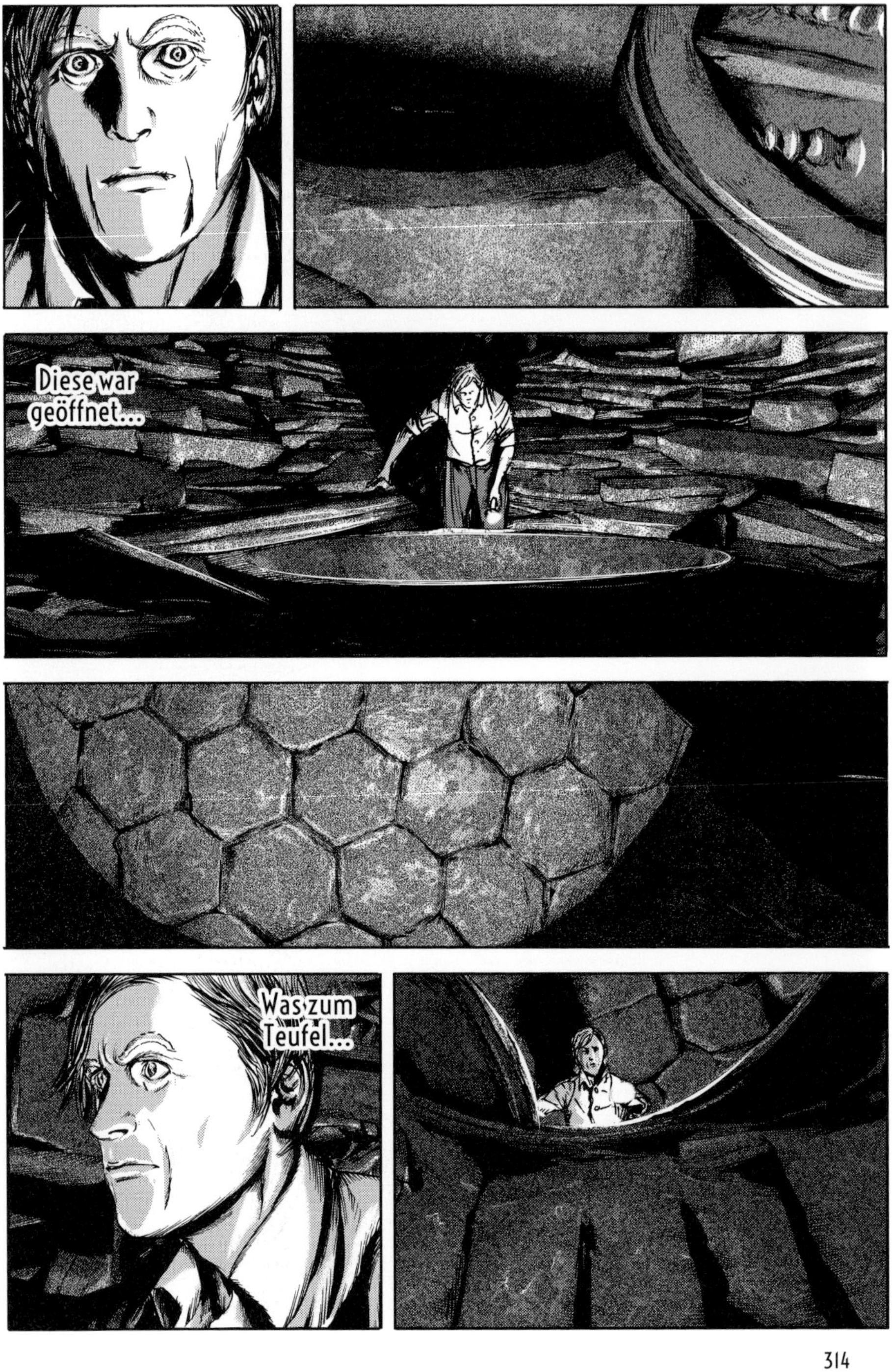
Diese war geöffnet...
Was zum Teufel...

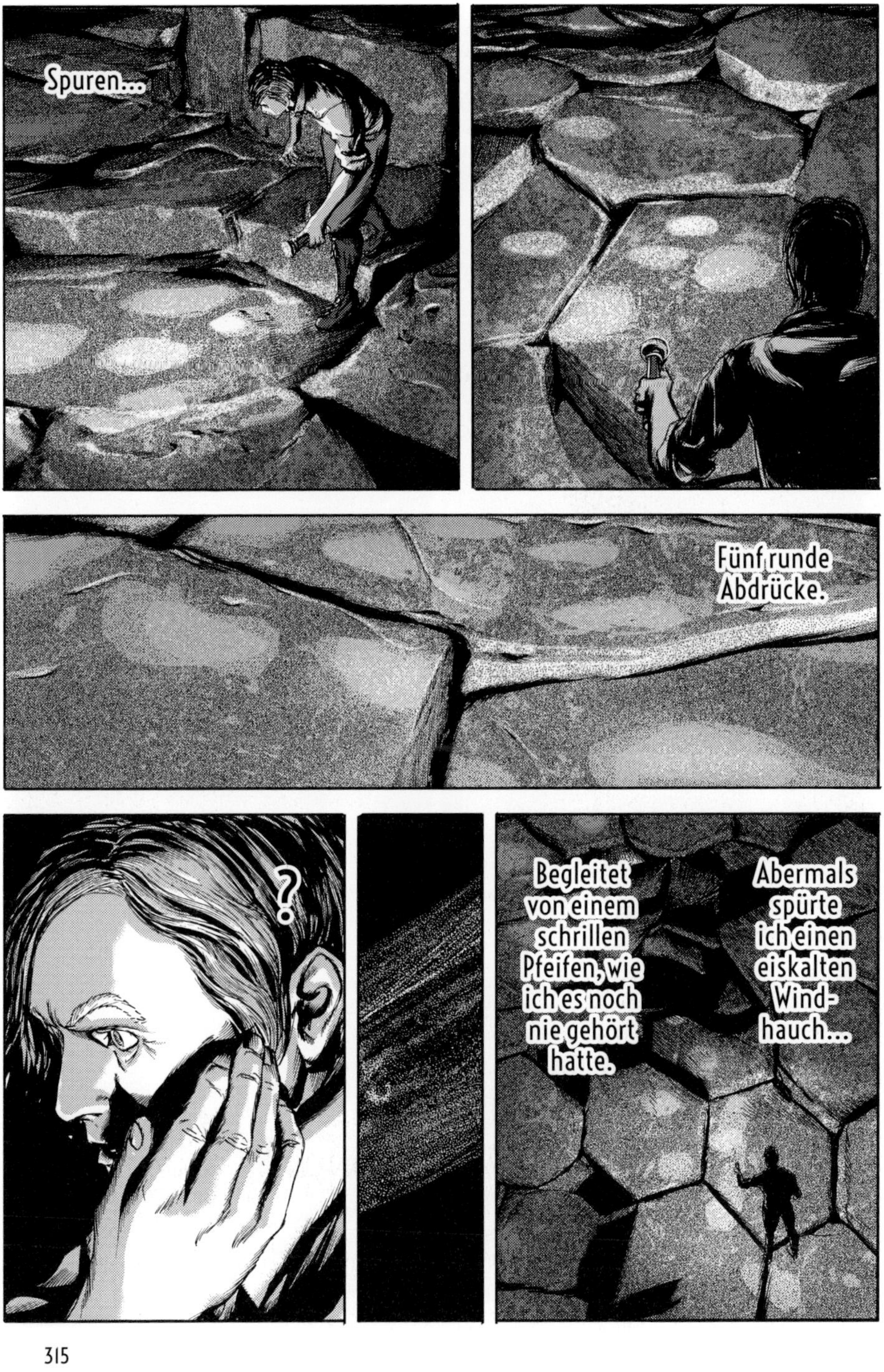
Spuren...
Fünf runde Abdrücke.
?
Abermals spürte ich einen eiskalten Windhauch...
Begleitet von einem schrillen Pfeifen, wie ich es noch nie gehört hatte.

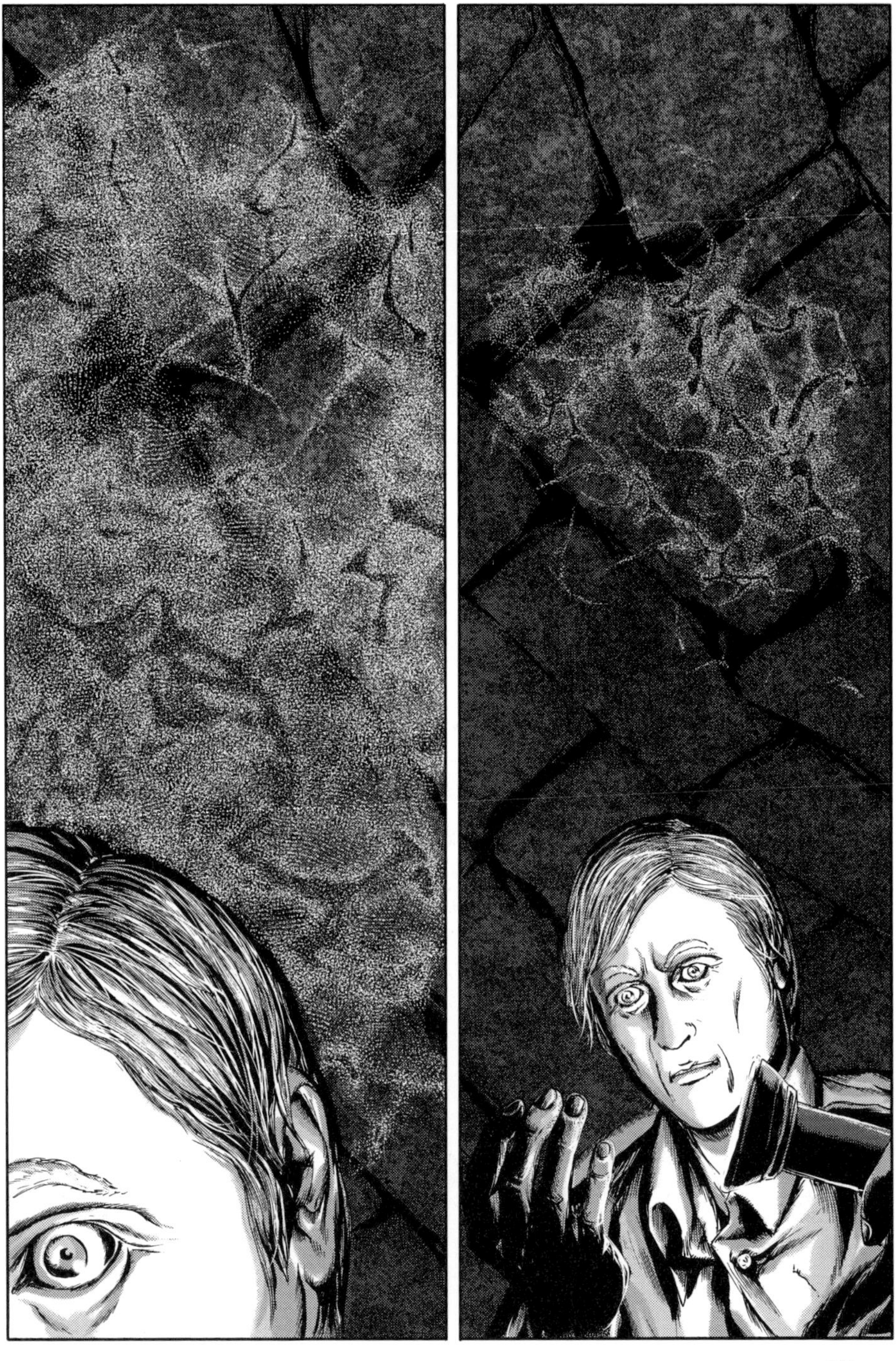

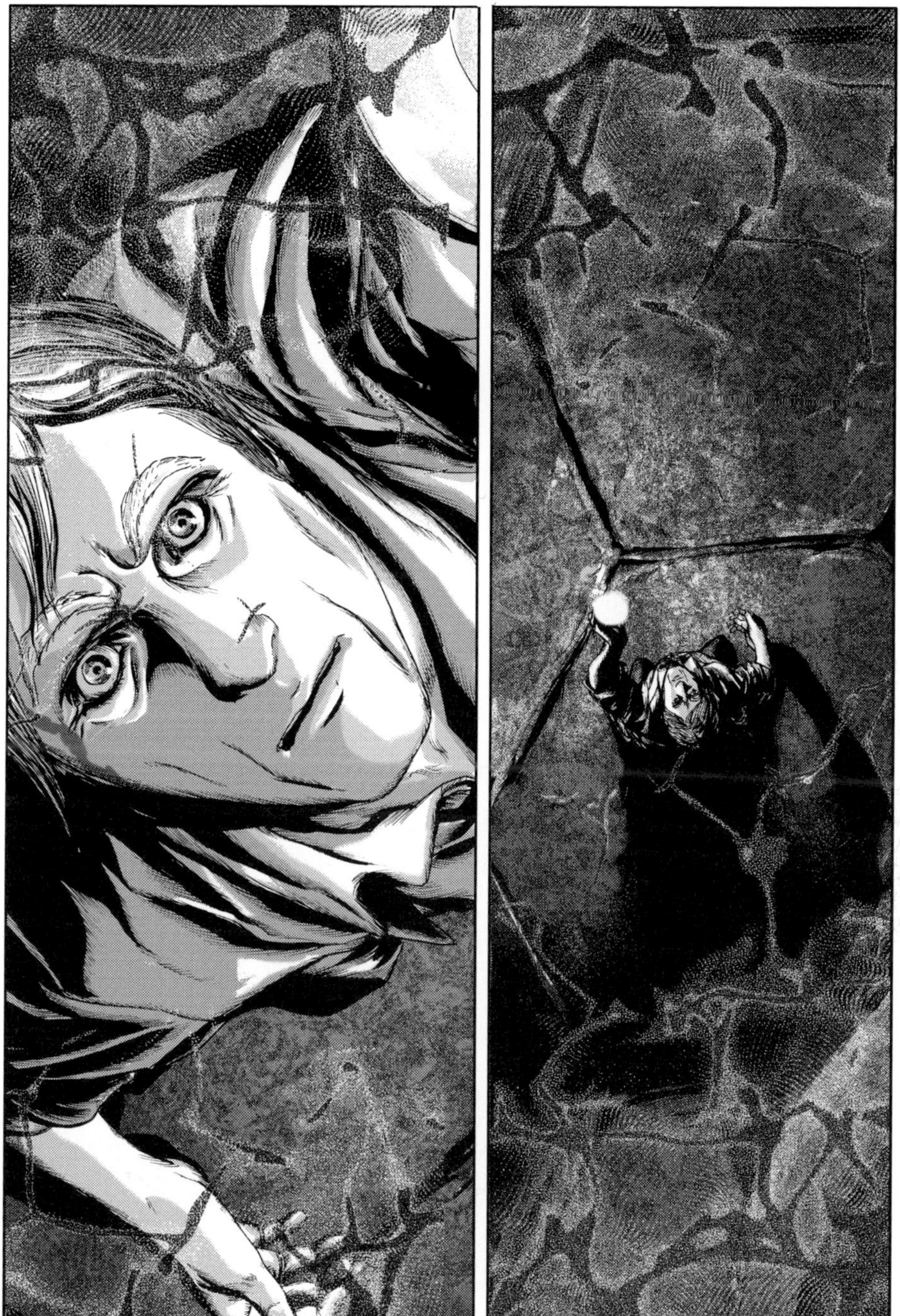

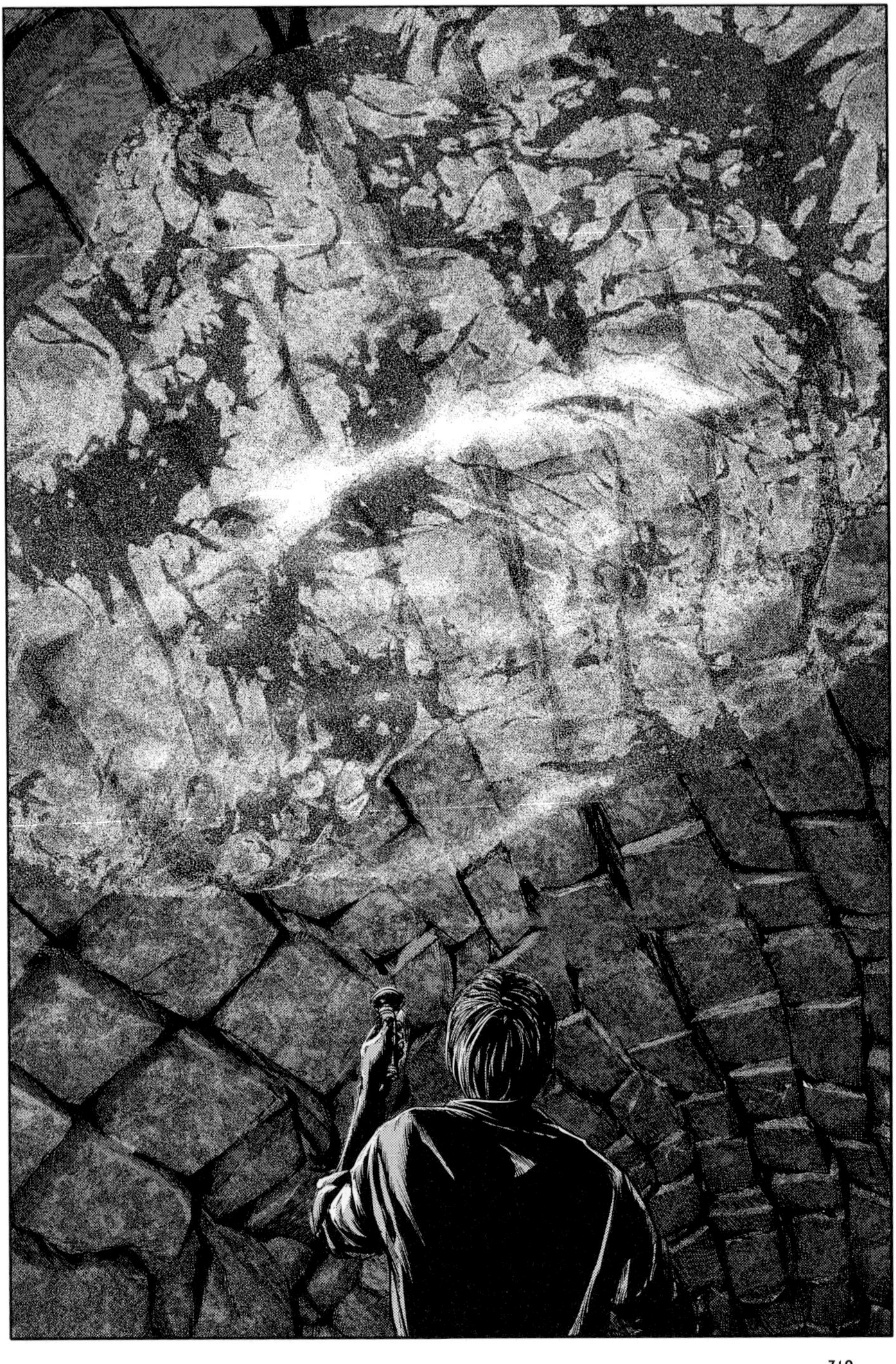

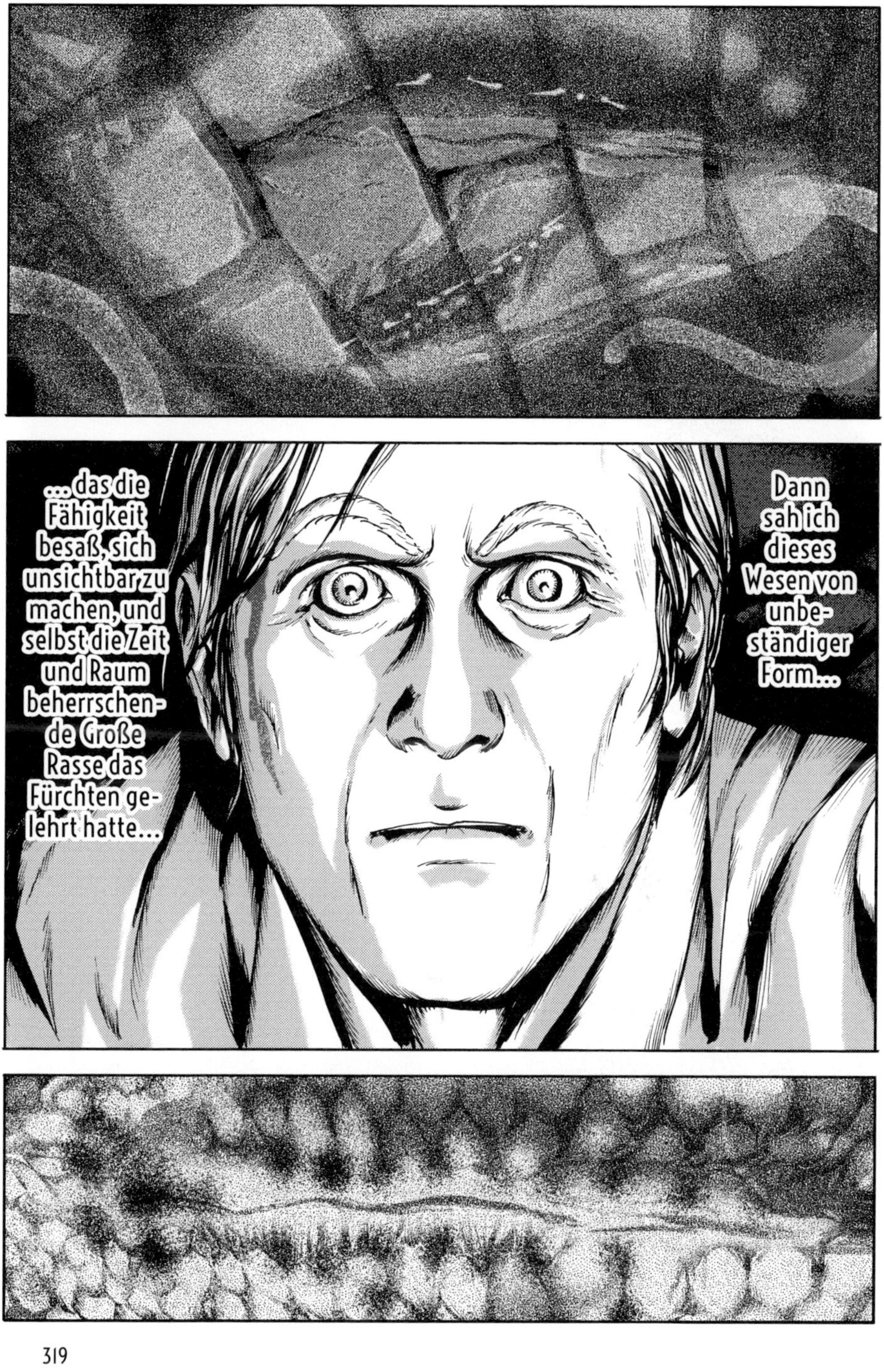
Dann sah ich dieses Wesen von unbeständiger Form…
… das die Fähigkeit besaß, sich unsichtbar zu machen, und selbst die Zeit und Raum beherrschende Große Rasse das Fürchten gelehrt hatte…

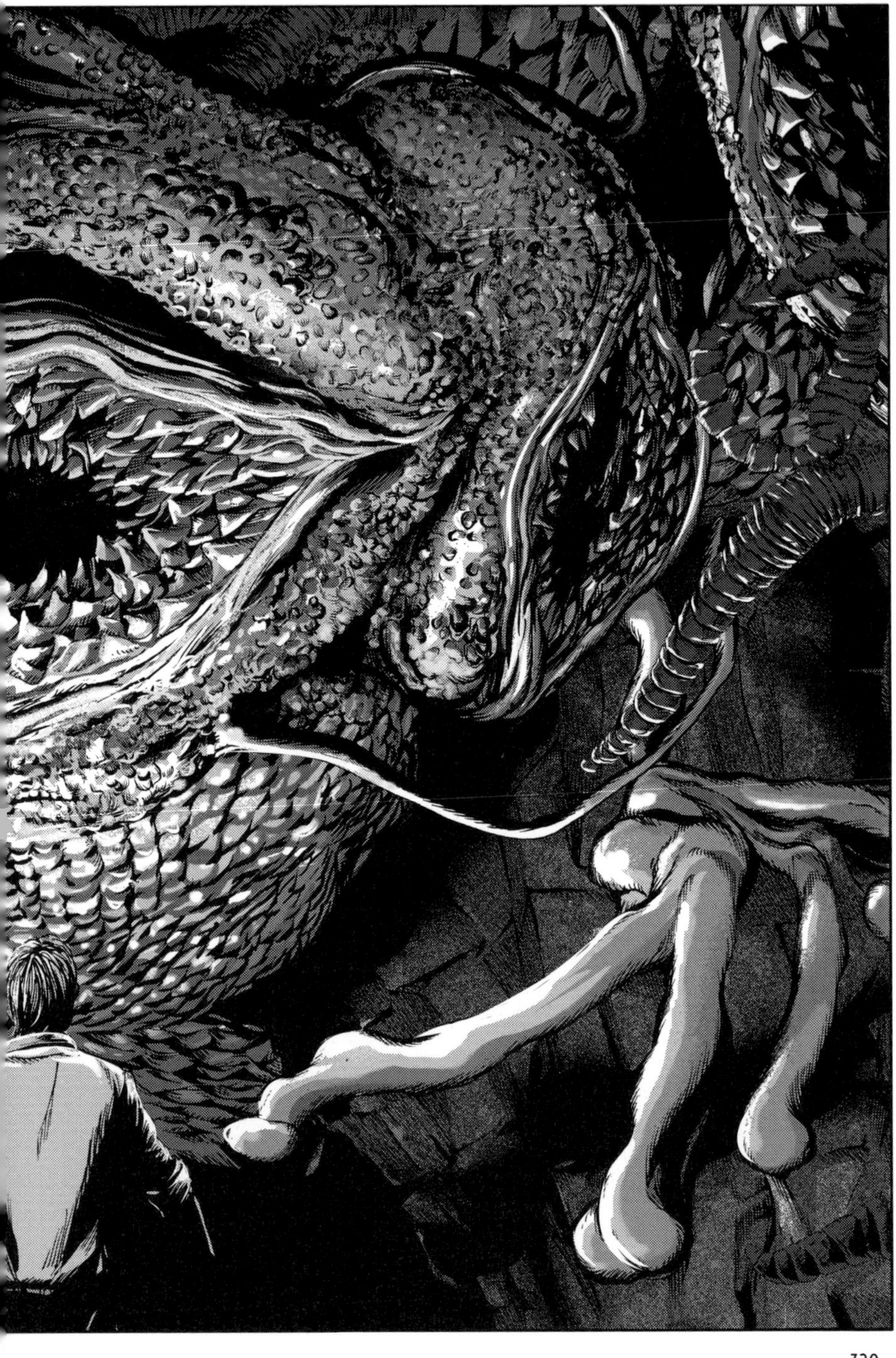

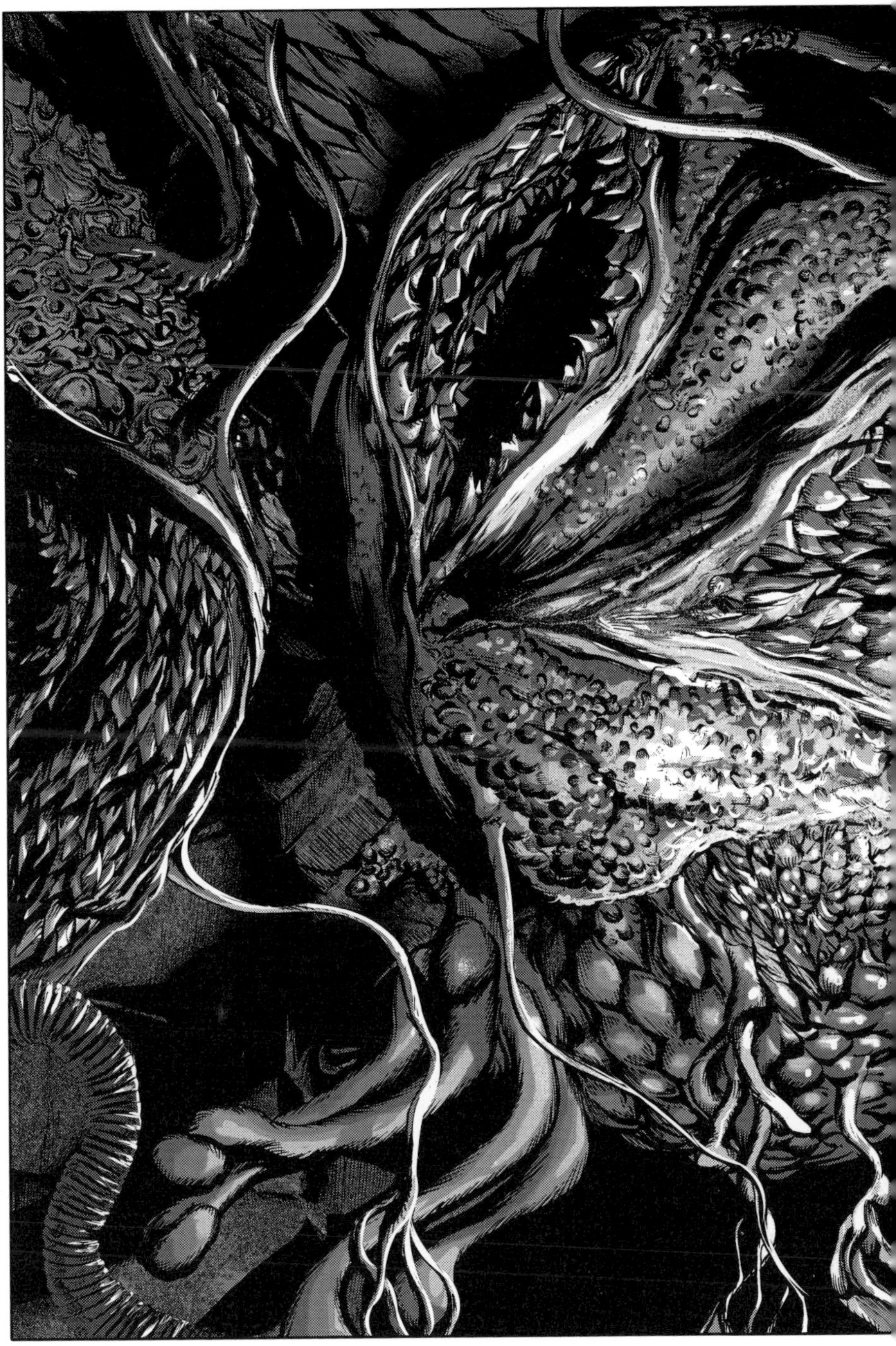

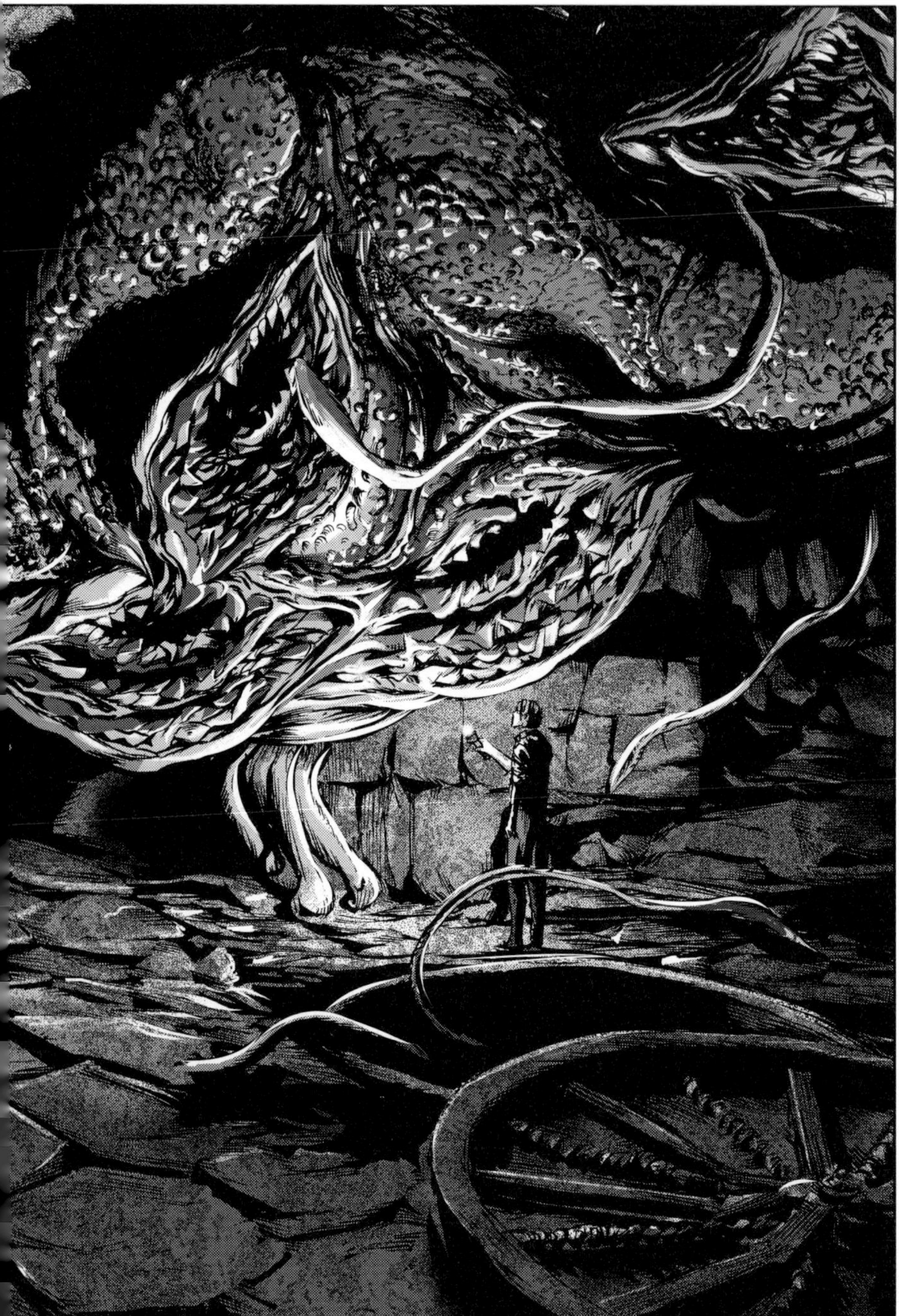

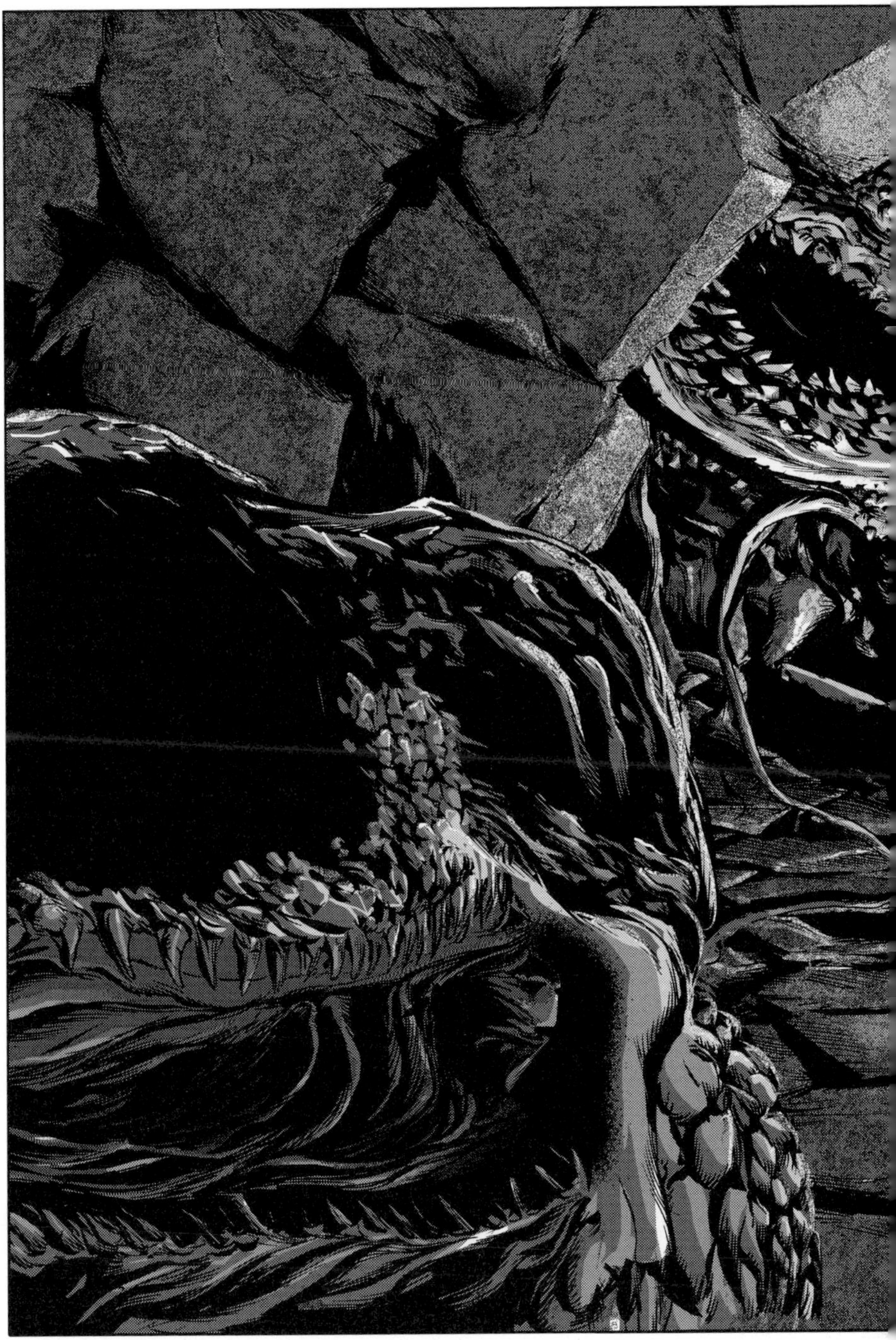

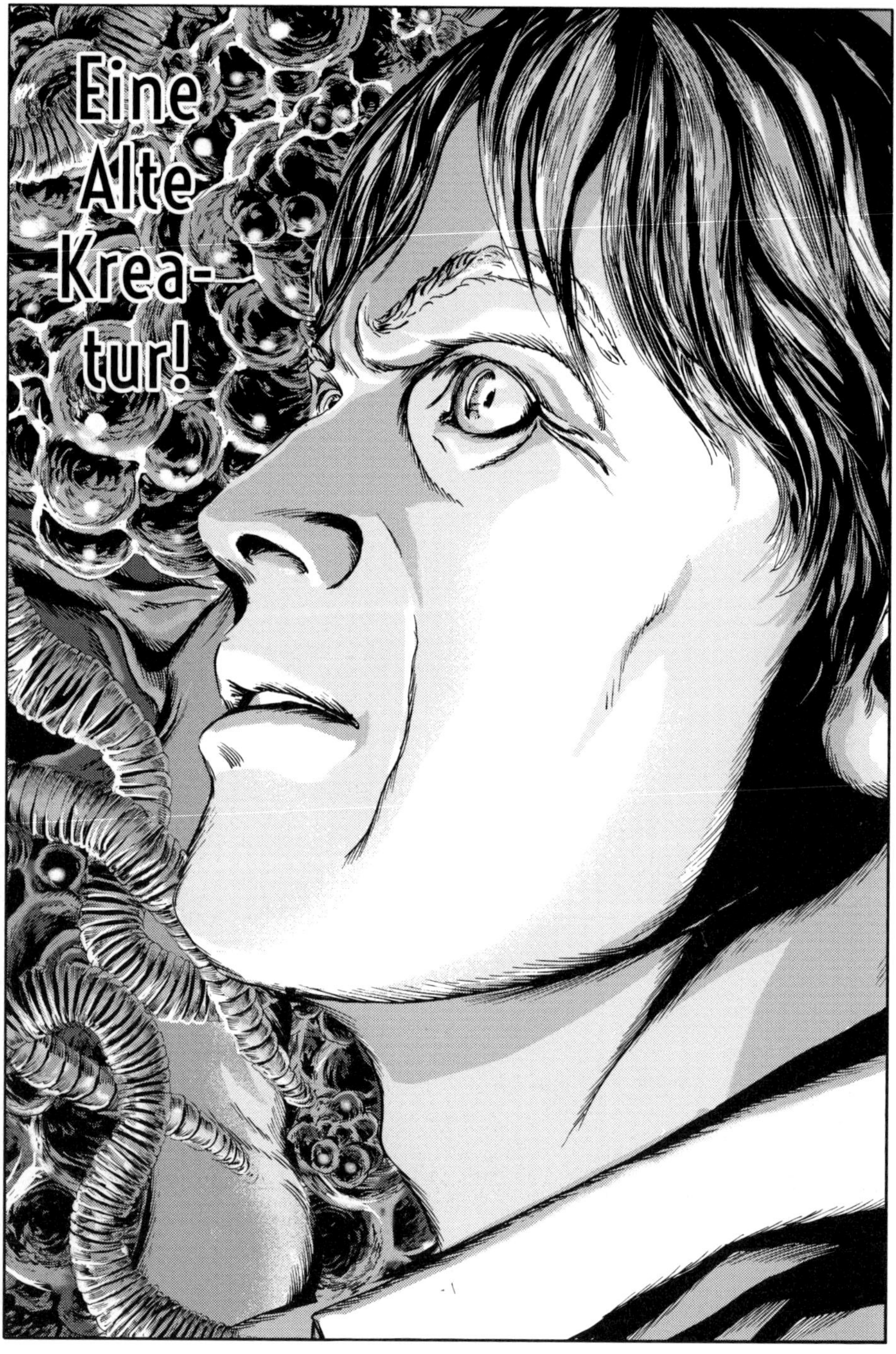
Eine Alte Krea-tur!

11 DER SCHATTEN AUS DER ZEIT

Incredible Shadow out of Time

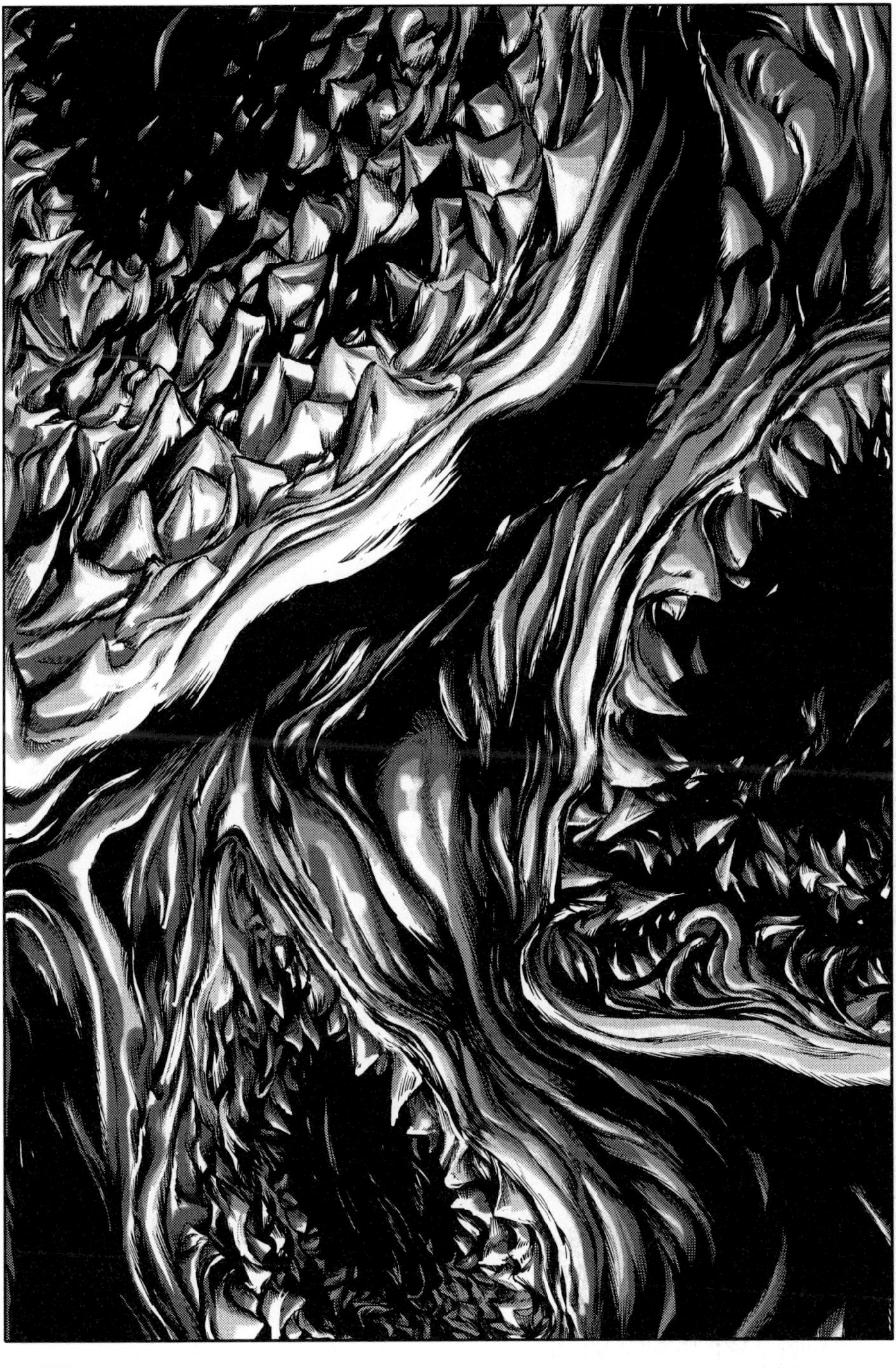

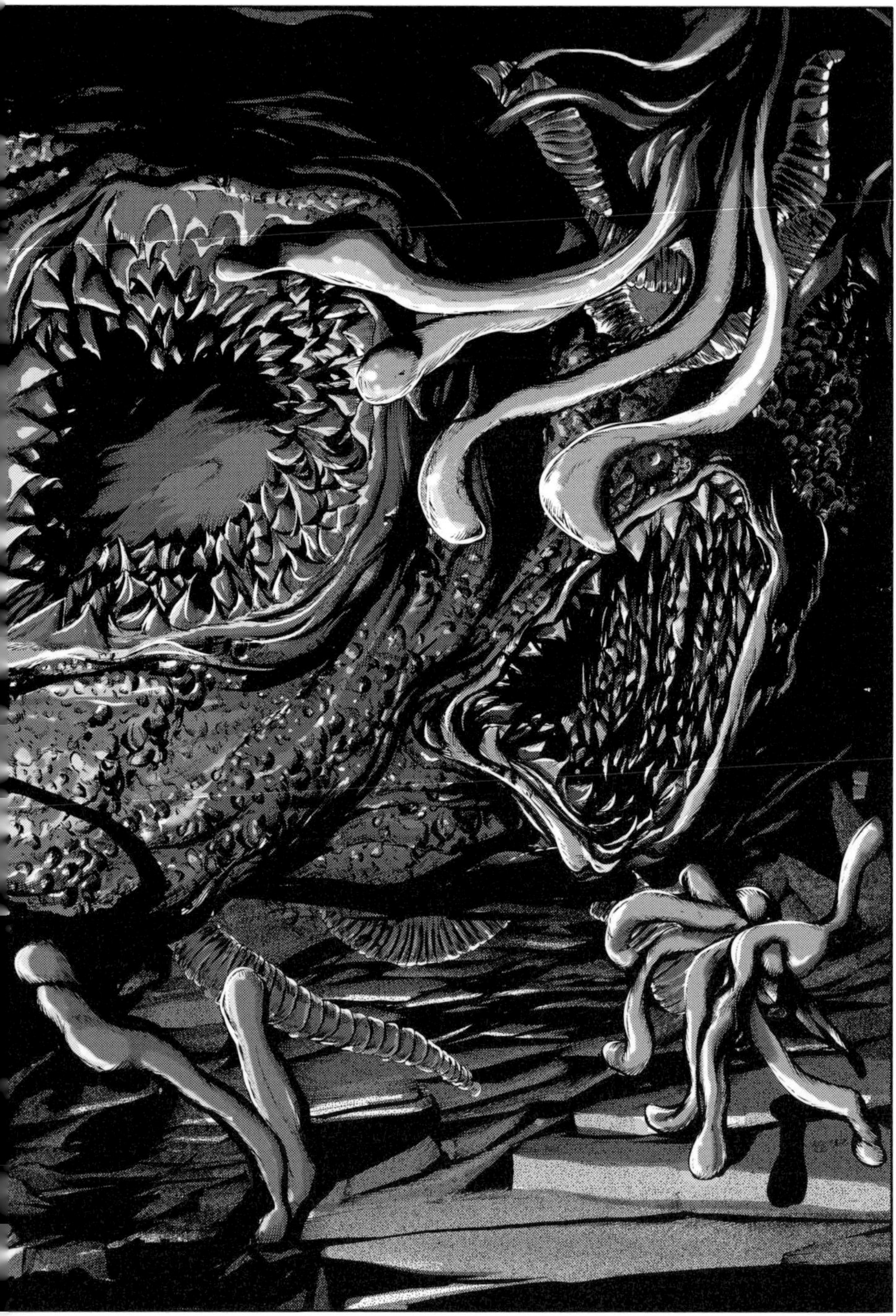

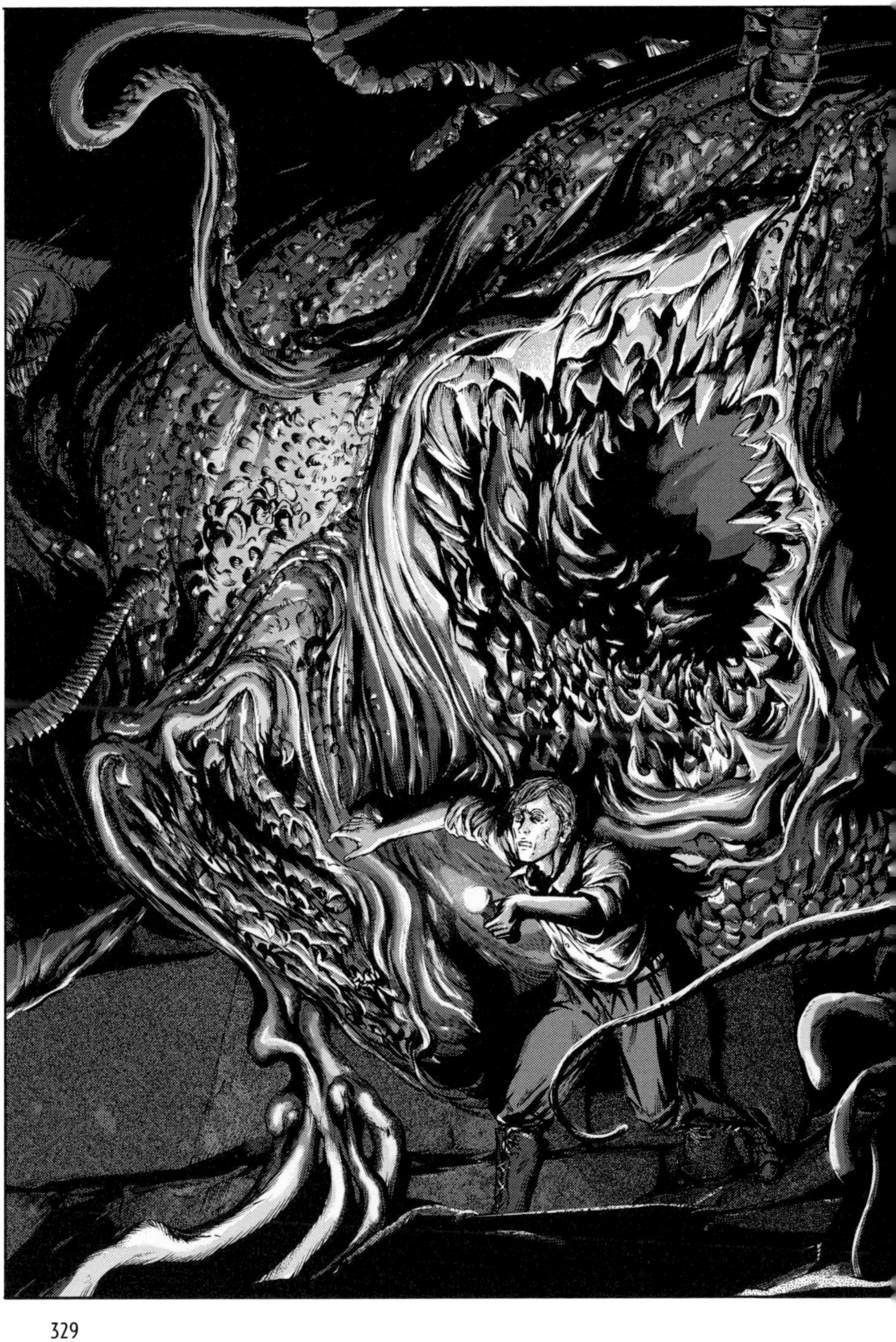

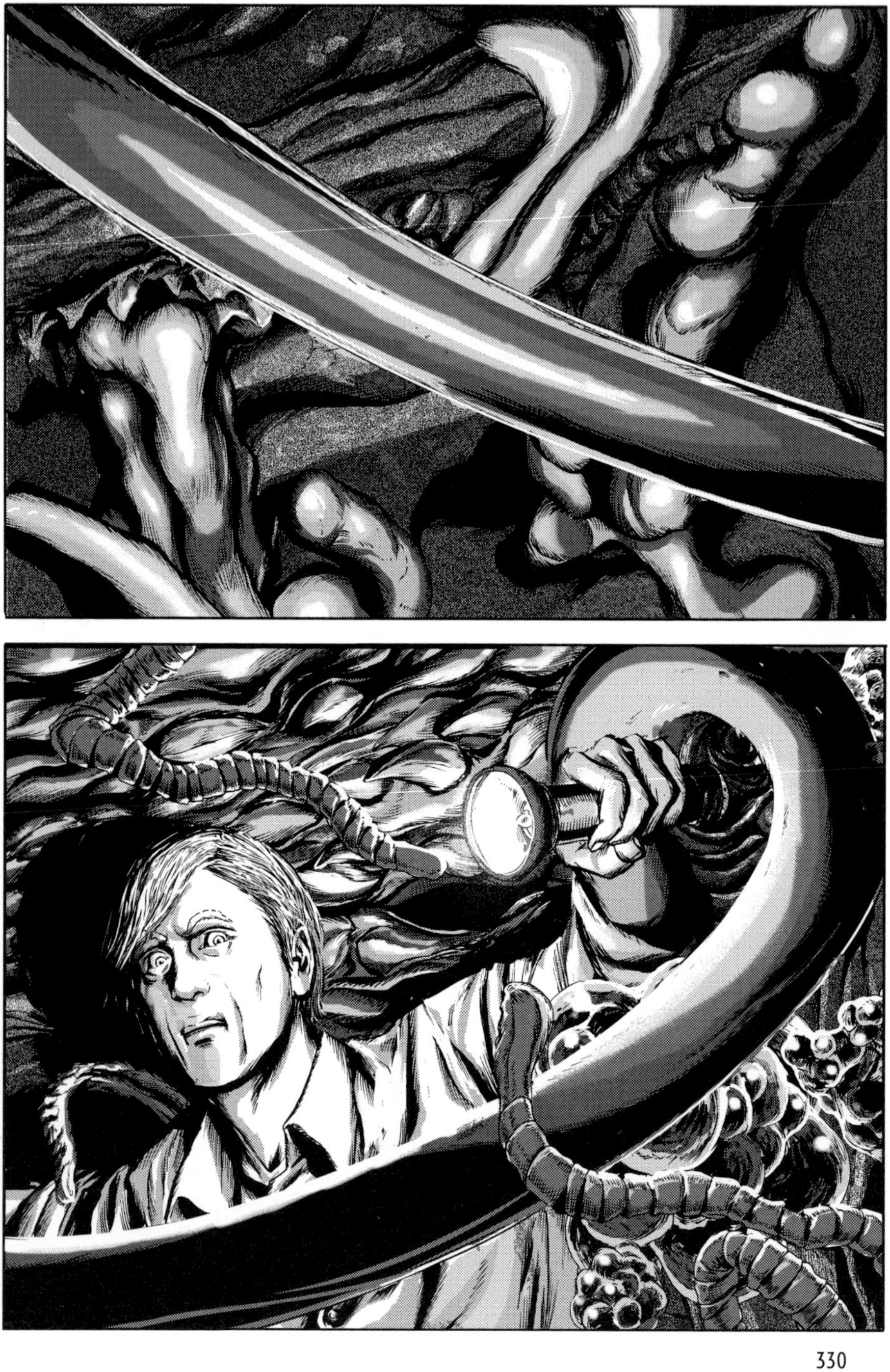

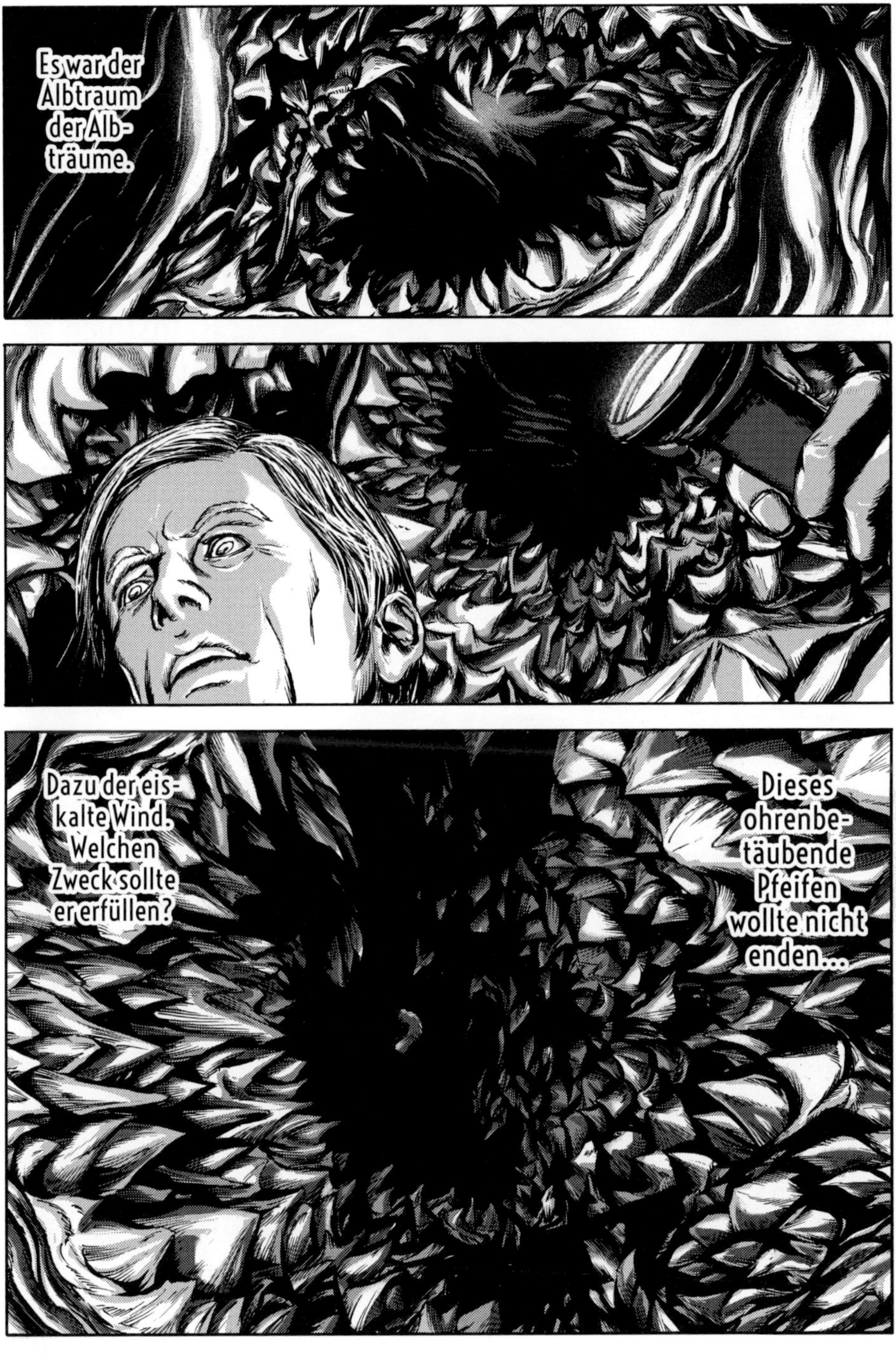
Es war der Albtraum der Alb-träume.
Dazu der eis-kalte Wind. Welchen Zweck sollte er erfüllen?
Dieses ohrenbe-täubende Pfeifen wollte nicht enden...

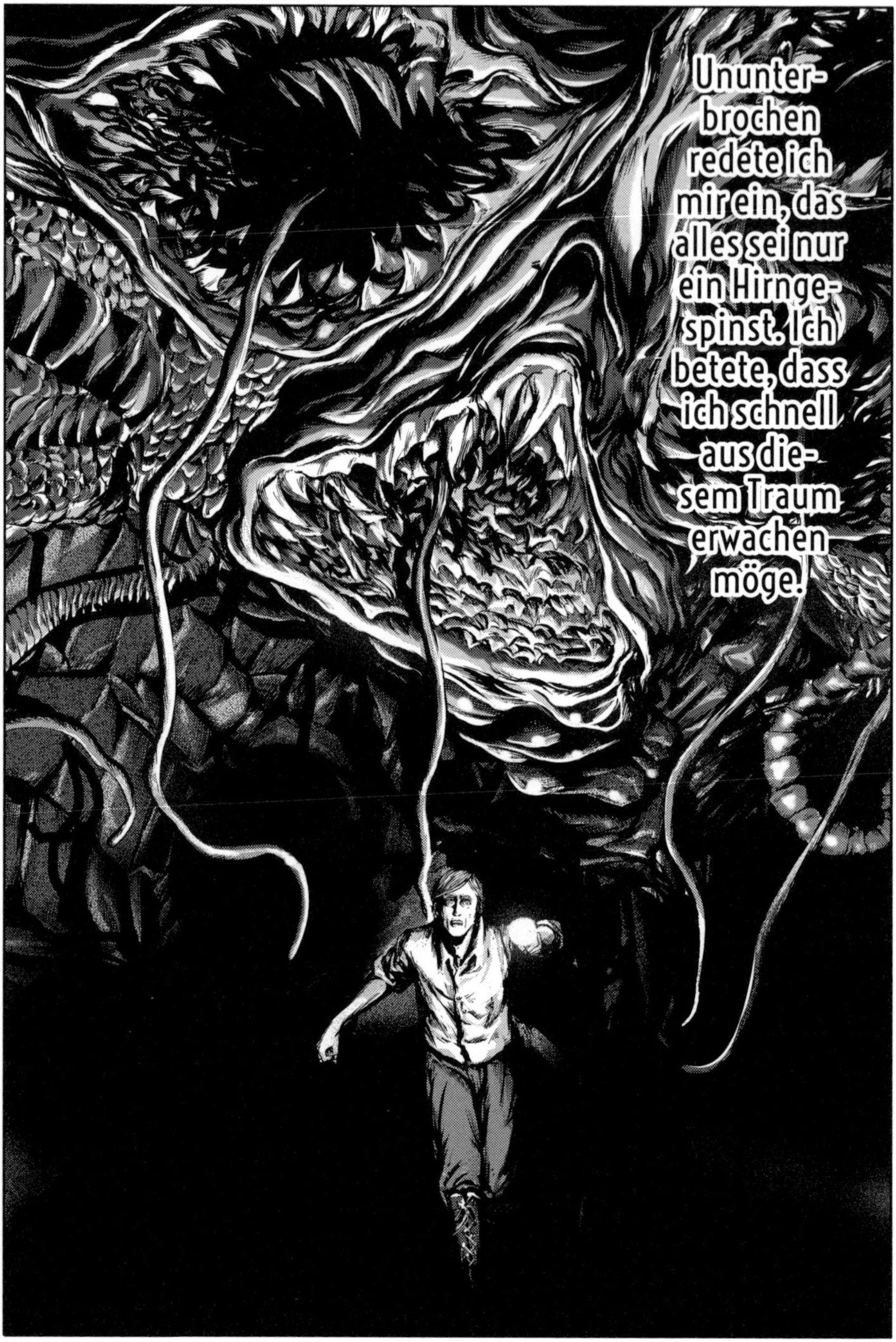
Ununterbrochen redete ich mir ein, das alles sei nur ein Hirngespinst. Ich betete, dass ich schnell aus diesem Traum erwachen möge.

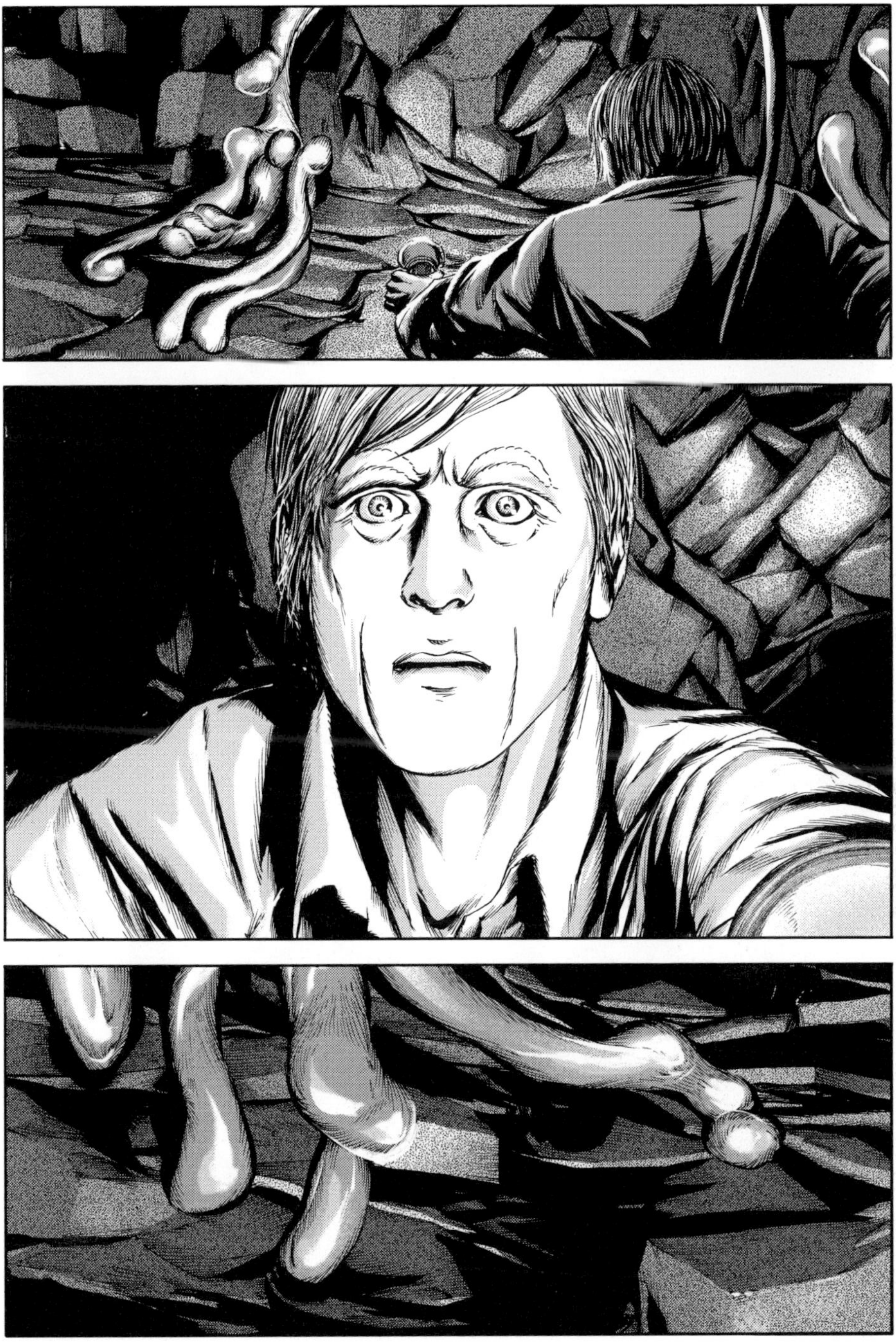

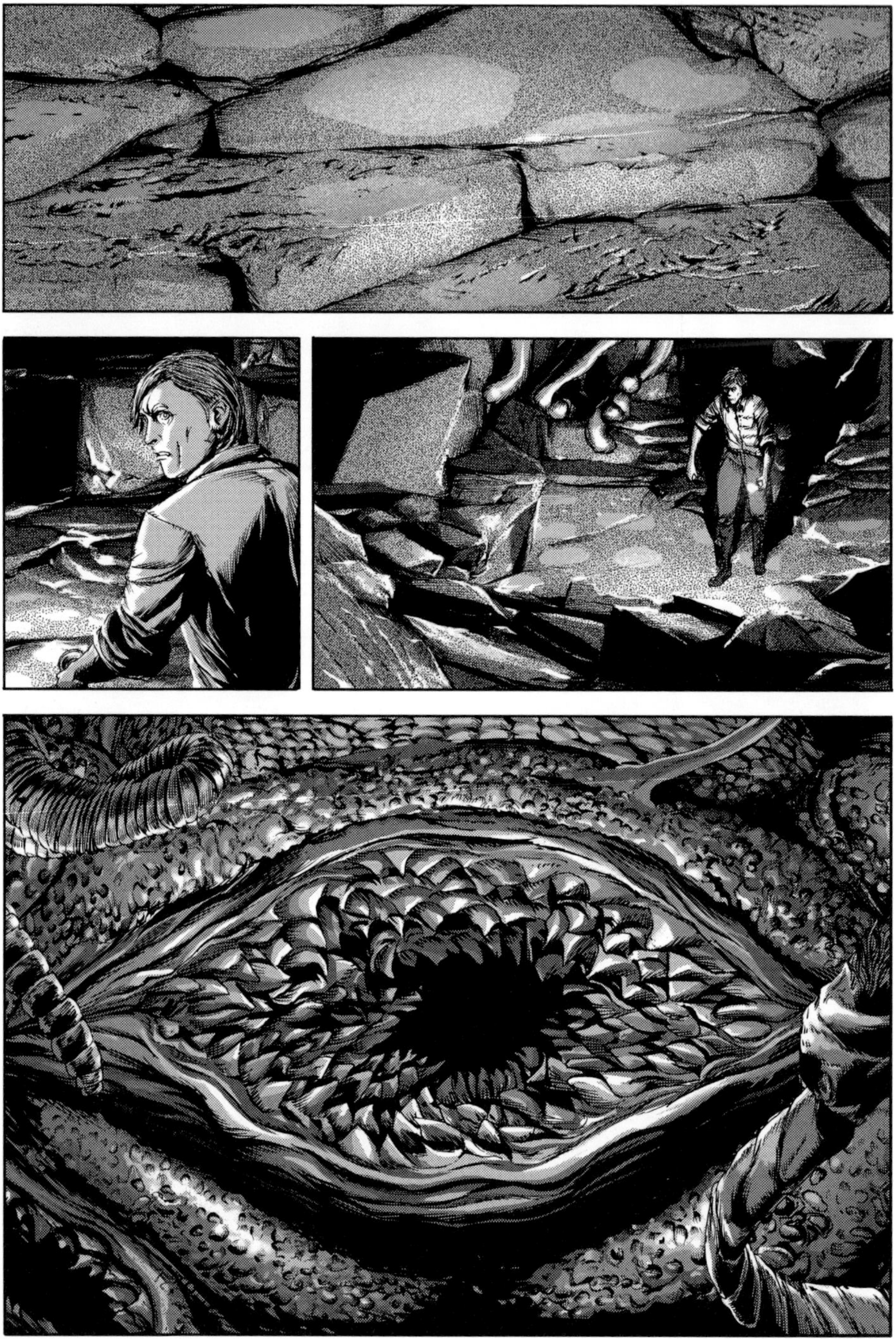

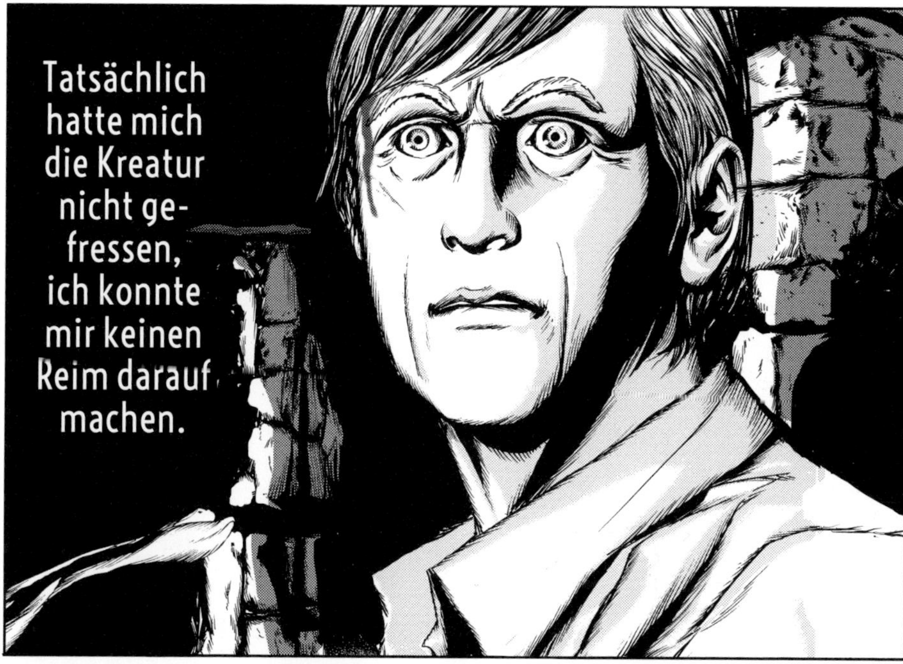
Tatsächlich hatte mich die Kreatur nicht gefressen, ich konnte mir keinen Reim darauf machen.
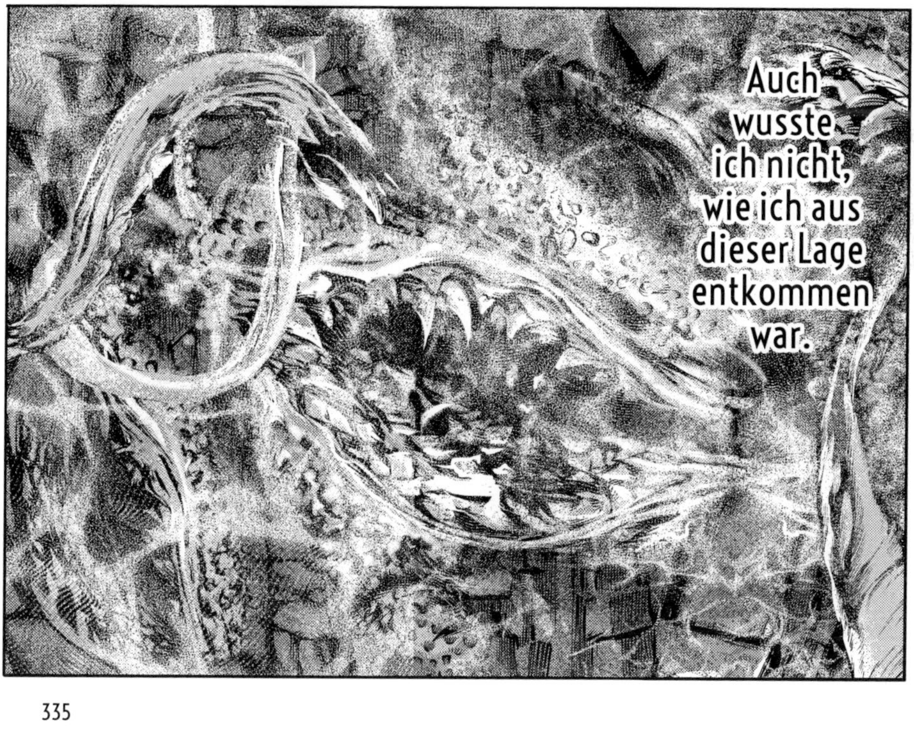
Auch wusste ich nicht, wie ich aus dieser Lage entkommen war.

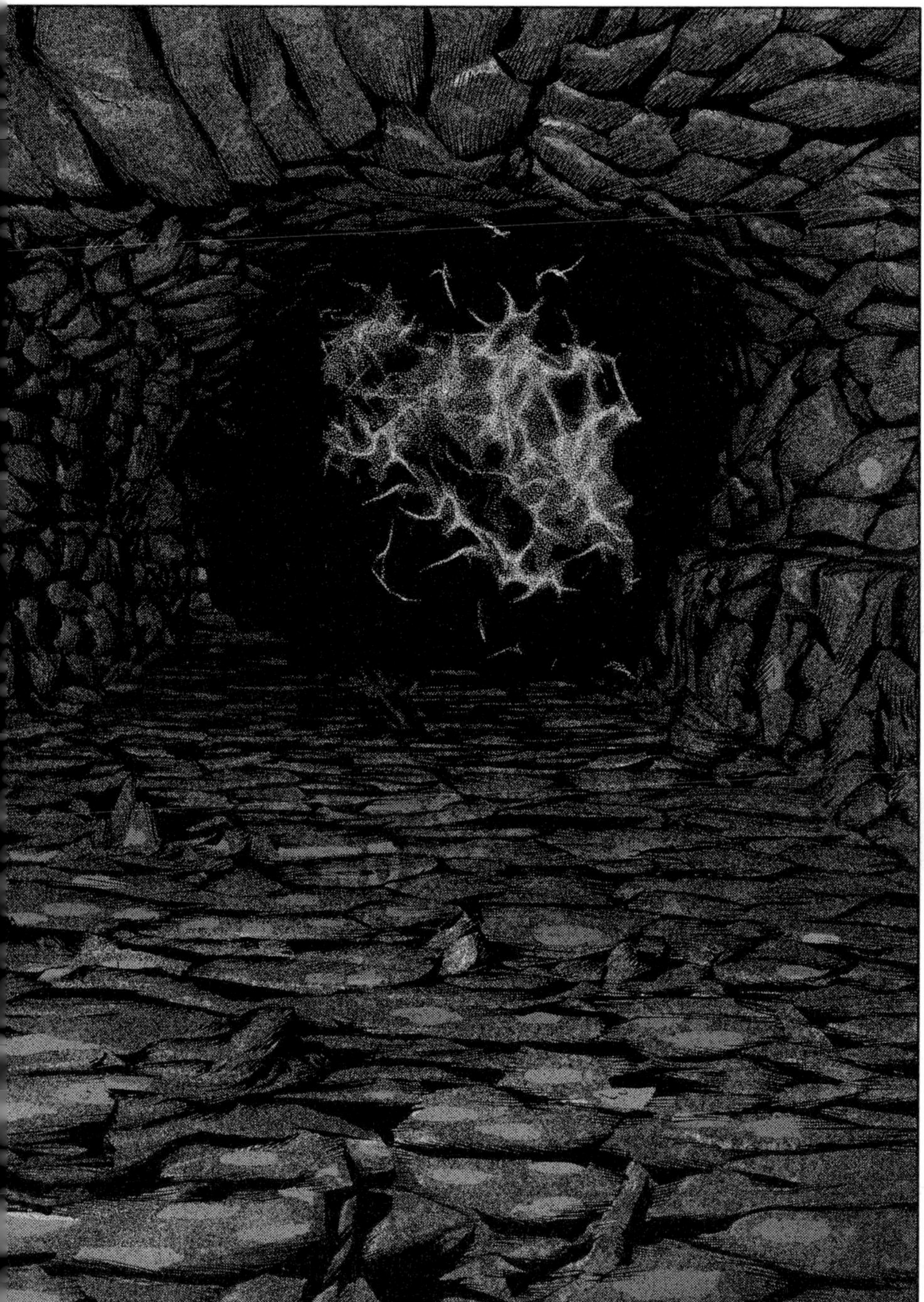

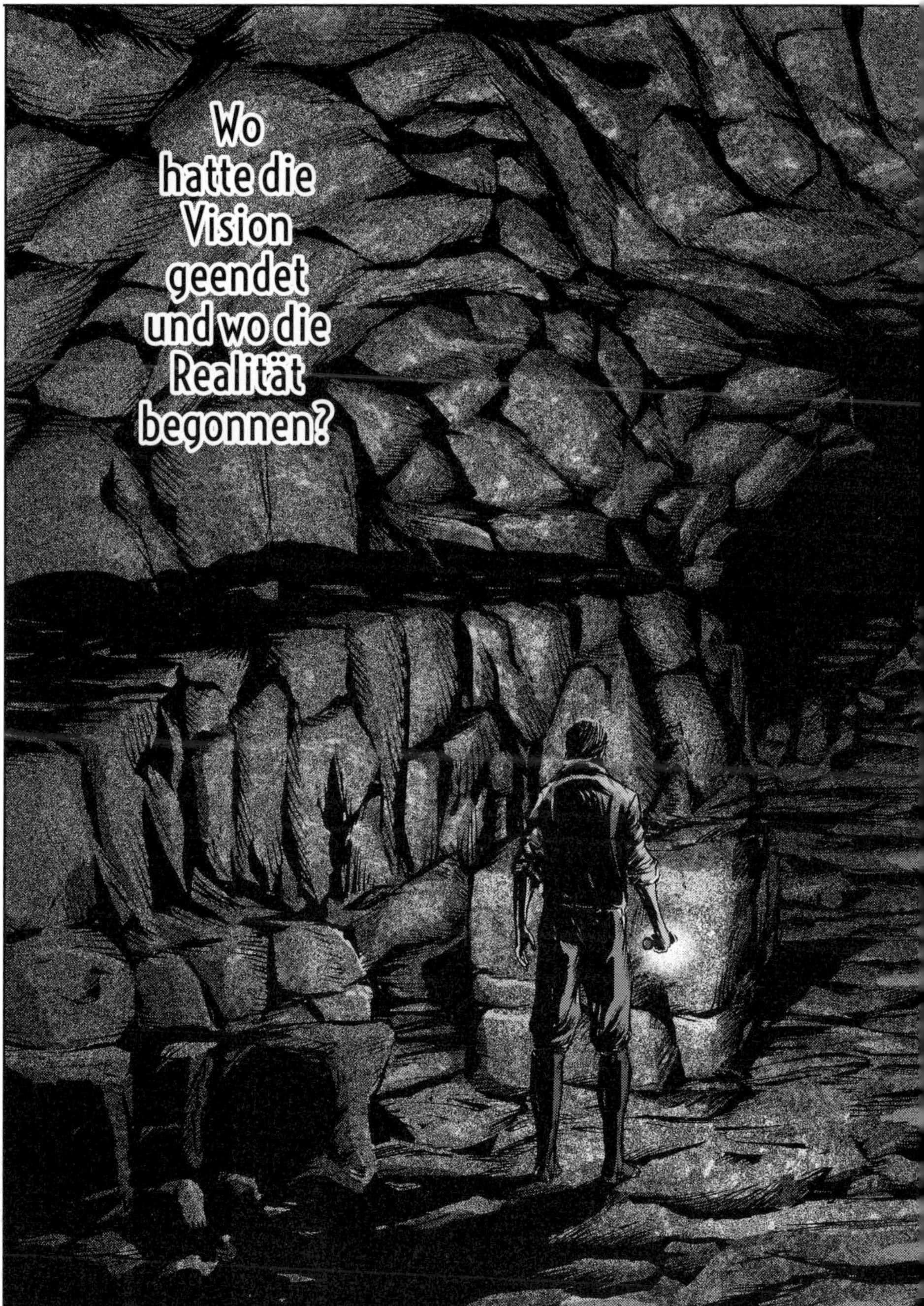
Wo hatte die Vision geendet und wo die Realität begonnen?

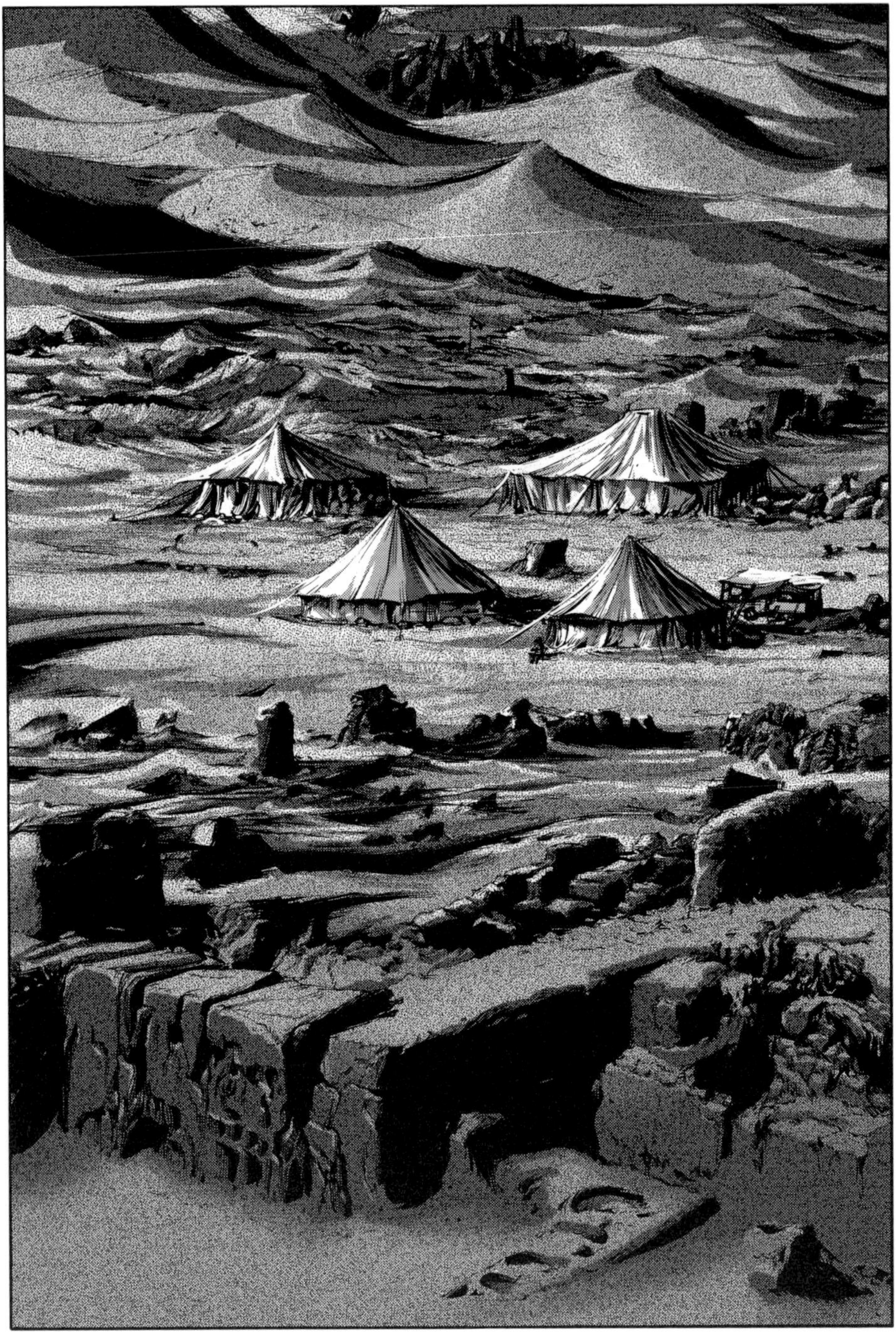

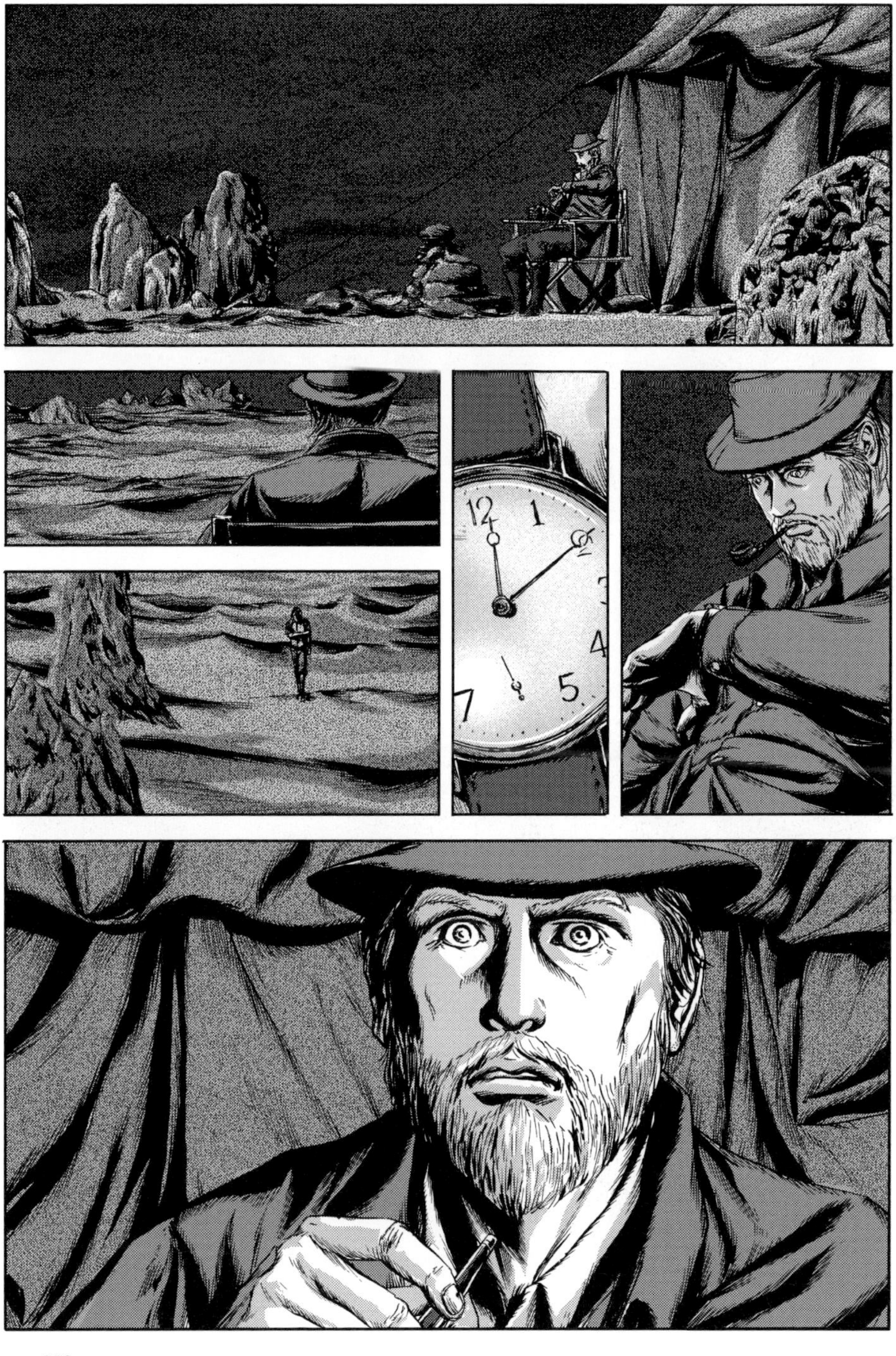

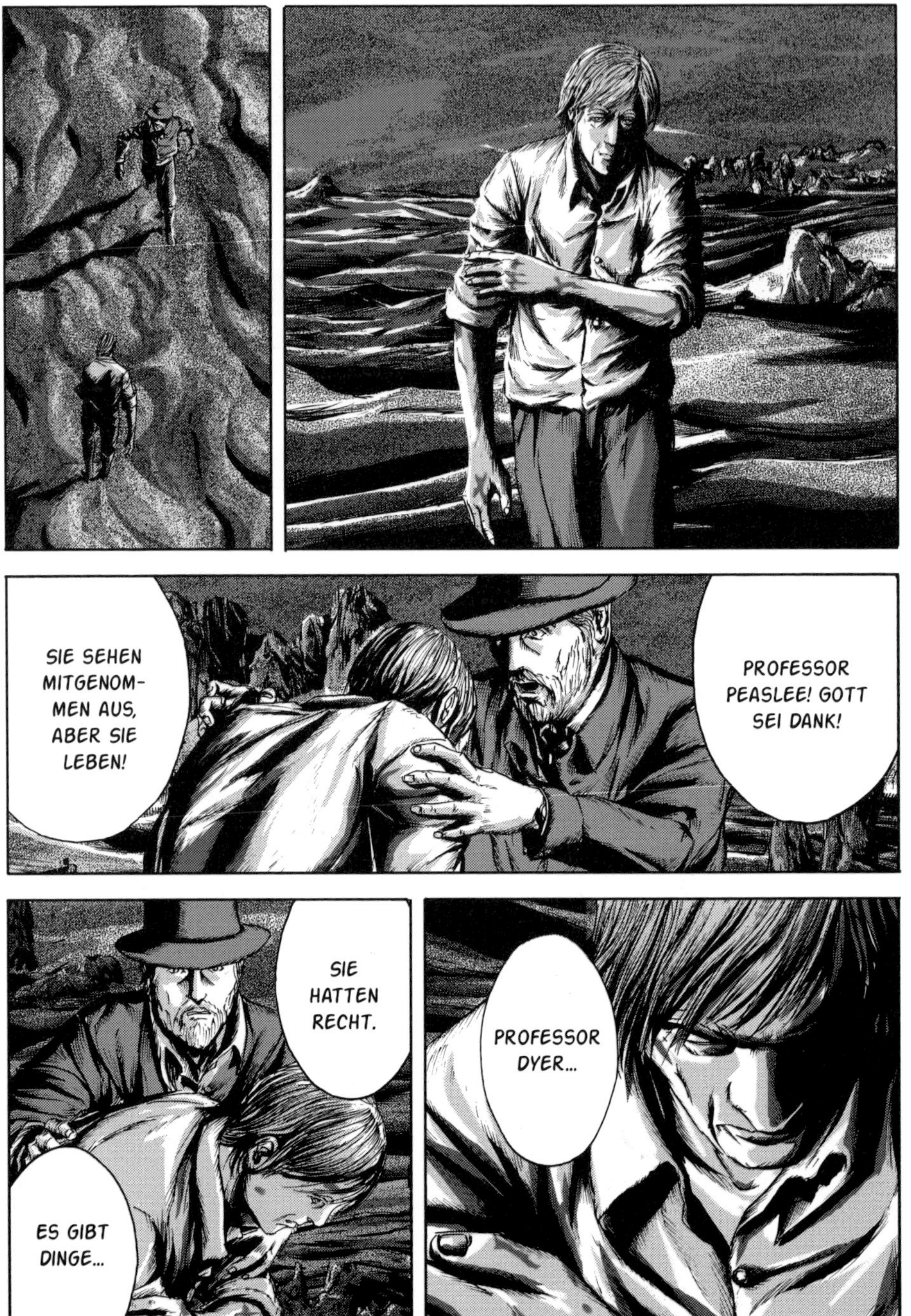
PROFESSOR PEASLEE! GOTT SEI DANK!
SIE SEHEN MITGENOM-MEN AUS, ABER SIE LEBEN!
PROFESSOR DYER...
SIE HATTEN RECHT.
ES GIBT DINGE...

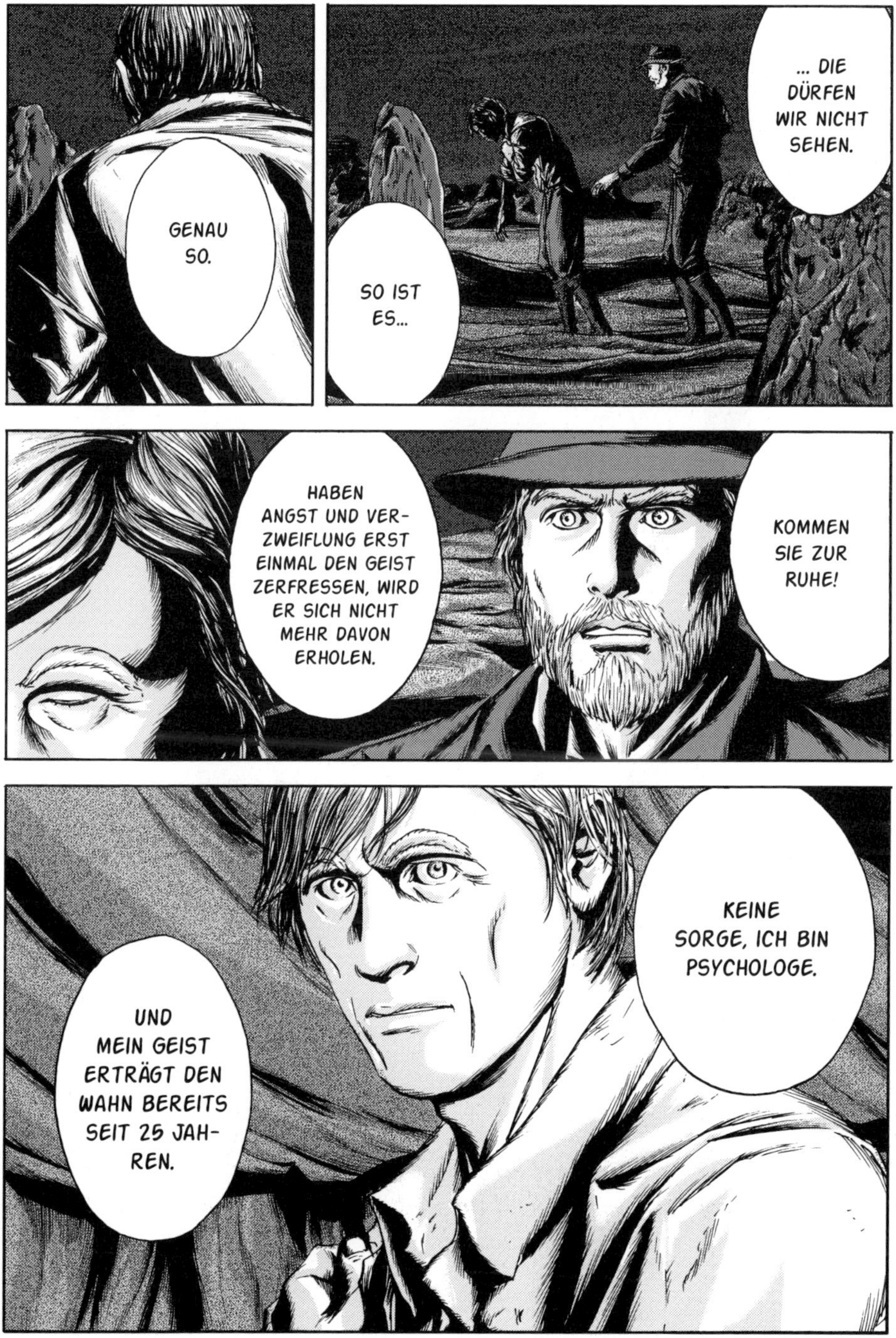
... DIE DÜRFEN WIR NICHT SEHEN.
SO IST ES...
GENAU SO.
KOMMEN SIE ZUR RUHE!
HABEN ANGST UND VER-ZWEIFLUNG ERST EINMAL DEN GEIST ZERFRESSEN, WIRD ER SICH NICHT MEHR DAVON ERHOLEN.
KEINE SORGE, ICH BIN PSYCHOLOGE.
UND MEIN GEIST ERTRÄGT DEN WAHN BEREITS SEIT 25 JAH-REN.

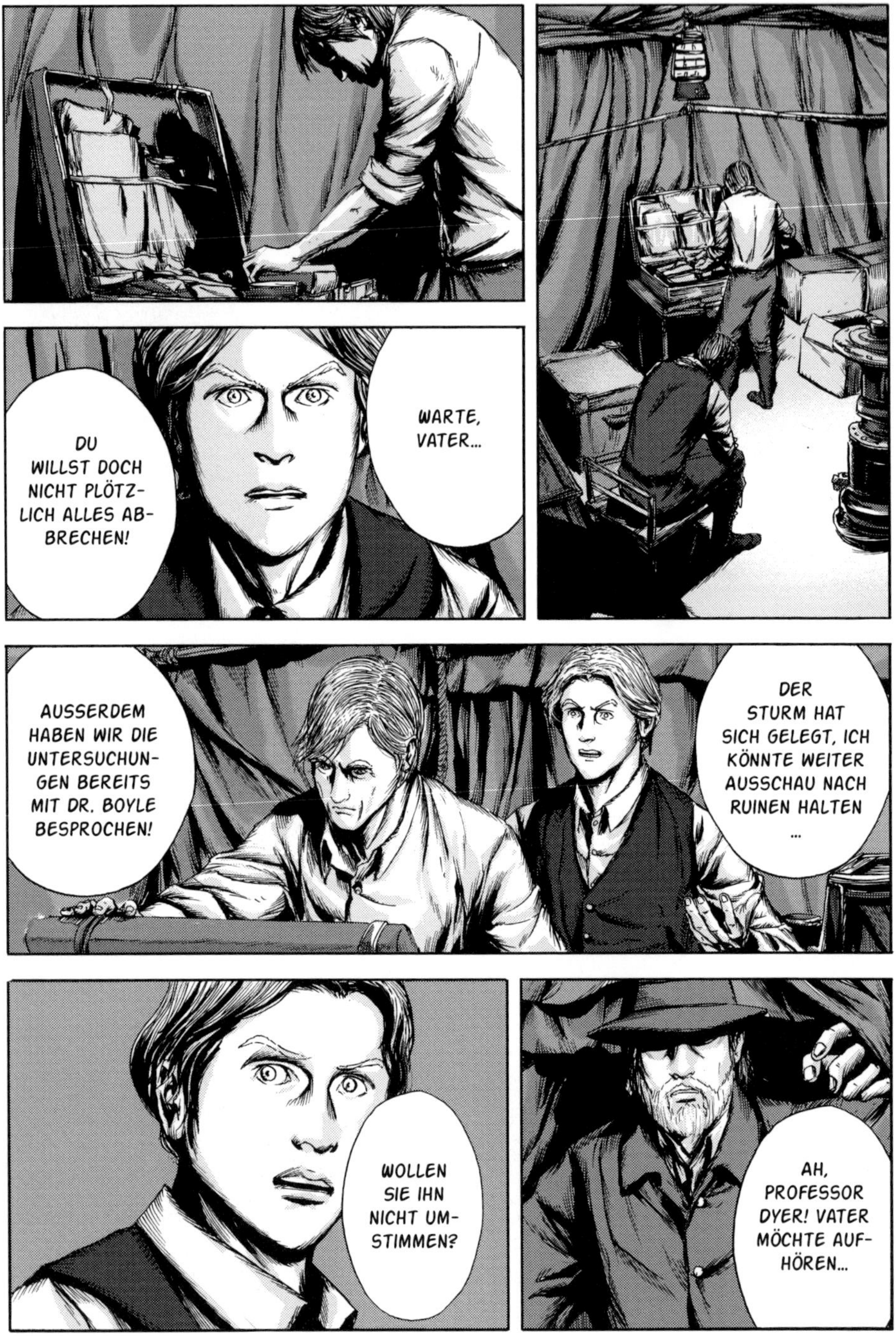
WARTE, VATER...
DU WILLST DOCH NICHT PLÖTZLICH ALLES ABBRECHEN!
DER STURM HAT SICH GELEGT, ICH KÖNNTE WEITER AUSSCHAU NACH RUINEN HALTEN ...
AUSSERDEM HABEN WIR DIE UNTERSUCHUNGEN BEREITS MIT DR. BOYLE BESPROCHEN!
AH, PROFESSOR DYER! VATER MÖCHTE AUFHÖREN...
WOLLEN SIE IHN NICHT UMSTIMMEN?

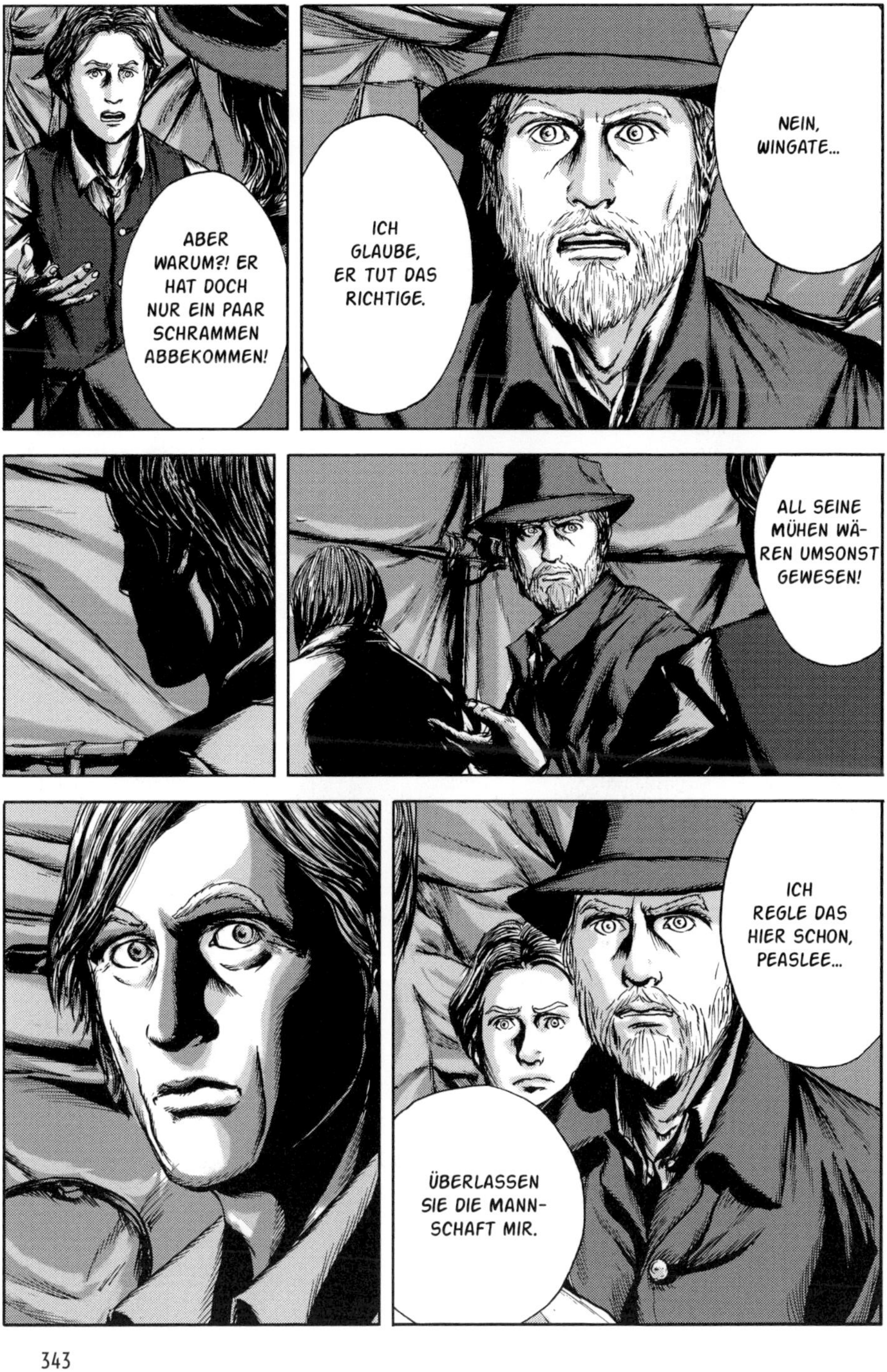
NEIN, WINGATE...
ICH GLAUBE, ER TUT DAS RICHTIGE.
ABER WARUM?! ER HAT DOCH NUR EIN PAAR SCHRAMMEN ABBEKOMMEN!
ALL SEINE MÜHEN WÄREN UMSONST GEWESEN!
ICH REGLE DAS HIER SCHON, PEASLEE...
ÜBERLASSEN SIE DIE MANNSCHAFT MIR.

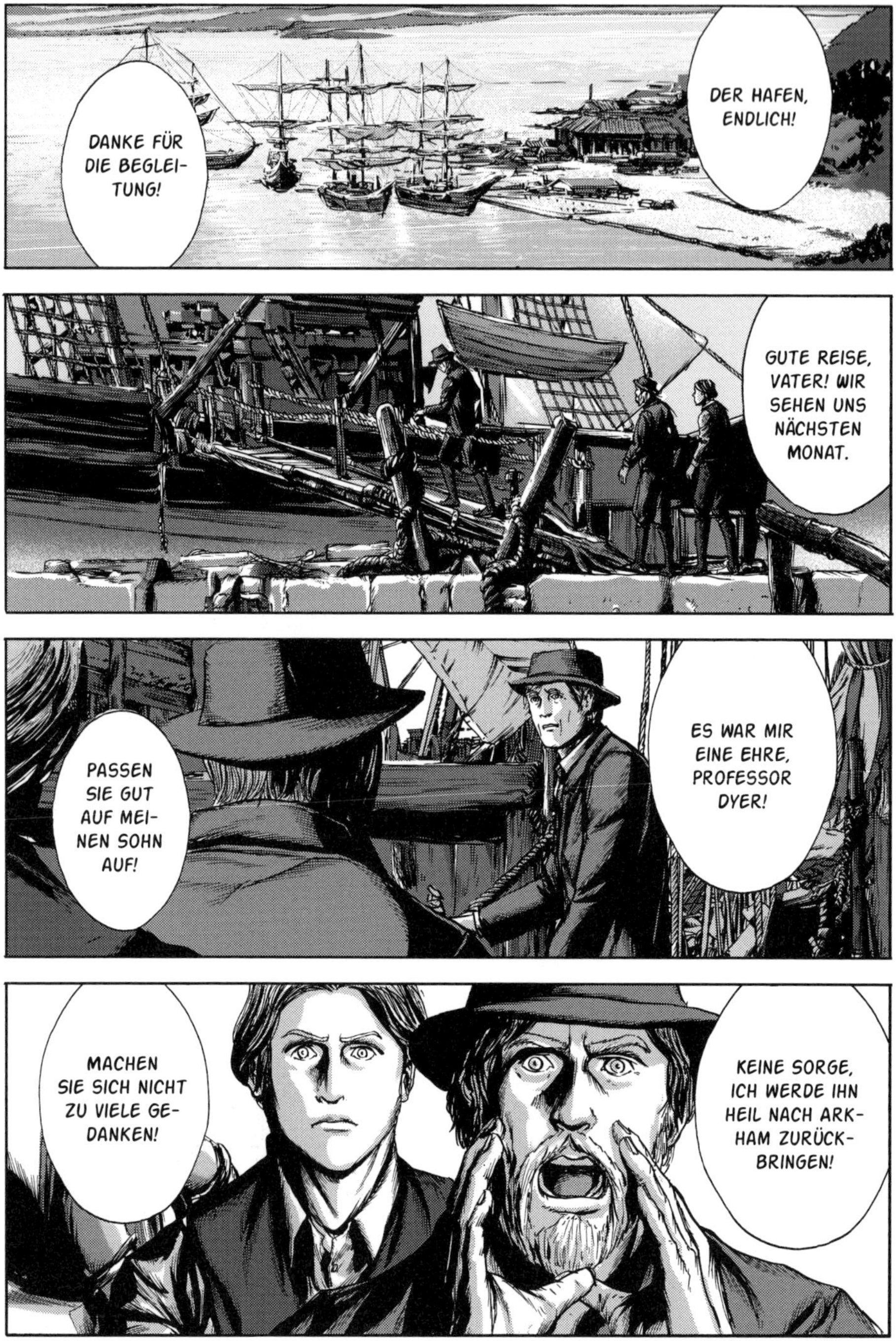
DANKE FÜR DIE BEGLEI- TUNG!
DER HAFEN, ENDLICH!
GUTE REISE, VATER! WIR SEHEN UNS NÄCHSTEN MONAT.
PASSEN SIE GUT AUF MEI- NEN SOHN AUF!
ES WAR MIR EINE EHRE, PROFESSOR DYER!
MACHEN SIE SICH NICHT ZU VIELE GE- DANKEN!
KEINE SORGE, ICH WERDE IHN HEIL NACH ARK- HAM ZURÜCK- BRINGEN!

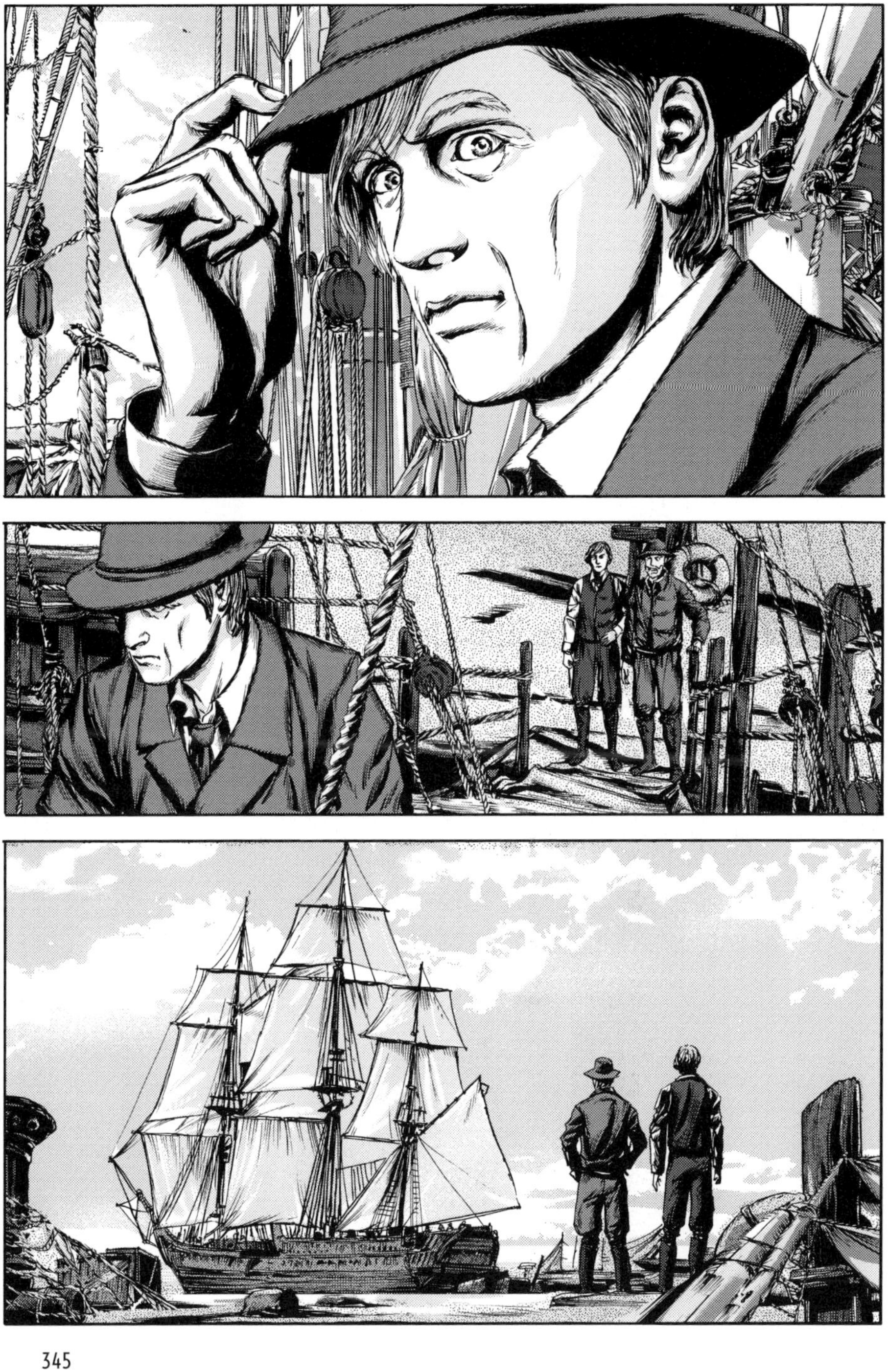

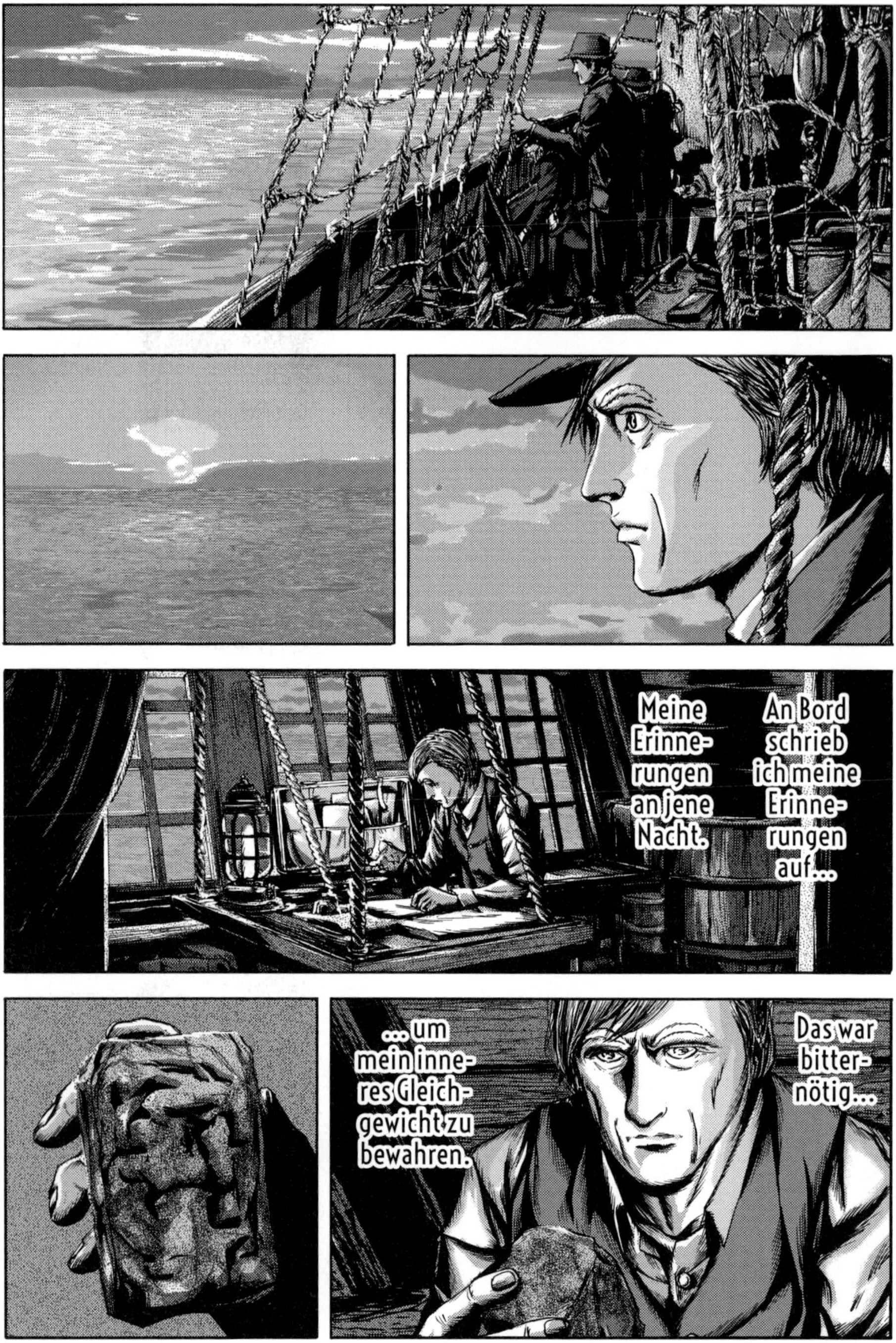
An Bord schrieb ich meine Erinne-rungen auf...
Meine Erinne-rungen an jene Nacht.
Das war bitter-nötig...
... um mein inne-res Gleich-gewicht zu bewahren.

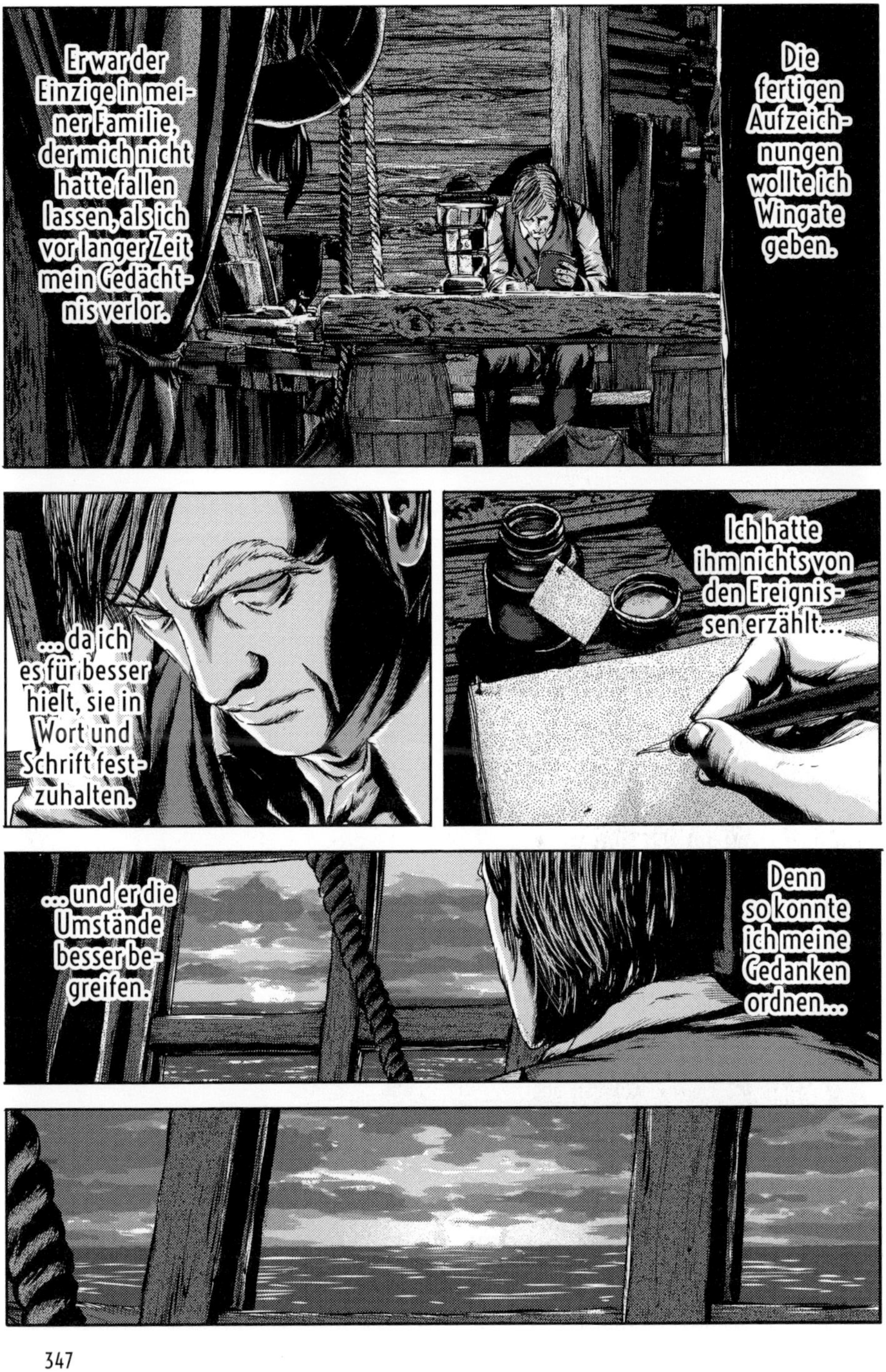
Er war der Einzige in meiner Familie, der mich nicht hatte fallen lassen, als ich vor langer Zeit mein Gedächtnis verlor.
Die fertigen Aufzeichnungen wollte ich Wingate geben.
Ich hatte ihm nichts von den Ereignissen erzählt...
... da ich es für besser hielt, sie in Wort und Schrift festzuhalten.
Denn so konnte ich meine Gedanken ordnen...
... und er die Umstände besser begreifen.

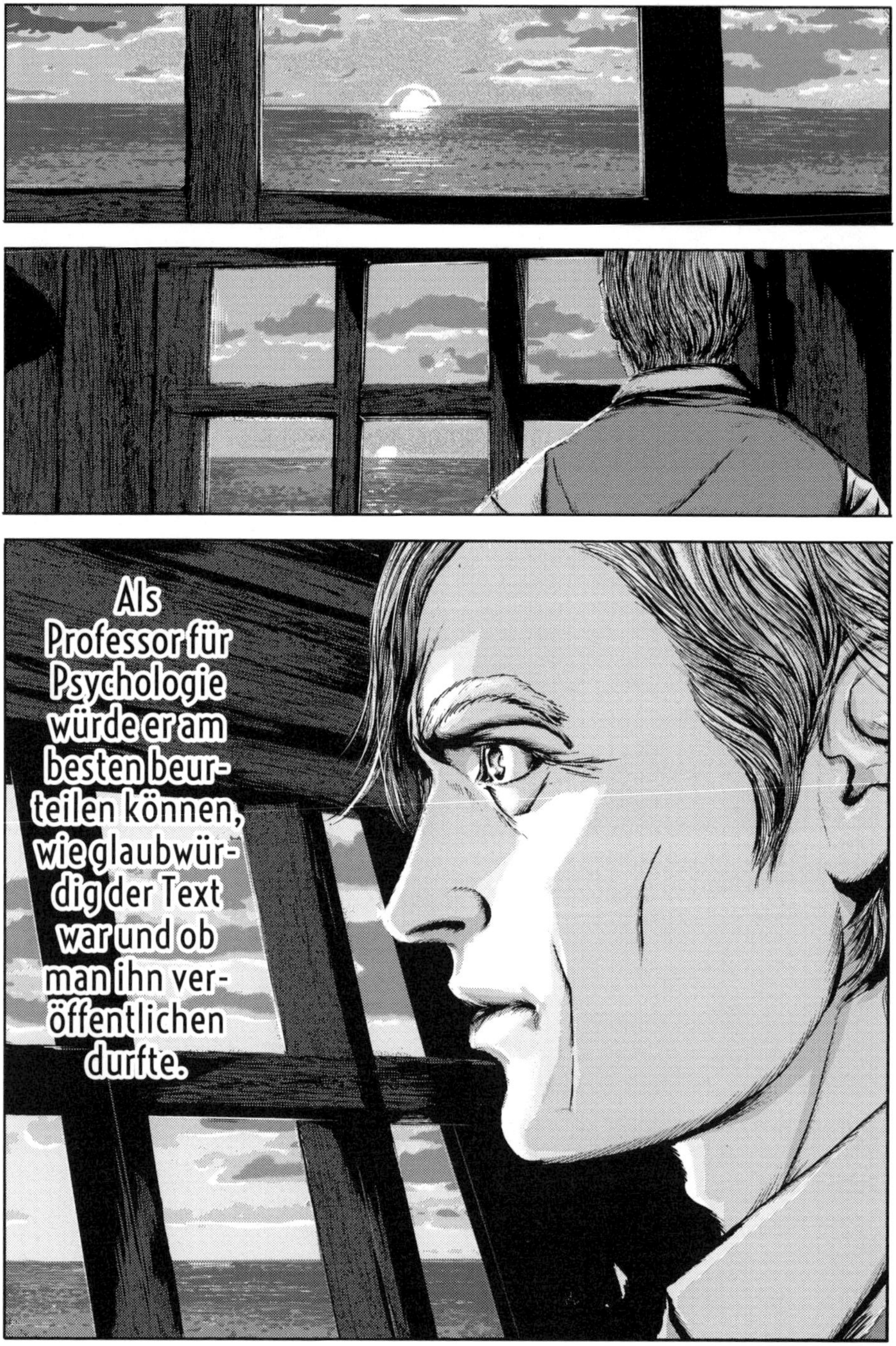
Als Professor für Psychologie würde er am besten beurteilen können, wie glaubwürdig der Text war und ob man ihn veröffentlichen durfte.

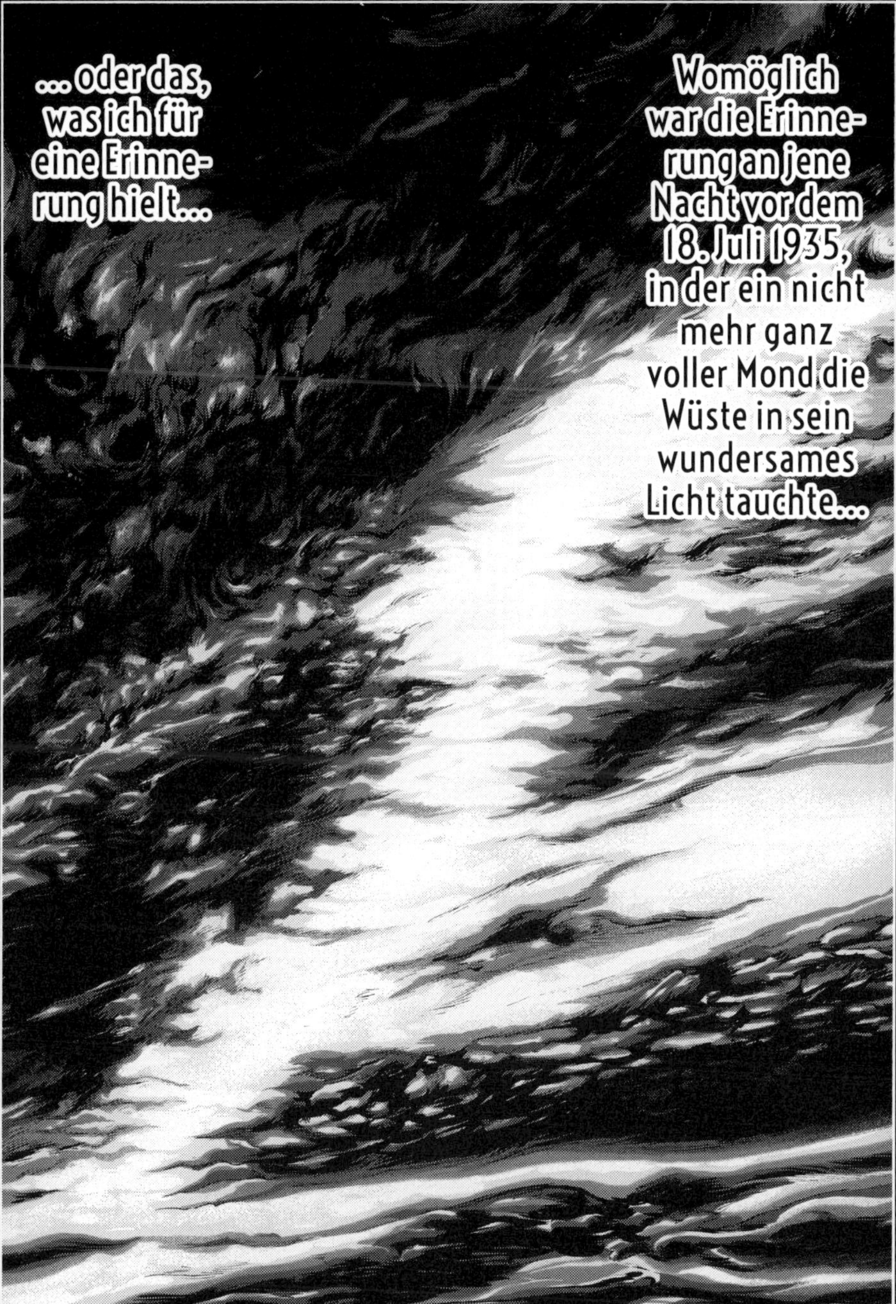
Womöglich war die Erinnerung an jene Nacht vor dem 18. Juli 1935, in der ein nicht mehr ganz voller Mond die Wüste in sein wundersames Licht tauchte...
... oder das, was ich für eine Erinnerung hielt...

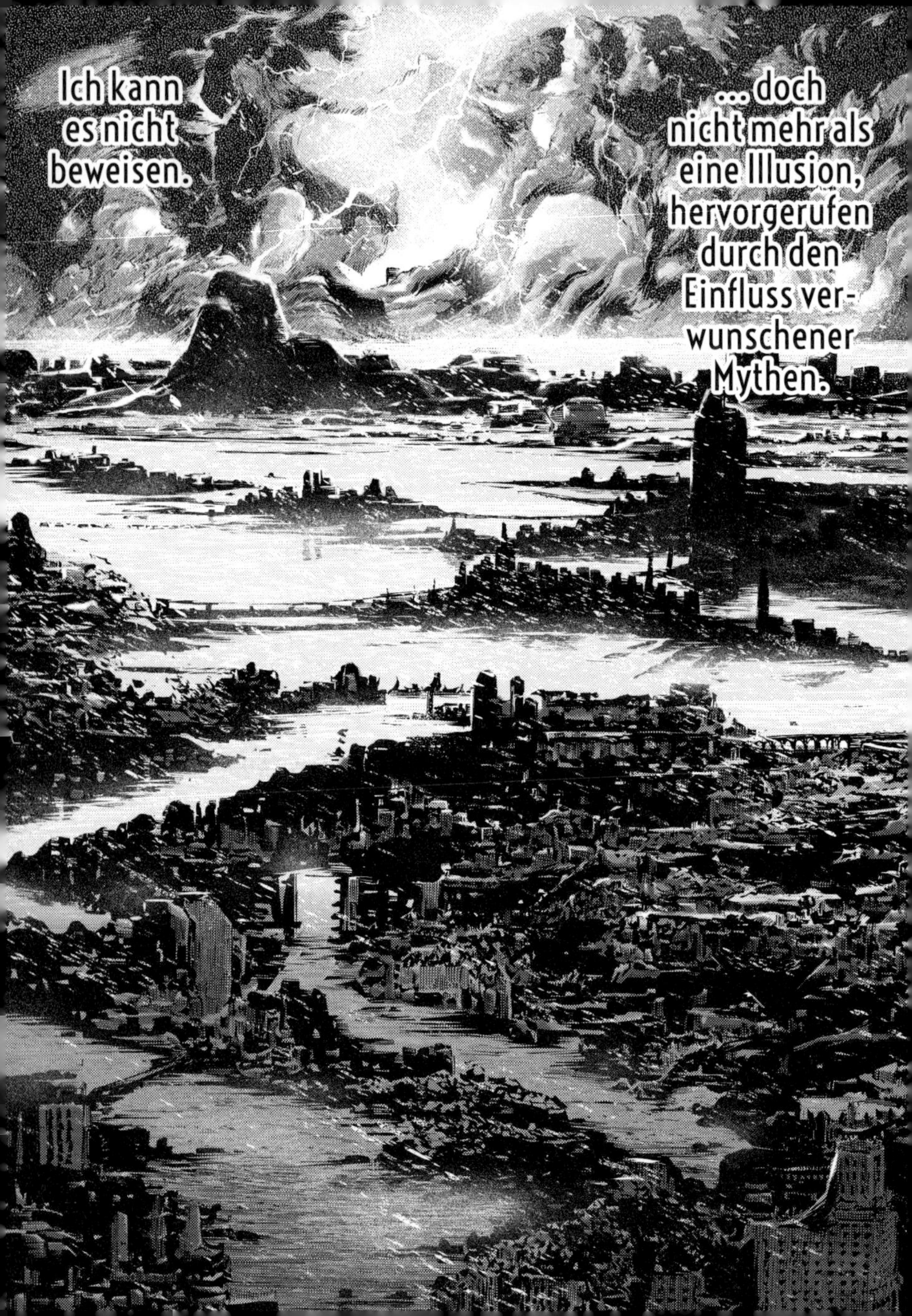
Ich kann es nicht beweisen.
... doch nicht mehr als eine Illusion, hervorgerufen durch den Einfluss verwunschener Mythen.

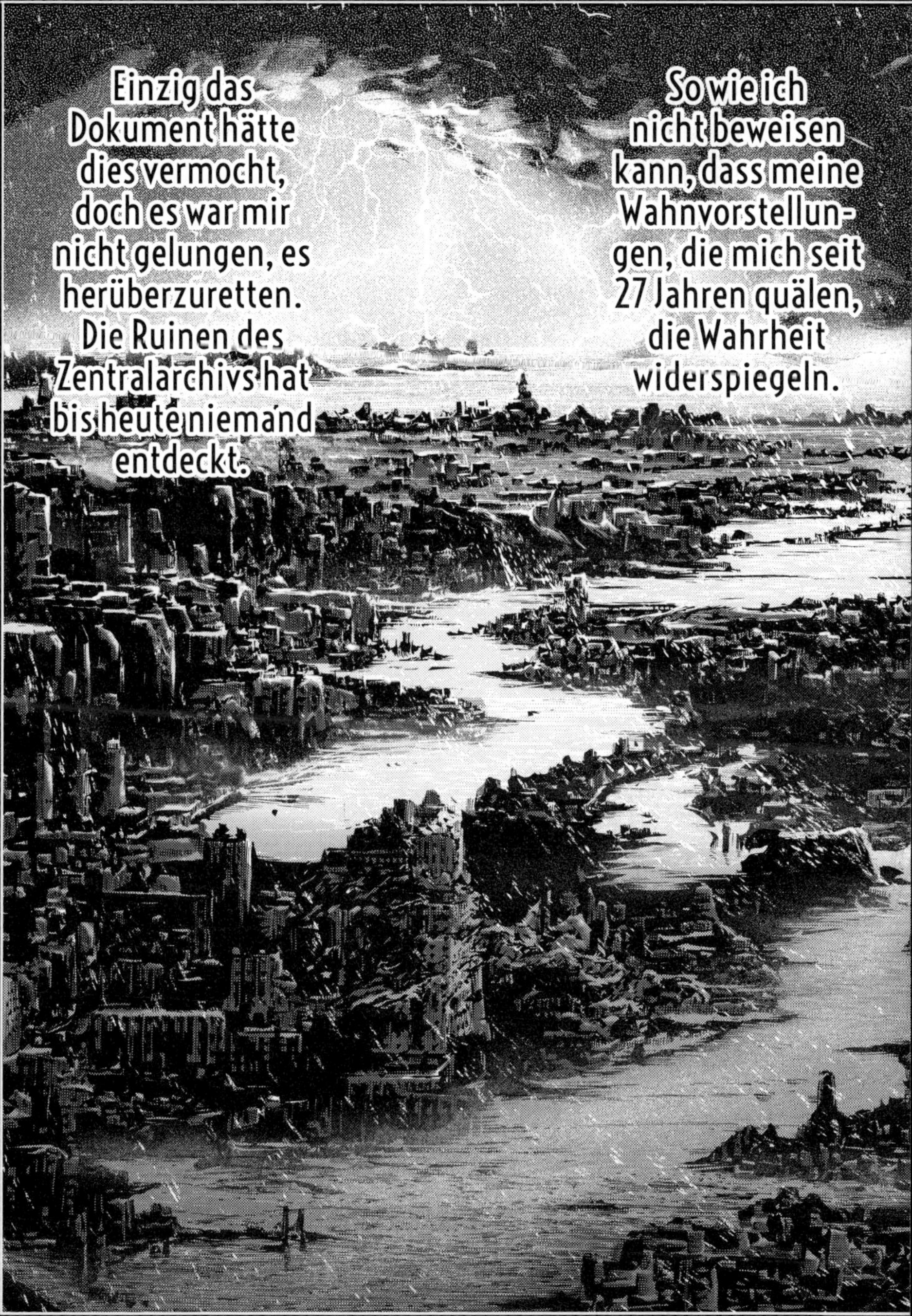
So wie ich nicht beweisen kann, dass meine Wahnvorstellungen, die mich seit 27 Jahren quälen, die Wahrheit widerspiegeln.
Einzig das Dokument hätte dies vermocht, doch es war mir nicht gelungen, es herüberzuretten. Die Ruinen des Zentralarchivs hat bis heute niemand entdeckt.

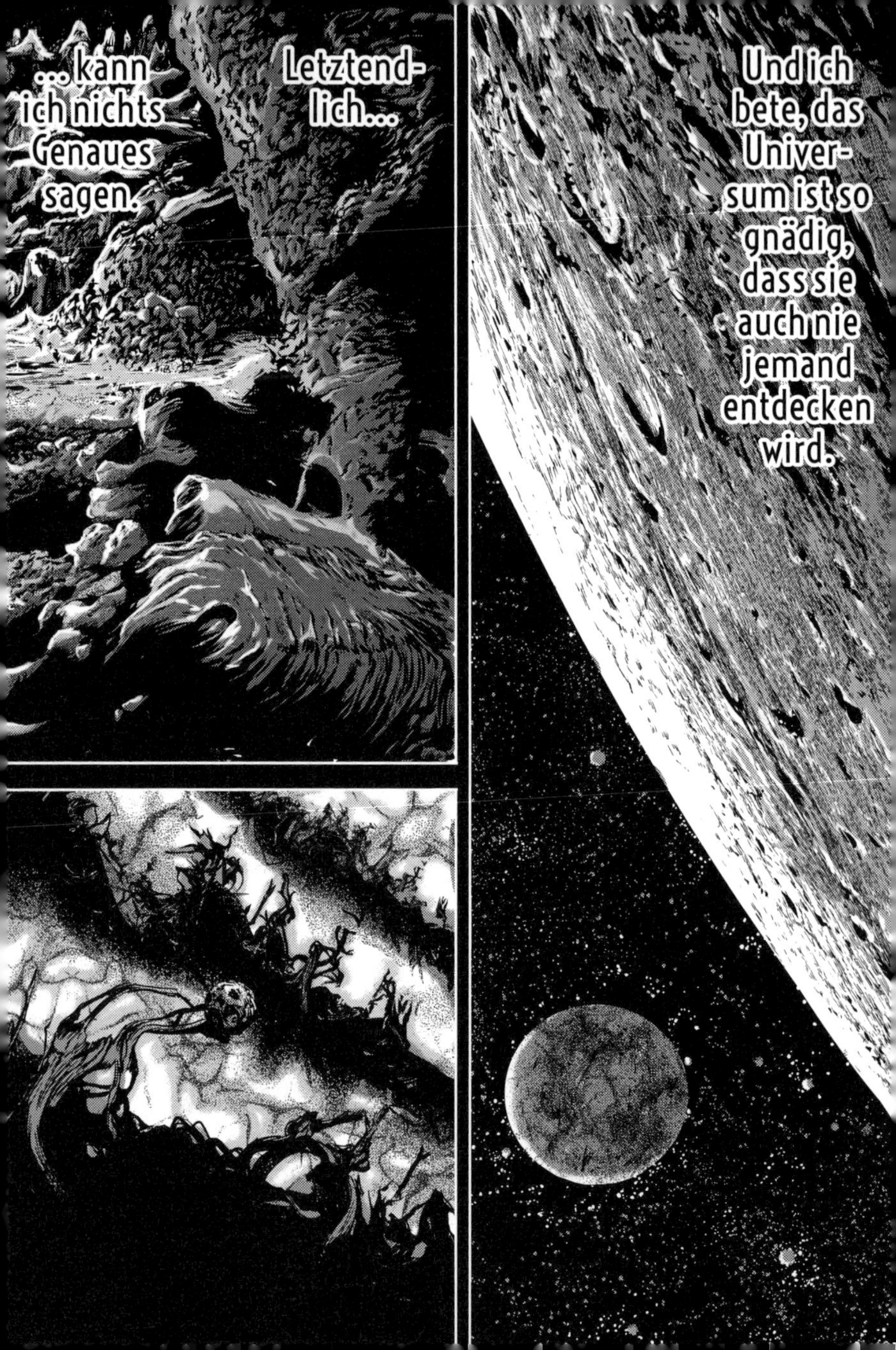
Letztend-
lich...
... kann
ich nichts
Genaues
sagen.
Und ich
bete, das
Univer-
sum ist so
gnädig,
dass sie
auch nie
jemand
entdecken
wird.

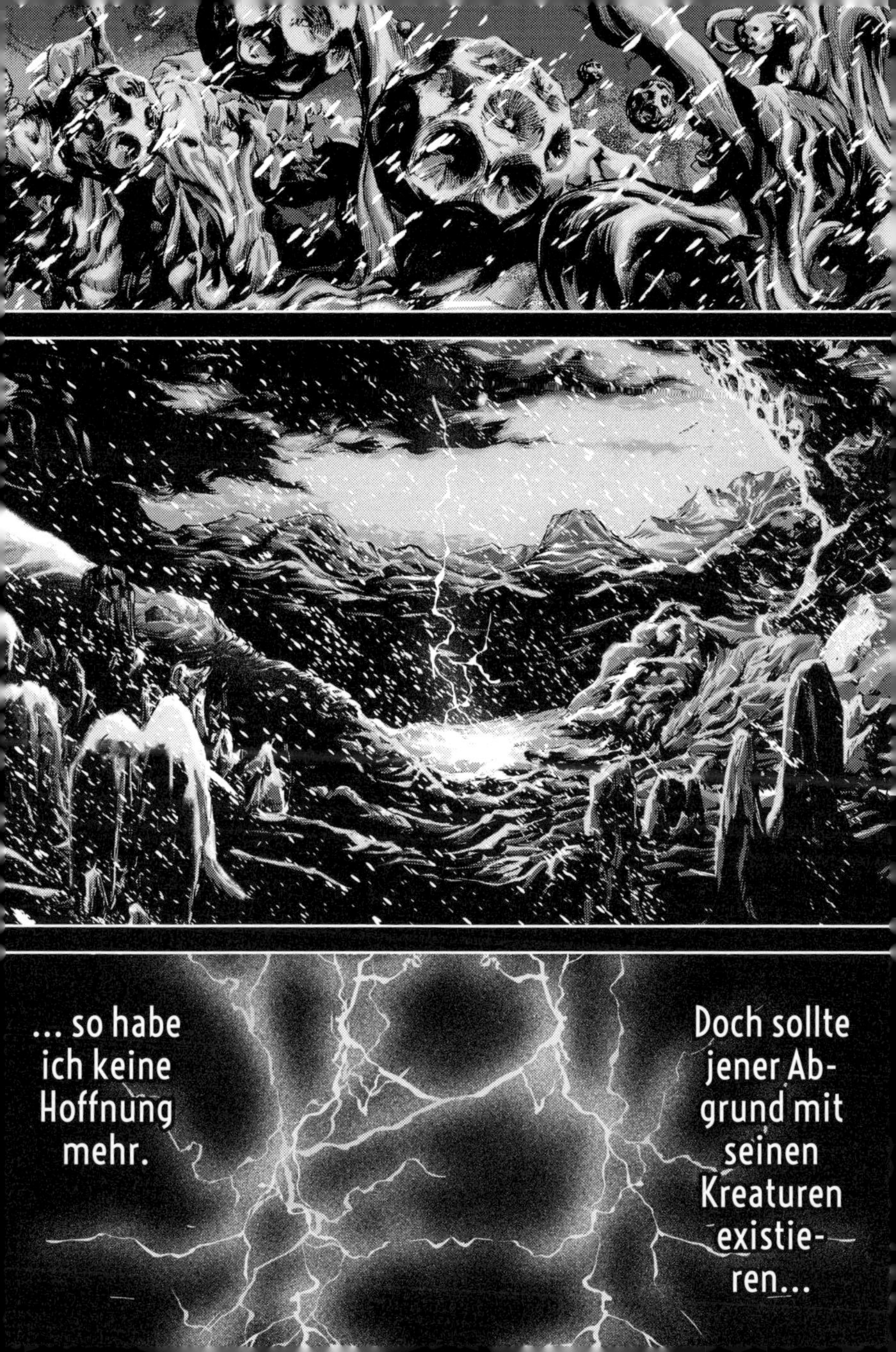
... so habe ich keine Hoffnung mehr.
Doch sollte jener Abgrund mit seinen Kreaturen existieren...

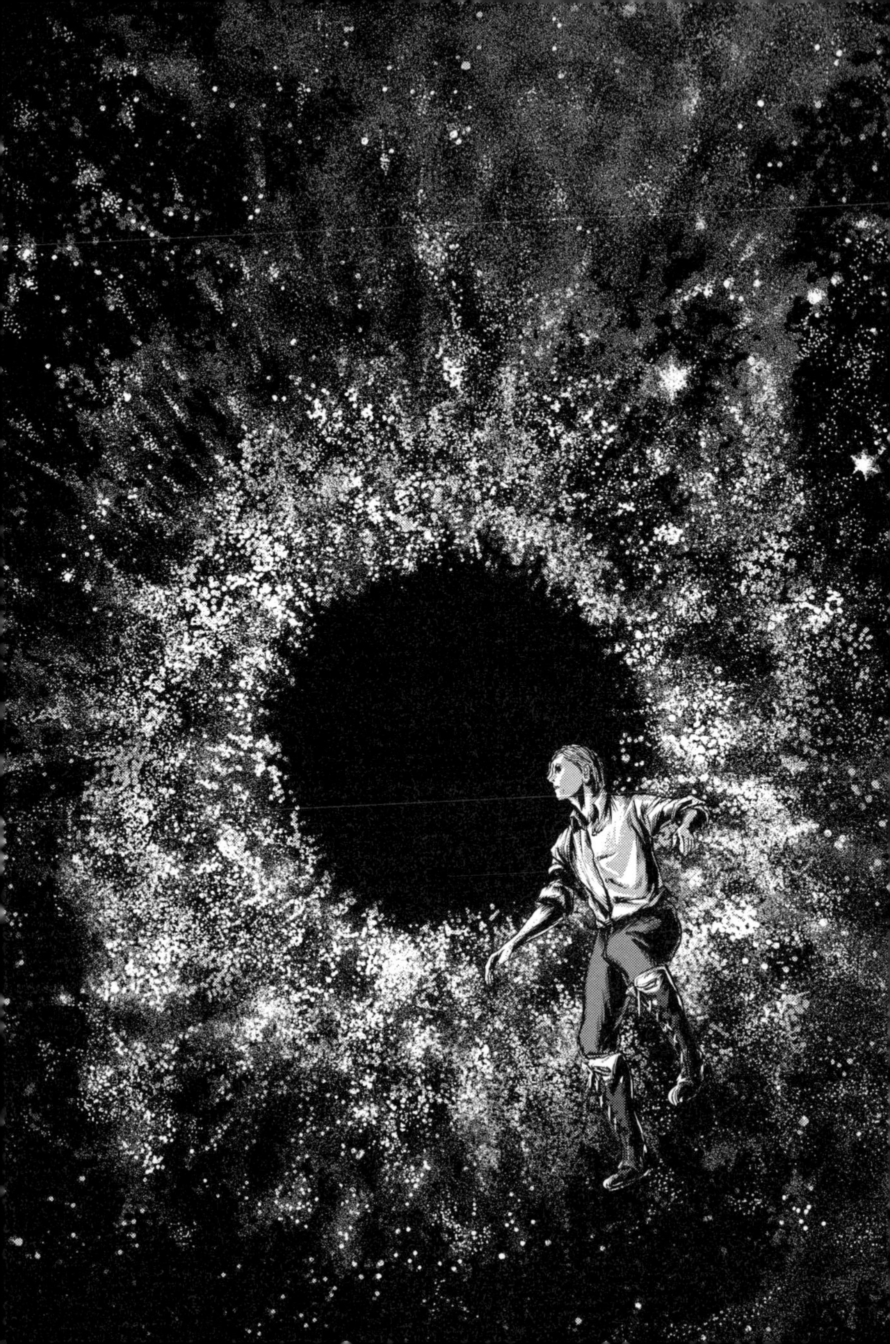

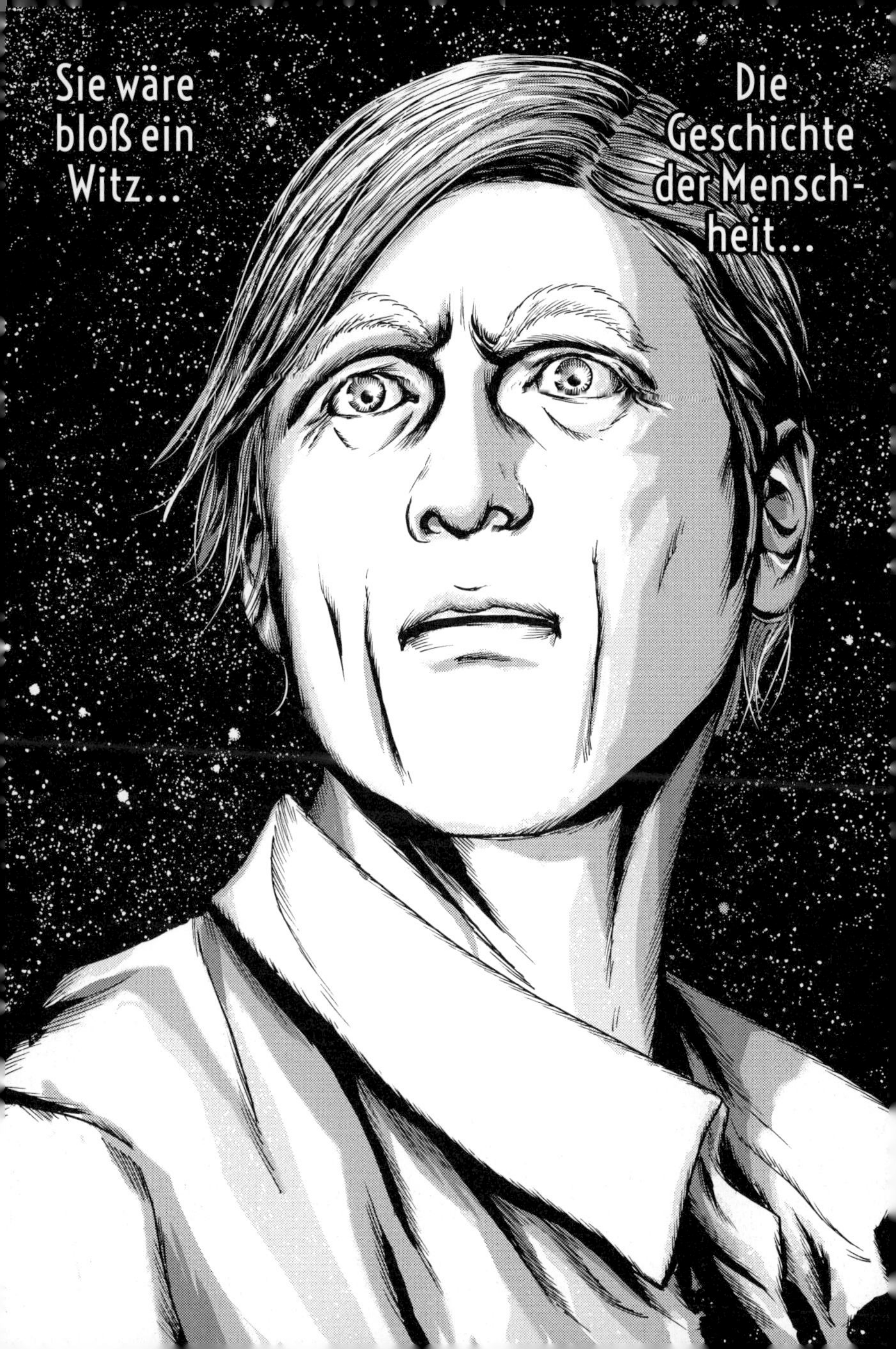
Die Geschichte der Mensch-heit...
Sie wäre bloß ein Witz...

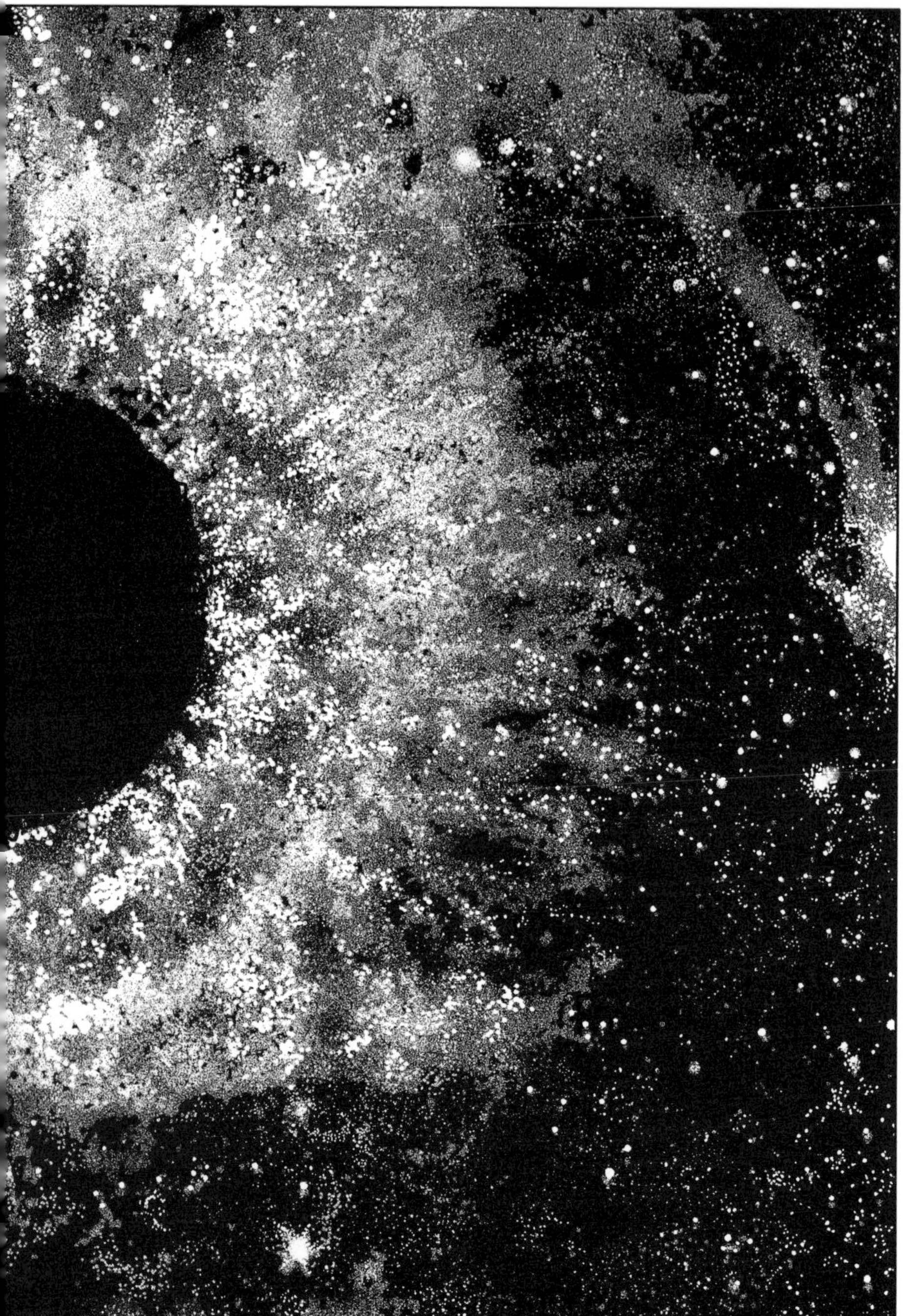

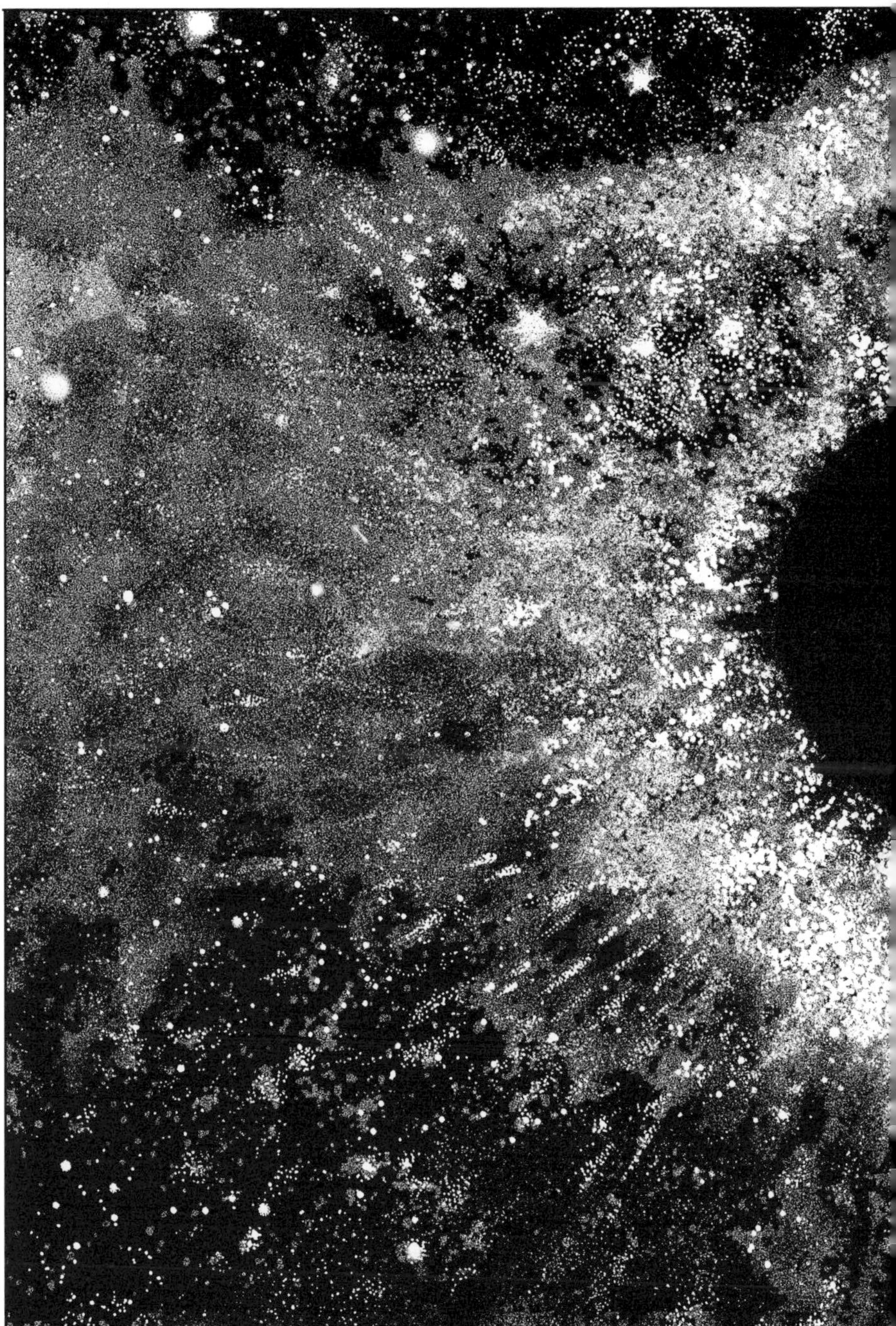

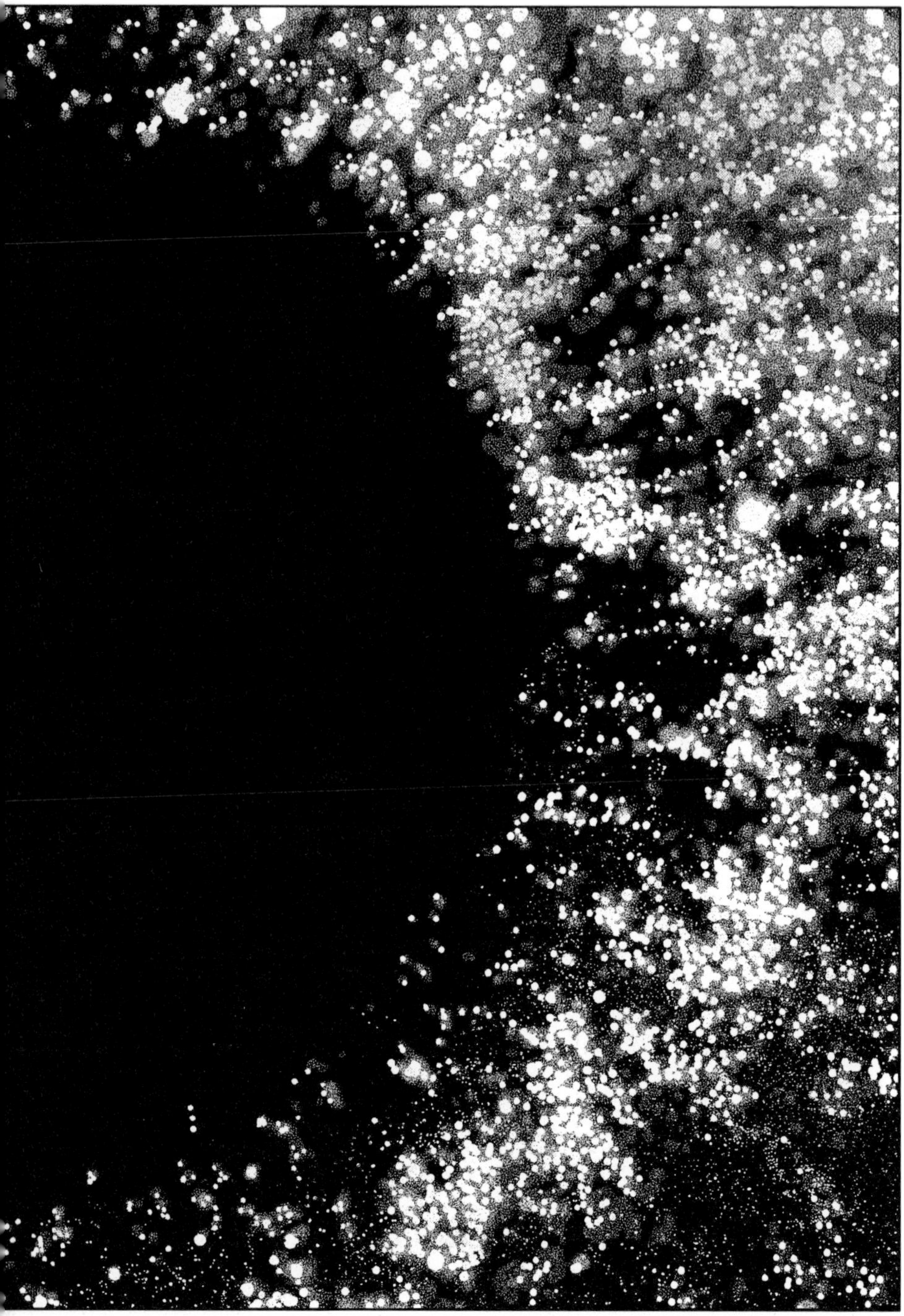

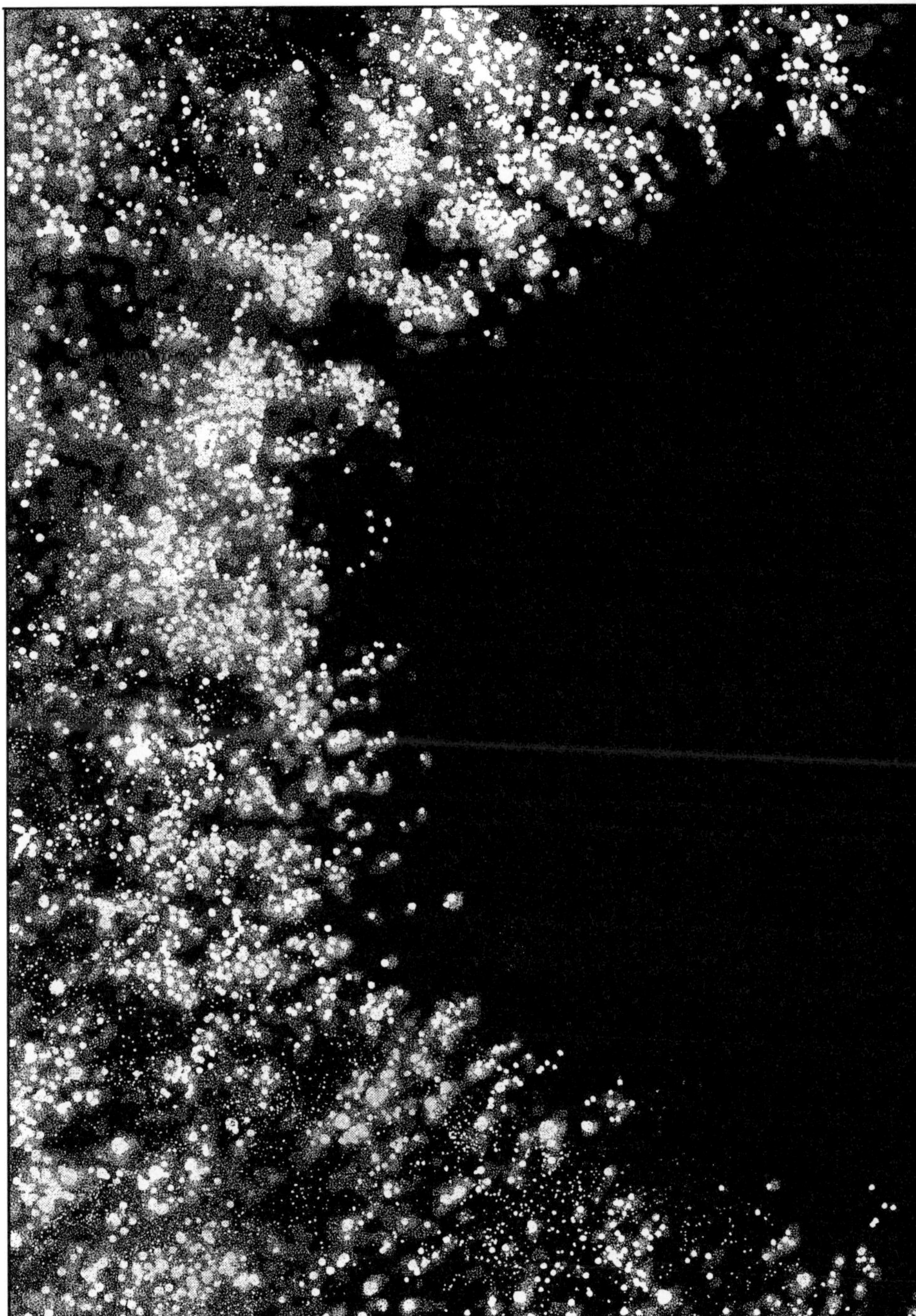

Und lachend
läge der Schatten
aus der Zeit über
dieser Welt.

ENDE

Der Schatten aus der Zeit

The Shadow out of Time

von H. P. Lovecraft

Gou Tanabe/H. P. Lovecraft
bei Carlsen:

Der Hund und andere Geschichten

Die Farbe aus dem All

Berge des Wahnsinns 1 + 2

Der Schatten aus der Zeit

In Vorbereitung:

Cthulhus Ruf

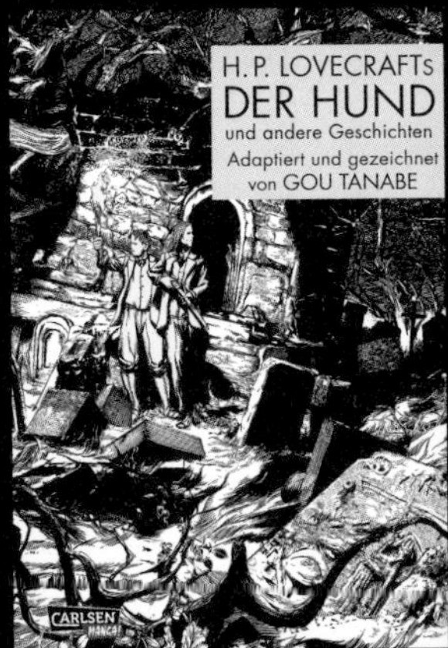

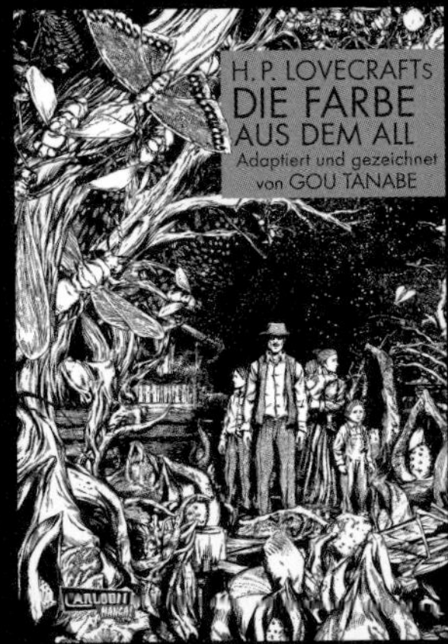

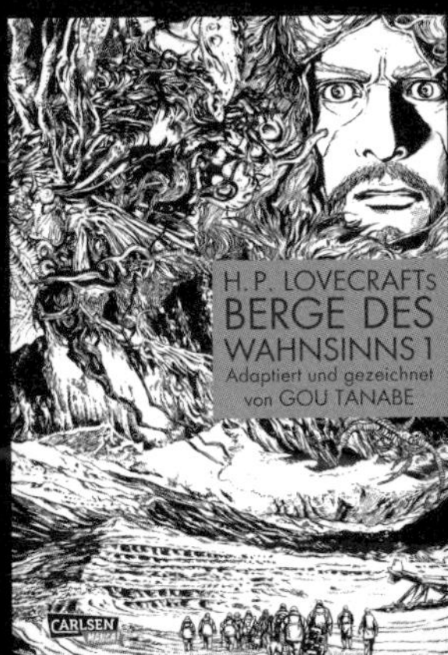

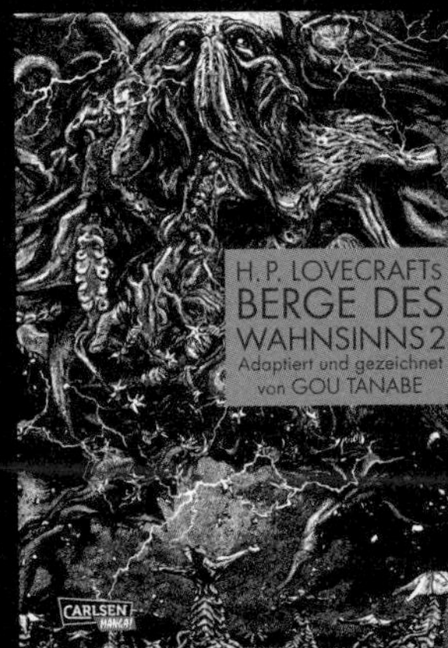

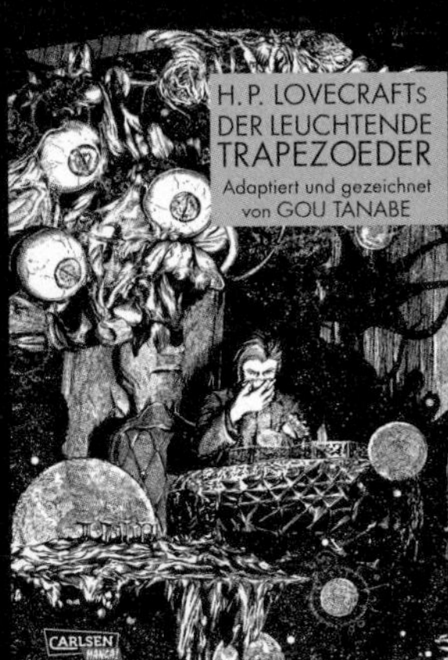

vorläufiges Cover

Wir produzieren nachhaltig
• Klimaneutrales Produkt
• Papiere aus nachhaltigen und kontrollierten Quellen
• Hergestellt in Europa

MIX
Papier | Fördert gute Waldnutzung
FSC® C100431
www.fsc.org

Völckersstraße 14-20, 22765 Hamburg
Aus dem Japanischen von Jens Ossa
TOKI O KOERU KAGE LOVECRAFT KESSAKUSHU Vol. 1, 2

First published in Japan in 2018, 2019 by
KADOKAWA CORPORATION, Tokyo.
German translation rights arranged with
KADOKAWA CORPORATION, Tokyo
through TOHAN CORPORATION, Tokyo
Redaktion: Petra Lohmann
Herstellung: Karen Kollmetz

ISBN 978-3-551-72830-2

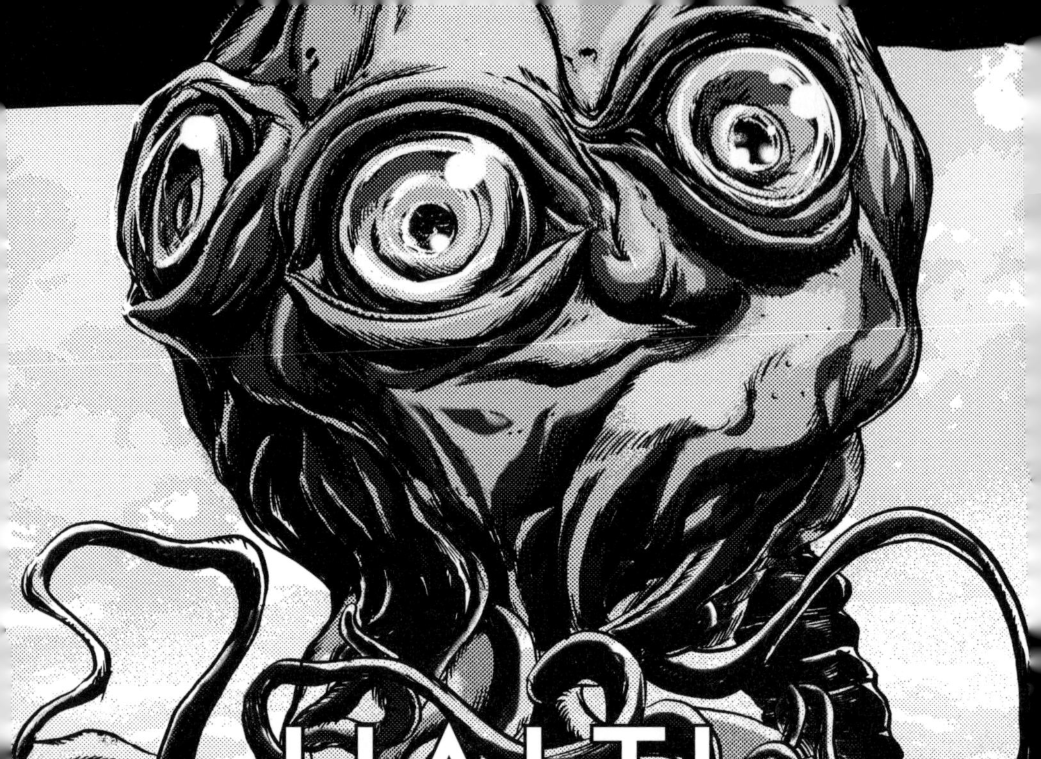

HALT!

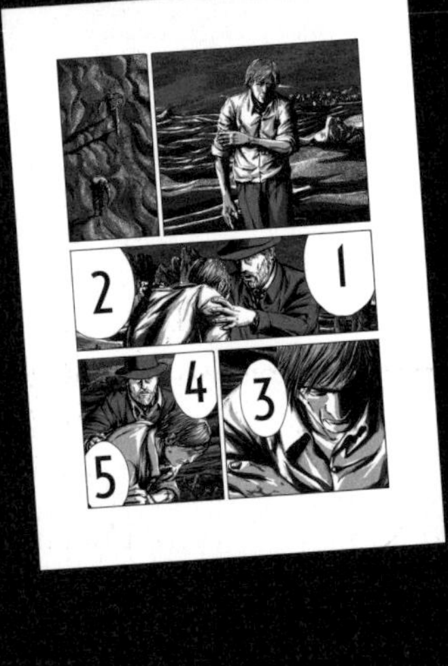

DER SCHATTEN AUS DER ZEIT ist eine japanische Serie, und in Japan wird von hinten nach vorn und von rechts nach links gelesen. Man schlägt diesen Manga also hinten auf und blättert ihn nach vorn durch. Auch die Bilderfolgen und der Erzähl- bzw. Lesefluss funktionieren auf den Seiten von rechts oben nach links unten – wie in der kleinen Grafik hier gezeigt.

Wir wünschen unheimlich gute Unterhaltung mit H. P. Lovecraft!